ANTHOLOGY
OF
DANISH
LITERATURE

ANTHOLOGY
OF
DANISH LITERATURE

BILINGUAL EDITION

EDITED BY
F. J. BILLESKOV JANSEN AND
P. M. MITCHELL

SOUTHERN ILLINOIS UNIVERSITY PRESS
Carbondale and Edwardsville

FEFFER & SIMONS, INC.
London and Amsterdam

FOREWORD

"Denmark, a thousand years." Thus begins each stanza of a song which one of our poets, Valdemar Rørdam, wrote in 1917, when the First World War raged up to Denmark's borders. He who reads in this book can scarcely avoid feeling that a thousand-year-old kingdom lives in these pages. This anthology takes into account not only literary and aesthetic material; it would also give insight into the cultural life in the course of several centuries. For this reason, the "Preface to the Jutland Law"—astonishing both because of its language and substance—has been included here before the enchanting folksongs or ballads. We are rather proud that, from the time of the Renaissance and Baroque, we can not only point to a masterful comedy, which was both popular and learned, *Karrig Niding,* but also present three figures who may be compared with the greatest among their European contemporaries: King Christian IV's daughter, Leonora Christina; the scientist Nicolas Steno (Niels Stensen); and the psalmist Thomas Kingo. The expansiveness of our eighteenth century is marked on the one hand by Ludvig Holberg's human and farcical *Jeppe of the Hill* and on the other, by the lyrical impetus in Johannes Ewald's "Ode to the Soul."

The multiplicity of our so-called romantic and antiromantic poetry and philosophy cannot adequately be shown here. The extent of Oehlenschläger's Scandinavian tragedies in verse and Grundtvig's Christian song has only been intimated; many poets are not represented at all; and Hans Christian Andersen's narrative art is only suggested. Stress has been put upon Blicher's tragic and Goldschmidt's ethic prose, and between them, an attempt has been made to demonstrate Kierkegaard's linguistic virtuosity. In order to proclaim his message, Kierkegaard could use all sorts of styles— the paradoxical claim as well as the sober demonstration: humour, satire, and pathos are all equally familiar to him: he tells an anecdote and a parable with the same verve. Through translations,

Kierkegaard's thoughts are widely known. When original and translation lie side by side, as they do here, there is an opportunity to make observations about the nuances and wealth of his style.

About 1870, Georg Brandes became an emancipator of philosophy and literature in the Scandinavian countries. The text from his pen which is printed here exerted a liberating influence not only on Danish realism but—through Strindberg—also on Swedish. In the wake of Brandes there arose generations of authors who recast Scandinavian realism, molded in the form of the novel and the short story. In opposition to Brandes but in step with the cultural life of the rest of the world, symbolic and modernistic tendencies found forceful expression in Danish prose and poetry. The best in Danish literature represents an interplay between indigenous fabric and foreign inspiration; the truly national is a synthesis of the regional and the universal.

F. J. BILLESKOV JANSEN

INTRODUCTION

THE GOLDEN HORNS

The invention of written letters or characters is a prerequisite to the history of literature as well as of language. In contemplating the earliest literature of the Germanic peoples, therefore, we must pause to consider the alphabet or runes which spread among the Germanic peoples during the first centuries of the Christian era. Artifacts of early Germanic civilization have furnished us with the most ancient inscriptions in the Germanic languages. They also give evidence of a civilization which was wealthy enough to purchase Roman *objets d'art* and to work in precious metals. At the dawn of Scandinavian culture we find an inscription in gold. Around the year 400, at the time of the great migrations of peoples, some accomplished artisan—a goldsmith—made a horn of gold, approximately two feet in length and surely intended for cultic use. He decorated it with numerous figures and scenes evidently drawn from Germanic mythology. He signed his work

EK HLEWAGASTIR HOLTJAR HORNA TAWIDO

I   Laegast   (son)   of   Holt   horn   made.

In Schleswig, in 1734, the horn was found buried in the ground. It was sent to the Royal Art Collection in Copenhagen to join another horn without an inscription which had been excavated in the same area a century before. In 1802 a thief stole both horns, which had been on display. Before being apprehended by the police, he was able to melt them down. Fortunately, molds of the ornamentation had been made, so that those copies could be made which are now to be viewed in the National Museum in Copenhagen.

At the very juncture when the two golden horns disappeared, a young poet named Adam Oehlenschläger had just been introduced to the new ideas of the so-called German Romantic school by another Scandinavian, Norwegian-born Henrik Steffens, who had returned to Denmark after spending several years in Germany.

Philosophy and poetry, of which the young poet had some familiarity and understanding, took on a new meaning for him. From that moment, he was aware of his vocation; he was among the foremost Danish poets in creating a national literature imbued with a new inspiration. In his initial enthusiasm, he seized upon the motif of the theft of the horns—and wrote a magnificent ballad on the subject, entitled "The Golden Horns." With this poem he inaugurated a new literary era.

In conformity with the doctrine preached by Steffens, Oehlenschläger praises the past; he would remind his readers of the time when the gods decided to reveal the existence of the two mystical horns buried in the soil of the country. Since men had subsequently failed to appreciate the great significance of the objects from the past which had been revealed to them, however, the gods withdrew their favor, and the divine gifts disappeared forever.

So it came about that the two horns of Germanic antiquity engendered one of the most original pieces of poetry which Danish literature possesses. The golden symbols of ancient ornamentation are translated into sublime verse. In place of the sacred designs which covered the horns, the poet presents us with a new myth, which he constructs, in a series of scenes sketched with grace and power: the search for a glimpse of an earlier age, two miraculous discoveries, the anger of legendary heroes, and the disappearance of the horns. The poem has indeed become a national myth. The verses which deplored the decadence of Danish poetry themselves breathed new life into that poetry.

"The Golden Horns" is the threshold of a golden age in Danish literature. Whenever a new generation looks to its country's indigenous past, there is a demand that some past golden age communicate a spark of divine splendor. In this spirit Oehlenschläger could write the verses

I gamle gamle	You old, old
Hensvundne Dage!	Ages of gold,
Da det straalte i Norden	Flaming forth
Da Himlen var paa Jorden	Light from the North
Giv et Glimt tilbage!	When heaven was on earth;
	Give us a single glimpse back.

The new generation hopes that the plowshare will once more strike a golden horn in the soil.

| Da klinger i muld | Then rings in the mould |
| Det gamle Guld | The timeless gold. |

Youth promises, perhaps in vain, to show itself worthy of a gift from the gods.

ANTHOLOGY
OF
DANISH
LITERATURE

MIDDELALDER

RIGET OG LOVEN

De sønderjyske guldhorn, som andre rige fund fra folkevandrings-
tiden, vidner om magt, velstand og høj kultur. Fra o. 800 begyndte
vikingetogene, formentlig bl. a. forårsaget af overbefolkning. I
løbet af det 10. århundrede forenedes de danske provinser eller
lande definitivt under een konge. På et pragtfuldt runemindesmærke
fra omkring 980, rejst i Jelling (Jylland), roser kong Harald sig af
at have vundet sig alt Danmark og Norge og gjort danerne kristne.
Hans efterfølgere satte sig for en tid fast i England; efter indre
stridigheder omkring midten af det 12. århundrede blev Danmark
under Valdemarerne stormagten i Norden.

Dansk ret er opstået som sædvaneret, knyttet til rigets provinser:
Jylland (med Fyn), Sjælland og Skåne. Retsreglerne bevaredes i
særlige lovkyndiges erindring; men omkring 1200 begyndte man
at nedskrive dem. 1241 udstedte kong Valdemar Sejr, på et danehof
i Vordingborg, *Jyske Lov,* som vistnok senere blev tiltrådt af lands-
tinget i Viborg, dvs. en forsamling af landsdelens mest indflydelses-
rige mænd. I denne *codex,* som øjensynlig er blevet til ved et kom-
missionsarbejde, ser vi side om side to stiltendenser. Som sædvane-
ret grunder hvert kapitel i loven sig på enkelttilfælde, hvoraf reglen
er uddraget. Stilen i lovens kapitler er stadig overvejende kasuistisk.
Der er noget praktisk fortællende, næsten anekdotisk over denne
konkrete lovstil. I modsætning til de enkelte kapitler er fortalens
stil abstrakt. Forfatteren er en lærd mand. Hvis han, som tradi-
tionen siger, er den biskop Gunner af Viborg, der nævnes mellem
andre stormænd ved fortalens afslutning, har han studeret i Paris.
Uden tvivl har fortalens ophavsmand lært at reflektere på latin;
hans begreber om retfærdighed og uretfærdighed er stærkt påvirket
af kanonisk ret. Det er derfor forbavsende, at han udtrykker sig

THE MIDDLE AGES

THE KINGDOM AND THE LAW

The South Jutland golden horns, like other rich finds from the period of the great migrations, bear witness to power, wealth, and a high culture. Around the year 800, the Viking expeditions began, presumably caused, *i.a.,* by overpopulation. During the course of the tenth century, the Danish provinces, or "lands," were united once and for all under a single king. On a magnificent runic monument from about 980, erected at Jelling (in Jutland), King Harald boasts of having conquered all of Denmark and Norway and having made the Danes Christians. His successors established themselves for a time in England. After internal conflicts around the middle of the twelfth century, Denmark under the Valdemars became the major power in the North.

Danish law originated as a law of custom, identified with the provinces of the kingdom: Jutland (with Funen), Zealand, and Scania. The rules of law were preserved in the memories of those who were especially trained in law, but about the year 1200, the process of writing them down began. At a diet in Vordingborg in 1241, King Valdemar the Victorious promulgated the "Jutland Law" which presumably was later adopted by the *landsting,* (that is, an assembly of the most influential men of the region), in Viborg. In this code, which apparently is the result of the work of a commission, we see side by side two stylistic tendencies. Like the law of custom, each chapter in the Law is based on individual cases from which the rule is derived. The style in the chapters of the Law is predominantly casuistic throughout. There is something practical-descriptive—almost anecdotal—in this concrete law style. In contrast to the individual chapters, the introduction is abstract in style. The author was a learned man. If he was, as tradition has it, that bishop Gunner of Viborg who is mentioned among other magnates at the conclusion of the introduction, he studied in Paris. Without doubt, the author of the introduction learned to reflect in Latin; his concepts of justice and injustice are strongly influenced by canon law. Thus, it is surprising that he expresses himself with

med fuldkommen beherskelse af modersmålet: han former store
ideer uden at stamme. Denne første side af abstrakt prosa i den
danske litteratur er samtidig en af de skønneste:

Mæth logh scal land byggæs. Æn wildæ hwær man oruæs at sit
eghæt, oc late men nytæ iafnæth, tha thyrftæ men ekki logh with.
Æn ængi logh ær æm goth at fyllughæ sum sanænd. Æn hwaræ sum
mæn æuær um sanænd, thæræ scal logh letæ hwilt sannænd ær.

Waræ ey logh a landæ tha hafthæ hin mest thær mest matæ gripæ.
Thy scal logh æftær allæ men gøræs, at rætæ men oc spakæ oc sac-
løsæ nytæ theræ spækæ, oc uræte men oc folæ ræthæs thet thær i
loghæn ær scriuæt, oc thor ey for thy fulkumæ theræ undscap thær
thø hauæ i hughæ. Wal ær thet oc ræt, at then thær guz ræzæl oc
rætæns ælscughæ mughæ ey lockæ til godz, at høfthings ræzlæ oc
landæns withær logh for fangæ them at gøræ illæ oc pinæ them af
the gøræ illæ.

Logh scal wæræ ærlic oc ræt, thollich, æftær landæns wanæ, quæ-
mælich oc thyrftælic oc opænbæræ, swa at allæ mæn mughæ witæ oc
undærstandæ hwat loghæn sighær. Logh scal ey gøræs æth scriuæs
for ænnæn manz særlic wild, num æftær allæ mænz thyrft thær i land
bo. Ængæ man scal oc dømæ gen thæn logh thær kunungh giuær
oc land takær withær, num æftær thæn logh scal land dømæs oc
rætæs. Thæn logh thær kunung giuær oc land takær with, then ma
han oc ey skiftæ æth af takæ utæn landzæns wiliæ, utæn hun ær
opænbarlic gen guth.

Thet ær kunungs æmboth oc høfthings thær i land ær, at gømæ
dóm oc gøræ ræt, oc frælsæ them thær mæth wald thuyngæs, swa
sum ær widue oc weriløsæ børn, pelegrim oc ut lanz mæn oc fatøkæ
men, them gøræs tithæst wald, oc latæ illæ men thær ey wilæ rætæs,
i hans land ey lifuæ, for thy at thær han pinær æth dræpær u dæthæs
men, tha ær han gudz thianæstæ man oc landz giætzlæ man, for thy
at swa sum hin hælghæ kyrki styræs mæth pauæn oc biscop, swa
scal hwart land styræs mæth kunung æth hans undærrætær oc we-
riæs. Thæræ mæth æræ oc allæ skyldygh thær i hans land bo at wæræ
hanum hørsum, oc lythæn oc undærdanugh, oc for thy ær han oc
scyldich at gøræ thæm al frith. Thet sculæ oc witæ allæ wærælz

complete control of his native language—he formulates important ideas without faltering. This first page of abstract prose in Danish literature is, at the same time, one of the loveliest.

"Land must be settled through the rule of law. But were each person willing to be satisfied with his own property and to let others enjoy equal justice, then men would not need laws. But no law is as good to follow as truth. But wherever men are in doubt about the truth, there the law shall seek out what the truth is.

Were there not law in the land, then he would have the most who could seize the most. Therefore shall the law be made for all men, that just men and the peaceful and the innocent may enjoy their peace, and unjust men and the evil obey that which is written in the law and, for that reason, not dare to carry out the evil which they have in mind. Indeed it is also right for them whom the fear of God and the love of justice are unable to attract to good, that the fear of the authorities and the penal code of the land prevent them from doing evil and punish them if they do evil.

The law shall be honorable, just, and tolerable, in accordance with the customs of the land, appropriate and useful and clear, so that all men are able to know and understand what the law says. The law shall not be made or written for any man's special advantage but in accordance with the needs of all men who live in the land. Nor shall any man judge contrary to that law which the king gives and the assembly adopts, but in accordance with that law shall the land be judged and governed. That law which the king gives and the assembly adopts, the king can not change or revoke without the consent of the country, unless it is obviously contrary to God.

The function of the king and of the authorities who are in the land is to supervise judgments and exercise justice and to save those being subjected to coercion, such as widows and defenseless children, pilgrims, foreigners and poor men—those who are most often coerced—and not to let evil men who will not mend their ways live in his land; for in punishing or killing evil-doers, he is the servant of God and the guardian of the land. Just as the Holy Church is governed by the Pope and bishop, so shall each land be governed and defended by the king or his officials. For this reason, all who live in his land owe him obedience, subservience, and obeisance, and in return he is obliged to give them all peace. This

høfthyng, at mæth thet wald thær guth saldæ them i hand i thæs
wæræld, tha saldæ han oc them sin hælugh kyrki at weriæ for alt
thet thær a bethæs. Æn worthæ the glømønd æth wildugh oc weriæ
ey sum ræt ær, tha sculæ the a domæ dagh swaræ af kyrkiæns frælsæ
oc landzæns frith minzkæs for theræ scyld i theræ timæ.

Witæ sculæ allæ men thær thænne bok se, at waldemar kunungh
annæn waldemar sun thær sancte knuts sun war, then timæ han
hafthæ wæræt kunungh ni wintær oc threthyughæ, oc at wor hærræ
war fød waræ gangæn thusænd wintær oc tu hundræth wintær oc
fyur thyugh wintær, i marz manæth thær næst æftær loot han scriuæ
thænnæ book oc gaf thennæ logh thær hæræ standær scriuæn a
danskæ, i worthingburgh mæth hans synær rath, thær wit waræ,
kunungh erich, hærtogh abel, iunchærræ kristofor, oc uffæ thær tha
war ærkibiscop i lund, oc biscop niclæs i roskæl, biscop ywar i fyun,
biscop pætær i arus, biscop Gunnær i ripæ, biscop Gunnær i wy-
bærgh, biscop ionæs i wændæl, oc biscop ionæs i hethæby, oc thæræ
til allæ bæstæ menz rath thær i hans rikie waræ.

Som prøve på lovens konkrete, kasuistiske stil hidsættes dens
kapitel om et retsbegreb, der ikke findes i romerretten: *hærværk*
(hærwærki) er oprindelig udtryk for voldsforbrydelser, der udføres
ikke af enkeltperson, men af en flok, en bande; en forbrydelse be-
gået i fællesskab betragtedes med yderste strenghed. Da Jyske Lov
blev nedskrevet, havde begrebet hærværk udvidet sig, så at det
også gjaldt en enkelt mands overgreb på fremmed person og ejen-
dom (Bog II, Kap. 29):

Gangær man mæth rathæt raath i annæns mansz hws oc brytær
hws oc takær wt antugh fæ, æth klæthæ, æth wapnæ, æth andræ
costæ thær bondæn a, fra bondæ sialf, æth hans hioon thær a haldær,
tha ær thæt hærwærki. Bæriær man oc bondæn æth sær, æth hans
hwsfrø æth hans hioon thær i fællagh æræ i hans eghæt hws, thæt ær
oc hærwærki. Æn hittæs the allæ sattæ i ænnæn bondæ garth, oc
wrthæ sithæn a at skiliæ, thæt ær æi hærwærki, for thy at thæt wrth
at wathæ. Æn bindær man bondæ i siit eghæt hws vtæn hans skyld,
æth takær bondæ dottær æth bondæ kunæ, oc før burth mæth wald,
thæt ær oc hærwærki.

shall all temporal officials also know, that with the power which God placed in their hands in this world, He also gave them His holy church to defend against all demands upon it. But if they become forgetful or biased and do not defend it as is right, then they shall on Judgment Day answer for it, if the freedom of the church and the peace of the land have been diminished on their account in their time.

All men who see this book shall know that King Valdemar, the second son of Valdemar, who was the son of St. Knud, when he had been king thirty-nine winters, and a thousand two hundred and forty winters had passed since our Lord was born, had this book written in the month of March and gave this law, which here is written in Danish, at Vordingborg with the approval of his sons who were present, King Erik, Duke Abel, Junker Christoffer, and Uffe, who then was archbishop of Lund, and Bishop Nicholas of Roskilde, Bishop Iver of Funen, Bishop Peter of Aarhus, Bishop Gunner of Ribe, Bishop Gunner of Viborg, Bishop Johannes of Vendsyssel, and Bishop Johannes of Hedeby, and, in addition, with the approval of all the best men who were in his kingdom."

As a sample of the law's concrete, casuistic style there follows the chapter on a legal concept which does not exist in Roman law: *hærværki*. This word was originally used to designate crimes of violence committed not by an individual but by a group, a gang; a crime committed jointly was looked upon with extreme severity. When the Jutland Law was written down, the concept of *hærværki* had been extended, so that it also concerned an individual's encroachment on another person and his property (Book II, Chapt. 29).

"If a man goes deliberately into another man's house and breaks into the house and takes away either cattle or clothes or weapons or other objects which the householder owns, from the householder himself or his servants who are taking care of them, then that is *hærværki*. Also, if a man strikes or wounds the householder or his wife or his servants who are together in his own house, that is also *hærværki*. But if they all meet peaceably at a householder's place and afterward come to disagree, that is not *hærværki*, because that was a chance happening. But if a man binds a householder in his own house—without his being at fault—or takes and forcibly abducts a householder's daughter or wife, that is also *hærværki*."

MIDDELALDERENS FOLKEVISER

Dansen til visesang bredte sig fra Frankrig ad to veje til Norden, over England-Skotland og via Tyskland. Fra det 12. århundrede har man trådt runddansen eller kædedansen i Danmark. Stroferne fremførtes af en forsanger, medens alle dansende sang med på omkvædet. Efter 1550 begyndte danske adelsdamer i deres poesibøger at indføre gamle og nye folkeviser; i disse samlinger, som i skillingstryk og i ubrudt folkelig overlevering, er et stort antal viser bevaret for eftertiden. På grund af de talrige, indbyrdes afvigende opskrifter er det ikke muligt at fastlægge en vises oprindelige eller fuldt autentiske form. Enhver redaktion er en rekonstruktion. Her meddeles fire folkeviser. Den første er kun bevaret i een form, i et håndskrift fra midten af det 17. århundrede; denne tekst gengives her efter den klassiske videnskabelige udgave af *Danmarks gamle Folkeviser* (1853–1966), så at læseren får et filologisk indtryk af folkevisernes overleveringsform. De tre øvrige trykkes efter *Danske Folkeviser i Udvalg* (1899; 5. udgave 1922), hvor Axel Olrik, med grundlag i en enkelt opskrift, har suppleret med verslinier fra andre kilder. – Der er blevet gjort flere forsøg på at oversætte disse folkeviser til engelsk. De mest kendte af disse fra det 19. århundrede var George Borrows. R. C. A. Prior udgav en tre-binds udgave i London i 1860. Blandt de heldigste forsøg i det tidlige 20. århundrede er oversættelserne af E. M. Smith-Dampier.

I disse gamle folkeviser støder slægt mod slægt, menneskene mod dæmonerne. Der er sorte tragiske viser, hvor vildskaben regerer, og der er lyse viser, fulde af kåd munterhed.

THE BALLADS OF THE MIDDLE AGES

Dance accompanied by song spread from France to Scandinavia by two routes, via England and Scotland, and via Germany. From the twelfth century on, there was round dancing and chain dancing in Denmark. The stanzas were sung by a leader, while all the dancers joined in the refrain. After 1550, noble Danish ladies began to write down old and new ballads in their albums; in these collections, as in broadsheet ballads and unbroken popular tradition, a large number of songs have been preserved for posterity. Because of the numerous transcripts which vary among themselves, it is not possible to ascertain the original or fully authentic form of a song. Every redaction is a reconstruction. Four ballads are given here. The first has been preserved in a single version, in a manuscript from the middle of the seventeenth century; the text is reproduced here from the classic scholarly edition of *Danmarks gamle Folkeviser* (1853–1966) so that the reader may get a philological impression of the form in which ballads have been handed down. The three others are reproduced from *Danske Folkeviser i Udvalg* (1899; 5th edition 1922) in which Axel Olrik, on the basis of single copies, has made emendations with verses from other sources. Several efforts have been made to translate these ballads into English, the most renowned of which in the early part of the nineteenth century was George Borrow's. R.C.A. Prior published a three-volume edition of ballads in London in 1860. Among the more successful attempts in the early twentieth century were translations by E. M. Smith-Dampier.

In these old ballads, generation clashes with generation, men with demons. There are gloomy tragic songs where savageness reigns and there are merry songs full of wanton gaiety.

TORBENS DATTER OG HENDES
FADERBANE

Wy warre saa mange søskene smaa,
– under liden –
saa aarligh falt oss faderren fraa.
Der dagen hand dagis, och duggen den driffuer saa wide.

Om en søndag at afften skured de derris spiud,
om en mandag at morgen rede de saa wrede udt.

Der de komme for norden skou,
der gick her Thorben och holt sin plou.

"Her gaar du, her Thorben, faffuer och fin!
iegh will nu haffue bodt for frende min!"

"Iegh will giffue eder huss och gard
der-thill min datter, saa wen en maard!"

"Wie erre icke kommen for huss eller iord,
men wie erre kommen for dit hierte-blod!"

Saa hugge dee herr Torben saa smaa
alt som løff, udi lunden laa.

Saa rede de thill her Torbens gard,
ude stod hans datter, den wenne mard.

Ude stoed hans datter, saa small som en wond,
met it guld-kar paa huer sin hand.

Hun skenckedt der-i med lyst och spill,
hun drack først hendis faderss bane-mand thill.

"Haffde iegh wist, du haadt werredt saa goed,
aldrig skulle ieg sett din faders hierte-blod!"

TORBEN'S DAUGHTER AND HIS SLAYER

Brothers and sisters many were we
—in the swale—
So early departed our father he,
—Comes dawn, and the dew it drifts over hill and dale.

In the evening they polished their spears, on Sunday,
In the morning they rode out wrathful, on Monday.

They left the forest, and to the North
Sir Torben was ploughing back and forth.

"Well, here's Sir Torben, so gay and fine;
I'll now have revenge for that kinsman of mine."

"I'll give you my land, my country seat
And also my daughter, so fair and sweet."

"We are not come for your house or your home,
But for your own life blood we are come."

They cut Sir Torben into pieces small
No bigger than leaves from the tree so tall.

They rode to Sir Torben's country seat,
Outside stood his daughter, the maid so sweet.

Outside stood his daughter as lithe as a wand
With a golden goblet in each hand.

She filled the goblets unto the brim
For her father's slayer and drank to him.

"Had I but known you were so good,
I'd never have seen your father's blood."

"Och haffuer i slagedt min fader thill død,
da haffuer i giort migh saa stor en nød!"

"Haffuer ieg nu icke giort well mod dig,
daa skalt du her-effter haffue saa gat som iegh!"

Hand sette hende paa ganger graa,
saa slo [hand] offuer hende kaaben blaa.

Saa red hand offuer de sorte hieer,
– under liden –
aldrich saa hun sin faader meer.
Der daugen hand dages, och dugen den driffuer saa wide.

"If my father you've struck, if he is slain,
You have brought to me the deepest pain."

"If I have done you wrong before,
Now you'll share my fortunes evermore."

He set her onto charger gray,
His dark blue cape on her did lay.

And then he rode across the lea,
—in the swale—
Never she her father did see.
—Comes dawn, and the dew it drifts over hill and dale.

ELVERSKUD

Hr. Oluf rider saa vide,
alt til sit Bryllup at byde.
Men Dansen den gaar saa let gennem Lunden.

Hr. Oluf rider med Bjerge,
der dansed Elver og Dverge.

Der dansed fire, der dansed fem,
Elverkongens Datter rækker Haanden frem.

Elverkongens Datter rækker Haanden fra sig:
"Og lyster Hr. Oluf træde Dansen med mig?"

"Jeg ikke tør, jeg ikke maa!
i Morgen skal mit Bryllup staa."

"Og hør du, Hr. Oluf, træd i Dansen med mig!
to Bukkeskinds Støvler saa giver jeg dig.

To Bukkeskinds Støvler, sidder vel om Ben,
forgyldene Sporer derom spændt.

Hør du, Hr. Oluf, træd i Dansen med mig!
en Silkeskjorte giver jeg dig.

En Silkeskjorte saa hvid og fin,
den blegte min Moder ved Maaneskin."

"Jeg ikke tør, jeg ikke maa,
i Morgen skal mit Bryllup staa."

"Hør du, Hr. Oluf, træd i Dansen med mig!
et Hoved af Guld saa giver jeg dig."

"Et Hoved af Guld kan jeg vel faa,
men danse med dig jeg ikke maa."

ELFIN SORCERY

Sir Oluf rides both west and east,
inviting all to his wedding feast.
—So blithely they tread the dance in the grove.

Sir Oluf rides along the knolls
where dance the elves, where dance the trolls.

Four danced, five danced, of their band
the elf king's daughter waves her hand.

The elfin king's daughter her hand holds out,
"And would Sir Oluf with me dance about?"

"Neither I dare to, nor I may,
tomorrow is my wedding day."

"Listen, Sir Oluf, thou dance with me,
two buckskin boots shall I give to thee.

Two buckskin boots, so well they fit,
and golden spurs upon them sit.

Listen, Sir Oluf, thou dance with me,
a shirt of silk shall I give to thee.

A shirt of silk so fine and white,
my mother bleached in the moon's pale light."

"Neither I dare to, nor I may,
tomorrow is my wedding day."

"Listen, Sir Oluf, thou dance with me,
a measure of gold shall I give to thee."

"A measure of gold thou canst give me,
but I don't dare to dance with thee."

"Og vil du ikke danse med mig,
Sot og Sygdom skal følge dig!"

Hun slog ham for hans Hærdeblad,
det gjalded under hans Hjærterod.

Hun løfte Hr. Oluf paa Ganger rød:
"Du rid nu hjem til din Fæstemø!" –

Der han kom til Borgeled,
der staar hans Moder og hviler sig ved.

"Hør du, Hr. Oluf, kær Sønne min:
hvi bær du saa bleg en Kind?"

"Jeg maa vel være om Kinden bleg,
for jeg har været i Elvekvinders Leg."

"Hør du, Hr. Oluf, kær Sønne min:
hvad skal jeg svare unge Brud din?"

"Du sige, jeg er i Lunde,
at prøve Hest og Hunde."

Aarle om Morgen, det var Dag,
da kom den Brud med Brudeskar'.

De skænkte Mjød, og de skænkte Vin:
"Hvor er Hr. Oluf, kære Brudgom min?"

"Hr. Oluf er i Lunde,
at prøve Hest og Hunde."

"Har han kærer' sin Hest og Hund,
end han har sin unge Brud?"

Hun ledte i Lofte, hun ledte i Vraa,
hun fandt Hr. Oluf paa Bolster blaa.

"And willst thou not tread the dance with me,
plague and sickness shall follow thee."

She gave his shoulder a blow so smart,
it echoed deep down in his heart.

Sir Oluf she lifts on his bay astride:
"Ride now home to your young bride."

When he came to the castle gate,
there was his mother waiting so late.

"Listen, Sir Oluf, my dearest son,
why is thy cheek so white and wan?"

"My cheek may well be wan and white,
I saw the elf maids sport tonight."

"Listen, Sir Oluf, my son so fine,
what shall I tell the young bride of thine?"

"Say that I've taken horse and hounds
Off to the woods to go their rounds."

Early that morning when it was light
the bride and her retinue came in sight.

They poured the mead, and they poured the wine.
"Where is Sir Oluf, dear bridegroom of mine?"

"Sir Oluf has taken horse and hounds
Off to the woods to go their rounds."

"In horse and hound he takes more pride
than he does have in his young bride?"

Lofts and corners she did search through,
Sir Oluf she found on pillows blue.

Hun tog op det Skarlagen rød,
da laa Hr. Oluf og var død.

Hun minded ham for sin røde Mund,
saa døde hun i den samme Stund.

Aarle om Morgen, før det var Dag,
da var der tre Lig i Hr. Olufs Gaard.

Den ene Hr. Oluf, den anden hans Mø,
den tredje hans Moder, af Sorgen var død.
Men Dansen den gaar saa let gennem Lunden.

She raised the cover of scarlet red,
there was Sir Oluf and he was dead.

She kissed him on his mouth so red,
that self-same moment she dropped down dead.

Early that morning 'ere it was day,
In Oluf's courtyard three corpses lay.

The one Sir Oluf, the other his bride,
the third his mother, of sorrow had died.
—So blithely they tread the dance in the grove.

EBBE SKAMMELSØN

Skammel han bor sig nør i Ty,
han er baade rig og kaad;
saa væne har han Sønner fem,
de to fores ilde ad.
Fordi træder Ebbe Skammelsøn saa mangen Sti vild.

Ebbe han tjener i Kongens Gaard
baade for Guld og Ære;
hjemme sidder Peder, hans Broder,
han lokker hans Hjertenskære.

"Hil sidder I, stalten Adelus,
og syr Hr. Ebbe Klæder!
Ebbe han tjener i Kongens Gaard,
han spotter eder og hæder."

"Saa grant da kender jeg Ebbe,
og Ebbe kender grant sig:
han spotter ingen stalt Jomfru,
halv mindre spotter han mig."

"Hør I, stalten Adelus,
vil I være min Fæstemø?
det vil jeg for Sanden sige:
Ebbe, min Broder, er død."

Drukke de det Fæstensøl
end den samme Nat,
Brylluppet end før Maanedsdag,
de raadte det i-saa brat.

Det var Ebbe Skammelsøn,
han vaagned om Midjenat;
talte han for sin næste Svend
af sin Drøm saa brat.

EBBÈ SKAMMELSEN

Skammel he lives up north in Ty,
merry and well to do;
he has five sons so proud and strong,
two of them came to woe.
—And thus treads Ebbè Skammelsen so many and wild a trail.

Ebbè serves in the court of the king
for honor and for gold;
Peter, his brother, stays at home,
and Ebbè's beloved tempts bold.

"Here sit you, haughty Adelus,
on Ebbè's clothes you sew;
Ebbè serves in the court of the king
and shames your honor so."

"So well I know Sir Ebbè,
and Ebbè his heart knows he,
and scorns he never a maiden proud
much less has scorn for me."

"Harken, haughty Adelus,
will you be my bride?
Now the truth I tell thee,
Ebbè, my brother, has died."

Drank they then the betrothal ale
upon that very night,
their wedding in less than a month
they decided on forthright.

There was Ebbè Skammelsen,
at midnight he awoke;
to his nearest squire
about his dream he spoke,

"Mig tyktes, at min Stenstue
stod al i lysen Lue;
der brændte inde Peder, min Broder,
og saa min skønne Jomfrue."

"Det I tykte, jer Stenstue
stod al i brændende Glød,
det er: Peder, jer Broder,
holder Bryllup med jer Fæstemø."

Det var Ebbe Skammelsøn,
han bandt sig Sværd ved Side;
saa bad han sig Orlov,
hjem til sin Fader at ride.

Det var Ebbe Skammelsøn,
han kom saa vel i Lag:
han kom til sin Faders Gaard
den første Bryllupsdag.

Ud kom Ebbes Søstre to
med Guldkar paa hviden Haand:
"Velkommen, Ebbe, vor Broder,
hjem til vort eget Land."

"Hør I det, mine Søstre to,
hvad jeg spør eder ad:
hveden er dette møgle Folk,
her er samlet i Dag?"

Svared hans yngste Søster:
udaf saa megen Nød:
"Det er Peder, din Broder,
holder Bryllup med din Fæstemø."

Sin ene Søster gav han Guldbrase paa Bryst,
den anden Guldring paa Haand:
"Dem havde jeg agtet min Fæstemø,
førte dem af fremmed Land."

"I thought I saw my stone house
in flames, and then inside
there burned my brother Peter,
and with him my fair bride."

"You thought you saw your stone house
in flames and all alight;
that is because your brother
betrothed your lovely bride."

There was Ebbè Skammelsen,
he tied the sword at his side;
then he asked for furlough,
for homeward he would ride.

There was Ebbè Skammelsen,
he rode so fast away;
arrived there at his father's house
on that first wedding day.

Out came then his sisters two,
with golden goblets in hand:
"Welcome, Ebbè, dear brother,
home to our own land."

"Harken to me, my sisters two,
what I ask you now to say:
Who are then the many folk
that gather here today?"

Answered his youngest sister,
and said with great dismay:
"It is that Peter, your brother,
will marry your fiancé."

The one he gave a diadem,
the other a golden band:
"Both did I buy for my lovely bride,
and bring from a foreign land."

Den ene Søster bad ham hjemme være,
den anden bad ham heden ride:
"Tøver du her i denne Nat,
det bliver os alle til Kvide."

Ebbe han vendte sin Ganger omkring,
han vilde af Gaarden ride;
hans Moder fik i Tøjlen og holdt,
hun bad ham hjemme bide.

Hans Moder fik ham Hynde og Stol,
at sidde paa de øverste Bænke;
hans Fader fik ham Kande i Haand,
bad, han skulde gaa at skænke.

Skænked han den brune Mjød
og saa den klare Vin;
hver Sinde han til Bruden saa,
da randt ham Taar paa Kind.

Silde om den Aften,
Rimen han faldt paa,
det da var den unge Brud,
hun skulde til Senge gaa.

Fulgte de den unge Brud,
alt til det Brudehus;
for gaar Ebbe Skammelsøn,
han bær for hende Blus.

Ledte han den unge Brud,
alt ad den Højeloftsbro:
"Mindes I det, stalten Adelus,
I gav mig eders Tro?"

"Al den Tro, jeg eder gav,
den har Peder, eders Broder;
men alle de Dage, jeg leve maa,
jeg vil eder være for Moder."

One sister bade him stay at home,
the other to ride away:
"If you linger here tonight,
we'll suffer woe and dismay."

Ebbè he turned his steed around,
he wanted to ride away;
but quick his mother took the reins,
demanding he should stay.

His mother offered him cushion and chair,
at the uppermost benches to dine;
his father a pitcher handed him
and asked him to pour the wine.

Ebbè poured the mead so brown
and then the wine so clear;
every time he looked at the bride,
he shed a sorrowful tear.

Later in the evening,
when fallen had the dew,
to her bed and chamber then
the fair young bride withdrew.

They followed then the fair young bride
up to the bridal door,
ahead went Ebbè Skammelsen,
a torch for her he bore.

Up to the lofty balcony
the fair young bride led he:
"Remember you, proud Adelus,
your troth you plighted me?"

"All the troth I once gave you,
has Peter now your brother;
but all the days that I may live
I'll be for you a mother."

"Jeg loved jer ikke til min Moder,
jeg loved jer til min Viv!
derfor skal Peder Skammelsøn
lade sit unge Liv.

Hør I, stalten Adelus,
I rømmer med mig af Lande!
jeg vil slaa Peder, min Broder, ihjel,
og taale for eder den Vaande."

"Slaar I Peder, eders Broder, ihjel,
siden skal I mig miste!
saa maa I sørge jer selv til Døde
som vilden Fugl paa Kviste."

Det var Ebbe Skammelsøn,
han sit Sværd uddrog;
det var stalten Adelus
han til Jorden vog.

Saa tog han det blodige Sværd
alt under sit Skarlagenskind;
saa gik han i Stenstuen
for Peder, sin Broder, ind.

"Hør du, Peder Skammelsøn,
du tøver altfor længe;
Bruden længes fast efter dig
udi sin Brudeseng."

Mælte det Peder, hans Broder,
svared han alt saa brat:
"Saa gerne vil jeg dig unde
at sove hos Bruden i Nat."

Det var Ebbe Skammelsøn,
han sit Sværd uddrog;
det var Peder, hans Broder,
han til Jorden vog.

"I wanted you not as my mother,
I wanted you as my wife;
for this must Peter Skammelsen
give up his own young life.

"Harken to me, proud Adelus,
will you fly from the land with me;
then I'll kill my brother
and bear the blame for thee."

"If you slay Peter your brother
you must then too lose me;
and you shall grieve yourself to death
like a wild bird in a tree."

It was Ebbè Skammelsen
his sword from his side he drew;
it was haughty Adelus
that to earth he slew.

Underneath his scarlet cloak
his bloody sword he took;
into the stone house then he went
for Peter his brother to look.

"Harken, Peter Skammelsen,
too long do you abide;
the bride in bridal bed does long
to have you at her side."

Spoke then Peter his brother,
he answered all forthright:
"Gladly I shall grant you
to sleep with the bride tonight."

It was Ebbè Skammelsen,
the sword from his side he drew;
it was Peter, his brother
that to earth he slew.

Hans Fader gjorde han ilde saar,
hans Moder miste en Haand;
fordi træder Ebbe Skammelsøn
saa mangen vild Sti om Land.
Fordi træder Ebbe Skammelsøn saa mangen Sti vild.

He wounded his father sorely,
his mother lost a hand;
and thus treads Ebbè Skammelsen
so many wild trails in the land.
—And thus treads Ebbè Skammelsen so many and wild a trail.

LAVE OG JON

Jeg beder eder, alle mine Mænd,
  I være vel bon!
I binder op Hjelmen af røden Guld
  og følger Hr. Jon!

Hr. Peder han kom fra Tinge hjem,
  – I være vel bon! –
liden Kirsten ganger ham ud igen,
  at spørge om Jon.
I binder op Hjelmen af røden Guld og følger Hr. Jon!

"Velkommen Hr. Peder, kær Fader min:
  – I være vel bon! –
og hvad var Tidende i Dag paa Ting?
  alt om Hr. Jon."

"Det var Tidende allermest:
  – I være vel bon –
hin unge Hr. Lave har dig fæst,
  og ikke Hr. Jon."

"Har den unge Hr. Lave mig fæst,
  – I være vel bon –
da skal det blive ham Sorgen mest,
  om lever Hr. Jon!"

Hr. Lave lader sit Bryllup bo,
  – I være vel bon –
Hr. Jon han lader sin Ganger sko.
  "Jeg vil med," sagde Jon.

Hr. Jon han red i den Bryllupsgaard,
  – I være vel bon –
højen Hest og Brynje paa.
  "Jeg kommer," sagde Jon.

LAURENCE AND JON

I bid you, all my trusted men,
—to arms! ride on!—
fasten your helmets of gold so red
and follow Sir Jon.

From session Sir Peter homewards rode
—to arms! ride on!—
young Kirsten out of the castle strode
to ask about Jon.
—Fasten your helmets of gold so red and follow Sir Jon

"Welcome, Sir Peter, my father dear,
—to arms! ride on!—
what tidings at the sessions were
about Sir Jon?"

"The foremost tidings you demand:
—to arms! ride on!—
Young Sir Laurence has won your hand,
and not Sir Jon."

"Has young Sir Laurence got my hand,
—to arms! ride on!—
may his grief be greatest in all the land,
while lives Sir Jon."

Sir Laurence makes his wedding plans:
—to arms! ride on!—
Sir Jon his charger to shoe commands:
"I'll come," said Jon.

Sir Jon rides into the wedding hall,
—to arms! ride on!—
in armor clad on charger tall:
"I'm coming, said Jon.

Sildig om Aftenen, Rim faldt paa,
– I være vel bon –
Bruden hun skulde til Senge gaa.
"Jeg vil med," sagde Jon.

Ledte de Bruden til Brudehus,
– I være vel bon –
Hr. Jon han bar selv de Blus.
"Jeg først", sagde Jon.

Hr. Jon han lukte den Brudehus-Dør brat:
– I være vel bon –
"I siger Hr. Lave saa mange Godnat!
alt fra Hr. Jon."

Brat kom Bud for Hr. Lave ind:
– I være vel bon –
"Hr. Jon han sover hos unge Brud din!
Det gør Hr. Jon."

Aarle om Morgen, det var Dag,
– I være vel bon –
Hr. Lave gaar for Kongen at klag'.
"Jeg vil med," sagde Jon.

"Min ædelig Herre, vil I mig høre?
– I være vel bon –
jeg har en Sag for eder at føre."
"Om mig," sagde Jon.

"Jeg havde mig en unge Brud fæst,
– I være vel bon –
en anden Ridder har sovet hende næst."
"Det var mig," sagde Jon.

"Meden I har baade den Jomfru saa kær,
– I være vel bon –
da skal I bryde om hende et Spær."
"Da vinder jeg," sagde Jon.

Late in the evening, the dew fell low,
—to arms! ride on!—
the bride she would to her chamber go.
"I'll come," said Jon.

To the bridal chamber they led the bride,
—to arms! ride on!—
Sir Jon he carried the torch outside:
"I'm first," said Jon.

Sir Jon he closes the door so tight;
—to arms! ride on!—
"Good people, bid Sir Laurence good-night
from me, Sir Jon."

A message soon came for Laurence inside;
—to arms! ride on!—
"Sir Jon is sleeping with your bride—
that does Sir Jon."

When early morning the day did bring
—to arms! ride on!—
Sir Laurence went to complain to the king.
"I'll come," said Jon.

"Sire, I beg you listen to me;
—to arms! ride on!—
a case I have to present to thee."
"About me," said Jon.

"I had just taken me a bride;
—to arms! ride on!—
another knight did sleep at her side."
"'twas me," said Jon.

"As both of you hold the maiden dear,
—to arms! ride on!—
you shall for her sake break a spear."
"I'll win," said Jon.

Den første Dyst, de sammen red,
– I være vel bon –
Hr. Laves Hest den gik i Knæ.
"Stat op," sagde Jon.

Den anden Dyst, de sammen red,
– I være vel bon –
Hr. Laves Hals den gik i tre.
"Lig der," sagde Jon.

Den Jomfru hun slog sine Hænder sammen:
– I være vel bon –
"Jeg saa ret aldrig en fejrre Gammen.
Nu vandt Hr. Jon."
I binder op Hjelmen af røden Guld og følger Hr. Jon!

The first joust they together fought,
—to arms! ride on!—
Sir Laurence's horse to its knees was brought.
"Arise," said Jon.

The second joust they together fought,
—to arms! ride on!—
with wounds Sir Laurence's neck was fraught.
"Lie there," said Jon.

The maiden clapped her hands in glee:
—to arms! ride on!—
"A better game did I never see.
He won, Sir Jon."
—Fasten your helmets of gold so red and follow Sir Jon.

MORTEN BØRUP : VERIS ADVENTUS

Denne fine lille vise er digtet af Morten Børup (o. 1446–1526), der sent kom fra ploven til bogen; han endte som rektor for Latinskolen i Århus. Den er med sin melodi bevaret i et sangværk fra 1582, Piæ cantiones ecclesiasticæ et scholasticæ ("Fromme Kirke- og Skolesange"). I sangen mødes naturfølelse og teologi. De to første strofer skildrer forårets virke i naturen og mennesket. I den tredje strofe siger digteren, i tilslutning til Bonaventura, at skabningen er en afspejling af Gud. Men som ægte middelalderlig teolog sikrer han sig straks mod den misforståelse, at afglans skulle betyde lighed. Det blev ved Laterankonciliet i 1215 fastslået, at "der kan mellem skaberen og skabningen ikke udsiges nogen lighed, uden at den indbefatter en endnu større ulighed".

VERIS ADVENTUS

In vernalis temporis
ortu letabundo,
dum recessum frigoris
nunciat hirundo,
terre, maris, nemoris
decus adest deforis
renovato mundo;
vigor redit corporis,
cedit dolor pectoris
tempori jocundo.

Terra vernat florisbus
et nemus virore;
aves mulcent cantibus
et vocis dulcore;
aqua tempestatibus
caret, aër imbribus,
dulci plenus rore;
sol, consumptis nubibus,
radiis potentibus
lucet cum calore.

O quam mira gloria,
quantus decor dei!
quanta resplendentia
sue faciei!
A quo ducunt omnia,
summa, ima, media
formam speciei:
maior hec distantia
cum sit differentiâ
noctis et diei.

MORTEN BØRUP: SPRING SONG

This exquisite little song was written by Morten Børup (ca. 1446–1526), who late in life left the plow for the book: he eventually became headmaster of the grammar school in Aarhus. Both words and tune have been preserved in a collection of songs of 1582: *Piæ cantiones ecclesiasticæ et scholasticæ*. ("Pious Church and School Songs"). A feeling for nature is combined with theology in this song. The first two stanzas depict the activity of spring in nature and in man. In the third stanza the poet, following Bonaventura, tells us that creation is a reflection of God. But, like the true medieval theologian he is, he immediately guards himself against any misconception that reflected glory should mean similarity. In 1215 it had been decreed by the Lateran Council that "no similarity between the creator and creation can be expressed without its including an even greater dissimilarity."

SPRING SONG

Now the happiness of spring;
Gone the frost and cold,
And the swallows sweeping, bring
Beauties manifold.
Charms of every outdoor thing
To land and sea and forest cling;
New the earth so old;
Strength the body makes to sing;
Sorrow from the soul takes wing;
Joyous time foretold.

Earth is decked with flowers;
Fragrant is the glade.
Birds delight in airy bowers;
Their songs the world pervade.
Water free of stormy hours;
The air is clear of showers;
Nature in sweet dew arrayed.
With its tireless powers,
The sun each cloud devours,
Its warmth quite unallayed.

O what glory wondrous great,
The beauty of the Lord.
And splendors many radiate
From his face adored.
From him all things emanate,
Of highest or of lowest state.
In beauteous forms are stored
Divergences innate
That greater differences create
Than night and day accord.

RENÆSSANCE OG
BAROK

H. J. RANCH : KARRIG NIDING

1560–1630 blomstrede skoledramaet i Danmark. Efter Luthers og
Melanchthons forbillede anbefalede kirken latinskolernes rektorer
at lade deres elever opføre skuespil på latin og på modersmålet, og
de teaterglade konger Christian IV og Frederik II lod gerne de
lærde skolers disciple optræde for sig. Det var oftest rektorerne og
præster, der forfattede de danske skuespil, og blandt disse lærde eje-
de een, H. J. Ranch, præst i Viborg, dramatisk håndelag og folkeligt
fynd i stilen. Når Ranch o.1598 på latin opførte Plautus' komedie
om den gerrige, Aulularia, lod han den efterfølge af et djærvt dansk
sidestykke dertil, han selv havde skrevet, *Karrig Niding*. Med samme
udgangspunkt som Molière, men 70 år før denne, former Ranch en
karakterkomedie om en gerrig, den rige mand der for at bevare og
forøge sin ejendom er parat til alt. Af Plautus har Ranch i øvrigt
intet lånt; komediens handling har han delvis fra en ældre folkelig
vise. For tilskuernes skyld indleder *Prologus* med at fremføre per-
sonerne og fortælle handlingen. I de første vers hentydes til "Aulu-
laria", der lige var opført og som foregår i Grækenland:

> Her kommer Niding, en Dansk Mand,
> Den anden hafd hiem i Græcken Land.
> Niding haffde got Guld i Skrin,
> Den Jutta var hans Ecte-Qvind',
> Disse to Børn dem haffde de,

THE RENAISSANCE AND THE
BAROQUE PERIOD

H. J. RANCH: NITHING THE NIGGARD

In the period between 1560 and 1630 school drama flourished in Denmark. Following the example of Luther and Melanchthon, the Church recommended that headmasters of the Latin schools allow their pupils to perform plays in Latin and in the vernacular. Christian IV and Frederik II, both theatre enthusiasts, gladly invited these schoolboys to perform for them. The Danish plays were usually written by the headmasters and clergymen themselves, and one of these learned men, H. J. Ranch, clergyman in Viborg, possessed both dramatic flair and a forceful, popular style. About 1598 Ranch performed Plautus' comedy about greed, *Aulularia* ("The Pot of Gold"), and followed it with an outspoken parallel piece of his own in Danish, entitled *Karrig Niding* ("Nithing the Niggard"). Using the same point of departure as Molière, but writing seventy years before the great French dramatist, Ranch creates a character comedy about a miser, a rich man who will do anything to keep and increase his wealth. From Plautus, meanwhile, Ranch has borrowed nothing; the plot of the comedy is partly taken from an older folksong. In order to orient the audience, the Prologue begins by introducing the characters and explaining the action. The second line alludes to *Aulularia,* which had just been performed and which takes place in Greece:

> Here comes Nithing, a worthy Dane,
> The other's home was in Greek domain.
> Nithing had gold under lock and key,
> His good wife was Jutta, whom you see,
> These two children were also theirs,

Mand matte høre stor Ry oc Væ,
De Børn aff Hunger græde saa saar[e],
Oc Jutta lild feldet saa modig Taare.
Den Knep var deris Tienist Dreng,
Den Pig' Philissa red' deris Seng,
Beengier hun var Juttis Mund Kock,
Dog gaff dem aldrig halffpart nock,
Thi hun haffde intet at siude eller kaage,
Men effter Spisen matt hun snage.
Niding oc Beengier kunde aldrig magis,
Mauffrkaal oc Knep ku[n]de aldrig fordragis,
Thi Mauffverkaal, den karrig Hund,
Hand tient Niding til Haand oc Mund.
Eubulus, den fromme Raadmand,
Hand raad Niding til paa stand
At giffve nock baad' Øll oc Brød,
Paa det hans Folck ey skuld' lide Nød.
Det hialp dog intet, hand drog aff sted,
Langt hen fra Huus, tog Nøglene med
Oc slog i Laase baade Øll oc Mad,
Hans Hustru var der ved lit glad.
Der hun nu sad oc gremmet sig saare,
Den Staader Jeppe kom lackend [i] Gaard[e]
Oc denne Tocki ret Skalckemester,
De actet at bliffve Juttis Giester.
Hun haffde intet, de haffde i Sæck
De skøne Rætter, lod Bordet dæck,
De haffde oc Vjn i deris Flaske,
Thi begynder Jeppe at braske;
Hand drack Jutta til, tracterit hinde best,
Den Nat laa hand Jutta lilde nest.
Om Morgenen klædde hun Jeppe saa,
At hand i Nidings Klæder mon gaa.
Der Niding da kom lackende i Gaarde,
Da matte hand staa uden faare,
De narred ham saa baade ude oc inde,
At hand ey kiende sin egen Qvinde,
Saa gick hand hen fra Qvinden bort
At lede oc spørge, hand viste ey hvort,

Nothing was heard but woe and cares,
The children wailed from hunger sheer,
And gentle Jutta shed a tear.
Knep, their servant, did what they said,
Philissa here made up their bed,
Bonecrone cooked the broth and meat,
But never served enough to eat,
Nothing she had to make a meal,
Each bite of food she had to steal.
Nithing and Bonecrone reached no accord,
Meagrecole and Knep each other abhorred,
For Meagrecole, that stingy cur,
To Nithing's wishes he'd defer.
Eubulus, selectman good,
Told Nithing that he really should
Supply enough of beer and bread
Or his flock would soon be dead.
But nought availed, he went away,
Took the keys and far did stray,
Locked up tight the beer and food;
His wife was in a somber mood.
While thus she sat in fit of spleen,
A gay tramp, Jep, came on the scene,
And with him Tocki, arrant scamp,
At Jutta's they would now encamp.
She had naught, but in their sack,
Of tasty morsels was no lack.
With food and wine they filled the table,
And Jeppè soon began to fable;
He drank with Jutta in delight;
He lay with Jutta all that night.
Next day she dressed Jeppè so
That he in Nithing's clothes could go.
When Nithing home again did ride,
He was compelled to stand outside,
They chased his wits both to and fro,
So his own wife he did not know,
And from that wife he did turn there,
To search and ask, he knew not where,

Hand leder endnu effter sit Huus,
Den galne, Rjge, sulten Lus.
Værer stille qver oc acter vel,
Om denne Niding skeer Uskel!
Hvad gielder, i skal dømme saa,
At Niding sin rette Løn mon' faa?

Det er Nidings evige bekymring, at han en dag skal stå og mangle.
De andre tænker med desperation på de dejlige skinker og andet,
som Niding lader hænge til rotter og mus, medens de selv må æde
skimlet brød og råddent sul. Niding vil rejse bort for en rum tid
med alle nøgler hos sig og betle sin føde, så vil husholdningen i
den tid slet ikke koste ham noget.

Efter 1. akts hungerscener følger som en virkningsfuld kontrast
de velforsynede tiggeres gavmilde beværtning af Jutta og hendes
udsultede børn og tyende. Det er blevet aften (2. akt, 5. scene):

JEP SKALD Det er paa tjd at vandre bort.

TOCKI Hvad vandring er det? siger mig hvort!

BEENGIÆR I Afften kand I ingensteds vandre.

JUTTA Lader os nyde Pladtz hos hver andre!
Mand maatte mig kalde en lusige Trippe,
Om jeg i Afften lod eder saa slippe.
Kand jeg eder ey andet bevise,
Alt maa I nyde Nat Ro oc Ljse,
En Seng maa I alt ligge paa,
Giffve det Gud, hvor siden kand gaa.

JEP SKALD Jeg tacker eder, deylig Qvinde,
For eders Fromhed, jeg nu kand finde,
At jeg ey nu skal vandre oc gaa,
Da under mig at ligge i en Vraa.
Tag hen de Staffve i Pugens Naffn!
Jeg haabis, at jeg dem vel kand saffn.

BEENGIÆR Ah, seer nu til, min kiere Frue,
Er dette Menniske ey værd at skue?

JUTTA Min kiere Jeppe, det er stor skade,
At I skal tigge i saadan Maade:
I er jo skabt ret deylig forvist,
Foruden Lyde, saa hielpe mig Christ!

He's searching still for his old house,
That stingy, wealthy, starving louse.
Be quiet now, observe with care,
If Nithing's lot is not unfair!
What is right, is up to you,
Does Nithing gets his own just due?

Nithing worries constantly that one day he will be destitute.
Meanwhile, the others are desperate, thinking about the fine hams
and other delicacies that Nithing allows to hang for the rats and
mice to feed on, while they themselves must eat mouldy bread and
rancid pork. Nithing decides to go on an extended trip, and takes
all the keys with him. He plans to beg for food, and thus his house-
hold will cost him nothing during that period.

In effective contrast to the starvation scenes of the first act, the
sumptuous feast given by the two vagabonds to Jutta and her
famished children and retainers follows. It is now evening (Act II,
scene 5):

JEP SKALD	The time has come for us to go.
TOCKI	Where would you go, I'd like to know!
BONECRONE	This evening you can't find your way.
JUTTA	So let's here together stay!
	People would call me harsh and sour,
	To send you away at such an hour;
	I've nothing else to offer a guest,
	But at least you'll have a good night's rest.
	A bed for you I shall provide,
	Whatever follows will God decide.
JEP SKALD	Lovely lady, my heartfelt thanks
	For your kindness, it's true, my shanks
	Are glad to wander and travel no more;
	I'll sleep in a corner on the floor.
	Take these crutches for God's sake,
	I hope that I can them forsake!
BONECRONE	O madam, come, don't you agree!
	Is this man not a sight to see!
JUTTA	My dear Jeppè, it seems a great shame,
	That you must beg as though you were lame:
	Your form is fine, your body whole,
	Without a fault, upon my soul!

BEENGIÆR Icke er I gifft, min kiere Jep Skald?
             Som mend, I burde it andet Kald.
JEP SKALD Var jeg kon rijg, da vilde jeg beyle
             Oc haabis, det skulle mig icke feyle.
             Ah, dricker nu, der som I gjd!
JUTTA   I maa vel sidde nermer hid!

Det var kun af professionelle hensyn, at Jeppe gik med krykker!
Nidings kone undergår en fint nuanceret forvandling. I begyndel-
sen af 2. akt var hun endnu den forkuede hustru, der ikke turde
bryde husets gemmer op. Men under måltidet gør den stigende
forelskelse hende stadig mere frimodig, og efter natten med Jep
Skald viger hun ikke tilbage for at klæde elskeren i ægtemandens
fineste klæder og udskifte husets låse. Da Niding i 4. akt kommer
tilbage, vil hverken huset eller dets beboere kendes ved ham, og i
sidste akt tror han at have drømt sin tidligere tilstand som husets
herre og Juttas mand og beder på stoddervis om husly for natten.
Nidings komiske ydmygelse når sit højdepunkt, da Jutta skænker
ham Jep Skalds tiggerkappe, som han med tak tager imod. Da
Niding kom hjem, var hans sind ængstet af en drøm: en stodder
havde taget pladsen hos hustruen. Men nu, da han, selv tigger, har
fået mad og drikke, er hans sind lettet, og han tænker sig et øjeblik
selv at være den stodder, der skal ligge hos konen i huset! (5. akt,
1.–3. scene):

NIDING   Da har jeg drømt det som en Daare,
                     I maa mig kalde en galen Taabe;
                     Drømte jeg, att disse Huse vare mine,
                     Oc Juta var min Hustru fine,
                     At Knep var min tienist Dreng,
                     Philissa pleyed at rede min Seng,
                     Oc Beengiær var min Konis Tærne.
                     Det drømte jeg nødig oc icke gierne,
                     O Gud, bevar hver ærlig Mand
                     Fra sligen Drøm, siger Amen paa stand!

BONECRONE	Why, dear Jep Skald, are you not married?
	Your calling seems to have miscarried.
JEP SKALD	Were I but rich, I would propose,
	And hope to win the girl I chose.
	Now fill your glasses with good cheer!
JUTTA	I don't mind if you sit too near!

It was thus for purely professional reasons that Jep used crutches!

Nithing's wife undergoes a subtle transformation. At the beginning of the second act she was still the intimidated housewife, afraid to break into her husband's locked cupboard. During the course of the banquet, meanwhile, her growing amorousness makes her increasingly bolder, and after spending the night with Jep Skald she has no hesitation about dressing her lover in her husband's best clothes and changing the locks on the doors. When Nithing returns in the fourth act, neither the house nor its inhabitants seem to recognize him. In the final act, now believing that his previous state as master of the house and Jutta's husband was all a dream, Nithing begs like a vagabond for shelter for the night. His comic humiliation reaches its climax when Jutta gives him the cape worn by Jep Skald as a beggar, a donation which he gratefully accepts. When Nithing returned home, his thoughts had been troubled by a dream, in which a vagabond had appropriated his place beside his wife. At the end of the play, however, Nithing is himself a beggar and, his spirits revived by food and drink, he now imagines for a moment that he himself is the vagabond who will lie with the lady of the house! (Act v, scenes 1–3):

NITHING	Then it was all a frightful dream;
	To you a witless fool I seem;
	I dreamt I lived here all my life,
	And Jutta was my faithful wife,
	Knep, my servant, did what I said,
	Philissa used to make my bed,
	Bonecrone my wife's servant still,
	All this I dreamt against my will.
	O God protect all honest men
	From dreams like that, I say, amen!

Gud maa best vide, hvor det er fat,
Jeg beder, laaner mig dog Hus i Nat.
JEP SKALD   Jo, Hus vil jeg dig icke stønne.
MAUFFVERKAAL Det skal Gud igien belønne!

ACTUS 5. SCENA 2

Jutta. Jep Skald. Beengiær. Niding. Mauffverkaal.

JUTTA   Hør, Beengiær, giff den Staader Mad,
                   Giff Øll i Kande oc Kaal i Fad!
JEP SKALD   O, giff de Staader nock at tære!
BEENGIÆR   Saa gierne ma jeg lade det være:
                   Kand skee naar de faa Brød i Hænde,
                   At æde der aff har de ey Nænde.
JUTTA   En Staader døde her for en Dag,
                   Hans Kappe ligger her til Mag,
                   Den vil jeg [gierne?] Niding skiencke.
NIDING   Herren skal eder igien betencke!
JUTTA   Den kand i bruge, naar i trenger,
                   Thi den, i har, duer ey lenger.
                   Her er oc en anden Staader Kappe,
                   Den maa du, Mauffverkaal, oc hensnappe.
MAUFFVERKAAL Gud vær eders Løn i Himmerig!
                   Hvor tage vi saadan en Qvindis lijg?
JEP SKALD   Skienck flux i Skaalen, bær dem ind,
                   [Saa] faar de it lætter Hu oc Sind.
BEENGIÆR   Hør, Niding, drick nu, mens du gid,
                   Det skal ey koste dig en Hvid.
                   Nu dricker Niding vor Moders Skaal,
                   Det samme giør oc Mauffverkaal.

ACTUS 5. SCENA 3

Niding. Mauffverkaal.

NIDING   Nu lættis baade Hierter oc Sind,
                   O Gud vær med den Danneqvind!
                   Jeg aad ey saa vel i femten Aar
                   Eller veed, jeg saa lystig vaar.

God must watch over each man's plight,
I beg for shelter for the night.

JEP SKALD   I won't deny you a place to stay.

MEAGRECOLE God your goodness will surely repay!

ACT V, SCENE 2

Jutta. Jep Skald. Bonecrone. Nithing. Meagrecole.

JUTTA   Bonecrone, give this beggar a dole,
A pint of beer and a bowl of cole!

JEP SKALD   O, give these beggars enough to eat!

BONECRONE   That order I would sooner delete:
Why, if they get their hands on bread,
To hoard it they may wish instead.

JUTTA   A beggar who died the other day
Left his cape here, and if I may,
I'll give it to Nithing in his need.

NITHING   May the Lord reward your generous deed!

JUTTA   You can use it in rain or cold,
The one you have looks rather old.
Here Meagrecole, yourself to drape
Take this other beggar's cape.

MEAGRECOLE   God reward you in afterlife!
Where could we find so good a wife.

JEP SKALD   Fill the wine jug and bring it here,
That will revive your spirit and cheer.

BONECRONE   Now, Nithing, drink your fill with glee,
You should enjoy it since it's free.
To Jutta Nithing lifts his bowl:
A toast—he's joined by Meagrecole.

ACT V, SCENE 3

Nithing. Meagrecole.

NITHING   Unburdened are my heart and mind,
To this fine woman God be kind!
I never dined so well before,
My blood is warm, my spirits soar.

Jeg haabis alt at finde min Kone,
Skuld jeg end leede her fra til Skaane,
Thi vil vi vandre Bye fra By,
Høre oc spørge om Tiding ny,
Ja leede det hele Land omkring.

MAUFFVERKAAL Alt faar i først liuse til Lands Ting,
Om ingen veed eders Gaard oc Grund,
Eders Kone oc Børn nogen lund,
Saa faar i nogen Kundskab paa stand.

NIDING O, du raader som en forstandig Mand!
Hvad troer du, Mauffverkaal, jeg tæncker?

MAUFFVERKAAL Kand skee paa listige Reuffve Rencker?

NIDING Jeg drømte en selsom Drøm i Nat,
At en Stader haffde min Kone fat,
Giff dette icke end saa monne gaa,
At sligt Jep Skalds Kone gielder paa:
Seer, hvor hindis Øyne paa mig løbe,
Det var nock, hun skuld mig kiøbe.
Ah, var det saa, at det kunde skee,
Da vilde jeg skogre oc hiærtelig lee.
Ney, mig skal neppe timis den ære,
Icke vilde jeg det end heller begere,
At soffve hos Jep Skald[i]s Qvinde,
Jeg haabis, jeg maa min egen finde.

Som den engelske *Everyman* har den med held været opført i nyere
tid.

My hopes of finding my wife are high,
I'll search and seek both far and nigh;
We'll make our way from town to town,
And ask for tidings up and down
And through the land we'll search with zeal.

MEAGRECOLE But first in court you must appeal:
Does anyone know your farm and land,
Your wife and children, we'll demand.
That may bring you nearer your goal.

NITHING Your counsel's wise, good Meagrecole!
Of what am I thinking, do you deem?

MEAGRECOLE Is it some clever and foxy scheme?

NITHING I dreamt the strangest dream last night,
A beggar held my good wife tight,
Let's hope it does not indicate,
That Jep Skald's wife will meet that fate:
See how her eyes now take my measure,
As though she'd buy me for her pleasure.
And if perchance it came to pass,
I'd laugh until I burst, alas!
But to her love I don't aspire,
Neither is it my desire,
To sleep in Jep Skald's woman's bed,
I hope to find my own instead.

Like the English *Everyman,* the Danish play has been successfully revived in modern times.

DEN FANGNE GREFWINNE
LEONORÆ CHRISTINÆ JAMMERS MINDE

Således kaldte forfatterinden selv sine erindringer. Leonora Christina (1621–98) var datter af kong Christian IV og hans morganatiske hustru Kirstine Munk. Hun var rigt begavet og fik en alsidig kulturel uddannelse. Kun 15 år gammel blev hun gift med grev Corfitz Ulfeldt, 1643–51 rigets højeste embedsmand, rigshovmester. Under et diplomatisk besøg i Paris 1647 vakte Leonora Christina hoffets beundring ved sin ynde og klogskab. Da Frederik III 1648 efterfulgte Christian IV, formindskede han Ulfeldts magt; af had til kongen sluttede den grænseløst ærgerrige mand sig til rigets fjender; 1660-61 sad han og Leonora Christina i fangenskab på Bornholm; 1662 forlød det i København, at Ulfeldt havde tilbudt at skaffe kurfyrsten af Brandenburg Danmarks krone. Leonora Christina, som med dyb hengivenhed og trofasthed fulgte sin ægteherre overalt, tog alene til London for at indkræve en sum penge, som Karl II havde lånt af Ulfeldt; den engelske konge spillede imidlertid Leonora Christina i hænderne på den danske gesandt, som lod hende føre til København, hvor hun på Københavns slot holdtes fængslet i 22 år, 1663–85. Under de senere år af sit fangenskab nedskrev hun, for sine børns skyld, sine erindringer fra fængselstiden. Af disse memoirer, de ypperste i dansk litteratur, lyser den fangne kongedatters sjælsstyrke; hendes personlighed hævder sig under de mest ydmygende omstændigheder. Som fortæller og skribent ejer hun en enestående evne til at få en situation til at stråle af liv og bevægelse. – Med stor troværdighed gengiver hun talesproget, også når hendes omgivelser har benyttet fransk, højtysk eller plattysk. –

Den 8. august indsattes Leonora Christina i et smudsigt fængselsrum uden vinduer; her blev hun straks kropsvisiteret. Døren blev "opluct, oc kom ind til mig Dronningens Hoffmesterinne, hendis Kammer-Quinde oc Prouiant-Skriffuerens Quinde, Abel Catharina. Den sidste kiendte ieg. Hun oc Dronningens Kammer-Quinde

THE CAPTIVE COUNTESS

LEONORA CHRISTINA'S MEMORY OF WOE

This was the title which the authoress gave to her memoirs. Leonora Christina (1621–1698) was the daughter of King Christian IV and his morganatic wife Kirstine Munk. She was highly talented and received a broad, cultural education. When she was only fifteen she was married to Count Corfitz Ulfeldt who from 1643–1651 was seneschal, the highest official in the kingdom. During a diplomatic visit to Paris in 1647, Leonora Christine evoked the admiration of the court because of her grace and intelligence. When Frederick III succeeded Christian IV in 1648, he diminished Ulfeldt's power; out of hatred for the king, this boundlessly ambitious man joined forces with enemies of the kingdom. In 1660–1661 he and Leonora Christina were imprisoned on the island of Bornholm; in 1662 it was rumored that Ulfeldt had offered to obtain the crown of Denmark for the Elector of Brandenburg. Leonora Christina, who with deep devotion and faithfulness followed her husband everywhere, travelled alone to London in order to collect a sum of money which Charles II had borrowed from Ulfeldt. The English king, however, played into the hands of the Danish envoy, who had Leonora Christina taken to Copenhagen, where she was held prisoner in the Copenhagen Castle for twenty-two years, 1663–1685. During the later years of her imprisonment, she wrote down her memoirs of the time in prison for the sake of her children. The spiritual strength of the captive daughter of a king glows in these memoirs, the most outstanding in Danish literature; her personality asserts itself under the most humiliating circumstances. As a narrator and writer, she possesses an unique ability to make a situation radiate life and movement. With great veracity, she reproduces spoken language, even when the people around her used French, High German, or low German.

On 8 August, Leonora Christina was locked up in a dirty cell without windows; here she was immediately bodily searched. The door "was again opened, and there entered the Queen's Mistress of the Robes, her Woman of the Bed-chamber, and the wife of the Commissariat Clerk, Abel Catharina. I knew the last-named. She and the Queen's Woman of the Bed-chamber carried clothes, which

haffde Klæder att bære, som bestoede vdi en lang Silcke stoppet Natkiortel, offuer dragen med Liifarffue Skillert oc huid Skillerts Vnderdret, et Lærritz Skiørt, tryckt med sort i Kniplings Munster omkring, et Par Silcke Strømper, et Par Tøffler, en Serck, ett Forklæde, en Nattmantel oc tuende Kamme. De helsede mig icke. Abel Cath. holt Orded oc sagde: "Ded er Henders Majts. Dronningens Befaling, att wi skal klæde Eder aff Eders Klæder, oc att I skal haffue disse igien". Ieg suarte: "I Guds Naffn!" Saa løste de aff mit Hoffuet min Walck, vdi huilcken ieg Ringe oc mange løse Demanter haffde indsyet. Abel Cath. følte offuer alt i mit Hoffuit, om intet war stucken i Haaret; sagde til de andre: "Der er intet, wii haffuer icke Kammene behoff". Abel Cath. begierte Armbaandene oc Ringene. Ieg tog dennem aff oc flyde hender, saa nær som en liden Ring, mig gick paa ded yderste Leed aff min Liden-Finger, kunde werret lit meer end som en Rdr. wært; den bad ieg om att maatte beholde. "Nein" (suarte Hoffmesterinnen), "Ihr sollet nichts behalten". Abel Cathr. sagde: "Ded er os saa høyt forbøden att lade Eder ded allerringeste; ieg haffuer maat swære Dronningen paa min Siæl oc Salighed, att ieg skulle flittig søge oc icke lade Eder ded allerringeste, men der for skal I icke miste ded; ded skal altsammen forseglis oc Eder til beste forwaris, ded haffuer, som Gud, Dronningen sagt". "Wel, wel, i Guds Naffn!" suarte ieg. Hun drog mig alle mine Klæder aff. Vdi mit Vnder-Skiørt haffde ieg giemt *Ducater* vnder de brede Guld-Kniplinger, vdi min Silcke *Camisolle* ett lided Demants-Smycke, vdi Foeden aff miine Strømper *Iacobusser* oc Saphirer i mine Skoe. Der hun wille drage mig Sercken aff, bad ieg den att beholde. Ney, soer hun wed sin Siæl ey att torde. Saa blottede de mig gandske, oc gaff Hoffmesterinnen Abel Cathr. en Nick, huilcken hun icke strax forstoed, huorfor Hoffm. sagde: "Wisset Ihr wol, was Euch befohlen ist?" Derpaa søgte Abel Cathr. med sin Haand paa ett himlig Sted oc sagde til Hoffm.: "Neen, bii Gott! dar ist nichts". Ieg sagde: "I handler v-christeligen oc v-tilbørligen med mig". Abel Cathr. suarte: "Wii erre ickun Tiennerinder, wii faar att giøre, huad os er befalet; wii skal leede effter Breffue oc icke effter anded, alt ded anded skal I faa igien, ded skal wel forwaris". Der de mig saaledis spoleret oc i de Klæder, de mig bragte, igien i klæd haffde, kom Hoffmesterindens Dreng ind oc leete offuer alt med Able Cathr., fant oc alt, huis ieg haffde skiult. Gud forblindede dennem alligewel, saa de icke bleffue mine Demants Ørringe war oc nogle *Ducater,*

consisted of a long dressing-gown stitched with silk, made of flesh-coloured taffeta and lined with white silk, a linen under-petticoat, printed over with a black lace pattern, a pair of silk stockings, a pair of slippers, a shift, an apron, a night-dress, and two combs. They made me no greeting. Abel Cath. spoke for them, and said: 'It is the command of Her Majesty the Queen that we should take away your clothes, and that you should have these in their place.' I answered, 'In God's name!' Then they removed the pad from my head, in which I had sewn up rings and many loose diamonds. Abel Cath. felt all over my head to see if anything was concealed in my hair; then she said to the others, 'There is nothing there; we do not require the combs.' Abel Cath. demanded the bracelets and rings. I took them off and gave them to her, except one small ring which I wore on the last joint of my little finger, and which could not be worth more than a rix-dollar, this I begged to be allowed to keep. 'Nein,' said the Mistress of the Robes, 'Ihr sollet nichts behalten.' Abel Cath. said, 'We are strictly forbidden to leave you the smallest thing; I have been obliged to swear on my soul and salvation to the Queen that I would search you thoroughly, and not leave you the smallest thing; but you shall not lose it; everything will be sealed up and kept for you, for this I swear the Queen has said.' 'Good, good, in God's name!' I answered. She drew off all my clothes. In my under-petticoat I had concealed some ducats under the broad gold lace; there was a small diamond ornament in my silk camisole, in the foot of my stockings there were some Jacobuses', and there were sapphires in my shoes. When she attempted to remove my chemise, I begged to be allowed to retain it. No; she swore upon her soul that she dared not. She stripped me entirely, and the Mistress of the Robes gave Abel Cath. a nod, which she did not at once understand; so the Mistress of the Robes said: 'Wisset Ihr wol, was Euch befohlen ist?' Upon this, Abel Cath. put her hand in a private place, and said to the lady in waiting, 'Neen, bii Gott! dar ist nichts.' I said: 'You act towards me in an unchristian and unbecoming manner.' Abel Cath. answered: 'We are only servants; we must do as we are ordered; we are to search for letters and for nothing else; all the rest will be given back to you; it will be well taken care of.' After they had thus despoiled me, and had put on me the clothes they had brought, the servant of the Mistress of the Robes came in and searched everywhere with Abel

ieg vdi Lær indsyed haffde om mit eene Knæ; en Demant paa en
200 Rdr. reddede ieg oc, den haffde ieg paa Skiibet bit vd aff Gullet
oc kast Gullet i Stranden; Steenen haffde ieg da i Munden."

Den 17. Aug. flyttedes Leonora Christina til et fangerum i Slots-
tårnets 3. stokværk: "Her wil ieg mit Fengsels Sted beskriffue. Ded
er ett Kammers, som er 7 aff mine Skrit lang oc 6 breed; der vdi
staar tuende Senge, ett Bord oc toe Stoele. Ded war nys kalcket,
huilcket gaff en stoer Stanck; ellers war Gulffuet saa tyck med Skarn,
att ieg meente, ded war aff Leer, der ded dog er lagt med Muur-
steen. Ded er 9 Allen høyt, hualt, oc allerhøyest sidder ett Windue,
som er en Allen i Fiirkant. Der er dobbelt tycke Ierntraller for,
derforuden ett Sprinckelwerck, som er saa tet, att icke en liden
Finger kand stickis i Hullerne". Hun fik rigelig forplejning og en
kvinde til sin opvartning, men de første år var al slags beskæftigelse
hende forbudt. Slotsfogden, d. v. s. slotsforvalteren, Jochim Walt-
purger, "war fuld aff Galskab, giorde Putzerier, som Drenge pleier
at giøre; wille fixere sig med Quinden, men hun kunde intet der
med. Hand war nesten fuld hwer Dag om Middagen, naar hand
kom op.... Hand wille oc gante sig med mig, gabte for mig, oc ieg
skulle kaste noget hen oc see, om ieg kunde ramme hands Mund.
Ieg loe oc sagde: "Wo doll siet Ii!" bad ham komme nærmere, saa
wille ieg see, om ieg kunde ramme den. "Neen, neen" (sagde hand),
"so wehr ick doll! Ii skolle mii wol en Orfigen gäffwen!"... En
Afften war hand drucken eller stillede sig saa; begynte paa sin Wiis
at wille *carressere* mig oc søge att wille føle miine Knæ, tog til Enden
aff mit Skiørt. Ieg støtte ham med Foeden oc sagde intet anded[end]:
"Wan Ii duen siedt, so blifft van mii vnd kombt hir nicht binnen,
dat säg ick Iu!" Hand sagde intet, stoed op oc gik bort; kom oc
siden icke ind, naar hand war fuld, men bleff vden for i ded anded
Rom, lagde sig der neer i Wiinduet, huor der er en breed Benk murit
aff Steen; der laae hand oc soff et Tag, effter att miine Døre ware
lucte, saa kom hands Kusk oc Christen oc slæbte ham neer. Støn-

Cath., and found everything that I had concealed. God blinded their eyes so that they did not observe my diamond earrings, nor some ducats which had been sown into leather round one of my knees; I also saved a diamond worth 200 rix-dollars; while on board the ship I had bitten it out of the gold, and thrown the gold into the sea; the stone I had then in my mouth."

On 17 August, Leonora Christina was moved to a cell in the third story of the castle tower. "I will here describe my prison. It is a chamber, seven of my paces long and six wide; there are in it two beds, a table, and two chairs. It was freshly whitewashed, which caused a terrible smell; the floor, moreover, was so thick with dirt, that I imagined it was of loam, though it was really laid with bricks. It is eighteen feet high with a vaulted ceiling, and very high up is a window which is two feet square. In front of it are double thick iron bars, besides a wire-work, which is so close that one could not put one's little finger into the holes." She received sufficient food and a woman to attend her, but during the first years, every kind of activity was forbidden her. The castle bailiff, that is to say, the castle steward, Jochim Waltpurger, "was full of foolish jokes, and played tricks such as boys enjoy; he tried to jest with the woman, but she would not join him. Almost every day he was drunk at dinner-time when he came up. He wanted to jest with me also, and opened his mouth, telling me to throw something in and see if I could hit his mouth. I laughed and said, 'Wo doll siet Ii!' and begged him to come nearer, and I would see if I could hit him. 'Neen, neen,' said he; 'so wehr ick doll, Ii skolle mii wol en orfigen gäffwen.' ... "One evening he was intoxicated, or behaved as such; and began, after his fashion, to try and caress me, endeavouring to feel my knees and seized the edge of my petticoat. I thrust him away with my foot, and said nothing more than: 'Wan Ii duen siedt, so blifft van mii vnd kembt hir nicht binnen, dat säg ick Iu.' He said nothing, got up and went away; but he did not come in afterwards when he was tipsy, but remained outside in the anteroom, lying down in the window, where there was a broad stone bench against the wall; there he lay and slept for some time after my doors were locked, then the coachman and Chresten came and dragged him down. Occasionally he came in when he was not drunk, and he gave me at

nem, naar hand war icke fuld, saa kom hand ind, oc gaff hand mig
effter Begiæring nogle gamle Kortblade, som ieg syde sammen oc
giorde mig et Skrin aff. Christian beslog ded med tynne Fyrpiinde,
som ieg siden syde paa oc sneeg mig til att male med Farffwe. Ded
er endnu til. Slosf. saae ded siden, men spurte aldrig, hwordant ded
Beslag war kommen til. I ded Skrin (om ded saa kand kaldis) haff-
wer ieg alt mit Arbeed oc Reedskab, oc staar [ded] i min Seng om
Dagen.''

De vekslende opvartersker var Leonora Christina til opmuntring
eller fortræd efter deres karakter. Cathrine Wolff var fordrukken;
hun ses her i en scene af flamsk realisme: "Hun fik... en halff Potte
frans Wiin hwær Maaltiid, oc ieg en halff Potte rinsk Wiin. Begge
de Deele kunde hun dricke foruden att være heel fuld; thi til hinders
Maed drak hun den franske Wiin, lagde sig derpaa; naar hun saa
stoed op om Efftermiddagen, saa drak hun min Wiin. Om Afftenen
skaanede hun miin Wiin til Frokaast, men engang forwarte hun i
en Potte baade min oc henders Wiin om Afftenen, saa hun til Mid-
dag haffde 2 Potter Wiin; dem sæd hun oc listede saa sacte i sig,
oc ieg actede ded icke, sæd iust i en *Speculation* om et Munster til
att knøtte. Endelig saae ieg til hender, att ded warte saa lenge, før-
end hun lagde sig; da hælte hun alle Kar et effter anden, oc der war
intet vdi. Saa talte ieg til hender oc sagde: "Wo is et? Häb Ii alle de
Wiin utdrunken?" Hun kunde ille sware, wille staa op oc kunde
icke. "Tho Bäd, Ii fulle Söwge!" (sagde ieg). Hun wille gierne, men
kunde icke, spiide langs need aff sig, krøb langs ad Wæggen for att
faa fat paa en Koost. Der hun haffde den, kunde hun intet giøre
dermed. Ieg sagde, hun skulle krybe til Sengen oc legge sig. Hun
krøb did oc falt næskrues ned paa Sengen, oc Benene stoede paa
Gulffwet. Der spyde hun igien, bleff saa liggendis oc soff (huorledis
ieg war til Fritz, er læt att tencke). Hun soff et Par Tiimer saaledis
liggendis, haffde dog icke soffvet Ruusen gandske vd; thi der hun
skulle giøre reent for sig oc om sig, bleff hun siddendis et swart Tag
paa en law Stoel, Kooste Skafftet med Koosten imellem Beenene,
Haaret om Ørene. Snørliffwet tog hun aff for at toe ded, sæd saa i

my request some old maps, which I sewed together and made into a box. Christian covered it with thin sticks of fir, which I afterwards stitched over, and I even secretly contrived to paint it. It still exists. The prison governor saw it afterwards, but he never asked where the covering had come from. In this box (if I may call it so) I keep all my work and implements, and it stands by day on my bed."

The maid servants who succeeded one another were a source of encouragement or harm to Leonora Christina, each according to her character. Catherine Wolff was given to drink; she is shown here in a scene of Flemish realism: "She received half a pint of French wine at each meal, and I half a measure of Rhine wine. She could drink both portions without being quite intoxicated, for at her meal she drank the French wine and lay down; and when she got up in the afternoon she drank my wine. In the evening she kept my wine for breakfast, but once she preserved in a vessel both my wine and her own, so that at noon she had two pints of wine; she sat there and drank it so quietly, and I paid no attention to her, being at the moment engaged in speculation about a pattern which I wanted to knit; at length I looked at her because it was so long before she lay down; then she turned over all the vessels, one after another, and there was nothing in them. I accosted her and said, 'Wo is et? Häb Ii alle de wiin utdrunken?' She could scarcely answer. She tried to stand up, and could not. 'Tho bäd, Ii fulle söwge!' said I. She tried to move, but could not; she vomited down her front, and crept along by the wall to fetch a broom. When she had the broom, she could do nothing with it. I told her to crawl into bed and lie down; she crawled along and fell with her face on the bed, while her feet were on the ground. There she vomited again, and remained so lying, and slept. It is easy to imagine how I felt. She slept in this way for a couple of hours, but still did not quite sleep off her intoxication; for when she wanted afterwards to clean herself and the room, she remained for a long time sitting on a low chair, the broom between her knees and her hair about her ears. She took off her bodice to wash it, and so she sat with her chemise

Oplet, som stoed aaben for til, oc toe slæmme soorte brune Flasker hengte vd; iamrede sig, bad Gud hielpe sig: hun haffde sin Død. Ieg war baade wree, oc ieg kunde icke holde mig for Latter aff ded slæmme Skilderi."

Over for en anden, Inger, der var fuld af ondskabsfuld drilagtighed, måtte Leonora sætte sig i respekt ved hårde midler. Længe har kvinden opirret hende. "Ieg sagde: "I drister paa min Taalmodighed, men løber Gallen offwer for mig engang, saa skal I wist faa noget anded att see, I forbandede slemme Ting!" "Forbandede slemme Ting!" sagde hun wed sig selff oc loe saa sacte. Ieg bad Gud regiere mig, att ieg icke skulle forgriibe mig paa ded Affskum. Oc som ieg da haffde ded anded Rom, saa gik ieg der op, spatzerte imellem 4 oc 5 Slæt. Hun slaskede oc toede der vde, spilte Wand ret der, som ieg tog min Gang. Ieg sagde hender nogle Gange, hun skulle lade sin Toen være, hun kaste alt Wanded hid oc did paa Gulffwet, ieg giorde miine Klæder skiden, oc stønnem war der icke en Taar til Hunden att dricke, oc Taarngiemmeren skulle hente Wanded henne wed Køcken Posten. Alt ded hialp intet. En Dag lystede ded hender, att ret som Klocken haffde slaget 4, gik hun vd i ded anded Rom oc slog all Wanded vd paa Golffwet, kom saa ind igien. Der ieg kom i Døren, bleff ieg ded war; foruden nogen Ord slog ieg hender først paa den eene oc saa paa den anden Kiæffte, saa Bloded stoed vd aff Næse oc Mund, oc hun falt imod sin Slabenk oc støtte sit Skinnebeen Hudden aff. Hun begynte att bruge Mund oc sige, att hun aldrig fik saadan Ørfigner i siine Dage. Ieg sagde stax: "Holder Kiæfften, ellers I skal faa fleere aff dem! Ieg er endnu ickun lit wree, men giør I mig ret wree, ieg skal lemmelæste Eder!" Hun taw for den Gang, men giorde all den smaa Fortred, hun kunde. Ieg tog ded alt med Sactmodighed an, frygtede for, att ieg skulle forgriibe mig paa hender."

Engang i 1670 fik den fangne grevinde fornemt besøg; nogle damer kom, uden at give sig tilkende, i hendes fængselsrum; en af

open, from which hung two black-brown leather bottles; she kept bemoaning herself, praying to God to help her, as she was nigh unto death. I was angry, but I could scarcely help laughing at this sad picture."

From another, Inger, who was full of evil mischievousness, Leonora had to win respect by using harsh means. The woman had irritated her for a long time. "I said, 'You tax my patience sorely; but if once my gall runs over, you will certainly get something which will astonish you, you base accursed thing!' 'Base accursed thing!' 'Base accursed thing,' she repeated to herself with a slight laugh. I prayed to God that he would restrain me, so that I might not lay violent hands on this base creature. And as I had the other apartment (as I have before mentioned), I went out and walked up and down between four and five o'clock. She washed and splashed, and spilled water there where I was walking. I told her several times she should stop; she spilled water here and there on the floor, so that I dirtied my clothes, and often there was not a drop of water for my dog to drink, and the tower warder had to fetch her water from the kitchen pump. This was of no avail. One day it occurred to her, just as the bell had sounded four, to go out and pour all the water on the floor, and then come back again. When I went to the door, I perceived what she had done. Without saying a word, I struck her first on one cheek and then on the other, so that the blood ran from her nose and mouth, and she fell against her bench, and knocked the skin from her shin-bone. She began to be abusive, and said she had never in her life had such a box on her ears. I said immediately, 'Hold your tongue, or you will have others like it! I am now only a little angry, but if you make me really angry I shall maim you.' She was silent for the time, but she caused me all the annoyance she could. I received it all with gentleness, fearing that I might lay violent hands on her."

Sometime in 1670, the captive countess received distinguished visitors; some ladies came into her cell without identifying themselves; one of them, the Duchess of Glücksborg, asked humiliating

dem, hertuginden af Glücksborg, gjorde ydmygende spørgsmål – og fik svar: "Hun spurte mig, om ieg haffde Lopper. Ieg swarte att wille lewere hender et Regiment Lopper, om hun wille haffwe dem. Hun swarte hastig med en Eed oc soer, hun begierte dem icke. Ieg bleff noget spotsk offwer henders Spørgsmaal oc fortreden offwer den Glæde, hun wiiste i min elendige Tilstand, huor for, der hun spurgte mig, om ieg oc haffde "Filz- oder Wandtleüse", swarte ieg hender med et Spørsmaal oc spurte hender, "ob mein Schwager *Hanibal* Sehested noch lebte?" Ded Spørsmaal giorde hender lit taws, thi derpaa formerkte hun, att ieg kiente hender" – den kvinde-kære Sehested, som var gift med en søster til Leonora Christina, havde engang stærkt kurtiseret den paagældende dame, hvad der havde givet anledning til en del omtale.

1670 døde Frederik III; det nye kongepar var Leonora Christina mildere stemt; hun fik bl.a. lov at anskaffe bøger; men først da enkedronning Sophie Amalie døde 1685, gav Christian V Leonora Christina friheden. Han lod dog ordren udføre, medens han var på rejse til Norge.

Den 19. maj 1685, klokken 8 om morgenen kom slotsfogdens fuldmægtig "Tøtzløff op til mig oc berettede, att Gros *Canzeler* Greff *Allefeldt* haffde sendt Slosfogden en kongl. *Ordre,* att ieg skulle mit Fengsel entledigis oc gaa der ud, naar ieg wille (den *Ordre* war aff Kl. *Majt.* underskreffwen, Dagen førend *Majt.* reiste). Hands høye *Exc.* war reist med Kongen. Tøtzløff spurte, om ieg wille, hand skulle lucke, efftersom ieg nu alt war frii. Ieg swarte: "Saa lenge ieg er inden Fængsels Dørene, saa er ieg icke frii; wil oc ud med Manner. Lucker Døren oc hører, hwad Søster Daatter, Frøcken *Anna Catharina* Lindenow, siger, om Hands høye *Exc.* ingen Bud haffwer sendt hender (effter Løffte,) førend hand drog bort". Tøtzløff lucte oc gick mit Ærinde. Der Tøtzløff war borte, sagde ieg til Ionatha: "Nu i Iesu Naffn, i Afften kommer ieg ud! Sancker Eders Tøy tilsammen oc lucker ded i Laas; saa wil ieg giøre wed mit oc lade ded staa her, intil ieg kand lade ded affhente". Hun bleff noget betuttet, dog icke bedrøffwet; tackede Gud med mig, oc der til Middag bleff opluct, oc ieg spiisede, loe hun aff Ole, som war meget bedrøffwet. Ieg sagde hender, att Ole maatte wel sucke, der falt et fit Stycke Flæsk aff hands Kaal.

questions and was answered. "She asked me if I was plagued with fleas. I replied that I could furnish her with a regiment of fleas, if she would have them. She replied hastily with an oath, and swore that she did not want them. Her question made me somewhat ironical, and I was annoyed at the delight she exhibited at my miserable condition; so when she asked me whether I had 'Filz-oder Wandtleüse,' I answered her with a question, and enquired, 'ob mein Schwager Hanibal Sehested noch lebte?' This question made her somewhat taciturn for she perceived that I knew her." Sehested, a ladies' man, who was married to Leonora Christina's sister, had once courted the lady in question, and this had caused considerable talk.

In 1670, Frederick III died; the new royal couple was more kindly disposed toward Leonora Christina; among other things she was permitted to acquire books, but not until the dowager queen Sophie Amalie died in 1685 did Christian V give Leonora Christina her freedom. He had the order executed while he was travelling in Norway.

On 19 May 1685 at 8 o'clock in the morning, the castle steward's clerk, "Tötzlöff, came up to me and informed me that the Lord Chancellor Count Allefeldt had sent the prison governor a royal order that I was to be released from my imprisonment, and that I could leave when I pleased. (This order was signed by His Royal Majesty the day before his Majesty left.) His Excellency had accompanied the King. Tötzlöff asked whether I wished him to lock the doors, as I was now free. I replied, 'So long as I remain within the doors of my prison, I am not free. I will moreover leave properly. Lock the door and enquire what my sister's daughter, Lady Anna Catharine Lindenow, says, whether his Excellency sent any message to her (as he promised) before he left.' Tötzlöff locked the door and went on my errand. When Tötzlöff was gone, I said to Jonatha, 'Now, in Jesus' name, this very evening I shall leave. Gather your things together, and pack them up, and I will do the same with mine; they shall remain here till I can have them fetched.' She was somewhat startled, but not cast down. She thanked God with me, and when the doors were unlocked at noon and I dined, she laughed at Ole, who was greatly depressed. I told her that Ole might well sigh, for that he would now have to eat his cabbage without bacon.

Tøsløff bragte mig Swar fra Søster Daatter, att Hands høye *Exc.* haffde laded hender wiide, att ded stoed hender friit for att følge mig need aff Taarnet, om hun wille; bleff saa foraffskeeded, att hun wille komme sille op samme Dags Afften.

Slosf. hastede meget for att bliffwe aff med mig, sendte Taarngiemmeren imod Afftenen til mig oc loed spørge, om ieg wille icke ud. Ieg loed sware, att ded war for lyst (maaske att der ware *curieuse,* som haffde Lyst att see mig).

Ieg loed wed en goed Wen fornemme hoes Hendis *Majt.* Dronningen, om ieg icke maatte haffwe den Naade att neederkaste mig for Hs. *Majts.* Fødder (ieg kunde komme paa Dronningens Gemack igiennem Løngangen, saa ingen kunde see mig). Hendis *Majt.* loed sware, at hun torde icke tale med mig.

Der Klocken war imod 10 Slæt om Afftenen, lucte Slosf. Døren op for Søster Daatter (i toe Aar haffde ieg icke seet hannem). Hands *Compliment* war: "Nu, skøllen wii uns nu scheden?" Ieg swarte: "Ia, nu is de Tiid gekaamen". Saa bød hand mig Haanden oc sagde: "*Ade!*" Ieg swarte med samme Ord, oc Søster Daatter loe hierteligen.

Stacket effter Slosf. war gaaen bort, gick ieg oc Søster Daatter ud aff Taarnet. Hs. *Majt.* Dronningen formeente att see mig, der ieg gick ud; war gaaet hen paa en *Balcon.* Men ded war temmelig mørckt; tilmed haffde ieg et soort Floer for Ansictet. Slos-Platzen langs need aff Broen oc uden for war saa forfylt aff Mennisker, saa wii næppeste kunde trenge os igien til *Careten.*

Miine Fængsels Dage haffwer wærret 21 Aar, 9 Maaneder oc 11 Dage."

Ubrudt på legeme og sjæl forlod Leonora Christina sit fangetaarn og levede, under standsmæssige forhold og rig åndelig beskæftigelse, i det tidligere birgittinerkloster i Maribo til sin død, 76 Aar gammel. – Manuskriptet til Jammers Minde beroede hos hendes efterkommere, den østrigske adelsslægt Waldstein og var ukendt i Danmark, indtil S. Birket Smith udgav det 1869. (Sammes Tredie

"Tötzlöff brought me word from my sister's daughter that his Excellency had sent to her to say that she was free to accompany me from the tower, if she chose. It was therefore settled that she was to come for me late the same evening.

"The prison governor was in a great hurry to get rid of me, and sent the tower-warder to me towards evening, to enquire whether I would not go. I sent word that it was still too light (there would probably be some curious people who had a desire to see me).

"Through a good friend I made enquiry of her Majesty the Queen, whether I might have the privilege of throwing myself at her Majesty's feet (I could go into the Queen's apartment through the secret passage, so that no one could see me). Her Majesty sent me word in reply that she dared not speak with me.

"At about ten o'clock in the evening, the prison governor opened the door for my sister's daughter. (I had not seen him for two years). His compliment was, 'Nu sköllen wii uns nu scheden?' I answered, 'Ia, nu is de tiid gekaamen.' Then he gave me his hand, and said 'Ade!' I answered in the same manner, and my niece laughed heartily.

"Soon after the prison governor had gone, I and my sister's daughter left the tower. Her Majesty the Queen thought to see me as I came out, and was standing on her balcony, but it was rather dark; moreover I had a black veil over my face. The palace-square, as far as the bridge and further, was full of people, so that we could scarcely press through to the coach.

"The time of my imprisonment was twenty-one years, nine months, and eleven days."

Unbroken in body and spirit, Leonora left the tower prison and lived in a manner consistent with her station, and engaged in profuse intellectual activity in the former Bridgetin convent in Maribo until her death at the age of 76. The manuscript of "Memory of Woe" was preserved by her descendants, the Austrian noble family Waldstein and was unknown in Denmark until S. Birket Smith edited it in 1869. (Smith's third edition of 1885 has been used here.)

Udgave, 1885, benyttes her). Dens fremkomst fik, bl.a. ved sin sprogform, betydning for J. P. Jacobsens Fru Marie Grubbe. Interieurer fra det syttende Aarhundrede (1876).

Its publication was important, *inter alia* because of its language, for J.P. Jacobsen's *Marie Grubbe, Interiors from the Seventeenth Century* (1876).

NIELS STENSEN

I det 16. og endnu mere i det 17. århundrede tog naturvidenska-
berne et glimrende opsving overalt. Hertil bidrog Danmark i høj
grad, takket være nogle førsterangs forskere. Da Tycho Brahe 1601
døde i Prag, efterlod han sig et videnskabeligt livsværk, der skulle
få den største betydning for astronomien; i 1676 forelagde Ole Rø-
mer i Journal des Sçavans sin opdagelse af lysets hastighed, og
1661–69 offentliggjorde Niels Stensen, på latin og fransk, en række
epokegørende naturvidenskabelig iagttagelser. Niels Stensen er en
af de sjældne få, som umiskendeligt bærer geniets præg. En eminent
naturforsker, en fin og konsekvent filosof, en karakter så ægte og
lødig, som man knap troede mulig.

Niels Stensen fødtes i januar 1638 i København. På fædrene side
stammede han fra vellærde og agtede præster; faderen var guld-
smed. Stensen selv havde, som det skulle vise sig, både hoved og
håndelag. Som lille dreng havde han et skrøbeligt helbred og var
derfor mere blandt voksne end blandt børn. Skønt han mistede sin
fader, da han var seks år, fik han gode kår i barndommen hos en
slægtning, der var rentemester. Han kom i Vor Frue skole – dvs.
Metropolitanskolen – og blev i november 1656 immatrikuleret ved
universitetet. Der var betydelige mænd i de medicinske og dermed
også naturvidenskabelige fag ved Københavns universitet. Stensen
priser senere Simon Paulli og Thomas Bartholin som sine mestre.
Den første var afgået som professor 1648, men foretog stadig højt
vurderede botaniske exkursioner med de medicinske studerende, og
Bartholin, der i 1656 ophørte med regelmæssig undervisning, fore-
tog dog fra tid til anden anatomiske demonstrationer. Der skal så
lidt vejledning til for en begavet student: han har snart fat i den
rigtige ende og kan selv. Kun tre år studerede Stensen i København
– og i den tid indfaldt krigen med svenskerne 1657–60, med Køben-
havns belejring i vinteren 1658–59, der kulminerede med Karl Gu-
stavs forgæves storm på byen natten mellem den 10. og 11. februar
1659. Niels Stensen stod i 1. kompagni af studenternes og professo-

NIELS STENSEN

In the sixteenth century, and even more in the seventeenth, the natural sciences were making amazing advances everywhere. Denmark made a considerable contribution, thanks to several first-class investigators. When Tycho Brahe died in Prague in 1601 he left behind him a life's work of scientific achievement which was to have the greatest significance for astronomy. In 1676 Ole Rømer published in the *Journal des Sçavans* his discovery of the velocity of light, and between 1661 and 1669 Niels Stensen published in Latin and in French a series of epoch-making scientific observations. Niels Stensen is one of the select few who bear the unmistakable stamp of genius. An eminent natural scientist, a noble and consistent philosopher, he had a character so true and genuine as to be almost beyond belief.

Niels Stensen was born in Copenhagen in January 1638. He was descended on his father's side from a line of learned and highly respected clerics; his father was a goldsmith. Stensen, as was soon to be seen, could use both his brain and his hands with dexterity. When he was a small boy, he had delicate health, and for this reason was more in the company of adults than children. In spite of the fact that he lost his father when only six, he had a good childhood, which he spent with a relative who was a royal treasurer. He went to Our Lady's School—that is to say, the "Metropolitan School"—and in 1656 he matriculated at the university. At this time there were outstanding men in medicine, and thus also the natural sciences, at the University of Copenhagen. Later, Stensen was to pay tribute to Simon Paulli and Thomas Bartholin as his masters there. Paulli had retired as a professor in 1648, but still undertook highly praised botanical excursions with medical students, and Bartholin, who gave up regular teaching in 1656, undertook anatomical demonstrations from time to time. A gifted student needs but little guidance; he very soon has a clear grasp of matters and can proceed by himself. Stensen studied for only three years in Copenhagen—and during that time a war with the Swedes occurred (1657–1660) with the siege of Copenhagen in the winter of 1658–59, which culminated in Charles X's abortive storming of the city on the night between the tenth and the eleventh of February 1659. Niels Stensen fought with the First Company of the Students'

rernes regiment. Det regelmæssige universitetsarbejde blev natur-
ligvis væsentlig hindret af krigshandlingerne. Men derfor standsede
ånden ikke sin virksomhed. Man har tit nok erfaret, også under den
sidste krig, at store og nære begivenheder kan stimulere evnen til
at iagttage og reflektere. I hvert fald kan det bevises, at Niels Sten-
sen knap en måned efter stormnatten har taget fat igen på studierne.
For nogle år siden fandt Stensen-forskeren Gustav Scherz i national-
biblioteket i Firenze et manuskript, som består af 90 foliosider, i to
spalter, tæt beskrevne med Stensens lille og tætte håndskrift. Midt
over den første side står "In nomine Jesu" og derunder: *Chaos,* og
foroven i venstre hjørne: Die 8. Martii Anno 1659. Det er den 21-
åriges studiebog! Mest på latin findes heri en fylde af excerpter og
observationer. Den unge mand refererer og citerer medicinske og
naturvidenskabelige oversigtsværker og specialundersøgelser. Man
kan se ham notere sine egne naturiagttagelser, f. ex. om snekrystal-
ler – det er jo endnu vinter – om lysets brydning i vinduesruder
eller som denne iagttagelse fra en tur ved volden: "Jeg saa i dag
før middag, at vandet i voldgraven nær ved Vesterport [prope por-
tam Occidentalem] havde en blodrød farve, og at denne farve steg
op fra bunden ligesom bløde skyer." (Nicolai Stenonis Epistolae,
II, 1952, 920).

Hele det unge intellekt er i fuld bevægelse. Ikke mindst kritikken
er vågen. Man skal passe på dem, skriver han, der begår den fejl
at ville forklare naturfænomener ved andre, som ligner dem. Således
har man sagt, at fostret er forbundet ved navlestrengen med livmo-
deren, ligesom planterne ved rødderne er forbundet med jorden,
eller at venerne som rør suger næring af indvoldene som rødderne
af jorden. Man ser fra denne optegnelse frem til den danske arvelig-

and Professors' Regiment. The regular work of the university was of course disrupted by military action, but the spirit did not cease its activity because of this. We have frequently experienced— and even as recently as during the last war—how important and nearby events often stimulate the ability to observe and reflect. In any case, it can be demonstrated that scarcely a month after the night of the storming, Niels Stensen had taken up his studies again. A few years ago, the Stensen scholar Gustav Scherz found in the National Library in Florence a manuscript consisting of ninety folio leaves in two columns which were tightly packed with Stensen's small, close handwriting. In the middle of the top of the first page was written "In nomine Jesu", and under this: *Chaos,* and in the top left-hand corner: "Die 8. Martii Anno 1659." This is the twenty-one-year-old's notebook. In it there is an abundance of excerpts and observations, most of them in Latin. The young man summarizes and quotes general medical and scientific works and special studies. We can see him recording his own observations of nature, e.g., about snow-crystals (it is still winter), about the refraction of light in the windowpanes, or the following observation after a walk on the city walls: "This morning I saw that the water in the moat near Vesterport *(prope portam Occidentalem)* was a blood-red colour, and that this colour was rising from the bottom like soft clouds." *(Nicolai Stenonis Epistolae,* II, 1952. p. 920).

The whole of his young intellect is in complete activity at this time, and not least is his critical sense wide awake. Those men, he writes, are to be watched with care who make the mistake of wanting to explain natural phenomena in terms of others which resemble them. In this way it has been stated that the embryo is connected to the womb by the umbilical cord, just as plants are connected to the earth by their roots, or again, that the veins as capillaries suck nourishment from the bowels just as roots do from the earth. This observation foreshadows the warning given by W. Johannsen, the famous Danish geneticist, against "False Analogies" (1914) in

hedsforsker W. Johannsens advarsel mod "Falske Analogier" (1914)
i videnskaben. Et andet sted hedder det, at de folk synder mod Guds
storhed, som ikke selv vil betragte naturens værker, men nøjer sig
med at læse, hvad andre har skrevet derom og på det grundlag dan-
ner sig diverse indbildte forestillinger derom. Stensen har sit forsk-
ningsprincip aldeles klart: "I fysiske sager er det bedst ikke at binde
sig til nogen videnskab, men at ordne alle enkeltheder af hvad der
kan iagttages i bestemte rubrikker og heraf på egen hånd at uddrage
om ikke andet så dog en delvis sikker erkendelse." (Ibid 911 f.)

I disse ord har vi allerede Stensens kritiske og empiriske metode,
som den skulle udfolde sig under den unge forskers rejser i det føl-
gende tiår. I Holland, Frankrig og Italien blev Niels Stensen optaget i
videnskabelige kredse, som gav ham lejlighed til både at forske og
i drøftelser at fremstille sine resultater. Dengang som nu var der en
tropisk vækst i naturvidenskaberne, og deres dyrkere var hinandens
gæster som i vore dage på de natur- og lægevidenskabelige insti-
tutter.

I stedet for nu at følge Stensens opdagelser i deres hastige krono-
logiske tilblivelse vil vi med nogle eksempler se hans metode i virk-
somhed, som omfatter flere led.

Det første er den uimponerede holdning til, hvad der er skrevet
om et emne. Der findes et portræt af Descartes ved skrivebordet;
hans ene fod træder på en udgave af Aristoteles. Da Stensen i Paris
1665 holdt et foredrag om hjernens anatomi, gjorde han op med
alle tidligere behandlinger af dette emne, derunder ikke blot antik-
kens forfattere, men også samtidens, lige til Descartes selv, som i
et posthumt arbejde, Tractatus de homine (1662), uden tilstrække-
ligt grundlag ræsonnerer over hjernens indretning. Stensens franske

science. In another place, we read that those people sin against the greatness of God who are not willing to observe the works of nature for themselves, but are content with reading what others have written about them, and on this basis form various fanciful conceptions of their own. The young Stensen's principle of research is perfectly clear: "In physical matters it is best not to be bound to any discipline, but to arrange all the details of what can be observed under definite headings, and from this to deduce on one's own at least a partial understanding of the problem." (*op. cit.*, 911 f.).

In these words, we can already see Stensen's critical and empirical method as it was to develop during the young scientist's travels in the subsequent decade. In Holland, France, and Italy, Niels Stensen was received into scientific circles, which gave him the opportunity both to carry on investigations and to put forward his results in discussions. At that time, just as now, there was an enormous growth in the natural sciences, and those who pursued them exchanged visits, just as is done nowadays in the institutes of medicine and natural sciences.

Instead of going through Stensen's discoveries in their swift chronological order, we will look at some examples of his method in action, which consists of several elements.

The first is his refusal to be impressed by what had been written about a subject. A portrait exists of Descartes seated at his desk; with one foot he is treading on an edition of Aristotle. When Stensen gave a lecture in Paris in 1665 about the anatomy of the brain, he made a clean sweep of all earlier treatments of the subject, among these not only those by the ancients, but also by contemporary scholars, including even Descartes himself, who in a posthumous work, *Tractatus de homine* (1662), argues about the composition of the brain from an insufficient basis of facts. Stensen's French lecture is a model of unprejudiced scientific stocktaking.

foredrag er et mønster på en fordomsfri videnskabelig statusop-
gørelse.

Det udkom i Paris 1669, som Discours sur l'anatomie du cerveau,
og blev optaget i en lærebog i anatomi, som den danskfødte profes-
sor J.B.Winslow [Winsløw] udgav i Paris 1732, Exposition ana-
tomique de la structure du corps humain.

For Stensen gjaldt kun een vej til kundskaben om naturen: *se
selv !* I Firenze kom han ind i en kreds af videnskabsmænd, hvoraf
de fleste tilhørte Accademia del Cimento, dvs. forsøgets eller ex-
perimentets akademi, hvis ånd var udtrykt i dets valgsprog pro-
vando e riprovando, undersøg og undersøg atter! Selvsyn, autopsi,
var den nye naturvidenskabs devise, men ikke alle formåede som
Stensen at se selv og tænke selv, det er jo altid lettere og mageligere
at samle henvisninger til litteraturen end til naturen!

Men Gud, hvor Niels Stensen kunne se! Først ganske bogstave-
ligt. Ole Borch, der studerede i Leyden sammen med ham, skrev
hjem, at Stensen "har et ualmindeligt skarpt øje for nære genstande"
Da Stensen i Leyden dissekerede et fårehoved, løsnede han øjen-
låget, fjernede den ydre hud, og da han holdt den indre op for
lyset, opdagede han tårevædsken i de mange små kar, som fra tåre-
kirtlen udmunder på lågets indre flade. Og han så eller indså da
straks, at tårernes funktion simpelthen var at holde øjet fugtigt –
og det havde ingen tidligere tænkt sig. Man troede, at tårerne kom
fra hjernen, der trak sig sammen som følge af sorg og derved lige-
som pressede vædsken ud igennem nerverne! Det var denne ana-
toms sikre hånd og skarpe øje, som førte ham til de iagttagelser,
hvis rækkevidde hans induktive tanke straks åbenbarede for ham,

It was published in Paris in 1669 under the title: *Discours sur l'anatomie du cerveau,* and was included in a text-book of anatomy which the Danish-born Professor J. B. Winsløw published in Paris in 1732 entitled *Exposition anatomique de la structure du corps humain.*

For Stensen there was only one way to find out about nature: to see for oneself. In Florence, he joined a circle of scientists, most of whom belonged to the *Accademia del Cimento,* that is to say, the academy of experimentation, the spirit of which was expressed in its motto: *provando e riprovando*—examine and re-examine. Seeing for oneself, *autopsi,* was the motto of the new science, but not everyone had Stensen's ability to see and think for himself; it is always easier and more comfortable to collect references to literature than to nature.

But how sharp Stensen's vision was! In a literal sense, first of all. Ole Borch, who studied with him in Leyden, wrote in a letter home that "Stensen has an unusually keen eye for close objects." When Stensen was dissecting a sheep's head in Leyden, he freed the eyelid and removed the outer skin. When he held the inner skin up to the light he saw the lachrymal fluid in the many small vessels leading from the lachrymal gland and discharging on to the inner surface of the lid. And he had the insight to see immediately that the function of tears was simply to keep the eye moist—and nobody had thought of this before. It was believed that the tears came from the brain which contracted as a result of sorrow and, so to speak, pressed the fluid out through the nerves! It was the sure touch and the keen eye of this anatomist that enabled him to make observations the scope of which was immediately revealed to him by his inductive way of thinking. Such cases were his discovery of the

således opdagelsen af ørespytkirtlens udførselsgang til mundhulen
og påvisningen af, at hjertet er en muskel og ikke, som man endnu
troede, en substans for sig og sæde for de såkaldte livsånder.

Niels Stensens evne til at se og slutte af det sete førte ham til
hans livs allerstørste opdagelser. Medens han i Firenze undersøgte
hajens anatomi, til hvilken han skulle give glimrende bidrag, fik han
forevist nogle genstande af sten, der var fundet på Malta, og som
lignede hajtænder. Ingen kunne forstå, hvorledes de var blevet til.
Stensen konstaterer, at genstandene må være hajtænder, som er
blevet forstenede; han slutter, at dette må være sket i havet og dra-
ger den videre konsekvens, at Malta altså en gang må have været
dækket af hav. Med disse slutninger gør han springet ud fra ana-
tomien, hvor iagttagelsen begyndte, ind i en ny videnskab, som
ikke eksisterede, men hvis grundlægger han skulle blive. Eller ret-
tere tre nye videnskaber. Igennem et helt år foretog han omfattende
exkursioner i Firenzes omegn, indsamlede et vældigt materiale, hvis
foreløbige resultater han nedlagde i en latinsk bog fra 1669. I dette
lille skrift foregribes geologien, palæontologien og krystallografien.
Man kan i bogen se alle led i Stensens videnskabslære: 1. kritikken
af fortidens spekulationer; 2. den direkte attak på genstandene,
autopsi og verifikation; 3. de klare slutninger, som iagttagelserne
må føre til, og 4. den sikre erkendelse af de indvundne resultaters
grænse. Her som overalt går Stensen nøjagtig så langt, som de fore-
liggende fakta berettiger ham til. –

Vi har intet vidnesbyrd om Stensen i Italien før 28. februar 1666;
det samme efterår skriver han en bog om musklerne og om hajen;
vinteren 1666–67 er opfyldt af exkursioner og andre rejser, Stensen
er som besat af sine nye tanker – og dog, i de samme måneder er
hans sjæl stedt i en religiøs krise, som 2. november 1667 fører til

opening of the parotid gland into the oral cavity, and his demonstration that the heart was a muscle and not, as was still held, a substance peculiar to itself, and the seat of the so-called vital spirits.

Niels Stensen's ability to observe and to draw conclusions from what he saw led him to the most important discoveries of his life. While he was in Florence investigating the anatomy of the shark— in which field he was later to make some brilliant contributions—he was shown some objects of stone which resembled shark's teeth and which had been found in Malta. Nobody could understand how they had come into existence. Stensen determined that the objects must be shark's teeth which had been petrified; he concludes that this must have taken place in the sea, and draws the further conclusion that Malta must thus at some time have been covered by the sea. In drawing these conclusions, he is making a leap from the study of anatomy, where his observation began, into a new science which did not then exist, but the founder of which he was to become. Or, we may rather say, three new sciences. All through one year, he undertook extensive excursions in the neighbourhood of Florence and collected a large mass of material, and then presented his provisional conclusion in a Latin work in 1669. In this short publication, he anticipates geology, paleontology, and crystallography. All the elements of Stensen's scientific principles can be seen in this book: 1. his criticism of the speculations of the past; 2. his direct approach to the objects of study, personal observation and verification; 3. clear conclusions plainly deduced from the observations; and 4. his firm recognition of the limitations of the results achieved. In this work, as everywhere, Stensen goes exactly as far as the facts of the case justify him.

We have no evidence for Stensen's being in Italy before 28 February 1666, and it was in the autumn of that year that he wrote his work on muscles and the shark. The winter of 1666–1667 was taken up with excursions and other travels, for Stensen was like one possessed of his new thoughts, and yet, during the same months his soul was entering a religious crisis, which on 2 November 1667 led to his accepting the Catholic faith. From this moment, his life

hans antagelse af den katolske tro. Fra dette øjeblik tog hans liv en ny retning; med årene blev naturvidenskabsmanden teolog, den sirlige verdensmand en pjaltet og hulkindet asket. Hvordan denne forvandling er sket, vil nok altid forblive et mysterium. Men vi kan dog i Stensens religiøse udviklingshistorie finde nogle af de momenter, der karakteriserede hans forhold til videnskaben.

Før Stensen kom udenlands, havde han sikkert aldrig reflekteret over sin tro, han hvilede trygt i hjemlandets lutheranisme. I Holland, Frankrig og Italien lagde han mærke til, at katolikker ikke var så moralløse, som de havde ord for i Norden. Tværtimod, han traf adskillige katolikker, hvis livsførelse var beundringsværdig. Idet han således opdager, at det ikke er rigtigt, hvad der var sagt og skrevet om katolikkernes moral, bliver han ligeså skeptisk over for protestantisk polemik som over for den naturvidenskabelige dilettantisme. Da han senere kommer i en latinsk pennefejde med en protestant, skriver han: "Når jeg læser denne mands fordømmelse af papisternes hellighed, så kommer jeg til at tænke på en erfaring, jeg fordum så ofte gjorde i anatomien: hvor tit hørte jeg ikke folk, som betragtede de præparede dele eller selve præparationen, holde lange og efter deres egen mening lærde taler både om delene og måden at præparere og fremføre ting, om hvis grundløshed den mindste tålmodighed til selv at se ville have overbevist dem. Så let er det at falde i de groveste vildfarelser, når vi vil gøre os til dommere i ting, vi ingen erfaring har om (quando de rebus inexpertis judices nos facimus)". (Opera theologica 1, 1944, 396; cit. A.D. Jørgensen, Niels Stensen, 1958, 125).

Det er netop begrebet *erfaring,* som er nøglen både til Stensens videnskabelige og religiøse verden. Det var først i Italien, at han mødte den katolske propaganda og gav sig til for alvor at sammenligne protestantisme og katolicisme, dogmatisk, etisk og historisk.

followed a new course; as the years passed, the natural scientist became a theologian, the dapper man of the world became a ragged and hollow-cheeked ascetic. How it was that this transformation came about will always remain a mystery. But in Stensen's religious development, we can find some of the characteristics of his relationship to science.

Before Stensen went abroad, he had undoubtedly never reflected about his faith; he rested secure in the Lutheranism of his homeland. In Holland, France, and Italy he observed that Catholics were not so immoral as they had the reputation for being in Scandinavia. On the contrary, he met several Catholics whose conduct was admirable. The discovery that what was written and said about the morals of Catholics was incorrect, made him just as skeptical about Protestant polemics as he was about scientific dilettantism. When later he entered into a Latin controversy with a Protestant, he wrote, "When I read this man's condemnation of the saintliness of the Papist, then I begin to think of an experience which I so often had in the study of anatomy. How frequently have I not heard people, even while they were actually viewing prepared specimens or the preparation itself, hold long and—in their own opinions—learned discourses about both the specimens and the ways of preparing them, and make claims, the groundlessness of which could have been demonstrated by their only being patient enough to look for themselves. It is so easy to fall into the crudest errors if we set ourselves up as judges in matters of which we have no experience *(quando de rebus inexpertis judices nos facimus)*" *(Opera theologica* I, 1944 p. 396; quoted after A.D. Jørgensen, *Niels Stensen,* 1958, p. 125).

It is precisely this conception of experience that is the key to both Stensen's religious and his scientific world. Not until he came to Italy did he meet with Catholic propaganda and set himself seriously to compare Protestantism and Catholicism dogmatically, ethically, and historically. Two distinguished and pious ladies did

To fornemme og fromme kvinder lagde hele deres sjæl i at over-
bevise ham om katolicismens sandhed. Det gjorde et dybt indtryk
på Stensen, at den ene af dem en dag erklærede, at hun, om det
behøvedes, ville give sit liv for hans frelse. Kort tid efter oplevede
han, i et stille øjeblik, at katolicismens sandhed blev ham fuldstæn-
dig klar og indlysende. Denne troserfaring stod for ham med en
åbenbarings magt; den havde øjensynlig for ham samme evidente
karakter som en videnskabelig erfaring.

Som mange omvendte brændte Stensen efter at omvende andre.
Han henvender sig i en stor latinsk epistel til Spinoza, som han
havde omgåedes i Leyden, og for hvem han nu vil bevise den katol-
ske kristendoms sandhed. Kernen i dette bevis er atter erfaringen;
det er de troendes livsvandel, der beviser eller afkræfter deres tros
sandhed. "Livets hellighed beviser lærens sandhed", siger han til
Spinoza: doctrinae veritatem vitae sanctimonia demonstrat, og det
udvikler han således: Alene den katolske kirke har "i hvert århun-
drede frembragt fuldkomne forbilleder på dyder, og endnu den dag
i dag skænker den eftertiden sådanne forbilleder..., og der er ingen
grund til at tvivle på den tro, hvorved den lover en evig sikkerhed,
når den med den største troskab yder alle de midler – lige indtil
miraklet – som tjener dette formål". (Opera theologica 1, 98. 102;
Stenoniana 1933, 118. 125).

Vi mærker, hvilken magt tanken om gerningshelligheden har
over Stensen. Og det blev den vej, han selv måtte vandre. Han
havde, skønt katolik, taget imod en kaldelse fra København, hvor
han 1672–74 var lærer i anatomi. Men det religiøse kald havde nu
overtaget; han drog tilbage til Firenze, lod sig 1675 præstevie og
1677 overtale til at blive biskop i Hannover og samtidig apostolisk
vikar for de frafaldne nordiske lande; 1680 rykkede han til Mün-
ster, 1685 til Schwerin, hvor han døde 1686, 48 år gammel. Hans
hele liv i kirkens tjeneste er bestemt af, at han med sit eksempel, og
dog i dybeste ydmyghed, vil bevise sin tros sandhed. Han vil, i or-
dets kristelige forstand, være et sandhedsvidne. Og tegnet for denne
var den fuldstændige selvfornægtelse; ved at give afkald på alt

their utmost to convince him of the truth of Catholicism. It made a deep impression on Stensen that one of them declared one day that, if necessary, she would give her life for his salvation. Shortly thereafter, he felt, in a quiet moment, that the truth of Catholicism had become completely clear and self-evident to him. For him, this experience of faith had the power of a revelation; it evidently had for him the same manifest character as a scientific experience.

Like many converts, Stensen was burning to convert others. He addressed himself in a long letter to Spinoza, whose companion he had been in Leyden, and to whom he now wished to demonstrate the truth of Catholic Christianity. Once again, the nucleus of this demonstration is experience; it is the conduct of the believers which proves or disproves the truth of their faith. "Sanctity of life demonstrates the truth of the doctrine," he writes to Spinoza *(doctrinae veritatem vitae sanctimonia demonstrat)*, and he develops the theme in this way: The Catholic church alone "has produced in every century perfect examples of the virtues, and even today, it is presenting posterity with such examples, ... and there is no reason to doubt the faith by which it promises an eternal security, when, with the greatest faithfulness, it provides all the means—even unto miracles—which serve this end." *(Opera theologica* I, 98 p. 102; *Stenoniana*, 1933, p. 118, p. 125).

We observe what a power the thought of holiness through works has over Stensen. And it was to be the path he himself had to tread. Although a Catholic, he had accepted a call from Copenhagen, where from 1672 until 1674 he taught anatomy. But his religious calling now took precedence; he went to Florence, where in 1675 he was ordained, and in 1677 he allowed himself to be persuaded to become Bishop of Hanover, and at the same time the Apostolic Delegate to the apostate Scandinavian countries; in 1680 he moved to Munster, and in 1685 to Schwerin, where he died in 1686, 48 years old. His whole life in the service of the church was determined by his desire to prove the truth of his faith by his example and yet in the deepest humility. He wanted to be a witness to the truth in the Christian sense of the term. And the sign of this was his complete self-denial—by renouncing everything, one could

kunne man give Gud æren for alt. En livlandsk adelsmand, Johannes Rose, har på fransk givet en skildring af Stensens liv i Schwerin:

"Jeg fandt ham uden hus, uden tjener, blottet for alle livets bekvemmeligheder, mager, bleg og udtæret, men trods alt så glad, at hans ansigt alene indgød en gudsfrygt. Han var klædt på som en fattig, bar en gammel kappe, som han brugte både vinter og sommer, og levede som en virkelig fattig i fuldkommen tillid til Guds forsyn, af hvilket han ventede sit udkomme og sin føde fra dag til dag. Han fastede hver dag i ugen lige til aften, med mindre han var ganske overordentlig syg. Søndag, tirsdag og torsdag spiste han kun en mager suppe og en ret urter, grøntsager eller saltet fisk, og han nød aldrig kød, æg, mælk eller fersk fisk. Mandag, onsdag, fredag og lørdag nød han kun tørt brød og øl, som var hans daglige drik, da han slet ikke drak vin. Om natten sov han kun nogle timer, fuldt påklædt, i en stol; og når han pintes af sit sædvanlige onde, vindkolik, lagde han sig på lidt strå uden dog at klæde sig af og dækkede sig til med sin elendige kappe eller med et gammelt sengetæppe, som udgjorde alle hans ejendele, og som han benyttede på sine rejser især om vinteren, der var den tid, hvor han mest drog rundt og besøgte sine missioner. Han rejste på åbne lastvogne, i sne og regn, ved nat og ved dag, i disse landes barske klima, for hvilket han af naturen var meget ømfindtlig, helt gennemisnet af kulde, uden at han nogensinde kunne bevæges til at bruge muffe eller handsker. Han havde en vidunderlig evne til at skjule sine lidelser, og han ønskede hverken, at man skulle beklage ham eller hjælpe ham. – Det var meget behageligt at underholde sig med ham, skønt talen altid drejede sig om religiøse emner, og han forstod udmærket at vende betragtninger af enhver art og over ethvert emne til Guds ære og menneskenes gavn. – Så godt som jeg har kunnet lære denne hellige prælats ydre fremtræden og hans indre at kende i den lange tid, jeg har haft den lykke at leve sammen med ham, vover jeg at sige, at hans tanke på Gud og hans liv i ham var næsten uden afbrydelse og af den dybeste inderlighed. Hans glæde og hans henrykkelse var synlige, når han drøftede gudelige emner, og han gjorde det med så megen ynde og lethed, at han bedårede selv kætterne, som hans

give God the honour for everything. A Livonian nobleman, Johannes Rose has given us a description in French of Stensen's life in Schwerin:

"I found him without a house, without a servant, stripped of all the comforts of life, thin, pale, and emaciated, but in spite of everything, so happy that his face alone inspired one with piety. He was dressed like a poor man: he was wearing an old cloak which he used both summer and winter. He was living like a truly poor man in complete reliance upon God's providence from which he expected his livelihood and his food from day to day. He fasted until evening every day of the week, unless he was quite unusually ill. On Sundays, Tuesdays, and Thursdays he ate only a thin soup and a dish of herbs, vegetables, or salted fish, and he never ate meat, eggs, milk, or fresh fish. On Mondays, Wednesdays, Fridays, and Saturdays he took only dry bread and ale, which was his daily drink, as he never drank wine. At night, he slept but a few hours and stayed fully clothed in a chair; and when he was afflicted with his usual complaint, wind colic, he lay down on a little straw, but without undressing, and covered himself with his wretched cloak or with an old blanket which made up the whole of his property, and which he used on his travels, particularly in winter, which was the time he went about most and visited his missions. He travelled in open carts, in snow or rain, by night and by day, in the harsh climate of these lands, to which he was, by nature, very sensitive, and although he might be chilled to the bone by the cold, it was always impossible to persuade him to wear a muff or gloves. He had an amazing ability to conceal his sufferings, and he wanted no one to pity or help him. It was very pleasant to converse with him, although the talk always dwelt upon religious topics, and he knew how to turn observations of all kinds, and upon every subject, to the glory of God and the profit of man. I have come to know the conduct and the heart of this holy prelate so well in the time that I have had the pleasure of living with him, that I venture to say that his thoughts of God and his life in Him were almost uninterrupted, and of the deepest intensity. His happiness and delight were to be seen when he talked of divine subjects, and he did it with so much grace and ease that he captivated even the heretics, who

samtale ofte har omvendt." Rose skildrer også hans smertefulde
død: "Jeg lider hæftige smerter, min Gud, sagde han, og jeg håber
de vil nøde dig til at tilgive mig, om jeg ikke uafbrudt tænker på
dig. Jeg beder dig ikke, min Gud, om at du skal tage smerterne fra
mig, men giv mig tålmodighed til at bære dem!" (Med overspringel-
ser og rettelser efter Johannes Rose, Nicolaus Stenos Liv og Død.
Oversat af Vilh. Maar 1906, S. 10–13, 18).

Niels Stensen er en af de mærkeligste skikkelser i det 17. århund-
redes europæiske åndsliv. Han hører til de store, hos hvem den skar-
peste intelligens mødes med en lidenskab, som aldrig går på akkord.

For Niels Stensen var al samvittighedsfuld forskning af naturen
et arbejde til Guds ære. Videnskab er gudsdyrkelse. Stensen klagede
over, at mænd ikke blot undværer den liflige betragtning af Guds
undere, men taber også tid, som kunne anvendes til nødvendige
sysler og til næstens bedste, ligesom de hævder meget, der er Gud
uværdigt (Epistolae II, 1952, 912). Da Stensen i januar 1673 kunne
begynde sine anatomiske forelæsninger i København, holdt han en
latinsk tiltrædelsesforelæsning, hvori han priser skabningen, som
bliver jo mere underfuld, des nøjere vi lærer den at kende:

"Hvilken magt den menneskelige form har over menneskers
sind, og hvor stærkt den virker, vil alle erkende, som mindes no-
gensinde at have betragtet en yndefuld form med et sind, utilstræk-
keligt forberedt mod tillokkelser ... [Men] hvad viser sig for andre
af hele det synlige menneske end ansigt og hænder, og hvor be-
grænset en del af overfladen selv af disse er det ikke, som påvirker
vore sanser? ... Hvis en ganske lille del af den menneskelige over-
flade er så skøn og i den grad påvirker beskueren, hvilke skønheder
ville vi da ikke få at se, hvilken henrykkelse ville vi da ikke føle,
hvis vi kunne skue hele legemets kunstfærdige indretning, sjælen
der har så mange og så sindrige midler til sin rådighed, og alle disse
tings afhængighed af den årsag, som kender alt, hvad vi er uvi-
dende om. Skønt er det vi ser, skønnere det, vi har erkendt, men
langt det skønneste er det, vi ikke fatter" (*Prooemium demonstratio-
num anatomicorum, Opera philosophica* II, 1910, 254; Oversættelsen,
ved Knud Larsen, efter *Stenoniana*, 1933, 106 ff.).

Med den sidste passus har Stensen formuleret en naturforskers
forhold til sin videnskab: *Pulchra sunt quae videntur, pulchriora quae
sciuntur, longe pulcherrima quae ignorantur.*" På den tidligere omtalte
håndbog i anatomi brugte forfatteren dette ord af Stensen som mot-

were often converted through his conversation." Rose describes too his painful death: "I am suffering violent pains, O my God," he said, "And I hope they will constrain Thee to forgive me if I do not ceaselessly think of Thee. I pray not, O my God, that Thou shouldest take these pains from me; give me but the patience to bear them." (With some omissions and corrections, taken from Johannes Rose, *Niels Stensens Liv og Død*).

Niels Stensen is one of the most remarkable figures in seventeenth-century European cultural life. He is among those great men in whom the highest intelligence is confronted with a passion which never compromises itself.

For Niels Stensen, all conscientious research was by nature work to the glory of God. Science is worship of God. Stensen complained that men not only do without the active consideration of God's wonders but also lose time which could be employed for necessary occupations and for the good of one's fellow man, just as they make assertions which are unworthy of God (*Epistolae* II, 1952, 912). When in January, 1673, Stensen could begin his anatomical lectures in Copenhagen, he gave a Latin inaugural lecture in which he praised creation, that becomes the more marvelous the more precisely we get to know it.

"What power human form has over the human mind and how powerfully it operates, all will recognize who remember ever having viewed a lovely form with a mind insufficiently prepared against allurements... [but] what of the entire sinful human being is seen by others besides face and hands, and how limited a part of the exterior of these affects our senses... if a very small part of the human exterior is so beautiful and affects the viewer to such a degree, what beauties would we not get to see, what delight would we not feel, if we could view the entire body's ingenious organization, the soul which has so many and such clever means at its disposal, and all these things' dependence on the cause which knows all that we are ignorant about. Beautiful is that which we see, more beautiful that which we have perceived, but by far the most beautiful is that which we do not comprehend." ("Pröemium demonstrationum anatomicorum," *Opera philosophica* II, 1910, 254, translated by Knud Larsen after *Stenoniana* 1933, 106 ff.).

In this last passage, Stensen formulated a natural scientist's relationship to his science. "*Pulchra sunt quae videntur, pulchriora quae*

to. Og herfra hentede Goethe det, da han satte det som afslutning på 1. binds 3. hefte af det naturvidenskabelige værk *Zur Morphologie,* som han udgav 1820, men som var udarbejdet adskillige år i forvejen. Goethe ændrede verbalformerne (til *videmus, scimus, ignoramus*), men citerede ellers korrekt og uden forfatternavn. Stensens ord var således blevet en selvstændig sentens, som en Goethe kunne tilegne sig, samtidig med at han lagde en ny tidsalders naturfromhed ind deri.

Hver gang man i tankerne gennemgår Niels Stensens korte levnedsløb, bliver man slået af forundring over denne hjernes kritiske genialitet og mageløse kombinationsevne, og over denne hjertes bundløse religiøse lidenskab. Men sætter vi manden ind i hans tid, forstår man ham dog noget bedre. De største i det 17. århundrede arbejdede netop på at sammensvejse fysik og metafysik, erfaring og tro, fornuft og passion. Stensen hører til mellem Pascal, Descartes, Bossuet og de store tragiske digtere, hos hvem ånden er tanke og lidenskab på een gang.

BIBLIOGRAFI

Adskillige af Niels Stensens videnskabelige afhandlinger foreligger i dansk oversættelse:

STENONIANA. Udgivet af Vald. Meisen og Knud Larsen, 1933.

VÆRKER I OVERSÆTTELSE. Ved R. E. Christensen, Axel Hansen og Knud Larsen, 1939.

FORELØBIG MEDDELELSE TIL EN AFHANDLING OM FASTE LEGEMER. Ved Aug. Krogh og Vilh. Maar, 1902.

FOREDRAG OM HJÆRNENS ANATOMI. Ved Vilh. Maar, 1903.

En ypperlig biografi, NIELS STENSEN, af A. D. Jørgensen, udkom 1884; 1958 i 2. udvidede udgave ved Gustav Scherz.

sunt sciuntur, longe pulcherrima quae ignorantur." In the above mentioned handbook of anatomy, the author used these words by Stensen as a motto; and from here Goethe borrowed it when he put it at the end of the third fascicle of the first volume of the scientific work *Zur Morphologie,* which he published in 1820, but which had been worked out several years before. Goethe changed some verbal forms (to *videmus, scimus, ignoramus*), but quoted it otherwise correctly and without the author's name. Stensen's words had thus become an independent sentence which Goethe could appropriate, while at the same time he imbued it with another age's piety towards nature.

Every time we recall the short life of Niels Stensen, we are overcome with amazement at his matchless intellectual penetration, and, at the same time, the infinite religious passion of his heart. But if we see him against the background of his own time, we understand him somewhat better. The greatest men of the seventeenth century were labouring to combine physics and metaphysics, experience and faith, reason and passion. Stensen finds his place amongst Pascal, Descartes, Bossuet, and the great tragic poets, for whom the human spirit was thought and passion at one and the same time.

BIBLIOGRAPHY

Niels Stensen did not actually write anything in Danish. The complete works of the Danish scholar are contained in the following publications.

OPERA PHILOSOPHICA I-II, edited by Vilh. Maar, Copenhagen, 1910. These three volumes contain all his works concerning the natural sciences. The text is preceded by a biography in English.

OPERA THEOLOGICA I-II, edited by Knud Larsen and Gustav Scherz, Copenhagen, 1941-47.

EPISTOLAE I-II, edited by Gustav Scherz, Copenhagen, 1952.
A recently discovered description of crystals and other natural objects by Stensen is the subject of a book by Gustav Scherz. Vom Wege Niels Stensens. Beiträge zu seiner naturwissenschaftlichen Entwicklung. (Copenhagen, 1956.)

In NICOLAS STENO AND HIS INDICE. (Copenhagen, 1958), Gustav Scherz includes a biography in English and five articles by various scholars about Steno as a zoologist, a paleontologist, a geologist, and crystallographer, as well as about Steno's relationship with Cartesianism.

NICOLAS STENO'S LECTURE ON THE ANATOMY OF THE BRAIN. Introduction by Gustav Scherz. Copenhagen, 1965.

THOMAS KINGO

1660 indførtes enevælden i Danmark. Rigets arvekonge fik da en magt og glans som aldrig før. Den nye kongelov udformedes af Griffenfeld, en af de mest begavede statsmænd, Danmark har fostret. Men denne mægtige mand styrtedes i 1676, dømt for misbrug af sit høje embede. Resten af livet, 33 år, henslæbte han i et afsides fængsel. Vældige udsving åbenbarer sig således i Griffenfelds tilværelse som i Leonora Christines og Niels Stensens. I det 17. århundrede følte man stærkt kontrasterne i menneskelivet; det ser vi af den rige salmedigtning, som Thomas Kingo (1634–1703), Fyns biskop, gav sin samtid. Nedenstående digt er fra Kingos *Aandelig Sjungekor*, Anden Part, som udkom 1681, fem år efter Griffenfelds fald.

HVER HAR SIN SKÆBNE

Sorrig og Glæde de vandre tilhaabe,
    Lykke, Ulykke de ganger paa Rad,
Medgang og Modgang hin anden anraabe,
    Soelskin og Skyer de følgis og ad!
        Jorderiigs Guld
        Er prægtig Muld,
Himlen er Ene af Salighed fuld.

Kroner og Scepter i Demant-spill lege,
    Leeg er dog ikke dend kongelig Dragt!
Tusinde Byrder i Kronerne hvege,
    Tusindfold Omhu i Scepterets Magt!
        Kongernis Boe
        Er skiøn Uroe!
Himlen allene giør salig og froe!

THOMAS KINGO

In 1660, absolute monarchy was instituted in Denmark. The realm's hereditary king then obtained unprecedented power and brilliance. The new royal law was formulated by Griffenfeld, one of the most gifted statesmen Denmark has produced. This powerful man, however, condemned for abuses of his high office, suffered a reversal in 1676. The rest of his life—thirty-three years—he wasted away in a remote prison. Just as with Leonora Christina and Niels Stensen, great fluctuations are revealed in Griffenfeld's existence. The seventeenth century was conscious of the strong contrasts in human life. This is evident in the rich store of hymns which Thomas Kingo (1634–1703), bishop of Funen, gave to his contemporaries. The poem printed below is from Kingo's *Spiritual Choir*, Part Two, which appeared in 1681, five years after Griffenfeld's fall.

EVERYONE HAS HIS DESTINY

Sorrow and joyfulness walk with each other,
    Fortune, misfortune—they come in a pair,
Luck and adversity call one another,
    Sunbeams and clouds intermittently fare.
        Earthly realm's gold
        Is pretty mold.
Heaven alone can true blessedness hold.

Sceptres and crowns in bright crystals make merry,
    Yet this regalia is not a mere sport!
Thousands of burdens the crown has to carry,
    Manifold care for sceptre and court!
        Kings' lives are blest
        With sweet unrest!
Heaven alone peaceful bliss can bequest!

Alle Ting hâr sin foranderlig Lykke!
    Alle kand finde sin Sorrig i Barm!
Tiit ere Bryst, under dyrebar Smykke,
    Fulde af Sorrig og hemmelig Harm!
        Alle hâr sit,
        Stort eller Lit!
Himlen allene for Sorgen er qvit!

Velde og Vijsdom og timelig Ære,
    Styrke og Ungdom i blomstrende Aar,
Høyt over andre kand Hovedet bære,
    Falder dog af og i Tjden forgaar!
        Alle Ting maa
        Enden opnaa,
Himmelens Salighed Ene skal staa!

Deyligste Roser hâr stindeste Toorne,
    Skiønneste Blomster sin tærende Gift,
Under en Rosen-kind Hiertet kand foorne,
    For dog at Skæbnen saa sælsom er skift!
        I Vaade-vand
        Flyder vort Land,
Himlen hâr Ene Lyksaligheds Stand.

Vel da! saa vil jeg mig aldrig bemøye
    Om ikke Verden gaar efter min Agt!
Ingen Bekymring skal kunde mig bøye,
    Intet skal giøre mit Hierte forsagt!
        Sorrig skal døe,
        Lystigheds Frøe
Blomstris paa Himle-Lyksaligheds Øe!

Angist skal aule en varende Glæde,
    Quide skal vinde sin Tott udaf Teen!
Armod skal prydis i rjgeste Klæde,
    Svaghed skal reysis paa sundeste Been!
        Avind skal staa
        Fengsled i Vraae,
Himlen kand Ene alt dette formaa!

Everything's subject to Fortune that's cruel!
    All can discover their cares of the heart!
Oft is the breast under sumptuous jewel
    Filled with vexation and deep-seated smart!
        All have their fate,
        Both small and great!
Heaven alone can sorrow abate.

Power and wisdom and temporal fame,
    Vigour and youth in flowering year
Which over others contempt may proclaim,
    Waste but away and in time disappear!
        All has to bend
        Towards one end,
Heaven's rewards over all can transcend!

Loveliest roses have sharpest of thorns,
    Prettiest flowers with poison destroy,
Under a rose-cheek the withered heart mourns,
    Therefore does Fortune strange happ'nings employ.
        In watery zone,
        Our land floats alone,
The raptures of bliss are indeed heaven's own.

Very well! So I shall never despair,
    Although the wide world my wish won't obey!
No sorrows my spirit shall ever impair,
    Nothing will burden my heart with dismay!
        Sorrow will die,
        Joy's seed on high
Bloom on the islands of bliss in the sky!

Anguish will harvest a lasting delight,
    Pain from the distaff will draw out its thread!
Poverty clad in rich garments bright,
    Weakness will move with a vigorous tread.
        Envy will pale
        Cornered in jail,
Heaven alone over all can prevail!

Lad da min Lod og min Lykke kun falde
　　Hvordan min GUd og min HErre hand vill,
Lad ikkun Avind udøse sin Galde,
　　Lad kun og Verden fulddrive sit Spill!
　　　　Tjdernis Bom
　　　　Bliver dog tom,
Himlen skal kiøre altingest her-om!

Let then my fortune and fate only fall
    Howe'er my God and my master will aim,
Let then sore Envy spew out its gall,
    Let then the world only finish its game!
        Time's warning sign
        Now can't confine,
Heaven will everything newly incline.

DET ATTENDE ÅRHUNDREDE

LUDVIG HOLBERG

1380–1814 var Danmark og Norge forenet under den danske krone.
Dobbeltmonarkiets største søn var Ludvig Holberg (1684–1754),
som fødtes i Bergen i Norge og tilbragte sit liv som voksen i Køben-
havn, hvor han var professor ved Universitetet. Holberg grund-
lagde den nyere danske litteratur. I en poetisk raptus omkring 1725
skabte han et komedierepertoire for et nyoprettet nationalteater i
København. Derefter fornyede han fuldstændigt sit lands historie-
skrivning. I en fantastisk roman, Niels Klims underjordiske Rejse
(1741), som blev skrevet på latin og snart efter oversat til en halv
snes sprog, gør Holberg sig, som Montesquieu og Voltaire, til tals-
mand for religiøs tolerance. Endelig skærper han, i essayets form,
sin tanke og stil. Han bruger paradokset for at vække sin samtid til
eftertanke. –

Her følger nu nogle scener af *Jeppe paa Bjerget* (1723), hvis dybe
farcekomik er uden sidestykke hos Molière. Dernæst et kapitel fra
Moralske Tanker (1744), hvor man ser det 18. århundredes sunde
og kølige fornuft forene sig med Montaignes klogskab for at be-
kæmpe det 17. århundredes uforsonlighed. – Over hvert kapitel
i Moralske Tanker anbringer Holberg et af sine egne latinske epi-
grammer (fra 1737); det nærværende forklarer han mod slutningen
af essayet.

JEPPE PAA BIERGET
ELLER DEN FORVANDLEDE BONDE

ACTUS I
SCEN. I

NILLE *(allene)*. Jeg troer neppe, at der er saadan doven Slyngel i det
heele Herret, som min Mand; jeg kand neppe faae ham vaagen,
naar jeg trækker ham efter Haaret af Sengen. I Dag veed nu den

THE EIGHTEENTH CENTURY

LUDVIG HOLBERG

Between 1380 and 1814 Denmark and Norway were united under the Danish crown. The double monarchy's most famous son was Ludvig Holberg (1684–1754), who was born in Bergen in Norway and who spent his adult life in Copenhagen, where he was a professor at the University. Holberg is the founder of modern Danish literature. In a poetic rapture, about 1725, he created a comic repertoire for the newly established national theatre in Copenhagen. He then went on completely to rejuvenate his country's historiography. In a fantastic novel, *Niels Klim's Journey to the World Underground* (1741), which was written in Latin and soon translated into ten languages, Holberg, like Montesquieu and Voltaire, was an advocate of religious tolerance. Finally, in the genre of the essay, he increased the acuteness of his thoughts and his style. He used the paradox in order to arouse his own time to introspection.

Below are some scenes from *Jeppe of the Hill* (1723), the profound comical nature of which is without parallel in the work of Molière. There follows a chapter from the *Moral Thoughts* (1744), where one sees that the sound and cool reasoning of the eighteenth century has combined with Montaigne's sagacity in order to combat the intolerance of the seventeenth century. At the beginning of every chapter in *Moral Thoughts* Holberg places one of his own Latin epigrams (from the year 1737). He explains the epigram toward the conclusion of the essay.

JEPPE OF THE HILL
or
THE TRANSFORMED PEASANT

ACT I
SCENE I
Nille, alone

NILLE. I hardly believe there's another such lazy lout in all the village as my husband; it's all I can do to get him up in the morning by pulling him out of bed by the hair. The scoundrel knows

Slyngel, at det er Torv-Dag, og dog alligevel ligger og sover saa
længe. Hr. Poul sagde nyelig til mig: Nille! du est alt for haard
mod din Mand, han er og bør dog være Herre i Huset; men jeg
svarede ham: Nej! min gode Hr. Poul! dersom jeg vilde lade min
Mand regiere i Huset et Aar, saa fik hveiken Herskabet Land-
Gilde eller Præsten Offer, thi han skulde i den Tid drikke op alt
hvad der var i Huset; skulde jeg lade den Mand raade i Huset,
der er færdig at sælge Boeskab, Kone og Børn, ja sig selv, for
Brændeviin? hvorpaa Hr. Poul tiede gandske still, og strøg sig
om Munden. Ridefogden holder med mig og siger: Moerlille!
agt du kun ikke hvad Præsten siger. Der staaer vel i Ritualen, at
du skal være din Mand hørig og lydig, men derimod staaer der i
dit Fæstebrev, som er nyere end Ritualen, at du skal holde din
Gaard ved lige, og svare din Land-Gilde, hvilket du umueligt
kand giøre, dersom du ikke trækker din Mand hver Dag efter
Haaret og prygler ham til Arbeide. Nu trækkede jeg ham af Sen-
gen, og gik ud i Laden at see hvordan Arbeidet gik for sig; da
jeg kom ind igien, sad han paa Stolen, og sov med Buxerne, re-
verenter talt, paa det ene Been, hvorudover Crabasken strax
maatte af Krogen, og min gode Jeppe smørres, til han blev fuld-
kommen vaagen igien. Det eeneste, som han er bange for, er
Mester Erich (saa kalder jeg Crabasken). Hej Jeppe! er din Fæ-
hund endnu ikke kommen i Klæderne? har du Lyst at tale med
Mester Erich end engang? hej Jeppe! her ind!

SCEN. 2
Jeppe. Nille.

JEPPE. Jeg maa jo have Tid at klæde mig, Nille! jeg kand dog ikke
gaae som et Sviin foruden Buxer og Trøje til Byen.
NILLE. Har du, Skabhals, ikke kundet tage ti par Buxer paa dig,
siden jeg vækkede dig i Maares?
JEPPE. Har du lagt Mester Erich fra dig Nille?
NILLE. Ja, jeg har, men jeg veed strax hvor han er at finde igien,
dersom du ikke er hurtig. Her hid! see hvor han kryber. Her hid!
du skal til Byen at kiøbe mig to Pund grøn Sæbe; see der har du

today is market day, and yet he lies there asleep at this hour of the morning. The pastor said to me the other day. "Nille, you are much too hard on your husband; he is and he ought to be the master of the house." But I answered him, "No, my good pastor! If I should let my husband have his way in the household for a year, the gentry wouldn't get their rent nor the pastor his offering, for in that length of time he would turn all there was in the place into drink. Ought I let a man rule the household who is perfectly ready to sell his belongings and wife and children and even himself for brandy?" The pastor had nothing to say to that, but stood there stroking his chin. The bailiff agrees with me, and says, "My dear woman, pay no attention to the pastor. It's in the wedding-service, to be sure, that you must honor and obey your husband, but it's in your lease, which is more recent than the service, that you shall keep up your farm and meet your rent—a thing you can never do unless you haul your husband about by the hair every day and beat him to make him work." I pulled him out of bed just now and went out to the barn to see how things were getting along; when I came in again, he was sitting on a chair, asleep, with one leg in his trousers—saving your reverence; so the switch had to come down from the hook, and my good Jeppe got a basting till he was wide awake again. The only thing he is afraid of is "Master Eric," as I call the switch. Hey, Jeppe, you cur, haven't you got into your clothes yet? Would you like to talk to Master Eric some more? Hey, Jeppe! Come in here!

SCENE II

Jeppe. Nille.

JEPPE. I've got to have time to get dressed, Nille! I can't go to town like a hog without my breeches or my jacket.

NILLE. Scurvy-neck! Haven't you had time to put on ten pairs of breeches since I waked you this morning?

JEPPE. Have you put away Master Eric, Nille?

NILLE. Yes, I have, but I know mighty well where to find him again, if you don't step lively. Come here!—See how he crawls.— Come here! You must go to town and buy me two pounds of

Penge dertil. Men hør! hvis du inden fire Timer ikke er her paa Stedet igien, da skal Mester Erich dantze Polsk Dantz paa din Ryg.

JEPPE. Hvor kand jeg gaae fire Miil i fire Timer, Nille?

NILLE. Hvem siger, du skal gaae? du Hanrej! Du skal løbe. Jeg har engang sagt Dommen af, giør nu hvad dig lyster.

SCEN. 3

JEPPE *(alleene.)* Nu gaaer den Soe ind, og æder Froekost, og jeg stakkels Mand skal gaae fire Miil og faaer hverken Vaat eller Tørt; kand nogen Mand have saadan forbandet Kone som jeg har? jeg troer virkelig, at hun er Søskende Barn til Lucifer. Folk siger vel i Herredet, at Jeppe drikker, men de siger ikke, hvorfor Jeppe drikker; thi jeg fik aldrig saa mange Hug i ti Aar, jeg var under Malicien, som jeg faaer paa een Dag af den slemme Qvinde. Hun slaaer mig, Ridefogden driver mig til Arbeid som et Best, og Degnen giør mig til Hanrej. Maa jeg da ikke vel drikke? maa jeg da ikke bruge de Midler, som Naturen giver os at bortdrive Sorg med? Var jeg en Taasse, saa gik saadant mig ikke saa meget til Hierte, saa drak jeg ej heller ikke; men det er en afgiort Ting, at jeg er en vittig Mand, derfor føler jeg saadant meer end en anden, derfor maa jeg og drikke. Mine Naboe Moons Christoffer- sen siiger tit til mig, saasom han er min gode Ven: Fanden fare i din tykke Mave, Jeppe! du maatte slaae fra dig, saa blev Kiellin- gen nok god. Men jeg kand ikke slaae fra mig for tre Aarsagers skyld. Først, fordi jeg har ingen Corasie. For det andet, for den forbandede Mester Erich, som hænger bag Sengen, hvilken min Ryg ikke kand tænke paa uden han maa græde. For det tredie, efterdi jeg er, uden at rose mig selv, et ejegot Gemyt, og en god Christen, som aldrig søger at hevne mig, endogsaa ikke paa Deg- nen, som sætter mig et Horn paa efter et andet; thi jeg offrer ham hans 3 Hellige-Dage derfor oven i Kiøbet, da der er ikke den Ære i ham at give mig et Kruus Øll det heele Aar. Intet gik mig meer til Hierte end de spidige Ord, som han gav mig forgangen Aar; thi, da jeg fortaalte, at en vild Tyr, som aldrig frygtede noget Menneske, engang blev bange for mig, svarede han: Kandst du

soft soap; here's the money for it. But see here; if you're not back on this very spot inside of four hours, Master Eric will dance the polka on your back.

JEPPE. How can I walk four leagues in four hours, Nille?

NILLE. Who said anything about walking, you cuckold? You run. I've pronounced judgment; now do as you like.

SCENE III

JEPPE (*alone*). Now the sow's going in to eat her breakfast, while I, poor devil, must walk four leagues without bite or sup. Could any man have such a damnable wife as I have? I honestly think she's own cousin to Lucifer. Folks in the village say that Jeppe drinks, but they don't say why Jeppe drinks: I didn't get as many blows in all the ten years I was in the militia as I get in one day from my malicious wife. She beats me, the bailiff drives me to work as if I were an animal, and the deacon makes a cuckold of me. Haven't I good reason to drink? Don't I have to use the means nature gives us to drive away our troubles? If I were a dolt, I shouldn't take it to heart so, and I shouldn't drink so much, either; but it's a well-known fact that I am an intelligent man; so I feel such things more than others would, and that's why I have to drink. My neighbor Moens Christoffersen often says to me, speaking as my good friend, "May the devil gnaw your fat belly, Jeppe! You must hit back, if you want your old woman to behave." But I can't do anything to protect myself, for three reasons: in the first place, because I haven't any courage; in the second, because of that damned Master Eric hanging behind the bed, which my back can't think of without having to weep; and thirdly, because I am, if I do say it who shouldn't, a meek soul and a good Christian, who never tries to avenge himself, even on the deacon who puts one horn after another on me. I put my mite in the plate for him on the three holy-days, although he hasn't the decency to give me so much as one mug of ale all the year round. Nothing ever wounded me more deeply than the cutting speech he made me last year: I was telling how once a savage bull, that had never been afraid of any man, took fright at the sight of me; and he answered, "Don't you

ikke begribe det Jeppe? Tyren saae, at du havde større Horn end den selv havde, og derfor ikke holdt raadeligt at stanges med sin Overmand. Jeg kræver jer til Vidne got Folk, om ikke saadane Ord kunde trænge en ærlig Mand til Marv og Been. Jeg er dog saa skikkelig, at jeg har aldrig ønsket Livet af min Kone. Tvert imod, da hun laae syg af Guulsot i Fior, ønskede jeg, at hun maatte leve; thi som Helvede er allereede fuld af onde Qvinder, kunde Lucifer, maa skee, skikke hende tilbage igien, og saa blev hun endda værre end hun er. Men om Degnen døde, vilde jeg glæde mig, saa vel paa mine egne Vegne som paa andres; thi han giør mig kun Fortræd og er Meenigheden til ingen Nytte. Det er en u-lærd Diævel; thi han duer ikke til at holde ringeste Tone, end sige støbe et ærligt Voxlys. Ney da var hans Formand, Christoffer, anden Karl. Han tog Troen over fra tolv Degne i sin Tiid, saadan Stemme havde han. Engang sat jeg mig dog for at bryde over tverts med Degnen, som Nille selv hørte derpaa, da han skieldte mig for Hanrej, og sagde: Fanden være din Hanrej, Mads Degn! Men hvad skeede? Mester Erich maatte strax af Veggen, og skille Trætten, og blev min Rygg saa brav tærsket af min Hustrue, at jeg maatte bede Degnen om Forladelse, og takke ham, at han, som en vel-studeret Mand, vilde giøre mit Huus den Ære. Siden den Tid har jeg aldrig tænkt paa at giøre Modstand. Ja! ja! Moons Christoffersen! du og andre Bønder har got ved at sige, hvis Koner har ingen Mester Erich liggende bag Sengen. Havde jeg et Ønske i Verden, saa vilde jeg bede, at min Kone enten ingen Arme havde, eller jeg ingen Rygg; thi Munden maa hun bruge saa meget som hun gider. Men jeg maa gaae til Jacob Skoemager paa Vejen, han tør nok give mig for en Skilling Brændeviin paa Credit; thi jeg maa have noget at ledske mig paa. Hej! Jacob Skoemager! er du opstaaen? luk op, Jacob!

[Jeppe bliver fuld og sover ind. Baronen finder ham og lader sine folk bringe ham op paa herregården.]

see how that happened, Jeppe? The bull saw that you had bigger horns than he, so he didn't think it prudent to lock horns with his superior." I call you to witness, good people, if such words would not pierce an honorable man to the marrow of his bones. Still, I am so gentle that I have never even wished my wife dead. On the contrary, when she lay sick of a jaundice last year, I hoped she might live; for as hell is already full of bad women, Lucifer might send her back again, and then she'd be worse than ever. But if the deacon should die, I should be glad, for my own sake and for others' as well, for he does me nothing but evil and is no use to the parish. He's an ignorant devil, for he can't sing a note, much less mould a decent wax candle. Oh, but his predecessor, Christoffer, was a different sort of fellow. He had such a voice in his time that he sang down twelve deacons in the Credo. Once I started to quarrel openly with the deacon, when Nille herself heard him call me a cuckold. I said, "May the devil be your cuckold, deacon!" But what good did it do? Master Eric came right down off the wall to stop the quarrel, and my back got such a drubbing that I had to ask the deacon's leave to thank him, that he, as a well-educated man, should do such an honour to our house. Since that time I haven't thought of making any opposition. Yes, yes, Moens Christoffersen! You and the other peasants can very well talk, because your wives haven't any Master Eric hanging behind the bed. If I had one wish in the world, it would be either that my wife had no arms, or that I had no back. She may use her mouth as much as she pleases. But I must stop at Jacob Shoemaker's on the way—he'll surely let me have a pennyworth of brandy on credit—for I must have something to quench my thirst. Hey, Jacob Shoemaker! Are you up yet? Open the door, Jacob!

[*Jeppe gets drunk and falls asleep. The baron finds him and has his retainers carry him up to the manor house.*]

ACTUS II
SCEN. 1

JEPPE. *(Forestilles liggende udi Baronens Seng med en Gyldenstykkes Slaap-Rok for Stolen– han vaagner og gnikker sine Øyne, seer sig om og blir for-skrækket, gnikker sine Øyne igien, tar paa sit Hoved og faaer en Guld-broderet Nat-Hue i Haanden; han smør Spøt paa sine Øyne, og gnikker dem igien, vender nok Huen om, og beskuer den, seer paa sin fiine Skjorte, paa Slaap-Rokken, paa alting, har underlige Grimacer. Imidlertid spilles en sagte Music, hvorved Jeppe legger Hænderne sammen, og græder; naar Musiqven har ende, begynder han at tale:)*

Ei! Hvad er dog dette? Hvad er dette for en Herlighed, og hvor-dan er jeg kommen dertil? Drømmer jeg, eller er jeg vaagen? Ney, jeg er gandske vaagen. Hvor er min Kone, hvor er mine Børn, hvor er mit Huus, og hvor er Jeppe? Alting er jo forandret, jeg selv med. Ej! hvad er dog dette? hvad er dog dette?
(Raaber sagte og frygtsom.)
Nille! Nille! Nille! jeg troer, at jeg er kommen i Himmerig, Nille! og det gandske uforskyldt. Men, mon det er jeg? Mig synes ja, mig synes ogsaa ney. Naar jeg føler paa min Rygg, som endnu er øm af de Hug, jeg har faaet, naar jeg hører mig tale, naar jeg føler paa min huule Tand, synes mig, det er jeg. Naar jeg derimod seer paa min Hue, min Skiorte, paa all den Herlighed, som er mig for Øynene, og jeg hører den liflige Musiqve, saa Drollen splide mig ad om jeg kand faae i mit Hoved, at det er jeg. Ney det er ikke jeg; jeg vil tusinde gange være en Carnalie om det er. Men mon jeg ikke drømmer? Mig synes dog ney. Jeg vil forsøge at knibe mig i Armen; giør det da ikke ondt, saa drømmer jeg, giør det ondt, saa drømmer jeg ikke. Jo jeg følede det, jeg er vaagen; vist er jeg vaagen, det kand jo ingen disputere mig, thi var jeg ikke vaagen, saa kunde jeg jo ikke ... Men hvorledes kand jeg dog være vaagen, naar jeg ret betænker alting? Det kand jo ikke slaae feil, at jeg jo er Jeppe paa Bierget; jeg veed jo, at jeg er en fattig Bonde, en Træl, en Slyngel, en Hanrej, en sulten Luus, en Madike, en Carnalie; hvorledes kand jeg tillige med være Keyser og Herre paa et Slot? Ney det er dog ikkun en Drøm. Det er derfor best, at jeg har Taalmodighed, indtil jeg vaagner op.
(Musiqven begynder paa nye, og Jeppe falder i Graad igien.)

ACT II
SCENE I

*(*JEPPE *is lying in the baron's bed with a cloth-of-gold dressing-gown on a chair beside him. He wakes up, rubs his eyes, looks about, and becomes frightened; he rubs them again, puts a hand to his head, and finds a gold-embroidered nightcap on it; he moistens his fingers and wipes out his eyes, then rubs them again, turns the nightcap around and looks at it, looks at the fine shirt he is wearing, at the dressing-gown and the other fine things in the room, making strange faces. Meanwhile, soft music begins to play, and Jeppe clasps his hands and weeps. When the music stops, he speaks)*

JEPPE. What is all this? What splendor! How did I get here? Am I dreaming, or am I awake? I certainly am awake. Where is my wife, where are my children, where is my house, and where is Jeppe? Everything is changed, and I am, too—Oh, what does it all mean? What does it mean? *(He calls softly in a frightened voice.)* Nille! Nille! Nille!—I think I'm in heaven—Nille!—and I don't deserve to be a bit. But is this myself? I think it is, and then I think it isn't. When I feel my back, which is still sore from the last beating I got, when I hear myself speak, when I stick my tongue in my hollow tooth, I think it is myself. But when I look at my nightcap, my shirt, and all the splendor before my eyes, when I hear the delicious music, then the devil take me if I can get it through my head that it is myself. No, it is not me, I'm a thousand times a rogue if it is. But am I not dreaming? I don't think I am. I'll try and pinch my arm; if it doesn't hurt, I'm dreaming. Yes, I feel it; I'm awake, sure enough; no one could argue that, because if I weren't awake, I couldn't... But how can I be awake, now that I come to think it over? There is no question that I am Jeppe of the Hill; I know that I'm a poor peasant, a bumpkin, a scoundrel, a cuckold, a hungry louse, a maggot, a rogue; then how can I be an emperor and lord of a castle? No, it's nothing but a dream. So I'd better be calm and wait till I wake up. *(The music strikes up again and Jeppe bursts into tears.)*

Ach! kand man dog høre saadant i Søvne? det er jo ikke mueligt.
Men er det en Drøm, saa gid jeg aldrig maatte vaagne op, og er
jeg gall, saa giv jeg aldrig maatte blive viis igien; thi jeg vilde
stevne den Doctor, der curerede mig, og forbande den, der væk-
kede mig. Men jeg hverken drømmer eller er gall, thi jeg kand
komme alting ihu, som mig er vederfaret; jeg erindrer jo,
at min Sal. Far var Niels paa Bierget, min Far-Far Jeppe paa
Bierget, min Hustrue heeder jo Nille, hendes Crabask Mester
Erich, mine Sønner Hans, Christoffer og Niels. Men see! nu har
jeg fundet ud hvad det er: det er det andet Liv, det er Paradiis,
det er Himmerig; jeg, maa skee, drak mig ihjel i Gaar hos Jacob
Skoemager, døde, og kom strax i Himmerig. Døden maa dog
ikke være saa haard at gaae paa, som man bilder sig ind; thi jeg
følede intet der til. Nu staaer maa skee Hr. Jesper denne Stund
paa Prædike-Stolen og giør Liig-Prædiken over mig, og siger:
Saadant Endeligt fik Jeppe paa Bierget; han levede som en Soldat
og døde som en Soldat. Man kand disputere, om jeg døde til
Lands eller Vands; thi jeg gik temmelig fugtig af denne Verden.
Ach Jeppe! det er andet end at gaae fire Miil til Byen for at kiøbe
Sæbe, at ligge paa Straae, at faae Hug af din Hustrue, og faae
Horn af Degnen. Ach! til hvilken Lyksalighed er ikke din Møye
og dine sure Dage forvandlet. Ach! jeg maa græde af Glæde, be-
synderlig, naar jeg eftertænker, at dette er hendet mig saa ufor-
skyldt. Men een Ting staar mig for Hovedet, det er, at jeg er saa
tørstig, at mine Læber henge sammen; skulde jeg ønske mig le-
vende igien, var det alleene for at faae et Kruus Øll at ledske mig
paa, thi hvad nytter mig all den Herlighed for Øynene og Ørene,
naar jeg skal døe paa nye igien af Tørst? Jeg erindrer, Præsten
har ofte sagt, at man hverken hungrer eller tørster i Himmerig,
iligemaade, at man der finder alle sine afdøde Venner; men jeg er
færdig at vansmægte af Tørst, jeg er ogsaa gandske alleene, jeg
seer jo intet Menneske; jeg maatte jo i det ringeste finde min
Bestefar, som var saadan skikkelig Mand, der ikke efterlod sig en
Skillings Restantz hos Herskabet. Jeg veed jo, at mange Folk har
levet ligesaa skikkelig som jeg, hvorfor skulde jeg alleene komme
i Himmerig? Det kand derfore ikke være Himmerig. Men hvad

Oh, can a man hear things like that in his sleep? It's impossible. But if it's a dream, I hope I may never wake, and if I am crazy, I hope I may never be sane again; I'd sue the doctor that cured me, and curse the man that waked me. But I'm neither dreaming nor crazy, for I can remember everything that has happened to me: I remember that my blessed father was Niels of the Hill, my grandfather Jeppe of the Hill; my wife's name is Nille; her switch is Master Eric; my sons are Hans, Christoffer, and Niels. I've got it! I know what it is; this is the other life, this is paradise, this is heaven. I must have drunk myself to death yesterday at Jacob Shoemaker's, and when I died I went straight to heaven. Death can't be as hard to go through as they make out, for I don't feel a thing. Now, perhaps Pastor Jesper is standing this very minute in the pulpit delivering a funeral sermon over me, and is saying, "So ended Jeppe of the Hill. He lived like a soldier, and he died like a soldier." The might be some doubt as to wheth-er I died on land or on sea, for I was easily half-seas-over when I left the world. Oh, Jeppe! how different this is from walking four leagues to town for soap, lying on straw, being beaten by your wife, and having horns put on you by the deacon. Oh, to what delights are your troubles and your bitter days now turned! Oh, I'm ready to weep for joy, particularly when I think how all this has happened to me without my deserving it! But one thing bothers me, and that is that I'm so thirsty that my lips are sticking together. If I wanted to be alive again, it would be just so I could get a mug of ale to quench my thirst, for what good is all this finery to my eyes and ears, if I'm going to die all over again of thirst? I remember, the pastor often said that man neither hungers nor thirsts in heaven, and also that a man finds all his friends there. But I'm ready to faint with thirst, and I'm all alone —I don't see a soul: I should at least find my grandfather, who was such a fine man that he didn't owe his lordship a penny when he died. I'm sure lots of people have lived as good lives as I have; so why should I be the only one to go to heaven? Then it can't be heaven. But what can it be? I'm not asleep, I'm

kand det da være? Jeg sover ikke, jeg vaager ikke, jeg er ikke
død, jeg lever ikke, jeg er ikke gall, jeg er ikke klog, jeg er Jeppe
paa Bierget, jeg er ikke Jeppe paa Bierget, jeg er fattig, jeg er riig,
jeg er en stakkels Bonde, jeg er Keyser, A... A... A... hielp
hielp hielp!

*(Paa dette store Skraal kommer nogle Folk ind, som imidlertid har staaet
paa Luur for at see hvorledes han stillede sig an.)*

[Efter megen vaklen og usikkerhed, i 2. akt, føler Jeppe sig over-
bevist om, at han er baron og handler derefter.]

ACTUS III
SCEN. 2
Jeppe. Cammer-Tienneren. Rifogden. Secreteren.

JEPPE. Hvor er min Rifogd?

CAMMER-TIENNEREN. Han er her uden for.

JEPPE. Lad ham strax komme ind.

RIFOGDEN *(kommer ind udi en Sølvknappet-Kiole, med Geheng om
Livet.)* Har Eders Naade noget at befale?

JEPPE. Intet uden at du skal henges.

RIFOGDEN. Jeg har jo intet ondt giort, Eders Naade! hvorfor skal
jeg henges?

JEPPE. Est du ikke Rifogd?

RIFOGDEN. Jo jeg er, Eders Naade!

JEPPE. Og du spør endda, hvorfor du skal henges?

RIFOGDEN. Jeg har dog tient Eders Naade saa troelig og reedelig.
og været saa flittig i mit Embede, saa at Eders Naade har roset
mig altid frem for andre sine Tiennere.

JEPPE. Ja vist har du været flittig i dit Embede, det kand man jo
see paa dine støbte Sølvknapper. Hvad faaer du aarlig til Løn?

RIFOGDEN. Et halv hundrede Rigsdaler aarlig.

JEPPE *(gaaer og spadserer lidt frem og tilbage.)* Et halv hundrede Rigs-
daler? Ja du skal strax henge.

RIFOGDEN. Det kand jo ikke være mindre, Naadige Herre, for et
heelt Aars møysom Tienneste.

JEPPE. Just derfor skal du henges, efterdi du faaer kun et halv
hundrede Rigsdaler. Du har Penge til Sølvknappet Kiole, til
Krusedoller for Hænderne, til Silke-Pung bag i Haaret, og har

not awake, I'm not dead, I'm not alive, I'm not crazy, I'm not sane, I am Jeppe of the Hill, I'm not Jeppe of the Hill, I'm poor, I'm rich, I'm a miserable peasant, I'm an emperor. O—o—o—! Help! Help! Help!

(At this great cry, some people come in who have in the interim been lying in wait to see how he would react.)

[After much hesitation and uncertainty, in the second act Jeppe feels convinced that he is a baron, and acts accordingly.]

ACT III

SCENE II

Jeppe. Valet. Bailiff. Secretary.

JEPPE. Where is my bailiff?

VALET. He is waiting outside.

JEPPE. Tell him to come in immediately.

Enter the Bailiff in a coat with silver buttons and a swordbelt over his shoulder.

BAILIFF. Has his lordship any orders?

JEPPE. Only that you are to be hanged.

BAILIFF. I have surely done no wrong, my lord! Why should I be hanged?

JEPPE. Are you not the bailiff?

BAILIFF. Yes, indeed, your lordship.

JEPPE. And yet you ask why you should be hanged?

BAILIFF. I have served your lordship so honestly and faithfully and have been so diligent in my office that your lordship has always praised me more than any other of his servants.

JEPPE. Indeed, you have been diligent in your office, as your solid silver buttons plainly show. What wages do you get?

BAILIFF. Fifty rix-dollars a year.

JEPPE *(gets up and walks to and fro)*. Fifty? You surely shall be hanged.

BAILIFF. It couldn't well be less, my lord, for a whole year's hard work.

JEPPE. That's just the reason you are to be hanged—because you only get fifty rix-dollars. You have money enough for a coat with silver buttons, frills at your wrists, and a silk queue for

kun 50 Rdl.r om Aaret. Maa du da ikke stiæle fra mig arme Mand? thi hvor skulde det ellers komme fra?

RIFOGDEN *(paa Knæ.)* Ach Naadige Herre! spar mig dog for min fattige Hustrue og u-myndige Børns skyld.

JEPPE. Har du mange Børn?

RIFOGDEN. Jeg har 7 levende Børn, Eders Naade!

JEPPE. Ha ha, 7 levende Børn? Fort heng ham, Sekketeer.

SECRETEREN. Ach Naadige Herre! jeg er jo ingen Bøddel.

JEPPE. Hvad du ikke est, det kandst du blive; du seer ud til alle-haande. Naar du har hengt ham, skal jeg siden henge dig selv.

RIFOGDEN. Ach Naadige Herre! er der ingen Pardon?

JEPPE *(gaaer og spadserer igien, sætter sig ned at drikke, staaer op igien.)* Et halv hundrede Rigsdaler, Kone, og syv Børn! Vil der ingen anden henge dig, saa skal jeg giøre det selv. Jeg veed nok, hvad I er for Karle, I Rifogder; jeg veed hvorledes I har omgaaet med mig selv og andre stakkels Bønder ... Ej! nu kommer de for-bandede Bonde-Griller mig i Hovedet igien. Jeg vilde sige, jeg veed eders Væsen og Handtering saa vel paa mine Fingre, at jeg selv kunde være Rifogd, om det skulde gielde. I faaer Fløden af Melken, og Herskabet faaer en Lort (med Tugt at sige). Jeg troer, om Verden staaer længe, saa blir Rifogder Junkere, og Junkere igien Rifogder. Naar Bonden stikker jer eller jere Koner noget i Næven, saa heeder det, naar I kommer til Herskabet: den stakkels Mand er villig og flittig nok, men adskillige Ulykker slaaer ham til, at han ikke kand betale, han har en ond Jord, der er kommen Skab paa hans Qvæg, og andet saadant, med hvilken Snak Her-skabet maa lade sig afspise. Troe mig, go Karl, jeg lar mig ikke saaledes tage ved Næsen; thi jeg er selv en Bonde og en Bondes Søn ... See! nu kommer dette Koglerie igien. Jeg siger, jeg er selv en Bondes Søn; thi Abraham og Eva, vore første Forældre, vare Bønder.

SECRETEREN *(falder ogsaa paa Knæ.)* Ach Naadige Herre! hav dog Barmhiertighed med ham for hans fattige Hustrues skyld; thi hvoraf skal hun siden leve at føde Kone og Børn?

JEPPE. Hvem siger, de skal leve? man kand jo henge dem op med.

your hair—and all on fifty rix-dollars a year. If you didn't rob
me, poor man, where else could you get it?

BAILIFF *(on his knees)*. Oh, gracious lord! For the sake of my
unfortunate wife and innocent children, spare me!

JEPPE. Have you many children?

BAILIFF. Seven children living, my lord.

JEPPE. Ha! Ha! Seven children living! Have him hanged imme-
diately, Secretary.

SECRETARY. Oh, gracious lord, I am no hangman.

JEPPE. If you're not, you can soon learn to be. You look fit for any
trade. And when you have hanged him, I shall have you hanged
yourself.

BAILIFF. Oh, gracious lord, is there no reprieve?

JEPPE *(walks to and fro, sits down, drinks, and gets up again)*. Half a
hundred rix-dollars, a wife and seven children. If no one else will
hang you, I'll do it myself. I know what sort you are, you bailiffs!
I know how you have cheated me and other miserable peasants—
Oh, there come those damned peasant illusions into my head
again. I meant to say, that I know your games and your goings-on
so well. I could be a bailiff myself if I had to. You get the cream
off the milk, and your master gets dung, to speak modestly. I
really think that if the world keeps on, the bailiffs will all be
noblemen and the noblemen all bailiffs. When a peasant slips
something into your hand or your wife's, here is what your
master is told: "The poor man is willing and industrious enough,
but certain misfortunes have befallen him which make it impos-
sible for him to pay: he has a poor piece of land, his cattle have
got the scab—or something like that—and with such babble
your master has to let himself be cheated. Take my word for it,
lad! I'm not going to let myself be fooled in that way, for I'm a
peasant and a peasant's son myself—see how that illusion keeps
cropping up! I was about to say that I am a peasant's son myself,
for Abraham and Eve, our first parents, were tillers of the soil.

SECRETARY *(on his knees)*. Oh, gracious lord! Pray take pity on
him for the sake of his unfortunate wife; for how can she live if
he is not there to feed her and the children?

JEPPE. Who says they should live either? We can string them up
along with him.

SECRETEREN. Ach Herre! det er saadan yndig smuk Kone.

JEPPE. Saa? du maa skee er forliebt i hende, eftersom du tar dig hende saa an. Lad hende komme herind.

SCEN. 3

Rifogdens Kone. Jeppe. De andre.

(Konen kommer ind og kysser paa hans Haand.)

JEPPE. Est du Rifogdens Kone?

KONEN. Ja jeg er, Naadig Herre!

JEPPE. *(tar hende paa Brystet.)* Du est kiøn. Vil du sove hos mig i Nat?

KONEN. Herren har at befale udi alting; thi jeg er i hans Tienneste.

JEPPE *(til Rifogden.)* Vil du tilstæde, at jeg ligger hos din Kone i Nat?

RIFOGDEN. Jeg takker Herren, at han beviser mit ringe Huus den Ære.

JEPPE. See her! sæt en Stoel til hende, hun skal spise med mig.

(Hun sætter sig ved Bordet, æder og drikker med ham ; han blir jaloux paa Secreteren og siger :)

Du skal faae en Ulykke, dersom du seer paa hende.

(Saa tit han kaster Øye til Secreteren, strax slaaer han Øynene af hende og seer paa Jorden.

Han synger en forliebt gammeldags Viise, medens han sidder til Bords med hende.

Jeppe befaler at spille en Polsk Dantz, og dantzer med hende, men falder 3 gange af Drukkenskab, endelig den fierde gang blir han liggende og falder i Søvn.)

[Da Jeppe vågner, bringes han for en fingeret domstol.]

ACTUS IV

SCEN. 6

DOMMEREN. *(Læser Dommen op.)*

Saasom Jeppe paa Bierget, Nielsis Søn paa Bierget, og Jeppes Sønne-Søn sammesteds, er overbeviset, saavel af lovlige Vidner, som af egen Bekiendelse, at have indsneeget sig paa Baronens Slot, iført sig hans Klæder, og handlet ilde med hans Tiennere:

SECRETARY. Oh, my lord! She is such a lovely, beautiful woman.

JEPPE. So? Perhaps you're in love with her, seeing you feel so badly about her. Send her here.

SCENE III

Enter Bailiff's wife; she kisses Jeppe's hand.

JEPPE. Are you the bailiff's wife?

WIFE. Yes, your lordship, I am.

JEPPE *(takes her by the breasts).* You are pretty. Would you like to sleep with me to-night?

WIFE. My lord has only to command, for I am his servant.

JEPPE *(to the Bailiff).* Do you consent to my lying with your wife to-night?

BAILIFF. I thank his lordship for doing my humble house the honor.

JEPPE. Here! Bring her a chair; she shall eat with me. *(She sits at the table, and eats and drinks with him. He becomes jealous of the Secretary.)*

You'll get into trouble, if you look at her like that.

(Whenever he looks at the Secretary, the Secretary takes his eyes off the woman and gazes at the floor.

Jeppe sings an old love-ballad as he sits at the table with her. He orders a polka to be played and dances with her, but he is so drunk that he falls down three times, and finally lies where he falls and goes to sleep.)

[When Jeppe awakes, he is brought before a simulated court.]

ACT IV
SCENE VI

JUDGE. *(Reads the sentence.)* Inasmuch as Jeppe of the Hill, son of Niels of the Hill, grandson of Jeppe of the same, has been proved both by legal evidence and by his own confession to have introduced himself by stealth into the Baron's castle, to have put

Saa dømmes han til at omkommes af Gift, og naar han er død, hans Legeme at ophenges i en Galge.

JEPPE. Ach Ach! Naadige Dommer! er der ingen Pardon?

DOMMEREN. Ney ingenlunde. Dommen skal strax exeqveres i mit Paasiun.

JEPPE. Ach! maa jeg da ikke faae et Glas Brændeviin først, førend jeg drikker Forgiften, at jeg kand døe med Corrasie?

DOMMEREN. Jo det kand nok tilstædes.

JEPPE *(drikker ud trende Glas Brændeviin, falder paa Knæ igien, og spør.)* Er der ingen Pardon?

DOMMEREN. Ney Jeppe, nu er det alt for silde.

JEPPE. Ach! det er jo ikke for silde. Dommeren kand jo forandre Dommen, og sige, at han dømte feil første gang. Det skeer jo saa tit; thi vi ere alle Mennesker.

DOMMEREN. Ney! du skal selv føle inden nogle Minuter, at det er for silde; thi du har allereede faaet Giften ind med Brændevinen.

JEPPE. Ach jeg elendige Menneske! har jeg alt faaet Giften ind? Ach far vel Nille! Dog, din Carnali! du har ikke forskyldt, at jeg skulde tage Afskeed med dig. Far vel Jens, Niels og Christoffer! Far vel min Dotter Marthe! far vel min Øye-Steen! dig veed jeg selv at være Far til, thi du blev giort, førend Degnen kom hid; du har ogsaa din Fars Ansigt, vi ligner hinanden som to Draaber Vand. Far vel min brogede Hest, og Tak for hver gang, jeg har reedet paa dig; nest mine egne Børn har jeg intet Beest elsket saa meget som dig. Far vel Feierfax, min troe Hund og Dørvogter; far vel Moens, min sorte Kat; far vel mine Stude, mine Faar, mine Sviin, og Tak for got Compagnie, og for hver Dag, jeg har kiendt jer. Far vel ... Ach! nu kand jeg ikke meer, jeg blir saa tung og afmægtig. *(Falder om og blir liggende.)*

DOMMEREN. Det gaaer vel; Dvale-Drikken har allereede giort sin Virkning, nu sover han som en Steen. Henger ham nu op, men seer vel til, at han ingen Skade faaer deraf, og at Reebet kommer kun under Armene. Nu vil vi see, hvordan han bær sig ad, naar han vaagner op, og finder sig hengende.

(De slæber ham ud.)

on his clothes and maltreated his servants; he is sentenced to be put to death by poison, and when he is dead, his body to be hanged on a gallows.

JEPPE. Oh, oh, your honor! Have you no mercy?

JUDGE. None is possible. The sentence shall be carried out forthwith in the presence of the court.

JEPPE. May I have a glass of brandy first, before I drink the poison, so I can die with courage?

JUDGE. That is permissible.

JEPPE *(drinks off three glasses of brandy, and falls on his knees)* Will you not have mercy?

JUDGE. No, Jeppe! It is now too late.

JEPPE. Oh, it's not too late. A judge can reverse his decision and say he judged wrong the first time. It happens so frequently, for we are all human beings.

JUDGE. No; you yourself will feel in a few minutes that it is too late, for you have already drunk the poison in the brandy.

JEPPE. Alas, what an unfortunate man I am! Have I taken the poison already? Oh, farewell, Nille! But the beast doesn't deserve that I should take leave of her. Farewell, Jens, Niels, and Christoffer! Farewell, my daughter Marthe! Farewell, apple of my eye! I know I am your father because you were born before that deacon came around, and you take after me so we're like as two drops of water. Farewell, my piebald horse, and thank you for all the times I have ridden you; next to my own children I never loved any animal as I love you. Farewell, Feierfax, my good watchdog! Farewell, Moens, my black cat! Farewell, my oxen, my sheep, my pigs, and thank you for your good company and for every day I have known you... Farewell... Oh, now I can say no more, I feel so heavy and so weak. *(He falls, and lies on the floor.)*

JUDGE. That worked well; the sleeping-potion has already taken effect, and he is sleeping like a log. Hang him up now, but be careful not to hurt him, and see that the rope goes only under his arms. Then we shall see what he does when he wakes up and finds himself hanging.

(They drag him out.)

ACTUS V

SCEN. I

(Jeppe forestilles hengende i en Galge.)
Nille. Jeppe. Dommeren.

NILLE *(river sit Haar, slaaer sig for Brystet og raaber:)* Ach Ach! er
det mueligt, at jeg skal see min fromme Mand henge saa skamme-
lig udi en Galge! Ach min allerkiæreste Mand! forlad mig, om
jeg har giort dig imod. Ach! Ach! nu vaagner min Samvittighed;
nu angrer jeg, men forsilde, den Haardhed, som jeg har øvet mod
dig; nu savner jeg dig først, nu kand jeg skiønne paa, hvilken
from Mand jeg har mist. Ach! at jeg kunde redde dig fra Døden
med mit eget Liv og Blod.

*(Hun tørrer sine Øyne og græder bitterlig. Imidlertid har Dvale-Drikken
udopereret, og Jeppe vaagner op igien, og seer sig henge i en Galge, og sine
Hænder bagbundene, hører sin Hustrue klage, og taler til hende:)*
Giv dig tilfreds, min hierte Kone, vi skal alle den Vej. Gak hiem
og tag vare paa dit Huus, og hav Omsorg for mine Børn. Min
røde Trøye kand du lade omgiøre til lille Christoffer; det som
bliver til overs, skal Marthe have til en Hue. Seer til for alting,
at min brogede Hest blir vel plejet; thi jeg har elsket det Beest,
som han kunde være min kiødelige Broer. Hvis jeg ikke var død,
skulde jeg sige dig adskilligt andet.

NILLE. A.... A.... A.... hvad er det? hvad hører jeg? kand en
død Mand tale?

JEPPE. Bliv ikke bange, Nille! jeg skal intet ondt giøre dig.

NILLE. Ach min allerkiæreste Mand, hvorledes kand du tale, naar
du est død?

JEPPE. Jeg veed ikke selv, hvoraf det kommer. Men hør, min hierte
Kone, spring bort som en Ild, og bring mig hid for 8 Skilling
Brændeviin; thi jeg tørster meere nu, end da jeg var levende.

NILLE. Fy dit Beest! dit Skarn! din forgiftige Drukkenbolt! har
du ikke drukket Brændeviin nok i dit levende Liv? tørster din
Fæe-Hund endnu, nu du est død? Det kalder jeg et fuldkommen
Sviin.

JEPPE. Hold din Mund dit Skarn, og spring strax efter Brænde-
vinen. Hvis du det ikke giør, saa skal jeg, Drollen splide mig ad,
spøge hver Nat i Huset. Du skal vide, at jeg er ikke bange for
Mester Erich meer; thi jeg føler nu til ingen Hug.

ACT V

SCENE I

Jeppe is discovered hanging from a gallows.
Nille. Jeppe. Judge.

NILLE *(tearing her hair, beating her breast and crying.)* Oh, oh, can it be that I see my good husband hanging on the gallows? Oh, my dearest husband! Forgive me all the wrong I have done you. Oh, now my conscience is roused; now I repent, but too late, for the ill nature I showed you; now that I miss you, for the first time I can realize what a good husband I have lost. Oh, that I could only save you from death with my own life's blood.
(She wipes her eyes, and weeps bitterly. Meanwhile the effects of the sleeping-potion have worn off, and Jeppe wakes. He sees that he is hanging on the gallows, and that his hands are tied behind him, and he hears his wife's laments and speaks to her.)

JEPPE. Be calm, my dear wife, we must all go the same way. Go home and look after the house and take good care of my children. You can have my red jacket made over for little Christoffer, and what's left will do for a cap for Marthe. Above all, see to it that my piebald horse is well cared for, for I loved that beast as if he had been my own brother. If I weren't dead, I'd have more to say to you.

NILLE. O—o—o—! What is that? What do I hear? Can a dead man talk?

JEPPE. Don't be afraid, Nille, I shan't hurt you.

NILLE. But, my dearest husband, how can you talk when you're dead?

JEPPE. I don't know myself how it happens. But listen, my dear wife! Run like wildfire and bring me eightpence worth of brandy, for I am thirstier now than I ever was when I was alive.

NILLE. Shame, you beast! You scoundrel! You hopeless drunkard! Haven't you drunk enough brandy in your living lifetime? Are you still thirsty, you sot, now that you are dead? I call that being a downright hog.

JEPPE. Shut your mouth, you scum of the earth! and run for the brandy. If you don't, devil take me if I don't haunt you in the house every night. You shall soon find out that I am not afraid of Master Eric any more, for now I can't feel a beating.

(Nille springer hiem efter Mester-Erich, kommer igien og prygler ham i Galgen.)

JEPPE. Au au au! holdt op, Nille, holdt op! du kand slaae mig ihiel paa nye, au au au!

DOMMEREN. Hør, Kone! du maae ikke slaae ham meere. Giv dig tilfreds, vi vil for din skyld tilgive din Mand hans Forseelse og dømme ham til Livet igien.

NILLE. Ach ney! gunstig Herre! lad ham kun henge; thi han er ikke værd at lade leve.

DOMMEREN. Fy! du est en Skarns Qvinde; pak dig bort, eller vi skal lade dig henge ved Siden paa ham.

(Nille løber bort.)

[I 5. akts sjette og sidste scene fremsætter *baronen* for tilskuerne Holbergs kommentar bl.a. med disse vers:]

Af dette Eventyr vi, kiære Børn, maa lære,
At ringe Folk i hast at sætte i stor Ære,
      Ey mindre farligt er, end som at trykke ned
      Den, der er bleven stor ved Dyd og Tapperhed.

(Nille runs home after Master Eric, comes out again, and beats him as he hangs.)

JEPPE. Ow, ow, ow! Stop it, Nille, stop! You'll kill me all over again. Ow! ow! ow!

THE JUDGE *(coming forward)*. Listen, my good woman! You must not beat him any more. Be reassured; for your sake we will pardon your husband's transgressions, and furthermore sentence him back to life again.

NILLE. No, no, good Sir! Let him hang, for he's not worth letting live.

JUDGE. Fie, you are a wicked woman; away with you, or we shall have you hanged alongside of him.

(Nille runs away.)

[In the sixth and last scene of the fifth act the baron provides Holberg's commentary with *inter alia* these verses!]

Of this adventure, children, the moral is quite clear:
To elevate the lowly above their proper sphere
Involves no less a peril than rashly tumbling down
The great who rise to power by deeds of just renown.

Sur Cæcilianus
Qvis non miratur doctrinam Cæciliani?
Qvid mare qvid tellus, scit qvid & æther habet.
Et noscit qvicqvid Saturnia cum Jove garrit:
At nescit noctas conjugis ille suæ.

Studeringer kand deeles udi fornødne, nyttige og skadelige. De fornødne Studeringer ere de, som handle om Menneskets Pligt mod GUD og sin Næste, og befatte under sig Theologie og Morale. Udi disse tvende Videnskabers Fornødenhed ere alle Nationer eenige, skiønt de differere fra hinanden udi Maaden og Øvelsen. Thi de fleste begaae herudi et *hysteron proteron,* og begynde med Theologien ved at indprente smaa Børn Religionens Mysteria og Hemmeligheder, førend de giøre dem til fornuftige Creature. Thi det er ligesom man udi Skoler vilde udi Sprog giøre Begyndelse med *Zoroastris* Oracler eller de vanskeligste latinske Poeter. Børn maa giøres til Mennesker, førend de blive Christne: Ligesom Materien maae tillaves og jævnes førend Skikkelsen bliver giort, og Papiret planeres, førend derpaa skrives. Det var derfor at ønske, at Børne-Examina bleve af eet giorte til tvende, og at de udi det første bleve forhørte og confirmerede som Mennesker, og udi det sidste som Christne Mennesker. Men man begynder først med Guddommelige Hemmeligheders Catechisation, hvorved foraarsages, at enhver med yderste Haardnakkenhed forsvarer den Sect, som han er opdragen udi, og ingen Argumenter siden vil imodtage. Thi den Fold, som i Barndommen bliver lagt, er ikke let at udslette. Menneskets Hierne maa først høvles, førend nogen Skikkelse derpaa kand giøres. Thi begynder man først med Formen, er det siden forsilde at planere Materien, og rodfæster sig et Præjudicium udi Menneskets Sind, bliver det til en Plet, som fast aldrig kand udslettes. Man maa først lære at tvivle, førend man maa lære at troe; ligesom man maa først smage Maden og Viinen, førend man æder og drikker: thi, hvis saadant ikke skeer, gaaer man bagvendt til Verks med Informationen, og derved autoriserer alle Religioner, ja legger ikke Grundvold til at lære Sandhed, men til det alléene, som en Informator

Sur Cæcilianus
Quis non miratur doctrinam Cæciliani?
Quid mare qvid tellus, scit qvid & æther habet.
Et noscit qvicqvid Saturnia cum Jove garrit:
At nescit noctas conjugis ille suæ.

Studies can be divided into the necessary, the useful, and the harmful. Necessary studies are those which are concerned with man's duty toward God and his neighbour, and which comprise theology and ethics. Regarding the necessity of these two disciplines, all nations are in agreement, although they differ from one another with respect to manner and practice. Most commit a *hysteron proteron* in this connection, and begin in theology by impressing upon small children the mysteries and secrets of religion before making them creatures of reason. It is as if in the schools one began with the oracles of Zoroaster or the most difficult Latin poets in teaching language. Children must be made into human beings before they become Christians—just as the raw material must be prepared and kneaded before a figure can be made of it, and paper smoothed before it can be written upon. It is desirable, therefore, that children should be given two examinations instead of one, and that they in the first should be examined and confirmed as human beings, and in the second as Christians. But we begin with the catechisation of divine secrets, and as a result everyone defends with extreme obstinance the sect in which he has been brought up, and is not receptive to any arguments; for the crease which has been made in childhood is not easy to iron out. The human mind must first be planed before any form can be imposed upon it. If one first begins with a form, then it is too late to plane the raw material. And if a prejudice is firmly established in the human mind, it becomes a spot which scarcely ever can be eradicated. One must first learn to doubt before one can learn to believe, just as one must first taste food and wine before one eats and drinks: for if this does not happen, one is starting at the wrong end in teaching, and therewith validating all religions, indeed failing to lay a groundwork for teaching the truth, but

holder for at være Sandhed, hvilket er gemeenlig den Sects Lærdom, som han selv er opdragen udi.

Hvis man herudi gik ordentligen til Verks, begyndte med Morale og endte med Theologie, det er, hvis man foretog at giøre Folk først til Mennesker, førend man forsøgte at giøre dem til Christne, vilde de mange Religions Secter blive reducerede til gandske faa, og den Bitterhed, som regierer blant dem, gandske ophøre. Jeg vil her ikke tale om dem, som have en interessered Religion: thi de samme begynde forsetligen først med deres Sects Theologie, førend de undervise udi Morale, saasom deres Sigte er ikke at oplære Ungdommen udi den rette Sandhed, men udi en *Veritate locali,* det er: udi saadanne Principiis, som hos dem ved Love ere autoriserede. Derfor begynde de Roman-Catholske, sær Jesuiter, som alle ere interesserede Læremestere, at indprente Ungdommen Lærdom om Kirkens Infallibilitet, saasom de ere forsikrede om, at, naar samme Lærdom haver fæstet dybe Rødder, at Sandhed ved intet Middel kand faae Sted udi Menneskers Hierter. Derfor tage Mahomedanerne sig og vel vare ikke at begynde med Philosophie, vel vidende, at ingen kunde faae deres Theologie udi Hovedet, som først var bleven underviset udi de Regler, som en fornuftig Siæl bør betiene sig af til at udlede Sandhed.

Jeg siger, at jeg ikke vil tale om dem, som have en egennyttig Troe, men om dem, som have sundere Principia, om dem, som holde for, at man bør smage, førend man troer, og examinere, førend man underskriver. Det er til dem alleene saadan Erindring giøres, efterdi de udi Ungdommens Opdragelse overtræde deres egne Principia, i det at de lære dem Catechismos og Symboliske Bøger uden ad, førend de have giort *præparatorier* dertil. *Habile Medici* gaae herudi meere ordentligen frem, de begynde med Legemets Renselser, paa det at den rette *Medicine* desbedre maa *operere.* Hvis Lærere giorde det samme, vilde Theologien deskraftigere *operere.* Men man begynder med at raabe: "Troe! Troe!" førend man viser, hvad som bør troes og ikke troes. Det er at gaae til Verks ligesom der fortelles om en vis Dommer, der begyndte først med Executionen, og siden lod Sagen examinere. Jeg vilde derfore glæde mig over den Skole-Forordning, hvorved beskikkedes, at ud første og anden Lectie skulde drives paa moralske Catechisationer,

rather only for what a teacher considers to be the truth—which is ordinarily the doctrine of the sect in which he was brought up.

If one approached this matter in the right way, one would begin with ethics and end with theology, that is, if one undertook to make people first into human beings before one attempted to make them into Christians, the many religions' sects would be reduced to very few, and the bitterness which holds sway among them would cease completely. I am here not speaking of persons with a vested interest in religion; these begin intentionally with their own sect's theology before they teach ethics, since their aim is not to teach youth by one pure truth, but by *veritate locali;* that is, by such principles as are authorized by law for them. For this reason, the Roman Catholics, particularly Jesuits, all of whom are teachers with a vested interest, begin to impress upon youth the doctrine of the infallibility of the church, since they are convinced that, when this doctrine has firmly taken root, no matter which means are employed, truth can not find a place in human hearts. For this reason, Mohammedans take care not to begin with philosophy, well knowing that no one could get their theology into his head if he had first been instructed in the rules which a reasonable soul should employ in order to deduce truth.

I am saying that I will not speak about persons who have a vested interest in their faith, but about those who have sounder principles; about those who believe that one should taste before one believes and examine before one subscribes. To them alone this memorial is adressed, since they compromise their own principles in the education of youth by teaching the catechism and the symbolic books by rote before they have prepared their pupils for them. Able physicians proceed in a more orderly way; they begin with the purging of the body so that the proper medicine will function the better. If teachers did the same, theology would function more effectively. But one begins by crying: "Believe! Believe!" before one has shown what should be believed and should not be believed. That is proceeding just like a certain judge who began with the execution and then had the case examined. I would therefore rejoice at the school directive which required that the first and second forms should be given moral catechisation and that Luther's catechism should not be a

og at Lutheri Catechismus skulde allerførst blive et *Præceptum* udi tredie Lectie, saa at den første Institution skulde bestaae i at danne Sindet, og bevæbne det mod alle Præjudicia, for siden desbedre at indprente det den sande og sunde Theologie. Thi, hvis een lærer Theologie, førend han lærer at blive Menneske, bliver han aldrig Menneske. Den moralske Philosophie har meget været forsømt, saavel udi den Jødiske, som Christne Kirke. Virkningen deraf haver været, at smaa Ting ere blevne helligen i agttagne, og vigtige Ting forsømte. Man har af Vildfarelse overtraad alle Bud, for at hand-hæve et af de mindste. Man har forfult og myrdet sin Næste for-medelst U-overeensstemmelse udi en Speculation eller Ceremonie. Man haver været ivrig udi den udvortes GUdstieneste, og tillige med veltet sig udi alle Synder og Vellyster: ja man haver bemænget sig med at beskrive GUD, Engler og Aander, og aldrig bekymret sig om Egen-Kundskab. Fribytterie for Exempel, som øvedes blant de Nordiske Christne, kunde ikke have været regned for Heroiske Dyder, hvis de havde lært at blive Mennesker, førend de bleve Christne. Det samme kand og siges om mange andre Synder, som formedelst samme Aarsag ginge i svang, og ikke holdtes for Synder.

Man seer her af, at et *Hysteron proteron* maa giøres udi Ungdom-mens Information, og at man maa ved Christi Morale og en sund Philosophie legge Grundvold, førend Christendommens *Dogmata* og Hemmeligheder læres. Den Franske Konge *Clovis,* efter at han var bleven Christen, og hørte læse Passions-Historien, blev han saa heed om Hovedet, at han sagde: "hvis jeg paa samme Tiid havde levet, skulde jeg med mine Franske Tropper have nedsablet alle Jøder, og frelset Christum"; hvilket han neppe vilde have sagt, hvis de Tiders *Convertisseurs* havde søgt at lade ham støbe, førend de lode ham døbe. Vore Missionairer gaae her udi til Verks, lige-som vore Skole-Lærere. De begynde gemeenligen med Religionens Hemmeligheder, hvorover Vantroende strax støde sig, og ville ikke høre videre derom. Jeg haver paa et andet Sted viset, hvad Virk-ning den Spanske Biskops Prædiken havde hos den Peruvianske Konge, nemlig at Kongen dømte af Biskoppens Tale, at han ikke maatte være rigtig udi Hovedet, og derfor strax brød alting over tvers: hvilket maaskee ikke havde hendet, hvis han ej havde be-gyndt Conversionen bagvendt. Det samme sees af mange andres

preceptum until the third form, so that the first instruction should educate the mind and arm it against all prejudices, the better then to impress upon it true and sound theology. If one learns theology before one learns to become a human being, one never will become a human being. Moral philosophy has been much neglected, both by the Jewish and the Christian churches. The result of this has been that small things have been religiously observed, and important things neglected. Out of misapprehension, men have broken all the commandments in order to cope with a trifle. Men have defamed and murdered their neighbours because of a disagreement about a speculative matter or about a ceremony. Men have been zealous about the superficies of divine service, and, at the same time, cast themselves into all kinds of sin and sensuality; indeed, men have occupied themselves with describing God, angels, and spirits, without ever being concerned about knowing themselves. Piracy, for example, which was practised by the Scandinavian Christians, could not have been reckoned as an heroic virtue if they had learned to be human beings before they became Christians. The same can also be said about many other sins which were committed for the same reason and which were not considered to be sins.

From this we see that an *hysteron proteron* must be undertaken in the instruction of youth, and that there must be established a foundation by means of Christian ethics and a sound philosophy before the dogma and secrets of Christianity are taught. The French king Clovis, after he had become a Christian, listened to the story of the Passion and became so exercised that he said, "If I'd lived at that time, I should have massacred all the Jews with my French troops and saved Christ"—which he scarcely would have said if the proselytizers of the time had tried to mold him before they had him baptized. Our missionaries proceed like our school teachers. They generally begin with the secrets of religion, at which the unbelieving immediately take offense and want to hear no more of the matter. I have elsewhere shown what effect the Spanish bishop's sermon had upon the Peruvian king, to wit, that the king concluded from the bishop's speech that he could not be right in his head and therefore broke matters off at once—which perhaps would not have happened if the bishop had not begun the conversion backwards. The same is to be seen from the examples of many

Exempler, hvilke enten have stødet sig over Lærdommen, eller strax efter dens Antagelse igien have deserteret, som man merker den nys omvendte Indianske Ungdom at giøre. Man maa derfore først legge Grundvold ved at danne og tette Karrene, førend man gyder Viinen i dem: man maa indprente Mennesker den sunde Morale, vise dem hvad de bør troe, førend de bydes at troe, og undervise dem udi en slags *Arte critica,* at de ikke skal tage Skygge for Legemet. Derved erhverver Catecheta sig først en Opinion om Ærlighed og U-partiskhed hos de unge Proselyter, efterdi de deraf see, at hans Forsæt alleene er at indprente dem en u-interesseret saliggiørende Sandhed; derved giøres de ogsaa selv beqvemme Redskabe til at imodtage Lærdommen og at beholde den samme.

Naar man gaaer saaledes ordentlig til Verks, og viser udi almindeligt, hvad en fornuftig Siæl bør troe, og hvad den bør forkaste, hvad som er overeensstemmende med Naturens Lov, og hvad som strider derimod, og siden kommer frem med den aabenbarede Lærdom, som man viser dermed at være gandske conform, og at visse Mysteria ikke stride derimod, kand man vente, at Conversionerne ville blive bestandige, og ingen Lærdom kand blive til Troes Artikel uden den er grundig og fornuftig: da Erfarenhed ellers blant alle Nationer viser, at, saasom denne Regel ikke i agttages, man kand paatrykke Ungdommen de allerselsomste og u-menneskeligste Meeninger, og som siden ved intet Middel igien kand udrøddes. Jeg vil for at oplyse dette, ikkun anføre tvende Exempler. Een tager sig for at undervise en anden udi Christendom. Han bereeder Vej dertil, først med at forklare ham Naturens Hoved-Bud: han giver ham en almindelig *Idée* om Dyder og Lyder: han forestiller ham, hvad Billighed, Retfærdighed og Godhed er, at de samme ere Dyder blant GUds skabte Creature, og derfore conseqventer maa være det Guddommelige Væsens egne Qvaliteter. Efter at saadan Grundvold er lagt, gaaer han til Religionen, og viser af de Symboliske Bøger, som hans Sect har underskrevet, at GUD har af frie Villie og Velbehag skabt de fleste Mennesker til Fordømmelse. Proselyten studser da nødvendigen derved, og nægter sig at kunne antage en Lærdom, som strider imod den forige, som til Introduction er bleven ham indprentet. Videre en Romersk *Convertisseur* begynder at catechisere med Philosophie og Morale, sigende,

others, who either have taken offense at doctrine or immediately after having accepted it have deserted it, as we notice the newly converted Indian youth doing. One must, therefore, first lay the foundations by shaping and caulking containers before pouring wine into them. One must impress upon human beings sound ethics and show them what they ought to believe before asking them to believe, and instruct them in a kind of *ars critica,* lest they confuse the shadow with the object. Thereby the catechist evokes first an attitude of honesty and impartiality among the young proselytes, whereupon they see that his intent is solely to impress upon them disinterested sanctifying truth; and, in this way, they are instruments to receive the teachings and retain them.

If one begins in the right way, and demonstrates in general what a reasonable soul should believe and what it should reject; what is in accord with natural law and what is in conflict with it, and only then puts forward the revealed teachings, which are thus shown to be in conformity with natural law, with which certain mysteries are not in conflict either, one can expect that the conversion will be permanent; for no doctrine can become an article of faith unless it is basic and reasonable. Experience shows that if this rule is not followed, one can impress upon youth in all nations the strangest and most inhuman opinions, which no means can later eradicate. In order to elucidate this I will give only two examples. One person undertakes to instruct another in Christianity. He prepares the way, first by explaining to him nature's principal commandments; he gives him a general idea of virtues and faults; he represents to him what fairness, justice, and goodness are, that these are virtues among the living things God has created, and, consequently, must be qualities of the divine being. After such a foundation has been laid, he proceeds to religion, and demonstrates, by means of the symbolic books to which his sect subscribes, that God has predestined most people to damnation by his own free will and for his own gratification. The proselyte will necessarily be taken aback at this and refuse to accept a doctrine which contradicts the preceding ones which had been impressed on him by way of introduction. Moreover, a Roman proselytizer begins to catechize by means of philosophy and ethics, saying that the human

at et Menneske bør intet troe, som er imod *Notiones communes,* det
er hvad, som han og alle Mennesker, see, høre og føle at være
stridigt med det, som foregives. Derpaa skrider han til Lærdommen
og viser, naar han kommer til den Artikul om Transsubstantia-
tionen, at Brød er Kiød. Discipelen forarger sig da over en Lærdom,
som strider aabenbare mod den forige Sandhed, sigende: "hvis jeg
ikke maa troe almindelig Syn og Sandser: hvis jeg maa negte at see
det, som jeg seer, og høre det, som jeg og alle andre høre, saa stad-
fæstes derved en fuldkommen Pyrrhonismus, og ingen Vished bliver
meere i Verden; ja saa kand man tvivle om Skrift og Mirakler selv,
efterdi man ingen Nytte har af Syn og Hørelse."

Man seer heraf, at, naar een ved slige Præparatorier først giøres
til et Menneske, saa dannes Sindet til at modtage en sand og for-
kaste en falsk Lærdom. Dette maa være nok tælt om de fornødne
Studeringer, hvis videre Nytte jeg vil overlade andre at beskrive.
Jeg haver alleene udi denne Dissertation ladet mig nøje hermed at
antegne en Vildfarelse, som dagligen begaaes af Lærere udi Dis-
ciplinens Orden: thi det er til deslige Ting mit Morale fornemme-
ligen sigter.

Udi denne første Classe, som befatter Theologie og Morale, kand
ogsaa sættes Historier, hvorvel de fleste Philosophi give Historier
ikke Sted uden iblant de nyttige Studeringer, saa at de gemeenligen
sætte dem efter Mathesis. Men det kommer deraf, at faa ansee
Historier med rette Øjen, og ej eftertænke, at Morale fornemme-
ligen læres af Historiske Exempler, og at Religionen maa vise sin
Hiemmel og Adkomst af Historier.

Blant de nyttige Studeringer kand sættes Mathesis og Physica.
Derom vil jeg intet tale, saasom det er alle bekiendt, hvad Nytte
Mathesis fører med sig. Jeg vil ikkun alleene herved erindre en
Vildfarelse hos de ældste Philosophi, i det de have giort sig langt
anden *Idée* om Mathematiquens Værdighed, end man nu omstunder
giør: thi de have holdet for, at det var en Philosopho u-anstændigt
at bemænge sig med andet end Theorie, og anseet Praxin eller
Mechanicam, som gemeene Haandverker; saa at Mathesis hos dem
bestod alleene udi at raisonnere: da man nu omstunder gaaer meere

being should not believe anything which goes against *notiones commmunes,* that is, anything which he and all men see, hear, and feel to be self-contradictory. Thereupon, he proceeds to doctrine and demonstrates, when he comes to the article about transsubstantiation, that bread is flesh. The disciple is annoyed about a doctrine which obviously contradicts the previous truth and says, "If I may not trust my ordinary sight and senses, if I must deny seeing what I see and hearing what I and everybody else hears, the result is complete pyrrhonism, and there will be no certainty left in the world; indeed, then one can doubt even the Scriptures and the miracles, since one has no use for vision and hearing."

From this we see that when someone has been prepared in this way, his mind is trained to accept a true and reject a false doctrine. We have spoken enough about the necessary studies, the advantages of which I will let others describe. In this dissertation, I have considered it sufficient to cite an error which is daily made by teachers regarding the order in their discipline. It is to these things that the intent of my remarks primarily refers.

Into this first class, which comprises theology and ethics, can also be put history, although philosophers place history only among the useful studies—so that it generally comes after mathematics. But that comes about because few view history correctly, and do not reflect that ethics is primarily taught by historical examples and that religion must demonstrate its authority and origin.

Among the useful studies can be put mathematics and physics. I shall not speak about them, since it is known to all what advantages mathematics brings. I want here only to suggest an error among the oldest philosophers, in that they long had another idea about the value of mathematics than one has today. For they believed that it was improper for a philosopher to concern himself with other than theory, and looked upon practice or mechanics as common handicrafts, so that, for them, mathematics consisted solely of reasoning, whereas we today approach the matter in a more proper way and lay a foundation through mechanical

ordentligen til verks, og legger Grundvold med Mechaniske Experimenter. Derfore have vore Tiders Mathematici saadan Devise: *Nullius in Verba.*

Philosophien var udi gamle Dage deelt udi Secter, ligesom Theologien nu omstunder. Enhver af disse Secter søgte ikke saa meget efter at udlede Sandhed, som at forsvare hvad Fundator eller Stifteren havde lært. Denne Philosophie, som kand kaldes *Philosophia carbonaria,* varede indtil noget efter Christi Tider, da nogle, hvoraf den første var *Potamon,* toge sig for, ikke at sværge paa nogens Ord meere, men af alle Secter at udtrække det beste. Denne Philosophie blev kalden *Philosophia eclectica.* Jeg veed ikke, om det er mod Orthodoxie at ønske, at der ogsaa var en *Theologia eclectica,* efterdi man seer Christne efter de gamle Philosophorum Plan ikke at bekymre sig saa meget om at udlede Sandhed, som at forsvare hver sin Sect. Jeg drister mig ikke til at giøre saadant Ønske, skiønt jeg tilstaaer alleene, at hvis nogen giorde Forslag til en *Theologia eclectica,* vilde jeg ikke føre Krig med ham derfore.

Man kand sige det samme om Physica, som om Mathesi, at dens Vigtighed bestaaer udi Praxi og Experimenter, og, naar saa er, maa man ikke fortænke den, som sætter Bønder og habile Agerdyrkere iblant *Philosophiæ naturalis Professores;* allerhelst eftersom Agerdyrkning er den ædelste og vigtigste Part af Physica eller naturlige Tings Kundskab. Jeg holder den for en lærd Mand, der i Grund forstaaer et vigtigt Videnskab, enten han haver lært det paa Græsk, Latin eller sit Moders Maal, enten han haver erhvervet det ved Læsning eller Erfarenhed. Jeg veed vel, at saadan Meening holdes for egen og u-rimelig. Men alt hvad som er almindeligt, er ikke altid rimeligt. Hvis Agerdyrknings Kundskab blev til et Academisk Studium, vilde i mine Tanker de 9 Musæ ingen Fortrydelse bære derover. Thi Academier ere stiftede for at excolere de Studeringer, hvorved Kirke, Stat og Borgerlige Societeter opbygges. Det kommer ikke an paa, hvo der haver studeret mest, men hvo der haver studeret best. Og, naar saa er, kand jeg ikke see, at man jo med lige saa stor Føje kunde give en Magister- eller Doctorhat til

experiments. For this reason, the mathematicians of our time have the motto *nullius in verba*.

In ancient times, philosophy was divided into sects, just as theology is today. Each of these sects tried not so much to deduce truth as to defend what their founder or originator had taught. This philosophy, which can be called *philosophia carbonaria* lasted until sometime after the beginning of the Christian era, when some men, among the first of whom was Potamon, undertook to swear no longer by the word of any single person, but to extract the best from all sects. This philosophy was called *philosophia eclectica*. I do not know whether it is in contradiction to orthodoxy to wish that there also were a *theologia eclectica,* since one sees Christians after the fashion of the old philosophers not concerning themselves as much about educing truth as defending each his sect. I am not so bold as to make such a wish, although I do admit that if anyone suggested a *theologia eclectica,* I should not attack him because of it.

One can say the same about physics as about mathematics, that its importance consists of practice and experiments, and since that is the case, one must not blame him who classifies peasants and able agriculturalists among *philosophiae naturales professores*—the more so since the cultivation of the soil is the noblest and most important part of physics or the knowledge of natural things. I consider him a learned man who thoroughly understands an important discipline, whether he has acquired it through reading or experience. I know very well that such an opinion is considered uncommon and unreasonable. But what is common is not always reasonable. If knowledge of the cultivation of the soil became an academic study, the nine muses would not, in my opinion, take it amiss. Academies are founded in order to cultivate the studies through which church, state, and civic associations are strengthened. It does not depend on who has studied most but on who has studied best. And since this is the case, I cannot see that one should not give with equal justification a master's or doctor's hood to an agriculturalist and to a grammarian, unless one says that it is more important to arrange words and glosses than it is to improve a piece of land, or more important to weed out copyists' errors from the work of an old poet than to weed a field and make it fertile.

en Agermand som til en Grammaticus, med mindre man vil sige, at det er meere magtpaaliggende at rangere Ord og Gloser, end at forbedre et Stykke Land, eller meere magtpaaliggende at reense en gammel Poet fra Copiist-Fejl, end at reense en Ager og giøre den frugtbar. Derfore raisonnerede Bondedrengen udi Comoedien ikke saa ilde, da han holdte Peder Christensen for den lærdeste Mand udi Byen, efterdi han havde antaget en forfalden Gaard, og giort den til en af de beste. Jeg veed ikke, om man kand sætte Talekonsten blant de nyttige Studia. Gamle Græker og Romere have anseet den som det vigtigste Videnskab. Men derimod kand giøres store Ind-vendinger. En vis Philosophus ligner Talekonsten ved Fruentim-merets Sminke. Den sidste forblinder Øjene; den første forblinder Sindet. *Socrates* kalder den Konst at bedrage Folk. Man seer, at udi velindrettede Stater, som udi *Creta* og *Lacedæmon,* Talekonsten haver været udi ingen Agt. Udi *Rom* derimod, Grækenland og andre Republiquer, hvor alting haver været forvirret, haver den været anseet, som et Hovedstudium. Herudi vil jeg dog ikke decidere.

Jeg vil og forbigaae at tale om andre nyttige Studeringer, saasom jeg ingen særdeles Anmerkninger haver at giøre derover; men begive mig til de unyttige, det er de, som ere mest udi Brug. Thi de fleste saa kaldne lærde Dissertationer giøres enten over det, som ingen forstaaer, eller det, som ingen er magtpaaliggende at vide. Saaledes hører man dagligen disputere om GUds Væsen, om Siælenes, Eng-lernes Natur, og andet deslige, som er, og stedse vil blive skiulet for Mennesker, eller om mørke og umagtpaaliggende Ting udi Anti-qviteter, som om *Homeri* Fæderneland, om *Æneæ* Moder, om *Ro-muli* Fader, og som Poeten siger:

> – – *qvot Acestes vixerit annos,*
> *Qvot Siculi Phrygibus vini donaverit urnas.*

Saadanne Studia kand ikke alleene kaldes unyttige, men endogsaa skadelige, saa vidt som Tiden derved spildes. Man kand ligne dem, der saaledes studere, med Børn der ideligen blade udi Bøger, men alleene for at see efter Billeder. Men man kand ellers sige om alle Slags Studeringer, at de ere skadelige, naar *Excés* deraf giøres. Og er det fornemmeligen herpaa dette *Epigramma* sigter. Thi Erfaren-hed lærer, at man kand studere sig taabelig. Jeg veed vel, at *Excés* af Studeringer bliver lagt mange til Berømmelse. *Archimedes* be-rømmes deraf, at han saaledes havde fordybet sig i Speculationer,

For this reason, the philosophizing peasant boy in the comedy is not so far wrong when he considers Peter Christiansen to be the most learned man in the village, since he had taken over a dilapidated farm and made it one of the best in the country. I do not know whether one can classify rhetoric among the useful studies. The ancient Greeks and Romans looked upon it as the most important discipline, but serious objections to this can be raised. A certain philosopher likens rhetoric to a woman's paint: The latter blinds the eyes—the former blinds the mind. Socrates called it the art of deceiving people. We see that in well organized states such as Crete and Lacedaemonia rhetoric enjoyed no respect. In Rome, Greece, and other republics, however, where everything was in confusion, it was looked upon as a major study. I shall nevertheless pass no judgment in this matter.

I shall also refrain from speaking about other useful studies, since I have no particular remarks to make about them, and proceed to the useless ones, that is to say, those which are practiced the most. Most of our so-called learned dissertations are written either about something which nobody understands, or about something which nobody finds of consequence to know. Thus, one hears daily disputation about God's being, about the nature of souls and angels and such like, which is, and will always remain concealed from men, or about obscure and inconsequential things in antiquity, such as Homer's fatherland, Aeneas's mother, Romulus' father, and, as the poet says:

> ...quot Acestes vixerit annos,
> Quot Siculi Phrygibus vini donaverit urnas.

Such studies can not only be called useless, but even harmful, insofar as time is wasted upon them. One can compare persons who study in this wise with children who idly leaf through books, solely in order to find the pictures. One can, of course, say about all kinds of studies that they are harmful when carried to excess. It is primarily to this which our epigram refers. For experience teaches that one can study until one goes mad. I know well that excess in studies is considered to be a mark of distinction for many. Archimedes is lauded because he had so lost himself in speculation that he was the only person in Syracuse who did not know that the city had been

at han var den eeneste udi *Syracusa,* som ikke vidste, at Staden var
bestormed. Det legges og *Carneadi* til Roes, at han for Studeringer
glemte at rekke Haanden til Fadet, naar han sad til Bords. Men man
kand med al den Respect man maa have for de Gamle, sige, at
saadan Roes er ilde grundet. Det er med saadanne Folk *Petronius*
skiemter, naar han forestiller *Eumolpum,* reciterende Vers udi Ca-
juten, da Skibet alt af Storm begyndte at gaae i Grund. En over-
stadig lærd Mand kand lignes ved en overstadig drukken Mand;
thi ligesom man kand drikke sig et Ruus til, saa kand man og stu-
dere sig ligesom et bestandigt Ruus paa. Ved det eene Ruus, saavel
som ved det andet giøres man uduelig og ubeqvem til Forretninger:
Thi Virkningen er den samme, enten Ruset kommer af Brændeviin
eller af formegen Læsning. Man kand ligne en saadan overstadig
lærd Mand ved den Rhetor hos *Petronium,* der spurte en gammel
ubekiendt Kierling paa Gaden, hvor han selv boede. Ja man kand
med rette sige om den, det, som *Agrippa* med u-rette sagde om
Paulo: "Din Lærdom giør dig rasende." Hvad kand man dømme
om den, der haver udgransket Dyrs, Fiskes og Insecters Natur,
men kiender sig ikke selv: der haver al Verdens Historier udi Ho-
vedet, men veed intet af de Historier, som dagligen passere udi hans
eget Huus: Endelig, der veed, som Poeten siger, hvad *Jupiter* taler
med *Juno,* men veed intet af den Commerce, som hans Fuldmægtig
haver med hans egen Hustrue. Man maa ikke alleene bruge Hiernen
for at studere, men studere for at giøre Hiernen brugelig til Forret-
ninger, ligesom man maa ikke leve for at æde, men æde for at leve.
Naar *Excés* giøres af Studeringer, ere de heller til Byrde og Skade,
end til Nytte, og heder det da: Ἐν τῷ μὴ φρονεῖν ἥδιςος βίος. Herpaa
seer man daglige Exempler, og flyder heraf det almindelige Ord-
sprog: "Han er saa lærd, at han ikke kand prædike," det er at sige:
Han kand intet giøre til gavns, efterdi han veed alting. Thi de
umaadelige Portioner af Græsk, Latin, Hebraisk og alle Viden-
skaber, som ere sammenblandede udi Hiernen, kand lignes med den
Drik, som de Engelske kalde Punch, hvilken bestaaer udi en Mix-
ture af adskillige Ingrediencer, og er med Flid saaledes tillaved, at
man kand være gandske forvissed om dens Virkning i at giøre
Hovedet fuldkommeligen kruset. Ligesom Planter ikke kand trives

stormed. Carneadus is praised because his studies made him forget to reach out for the platter when he sat at table. But with all the respect that one may have for the ancients, one may say that such praise is ill-founded. Petronius jests about such people when he represents Eumolpus reciting verses in his cabin when the ship he is on begins to go aground because of a storm. An excessively learned man can be likened to an excessively drunken man; just as one can drink until intoxicated, one can study, as it were, into a constant state of intoxication. The one intoxication, as well as the other, makes a person incompetent and unfit for business, for the effect is the same, whether the intoxication comes from brandy or from too much reading. We can compare such an excessively learned man with the rhetor in Petronius who asked an old woman on the street whom he did not know, where he lived. Indeed, one can justly say of him that which Agrippa unjustly said about Paul, "Much learning doth make thee mad." How should one judge him who has studied the nature of animals, fish, and insects, but does not know himself, or him who has all the history of the world in his head but knows nothing of the history of what takes place daily in his own house, or, finally, him who knows—as the poet says—what Jupiter said to Juno, but knows nothing of the affair which his head clerk is having with his own wife. One must not only use the brain to study, but study to make the brain useful for other business. Just as one must not live to eat but eat to live—when studies are carried on to excess, they are rather burdensome and harmful than useful, and as is said: Ἐν τῷ μὴ φρονεῖν ἥδιςος βίος. One sees examples of this every day, and of this comes the common proverb, "He is so learned that he cannot preach." That is to say, he can do nothing useful since he knows everything. The immoderate amounts of Greek, Latin, Hebrew, and all the disciplines which are blended in a mind can be compared with the drink which the English call punch, that consists of a mixture of various ingredients, and is carefully made so that one can be quite certain that its effect will be to make one's head reel. Just as plants cannot flourish where there are masses of liquids, and the lamp is extinguished by an overflow of oil, the brain can be dulled by too much reading. One can fill one's house with so many guests that one does not have space to turn around, and one can cram into one's head so many

formedelst Mængde af Vædsker, og Lampen udslukkes formedelst
Oliens Overflod, saa kand Hiernen giøres sløv af formegen Læsning.
Man kand opfylde sit Huus med saa mange Gieste, at man selv ikke
haver Rum til at vende sig, og man kand fylde Hovedet med saa
mange fremmede Hierner, at ens egen Hierne ikke kand operere.
Det er ikke udi de Stæder, som vrimle af sprenglærde Folk, og hvor
man seer Skoler udi alle Gader, hvor Viisdom mest findes, og hvor
Dyden mest øves. *Rom* var aldrig meere viis og meere dydig, end
da den var maadelig lærd, og studerede ikke uden paa fornødne
Ting, og *Athenen* var aldrig meere gal, end da den var opfyldt med
lige saa mange Philosophis, som med Mennesker. Maadelig Lærdom
og brav Arbeide giør viise og dydige Indbyggere udi et Land. Thi
ved det første styrkes Forstanden, og ved det sidste qvæles onde
Tilbøjeligheder, som fødes af Lediggang. Jeg vil slutte denne Ma-
terie med et Vers, som findes udi vore gamle Ordsprog:

> Megen Æden ej Fædme giver,
> Af megen Læsning man viis ej bliver.

strange brains that one's own brain cannot operate. The most wisdom is found and the most virtue is practiced not in those places which swarm with erudite people and where one sees schools in every street. Rome was never more wise and more virtuous than when it was but tolerably learned and studied only the necessary things, and Athens was never more mad than when it was filled with as many philosophers as there were people. Moderate learning and honest work make for wise and virtuous inhabitants in a country, the former strengthens reason, and the latter quells evil tendencies which are born of idleness. I shall conclude this subject with a verse which is found among our old proverbs:

> Eating much won't change your size,
> Much reading maketh no man wise.

JOHANNES EWALD

I anden halvdel af det 18. århundrede tog den danske poesi et nyt opsving takket være især den geniale Johannes Ewald (1743–81). Samtidig med at han gennemlevede en religiøs krise, skrev Ewald magtfulde lyriske digte om synderens elendighed og frelserens triumf. I sin *Ode til Sjælen* (1780), formet i den antikke, alkæiske strofe, giver digteren faldets, angerens og frelsens historie. I dette digt er sjælen en ulydig ørneunge, der har vovet sig op på redens kant og derfra styrtet ned i afgrundens skumle dyb. I sin fornedrede tilstand føler den sig ørn endnu og gør sig dristige anstrengelser for at nå op igen til de lyse højder. Men først når den stolte fugl erkender, at frelsen ikke kan komme fra den selv, vil ørnen, lysets ånd, stige ned på sine kærlige vinger og drage den faldne sjæl op af det evige mørke.

TIL SIELEN. EN ODE

Siig, du nedfaldne, spæde, afmægtige
Broder af Engle! Siig, hvi udspreder du
    Fierløse Vinger? – Ak, forgieves
    Flagrer du op mod din første Bolig!

Som da, naar Ørnens neppe bedunede
Unge, forvoven glemmer sin Moders Røst,
    Og klavrende paa Redens Kanter
    Styrter, og vaagner i kolde Skygger.

Paa Myrens Fodstie, føler den krybende
Sin tabte Høihed, føler sig Ørn endnu,
    Og higer, som dens ædle Brødre,
    Efter din Straale, du Dagens Hersker!

Som den da drømmer Kræfter, og hoppende
Ofte udstrekker skaldede Vingebeen
    Forgieves, til den ømme Moder
    Bærer den selv til sin høie Rede.

JOHANNES EWALD

In the second half of the eighteenth century, Danish poetry took a new direction, especially through the genius of Johannes Ewald (1743–1781). While experiencing a religious crisis, Ewald wrote a powerful lyric poem concerning the sinner's wretchedness and triumphant salvation. In his *Ode to the Soul* (1780), composed in the Alcaic strophe, the poet describes the fall, repentance, and deliverance of the soul. In this poem, the soul is a disobedient fledgling eagle which has ventured over the edge of its nest and fallen down into the gloomy depths of the abyss. Despite his degrading circumstances, he still feels like an eagle and boldly strives to reach the brilliant heights above. But when the proud bird finally recognizes that deliverance cannot be attained alone, the eagle, the spirit of the light, will descend on wings of love and raise up the fallen soul from the eternal darkness.

ODE TO THE SOUL

Tell me, thou fallen, enfeebled, powerless kin
Of angels! Tell me why thou spreadest forth
    Featherless wings!—Alas, in vain
    Flutt'ring up towards thy first abode!

Just as when the eagle's barely bedownéd
Young, daring to forget his mother's counsel
    And scaling the edges of the nest,
    Falls and wakens in cold shadows.

While crawling on the ant's pathway he feels
His lost grandeur; he seems an eagle still
    And longs, like his noble brethren,
    For thy beams, thou lord of the day!

Just like him who dreams of power, and leaping,
Often stretches forth his feeble wings
    In vain, until the tender mother
    Bears him herself to her high nest.

Saa skal og du, som altid utrettelig
Flagrer og hopper, høit fra dit kolde Muld,
    O faldne Siel, saa skal du aldrig
    Stride dig op til dit lyse Udspring.

Aldrig, før Aanden, under hvis Vinger du
Fordum oplivet undrende fandt dig selv;
    Og i dit Selv et Svelg af Glæde,
    Verdeners Vel, og Algodheds Lovsang.

Aldrig før han, som tænder Cherubernes
Flammende Tanker, medynksfuld bærer dig
    Op til de Himle, som du Arme
    Trodsig forlodst, at udspeide Mørket.

Herlig, ak herlig var du, da Jubelsang
Vakte dig, da dit blivende Øiekast
    Saae Godheds Verk og Viisdoms Under
    Svæve uslørede trint omkring dig.

Natten, med al sin blendende, giftige
Taage undflyede Dagskieret af din Glands,
    Du rene Gnist af den Fuldkomne,
    Skygger forsvandt i din lyse Omkreds.

Men da nu evig Viisdom opelskte dig,
Men da din Flamme voxte, da Kierlighed
    Opfyldte den med Kraft, og gav den
    Evner og Drift, at velsigne Verdner.

O da istemte Dalenes Tusende
Daglig din Lovsang, Biergene svarte dem.
    Du følte dig i deres Glæde,
    Følte dig stor, og din Skaber værdig.

Herlig, ak herlig var du, o faldne Siel!
Lys var din Bolig! Ak, du erindrer det!
    Dybt i dit Mulm, i Slangers Hule,
    Tænker du dig de forsvundne Straaler!

Such is also thy fate, who ever untiringly
Flutters to rise aloft from thy cold earth,
    O fallen soul, thus wilt thou never
    Rise up to thy luminous source.

Ne'er until the spirit whose wings raised thee
Of old found'st thou thyself magnanimous
    And with a voice singing of joy,
    The world's good and the hymn to God.

Ne'er until he who ignites the cherubim's
Flaming thoughts bore sympathy to thee
    Up to heaven, which thou wretched
    Defier left to search out the dark.

Sublime, how sublime wert thou when the glad song
Woke thee, when thy only remaining vision
    Saw God's work and wond'rous wisdom
    Float around thee all unveiled.

The night with all its blinding, poisonous mist
Shirked from the gleam of day in thy splendor,
    Thou pure vestige of perfection;
    Shadows fled thy brilliant sphere.

But when eternal wisdom prompted thee,
When thy soul's flame increased, then did love
    Imbue it with vigor, giving
    Impulse and power to bless kingdoms.

O when the valleys echoed constantly
Thy hymn daily, the mountains answered them.
    Thou didst feel thyself in glory,
    Didst feel noble and worthy of life.

Sublime, how sublime wert thou, O lost soul!
Light was thy abode! How thou recall'st it!
    Deep in thy gloom in the viper's nest
    Thou art minded of lost brilliance!

Blussende ved det Leer, som du kryber i,
Væmmed ved Vrimlets frekke Fortrolighed,
 Opsvinger du dig, vild, utretted,
  Høit, som en springende Hval mod Solen.

Føler du ei din Tunghed, og glemmer du
Evig din Afmagt, og de forsøgte Fald,
 Og seer du ei dig selv, du Dyndets
  Borger, og blues for lyse Himle?

O da frembryde Lynild af Sinais
Truende Skygger! Glimt af Retferdighed
 Adsprede Stoltheds Drøm, og Ondskabs
  Giftige Dunster, og Nattens Blendverk!

O da bestraale Dommerens Øiekast
Pølen, hvori du brusende tumler dig.
 At den maae være dig og al din
  Jammer et Speil, som du ei kan undflye.

See dig! o see din hielpløse Nøgenhed!
See dig nedbøiet under din Last af Leer,
 Udtært af Qvalm og Gift, du blege
  Gispende Giendferd af Jordens Hersker!

See dig omspendt af Snarer, bespeidet af
Lurende Rovdyr, Tiger, og lokkende
 Sireners Vink, og Klapperslangens
  Gnistrende Øien, hvorved man svimler.

Over dig, see dit svulmende Ønskes Vei!
Grundløse Svelg, og – Intet, at hvile ved!
 See dem! og stiig! og naae Cherubens
  Flammende Sverd, og dit Edens Ildhegn!

Drukken af Mismod, kald nu din rasende
Stolthed, og kald hver svermerisk Drøm til Hielp!
 Storm i din Ruus mod Almagt! glem den!
  Troe dig i Pisons bestraalte Lunde!

Smarting at the clay, which thou creepst in,
Repulsed by the vermin's insolent boldness,
   Thou swingst up wild, untiring, high,
   A dauphin springing towards the sun.

Dost thou not feel thy weight and canst thou e'er
Forget thy weakness and the ventured fall,
   And seest not thyself, thou dweller
   In clay, and blush for heaven's light?

O then lightning flashes forth from Sinai's
Threat'ning shadows! Gleam of Rectitude
   Disperses Pride's dream, and Evil's
   Pois'nous vapors, and Night's deceit!

O then the Judge's gaze illuminates
The pool, where convulsively thou flounder'st;
   That it must seem to thee in all
   Thy misery a haunting mirror.

See thyself! O see thy poor nakedness!
See thyself bowed under thy load of clay,
   Spent by disease and poison, thou wan,
   Gasping ghost of the world's master!

See thyself ensnared around, observed by
Preying beasts in ambush, tigers, and sirens'
   Alluring signs, and rattlesnakes'
   Piercing eyes that make one faint.

Above thee, see thy path of swelling desire!
The bottomless abyss, and—nowhere to rest!
   Look and climb! Reach the angel's sword
   Of fire and Eden's burning bush!

Stupified without hope, thy raging pride
Now cold, and ev'ry fanciful dream of aid!
   Blind rage against God! Desist from it!
   Have faith in Pison's golden groves!

Mørkets uhumske Flygtling! og tør du da
Dristig beskygge Glands af den Helligste?
    Veedst du et Figentræ, hvis Blade
    Skiule dit Dynd for hans Vredes Aasyn?

Arme Nedfaldne, vaagn af din stolte Drøm!
Vaagn! og ydmyget under din Brødes Vægt
    Udbred din Angst, og al din Jammer,
    Sukkende for dine Ønskers Fader!

Da skal ham ynkes over den døende
Gnist af sin Aand, som ulmer paa Nattens Bred,
    Da skal han redde den fra Mørkets
    Qvælende Damp, og det kolde Mismod!

Da skal en salig Straale fra Golgatha
Vise den Strøm, som Siele kan lutres i,
    Og Offeret, hvis Blod kan stille
    Dommerens Harm, som nedstyrter Gledne!

Da skal du henrykt see det, at Lysets Aand
Dalende spreder kierlige Vinger ud,
    Og zitrende, veemodig, smelted
    Føle hans Vink, og hans Glæders Aande.

Svulmende af hans voxende Straalers Ild
Skal da din Lovsang stræbe, at møde ham!
    Og undrende skal de Ufaldne
    Høre den Helliges Priis fra Dybet!

Men da, o Himmel! naar nu hans evige
Kierligheds Flamme vældig omspænder dig,
    laar han opløfter dig fra Dybet,
    Op fra dit Mulm, til Algodheds Throne.

Naar du fra Naadens Arme, nu gysende,
Neppe tør see det Svelg, som du frelstes af!
    O da skal Takkens ømme Vellyst
    Fylde din Sang og din høie Harpe!

The night's filthy refugee! And darest thou
Boldly thus dim the gleam of the Holiest?
    Knowest thou a fig tree, whose leaf
    Will hide thy shame from his wrathful sight?

Poor fallen one, wake up from thy foolish dream!
Wake up! And humbled by thy burdensome guilt,
    Let burst thy anguish and misery,
    Sighing for thy desire's father.

Then will he be pitied for the dying
Spark of his breath, which smolders on Night's bank;
    Then will he save it from the dark's
    Choking fog and the cold despair!

Then will a holy beam from Golgatha
Reveal the stream which purifies the soul,
    And the victim whose blood can quell
    The Judge's wrath, which wildness brings down.

Then wilt thou joyfully behold the light's spirit,
Whilst descending, spread forth its wings of love,
    And quiv'ring, melancholy, faint,
    Wilt feel his touch and joyous breath.

Quickened by his growing radiant fire,
Then thy song of praise will strive to greet him!
    And the unfallen ones will be stunned
    To hear the Lord's praise from the abyss!

But then, o celestial power! When his eternal
Flames of love will surround thee prodigiously,
    When he will raise thee from the depths
    And from thy gloom to Benevolence's throne;

When quiv'ring in the Savior's arms scarcely thou
Dar'st to behold the abyss from which thou art freed!
    O then sweet pleasure of gratitude
    Will fill thy song and lofty harp!

Da skal din Taare høit, som Cherubers Chor,
Prise den Aand, som reev dig af Nattens Favn,
  Og alle Himlene skal svare:
  Stor er den Aand, som opløfter Faldne!

Then thy tears as high as the choir of angels
Will praise the spirit which plucks thee from Night's grasp,
   And all the heavens will resound:
   Great is the spirit which raises the fallen!

ROMANTIKKEN

OEHLENSCHLÄGER OG GRUNDTVIG

Allerede i 1802 brød den romantiske bevægelse sejrrigt igennem i Danmark. I begyndelsen var dansk romantik en universalromantik. Vore digtere anskuede i deres ungdom en urreligion, hvorfra hedenskab og kristendom havde deres fælles udspring. Dette var tankegrundlaget for det store digt, "Guldhornene" af *Adam Oehlenschläger* (1779–1850; se ovf. s. VII). N. F. S. Grundtvig (1783–1872) siger i et dramatisk digt fra 1808, "Maskeradeballet i Danmark": "Høje Odin! Hvide Krist! Slettet ud er Eders Tvist, Begge Sønner af Alfader".

Snart stillede Oehlenschläger dog, inden for en tragedie i fem akter, *Hakon Jarl hin Rige* (1807), hedenskab og kristendom mod hinanden i en kamp på liv og død. Hakon Jarl er det dødsdømte hedenskabs store og grusomme mand, kong Olaf Trygvesøn sandhedsvidne for den nye tro. I den skønne scene nedenfor fra 3. akt stilles tragediens to helte ansigt til ansigt. Efter tilskyndelse af en trofast tilhænger, Thorer Klarke, har Hakon arbejdet på at lade Olaf myrde, men forsøget mislykkedes, rådgiveren er dræbt og Olaf begiver sig nu med tilhyllet hoved hen til Hakon.

Da Grundtvig havde passeret den universelle religions stadier, blev han en patriotisk og dybt kristelig digter. Som fædrelandets digter ville han bl. a. gendigte et kampdigt fra Danmarks oldtid, Bjarkemålet. Vi hidsætter første strofe af *Bjarkemaalets Efterklang* (1817). Som religiøs digter fornyer Grundtvig fuldstændigt dansk kirkesang. Blandt Grundtvigs mange hundrede salmer bringer vi een, *Kirke-Klokken* (1845), der meget hyppigt synges ved begravelser.

ROMANTICISM

OEHLENSCHLÄGER AND GRUNDTVIG

The Romantic movement made its triumphal entry into Denmark as early as 1802. At first, Danish Romanticism was a universal phenomenon. In their youth, our poets envisaged a primitive religion in which heathendom and Christianity had a common origin. This was the basic concept behind the great poem "The Golden Horns" by Adam Oehlenschläger (1779–1850); see above, p. vii. N.F.S.Grundtvig (1783–1872) says in a dramatic poem from the year 1808, entitled "The Masked Ball in Denmark", "High Odin! White Christ! Your dispute has been expunged, both sons of Alfather."

Soon, however, Oehlenschläger set heathendom and Christianity against one another in a struggle to the death. Hakon Jarl is the doomed heathendom's great and brutal man; King Olaf Tryggvason, the witness for the new faith. In the beautiful scene below, taken from the third act, the two heroes of the tragedy are placed face to face. At the instigation of a faithful follower, Thorer Klake, Hakon has arranged to have Olaf murdered, but the effort fails; his counselor is killed, and Olaf proceeds with veiled features to Hakon.

When Grundtvig had traversed the stages of universal religion, he became a patriotic and profoundly Christian poet. As the poet of his fatherland, he wanted to rework a battlesong from Danish antiquity, the lay of Bjarke. We reprint below the first stanza of the "Echo of the Lay of Bjarke" (1817). As a religious poet, Grundtvig completely rejuvenated the Danish hymn. From among Grundtvig's many hundred hymns, we reprint one here, "The Church Bell" (1845) which very frequently is sung at funerals.

OLAF TRYGGVESØN *træder ind, hyllet i en graa Kappemed en siid Hat paa Hovedet.*

HAKON *uden at vende sig.* Min vakkre Thorer Klake, er det dig?
Er alting lykkedes, og bringer du,
Hvad du har lovet? Svar mig, Thorer Klake!

OLAF Alting er gaaet, som det burde, Herre!
Men undskyld Thorer, at han selv ei kommer,
Og bringer Eder hid Kong Olafs Hoved!
Det faldt ham vanskeligt. Thor veed, han havde
En Slags Modbydelighed for at bringe
Det selv, og sendte mig.

HAKON   Vel, vel, saa gaa,
Og grav det dybt i Jordens Mørke ned.
Jeg vil ei see det selv. Mit Øie taaler
Ei slige Syn, det staaer for mig i Drømme.
Grav Liget ned, og siig din Herre, Træl,
At strax han kommer.

OLAF   Thorer Klake sover.

HAKON Han sover?

OLAF   Middagssøvn, stivt har han strakt sig
Hen under nogle dunkle Hyldebuske.

HAKON Saa væk ham da! *afsides.* Nu sove, efter slig
En Gierning? Thorer! Jeg beundrer dig,
Du har et sieldent Mod. *høit.* Gaa, væk ham, Træl!

OLAF Men vil I ikke først see Olafs Hoved?

HAKON Nei, har jeg sagt, nei.

OLAF   Herre Jarl! I troer,
At det seer skrækkeligt og hæsligt ud,
Men intet mindre, Herre! Olafs Hoved
Seer ud saa sundt, som noget her i Landet.

HAKON Gaa, siger jeg.

OLAF   Nu har jeg aldrig seet.
Jeg havde hørt at Jarlen var en Helt,
Som faa i Norden, og han frygter for
At see et livløst og afhugget Hoved.
Hvor vilde I da skielve, Herre! hvis
I saae det end paa Kroppen.

HAKON JARL

OLAF TRYGGVASON *enters in a grey cloak and a wide-brimmed hat.*
HAKON *without turning around.* My valiant Thorer Klake, is it you?
   Have all things prospered, and are you bringing me
   what you have promised? Answer, Thorer Klake.
OLAF It went the way it had to come about.
   But Master, pardon Thorer for not coming
   himself to bring you here King Olaf's head.
   He found it hard, Thor knows. He felt
   a marked distaste to bear the head and bring it here
   himself. And hence sent me.
HAKON   'Tis well, then go
   and hide it deep in darkness of the earth.
   I'll see it not; my eye will suffer
   not such sight to haunt me in my dreams.
   Inter the corpse and tell your master, serf,
   to come at once.
OLAF   But Thorer is asleep.
HAKON Asleep?
OLAF   A noon-day sleep; he stiffly
   stretched himself beneath a shady elder tree.
HAKON Arouse him then. *aside.* To sleep and after such
   a deed! I marvel at you, Thorer,
   the rarest courage yours. *aloud.* Go wake him, serf.
OLAF But will you not first gaze on Olaf's head?
HAKON No, I've told you no.
OLAF   My Lord, you think
   it is a fearful ugly sight.
   But far from that, my Lord, for Olaf's head
   looks just as hale as any in the land.
HAKON Be off! I say.
OLAF   I never heard the like!
   Yet I have heard a hero Hakon was
   like few in Norway and he's now afraid
   of looking at a lifeless, severed head.
   How you would tremble, Sir, if
   on its body it you viewed.

HAKON *vender sig forbittret.*   Træl! du vover –
Hvor har du det?
OLAF *tager Hatten af og slaaer Kappen tilside.*
                          Paa mine Skuldre, Herre!
Tilgiv mig at jeg bringer Eder det
Paa denne Viis, der faldt mig mageligst.
HAKON Hvorledes! Olaf! Ha, Forræderi!
OLAF Min Gubbe! Spar dit raske Heltemod.
Vov ingen Dyst med Olaf, husk, at endnu,
Han har sit Hoved heelt og ubeskaaret,
Og at din svagelige Oldings-Kraft
Er ikkun for den hovedløse Olaf.
HAKON Ha, Niflheim. *Falder ind mod Olaf.*
OLAF *slaaer Sværdet tilside, og siger med tordnende Stemme:*
                          Saa vær rolig, siger jeg,
Og stik dit Sværd i Balgen. Mine Mænd
Omringe Huset; mine Skibe veie
Vel op mod dine. Jeg er kommen for
At vinde Landet i en ærlig Feide.
Du selv har lokket mig med Rænker til det.
Nu staaer du som en Træl, foragtelig,
Indviklet i din egen Snare. Jeg
Vil ei benytte mig af denne Fordeel,
Som Skiebnen skienker mig. Jeg stoler paa,
At jeg kan dristig gaae dig under Øiet.
Dit Anslag, som du seer, er gaaet ilde,
Din Thorer svømmer i sit eget Blod.
Du seer, det var mig let at gribe dig;
At slaae dig ned var endnu mere let.
Men jeg bekiender mig til Christi Lære,
Og jeg foragter denne usle Fordeel.
Thi vælg imellem tvende Kaar: Bliv Jarl
Paa Hlade, som du varst, og sværg mig Troskab,
Hvis ei, da fly! Hvor vi da sees igien,
Det gielder blodige og røde Pander.
HAKON *stolt og rolig.* Det sidste vælger jeg, det sidste, Olaf!
Du kalder mig en Nidding og en Træl?
Det lokker høit et Smil paa mine Læber.
Man hører, at du est en Yngling, Olaf!

HAKON *turns, embittered.* Serf, you dare!
  Where is it then?
OLAF *throws off cloak and hat.*
                Upon my shoulders, Sire.
  Forgive me that I bring it thus,
  in such a wise, most comfortable to me.
HAKON What's this? You Olaf! Hah! This is treason—treason!
OLAF Old man, your rash heroic courage spare,
  rush not to fight with Olaf, for recall,
  his head is still his own, without a blemish,
  and that your feeble, senile strength
  suffices only for the headless Olaf.
HAKON Ha, Niflheim! *draws his sword and attacks Olaf.*
OLAF *parries, knocks the sword aside and says with thundering voice.*
          Be quiet, I command.
  and sheath your sword at once. My men
  surround the house, and, furthermore, my ships
  are just as good as yours. I am not come
  to win the country in an honest fight.
  But your intrigues have dragged me into this.
  Now stand you there, a serf contemptible,
  Entangled in a self-laid snare. But I
  will not make use of this advantage which
  fate gave to me. For I am sure that I
  at any time can meet you face to face.
  And so you see, your plot did not succeed;
  your Thorer swims in blood – but just his own.
  You see, it would be easy now to capture you,
  still easier for me to strike you down.
  But I profess and follow Jesus Christ:
  advantages so wretched I despise.
  Thus you can choose: remain as Jarl
  of Hladé as you were, to me allegiance swear.
  If not, then flee, and when we meet again,
  decisions will be made by bloody brows.
HAKON *(proud and quiet).* I choose the latter, aye latter, Olaf.
  You said I was a blackguard and a serf?
  That brings indeed a smile onto my lips.
  They say, that you are just a youngster, Olaf,

Kaadmundighed og Overmod er det,
Hvormed din Alder melder sig. See mig
I Øiet, Olaf! og betragt min Pande,
Har du hos Trælle fundet sligt et Blik?
Og finder du, at Feighed og at Lumskhed
Har smaalig foldet denne Pandes Rynker?
Jeg lod dig lokke. Ja naturligviis,
Jeg vidste, du behøved kun et Vink,
For strax at flagre efter Lokkemaden,
At i din kloge Siel du agted mere
Dit Slægtskab med en uddød Kongeæt,
End Hakon Jarls beundrede Bedrifter,
At kun du vented paa en Leilighed,
For at forstyrre Gubben i sin Ro.
At denne Færd jeg ønskte overstaaet,
Jo før jo heller, kan det undres dig?
At jeg bedrog en Sværmer, som foragter
De høie Guder, kan det undres dig?
Og kan det undres dig, at jeg tillod
Min Kæmpes Anslag, da en fiendtlig Skiebne
Lod til at ville styrte – mig ei blot –
Men Valhals Guder?

OLAF   Hakon! mindes du,
Erindrer du dig, Hakon! at du selv
Har været Christen? At du lod dig døbe,
Af Biskop Poppo, at du siden sveeg
Din Eed? Hvormange Eder har du sveget?

HAKON Forbandet være dette Øieblik,
Da overilet af den sledske Munk,
Jeg lod mig daare ved en ussel Kunst.
Han kunde bære ildrødt Jern i Haand,
Naar først den vel var overstrøgen med
En Hexesalve.

OLAF   Gamle, blinde Gubbe!
Jeg ynkes over dine sølvgraa Haar.

HAKON Ha, spar din Ynk! Saa som du seer mig her,
Seer du det sidste Glimt, den sidste Gnist
Af gammel nordisk Kraft og Helteliv,
Den skalst du ikke slukke, Ungersvend,

flippancy and arrogance there are,
and these betray your youth. Look now
into my eye, and contemplate my brow –
and did you ever find the like in serfs?
And do you find that cowardice, deceit,
have pettily carved wrinkles in my brow?
I lured you, Olaf, yes, of course I did
I knew you needed but a hint
at once to be attracted to the bait;
that in your wisdom you preferred far more
your kinship with a royal house long dead
than all of Hakon Jarl's renowned achievements;
that only for a chance you lay in wait
in order to destroy an old man's peace.
Does it surprise you that I wanted to
have done with this as soon as possible?
That I deceived a dreamer who but scorns
the gods on high, can that astonish you?
and can it then surprise you I allowed
my warrior's plot, when wicked fate
seemed to destroy not only me, but also
Valhalla's gods?

OLAF   Remember, Hakon!
For do you not recall that you yourself
have been a Christian? By Bishop Poppo
were baptized? That you betrayed your vow?
How many vows have you since then betrayed?

HAKON Cursed be the moment when
I was deluded by the crafty monk
and let myself be hoodwinked by his tricks.
He carried glowing irons on his bare hands,
but only after they were covered with
a witch's salve.

OLAF   You wretched blind old man,
I'm moved to pity by your silver hair.

HAKON Ha, save your pity. As you see me now,
you see the spark, the very last, aflame
with Nordic hero life and strength through ages.
And you shall not extinguish it, my lad,

Med dine sygelige Feberdrømme.
Jeg veed det vel, det er de Christnes Sæd
At ynke, at omvende, at forbedre;
Vor Sæd er den: dybt at foragte Eder.
At pønse paa Jer Undergang og Død,
Som Gudernes og Heltelivets Fiender.
Det Hakon giør, og derudi bestaar
Hans Niddingsfærd. Ved Odin og ved Thor
Du skalst ei slukke Norges Kæmpeild
Med dine fromme, vaade Drømmeskyer.
OLAF Velan! det kommer an derpaa, vi skilles,
     Vee dig! naar næste Gang vi atter sees.
HAKON Vee mig! om jeg da ikke knuser dig.
OLAF Himlen vil treffe dig med sine Flammer.
HAKON Ha, Thor skal splintre Korset med sin Hammer.
     De gaae hver til sin Side.

with your abnormal fever phantasies.
The Christians' custom well I know:
to pity, to convert, and to amend.
Our custom, this: to view you with contempt
and plan and plot your ruin and your death,
you foes of gods, and the heroic life.
What Hakon does, his villainy
does lie therein. By Odin and by Thor,
you shan't extinguish Norway's heroes' fire
with watery clouds of pious dreaming born.
OLAF Well, we shall see. And thus we part for now,
and woe to you when next we meet again.
HAKON Yes, woe to me, if I do not crush you there.
OLAF Heaven then will smite you with its flames.
HAKON Ha, with his hammer Thor the cross will shatter.
They go out to different sides.

BJARKEMAALETS EFTERKLANG

Soel er oppe,
Skovens Toppe
Glimre alt som Gimles Tag;
Bud os bringer
Hane-Vinger,
Hanegal om klaren Dag.
Vaagner, vaagner, danske Helte!
Springer op og spænder Belte!
Dag og Daad er Kæmpe-Riim.

KIRKE-KLOKKEN

Kirke-Klokke! ei til Hovedstæder
Støbtes du, men til den lille By,
Hvor det høres trindt, naar Barnet græder,
Og inddysses blidt ved Vuggesang.

Mens som Barn paa Landet jeg var hjemme,
Julemorgen var mit Himmerig,
Den du meldte mig med Englestemme,
Kimed klart den store Glæde ind.

Høiere dog stemde dine Toner,
Naar de med "den gyldne Soel frembrød,"
Kimed: Støv! opreist er din Forsoner,
Stat nu op i Paaske-Morgengry!

Lifligt dog det klinger helst om Høsten,
I den stille, svale Aftenstund;
Giennem Jorderig gaaer Himmelrøsten,
Kalder Sjælen til sin Hvile ind.

ECHO OF THE BJARKEMAAL

Sun is risen,
Treetops glisten
Resplendent as a roof of gold;
Rooster winging
Message bringing
Bright the morn by cock-crow told.
Waken, waken, Danish heroes,
Buckle belts and leave repose!
Day and deed are heroes' rhymes.

THE CHURCH BELL

Church bell, not for teeming cities
Wert thou cast, but for the quiet town,
Where all can hear a single weeping child
When lulled to sleep by cradle-song.

While in the country as a child I dwelt,
And Christmas morning was my paradise,
They heralding that day with angel voice
Rang in for me the great joy clear.

Louder though thou voiced thy tones
When they, "The golden sun burst forth,"
Did ring: Dust, arisen is thy saviour,
Rise now up in dawn of Easter morn!

Most spirited in autumn it resounds,
In cool and quiet evening hour;
Through realm of earth goes heaven's voice
And calls the soul to find repose.

Derfor nu, naar Aftenklokken melder:
Solen sank og Fuglen slumred ind,
Da mit Hoved jeg med Blomsten helder,
Nynner sagte mellem Bedeslag:

Kirke-Klokke! naar tilsidst du lyder
For mit Støv, skiøndt det dig hører ei,
Meld da mine Kiære, saa det fryder:
Han sov hen, som Soel i Høst gaaer ned!

Therefore when the evening bell proclaims
The sun is gone and every bird asleep,
And with the flowers I then bow my head,
Murmur soft between each stroke of bell:

Church bell, when at last thy tolling,
Although I hear it not, for my dust sounds,
Then tell my cherished ones to comfort them,
He passed away like autumn's setting sun.

STEEN STEENSEN BLICHER
(1782–1848)

Inden for rammerne af den yngre danske romantik skabte Steen Steensen Blicher den jyske novelle. Fra den skriftlige og mundtlige overlevering hentede han mere eller mindre autentiske beretninger, som han forstod at omskabe til poetisk magtfulde fortællinger. Blichers bedste noveller er menneskelige tragedier. Således hersker i *En Landsbydegns Dagbog* et dybt bevægende tungsind. Til Sophies skikkelse har Blicher delvis benyttet den jyske adelsdame Marie Grubbes skæbne, som halvtreds år senere skulle blive emnet for J. P. Jacobsens historiske roman. Marie Grubbe levede o. 1643–1718. Blicher henlægger Sophies levetid til det attende århundredes første halvdel.

EN LANDSBYDEGNS DAGBOG

Føulum, den 1ste Januar 1708.

Gud skjenke os Alle et glædeligt Nytaar! og bevare vor gode Hr. Søren! han slukkede Lyset iaftes, og Moder siger, han lever ikke til næste Nytaar; men det har vel intet at betyde. – Det var ellers en fornøielig Aften: da Hr. Søren tog sin Hue af efter Maaltidet og sagde, som han pleier: *"agamus gratias!"* pegte han paa mig istedet for Jens. Det var første Gang jeg læste vor latinske Bordbøn; idag et Aar læste Jens; men jeg gjorde store Øine, for da forstod jeg ikke et Ord, og nu kan jeg det halve af Cornelius. Det bæres mig for, at jeg skal blive Præst i Føulum; ak, hvor vil mine kjære Forældre glæde sig, om de leve den Dag! Og saa Præstens Jens kunde blive Biskop i Viborg – som hans Fader siger – nu hvem kan vide det? Gud raader for Alting; hans Villie skee! *amen in nomine Jesu!*

Føulum, den 3die September 1708.

Igaar har jeg ved Guds Naade fyldt mit femtende Aar. Nu kan Jens ikke gjøre mig stort i Latinen. Hjemme er jeg flittigere end han: jeg læser, mens han løber i Marken med Peer Skytte. Paa den Maade

STEEN STEENSEN BLICHER
(1782–1848)

Within the strictures of younger Danish Romanticism, Steen Steensen Blicher created the Jutland novella. From written and oral tradition, he drew more or less authentic reports, which he is able to recreate as poetically impressive narratives. Blicher's best novellas are human tragedies. By this token, a deeply moving melancholy prevails in the "Diary of a Parish Clerk." For the figure of Sophie, Blicher drew on the fate of the Jutland noblewoman, Marie Grubbe, which fifty years later was to become the subject of Jens Peter Jacobsen's historical novel. Marie Grubbe lived from about 1643–1718. Blicher has Sophie live in the first half of the eighteenth century.

THE JOURNAL OF A PARISH CLERK

Föulum, January 1, 1708.

God give us all a happy New Year! and preserve our good Pastor Sören. He blew out the candle last night, and mother says he will not live to see next New Year; but I dare say it means nothing.— We had a merry evening. When Pastor Sören took off his cap after supper, and said as is his wont *"Agamus gratias,"* he pointed to me instead of to Jens. It is the first time I have said grace in Latin. A year ago today Jens said it, and then I opened my eyes wide, for then I didn't understand a word, but now I know half of Cornelius. Just think if I could become pastor at Föulum! Oh, how happy my dear parents would be if they might live to see that day. And then if the Pastor's Jens could become bishop of Viborg—as his father says—well, who can tell? It is all in God's hands. His will be done! *Amen in nomine Jesu.*

Föulum, September 3, 1708.

Yesterday by the grace of God I completed my fifteenth year. Now Jens is not much ahead of me in Latin. I work harder at home than he does; I study hard while he is running about with Peer Gamekeeper. That's hardly the way to become a bishop. I am sorry for

bliver han vel ikke Bisp. Den stakkels Hr. Søren! han seer det nok; Taarerne staae ham i Øinene, naar han sommetider siger til ham: *"mi fili! mi fili! otium est pulvinar diaboli!"* – Til Nytaar begyndte vi paa græsk, Hr. Søren har givet mig et græsk Testamente: "Er det ikke nogle underlige Kragetæer? det er som en Slibesteen endnu for Dine Øine," sagde han venlig til mig og kneb mig i Øret, som han altid gjør, naar han er fornøiet. Men Hillemænd! hvor vil han see, naar han hører, at jeg allerede kan læse rask indenad!

Föulum die St. Martini.

Det bliver feil med Jens. – Hr. Søren var saa vred paa ham, at han talte Dansk til ham hele Dagen. Til mig talte han Latin; jeg hørte engang, at han sagde som for sig selv: *"vellem hunc esse filium meum!"* Det var mig han meente. Hvor Jens ogsaa hakkede jammerlig i sin Cicero! Jeg veed godt, hvoraf det kom, for iforgaars, da hans Fader var til Bryllup i Vinge, var han med Peer Skytte over i Lindum Skov, og – Gud bevare os! – en Vildbasse havde revet hans Buxer istykker. Han løi for sin Moder og sagde, at den Thiele Tyr havde gjort det; men hun gav ham en dygtig Kindhest – *habeat!*

Föulum, Calendis Januar. 1709.

Proh dolor! Hr. Søren er død! *væ me miserum!* Da vi havde sat os tilbords Juleaften, lagde han Skeen fra sig, og saae ret længe vemodigen paa Jens – *"fregisti cor meum"* sagde han sukkende, og gik ind i Sovekammeret. Ak! han reiste sig aldrig mere. Jeg har besøgt ham hver Dag siden, og han har givet mig mange gode Formaninger og Lærdomme; men nu seer jeg ham aldrig mere. I Torsdags saae jeg han sidste Gang: aldrig skal jeg glemme, hvad han sagde, da han havde holdt ret en bevægelig Tale til mig: "Gud! giv min Søn et retskaffent Hjerte!" Han foldede sine magre Hænder, og lagde sig tilbage paa Puden: *"pater! in manus tuas committo spiritum meum!"* Det var hans sidste Ord. Da jeg saae, at Madamen tog Forklædet op til Øinene, løb jeg ud ret ilde tilmode. Uden for Døren stod Jens og græd: *"seras dat poenas turpi poenitentia"* tænkte jeg; men han faldt om min Hals og hulkede. Gud forlade ham hans Vildskab! Den har bedrøvet mig meest.

Pastor Sören; he can't help seeing it. The tears come into his eyes sometimes when he says, "*Mi fili! mi fili! otium est pulvinar diaboli.*" —At New Year we shall begin the study of Greek. Pastor Sören has given me a Greek Testament. "They're queer crow's feet, are they not? They must seem like a whetstone in your eyes." he said kindly, and pinched my ear, as he always does when he is pleased. But my word, won't he be surprised when he finds that I can read it quite fast already!

Föulum, die St. Martini.

Things are going badly with Jens. Pastor Sören was so angry with him that he talked Danish to him all day. To me he spoke in Latin. I once overheard him saying to himself, "*Vellem hunc esse filium meum.*" He meant me. And how Jens did stammer at his Cicero! I know very well why, for day before yesterday, while his father was attending a wedding in Vinge, he was with Peer Game- keeper in Lindum woods, and—God help us!—a wild boar had torn his breeches. He lied to his mother and said the Thiele bull had done it, but she gave him a good box on the ear—*habeat!*

Föulum, Calendis Januar, 1709.

Proh, dolor! Pastor Sören is dead. *Væ me miserum!* When we had sat down to the table Christmas Eve he put away his spoon and looked long and sadly at Jens. "*Fregisti cor meum,*" he said with a sigh, and went into his bedchamber. Alas, he never rose again. I have visited him every day since then, and he has given me much good advice and admonition; but now I shall never see him again. Thursday I saw him for the last time. Never shall I forget what he said, after a very moving address to me, "God, give my son an up- right heart!" He folded his thin hands, and sank back on the pil- low. "*Pater! in manus tuas committo spiritum meum.*" Those were his last words. When I saw the mistress put her apron to her eyes, I ran out of the room, feeling very unhappy. Jens was standing out- side the door, crying. "*Seras dat poenas turpi poenitentia,*" I thought, but he fell on my neck and sobbed. God forgive him his wildness! That is what has grieved me most.

Föulum, Pridie iduum Januarii MDCCIX.

Igaar gik min kjære Fader til Viborg, at han kunde faae Middags-
mad til mig, naar jeg skal i Skolen. Hvor længes jeg efter den Tid!
Jeg læser vel hele Dagen, men den er saa stakket nu, og Moder siger:
at det ei slaaer til at læse ved Lys. – Jeg kan ikke komme tilrette med
det Brev til Tuticanus – nei, da var det anderledes, mens den gode
Hr. Søren levede! *eheu! mortuus est!*

Det er en forskrækkelig Vinter! Himmel og Jord staae i eet; der
ligger en Sneedrive lige ud med Mønningen af vor Lade. Sidste Nat
skjød Jens to Harer i vor Kaalhave – han har snart glemt sin stak-
kels Fader. Men faaer Peer Skytte det at vide, saa seer det galt ud.

Föulum, Idibus Januarii MDCCIX.

Fader er ikke kommen hjem endnu, og Veiret er lige slemt – bare
han ikke gaaer vild. Der gaaer Jens oppe paa Laden med sin Bøsse og
nogle Fugle i Haanden – han kommer herind. –

– Det var Agerhøns, han havde skudt paa Mads Madsens Mød-
ding. Han vilde havt Moder til at stege dem, men hun torde ikke,
for det kunde komme for Herskabet.

Föulum, XVIII Calend. Febr.

Ak! ak! ak! min kjære Fader er frossen ihjel! Manden i Kokholm
har fundet ham i en Sneedrive, og kom kjørende med ham – jeg er
saa forgrædt, at jeg ikke kan see ud af mine Øine – Moder med –
Gud hjelpe os Begge!

Föulum, den 18de Februar.

Det var nær, jeg ikke havde kjendt Jens igjen: En grøn Kjole havde
han faaet paa, og en grøn Fjer i Hatten. "Kan Du see, sagde han:
nu er jeg en Jæger! hvad er Du? en Skolepebling, en Latiner!" –
"Ja Gud hjelpe os! svarte jeg: med Latinen er det forbi! Jeg kan
blive Præst der, hvor Du er Bisp! Min Moder skal ikke sulte ihjel,
mens jeg synger for Dørre i Viborg: jeg maa blive hjemme, og tjene
Brødet til hende. – Ak Jens! havde Din Fader levet." – "Lad os ikke
tale derom! sagde han: Jeg havde saa aldrig i mine Dage lært Latin

Föulum, Pridie iduum Januarii MDCCIX.

Yesterday my dear father went to Viborg to arrange for my dinners when I am to go to school. How I long for that time to come! I study all day, but the days are so short now, and mother says we cannot afford to use candles to read by. I can't make head or tail of that letter to Tuticanus. No—things were different when the good Pastor Sören was living. *Eheu mortuus est!*

It is a terrible winter. Heaven and earth are one whirl; there is a snowdrift that reaches to the rooftree of our barn. Last night Jens shot two hares in our vegetable garden—he seems to have forgotten his poor father. But if Peer Gamekeeper finds out about it, there will be trouble.

Föulum, Idibus Januarii MDCCIX.

Father has not come home yet, and the weather is as bad as ever. If only he does not lose his way! There is Jens on top of our barn carrying his gun and a brace of birds in his hand—he is coming in here.

They were partridges he had shot on Mads Madsen's dunghill, and he wanted mother to roast them for him, but she was afraid of the squire, and refused.

Föulum, XVIII Calend. Februar.

Alas, alas! My dear father is frozen to death. The man at Kokholm found him in a snowdrift and brought him home in his cart. I have cried till I can't see out of my eyes—and mother, too. God help us both!

Föulum, February 18.

I hardly know Jens; he had gotten a green coat and a green feather in his hat. "There, you can see," he said. "Now I'm a hunter. What are you? A schoolboy, a Latin grind!"—"Yes, God help us," I replied. "There will be no more Latin. I can become a pastor where you're a bishop. My mother is not going to starve to death while I sing at people's doors in Viborg. I have to stay home and earn a living for her. Oh, Jens, if your father had lived!"—"Don't let us talk about it," he said. "Anyway, I'd never in all my days have learned Latin—devil take the stupid stuff! Why don't you try to get ser-

– Fanden med det dumme Tøi! Nei see Du kunde komme paa Gaar-
den! der ere gode Dage og en herlig Levemaade!" – "Hvorledes
skulde jeg det?" svarte jeg. – "Da vil vi prøve det!" raabte han, og
løb sin Vei. Han har dog et godt Gemyt, den Jens; men vild og gal
er han. For sex Uger siden begravede de hans salig Fader, og for tre
Uger siden fulgte hans Moder efter: men nu er det, som det aldrig
var ham. Han kan græde den ene Time, og lee den anden.

Thiele, den 1ste Mai 1709.

Saa er jeg da nu Tjener hos det naadige Herskab! Farvel Præstekald!
Farvel Latin! O mine kjære Bøger! *valete plurimum! vendidi libertatem*
for 12 Sletdaler. De 8 skal min stakkels Moder have, og naadig Her-
ren har desforuden lovet hende Udviisning: saa hun skal hverken
sulte eller fryse. Jens har rigtig skaffet mig denne Tjeneste. Han har
meget at sige her paa Gaarden; det er en Pokkers Jens, eller snarere
en Pigernes Jens! Huusholdersken stak et stort Stykke Kage til
ham; Meiersken smidskede saa venlig ad ham; Fruerpigen ligesaa
– ja selv een af de naadige Frøkener nikkede mildt, da hun gik ham
forbi. Det lader til, at han bliver Skytte i Peers Sted. Det *værste* er,
at han har vænt sig til at bande værre end nogen Matros.

Thiele, den 12te Mai 1709.

Det gaaer mig ret godt, Gud være lovet! Vi ere sex Tjenere om
Herren, Fruen, Junkeren og to Frøkener. Jeg har Tid nok at læse,
og jeg forsømmer heller ikke mine kjære Bøger. Vel har jeg ingen
Nytte af dem, men jeg kan alligevel ikke lade det være. Igaar bleve
salig Hr. Sørens Bøger solgte: jeg kjøbte for to Daler; jeg fik saa
mange, jeg kunde bære. Deriblandt en stor Hob af Ovidius; een
har til Titel: *"ars amoris"* en anden: *"remedium amoris"*: dem skal jeg
først læse, for jeg gad dog vide, hvad de handler om. Engang havde
jeg faaet fat paa dem i Hr. Sørens Studerekammer, men saa kom han
og snappede dem fra mig, og sagde: *"abstine manus!* Fingrene af
Fittefadet! det er ikke for Dig!"

vice at the squire's? There you'll have a fine time and live well."—
"How should I get in there?" I replied.—"We'll try anyway,"
said Jens, and ran away. After all, Jens has a kind heart, but he is
wild and flighty. Six weeks ago he buried his sainted father, and
three weeks ago his mother followed her husband. But now it is
as if it didn't concern him. He can cry one moment, and laugh the
next.

Thiele, May 1, 1709.

So now I am a servant in the squire's family. Good-bye pastorate!
Good-bye Latin! Oh, my precious books! *Valete, plurimum! Ven-
didi libertatem* for twelve measly dollars. The eight must go to my
poor mother, and the squire has promised her besides fire wood,
so she will neither freeze nor starve. It is really Jens who has gotten
me this place. He has a lot to say here in the big house. He is a devil
of a fellow, or rather cock of the walk. The housekeeper put a big
piece of cake in his hand; the dairywoman smirked at him, the
chambermaid likewise, and even one of the young ladies nodded
kindly as she passed him. It looks as if he may become gamekeeper
in place of Peer. The worst of it is that he has gotten into the habit
of swearing worse than any sailor.

Thiele, May 12, 1709.

I am getting along very well, God be thanked. We are six servants
to wait on the master and mistress, the young master, and the two
young ladies. I have time to read, and I don't neglect my beloved
books. Of course it is not of any use, but I can't leave them alone.
Yesterday the books of our dear Pastor Sören were sold. I bought
for two dollars and got as many as I could carry away. Among them
were a number of Ovidius; one is entitled *Ars amoris* and another
Remedium amoris. I am going to read them first; I do want to know
what they are all about. Once I happened to get hold of them in
Pastor Sören's study, but he snatched them away from me, saying,
"*Abstine manus!* Hands off! That's nothing for you."

Thiele, den 3die juni 1709

Hvem der bare forstod Fransk! Herskabet snakker intet andet, naar de spise, og jeg forstaaer ikke et Ord. Idag talte de om mig, for de saae tit hen paa mig. Engang havde jeg nær tabt Taller-kenen; jeg stod bagved Frøken Sophies Stol, hun vendte sig om og saae mig lige op i Ansigtet – det er en deilig Frøken, den Frøken Sophie! jeg har en stor Glæde af at see paa hende.

Thiele, den 13de Sept. 1709.

Igaar var her ret en urolig Dag. De vare her fra Viskum, og her var stor Jagt. Jeg var ogsaa med, og havde faaet en af naadig Herrens Bøsser. I Førstningen gik det godt nok, men saa kom der en Ulv forbi mig. Jeg havde nær tabt Bøssen af Forskrækkelse, og glemte reent at skyde. Jens stod ved Siden af mig, og skjød Ulven. "Du er et Høved! sagde han: men jeg skal ikke røbe Dig." Strax efter kom naadig Herren forbi mig. "Du est et Fjog, Martæng! raabte han: Du tager Stikkepenge." – "Jeg beder allerunderdanigst om Forla-delse! svarte jeg: jeg er gandske uskyldig, men jeg har vist havt onde Fortalere hos naadig Herren. Jeg skal med Guds Hjelp tjene Dem ærlig og tro!" Da loe han allernaadigst og sagde: "Du est et stort Fjog!" Men dermed var det ikke forbi. Da Herskabet kom tilbords, begyndte de igjen om Ulven, og spurgte mig: hvormeget han gav mig? og saadant mere. Jeg veed ikke ret, hvad de meente; men det kunde jeg begribe, at de gjorde Nar ad mig baade paa Fransk og Dansk. Om det saa var Frøken Sophie, saa loe hun mig lige op i Øinene – det gjorde mig meest ondt. Mon jeg ikke skulle kunne lære dette Snøvlemaal? Det kan vel ikke være tungere end Latin!

Thiele, den 2den October 1709.

Det er ikke umuligt – det seer jeg nok. Fransk er slet ikke andet end galt Latin. Imellem en Kasse med gamle Bøger, som jeg kjøbte, var ogsaa en Metamorphoses paa Fransk – det traf sig ypperligt! Det Latinske forstod jeg i Forvejen. Men een Ting er forunderlig; naar

Thiele, June 3, 1709.

If I only understood French! The family never speak anything but French at table, and I don't understand a word of it. Today they were speaking about me, for they looked at me several times. Once I came near dropping a plate. I was standing right behind Miss Sophie's chair, when she turned and looked me full in the face. She is a beautiful young lady, Miss Sophie—it is a joy to look at her.

Thiele, September 13, 1709.

Yesterday was a day full of commotion. The family from Viskum were here, and there was a big hunt. I was along and had one of the squire's guns. At first all went well, but then a wolf passed close to me. I was so frightened, I almost dropped the gun, and quite forgot to shoot. Jens was standing by my side and shot the wolf. "You're a blockhead", he said, "but I won't tell on you." Soon after the squire passed me. "You're a bungler, Morten," he said. "You must have been bribed."—"I humbly beg your pardon, sir," I replied. "I am quite innocent, but someone must have slandered me. God helping, I will serve you honestly and truly, sir." At that he was pleased to laugh, and said, "You're a great bungler." But that was not the end of it, for when the family were at table they began to talk about the wolf again, asked me, "How much did he give you?" and so forth. I don't know just what they meant, but at least I could understand that they were making fun of me in French and in Danish too. Even Miss Sophie was laughing at me to my face—that hurt me most of all. I wonder if I couldn't learn that snuffling gibberish. Surely it can't be more difficult than Latin.

Thiele, October 2, 1709.

It's not impossible—I see that now. French is nothing but garbled Latin. In a box of old books that I bought there was a French translation of *Metamorphoses*—it came in quite pat. The Latin I had learned before. But one thing seems odd to me; when I listen to them

jeg hører dem deroppe snakke, tykkes mig ikke, der er et fransk Ord imellem – det er ikke om Ovidius, de discourerer.

Jeg kommer ogsaa til at lægge mig efter at skyde. Naadig Herren vil endelig have mig med paa Jagten, men der kan jeg aldrig gjøre ham det tilpas: enten skjænder han eller ogsaa leer han – sommetider begge Dele paa eengang: "jeg bærer Bøssen galt, jeg lader den galt, jeg sigter galt og jeg skyder galt." Jeg maa have Jens til at undervise mig. "See til Jens! siger naadig Herren: Det er en Jæger! Du gaaer med Bøssen, som om det var en Høelee, Du havde paa Nakken, og naar Du sigter, seer det ud, som Du skulde falde bagover." Frøken Sophie leer ogsaa ad mig – det klæder hende alligevel smukt – hun har nogle deilige Tænder.

Thiele, den 7de November 1709.

Igaar skjød jeg en Ræv; naadig Herren kaldte mig en brav Garsong, og forærede mig et indlagt Krudthorn. Jenses Underviisning har frugtet godt. Det er morsomt nok med det Skytterie. – Med Fransken gaaer det nu bedre: jeg begynder at komme efter Udtalen. Forleden lyttede jeg ved Døren, da Mamesellen læste med Frøkenerne. Da de vare færdige, og gik op, listede jeg mig til at see, hvad for en Bog, de vel brugte. Hillemænd! Hvor blev jeg forundret! Det var just en, som jeg ogsaa har, og som kaldes: *"L'école du Monde."* Nu staaer jeg hver Dag med min Bog i Haanden udenfor og hører til – det gaaer meget godt an. Det franske Sprog er dog smukkere, end jeg tænkte; det lader Frøken Sophie nu saa nydeligt, naar hun taler det.

Thiele, den 13de December 1709.

Igaar frelste Gud min naadige Herre ved min ringe Haand. Vi havde Klapjagt i Lindum Skov. Da vi fik Graakjær for, kommer der en Vildbasse frem og lige ind mod naadig Herren. Han skjød, og traf ham rigtig nok, men det forslog ikke, og Vildbassen søger ham. Naadig Herren var ikke bange: han trækker sin Hirschfænger, og vil jage den i Bringen paa Svinet, men den gaaer midt over. Nu var gode Raad dyre – det skete ogsaa altsammen i en Haandevending, saa ingen kunde komme til Hjelp. Just i det Øieblik, som jeg vil derhen, seer jeg naadig Herren paa Ryggen af Vildbassen, og den afsted med ham. "Skyd!" raaber han til Ridefogden – som var hans Sidemand

talking up there, I can't make out a French word in what they are saying—it's certainly not Ovidius they're discussing.

I must learn to shoot. The squire wants me to go along when he hunts, but there I can never please him; he either scolds me or laughs at me—and sometimes he does both at once: I don't carry the gun right, I don't take aim right, and I don't shoot right. "Look at Jens!" says the squire. "He's a hunter. You carry the gun as if it were a scythe slung over your shoulder, and when you take aim you look as if you were falling backward." Miss Sophie, too, laughs at me—but laughing is very becoming to her; she has such beautiful teeth.

Thiele, November 7, 1709.

Yesterday I shot a fox; the squire called me a good *garçon* and made me a present of an inlaid powder horn. Jens's instruction has borne fruit. This shooting is quite good fun.—I am getting along better with the French; I am catching on to the pronunciation. One day I listened at the door when the French governess was giving the young ladies their lesson. When they were through and had gone upstairs, I contrived to look at the book to find out which one the were using. My word! How surprised I was! It was one that I too have, one called *L'École du Monde*. So now I stand outside the door every day with my book in my hand, listening to them. It works very well. After all, the French language is much prettier than I realized; it sounds lovely when Miss Sophie speaks it.

Thiele, December 13, 1709.

Yesterday God saved my gracious master's life by my poor hand. We had a battue in Lindum woods. Just as we were opposite Graa-kjær, a wild boar rushed out and made straight for the squire. He fired, and hit it all right, but did not kill it, and the boar went for him. The squire was not frightened; he drew his hunting knife and was about to plunge it in the breast of the boar when it broke in two. Now, what was to be done? It all happened so quickly that no one could reach him. I ran toward him, but in the same moment I saw the squire on the back of the boar, and off it dashed with him. "Fire"! he cried to the bailiff, who had been standing next

paa Venstre – men han torde ikke. "Skyd i Djævels Skind og Been!" raaber han til Jens, idet han farer ham forbi; Jenses Bøsse klikkede. Nu vendte Bassen sig og lige hen forbi mig. "Skyd Morten, ellers rider Bassen med mig til H......!" skreg han. I Guds Navn! tænkte jeg, holdt ham paa Bagparten, og traf saa heldigt, at jeg knuste begge Baglaarene paa Dyret. Glad blev jeg, og glade bleve vi allesammen, men meest Naadigherren. "Det var et Mesterskud, sagde han: og behold Du nu Bøssen, som Du brugte saa vel! Og hør! sagde han til Ridefogden: I Ærtekjelling! stempl mig den største Bøg i Skoven til hans gamle Moder! Jens kan gaae hjem, og sætte en bedre Steen for hans Bøsse!" Da vi saa kom hjem om Aftenen, blev der en Spørgen og en Fortællen. Naadigherren klappede mig paa Skuldren, og Frøken Sophie smiilte saa venlig til mig, at mit Hjerte sad i min Hals.

Thiele, den 11te Januar 1710.

Et plaisant Veir! Solen staaer op saa rød, som en brændende Glød! det seer ret curieux ud, naar den saadan skinner igjennem de hvide Træer; og alle Træerne see ud, som de vare puddrede, og Grenene hænge rundt omkring ned til Jorden. Det gamle Grand Richard faaer Skam, et Par Grene ere allerede knækkede. Accurat saadant et Veir var det idag otte Dage, da vi kjørte i Kane til Fussingøe, og jeg stod bag paa Frøken Sophies. Hun vilde selv kjøre; men da et Qvarteerstid var gaaen, begyndte hun at fryse om de smaae Fingre: *"J'ai froid"* sagde hun for sig selv. "Skal jeg da kjøre, naadig Frøken?" sagde jeg. – *"Comment!* sagde hun: Forstaaer Du Fransk?" – *"un peu mademoiselle!"* svarte jeg. Da vendte hun sig om, og saae mig stivt i Øinene. Jeg tog en Tømmestreng i hver Haand, og havde begge mine Arme omkring hende. Jeg holdt dem vidt ud, for ei at komme hende for nær; men hvergang Kanen gav et Slæng, og jeg rørte ved hende, var det ligesom jeg havde rørt ved en varm Kakkelovn. Det kom mig for, at jeg fløi i Luften med hende, og inden jeg vidste det, var vi ved Fussingøe. Dersom hun ikke havde raabt: *"tenez Martin! arrestez vous!"* havde jeg kjørt forbi lige til Randers eller til Verdens Ende. Mon hun ikke vil ud at kjøre idag igjen?

to him on the left—but the bailiff didn't dare to. "Fire, in the devil's name," he called to Jens as he passed him. Jens's gun missed fire. Then the boar turned and passed close to me. "Fire, Morten, or the boar will ride to hell with me," he screamed. In the name of God, I thought, and aimed for the animal's hindquarters, and was lucky enough to crush both its thighs. Glad was I, and happy were we all, the squire especially. "That was a master shot," he said. "And now you keep the gun, since you can use it so well. And listen," he said to the bailiff, "you mollycoddle! Mark me the biggest beech in the forest for his mother. Jens can go home and fix his gun." Then, when we came home in the evening, there was a questioning and narrating. The squire patted me on the shoulder, and Miss Sophie smiled on me so kindly, that my heart was in my throat.

Thiele, January 11, 1710.

A plaisant weather! The sun rises red as a burning coal. It looks so *curieux* as it shines through the white trees, and all the trees look as if they had been powdered, and the branches hang around them down to the ground. The old Grand Richard is badly battered; a couple of its limbs are broken already. It was just such a day a week ago when we drove to Fussingöe, and I was standing on the runners of Miss Sophie's sleigh. She wanted to handle the reins herself, but after about fifteen minutes her small fingers began to feel cold. "*J' ai froid,*" she said to herself. "Do you want me to drive, Miss?" I asked.—"*Comment!*" she said. "Do you understand French?"— "*Un peu, mademoiselle,*" I replied. She turned round and looked me full in the face. I took one of the reins in either hand, and thus had both my arms round her, but whenever the sleigh gave a jolt and threw her against me, it seemed as if I had touched a hot stove. I felt as if I were flying through space with her, and we were at Fussingöe before I knew it. If she had not called out, "*Tenez, Martin! arretez-vous!*" I should have driven on to Randers or to the world's end. I wonder if she isn't going out driving today! But there is Jens

Men der kommer Jens med naadig Herrens Bøsse, som han har gjort reen – saa skal vi paa Jagt.

Thiele, den 13de Februar 1710.

Jeg er ikke rigtig frisk. Det er ligesom der laae en tung Steen paa mit Bryst. Maden gaaer fra mig, og om Natten kan jeg ikke sove. Sidste Nat havde jeg en forunderlig Drøm: det bares mig for, at jeg stod bag paa Frøken Sophies Kane, men med et sad jeg inden i Kanen, og hun paa mit Skjød. Jeg havde min høire Arm om hendes Liv, og hun sin venstre om min Hals. Hun bukkede sig og kyste mig; men idet samme vaagnede jeg. Ak! jeg vilde saa gjerne have blevet ved at drømme! – Det var en rar Bog, den hun laante mig; jeg diverterer mig med den hver Aften – hvem der engang kunde blive saa lykkelig, som den tartariske Prinds! – Jo mere Fransk jeg læser, jo bedre synes jeg om det; jeg er nærved at glemme mit Latin derover.

Thiele, den 13de Marts 1710.

Igaar, da vi kom hjem fra Sneppejagt, sagde naadig Herren til mig: "Og jeg hører, at Du forstaaer Fransk?" – "Lidt, naadig Herre!" svarte jeg. – "Saa kan Du ikke heller varte op ved Bordet; vi kan jo ikke lukke Munden op for Dig." – "Ak! raabte jeg: naadig Herren vil dog ikke forskyde mig?" – *"Point de tout,* svarte han: Du skal fra nu af være min *Valet de chambre!* Og naar Junker Kresten reiser til Paris, saa følger Du med – hvad synes Du derom?" Jeg blev saa bevæget, at jeg ikke kunne sige et Ord, men kyste hans Haand. Alligevel jeg nu glæder mig saare meget, saa tykkes mig dog, at jeg nødig ville herfra, og jeg troer virkelig, at mit Helbred er blevet slettere siden.

Thiele, den 1ste Mai 1710.

Ak, jeg elendige Menneske! nu veed jeg, hvad det er, jeg feiler: Ovidius har sagt mig det, han har gandske accurat beskrevet mig min Sygdom. Dersom jeg ikke tager feil, saa hedder den Amor, paa Dansk: Kjærlighed eller Elskov, og den jeg er charmeret udi, maa uden al Tvivl være Frøken Sophie. Ak, jeg arme Daare! Hvad skal dette blive til? Jeg maa prøve hans *remedia amoris!*

with the squire's gun, which he has cleaned—so I suppose we are going out hunting again.

Thiele, February 13, 1710.

I don't feel well. It is as if a heavy stone were weighing on my chest. I can't keep my food down, and at night I can't sleep. Last night I had a strange dream. It seemed to me that I was standing on the runners of Miss Sophie's sleigh, and then suddenly I was sitting in the sleigh and had her on my lap. My right arm was around her waist, and her left around my neck. She bent down and kissed me, but in the same moment I awakened. Oh, I wanted so much to go on dreaming!—It is a fine book she lent me. I amuse myself reading it every night. Oh, if one could be as happy as the Tartar prince! The more French I read the better I like it; I am almost forgetting my Latin on account of it.

Thiele, March 13, 1710.

Yesterday, as we were coming home from hunting snipes, the squire said to me, "And I hear that you understand French?"—"A little, sir," I replied.—"But then you can't wait on table; we couldn't open our mouths with you there."—"Oh, sir," I cried, "you don't mean to send me away?"—"*Point de tout,*" he replied. "From now on you shall be my *valet de chambre*. And when Master Kresten goes to Paris, you shall go with him. What do you say to that?" I was so moved that I couldn't say a word, but kissed his hand. But although I look forward to going, I dread the thought of leaving, and I really think my health has worsened since then.

Thiele, May 1, 1710.

Wretched creature that I am! I know what is the matter with me. Ovidius has described my distemper exactly. If I am not mistaken, it is called *Amor,* which means "love" or "infatuation," and the person I am enamored of must without a doubt be Miss Sophie. Miserable fool that I am! What will this lead to? I must try his *Remedia amoris.* A few minutes ago I saw her standing in the hall

– Nu nyssen saae jeg hende staae i Gangen, og tale meget venlig med Jens; – det skar mig som en Kniv i mit Hjerte. Det kom mig for, som jeg skulde skyde ham for Panden, men saa hoppede hun mig forbi med et Smiil; – jeg var tilmode, som naar jeg er paa Klap-jagt, og et Stykke Vildt kommer mig paa Skud: mit Hjerte klapper mod mine Ribbeen, jeg kan knap faae min Aande, og mine Øine ere ligesom groede fast til Dyret – *ah malheureux que je suis!*

Thiele, den 17de Juni 1710.

Hvor dog Gaarden nu tykkes mig øde og keedsommelig. Det naadige Herskab er borte, og kommer først hjem om otte Dage. Hvordan skal jeg faae Ende paa dem? Jeg har ikke Lyst til nogen Ting. Min Bøsse hænger fuld af Støv og Rust, og jeg gider ikke gjort den reen. Jeg kan ikke begribe, hvordan Jens og de Andre kan være saa glade og lystige; de prate og skoggre, saa det giver Echo i Lade-gaarden – jeg sukker som en Rørdrum. Ak, Frøken Sophie! Gid Du var en Bondepige, eller jeg en Prinds!

Thiele, den 28de Juni 1710.

Nu er Gaarden for mine Øine, ligesom der nylig var kalket og pyntet. Træerne i Haven har faaet en deilig lysegrøn Couleur, og alle Folk see saa milde ud. – Frøken Sophie er kommen hjem igien: hun kom indad Porten som Solen gjennem en Sky; men alligevel skjælvede jeg som et Espeløv. Det er baade Godt og Ondt, at være forlibt.

Thiele, den 4de Oktober 1710.

En magnifiqve Jagt, vi havde idag! Hvidding Krat var indstillet med over 300 Klappere; for de var her baade fra Viskum og Fussingøe med alle deres Støvere. I Dagbrækningen vare vi fra Thiele der allerede. Det var gandske stille i Luften, og en tyk Taage be-dækkede hele Egnen; kun Toppene af Bavnhøiene kunde man see oven over den. Langt borte kunde vi høre de buldrende Fodtrin af Klapperne og enkelte Hundeglam. "Nu kommer de fra Viskum, sagde naadig Herren: jeg kan høre Chasseurs Hals." – "Da kommer de ogsaa fra Fussingøe, sagde Jens: det er Perdrix, som gjøer." Endnu kunde vi ingen Ting see for Taage, men alt som de kom

and talking to Jens. It cut me to the heart as with a knife. I could have shot him through the head, but then she skipped past me with a smile—I felt as when I am out hunting and the quarry comes within range of my gun; my heart pounds against my ribs, and I can hardly get my breath, and my eyes are as if they were glued to the animal—*ah, malheureux que je suis!*

Thiele, June 17, 1710.

How empty and tiresome the house seems. The family are away and won't be back for a week. How shall I get through it? I don't want to do anything. My gun hangs there full of dust and rust, and I don't care to bother about cleaning it. How can Jens and the rest of them be so gay and happy! They're jabbering and roaring with laughter till the yard gives echo—while I sigh like a bittern. Oh, Miss Sophie, if only you were a peasant girl or I a prince!

Thiele, June 28, 1710.

Now the house looks to me as if it had been newly whitewashed and embellished. The trees in the garden have taken on a lovely light green color, and everybody looks kind. Miss Sophie has come home. She came in through the gate like the sun piercing a cloud; but nevertheless I trembled like a leaf. It's both good and bad to be in love.

Thiele, October 4, 1710.

We had a magnificent hunt today. Three hundred beaters were posted in Hvidding copse, for they had come from Viskum and Fussingöe with all their hounds. We of Thiele were on the spot at dawn. There was no wind, and a thick layer of fog covered the land; only the beacon hills could be seen above it. Far away we could hear the heavy footsteps of the beaters and occasionally the baying of a hound. "There they are, coming from Viskum," said the squire; "I know Chasseur's bark."—"And now they are coming from Fussingöe, too," said Jens. "That's Perdrix baying." Still we couldn't see anything on account of the fog, but as they came nearer we

nærmere, hørte vi Vognenes Rumlen, Hestenes Pusten, Skytternes
Snak og Latter. Nu kom Solen frem, og Taagen lettede. Da blev
det levende paa alle Kanter. Skovfogderne begyndte allerede at stille
Klapperne i Orden, man hørte dem hviske og tysse paa dem der
vilde snakke høit, og Kjeppene kom sommetider i Bevægelse. Fra
Vester og Sønder kom Skytterne kjørende, og bagefter Vognene
med Hundene: deres Haler viklede over Vognfjelene, og imellem
stak der et Hoved op, som ogsaa strax fik Øreflgen af Jæger-
drengene. Nu satte naadig Herren selv af langs ned i den lange Dal
midt igjennem Krattet. Da han var færdig stødte han i sin Pibe, og
med det samme begyndte Hornblæserne et lystigt Stykke. Hundene
bleve koblede af, og det varte ikke længe før de slog an, saa een, saa
to, saa det hele Kobbel. Harer, Ræve og Dyr smuttede frem og til-
bage paa de skovbegroede Bakker. Saa gik af og til et Skud, og
Knaldene gav Echo langs ned gjennem Dalen. Klapperne kunde vi
ikke see, men vel høre deres Hujen og Skrigen, naar et Dyr eller
en Hare vilde bryde igjennem. Jeg forsvarte min Plads, og skjød
to Ræve og en Buk inden Frokosten. Mens den varede bleve Hun-
dene kaldte sammen og koblede op, og Hornblæserne spilte, og da
det var forbi, gik det atter løs. See! da holdt to Vogne oppe for
Enden af Dalen med alle de naadige Fruer og Frøkener, og imellem
dem Frøken Sophie. Dette frelste en Ræv; mens jeg saae derop,
smuttede han mig forbi. Et Par Timer før Aften var Krattet renset
for Vildt, og Jagten havde Ende. Vi fik vist henved 30 Stykker, og
Junker Kresten, som havde skudt de fleste Ræve, blev beæret med
et Stykke paa Valdhorn.

Thiele, den 17de December 1710.
Igaar fulgte jeg min kjære Moder til hendes Hvilested. Den nye
Præst – Gud lønne ham for det! – hædrede hendes Henfart med en
Liigpræken, som varede i syv Qvarteer. Hun var mig en god og
kjærlig Moder – Herren give hende en salig Opstandel; e! † † †

heard the rumbling of the carts, the breathing of the horses, the talk and laughter of the gamekeepers. The huntsmen were already putting the beaters in their positions; we could hear them whispering and hushing those who were inclined to talk too loud, and sometimes using their sticks. From the west and the south the gamekeepers came driving in, and behind them came the carts with the hounds, their tails wagging over the side of the carts and sometimes a head protruding—only to get a box on the ear from the huntsmen's boys. Now the squire himself posted us all down the long valley that runs through the copse. When he was ready, he blew his whistle, and the hornblowers started to play a merry piece. The hounds were loosed, and it was not long before they began baying, first one, then two, then the whole pack. Hares, foxes, and deer darted back and forth in the brushwood on the hills. Now and then a shot rang out, echoing down through the valley. We could not see the beaters, but we heard them shouting and calling when a hare or a deer tried to break through. I held my place and shot two foxes and a buck before lunch. While we were eating, the hounds were called in and tied up, but the hornblowers played. When it was over, off we went again. Just then two carriages stopped at the entrance to the valley with the ladies and the young misses, among them Miss Sophie. That saved a fox, for while I was looking up at them, he slipped past me. Before nightfall the copse was cleared of game. We must have shot about thirty animals, and Master Kresten, who had killed the most foxes, was honored by a piece played on the bugle.

Thiele, December 17, 1710.

Yesterday I followed my dear mother to her last resting place. The new pastor—God reward him for it!—honored her passing with a funeral sermon that lasted an hour and three quarters. She was a good and loving mother to me. God give her a blessed awakening!

Thiele, den 23de Januar 1711.

En jammerlig Vinter! endnu intet Kaneføre! Derefter har jeg ventet lige siden Mortensdag, men forgjeves. Regn og Blæst, sydlige Vinde og trist Veir. Ifjor ved denne Tid var det vi kjørte til Fussingøe; naar jeg tænker paa den Aften! Maanen skinnede saa blank som en Sølvtallerken paa den blaa Himmel, og kastede vore Skygger ved Siden af Veien paa den hvide Snee. Jeg hældede mig imellem saaledes, at min Skygge trak ind i Frøken Sophies: da kom det mig for, som vi to vare eet. En kold Vind havde vi lige imod, den blæste hendes søde Aande tilbage – jeg slugte den som Viin – ak, jeg Daare! jeg forliebte Daare! hvortil nytte mig alle disse Considerationer? Paa Søndag reiser jeg til Kjøbenhavn med Junker Kresten, og der skal vi blive hele Sommeren. Jeg tænker, jeg er død inden Maidag. – *Ah Mademoiselle Sophie adieu! un éternel adieu!*

Paa Havet imellem Samsøe og Sjelland den 3die Febr. 1711.

Solen gaaer ned bag mit kjære Jylland; dens Gjenskin lægger sig langs hen over det rolige Hav som en uendelig Ildvei. Jeg tykkes den hilser mig fra mit Hjem – ak, det er langt borte, og jeg kommer længere og længere derfra. Hvad monstroe de nu bestille paa Thiele? Det ringer for mit høire Øre – mon det er Frøken Sophie, der nu taler om mig? ak nei! jeg er jo kuns en fattig Tjener, hvi skulde hun tænke paa mig? ligesaa lidt, som Skipperen, der traver frem og tilbage paa Dækket med sammenlagte Arme – han kigger saa tit henimod Norden – hvad mon der er at see? En Svensker, siger han; Gud hjelpe os naadelig og vel!

Kallundborg, den 4de Febr. 1711.

Nu veed jeg, hvad Krig er – jeg har været i Bataille, og – den Herre Zebaoth være priset! – vi finge Seier. Det var rigtig, som Skipperen sagde, en svensk Kaper. Imorges, saasnart det dagedes, saae vi ham en halv Miils Vei borte; de sagde, han gjorde Jagt paa os. "Er der nogen af Jer Passenerer, sagde Skipperen: der har Mod og Mands Hjerte, og Lyst til at baxes med den svenske Gast?" – "Jeg har en god Riffel, svarte Junker Kresten: og min Tjener har een; skal vi prøve den Jagt engang, Morten?" – "Som Junkeren befaler!"

Thiele, January 23, 1711.

What a miserable winter! No sleighing yet! I have been longing for it ever since Martinmas, but in vain. Rain and wind, southerly gales, and dreary weather. Last year at this time we drove to Fussingöe. When I think of that night! The moon shone as bright as a silver platter on the blue sky, throwing our shadows to the side of the road on the white snow. Sometimes I leaned over till my shadow mingled with that of Miss Sophie; then it seemed to me that we two were one. A cold wind blew in our faces and carried her sweet breath back to me; I drank it in like wine. Oh, fool that I am!—lovesick fool that I am! What good do such thoughts do me? Sunday I am going to Copenhagen with Master Kresten, and there we are going to stay all summer. I dare say I shall be dead before Mayday.—*Ah, mademoiselle Sophie, adieu! un éternel adieu!*

At sea between Samsöe and Zealand, February 3, 1711.

The sun is setting behind my dear Jutland; the reflection lies over the calm sea like an endless path of fire. It seems to bring a greeting from my home! Alas! it is far away, and I am getting farther and farther away from it. I wonder what they are doing now at Thiele! My right ear is burning—perhaps it is Miss Sophie who is talking about me? Alas, no! I am only a poor servant; why should she think of me?—any more than the skipper who is walking up and down on the deck with arms crossed. Every little while he looks toward the north; I wonder what he sees there? "A Swede," he says. God help us in His mercy and goodness!

Kallundborg, February 4, 1711.

Now I know what war is. I have been in battle, and—the Lord of Sabaoth be praised!—victory was ours. It was, as the skipper said, a Swedish privateer. Early this morning, as soon as it was light, we saw him only two miles away from us; they said he was chasing us. "Are there any of you passengers," said the skipper, "who have courage and stout hearts and would like to try a bout with that Swedish fellow?"—"I have a good rifle," replied Master Kresten, "and my servant has one. What of it, Morten, shall we try this kind

sagde jeg, løb ned i Kahyten, ladte vore Rifler, bragte dem samt
Krudt og Kugler op paa Dækket. Der var to jydske Soldater kom-
men op fra Rummet, de havde hver sin Bøsse, og Skipperen et
spansk Gevær saa langt som han selv. Styrmanden og Matroserne
bragte Øxer og Haandspager. "Kan vi ikke seile fra ham, min kjære
Skipper?" spurgte jeg. – "Fanden kan vi, svarte han: Du seer jo,
han haler ind paa os, alt hvad han kan; Du skal snart faae hans
Stykker at høre; men er Du bange, saa gaae hjem og læg Dig i Din
Moders Dragkiste." Idetsamme væltede Røgen ud fra det svenske
Skib, og strax derpaa hørte vi et forfærdeligt Rabalder og en Susen
over vore Hoveder. Det varte ikke længe, saa kom der nok et
Knald, og nok eet, og den sidste Kugle rev en Splint af vor Mast.
Da blev jeg ret underlig tilmode: mit Hjerte tog til at banke, og det
suste og bruste for mine Ører. Men da Svensken kom saa nær, at vi
kunde lange med vore Rifler, og jeg havde gjort det første Skud,
da var det, som om jeg havde været paa en Klapjagt. Svensken kom
bestandig nærmere, og vi stod i Skjul bag Kahyten, og fyrede bag
ud paa ham alt hvad vi kunde. Der faldt flere af hans Folk, især for
Junkerens og mine Skud. "Kan vi skyde en Sneppe, Morten, kan
vi vel ogsaa ramme en Svensker, naar han staaer stille!" sagde han.
"Raske Gutter! raabte Skipperen: Seer I den svenske Kapitain,
ham der gaaer med den store Sabel frem og tilbage? Pil os ham ud,
saa har vi Spillet vunden!" Da lagde jeg an paa ham, og trykte til,
og som jeg tog min Riffel fra Kinden, saae jeg ham slaae Næsen
mod Dækket. "Hurra!" raabte Skipperen, og alle vi andre med;
men Kaperen dreiede af og seilede sin Cours. Med det danske Flag
paa Toppen fore vi ind ad Kallundborgs Fjord nok saa stolte og
nok saa glade, thi ikke en Mand var saaret, skjøndt Kuglerne fløi
over og igjennem Skibet. Hovmesteren Monsjeur Hartman var den
eneste, som fik sit Blod at see, og det paa en pudsig Façon: Han laae
i Skipperens Køje og røgte sin Pibe, da Slaget begyndte. Lidt efter
kom jeg ned for at hente Lærred til Kuglerne. "Martine! sagde han:
qvid hoc sibi vult?" men før jeg fik svart, foer en Kugle gjennem
Kahytvinduet, tog Piben med sig – som han rakte ud af Køjen –
og Mundbiddet rev Hul paa hans Gane.

of hunt for once?"—"As you please, Master Kresten," I said, ran down into the cabin, loaded our rifles, and brought them up on deck together with powder and shot. There were two soldiers from Jutland who came up from the hold, and they had each a blunder-buss, and the skipper had a Spanish gun as long as himself. The mate and the sailors armed themselves with axes and marlinspikes. "Can't we sail away from him, my good skipper?" I asked.—"The devil we can," he replied. "Don't you see he's gaining on us for all he's worth? We shall soon be hearing his cannon. But if you're scared, you can go home and crawl into your mother's bureau drawer." In the same moment the smoke poured from the Swedish ship, and then we heard a terrific noise and a whizzing over our heads. Before long there was another explosion, and then another, and the last cannon ball tore a splinter from our mast. Then a strange feeling came over me; my heart pounded and there was a ringing and a buzzing in my ears. But when the Swede came so near that we could reach him with our rifles, and I had taken my first shot, then I felt as if I were out hunting. The Swede came nearer and nearer. We stood in the shelter of the cabin and fired at him across our stern as fast as we could. Several of his people fell, most of them hit by the young master or me. "If we can shoot a snipe, Morten, surely we can hit a Swede, when he stands still," he said.—"Brave fellows!" said the skipper. "Do you see the Swedish captain, the man with the big sabre, who's walking up and down? If you can pick him off, we've won the game!" I aimed at him, pressed the trigger, and as I took my rifle from my cheek, I saw him fall and strike the deck with his nose. "Hurrah!" cried the skipper, and we all cheered. But the privateer turned round and sailed away. With the Danish flag flying aloft we sailed into Kallundborg Fjord, proud and happy, for not a man had been wounded, although the cannon balls flew over and through the ship. The tutor, Mon-sieur Hartmann, was the only one who saw his own blood, and that happened in a curious way. He was lying in the skipper's bunk smoking his pipe when the battle commenced. A little later I came down to fetch tow for the bullets. "*Martin*", said he, "*quid hoc sibi vult?*" But before I could answer, a bullet flew through the cabin window and shot away his pipe which he was holding out over the edge of the bunk—and the mouthpiece pierced his palate.

Nu ere vi i Havn og paa tør Land, hvor Hvilen er sød efter saadant et Pust!

Kjøbenhavn, den 2den Juni 1711.
Mit Hoved er gandske fuldt af alle de rare Ting, jeg her har seet og hørt. Jeg kan ikke samle det i mine Tanker, thi det ene forjager det andet, som Skyerne hverandre i Blæst. Men det curiøseste af Alt er dog dette, at jeg er nær ved at blive min Forlibelse qvit. Jo længere jeg bliver her, jo mindre synes mig, at jeg længes efter Frøken Sophie, og jeg kunde næsten troe, at det ere ligesaa smukke Piger i Kjøbenhavn. Skulde jeg skrive Noter til *Ovidii remedium amoris,* da vilde jeg rekommendere en Tour til Hovedstaden, som et af de bedste Midler mod hiin farlige Maladie.

Til Ankers under Kronborg, den 12te Sept. 1711.
Ak, du naadige Himmel! Hvad har jeg oplevet! Hvilken Jammer og Elendighed har jeg seet med disse mine Øine! Gud har hjemsøgt os for vore Synder, og slaget Folket med Bylder. De faldt som Fluer omkring mig, men jeg Uværdige blev udfriet fra Dødens Strube. Ak, min kjære Junker! Hvad skal jeg sige, naar jeg kommer tilbage foruden ham? Men jeg forlod ham ikke, før han udgav sit sidste Suk; jeg vovede mit Liv for ham, dog Gud sparede det – hans Navn være lovet! Naar jeg tænker paa disse Rædselsdage, er mit Hjerte færdigt at briste. Bange og tause sad vi fra Morgen til Aften i vor eensomme Bolig, saae paa hverandre og sukkede. Kun sjelden kigede vi ned i de tomme Gader, hvor det før vrimlede af Mennesker, kun en og anden *triste figure* skreed hen over Broestenene, ligesom en Gjenganger; men indenfor Vinduerne saae man Folk sidde som Arrestantere, de fleste ubevægelige, som om de kun havde været malede Portraiter. Hørtes saa den hule Rumlen af Pestdragernes Vogne, hvor foer de da alle fra Vinduerne, for ikke at see det rædselfulde Syn. Jeg saae det kun engang, jeg forlangte det aldrig mere. Der kjørte disse sorte Dødsengle med de lange Vogne fulde af Liig: de laae slængte paa hverandre som Fæe. Bag ud af Vognen hang Hovedet og Armene af et ungt Qvindemenneske; Øinene stirrede fælt ud af det sortgule Ansigt, og det lange Hovedhaar feiede Gaden. Da rystede det Junkeren første Gang; han vaklede ind i sit Sovekammer, og lagde sig paa Dødens Leie; men jeg

Now we are in port and on dry land, where rest is sweet after such a bout.

Copenhagen, June 2, 1711.

My head is full of all strange things I have seen and heard. I can't dispose them in my mind, for one chases the other like clouds in a wind. But the most curious thing is that I have almost gotten over my lovesickness. The longer I stay here, the less it seems to me I long for Miss Sophie, and I am almost ready to believe there are just as beautiful maidens in Copenhagen. If I were to write a foot-note to *Ovidii Remedium amoris,* I would recommend a trip to the Capital as one of the best cures for that dangerous malady.

Anchored under Kronborg, September 12, 1711.

Oh, gracious Heaven! What have I not lived through! What wretchedness and misery have I not seen with these my eyes! God has visited our sins upon us and stricken the people with boils. They died like flies round about me, but I, unworthy that I am, was saved from the jaws of death. Oh, my dear young master! What shall I say when I come back without him? But I did not leave him till he had drawn his last breath; I risked my life for him, and yet God preserved it—praised be His name! When I think of those days of horror, my heart is ready to break. Silent and full of fear, we sat from morning till night in our lonely apartment, gazing at each other and sighing. Once in a while we looked down into the empty streets that used to swarm with people. Now and then a mournful figure would walk across the pavement like a ghost. Inside the windows we could see people sitting like prisoners, most of them as immovable as if they were painted portraits. But when they heard the hollow rumbling of the dead-carts, they would rush away from the windows in order not to see the dreadful sight. I saw it but once, and wanted no more. There those black angels of death drove their long carts, full of corpses piled up like dead cattle. In the back of one cart hung the head and arms of a young woman; her eyes stared horribly in the blackish-yellow face, and her long hair swept the street. Then my young master was shaken for the first time; he tottered into his bedchamber and lay down on

sukkede i mit Hjerte: "De skal lægges i Graven som Faar, Døden skal fortære dem; men Gud skal forløse min Sjel af Gravens Vold, thi han haver antaget mig, *Sela !*"

Thiele, den 29de Sept. 1711.

Saa er jeg da nu her igjen. Da jeg gik ind ad Porten bankede mit Hjerte i mig ongefær som den Dag, vi sloges med Svensken. Og da jeg traadte ind til det naadige Herskab, og saae dem Alle i Sort, da græd jeg som et Barn, og de græd med. Jeg kunde fast ikke tale for Graad, og før jeg havde endt den affreuse Historie, vendte naadig Herren sig bort, og gik ind i sit Kammer – Gud trøste dem efter sin Barmhjertighed, Amen!

Thiele, den 8de October 1711.

Idag var vi førstegang paa Jagt efter min Hjemkomst. Ak! det var ikke som i forrige Dage, den gav kun liden Satisfaction. "Morten, sagde naadig Herren mange Gange til mig: vi savne Junker Kresten!" og saa sukkede han, saa det skar mig i mit Hjerte. Vi kom hjem længe før Aften med en fattig Hare.

Thiele, den 2den Novbr. 1711.

Det begynder atter at blive levende paa Gaarden; vi vente høifornemme Fremmede: Hans Excellence Hr. Gyldenløve med Suite. Han vil blive her nogle Uger og divertere sig med Jagten. Igaar talte det naadige Herskab herom ved Bordet: "Han er af høikongeligt Blod og en fuldkommen Cavalier," sagde naadig Fruen, og saae med det samme til Frøken Sophie. Hun blev rød, saae paa sin Tallerken og smiilte, men jeg blev kold som en Iis over mit hele Legeme – ak! ak! jeg tænkte, at jeg var cureret for min daarlige Inclination, men jeg føler at Sygdommen er vendt tilbage med større Force. Jeg sprætter som en Agerhøne i Garnet, men det hjelper intet – gid jeg var tusinde Mile herfra!

Thiele, den 14de Novbr. 1711.

Endelig er hans Excellence arriveret hertil, og det med allerstørste Pragt og Herlighed: tvende Løbere med høie sølvbeslagne Huer, kom trippende ind i Gaarden en halv Fjerdingvei foran ham. De

his deathbed; but I sighed in my heart: "Like sheep they are laid in the grave; death shall feed on them. But God will redeem my soul from the power of the grave: for He shall receive me. Selah!"

Thiele, September 29, 1711.

So now I am here again. When I went in through the door my heart pounded in me almost as on the day we fought the Swede. And when I came in to the family and saw them all in black, then I wept like a child, and they wept, too. I could hardly speak for tears, and before I had finished the *affreuse* story, the squire turned away and went into his bedchamber. God comfort them in His mercy, amen!

Thiele, October 8, 1711.

Today we went hunting for the first time since my return. Alas, it was not as in former days and gave but little satisfaction! "Morten," said the squire again and again to me, "we miss Master Kresten!" He sighed so that it cut me to the heart. We came home long before nightfall with one poor little hare.

Thiele, November 2, 1711.

The house is getting lively again; we are expecting exalted company: His Excellency Lord Gyldenlöve and retinue. He is going to stay a few weeks and amuse himself with the chase. Yesterday the family discussed the matter at table. "He is of royal blood and a perfect gentleman," said the mistress, looking at Miss Sophie. She blushed, looked down at her plate, and smiled, but I grew cold as ice through my whole body. Alas, alas! I thought I had been cured of my foolish infatuation, but I feel the distemper has come back in even greater force. I struggle like a partridge in a snare, but it is of no avail. Oh, that I were a thousand miles from here!

Thiele, November 14, 1711.

At last His Excellency has arrived, in all his glory and grandeur. Two running footmen with tall, silver-trimmed caps came trotting into the yard half a mile ahead of him. They posted themselves

stilte sig med deres lange spraglede Stokke paa begge Sider af den
store Dør. Naadig Fruen vrikkede ind ad een Dør og ud af en anden;
jeg har aldrig før seet hende i saadan Agilité. Frøken Sophie stod
i Storstuen, og kigede snart i Speilet, snart ud af Vinduet. Hun saae
mig slet ikke, naar jeg gik igjennem Værelset. Endelig kom han
selv kjørende med sex gule Heste for sin Vogn, en smuk og magni-
fiqve Herre! Han saae baade fornem og naadig ud, alligevel syntes
mig, at der var noget Modbydeligt hos ham. Han smiilte mig saa
vammelsødt og plirede med sine Øine, som om han saae imod Solen.
Han bukkede for hver især af Herskabet, men det syntes som han
kun bukkede for at reise sig høiere i Veiret. Da han kom til Frøken
Sophie, steg lidt Blod op i hans blege Ansigt, og han hvidskede eller
læspede en lang fransk Kompliment. Ved Bordet vendte han næsten
ikke sine Øine fra hende, ikke engang naar han talte med Andre.
Hun skottede imellem over til ham; men jeg brændte min Haand
paa Tallerkenerne, saa den idag er fuld af Vabler; gid det var det
eneste Sted, jeg havde ondt!

Thiele, den 20de Nov. 1711.

Jo! det er sikkert nok; der bliver en Mariage af. Man behøver
allene at attendere den naadige Frue. Naar hun seer paa Frøken
Sophie, lægger hun Hovedet tilbage som en And, naar den har
faaet Kroen fuld, vender Øinene og lukker dem imellem, som om
hun vilde ret straxen falde i Søvn, og saa snaddrer hun: *"un Cavalier
accompli, ma fille! n'est ce pas vrai? et il vous aime, c'est trop clair!"* Ja
desværre, det er klart nok; og hun elsker ham igjen, det er ogsaa
klart. Gid hun maatte blive lykkelig.

Thiele, den 4de Decbr. 1711.

Endnu har hans Excellence ikke profiteret for meget af Jagten: to
Gange har vi været ude; men hvergang er han bleven keed af det
paa Halvveien. Der er et Stykke Vildt hjemme paa Gaarden, det
drager ham til sig som en Magnet. Ak! Gid jeg var blevet i Kjøben-
havn!

with their long motley staves on either side of the big door. The mistress waddled in at one door and out another; never have I seen her in such *agilité*. Miss Sophie was standing in the drawing room and looking now at the mirror, now out of the window. She didn't even see me when I passed through the room. At last he himself came in a carriage drawn by six yellow horses, a handsome and *magnifique* gentleman. He looked both distinguished and gracious, and yet I felt there was something repulsive about him. His smile seemed to me sickly sweet, and his eyes blinked as if he were looking at the sun. Though he bowed to each member of the family, it seemed as though he only bowed in order to draw himself up all the higher. When he came to Miss Sophie, the blood rose slightly in his face, and he whispered or lisped a long French compliment. At table he never took his eyes from her, not even when he was speaking to someone else. She threw a glance at him occasionally; but I burned my hand on the plates, and today it is full of blisters. Would it were only the hand that pained me!

Thiele, November 20, 1711.

Yes, it's certain enough; there will be a *mariage*. One need only look at the mistress. When she sees Miss Sophie, she lays her head back like a duck that has got its crop full, turns as if she were on the point of going to sleep, and then she gabbles: *"Un cavalier accompli, ma fille! n'est-ce pas vrai? et il vous aime, c'est trop clair!"* Yes, more's the pity, it is plain enough; and she loves him in return, that is plain, too. May she be happy.

Thiele, December 4, 1711.

As yet His Excellency has not profited much from the chase. Twice we have set out, but each time he has wearied of it before we had gone half way. There is a quarry in the house at home that draws him like a magnet. Alas! Would that I had not left Copenhagen!

Thiele, den 8de December 1711.

Idag blev Mariagen declareret, og idag 8 Dage skal Brylluppet staae. Hvor skal jeg skjule mig saalænge? jeg holder det aldrig ud; naar han lægger sin Arm om hendes Liv, er det som En stak mig i Hjertet med en Kniv – –

Du milde Himmel! Jeg troer, Jens er ligesaadan faren som jeg; da jeg sagde ham det om Mariagen, stødte han sin Bøsse saadan imod Jorden, at Kolben sprang istykker, og derpaa rendte han med Stumpen ud i Heden. Saa er jeg da ikke den eneste Nar i Verden.

Thiele, den 16de December 1711.

Frøken Sophie har faaet Børnekopperne. Ak! hvor skjælver jeg for hendes Liv! Gid jeg maatte døe istedet for hende; men jeg kan jo ikke faae denne Sygdom mere end eengang. Hendes deilige Ansigt er gandske fuldt af Vabler.

Thiele, den 19de December 1711.

Her er stor Sorg og Bedrøvelse. Frøken Marie er død; og Herren vil ikke lade sig trøste; men den naadige Frue taler kun om hendes Begravelse, hvorledes med samme skal tilgaae. Frøken Sophie følger vel efter hendes Søster; thi hun er meget slet. Hans Excellence, hendes Trolovede, laver sig til at drage bort – Lykke paa Rejsen! –

Thiele, den 13de Marts 1712.

Saa har jeg atter reist mig fra mit lange Sygeleie. Jeg troede, det skulle blevet det sidste, og sukkede af Hjertet til min Gud om Forløsning. Men jeg skal vandre endnu en Stund i denne Jammerdal – det er hans Villie – den skee! – Det er for mig, som om jeg var opstanden fra de Døde, og jeg tykkes at denne tre Maaneders Sygdom har varet i tre Aar. Igaar saae jeg hende første Gang siden jeg blev lagt ned, og det med en god Contenance; næsten skulde jeg troe, at Sygdommen havde taget min daarlige Forlibelse med sig.

Hun var lidt bleg, og jeg syntes ikke, at hun saae ret fornøiet ud. Desværre! hun har nok ikke synderlig Grund dertil. Hans Excellence kom her igjen forgangen Uge, som jeg hører. Han er vist en stor Libertiner; jeg saae nu nylig igjennem Sprækken paa min Dør, at han tog fat paa Fruens Pige, og det paa en meget indecent

Thiele, December 8, 1711.

Today the *mariage* was declared. The wedding is to be in a week. Where shall I hide till then? I can't bear it. When he puts his arm around her waist, it is as though someone stuck a knife into my heart—

Good heavens! I believe Jens is as badly smitten as I am. When I told him about the *mariage,* he thrust his gun so hard against the ground that the butt broke, and then he dashed out on the heath with the broken piece in his hand. So I am not the only fool in the world.

Thiele, December 16, 1711.

Miss Sophie has the smallpox. Oh, how I tremble for her life! Would that I might die in her place; but they say I can't get this sickness more than once. Her lovely face is full of blisters.

Thiele, December 19, 1711.

Here is great sorrow and lamentation. Miss Marie is dead, and the squire is inconsolable, but the mistress speaks only about the funeral and how that is to be arranged. Miss Sophie will probably be the next to go, for she is very poorly. His Excellency, her fiancé, is getting ready to leave—good riddance!

Thiele, March 13, 1712.

So now I have risen from my long illness. I thought it would have been my last, and prayed to God in my heart for deliverance. But it seems that I am to wander in this vale of tears yet a while—it is His will—let it be done! It seems as though I had risen from the dead, and I feel as though this illness had lasted three years instead of three months. Yesterday I saw her for the first time since I was stricken, and I kept my countenance. I could almost believe that the illness had taken with it my foolish infatuation.

She was a little pale and did not look particularly happy. Nor has she any reason to be happy, more's the pity. His Excellency came here again last week, I hear His Excellency is surely a great libertine; the other day I saw through a crack in my door how he caught hold of the mistress' maid and that in a very unseemly manner. Oh,

Maneer. O den stakkels Frøken! Var jeg Hs. Excellence, jeg skulde
tilbede hende som en Engel udaf Himmelen.

Thiele, den 1ste Mai 1712.

Hs. Excellence er reist bort, og har ladet sin Kjæreste blive her
tilbage. Han var nok allerede keed af hende, og – Gud forlade mig
det! – troer jeg ikke ogsaa hun af ham. Hun længes da ikke efter
ham; thi hun er ligesaa munter og *vive* som før, ja næsten mere;
men alligevel af og til ligesom lidt hoffærdig. Sommetider taler hun
til mig som til en Stodder, og sommetider, som om jeg var hendes
Ligemand. Jeg troer hartad hun vil have mig til Bedste – jeg fattige
Stakkel! Jeg er ikke bleven klog endnu, for hun kan gjøre mig glad
og bedrøvet ligesom hun vil.

Thiele, den 3die Juni 1712.

Mit Helbred faaer jeg aldrig mere; min Ungdoms Munterhed er
gandske borte. Jeg er tung og mat i mit hele Væsen, og ingen ret
Lyst har jeg til nogen Ting. Jeg gider ikke jage, og jeg gider ei
heller læse: min Bøsse og min Ovidius ere begge lige støvede.
Fransken, som tilforn var blevet mig saa plaisant, kan jeg hverken
lide at læse eller høre – det er et falsk Tungemaal!

Thiele, den 24de Juni 1712.

Jeg har byttet Kammer med Jens. Han vilde endelig have mit, for
han torde ikke ligge ud til Kirkegaarden, den Tosse! Der skal han
jo dog engang ligge for bestandig. Jeg er vel fornøiet med Byttet,
her kan jeg fra mit Vindue see mine kjære Forældres Grave – de
ere vel forvarede – Gud glæde deres Sjele i Himmerige! Hist henne
er Hr. Sørens Grav, der groe allerede Tidsler paa den – dem maa
jeg dog rydde bort!

Thiele, den 13de Decbr. 1712.

Fruens Pige har bekommet sig en liden Søn. Hun har udlagt en
Kniplingskræmmer – men hele Gaarden veed nok, hvem den Skyl-
dige er. Den unge Frøken har selv railleret dermed. Jeg veed ikke,
hvordan hun kunde; men hun tager sig Verden let – jeg er ikke af
den Natur.

my poor young lady! If I were His Excellency I would worship her as an angel from heaven.

Thiele, May 1, 1712.

His Excellency has gone away and left his fiancée here. He is plainly tired of her already, and—God forgive me!—if I don't think she is tired of him, too. She certainly is not pining for him; for she is just as merry and *vive* or even more so; but once in a while she is a bit overbearing. Sometimes she speaks to me as if I were a beggar, sometimes as if I were her equal. I almost think she wants to make game of me—poor creature that I am! I am afraid I have not yet come to my senses, for she can make me happy or depressed as she pleases.

Thiele, June 3, 1712.

My health is gone forever, and my youthful gaiety is a thing of the past. I am dull and heavy in my whole being and have no pleasure in anything. I don't care to hunt, and I don't care to read; my gun and my *Ovidius* are both equally dusty. French, which used to give me so much enjoyment, I cannot bear either to hear or to read—it is a deceitful language.

Thiele, June 24, 1712.

I have exchanged bedchambers with Jens. He was bent on getting mine, because he was afraid to lie near the cemetery, the silly fool! After all, that is where some time he will lie forever. I am well pleased with the change; from my window I can see the graves of my dear parents—they are at peace—God give their souls great joy in heaven! Over there is Pastor Sören's grave; the thistles are growing on it already. I must pull them up!

Thiele, December 13, 1712.

The mistress' maid has just had a little son. She has declared a lace-peddler to be the father, but everybody in the house knows who is the guilty one. Miss Sophie has even joked about it. I don't see how she could, but she takes things lightly—such is not my nature.

Thiele, den 27de Februar 1713.

Drømmer jeg, eller er jeg vaagen? Har mine Sandser duperet mig, eller var hun virkelig min? jo! hun var min – jeg har favnet hende med disse mine Arme, hun har hvilet ved mit Bryst, og bedækket mit Ansigt med Kys – med hede Kys – nu vilde jeg gjerne døe, saa lykkelig kan jeg aldrig blive meer. Men nei! Hvorlunde er det fat med mig? hvad har jeg gjort? ah, jeg veed ikke, hvad jeg skriver – jeg frygter, jeg er vanvittig.

Thiele, den 5te Marts 1713

Lad mig kalde tilbage i min Hukommelse disse douce Øieblikke! Lad mig ret overtænke, hvor lyksalig jeg var; det er først nu, jeg begynder at opvaagne som af en Ruus. – Herren kom hjem fra Jagten, og Jens var bleven i Skoven for at kaste Tax ud, som sad fast i en Grav. Jeg vidste vel, at han ikke kom hjem før Dag, og saa fik jeg isinde at ligge i mit forrige Kammer. Jeg var netop indslumret, da jeg blev vækket ved et Kys. Forskrækket reiste jeg mig og vilde raabe: da følte jeg en blød Haand paa min Mund, og en Arm om min Hals, og en sød hvidskende Stemme – Himmel! det var hendes – hendes, jeg ikke tør nævne. Da – da – o, jeg Synder! jeg forstokkede Synder! jeg har forraadt min Herre! og jeg kan ikke engang ret af Hjertet fortryde det. Hvergang jeg vil gjøre Poenitentse, forhindres jeg af en lønlig Fryd, som spotter min Anger. Jeg føler det: jeg længes efter at repetere den Misgjerning, jeg burde forbande. "Evindelig min!" vare de første Ord, jeg kunde fremføre; men da rev hun sig med et let Skrig af mine Arme, og – jeg var allene. Døren knirkede, og jeg reiste mig overende i Sengen; jeg var i Tvivl om det ikke altsammen var Spøgerie. Ak! hvorfor flygtede hun? hvorfor kom hun da selv ukaldet, ufristet? Har hun elsket mig som jeg hende, taus, inderlig, brændende?

Thiele, den 6te Marts 1713.

O Verden! Verden! hvad er du falsk! Ærlighed er plat forsvunden, Dyd og Ære traadt under Fødder! Dog hvorfor vil jeg beklage mig? er jeg bedre end han? Er min Synd mindre, fordi jeg troer, at min Kjærlighed er større? – Ah, jeg faaer min fortjente Løn, vi ere lige gode, den ene forraader den anden. – Ha! Du falske Qvinde! Du

Thiele, February 27, 1713.

Am I dreaming or am I awake? Have my senses deceived me, or was she really mine? Yes, she was mine—I have embraced her with these my arms; she has lain on my breast, and covered my face with kisses—with hot kisses. Now I wish I could die, for I shall never be so happy again. But, no! What is the matter with me? What have I done? Oh, I don't know what I am writing—I believe I am going out of my mind.

Thiele, March 5, 1713.

Let me recall in my memory those *douce* moments! Let me reflect on the rapture I felt; it is only now that I seem to awaken as from an intoxication.—The squire came home from the chase, while Jens had stayed behind in the forest to dig out Tax who was stuck in a pit. I knew very well that he would not come before daylight and I had an impulse to lie in my old room. I had just gone to sleep when I was awakened by a kiss. Startled, I sat up and was about to cry out, when I felt a soft hand on my mouth and an arm around my neck, and a sweet voice whispering—heavens! it was hers— hers whom I don't dare to name. Then—then—oh, sinner that I am! hardened sinner that I am! I have betrayed my master! and I can't even repent it from my heart. Whenever I want to do penance, I am held back by a secret rapture which mocks my remorse. I feel it: I long to repeat the transgression which I ought to curse. "Ever mine!" were the first words I could utter, but then she tore herself from my embrace with a low cry, and—I was alone. The door creaked and I sat up in bed; I wondered if it had been a wraith. Oh, why did she flee? Why then did she come of herself, uncalled, un- tempted? Has she loved me as I have loved her, silently, deeply, passionately?

Thiele, March 6, 1713.

Oh, world, world! How art thou false! Honesty has passed away, virtue and honor are trampled under foot! Yet why do I complain? Am I better than he? Is my sin less because I believe my love is greater? Ah, I only got my deserts; one of us is as good as the other—one betrays the other. Ha, you deceitful woman, you

Potiphars Hustru! derfor var det, du skreg og flygtede, da du hørte min Røst. Det var altsaa gammel Vane – kjendt Vei, da du søgte min Seng – nei, Jenses Seng! Gammel Kjærlighed, gammel Synd! mens jeg tilbad dig, mens jeg beskuede dig med Ærefrygt som en hellig Engel, har du bolet med min Medtjener!

– – Det var Midnat. Drukken af søde Erindringer vankede jeg om i Haven. I en mørk Gang saae jeg noget røre sig – det bares mig for, at det maatte være hende. Med hastige Skridt ilede jeg derhen – det var hende! ja, det var hende, men hvorledes fandt jeg hende? paa Jenses Skjød, med Armene om hans Hals – hurtigen foer de fra hinanden, og jeg stod som om jeg skulde synke i Afgrunden. Solen fandt mig paa samme Sted; jeg frøs – jeg bævede som et Espeløv. O du usle, du falske, du fordærvede Verden!

Thiele, den 9de Marts 1713.

Jeg har seet hende første Gang siden hiin syndefulde Nat. En hastig Rødme foer over hendes Ansigt, hun kastede sine Øine rundt omkring i Stuen, for ei at see paa mig. Jeg følte, at jeg blev baade kold og varm. I det Øieblik vi vare allene, gik hun mig hastig forbi og sagde med halvt tillukkede Øine: *"Silence!"* Hun var ude af Døren, inden jeg ret følte Trykket i min Haand.

Thiele, den 13de April 1713.

Alt er opdaget! Herren, Fruen, hele Gaarden veed det, og det er Mamsel Lapouce, som har opdaget og røbet dem. Den unge Frøken vilde gjerne raillere med hende, men det skrev hun bag Øret. Ingen har kundet mærke paa denne listige Qvinde, at hun forstod et Ord Dansk, og derfor har de engang uforsigtigen i hendes Nærværelse sagt Noget, hvoraf hun fik Vinden. Hun har nu gaaet saa længe paa Sporet, indtil hun rigtig har faaet det redet ud, og keget dem i Leiet. Himmel! hvilket Oprør her blev! Naadig Herren løb med sin Bøsse omkring som en Rasende for at skyde Jens; men Jens var allerede paa sin Hest og langt borte. Den unge Frøken blev lukket ind i Hjørnestuen, at Herren ikke skulde forgribe sig paa hende. Ak Himmel! Hvad Ende skal dette faae? Jeg skjælver hvergang jeg hører hans Stemme. Min Samvittighed fordømmer mig, og gjør mig til Cujon. Anger og Frygt har saaledes betaget mig, at Kjærlig-

Potiphar's wife! That was why you cried out and fled when you
heard my voice. So it was old habit, a beaten path, when you
sought my bed—no, Jens's bed! Old love, old sin! While I wor-
shipped you, while I looked up to you with veneration as to a holy
angel, you were whoring with my fellow servant!

It was midnight. Intoxicated with sweet memories I strolled
around in the garden. In a dim walk I saw something stirring—
something that told me it was she. With quickened steps I hurried
to the spot—it was she! Yes, it was she, but how did I find her?
On Jens's lap, with her arms around his neck. Quickly they started
away from each other, and I stood as if I were sinking into an abyss.
The sun found me in the same place; I shivered with cold, trembled
like an aspen leaf. Oh, thou wretched, thou false, thou corrupt
world!

Thiele, March 9, 1713.

I have seen her for the first time since that night of sin. A quick
blush passed over her face; she let her eyes flit around the room in
order not to look at me. I felt myself getting hot and cold. As soon
as we were alone, she passed me rapidly saying with half-closed
eyes, *"Silence!"* She was out of the door before I was quite conscious
of something pressed into my hand.

Thiele, April 13, 1713.

Everything is discovered. The master, the mistress, the entire
household know it, and it is Mademoiselle Lapouce who has found
them out and exposed them. Miss Sophie sometimes amused herself
by raillery at her expense, and this she had taken note of. No one
has suspected that the sly woman understood a word of Danish,
and so they must have said something carelessly in her presence
from which she got wind of what was happening. She has followed
the scent until she ran them down. Heavens! what a commotion!
The squire ran around with his gun threatening to shoot Jens; but
Jens was on his horse and already far away. The young lady was
locked in the corner room in order that the squire should not lay
violent hands on her. Good heavens! What will be the end of it! I
tremble whenever I hear his voice. My conscience condemns me and
makes a coward of me. Remorse and fear have so overpowered me

hed og Jalousie var reent forjaget af mit Bryst. Ak! Gid jeg var
femten Mile under Jorden!

Thiele, den 14de April 1713.

Jens har været her. Han kom i Nat ind i mit Kammer, for at høre,
hvorledes her stod til. Han var som et drukken Menneske, græd og
bandte imellem hinanden. "Røb ikke, at jeg har været her, sagde
han idet han gik: ellers er Du et dødsens Menneske!" Han skulde
vist holde Ord; jeg skal nok vogte mig. Men hvad mon han egent-
lig vil? han veed det vel ikke selv.

Thiele, den 17de April 1713.

Den unge Frøken er borte! inat er hun echapperet ud af et Vindue.
Jens har sikkert været her og hentet hende, for En har ved Mid-
natstid mødt to Personer paa een Hest, men formedelst Mørket
kunde han ikke see, om de Begge vare Mandspersoner. Det var paa
Viborgveien, og vi har været ude hver Mand hele Dagen for at lede.
Vi ere komne tilbage uden at finde dem. Jeg fik Nys om, at de vare
komne over Skiern Broe, men jeg skal vel tage mig vare for at
komme dem nær. Ak! ak! den Verden, vi leve i! Min arme Herre!
Han tager vist sin Død derover. Han ligger, og intet Menneske
maae komme til ham.

Thiele, den 20de April 1713.

Idag blev jeg kaldet til naadig Herren. Ak! Du milde Frelser! Hvor
bleg og henfalden han var! Han lever ikke, det kunde jeg grand-
givelig see. "Morten! sagde han, da jeg traadte ind: er det Dig?
Kom hid til mig!" Saasnart jeg hørte hans Stemme, brast jeg i Graad.
Før var det, som om han talte ud af en Tønde, og naar han raabte
ud af den store Dør: "Morten! Kom med Hundene!" saa var det
som Gaarden skulde falde, og Høns og Ænder fløi forskrækkede
omkring. Men nu talte han saa sagte, saa mat, at mit Hjerte var fær-
digt at briste. "Morten! sagde han: har Du ingen Snepper seet?"
– "Nei, naadig Herre! svarte jeg hulkende: Jeg har slet ikke været
ude." – "Naa har Du ikke? sagde han: Jeg skyder ingen flere!" –
"Ak jo! svarte jeg: Gud kan endnu hjelpe!" – "Nei, Morten! sagde
han: med mig er det snart ude. Ja, havde jeg endnu havt Kresten!"
Her trykkede han to Taarer ind igjen i de hule Øine. "Hvor er
Vaillant?" spurgte han. – "Han ligger ved Kaminen," svarte jeg. –
"Kald paa ham," sagde han. Hunden kom og lagde sit Hoved paa

that they have driven love and jealousy out of my heart. I wish I were fifteen leagues under the ground.

Thiele, April 14, 1713.

Jens has been here. Last night he came into my bedchamber to hear how matters stood here. He was like a drunken man, he cried and cursed alternately. "Don't reveal that I have been here," he said as he left, "otherwise you're a dead man!" He would certainly keep his word; I shall take care. But what does he really want? He probably doesn't know himself.

Thiele, April 17, 1713.

The young lady is gone! Last night she escaped through a window. Jens has surely been here and abducted her; for about midnight someone saw two persons on one horse, but on account of the dark, he could not see whether both were men. They were on the road to Viborg, and we have been out, every man of us, all day long hunting for them. We came back without finding them. I heard a rumor that they had crossed Skiern bridge, but I shall certainly take care not to come near them. Alas! alas! what a world we live in! My poor master! I am afraid it will be the death of him. He lies on his bed, and doesn't allow any human being to come near him.

Thiele, April 20, 1713.

Today I was called in to the squire. Oh, Thou gracious Saviour! How pale and shrunken he was! He will not live, that I could plainly see. "Morten," said he, when I came in, "is that you? Come over here to me." As soon as I heard his voice I burst into tears. Formerly it sounded as if he were speaking out of a barrel, and when he called out of the big door, "Morten, bring the dogs!" the house shook, and chickens and ducks flew up startled. But now he spoke so low and his voice was so feeble that my heart was ready to break. "Morten," he said, "have you seen any snipes?"—"No, dear master," I replied sobbing. "I haven't been out at all."—"Oh, haven't you?" he said. "I shall never shoot any more."—"Oh, you may," I said. "God can yet help you."—"No, Morten," he said, "I am nearing the end. If I had only had Kresten!" At that he suppressed two tears in his hollow eyes. "Where is Vaillant?" he asked. —"He is lying in front of the fire," I replied.—"Call him," said he. The dog came and laid his head on the edge of the bed. The master

Sengestokken. Herren klappede ham længe og saae vemodig paa ham. "Du har været mig en tro Svend, sagde han: Du har ikke forladt mig. Naar jeg er død, skal Du skyde ham og begrave ham under den store Ask udenfor Kirkegaarden, men skyd ham godt, og lad ham ikke mærke, hvad Du har isinde – lov mig det!" – "Ja, naadig Herre!" svarte jeg – "Han skal ikke i fremmed Være, sagde han, idet han sank tilbage paa Puden: Min Skydehest og Donner (det er hans Livbøsse) og mit Gehæng, skal Du have; min Blis maa Du aldrig skille Dig ved; naar han bliver saa gammel, at han ikke kan æde længer, saa skal Du skyde ham." – "Ja, kjære Herre!" svarte jeg; jeg kunde neppe for Graad. – "Og der, sagde han: ligger en Tut paa Bordet, den skal Du have for Din tro Tjeneste. – Gaae nu, Morten! og bed til Gud for min syndige Sjel!" – Jeg kyste hans Haand, som han rakte mig, og tumlede ned i mit Kammer – o! Gud skjenke ham en salig Ende! Han var mig en god og naadig Herre!

Thiele, den 3die Mai 1713.

Saa er han da ogsaa hjemfaren! Nu har jeg ingen Ven mere paa Jorden. – Her vil jeg ikke blive; jeg maa ud i Verden, at skille mig ved mine melankoliske Tanker. – Stakkels Vaillant! da jeg tog Bøssen, sprang han saa gladelig omkring, han vidste ikke, at jeg førte ham til Døden. – Nei! saadant et Skud gjør jeg aldrig i mine Dage; da jeg spændte Bøssen, og han hørte Knækket, begyndte han at logre og see sig om, han ventede et Stykke Vildt, og tænkte mindst paa, at det gjaldt ham selv. Da Krudtet tændte, og han krummede sig i Dødens Krampe, var det som om mit Hjerte skulde vælte ud af mit Bryst. O! min kjære salige Herre! Det var den sidste, den tungeste Tjeneste, jeg viste Dig.

Til Sejls under Thunøe, den 17de Mai 1713.

Andengang – kanskee Sidstegang – siger jeg dig Farvel, mit kjære Fødeland! Farvel du grønne Skov! du brune Hede! Farvel alle mine Ungdoms Glæder! Lettere om Hjertet var jeg, da jeg for tvende Aar siden pløiede disse vilde Bølger: da havde jeg min gode Herre; nu er han i Graven, min Junker ligesaa, og hun – som jeg gjerne vilde glemme – drager om i den vide Verden, Gud veed hvor og

patted him a long time and looked sadly at him. "You have been a faithful servant," he said. "You have not left me. When I am dead, you must shoot him and bury him under the big ash outside the cemetery, but shoot him carefully and don't let him suspect what you are about to do—promise me that!"—"Yes, dear master," I said.—"I don't want him to belong to strangers," he said, as he sank back on the pillow. "My hunter and Donner (his favorite gun) and my sword-belt I want you to have. You must never part with my Blis. When he gets so old that he can't eat any more, you must shoot him."—"Yes, dear master," I said; I could hardly speak for weeping.—"And there on the table is a roll of coins, that's for you, for your faithful service. Go now, Morten, and pray to God for my sinful soul." I kissed the hand he held out to me, and stumbled down to my own bedchamber. Oh, may God give him a blessed end! He was a good and gracious master to me.

Thiele, May 3, 1713.

So now he too is departed! Now I have not a friend on earth. Here I cannot stay; I must out in the world and get rid of my melancholy thoughts. Poor Vaillant! When I took my gun he leaped joyfully around me; he did not know I was leading him to his death. No, such a shot I will never fire again as long as I live. When I pulled the trigger, and he heard the click, he began to wag his tail and look around as if he expected a quarry, and least of all suspected that he himself was the object. When the shot was fired, and he writhed in the throes of death, I felt as if the heart would burst in my breast. Oh, my dear blessed master! That was the last, the hardest service I have done you.

Sailing past Thunöe, May 17, 1713.

For the second time—perhaps the last time—I am saying farewell to thee, my beloved native land. Farewell, thou green forest, thou brown heath! Farewell all the joys of my youth! It was with a lighter heart that I ploughed these wild waves two years ago. Then I had my kind master; now he is in his grave, and my young master, too; she—whom I would like to forget—is roving around in the wide

hvorledes. Ogsaa jeg skal prøve Lykkens Spil, og æde mit Brød blandt Vildfremmede. Ja! Krigen vil jeg prøve! den gier Brød eller Død! Blis og jeg skal følges ad, han er min sidste Ven paa Jorden.

Sverrig, den 13de Juni 1716.

Her sidder jeg en fangen Mand i fremmed Land. Saalangt har min Kaarde hjulpen. Min Oberst og jeg gjorde lyst mellem Fjenderne; men vi vare kun to mod ti. Ak! min gamle Blis! Du maatte døe – – gid vi havde fulgtes ad!

Stockholm, den 14de August 1717.

Saaledes skal det ikke blive ret længe! De har slæbt mig omkring fra en Fæstning til en anden; fristet og truet mig, at jeg skulde tage Tjeneste, men hellere vilde jeg svælte tildøde i et underjordisk Fængsel, end fægte mod min rette Konge og Herre. Endnu hellere vilde jeg have min Frihed. Jeg vil forsøge det, og enten finde den eller Døden!

Norkjøping, den 3die Februar 1718.

Saa blev jeg alligevel svensk Soldat! hvor længe jeg end hyttede mig, og skjulte mig som et jaget Vildt i Skove og Klipper, saa fandt de mig dog. Hvad skulde jeg gjøre? Bedre under Guds frie Himmel mellem Kaarder og Kanoner, end mellem et Fængsels fire Vægge! De har lovet mig, at jeg aldrig skulde stride mod mine Landsmænd, men allene mod Moscoviten – han har maaskee den rette Kugle med Morten Vinges Navn.

Siberien, den 15de Mai 1721.

Herre min Gud! Hvor underlige ere dine Veie! Mange tusinde Mile fra Danmark, færdes jeg her i et raat og sørgeligt Land: jeg gaaer over tilfrosne Floder og vader i Snee til Knæerne; mens der hjemme er Skov og Mark iført sin grønne Sommerdragt. Udenfor mit gamle Kammervindue staaer Abilden nu i Bloster. Irisken qviddrer i Stikkelsbærhækken, Stæren sidder paa Kjelen og fløiter sit lystige

world, God knows where and how. I too shall try my luck and eat my bread among strangers. Yes, I am going to try war, it will give bread or death. Blis and I shall go together, he is my last friend on earth.

Sweden, June 13, 1716.

Here I sit, a captive in a foreign land. That is what my sword has brought me to. My colonel and I cleared a space among the enemy, but we were only two against ten. Alas, my old Blis! You found death, would that we had gone together!

Stockholm, August 14, 1717.

This cannot go on much longer. They have dragged me from one fortress to another, tempted and threatened me to make me enter their service, but I would rather starve to death in a dungeon than fight against my rightful king and lord. But rather than that I would win my freedom. I will try it and find either that or death.

Norrköping, February 3, 1718.

So I became a Swedish soldier after all! However long I fled and hid like a hunted beast in forests and mountain clefts, they found me at last. What could I do? Better be under God's open sky among swords and guns than within the four walls of a prison! They have promised me that I should never have to fight against my country-men, but only against the Muscovite—perhaps he has the bullet with the name of Morten Vinge.

Siberia, May 15, 1721.

Lord my God! How strange are Thy ways! Many thousand miles from Denmark, I go about in a rough and dreary land; I walk over frozen rivers and wade in snow to my knees, while at home forest and field are putting on their green summer dress. Outside my old chamber window the apple tree is blossoming, the linnet is chirping in the gooseberry hedge, the starling sits on the well-curb and whistles a jolly piece, and the lark is singing high in the sky. Here

Stykke, og Lærken synger høit i Sky. Her tuder Ulve og Bjørne, Høge og Ravne skrige i de sorte Skove. Hvor mon er Enden paa denne Udørk? Ak! hvor er Enden paa mit elendige Liv?

Riga, den 2den September 1743.
Skal jeg endnu opleve den Dag, da jeg seer mit Fødeland igjen? I fire og tive lange, sorrigfulde Aar, i fire og tive Vintre har jeg jaget Zobel og Maar i Siberiens Skove! hvor mæt af Livet har jeg alt længe – længe været! men jeg vil taalmodig bie til min Herre og Frelser kalder mig. Han vil maaskee lægge mine trætte Lemmer til Hvile i min Fædrenejord – ak! hisset seer jeg det danske Flag, Korsets og Frelsens dyrebare Tegn! Min Sjel, lov Herren! alt hvad i mig er hans hellige Navn!

Falster, den 23de October 1743.
Atter nær ved Døden, og atter langt fra den! I Storm og Uveir nærmede jeg mig mit elskede Fødeland. Bølgerne knuste vort Skib og truede at opsluge os; men Herren frelste mig, hans Haand opholdt mig – han vil ei heller drage den fra mig nu, skjøndt fattig og halvnøgen jeg vandrer blandt Fremmede.

Corselidse, den 2den November 1743.
Et Fristed har jeg fundet, et Skjul fra Verdens Storme; en from og ædel Herre, som har taget mig i sit Brød, og lovet at sørge for mig til min Dødedag. Saa skal jeg nu ikke mere skifte Bolig, førend de bære mig hen til den sidste.

Corselidse, den 1ste Mai 1744.
Hvilket yndigt Land er dog dette! Alt i sin fulde Flor! Skoven grøn og Marken grøn! Blomster allevegne! I Siberien er det endnu Vinter. Gud skee Lov for saadant et Bytte!

Min Herre holder meget af mig; jeg maae tidt sidde hele Timer og fortælle ham om Krigen og om alle de Lande, jeg har gjennemvandret. Og vil han gjerne høre, vil jeg gjerne snakke; det glæder mig at mindes mine mangfoldige udstandne Fataliteter.

wolves are howling, bears are grunting, hawks and ravens are crying in the black forests. Where, I wonder, is the end of this wilderness? And where is the end of my miserable life?

Riga, September 2, 1743.

Shall I really live to see my native land once more? Four and twenty long, sorrowful years, four and twenty winters I have hunted sable and marten in the forests of Siberia. How weary of life have I not been this long, long time! But I will wait patiently till my Lord and Saviour calls me. Perhaps He will lay my weary limbs to rest in my native soil. Ah, there I see the Danish flag with the precious sign of the Cross and of our salvation. My soul, praise the Lord, and all that in me is His holy name!

Falster, October 23, 1743.

Once more near death, and once more saved from it! In storm and bad weather I approached my beloved native land. The waves crushed our ship and threatened to devour us; but the Lord succored me, His hand upheld me—nor will He withdraw it from me now, though I wander, poor and half naked, among strangers.

Corselidse, November 2, 1743.

I have found a place of refuge, a shelter from the storms of the world, a godly and generous lord who has taken me into service and promised to provide for me to the day of my death. So I shall not move again before I am carried to my last home.

Corselidse, May 1, 1744.

What a lovely land this is! Everything in full bloom! The woods are green and the meadow is green. Flowers everywhere! In Siberia it is still winter. God be thanked for such an exchange!

My master is very fond of me. I often have to sit for hours telling him about the war and about all the countries I have wandered through. And if he likes to listen, I like to talk; I take pleasure in recalling to memory the innumerable misfortunes I have endured.

Corselidse, den 2den Juli 1744.

O Du Barmhjertighedens Fader! var denne bittre Skaal endnu til-
bage! Skulle de gamle Saar oprives paa ny! ja, thi det var Dig saa-
ledes behageligt! – Jeg har seet hende – hende? ak nei! ikke hende!
en falden Engel har jeg seet, en Mørkhedens Gestalt – tidt har jeg
ønsket mig Døden, men nu – nu ækles jeg ved Livet – jeg kan ikke
skrive meer.

Corselidse, den 8de August 1744.

Det er ikke for min Plaiseer, at jeg atter tager Pennen; men dersom
Nogen efter min Død skulle faae Øie paa denne Journal, skal han
dog see, hvorlunde Synden lønner sine Børn.

Jeg gik hiin bedrøvelige Dag og forlystede mig med en Prome-
nade i vor smukke Have. Som jeg gaaer forbi den aabne Stakitport,
staaer der en Mand, hvis Ansigt forekom mig bekjendt, uagtet et
sortgraat tykt Skjæg og et skummelt Øiekast næsten forskrækkede
mig. "Er Du ogsaa her?" sagde han med et sært Grin. Stokken faldt
fra min Haand, og alle mine Lemmer skjælvede – det var Jens!
"Herre Du min Gud! sagde jeg: skal jeg finde Dig her? hvor er
Frøken Sophie?" Han stødte en høi Eed ud: "Frøkenskabet har
S.... taget og Frueskabet med; men vil Du see min hjertelskede
Kone, saa ligger hun derhenne og luger. Soffi! skreg han: her er en
gammel Bekjendter!" Da vendte hun sig halvt om – hun laae paa
Knæerne tre Skridt fra mig – saae et Øieblik paa mig, og gav sig
derpaa igjen til at luge. Jeg fornam ikke den mindste Bevægelse i
hendes Ansigt – dette Ansigt! dette fordum saa deilige Ansigt! hvor
var det forandret! bleggult, rynket, fortrædent saae det ud, som
om det aldrig nogensinde havde smilet. En hullet Kyse med lange
Laser af sorte Kniplinger, gjorde det endnu mørkere. Skidne Pjalter
af Klæder, som engang havde været smukke og fine, hang om hendes
tykke ildedannede Krop. Jeg følte, at jeg var nærved at faae ondt,
og ingen Taare kom i mine Øine. En Angst, en Vammelhed, som
naar man pludselig seer en Hugorm, betog mig. Jeg kunde hverken
tale eller røre mig af Stedet. Jens vakte mig igjen af min Bedøvelse.
"Nu er hun nok ikke saa smuk, raabte han: som dengang hun krøb
i Sengen til Dig?" Jeg gyste. "Forgyldningen er slidt af, blev han
ved: men det kjønne Sind har hun endnu, storagtig og malicieusk
er hun endnu, og Kneveren kan hun bruge. Hej! Naadig Frue!,
Snak lidt med os! "Hun taug, og lod som hun ikke hørte det,

Corselidse, July 2, 1744.

Oh, Thou Father of Mercy! Was this bitter cup still left for me! Were the old wounds to be opened again! Ay, for such was Thy will.—I have seen her—her? Ah, no, not her! a fallen angel I have seen, an apparition of darkness. Often have I wished for death, but now—now I loathe my life—I cannot write any more.

Corselidse, August 8, 1744.

It is not for my pleasure that I once more take up my pen; but if anyone after my death should come upon this journal, I want him to see how sin rewards its children.

On that distressful day I was enjoying a walk in our beautiful garden. As I passed the open gate, I saw standing there a man whose face seemed familiar to me in spite of a thick black beard streaked with grey and a lowering look in his eyes that almost frightened me. "So you are here, too?" he said with a strange grin. The cane fell from my hand, and I trembled in every limb—it was Jens! "Good Lord my God!" said I. "Do I find you here! Where is Miss Sophie?"—He burst out with a loud oath, "No longer Miss or Madame either, but if you want to see my dearly beloved wife, she's down there, weeding. Sophy!" he cried, "here's an old acquaintance." Then she turned half around, looked at me for a moment, and went on weeding. I could not see the least sign of emotion in her face—this face!—this once lovely face! How changed it was!—pale and wan, wrinkled, sullen as if it had never smiled. A ragged hood with long tatters of black lace made it look still darker. Dirty remnants of clothes that had once been handsome and fine hung about her heavy, ill-shaped body. I felt as if I were almost getting sick, and not a tear came into my eyes. A fear, a loathing, as when one suddenly sees a viper, seized me. I could neither speak nor stir from the spot. Jens roused me from my stupor. "Now she isn't as handsome," he cried, "as when she crept into bed with you." I shuddered. "The gilding has worn off," he went on, "but she still has her fine spirit, high and mighty she is still, and spiteful, and she can use her jaws. Hey, gracious lady, talk to us!" She was silent, and pretended not to hear, though he spoke

skjøndt han raabte høit nok. "Nu viller det hende ikke, sagde han: men naar vi komme hjem, saa faaer hun nok Kjeften paa Gang. Har Du ikke til en Pæl, Morten! for gammel Kjendskabs Skyld?" Jeg gav ham noget, og gik som i Søvne op til Gaarden. Ved Havedøren stod min Herre. "Kjender Du disse Mennesker?" spurgte han. – "Ak Du gode Gud! svarte jeg: Ja, jeg har kjendt dem for mange Aar siden." – "Det er slette Folk, sagde han: hun er arrig og bandsat, og han drikker som en Svamp. De har boet et Par Aar i et Huus nede ved Stranden! Han fisker, og hun gjør Ugedage her i Haven. Hun skal være kommen af skikkelige Folk?" Nu først brød mine Taarer frem og lettede mit beklemte Hjerte. Jeg fortalte ham, hvem hun var, og hans Forfærdelse blev ligesaa stor som min Bedrøvelse.

Corselidse, den 14de September 1744.
Jeg tvivler paa, at jeg her faaer blivende Sted. Mit Ophold behager mig ikke længer, siden jeg veed mig i Nærheden af hende, og ofte ikke kan undgaae at see hende. Endnu har jeg ikke talt med hende, for jeg skyer hende som en ond Aand. Jens søger mig med en Paatrængenhed, som hverken behager mig eller min Herre. Naar jeg lugter hans Brændeviinsaande, er det som En bød mig Forgift at drikke. Han har fortalt mig deres Historie – o, hvor er den skrækkelig, væmmelig! I Danmark, i Tydskland har de flakket om fra en Stad til en anden – han spilte paa Valdhorn og hun sang og spilte paa Luth; derved opholdt de Livet, og naar dette ei kunde strække til, drev hun endnu een Næringsvei, som det sønderriver mit Hjerte at tænke paa. Omsider maatte ogsaa denne ophøre, og de skulde have omkommet af Mangel, naar ikke min medlidende Herre havde forbarmet sig over dem. – Gud forlade mig det! Jeg kunde ønske mig tilbage i Siberien.

Corselidse, den 1ste Mai 1745.
Gud velsigne min rare, ædelmodige Herre! Han har mærket mit Ønske: at ende mine Dage i min Fødestavn; og derfor har han – mig uafvidende – skaffet mig en god Condition hos det nye Herskab paa Thiele. Paa Tirsdag skal jeg afseile med et Skib fra Stubbekjøbing – Gud lønne ham derfor i Evighed!

loudly enough. "Now it doesn't please her to speak," he said, "but when we get home, she'll shoot her mouth off. Haven't you got something for a drink, Morten, for old acquaintance's sake?" I gave him something, and went up to the house like a sleepwalker. My master was standing by the garden door. "Do you know those people?" he asked.—"Ah, good God," I said. "Yes, I have known them many years ago."—"They're a bad lot," he said. "She is shrewish and damnable, and he drinks like a sponge. They have lived for a couple of years in a house down on the beach. He fishes, and she works by the day in the garden. They say she is come of decent people?" Then at last my tears began to flow, and relieved the pressure on my heart. I told him who she was, and his horror was as great as my sorrow.

Corselidse, September 14, 1744.

I doubt that I shall stay here. I no longer feel happy, since I know that she is near me and I can't avoid seeing her often. As yet I have not spoken with her, for I shun her as an evil spirit. Jens seeks me with an importunity that pleases neither me nor my master. When I smell his breath reeking with brandy, I feel as if someone were offering me poison to drink. He has told me their story—oh, how terrible it is, how loathsome. They have wandered around from one place to another in Denmark and Germany; he played the bugle, and she sang and played the lute. In this way they made enough to subsist, and when it was not enough, she practised another trade which it wrings my heart to think of. At last that had to be given up, and they would have died of want if my kind master had not taken pity on them.—God forgive me, but I could almost wish I were back in Siberia.

Corselidse, May 1, 1745.

God bless my kind, generous master! He has understood my wish: to end my days in the place where I was born; and so he has arranged—without my knowledge—for a good place for me with the new family at Thiele. On Tuesday I shall leave by ship from Stubbekjöbing. God reward him for it in all eternity!

Til Seils mellem Sjelland og Samsøe, den 4de Juni 1745.

"Frygter ikke for dem, som allene ihjelslaae Legemet! men frygter for dem, som fordærve baade Legem og Sjel tillige!" Jeg føler Kraften af disse Frelserens Ord. Da jeg i min Ungdom paa disse Bølger stod for Svenskens Kugler, var jeg bedre tilmode, end da jeg i Corselidse Have saae min Ungdoms faldne Engel. Kaarder og Kugler, Hug og Stik, Saar og Død ere Intet at regne mod Sjelens Fortabelse, mod en uskyldig Sjels Fordærvelse. Havde jeg dengang seet hendes skjønne Legeme sønderrevet af vilde Dyr, ikke kunde det saaledes have knuget mit Bryst, som nu, da jeg fandt hende for- spildt, fordærvet, foragtelig, uden Redning fortabt. Som hun laae der og grov i Jorden, syntes mig, at hun begrov mit sidste Haab, min sidste Levning af Troe paa Ære og Dyd. Men jeg vil sige, som den gamle Tyrk, min Medfange i Siberien, altid sagde midt i de største Elendigheder: "Gud er stor!" ja, og barmhjertig! Han kan og vil gjøre langt over hvad vi arme Mennesker forstaae.

Thiele, den 4de Juli 1745.

Omsider er jeg da indløben i min sidste Vinterhavn! Flere end tre- dive Aar er jeg omtumlet paa Verdens vilde Hav, for at ende, hvor jeg begyndte. Hvad har jeg udrettet? hvad har jeg vundet? En Grav – et Hvilested hos mine Forfædre. Det er Noget, og endda ikke saa Lidet: jeg har Venner og Bekjendtere her baade over og under Jorden. Der staaer endnu Abilden udenfor mit Vindue, den er ogsaa bleven ældre, der er Kræft i dens Stamme, Stormen har bøiet dens Hoved, og paa dens Grene groer Mosset ligesom graae Haar paa en Oldings Hoved. Ved Kirkeveien seer jeg den store Ask, under hvis Rod jeg begrov den stakkels Vaillant. Saaledes gjen- kjender jeg mangt et Træe, mangen en lynggroet Høi og selv de døde Stene, der staae her uforanderlige i Aartusinder, og see een Slægt efter den anden opvoxe og forgaae. Den Slægt, jeg kjendte, er nu ogsaa borte. Nyt Herskab, nye Tjenere – jeg er en Fremmed, en Udlænding blandt dem alle.

At sea between Zealand and Samsöe, June 4, 1745.
"Fear not them which kill the body, but are not able to kill the soul: but rather fear him which is able to destroy both soul and body." I feel the force of these words of the Saviour. When in my youth, on these waters, I faced the bullets of the Swedes, I felt better than in the garden at Corselidse when I saw the fallen angel of my youth. Swords and bullets, stabbing and cutting, wounds and death are as nothing against the wasting of a soul, against the destruction of an innocent soul. If I had seen her beautiful body torn by wild beasts, it could not have wrung my heart as now when I found her ruined, corrupted, contemptible, lost beyond redemption. As she knelt there digging in the dirt, it seemed to me that she buried my last hope, my last vestige of faith in honor and virtue. But I will say, as the old Turk who shared my captivity in Siberia used to say even amidst the greatest sufferings: "God is great." Yes, and merciful. He can do far more than we poor human beings understand.

Thiele, July 4, 1745.
At last I have entered my winter haven. For more than thirty years I have been tossed about on the wild ocean waves of the world, in order to end where I began. What have I achieved? What have I gained? A grave—a resting-place with my parents. That is something, indeed not so little; I have friends and acquaintances here both above and under the ground. The apple tree still stands outside my window; it too has grown older, there's a canker in its trunk, the storms have bowed its head, and its limbs are covered with moss like the grey hair on the head of an old man. On the way to the church I see the big ash under the roots of which I buried poor Vaillant. So I remember many a tree, many a heather-grown hill, and even the dead stones that have lain here unchanged for thousands of years and seen one generation after another grow up and pass away. The generation that I knew is gone. New masters, new servants—I am a stranger, and an alien among them all.

Thiele, den 2den Septbr. 1749.

Idag er det sex og halvtredsindstyve Aar siden jeg saae Verdens
Lys! Herre Gud! hvor ere disse Aar blevne af? disse mange tusinde
Dage? Hvor ere mine Ungdoms Glæder? de ere hos mine Ungdoms
Venner. – Paa denne Aarsens Tid var det, vi ret nøde Jagtens For-
nøielser. Hvor lystigt gik det da til, naar vi om Morgenen droge ud;
Jægerne raabte og Hundene gjøede, og Hestene trampede ligesaa
utaalmodige som vi selv. Snart hjemsøgte vi Urfuglene paa Heden,
snart de vilde Dyr i Skoven – med Spil og Sang fore vi hen og hjem.
Nu er her stille som i et Kloster, den naadige Herre bryder sig ikke
om Jagten. Taus og ene gaaer Skytten ud, og stille kommer han
tilbage. Denne Slægt er traurig som jeg selv.

Thiele, den 12te Januar 1751.

En stille, herlig Vinternat! Alt hvad jeg seer, Blaat eller Hvidt.
Maanen har jaget Stjernerne fra sig, den vil lyse allene. Saa deiligt
skinnede den ogsaa engang for mange – mange Aar siden, da jeg
var Kudsk for Frøken Sophie. Min unge Sjel straalede ligesaa blankt
og lysteligt som Maanen, og hendes var ogsaa reen, uplettet som
denne nysfaldne Snee. Nu er min Sjel mørk som Heden, naar
Vintersneen er borttøet, og hendes – om hun endnu lever – maa
ligne en siberisk Dal efter Oversvømmelse: mørktfuret af Vand-
strømme, trindt bestrøet med Tuer, Stene og nedvæltede Træer.
"Ja, Herre! Herre! Tugter Du Nogen med megen Straf for Mis-
gjerning, da gjør Du, at dens ynkelige Skikkelse hensmelter som et
Møl; visselig! Alle Mennesker ere Forfængelighed!"

Foulum, den 12te Mai 1753.

I Søndags forrettede jeg førstegang mit Embede som Degn til
Thiele og Vinge. Den naadige Herre kaldte mig paa sin Dødsseng.
Her boer jeg nu i min Faders Huus; men jeg boer her allene. Alle
mine Ungdomsvenner ere forlængst gangne til Hvile; jeg er endnu
tilbage, som et skaldet Træe paa Heden; men om føie Tid skal jeg
samles til dem, og være den sidste af min Slægt. Disse Blade skulle
være det eneste Mærke om mig. Om Nogen – engang, naar jeg er

Thiele, September 2, 1749.

Today it is fifty-six years since I first saw the light of this world. Lord my God, what has become of these years? of these many thousands of days? Where are the pleasures of my youth? They are gone with the friends of my youth. It was at this time of the year that we used to enjoy the delights of the chase. How merrily it went when we set out in the morning; the huntsmen calling, the hounds baying, and the horses stamping, as impatient as we ourselves. Sometimes we went after the black cocks on the heath, sometimes after the wild game in the forest. Singing and with horns blowing we rode out and came back. Now it's quiet as a monastery; the new master doesn't care about the chase. Silent and solitary, the gamekeeper goes out, and quietly he comes home. This generation is joyless like myself.

Thiele, January 12, 1751.

A calm, glorious winter night! Everything that I see is blue or white. The moon has driven away the stars and shines alone. So beautifully it shone many, many years ago when I was coachman for Miss Sophie. My young soul shone as brightly and merrily as the moon, and hers too was pure, unspotted as this newfallen snow. Now my soul is dark as the heath when the snows of winter have melted, and hers—if she is still living—must be like a Siberian valley after a flood: darkly furrowed by streams of water, thickly strewn with tussocks, stones, and fallen trees. Yea, Lord, Lord! "When Thou with rebukes dost correct man for iniquity, Thou makest his beauty to consume away like a moth: surely every man is vanity."

Föulum, May 12, 1753.

Last Sunday I officiated for the first time as parish clerk of Thiele and Vinge. The squire called me on his deathbed. I am now living in my father's house; but I am living here alone. All the friends of my youth have long since gone to rest; I alone am left as a stripped tree on the heath, but in due time I shall be gathered to them, as the last of my line. These pages will be the only memorial of me. If

død og borte – læser dem, da skal han sukke og sige: "Anlangendes et Menneske, hans Dage ere som Græs; som et Blomster paa Marken, saa skal han blomstre. Naar Veiet farer over det, da er det ikke mere, og dets Sted kjender det ikke mere. Men Herrens Miskundhed er fra Evighed og indtil Evighed."

anyone—when I am dead and gone—should read them, he will sigh and say: "As for man, his days are as grass: as a flower of the field, so he flourisheth. For the wind passeth over it, and it is gone; and the place thereof shall know it no more. But the mercy of the Lord is from everlasting to everlasting."

H. C. ANDERSEN
(1805–75)

Inden for H. C. Andersens ry kan man skelne mellem tre bølger.
Som *romanforfatter* opnåede han en øjeblikkelig berømmelse. "Improvisatoren", fra 1835, blev straks oversat til flere sprog. Sammen
med H. C. Andersens øvrige romaner fortjener bogen en hæderlig
plads i europæisk litteraturhistorie. – Det var også i 1835, at H. C.
Andersens første æventyr udkom; men først henimod 1850 var han
den berømte *æventyrdigter*. Blandt disse små vidundere af fantasi og
iagttagelse har vi hertil valgt et af de korteste og åndfuldeste æventyr, "Prindsessen paa Ærten" (1835). – H. C. Andersen var en utrættelig rejsende, og i vore dage har man forstået, at han i sine rejsebøger har åbenbaret sig som en genial reporter. H. C. Andersen har
været "I Sverrig" (1851), "I Spanien" (1863) og "I Portugal" (1866).
I "En Digters Bazar" (1842) har balkanfolkene opdaget højst levende øjebliksbilleder af deres lande. H. C. Andersen besad en journalists flair og en kunstners øje. Denne meget smukke bog er oversat til adskillige sprog. Vi bringer her beskrivelsen af dagens gang
på Piazza Fiorentini, i Napoli.

PRINDSESSEN PAA ÆRTEN

Der var engang en Prinds, han vilde have sig en Prindsesse, men
det skulde være en *rigtig* Prindsesse. Saa reiste han hele Verden
rundt, for at finde saadan en, men allevegne var der Noget i Veien,
Prindsesser vare der nok af, men om det var *rigtige* Prindsesser,
kunde han ikke ganske komme efter, altid var der Noget, som ikke
var saa rigtigt. Saa kom han da hjem igjen og var saa bedrøvet, for
han vilde saa gjerne have en virkelig Prindsesse.

En Aften blev det da et frygteligt Veir; det lynede og tordnede,
Regnen skyllede ned, det var ganske forskrækkeligt! Saa bankede
det paa Byens Port, og den gamle Konge gik hen at lukke op.

Det var en Prindsesse, som stod udenfor. Men Gud hvor hun
saae ud af Regnen og det onde Veir! Vandet løb ned ad hendes

HANS CHRISTIAN ANDERSEN
(1805–1875)

Three distinct peaks can be discerned in Hans Christian Andersen's reputation. As a *novelist* he achieved immediate fame. *The Improvisatore* (1835) was at once translated into several languages. Along with Hans Christian Andersen's other novels it merits an honourable place in the history of European literature. In 1835 too, Hans Christian Andersen's first fairy-tale appeared, but it was not until almost 1850 that he became the renowned *writer of fairy-tales*. From amongst these small marvels of imagination and observation we have selected one of the shortest and most brilliant: "The Princess and the Pea" (1835). Hans Christian Andersen was an indefatigable traveller, and in our own day it has been realized that he revealed himself in his travelbooks as a *reporter* of real genius. He travelled... *In Sweden* (1851), *In Spain* (1863), and *In Portugal* (1866). The peoples of the Balkans have discovered exceedingly life-like snapshots of their own countries in *A Poet's Bazaar* (1842). Hans Christian Andersen possessed a flair for journalism and the eye of an artist. This work of great beauty has been translated into various languages. We give below his description of the course of a day on the Piazza Fiorentini in Naples.

THE PRINCESS AND THE PEA

Once upon a time there was a prince who wanted to marry a princess, but she would have to be a *real* princess. So he travelled all over the whole world to find one, but there was always something wrong. There were princesses enough, but he could never really be quite certain whether they were *real* princesses—there was always something about them that wasn't right. So he came home again, and he was so sad because he wanted so much to have a *real* princess.

One evening the weather turned quite dreadful; there was thunder and lightning, and the rain was pouring down—it was just terrible. There came a knock on the city's gate and the old king went to open it.

There was a princess standing outside. But, heavens, what a

Haar og hendes Klæder, og det løb ind ad Næsen paa Skoen og ud ad Hælen, og saa sagde hun, at hun var en virkelig Prindsesse.

"Ja, det skal vi nok faae at vide!" tænkte den gamle Dronning, men hun sagde ikke Noget, gik ind i Sovekammeret, tog alle Senge-klæderne af og lagde en Ært paa Bunden af Sengen, derpaa tog hun tyve Madrasser, lagde dem ovenpaa Ærten, og saa endnu tyve Ederduuns-Dyner oven paa Madrasserne.

Der skulde nu Prindsessen ligge om Natten.

Om Morgenen spurgte de hende, hvorledes hun havde sovet.

"O, forskrækkelig slet!" sagde Prindsessen," jeg har næsten ikke lukket mine Øine den hele Nat! Gud veed, hvad der har været i Sengen? Jeg har ligget paa noget Haardt, saa jeg er ganske bruun og blaa over min hele Krop! Det er ganske forskrækkeligt!"

Saa kunde de see, at det var en rigtig Prindsesse, da hun gjennem de tyve Madrasser og de tyve Ederduuns-Dyner havde mærket Ærten. Saa ømskindet kunde der Ingen være, uden en virkelig Prindsesse.

Prindsen tog hende da til Kone, for nu vidste han, at han havde en rigtig Prindsesse, og Ærten kom paa Kunstkammeret, hvor den endnu er at see, dersom Ingen har taget den.

See, det var en rigtig Historie!

UDSIGT FRA MIT VINDUE

Det er *Piazza Fiorentini* vi see; en Plads, netop saa bred, som en almindelig Gade hos os i Norden, og Dybden er som Bredden; lige-for, tæt ved et snevert, bugtet Stræde, udbreder sig Façaden af en lille Kirke, over hvis aabne Forhal Nabomadamerne have hængt Tøi ud at tørre, ligefra Mysterierne, der ikke skulle sees, til de bro-gede Kjoler, der skulle sees. To unge Præster, læsende i deres Evan-geliebog, gaae op og ned i Forhallen. Udenfor sidder en gammel Morlille og sælger Penge. Hun er fattig Mands Vexeleer, Pladsen er hendes Contoir, det lille Bord, hvis Blad er en Kasse med Mes-singtraade over, er hendes Pengekiste, der ligge de smaa Mønter, som hun mod Procenter sælger for de større! men Handelen gaaer dog ikke ret. Tæt op ved hende staaer, broget, som et Billed klippet

sight she was in the rain and the bad weather. Water was running down her hair and her clothes; it ran in at the toes of her shoes and out at the heels, and she said she was a real princess.

"Well, well, we'll soon find out about that!" thought the old queen, but she didn't say anything; she went into the bedroom and took all the bedclothes off the bed and put a pea at the bottom of the bed; then she took twenty mattresses and laid them on top of the pea, and then twenty eiderdowns on top of the mattresses.

That was where the princess was to sleep that night.

In the morning they asked her how she had slept.

"Oh, terribly!" said the princess, "I have scarcely closed my eyes all night! Goodness knows what there was in the bed. I was lying on something hard, so that I'm black and blue all over! It's just terrible!"

Then they could see that she was a real princess, because she had felt the pea through the twenty mattresses and the twenty eiderdowns. Nobody but a real princess could have such a delicate skin.

The prince made her his wife, for now he knew that he had found a real princess, and the pea was put in the art museum, where it is still to be seen—if nobody has taken it.

Well, that was a real story.

A PROSPECT FROM MY WINDOW IN NAPLES

Here we see Piazza Fiorentina—a square just as broad as one of our ordinary streets in the North, and as long as it is wide; right there, and close by a narrow crooked street, extends the facade of a little church, over the open entrance to which the neighbouring ladies have hung all their clothes out to dry, from the mysteries which should not be seen, to the variegated gowns that are there to be seen. Two young priests reading their breviaries walk up and down in the vestibule. Outside sits an old woman who changes money. She is the poor man's banker; the open square is her office; the little table, the top of which is made by a box covered by brass wires, is her money box; and therein lie the small coins which she, for a fee, exchanges for the larger ones. But business isn't going

ud af en A.B.C., en Frugt-Boutik med et Mosaik af Citroner og
Appelsiner! Billedet ovenover, hvor Madonna lædsker Sjælene i
Skjærsilden, er et passende Skilt. Den hele Plads er brolagt med
brede Lava-Fliser, de arme Heste kunne ikke staae fast, og prygles
derfor under Skrig og Raab. Ikke mindre end 16 Skomagere sidde
og sye der til venstre; de To nærmest Døren have allerede tændt
Lys, de rive Huen af den syndige Dreng og slaae ham med Appel-
siner for Maven, han synes at protestere imod at de anvendes til ud-
vortes Brug. I alle Husene er Stue-Etagen uden Vinduer, men med
aabne, brede Boutikdøre; udenfor den ene brændes Kaffe, udenfor
den anden koges Suppe paa Kastanier og Brød, og Manden har
Søgning; Folk drapperede med Laser spise af et Potteskaar. I Huse-
nes høiere Etager har hvert Vindue sin Balcon, eller denne gaaer
langs med den hele Etage og bærer en blomstrende Urtegaard, store
Baller med Citron- og Appelsintræer; de modne Frugter i det Grøn-
ne skinne jo som Hesperiens Stjerner; en Englænder i Slobrok har
sin Gyngestol derude, nu gaaer Stolen bag over, og Britten slaaer
Stjernerne med sin stolte Nakke. Men høit over Kirke og Huse hæ-
ver sig Klippen med Fæstningen *St. Elmo,* Aftensolen beskinner de
hvide Mure, Taarne og Telegraphen. Nu sank Solen og Klokkerne
ringe til *Ave Maria;* Folk strømme ind i Kirken, Lamperne derinde
straale gjennem Vinduerne. Restaurateuren sætter Lys i sin hvide
Papirs-Lygte; Skomagerne faae hver sin Lampe, det er jo en heel
Illumination! Morlille lukker sin Pengeboutik, og hendes Dreng
lyser hende hjem med et tændt Lys i et Kræmmerhuus. I Kirken
synges, paa Gaden støies, begge Dele smelte forunderligt sammen.
Men hvad er det? En Procession kommer fra den snevre Gade, hvide,
formummede Skikkelser, hver med et stort Lys i Haanden; fire

very well. Close by her stands a fruit shop, variegated like a picture cut out of an ABC book, with a mosaic of lemons and oranges. The picture above the door, in which the Madonna quenches the thirst of souls in purgatory, is a very suitable sign. The whole square is paved with broad lava paving stones; the poor horses cannot keep their footing, and are therefore beaten, with screams and shouts. No fewer than sixteen shoemakers sit and sew there to the left; the two nearest the door have already lighted their lamps; they snatch the cap off a naughty boy, and throw oranges which hit him in the stomach; he seems to protest against their being applied externally. In all the houses, the ground-floors are without windows, but with broad, open shop doors. Outside one coffee is being roasted, outside another they are boiling a soup of chestnuts and bread, and the man has many customers. People dressed in rags eat out of broken pots. In the upper stories of the houses each window has its balcony, or else the balcony extends along the whole story, and supports a flourishing garden, in which are large tubs, with lemon and orange trees. The ripe fruits amongst the green leaves shine like the stars of the Hesperides. An Englishman in his dressing-gown has his rocking chair outside. Now the chair tips over backwards, and the Briton strikes the stars with his proud head. But far above the church and houses rises the rock of St. Elmo, with its fortress, the evening sun shines on the white walls, towers, and heliograph. Now the sun is down and the bells ring for "Ave Maria." People stream into the church; the lamps within shine through the windows. The tavern keeper puts lights in his white paper lanterns; each shoemaker has his lamp; it is as if the whole square were illuminated. The little old woman closes up shop, and her boy lights her home with a candle in a paper container. There is singing in the church, and there are noises in the street; they harmonize strangely. But what is that? There is a procession coming from the narrow street. White figures, each with a large candle in its hand; four men, wearing long white smocks with

Mænd, ligeledes i hvide Kitler med Hætter over Hovedet, bære paa Skuldrene en med Rødt drapperet Liigbaare; en ung, død Pige, klædt som en Brud, med Slør og med hvide Roser om Panden, ligger paa Baaren; Alle tage Hattene af for den Døde, Skomagerne knæle.

Nu er Toget inde i Kirken, og paa Gaden lyder igjen samme Støi, som før.

Den lille Plads er et tro Billede af det store Neapel, ja et særdeles tro, thi Digteren sad ved sit Vindue og tegnede hvert Træk, Alt hvad han saae dernede.

Henimod Midnat ville vi endnu engang see ud og Alt er stille paa Pladsen, intet Lys, uden den matte Lampe foran Madonnabilledet, brænder i Kirkens Forhal; nu høres Fodtrin. Een slaaer med sin Stok i Steenbroen, det er en lystig Knøs, han gaaer forbi og synger af *La figlia del regimento* med fuldt Bryst og med smuk Stemme *"viva la gioia!"* og han gaaer at finde den; hans varme Blod, hans glødende Tanke siger ham, hvor den er at finde. Tys! mange Instrumenter falde ind! den hele Plads er forvandlet til et Orchester, en mandig Bas synger en stor Bravour-Arie! Man bringer den Skjønne en Se-renade! hør kun hvor smukt: "Te voglio bene assai!" aabner ikke Vinduet sig? Træder hun ikke ud paa Altanen? Nei slet ikke! Alt er stille i alle Husene; Musiken drager bort; Pladsen er igjen tom! en Skygge bevæger sig langs Huset, nogle faa Accorder klinge fra Gui-taren, men ingen Sang! – Alt er roligt i Huset! endnu en Accord, og Gadedøren aabnes ganske sagte, den unge Herre smutter ind! – *felicissima notte!* – "God Nat, sov vel!" siger man i Norden; det er en ret god Hilsen! – Den som sover, han synder ikke! Italieneren siger derimod *felicissima notte!* og Sydens Sol gløder i dette god Nat!

hoods over their heads, bear on their shoulders a bier draped in red; a young girl dressed like a bride, with a veil and wreath of white roses around her brow lies on the bier. Every one takes his hat off for the deceased, and the shoemakers kneel.

The procession is now in the church, and the same noise is heard in the street as before.

The little square is a faithful picture of big Naples; yes, a very true one; for the poet sat at his window, and described every feature of what he saw below.

Towards midnight we will once more look out. Everything is quiet in the square; not a light except that dim lamp before the image of the Madonna in the vestibule of the church. Now there are footsteps. Some one strikes his stick on the pavement. It is a merry fellow; he goes past, and sings of *La figlia del regimento,* at the top of his lungs, and with a fine voice "viva la gioja!" and he goes to find it; his warm blood, and his glowing thoughts tell him where it is to be found. Shhh! many instruments join in. The whole square is transformed into an orchestra; a manly bass voice sings a bravura! they serenade a pretty girl! Hear how lovely it is: *Te voglio bene assai !*—Will the window not open? Will she not step out onto the balcony?—No; absolutely not! All is still in every house; the musicians depart, and the square is again empty! A shadow moves along the house; some few chords are heard on the guitar, but no song, everything is quiet in the house, there is one more chord, and the street door opens quite gently, the young gentleman glides in——*felicissima notte !*—"Good night, and sleep well! we say in the North, and it is a very good wish!—He who sleeps commits no sin. The Italians, on the contrary, say: *felicissima notte !* and the southern sun glows in this "good night."

SØREN KIERKEGAARD
(1813–1855)

Mod slutningen af Kierkegaards "Stadier paa Livets Vei" (1845) findes en hyldest til forfatterens danske modersmål, et stykke dansk sprog, som i sig selv eksemplificerer den karakteristik af sproget, som det fremsætter:

"Nogle af mine Landsmænd mene, at Modersmaalet ikke skulde være dygtigt til at udtrykke vanskelige Tanker. Dette synes mig en besynderlig og utaknemlig Mening, som det ogsaa synes mig besynderligt og overdrevent at ville ivre for det, saa man næsten glemmer at glæde sig ved det, at forfægte en Uafhængighed saa ivrigt, at Iveren næsten synes at tyde paa, at man allerede føler sig afhængig, og at det stridige Ord tilsidst bliver det Spændende, ikke Sprogets Fryd det Vederqvægende. Jeg føler mig lykkelig ved at være bunden til mit Modersmaal, bunden som maaskee kun Faa er det, bunden som Adam var til Eva, fordi der ingen anden Qvinde var, bunden fordi det har været mig en Umulighed at lære noget andet Sprog og derved en Umulighed at fristes til at lade stolt og fornemt om det medfødte, men ogsaa glad ved at være bunden til et Modersmaal, der er riigt i indre Oprindelighed, naar det udvider Sjelen, og lyder vellystigt i Øret med sin søde Klang; et Modersmaal, der ikke stønner forfangent i den vanskelige Tanke, og derfor er det maaskee Nogen troer, at det ikke kan udtrykke den, fordi det gjør Vanskeligheden let ved at udtale den; et Modersmaal, der ikke puster og lyder anstrænget, naar det staaer for det Uudsigelige, men sysler dermed i Spøg og i Alvor indtil det er udsagt; et Sprog, der ikke finder langt borte, hvad der ligger nær, eller søger dybt nede, hvad der er lige ved Haanden, fordi det i lykkeligt Forhold til Gjenstanden gaaer ud og ind som en Alf, og bringer den for Dagen som et Barn den lykkelige Bemærkning, uden ret at vide af det; et Sprog, der er hæftigt og bevæget, hver Gang den rette Elsker veed mandligt at hidse Sprogets qvindelige Lidenskab, selvbevidst og seierrigt i Tankestriden, hver Gang den rette Hersker veed at føre det an, smidigt som en Bryder, hver Gang den rette Tænker ikke slipper det og ikke slipper Tanken; et Sprog, der om end det paa et enkelt Sted synes fattigt, dog ikke er det, men forsmaaet som en beskeden Elskerinde, der jo har den høieste Værd og fremfor Alt ikke er forjadsket; et Sprog, der ikke uden Udtryk for det Store, det Afgjø-

SØREN KIERKEGAARD
(1813–1855)

Toward the end of Kierkegaard's *Stages on Life's Way* (1845) is
found a tribute to the author's Danish mother-tongue, a bit of
Danish which in itself exemplifies the character of the language
that it presents.

"Some of my countrymen are of the opinion that their mother
tongue is not capable of expressing difficult thoughts. This seems
to me a peculiar and ungrateful attitude—just as it also seems to
me peculiar and exaggerated to be so eager about it that one almost
forgets to take satisfaction in it—to champion an independence so
eagerly that the eagerness almost seems to indicate that one already
feels oneself dependent, and that the stubborn word finally becomes
what is absorbing, and delight in the language is not what is
refreshing. I am happy to be bound to my mother tongue, bound as
perhaps few are, bound as Adam was to Eve because there was no
other woman, bound because it has been an impossibility for me
to learn any other language, and thus an impossibility to act proud
and haughty about my heritage; but I am also happy to be bound
to a mother tongue which has a wealth of inner originality when it
expands the soul and resounds sensually in one's ear with its
sweet ring; a mother tongue which does not groan when it is
involved with a difficult thought; and therefore there may be
someone who believes it is unable to express the thought, for it
alleviates the difficulty by articulating it; a mother tongue which
does not pant and sound strained when confronted with the
ineffable, but works with it in jest and in earnest until it is said; a
language which does not search far away for what is near, or does
not seek deep down what lies close at hand, because in its happy
relationship to the object it moves freely like a supernatural crea-
ture, and, like a child, brings forth the happy remark without
really being conscious of it; a language which is impetuous and
deeply stirred every time the right lover knows virilely to arouse the
language's feminine passion, which is conscious and victorious in
mental struggle every time the right master understands how to
guide it, lithe as a wrestler every time the right thinker will not let
go of it and not let go of the thought; a language which, although
it in a way may seem impoverished, nevertheless is not, but is

rende, det Fremtrædende, har en yndig, en tækkelig, en livsalig
Forkjærlighed for Mellemtanken og Bibegrebet og Tillægsordet,
og Stemningens Smaasnakken, og Overgangens Nynnen, og Bøi-
ningens Inderlighed og den dulgte Velværens forborgne Frodig-
hed; et Sprog, der forstaaer Spøg nok saa godt som Alvor: et Mo-
dersmaal, der fængsler sine Børn med en Lænke, som "er let at bære
– ja! men tung at bryde"."

I de sidste ord citerer Kierkegaard frit et digt af Blicher, der be-
synger fødelandets magt over sindet.

I sit forfatterskab viste Kierkegaard sin vældige magt over det
danske sprog. Det kan med korte stykker vises, hvorledes han for-
mår at variere sin stil efter emne og budskab. Sprogkunstneren står
i digterens, filosoffens, prædikantens og den religiøse polemikers
tjeneste.

I sin første store bog "Enten-Eller" (1843) giver Kierkegaard
ordet til to mennesketyper, den gudløse æstetiker, som lever i øje-
blikkets lyst og smerte, og etikeren, hvis grundbegreber er pligt,
norm, regel. – Æstetikeren, sønderreven og tungsindig, taler med
selvopgivelsens klagende røst: "Hvor er dog Kjedsommelighed
rædsom – rædsom kjedsommelig; jeg veed intet stærkere Udtryk,
intet sandere, thi kun det Lige erkjendes af det Lige. Gid der var et
høiere Udtryk, et stærkere, saa var der dog endnu een Bevægelse.
Jeg ligger henstrakt, uvirksom; det Eneste, jeg seer, er Tomhed,
det Eneste, jeg lever af, er Tomhed, det Eneste, jeg bevæger mig i,
er Tomhed. End ikke Smerte lider jeg. Gribben hakkede dog be-
standig i Prometheus's Lever; Loke dryppede der dog bestandig
Gift ned paa; det var dog en Afbrydelse om end eensformig. Smer-
ten selv har tabt sin Vederqvægelse for mig. Om man bød mig al
Verdens Herligheder eller al Verdens Qvaler, de røre mig lige me-
get, jeg vilde ikke vende mig om paa den anden Side hverken for at
naae eller for at flye. Jeg døer Døden. Og hvad skulde kunne ad-
sprede mig? Ja, hvis jeg fik en Trofasthed at see, der bestod enhver
Prøvelse, en Begeistring, der bar Alt, en Tro, der flyttede Bjerge;
hvis jeg fornam en Tanke, der forbandt det Endelige og det Uende-

disdained like an unassuming mistress who is of the highest worth and above all is not slovenly; a language which without expressing what is great, decisive, conspicuous, has a lovely, an attractive, a blissful predilection for the passing thought, the connotation and the adjective and the small talk of a mood and the hum of transition and the intensity of inflection and the veiled well-being of hidden luxuriance; a language which understands jest as well as seriousness: a mother tongue which keeps its children captive with a chain, "easy to bear... yes, but hard to break!"

With these last words, Kierkegaard is freely quoting a poem of Blicher, who celebrates his native land's power over the mind.

In his work, Kierkegaard demonstrates his formidable power over the Danish language. Short passages can show how he was able to vary his style according to the subject and the message. The artist of language is in the service of the poet, the philosopher, the preacher, and the religious polemicist.

In his first great work, *Either-Or* (1843), Kierkegaard lets two types of men speak, the godless aesthetic man who lives in the pleasure and the pain of the moment, and the ethical man whose principles are duty, the norm, and the rules. The aesthetic man, torn and melancholy, speaks with the plaintive voice of despair: "How dreadful tedium is—dreadfully tedious; I know no stronger expression, no truer, for only like is recognized by like. If there were only a more elevated expression, a stronger one, then there would still be one more movement. I lie stretched out, idle; the only thing I see is emptiness, the only thing I live on is emptiness, the only thing I move in is emptiness. I do not even suffer pain. The vulture pecked continually at Prometheus' liver, the poison continually dripped upon Loki; there was nevertheless interruption, albeit monotonous. Pain itself no longer refreshes me. If someone offered me all the glories of the world, or all the agonies of the world, they would be all the same to me; I would not turn over onto the other side either to reach them or to flee them. I die death. And what should be able to divert me? Indeed, if I saw a loyalty which withstood every trial, an enthusiasm which carried everything before it, a faith which removed mountains; if I experienced a thought which united the finite and the infinite. But

lige. Men min Sjæls giftige Tvivl fortærer Alt. Min Sjæl er som det døde Hav, over hvilket ingen Fugl kan flyve; naar den er kommet midtveis, synker den mat ned i Død og Undergang. "

Etikeren er så fast forankret i sin overbevisning, at han, i sine breve til det æstetiske menneske kan bruge sproget med fasthed og myndighed. Han fortæller om sin forundring, da en elev i skolen, hvor han var discipel, måtte tages ud, da han ikke kunne komme ud af det med læreren: "Jeg vidste, det var min Opgave at gaae i Skole, i den Skole, jeg engang var sat i, om saa alt Andet blev forandret, dette kunde ikke forandres". "Vi læste i min Tid latinsk Grammatik med et Fynd og Klem, som man i vor Tid ikke kjender. Ved denne Underviisning fik jeg et Indtryk, som paa en anden Maade virkede eensartet hermed paa min Sjæl. Forsaavidt jeg tør tiltroe mig Evne til at betragte Noget philosophisk, da skylder jeg den dette Barndommens Indtryk. Den ubetingede Respect, med hvilken jeg betragtede Reglen, den Ærbødighed, jeg nærede for den, den Foragt, med hvilken jeg skuede ned paa det kummerlige Liv, Undtagelsen fristede, den i mine Øine retfærdige Maade, paa hvilken denne blev forfulgt i min Stilebog og altid brændemærket, hvad er det Andet end den Distinction, der ligger til Grund for enhver philosophisk Betragtning? Naar jeg nu saaledes paavirket betragtede min Fader, da forekom han mig en Incarnation af Reglen, hvad der kom andetstedsfra, det var Undtagelse, forsaavidt det ikke var i Overeensstemmelse med hans Bud. Naar jeg betragtede hiin Meddiscipel, saa følte jeg, at det maatte være Undtagelse, der ikke var værd at agte paa, og det saameget mere som de mange Ophævelser, der gjordes med ham, tilstrækkelig viste, at han var Undtagelse. Den barnagtige Rigorisme, hvormed jeg dengang adskilte mellem Regel og Undtagelse, saavel i Grammatiken som i Livet, er vel bleven formildet, men endnu bestandig har jeg Adskillelsen i mig, jeg veed at kalde den frem, især naar jeg seer Dig og Dine Lige, der synes at foredrage den Lære, at Undtagelsen er det Vigtigste, ja at Reglen kun er til, for at Undtagelsen kan tage sig ud.

Energien, hvormed jeg bliver mig ethisk bevidst, er det da, hvorpaa det kommer an, eller rettere, jeg kan ikke blive mig ethisk bevidst uden Energi. Jeg kan derfor aldrig blive mig ethisk bevidst, uden at blive mig mit evige Væsen bevidst. Dette er det sande Be-

my soul's poisonous doubt consumes everything. My soul is like the Dead Sea, over which no bird can fly; when it has gone half-way, it sinks down, exhausted, to death and destruction."

The ethical man is so firmly anchored in his conviction that, in his letters to the aesthetic man, he can use language with firmness and authority. Kierkegaard tells of his amazement when a pupil in the school he attended had to be withdrawn because he could not get along with the teacher. "I knew it was my duty to go to school in that school in which I had been placed, and even though everything else could be changed, that could not be changed... In my time, we studied Latin grammar with a will which in our time is not known. Through that instruction, I received an impression which affected my soul singularly in another way. Insofar as I dare credit myself with the ability to view things philosophically, I am indebted to that childhood impression. The absolute respect with which I viewed rules, the reverence I cherished for them; the disdain with which I looked down on the wretched life the exception led; the way, justified in my eyes, in which the exception was persecuted in my exercise book and always stigmatized—what is this other than the distinction which lies at the base of every philosophical reflection? When, under such an influence, I now viewed my father, he seemed to me an incarnation of the rule; whatever came from elsewhere was an exception, insofar as it did not correspond with his commandment. When I viewed my fellow pupil, I felt that here must be an exception which was not worthy of attention, the more so because all the fuss they made about him clearly showed that he was an exception. The childish rigour with which at that time I differentiated between rules and exceptions in grammar as in life, has probably been mitigated, but I still have the differentiation within me constantly; I evoke it, especially when I see you and your equals who seem to proclaim the doctrine that the exception is most important, indeed, that the rule exists only so that the exception may show up to advantage.

"It is the energy through which I become ethically conscious that is important, or rather, I can not become ethically conscious without energy. Therefore I can never become ethically conscious without becoming conscious of my eternal being. This is the true

viis for Sjælens Udødelighed. Fuldbaarent er det naturligviis først da kun, naar Opgaven congruerer med Forpligtelsen, men det, jeg for en Evighed er forpligtet til, er en evig Opgave."

I sit største skrift, "Afsluttende uvidenskabelig Efterskrift til de philosophiske Smuler (1846) bekæmper Kierkegaard som filosof den filosofi der som Hegels system hævder objektivt at kunne afgøre de store spørgsmål om menneskets bestemmelse, om liv og død. Vi kan af Sokrates lære, at den slags spørgsmål afgøres ikke objektivt, videnskabeligt, men personligt, lidenskabeligt: "Naar En forsker objektivt efter Udødeligheden, en Anden sætter Uendelighedens Lidenskab ind paa Uvisheden: hvor er der saa meest Sandhed, og hvo har meest Vished? Den Ene er eengang for alle gaaet ind i en Approximeren, som aldrig ender, thi Udødelighedens Vished ligger jo netop i Subjektiviteten; den Anden er udødelig og kæmper netop derfor ved at stride mod Uvisheden. Lad os betragte Socrates. Nuomstunder fusker Enhver jo paa nogle Beviser, Een har flere, en Anden færre. Men Socrates! Han henstiller Spørgsmaalet objektivt problematisk: dersom der er en Udødelighed. Han var da altsaa en Tvivler i Sammenligning med en af de moderne Tænkere af tre Beviser? Ingenlunde. Paa dette "dersom" sætter han hele sit Liv ind, han vover at døe, og han har indrettet hele sit Liv med Uendelighedens Lidenskab saaledes, at det maatte findes antageligt – dersom der er en Udødelighed. Gives der noget bedre Beviis for Sjelens Udødelighed? Men De, der have tre Beviser, indrette slet ikke deres Liv derefter; hvis der er en Udødelighed, maa den væmmes ved deres Maade at leve paa: gives der noget bedre Modbeviis mod de tre Beviser? Uvishedens "Smule" hjalp Socrates, fordi han selv hjalp til med Uendelighedens Lidenskab; de tre Beviser gavne de Andre slet Intet, fordi de dog ere og blive Dødbidere, og have ved deres tre Beviser i Mangel af at bevise Andet netop beviist det. Saaledes har maaskee ogsaa en Pige ved et svagt Haab om at være elsket af den Elskede eiet al Forelskelsens Sødme, fordi hun selv satte Alt ind paa dette svage Haab: mangen Ægtemadame derimod, som mere end eengang har ligget under for Elskovens stærkeste Udtryk, har vel havt Beviser, og dog besynderligt nok, ikke eiet det quod erat demonstrandum. Den socratiske Uvidenhed var saaledes det med Inderlighedens hele Lidenskab fastholdte Udtryk for, at den evige Sandhed forholder sig til en

demonstration of the immortality of the soul. Of course it is only fully developed when the task coincides with obligation, but that to which I have an obligation for eternity is an eternal task."

In his greatest work, *Concluding Unscientific Postscript to the Philosophical Fragments* (1846), Kierkegaard attacks, as a philosopher, that philosophy which, like Hegel's system, claimed to be able to answer objectively the monumental questions about the destiny of man, about life and death. We can learn from Socrates that this sort of question is not answered objectively, scientifically, but personally, emotionally: "While one man searches objectively for immortality, another stakes infinity's passion on uncertainty: where is then the greatest truth, and who has the greater certainty? The one has entered an approximation which never ends, for the certainty of immortality lies precisely in subjectivity; the other is immortal, and therefore struggles by combatting uncertainty. Let us consider Socrates. At present, everyone dabbles with a few proofs; one has more, the other fewer. But Socrates! He puts the question objectively in a problematic manner: in case there is immortality. Was he then a doubter when compared with one of the modern thinkers with his three proofs?[1]) Not at all. On this 'in case' he stakes his entire life, he dares to die, and he has arranged his whole life with the passion of infinity in such a way that it must be found acceptable—in case there is immortality. Is there any better demonstration of the immortality of the soul? But they who have three proofs do not at all arrange their lives accordingly; in case there is immortality it must be disgusted with their manner of life: is there any better counterproof countering the three proofs? The 'fragment' of uncertainty helped Socrates because he himself helped along with the passion of infinity; the three proofs benefitted the others not at all, because they are and remain dullards and have with their three proofs proved it for want of having proved anything else. Thus perhaps a girl, by having had a faint hope of being loved by her beloved, possessed all of love's sweetness because she herself staked all on that faint hope; many a wedded lady, however, who more than once has succumbed to the most powerful manifestations of love has certainly had proofs, and yet peculiarly enough has not possessed the *quod erat demonstrandum*. The Socratic ignorance was the expression preserved by all fervour's passion that

[1]) The reference is to the German theologian Carl Friedrich Göschel.

Existerende, og derfor maa blive ham et Paradox, saalænge han existerer, og dog turde det være muligt, at der i den socratiske Uvidenhed i Socrates var mere Sandhed end i hele Systemets objektive Sandhed, der coquetterer med Tidens Fordringer og lemper sig efter Privat-Docenter. " – Men i den kristne lære om Gud der blev menneske, og om arvesynden, troen på dette som betingelse for nåden forstærkes uendeligt kravet til personligheden: "Subjektiviteten er Sandheden. Ved at den evige væsentlige Sandhed forholdt sig til den Existerende, blev Paradoxet til. Lad os nu gaae videre, lad os antage, at den evige væsentlige Sandhed selv er Paradoxet. Hvorledes fremkommer Paradoxet? Ved at den evige væsentlige Sandhed og det at existere sættes sammen. Naar vi da altsaa sætte det sammen i Sandheden selv, saa bliver Sandheden et Paradox. Den evige Sandhed er bleven til i Tiden. Dette er Paradoxet. Blev Subjektet i det nærmest Foregaaende forhindret i at tage sig selv tilbage i Evigheden ved Synden, nu skal det ikke bekymre sig derover, thi nu er den evige væsentlige Sandhed ikke bag ved, men kommen foran det ved selv at existere eller have existeret, saa hvis Individet ikke existerende, i Existentsen, faaer fat paa Sandheden, faaer det den aldrig.

Skarpere kan Existents aldrig accentueres end den nu er bleven det. Speculationens Svig med at ville erindre sig ud af Existentsen er gjort umulig. Her kan kun være Tale om at fatte dette, enhver Speculation, der vil være Speculation, viser eo ipso, at den ikke har fattet dette. Individet kan støde alt dette fra sig og tye til Speculationen, men antage det og saa ville hæve det ved Speculationen er umuligt, fordi det er lige beregnet paa at forhindre Speculationen. [– – –]

Naar Socrates troede, at Gud er til, da fastholdt han den objektive Uvished med Inderlighedens hele Lidenskab, og i denne Modsigelse, i denne Risico er netop Troen. Nu er det anderledes, istedetfor den objektive Uvished, er her Visheden om at det objektivt seet er det Absurde, og dette Absurde fastholdt i Inderlighedens Lidenskab er Troen. Den socratiske Uvidenhed er som en vittig Spøg i

the eternal truth stands in relation to an existing individual, and therefore must be for him a paradox as long as he exists; and yet it might be possible that in the Socratic ignorance in Socrates there was more truth than in the objective truth of the whole system, which flirts with the demands of the times and adapts itself to *Privatdozenten.*" But in the Christian doctrine about God who became man, and about original sin, belief in this as a requisite for grace increased endlessly the demand upon a personality: "Subjectivity is truth. In that the eternal essential truth stands in relation to something existing, the paradox came into being. Let us now go further, let us assume that the eternal essential truth is itself the paradox. How does the paradox occur? In that the eternal essential truth and existence are joined. Therefore when we join it together in truth itself, then truth becomes a paradox. Eternal truth has come about in time. This is the paradox. If the subject in the above was prevented by sin from moving back into eternity, he should not be perturbed on that account, for now the eternal essential truth is not behind him but has come in front of him, by existing or having existed, so that if the individual existing in existence does not grasp the truth, he will never grasp it.

"Existence can never be accentuated more sharply than it now has been. Speculation's deceit in wanting to recollect itself out of existence is made impossible. Here, there is only a question of understanding this; every speculation which would be speculation shows *eo ipso* it has not understood that. The individual can push all this aside and resort to speculation; but to accept it and then to abrogate it by speculation is impossible, since it has been calculated in order to prevent speculation....

"When Socrates thought that God existed, he maintained objective uncertainty with all of fervour's passion, and faith is precisely in this contradiction, in this risk. Now it is different, instead of the objective uncertainty, here the certainty is that what is viewed objectively is the absurd, and that absurd, maintained in fervour's passion, is faith. Socratic ignorance is like a witty jest in comparison

Sammenligning med det Absurdes Alvor, og den socratiske existerende Inderlighed som en græsk Sorgløshed i Sammenligning med Troens Anstrængelse.

Hvilket er nu det Absurde? Det Absurde er, at den evige Sandhed er bleven til i Tiden, at Gud er blevet til, er født, har voxet o. s. v., er blevet til aldeles som det enkelte Menneske, ikke til at skjelne fra et an det Menneske, thi al umiddelbar Kjendelighed er før-socratisk Hedenskab og jødisk seet Afgudsdyrkelse; og enhver Bestemmelse af Det, som virkelig gaaer videre end det Socratiske, maa væsentligen have et Mærke af, at det staaer i Forhold til dette, at Guden er blevet til, fordi Tro, sensu strictissimo, refererer sig til Tilblivelse."

Således er Kierkegaards fremstillingsform for filosoffer og teologer. I hans opbyggelige taler, der er bestemt for hvermand, er foredraget let og ligefremt; Kierkegaard dvæler med forkærlighed ved Bibelens lignelser og digter selv nye. For at vise hvad mange mennesker kan præstere, når de, som apostlene, handler under Guds opsyn, efter Guds lov og vilje, fortæller han hvad man kunne kalde lignelsen om kongens kusk: "Der var engang en Rigmand; han lod i Udlandet kjøbe i dyre Domme et Par aldeles feilfrie og udmærkede Heste, som han vilde have til sin egen Fornøielse og Fornøielsen af selv at kjøre. Saa gik der vel omtrent et Aar eller to. Dersom Nogen, som tidligere havde kjendt disse Heste, nu saae ham kjøre dem, han vilde ikke kunne kjende dem igjen: Øiet var blevet mat og døsigt, deres Gang uden Holdning og Sluttethed, Intet kunde de taale, Intet udholde, neppe kunde han kjøre en Miil uden at han maatte tage ind underveis, stundom gik de istaa ligesom han allerbedst sad og kjørte, derhos havde de faaet allehaande Nykker og Vaner, og uagtet de naturligviis fik Foder i Overflod, skæmmede de sig Dag for Dag. Da lod han Kongens Kudsk kalde. Han kjørte dem i en Maaned: der var paa hele Egnen intet Par Heste, der bar Hovedet saa stolt, hvis Blik var saa fyrigt, hvis Holdning saa skjøn, intet Par Heste, der saaledes kunde holde ud at løbe om det var syv Miil i eet Træk, uden at der toges ind. Hvori stak det? Det er let at see: Eieren, der, uden at være Kudsk, gav sig af med at være Kudsk, han kjørte dem efter Hestenes Forstand paa hvad det er at kjøre; den

with the seriousness of the absurd; and Socratic existential fervour is like Greek insouciance in comparison with the exertion of faith.

"What is now the absurd? The absurd is—that eternal truth has come into being in time, that God has come into being, has been born, has grown, and so forth, has come into being just as the individual man, not to be differentiated from another man. For all immediate perceptibility is pre-Socratic heathendom, and from a Jewish point of view, idolatry; and every determination of that which actually goes beyond the Socratic must essentially bear the stamp of standing in relation to this, that God has come into being; because faith *sensu strictissimo* refers to genesis."

Such is Kierkegaard's way of expressing himself to philosophers and theologians. In his *Edifying Discourses,* which are meant for every man, the delivery is easy and forthright; Kierkegaard likes to dwell on Biblical parables, and he himself creates new ones. In order to show what many people can accomplish when they, like the apostles, act according to the surveillance of God, according to God's law and will, he tells what might be called the parable of the king's coachman: "There was once a rich man who had bought abroad for a large sum a pair of flawless and excellent horses which he wanted for his own pleasure and for the pleasure of driving them himself. Then about a year or two passed. If anyone who previously had known these horses now saw him drive them, he would not have recognized them again: their eyes had become dull and drowsy, their gait lacked bearing and decisiveness, they could not endure anything, they had no stamina, he could hardly drive a league without having to stop along the way, sometimes they came to a halt just as he was seated and driving in the best of form; moreover, they had acquired all sorts of caprices and habits, and although they naturally got fodder in excess, they wasted away from day to day. Then he sent for the king's coachman. He drove them for a month: in the whole district there was no pair of horses which carried their heads so proudly, whose glance was so fiery, whose bearing was so handsome, no pair of horses which could last so long, and even run seven leagues at a stretch without being stabled. Wherein lay the difficulty? That is easy to see. The owner, who without being a coachman tried to act like a coachman, drove them according to the horses' concept of what it is to drive; the royal

kongelige Kudsk kjørte dem efter Kudskens Forstand paa hvad det er at kjøre. " (Til Selvprøvelse Samtiden anbefalet, 1851).

Da Kierkegaard nåede frem til at betragte den bestående kirke som en forvanskning af den oprindelige, nutidens kristendom som en forhånelse af Gud, gik han til storm på kirken, både præsterne og de vanekristne. Han undgår nu alle omskrivninger, hans litterære våben er reportagen og injurien. I tidsskriftet "Øieblikket" (1855) tegner han blandt adskillige andre følgende "Billede" af hverdagen i et såkaldt kristeligt land:

"Det er en ung Mand – lad os tænke det saaledes, Virkeligheden giver rigeligt Exempel – det er en ung Mand endog med mere end almindelige Evner, Kundskaber, inde i det offentlige Livs Begivenheder, Politiker, selv Agerende som saadan.

Hvad Religion angaaer, er hans Religion: han har slet ingen. At tænke paa Gud falder ham aldrig ind; at gaae i Kirke lige saa lidet, og det er saa vist ikke af religieus Grund han lader det være; og hjemme at læse i Guds Ord vilde han næsten befrygte var at gjøre sig latterlig. Da det engang føier sig saaledes, at hans Livs-Forhold foranlediger ham til, forbunden med nogen Fare, at ytre sig om Religionen, vælger han den Udvei, at sige hvad Sandhed er: jeg har slet ingen Mening om Religionen, Sligt har aldrig beskjeftiget mig.

Samme unge Mand, som ingen Trang føler til Religion, føler derimod en Trang til at blive – Fader. Han gifter sig; nu har han et Barn; han er – Barnefader: og hvad skeer?

Ja, vor unge Mand er, som man siger, i Vinden med dette Barn, han bliver nødsaget til i Egenskab af – Barnefader at have en Religion. Og det viser sig, at han har den evangelisk-lutherske Religion.

Hvor ynkeligt paa den Maade at have Religion. Som Mand har man ingen Religion; hvor der kunde være Fare forbunden med blot at have en Mening om Religion, har man ingen Religion: men i Egenskab af – Barnefader har man (risum teneatis!) den christelige Religion, som just anpriser eenlig Stand.

Saa bliver der sendt Bud til Præsten; Jordemoderen arriverer med Barnet; en ung Dame holder coquet Huen; nogle unge Mænd, der heller ingen Religion have, viser Barnefaderen den Tjeneste, som Faddere at have den evangelisk-christelige Religion, og at over-

coachman drove them according to a coachman's concept of what it is to drive." *(For Self Examination Recommended to the Times* [1851]*)*.

When Kierkegaard had come to view the established church as a perversion of the original church, and modern Christianity as an insult to God, he attacked the church, both the clergy and the conventional church-goers; he avoids all circumlocution, his literary weapons are journalism and defamation. In the periodical *The Moment* (1855) he drew, among various others, the following "picture" of the everyday in a so-called Christian land:

"There was a young man—let us imagine it thus, reality provides abundant examples—there was a young man with more than average ability and knowledge, caught up in the events of public life, a politician, even acting as such.

"As far as religion is concerned, his religion is: that he has none at all. It never occurs to him to think of God, any more than to go to church, and it is certainly not for religious reasons that he desists; he is almost afraid that to read God's word at home would make him ridiculous. When it comes to pass that his situation causes him, not without some danger, to express himself about religion, he chooses the expedient of saying what is true: 'I have no opinion at all about religion, such matters have never concerned me.'

"The same young man who feels no need of religion feels, however, a need to become—a father. He marries, he has a child, he is—the child's father. And then what happens?

"Well, our young man is, as they say, in a tight spot because of this child; in the capacity of—the child's father, he must have a religion. And so it turns out that he has the Evangelical Lutheran religion.

"How pitiful to have a religion in that way. As a man, a person has no religion; where there could be danger connected with merely having an opinion about religion, a person has no religion: but in the capacity of a child's father a person has (risum teneatis!) precisely that Christian religion which praises the celibate state.

"So a message is sent to the clergyman, the midwife arrives with the child; a young lady holds the bonnet coquettishly; some young men who also have no religion do the child's father the service of having, as godfathers, the Evangelical Christian religion, and of

tage Forpligtelse for Barnets christelige Opdragelse; en Silke-Præst stænker med Gratie tre Gange Vand over det søde lille Barn, aftørrer sig gratieust i et Haandklæde – –

og det vover man at byde Gud under Navn af: christelig Daab. Daaben; det var ved den hellige Handling at Verdens Frelser indviedes til sit Livs Gjerning, og efter ham Disciplene, Mænd, der længst vare komne til Skjelsaar og Alder, og som nu, døde for dette Liv (derfor neddukkede de sig tre Gange, betydende at være døbte til Christi Døds Samfund), lovede at ville leve som Offrede i denne Løgnens og Ondskabens Verden.

Dog Præsterne, disse hellige Mænd, forstaaer nok deres Dont, og ligeledes, at hvis det skulde være, som Christendommen ubetinget maa fordre og ethvert fornuftigt Menneske, at først naar En er kommet til Skjelsaar og Alder faaer han Lov at bestemme sig for hvilken Religion han vil have – Præsterne forstaae meget godt, at saa blev det ikke rigtigt til Noget med Næringsveien. Og derfor trænge disse hellige Sandhedsvidner ind i Barselstuerne og benytte det zarte Øieblik, hvor Moderen er svag efter overstanden Lidelse, og Fatter er – i Vinden. Og saa vover man under Navn af christelig Daab at byde Gud en Handling som den beskrevne, hvori der dog kunde bringes en lille Smule Sandhed ind, hvis den unge Dame istedetfor sentimentalt at holde Huen over Barnet, satirisk holdt en Nathue over Barnefaderen. Thi paa den Maade at have Religion er, aandeligt, en comisk Ynkelighed. Man har ingen Religion; men paa Grund af Omstændighederne: fordi først Moderen kom i Omstændigheder, og saa, som Følge deraf, Fatter igjen kom i Omstændigheder, har man paa Grund af Omstændighederne med dette lille søde Nussebeen, paa Grund deraf har man: den evangelisk-lutherske Religion."

Det er dog ikke Kierkegaards sidste ord. Under Øjeblikkets ubændige polemik udgav han en sidste opbyggelig tale; den hedder "Guds Uforanderlighed" og udgår fra Jakobs brev 1, 17–21. Talen ender med et digterisk billede: "Tænk Dig i Ørkenen en Eensom; forbrændt næsten af Solens Hede, forsmægtende finder han en Kilde. O liflige Kølighed! Nu er jeg, Gud være lovet, siger han – og han fandt dog kun en Kilde, hvorledes maatte ikke Den tale, der fandt Gud! og dog maatte ogsaa han sige "Gud være lovet", jeg

assuming the obligation for the child's Christian upbringing; a silken clergyman gracefully sprinkles water on the sweet little child three times, dries his hands gracefully with a towel—and this we dare to proffer God in the name of Christian baptism. Baptism—it was through this sacred act that the Saviour of the world was initiated into His life's calling, and after Him the apostles, men who had long since arrived at the age of discretion and who now, dead to this life (therefore immersed three times, signifying that they were baptized into the community of Christ's death) promised to be willing to live as sacrificed men in this world of falsehood and evil.

"But the clergymen, these holy men, understand their business, and also that, if it should be, as Christianity and every sensible man necessarily must demand, not until one has reached the age of discretion should one be allowed to determine which religion he will have—then the clergymen understand very well that there would not be much of a livelihood in it for them. And therefore these holy witnesses to the truth force their way into the lying-in room, and exploit the delicate moment when the mother is weak after the suffering she has gone through, and the father is—in a tight spot. And then we dare, in the name of Christian baptism, to proffer God an act such as the one described here, into which a little bit of truth might be introduced if the young lady, instead of sentimentally holding a bonnet over the child, satirically held a night cap over the head of the child's father. To have a religion in this way is, spiritually speaking, comic pathos. A person has no religion; but because of circumstances—first since the mother was in blessed circumstances, and then as a result the father in turn got into difficult circumstances, and then because of the circumstances connected with the sweet little baby—because of all this a person has—the Evangelical Lutheran religion."

These are not Kierkegaard's last words. During the immoderate polemics of *The Moment,* he published a final edifying discourse. Its title is "The Unchangeability of God" and it has its origin in James I: 17–21. The discourse concludes with a poetic image. "Think of a lone man in the desert, almost burned up by the heat of the sun; dying of thirst; he finds a spring, oh, delicious coolness! Now I am...God be praised, he says—and he only found a

fandt Gud! – nu er jeg, Gud være lovet, forsørget. Thi Din trofaste Kølighed, o elskede Kilde, er ikke underlagt Forandring. I Vinterens Kulde, hvis den naaede her hen, Du bliver ikke koldere, men bevarer nøiagtigt den samme Kølighed, Kildens Vand fryser ikke! I Sommersolens Middags-Brand, Du bevarer nøiagtigt Din uforandrede Kølighed, Kildens Vand lunknes ikke! Og der er intet Usandt i hvad han siger (han, der i mine Tanker ikke valgte nogen utaknemlig Gjenstand for en Lovtale, en Kilde, hvad Enhver bedre forstaaer, jo bedre han veed, hvad det vil sige: Ørken og Eensomhed), der er ingen usand Overdrivelse i hans Lovtale. Imidlertid, hans Liv tog en ganske anden Vending, end han havde tænkt. Han forvildede sig engang bort, blev saa revet ud i den vide Verden. Mange Aar efter vendte han tilbage. Hans første Tanke var Kilden – den var der ikke, den var udtørret. Et Øieblik stod han taus i Sorg; da fattede han sig og sagde: nei, jeg tilbagekalder dog ikke eet Ord af hvad jeg sagde til Din Lov, det var Sandhed Alt. Og prisede jeg Din liflige Kølighed, medens Du var, o elskede Kilde, saa lad mig ogsaa prise den, nu Du er forsvunden, at det maa være sandt, at der er Uforandrethed i et Menneskes Bryst. Ei heller kan jeg sige, at Du bedrog mig; nei, havde jeg fundet Dig, jeg er forvisset, Din Kølighed vilde være uforandret – og Mere havde Du ikke lovet.

Men Du, o Gud, Du Uforanderlige, Du er uforandret altid at finde, og lader Dig uforandret altid finde, Ingen reiser, hverken i Liv eller Død, saa langt bort, at Du ikke er at finde, at Du ikke er der, Du er jo overalt, – saaledes er der ikke Kilder paa Jorden, Kilderne ere kun paa enkelte Steder. Og desuden – overvældende Sikkerhed! – Du bliver jo ikke som Kilden paa Stedet, Du reiser med; ak, og Ingen forvilder sig saa langt bort, at han ikke kan finde tilbage til Dig, Du der ikke blot er som en Kilde, der lader sig finde, – fattige Beskrivelse af Dit Væsen! – Du ,der er som en Kilde, der selv søger den Tørstende, den Forvildede, hvad man aldrig har

spring; how might he speak who found God! And still he might also say 'God be praised,' I have found God! Now I am, God be praised, provided for. Thy faithful coolness, O beloved spring, is not subject to change. In the cold of winter, if that were to reach here, thou wouldst not become colder, but preserve exactly the same coolness; the water of the spring does not freeze! In the midday heat of the summer sun, thou preservest quite thy unchanged coolness, the water of the spring does not grow tepid! And there is nothing untrue in what he says, (he who in my opinion did not choose some unrewarding subject for a eulogy, a spring—as everone will understand the better, the better he knows what desert and loneliness signify), there is no untrue exaggeration in his eulogy. In the meantime, his life took quite another turn than he had thought. Once he wandered off and was snatched up into the wide world. Many years later he returned. His first thought was the spring—it was not there; it had dried up. For a moment he stood silent in sorrow. He composed himself and said, No, I do not retract one word of what I said about thy law; it was the truth, every word. And I praised thy delicious coolness while thou existed, O beloved spring; let me also praise it now thou hast disappeared, that it may be true that there is unchangeableness in the human breast. Nor can I say that thou hast deceived me; no, I have found thee, I am assured that thy coolness would be unchanged, and more thou hast not promised.

"But thou, O God, thou who art unchanging, thou art ever to be found unchanged, and thou permittest thyself ever to be found unchanged; neither in life nor in death does anyone travel so far away that thou art not to be found, that thou art not; thou art everywhere—thus on earth there are no springs; the springs are only in certain places. What is more—an overwhelming certainty! thou art not, like the spring, in a certain place, thou goest along; alas, and no one wanders so far away that he can not find his way back to thee, thou who art not only like a spring which lets itself be found—feeble description of thy being!—thou who art like a spring which itself seeks out him who is thirsting, him who has lost his way, something no one has ever before heard about any

har hørt om nogen Kilde. Saaledes er Du uforandret altid og over-alt at finde. O, og naarsomhelst et Menneske kommer til Dig, i hvilken Alder, til hvilken Tid paa Dagen, i hvilken Tilstand: der-som han kommer oprigtigt, han finder altid (som Kildens uforan-drede Kølighed) Din Kjerlighed lige varm, Du Uforanderlige! Amen."

spring. Thus thou art ever unchanged and everywhere to be found. Oh, and whenever a human being comes to thee, of whatever age, at whatever time of day, in whatever condition: if he but comes with sincerity, he always finds (like the spring's unchanged coolness) thy love equally warm, thou who art unchanging! Amen."

M. GOLDSCHMIDT
(1819–1887)

Meïr Goldschmidt var en udsøgt epiker og en prosaens mester. Når han i sine romaner og noveller afmaler danske jødiske eller ikke-jødiske kredse, tolker han personernes tilværelse i lyset af en lov om universel retfærdighed. Han mener, der i den skabte verden findes en ligevægt, der for at opretholdes må kræve, at enhver synd sones i dette liv, og at de højeste glæder må betales med lidelser der svarer dertil. I den eventyragtige fortælling, *Bjergtagen* (1868), er det karakteristisk nok den borgerlige ret, som bliver redskabet for den universelle retfærdighed.

BJERGTAGEN
Efter et Sagn

Dengang Borgen eller Herregaarden Debelsborg paa Furland end-nu stod paa det Sted, hvor nu kun svage Jordforhøininger betegne, at der har været bygget og boet, var der ogsaa i Nærheden af Borgen en lille Sø. Hinsides Søen var Kornmarker, som strakte sig lige til den meget omtalte Smedehøi, der skyder ud som et Forbjerg fra Høilandet og danner Grændsen mellem det dyrkede og det udyr-kede eller vilde Land.

Ved Søen gik en Vinterformiddag et ungt Ægtepar, Borgherren og hans Hustru. Det havde kun frosset lidt; selve den lille Sø var uden Is; men de smaa Bølger havde om Natten vædet Græsset paa Søens Rand, og de efterladte Draaber vare blevne til Is, som derpaa var bleven forøget med nye Draaber, saa at hvert Græsstraa paa en lang Strækning nu bar ligesom en Klokke af Is, og naar da den lette Vind foer hen over Søbredden, sloge disse smaa Klokker lempelig imod hinanden og frembragte en besynderlig Musik. Hvergang Vinden kom paany og Græsstraaene med deres Klokker svaiede og klang, bøiede den unge Borgfrue lyttende Hovedet, og endelig sagde hun: "Det er dog forunderligt!"

"Hvad er forunderligt?" spurgte hendes Ægtemand.

"Den Melodi," svarede hun.

"Melodi?" sagde han; "hvor er den?"

M. GOLDSCHMIDT

Meir Goldschmidt was an exemplary narrator and a master of prose. When, in his novels and short stories he depicts Danish, Jewish or non-Jewish, circles he interprets his characters' existences in the light of a principle of universal justice. He is of the opinion that there is a balance in creation which in order to be preserved demands that each sin must be expiated in this life, and that the greatest pleasures must be compensated for by sufferings which correspond to them. In the fairy tale-like story "Bewitched" (1868) bourgeois law characteristically becomes the instrument of universal justice.

BEWITCHED
Based on a legend

At the time the castle or manor of Debelsborg on the island of Furland was still standing where now only slight rises indicate that the place once had had buildings and inhabitants, there was a small lake in the vicinity of the castle. On the other side of the lake were fields of grain which extended all the way to the notorious Blacksmith's Hill, which juts out like a promontory from the highlands and forms a boundary between the cultivated and the uncultivated or wild land.

One winter forenoon a young couple was walking along the lake—the lord of the castle and his wife. There had been only a light freeze; the little lake itself was free of ice, but during the night the small waves had moistened the grass at the edge of the lake, and the drops of water that remained had turned to ice. These had then been enlarged by new drops, so that it was as if each blade of grass in a wide area now bore a bell of ice, and when the light wind blew across the expanse of the lake, these little bells struck softly against each other and produced a strange kind of music. Each time the wind blew and the blades of grass with their bells swayed and tinkled, the young lady of the manor bent her head and listened, and finally she said, "Why, that's strange!"

"What's strange?" asked her husband.

"That melody," she answered.

"Melody?" he said. "Where?"

"I don't know; it's as if the whole lake were singing, and the

"Jeg veed ikke; det er ligesom hele Søen sang, og Jorden og Luften med, og Melodien er saa deilig, saa deilig ... saadan –"

Hun gjorde Forsøg paa at nynne den efter, men holdt strax inde ligesom skamfuld eller misfornøiet med sin egen Stemme, der skjøndt smuk, gjorde et saa magtesløst Forsøg paa at gjengive, hvad der klang enten udenfor eller indeni hende.

"Naa, det er Melodien!" sagde hendes Ægtefælle leende og raabte strax efter til sin Hund: "Hector! Hallo!"

For hende syntes hans Stemme at gaae ud i Luften mellem Tonerne ligesom en stærk Haand, der kvalte en uendelig Mængde smaa Væsner; men snart var Ægteparret saa langt fjernet fra Søen, at Intet kunde høres, og hun glemte eller bestræbte sig for at glemme den lille, saare lille Begivenhed.

Vinteren kom stærkere og gik igjen og gjorde Plads for det livsalige Foraar og den blide, varme Sommer.

Det var en Juni eller Juli Aften. Borgherren og hans Hustru sad udenfor deres Havestue. Der rørte sig i den milde, lyse Aften ikke en Luftning mærkelig for Nogen, undtagen engang imellem for Bladene i Bæveraspen, som stod tætved Huset. Medens Alt var saa stille, og medens de hvide Blomsterblade fra Æble- og Pæretræerne laae paa Jorden, var det, som om de sølvagtig skinnende, sagte bævende Aspeblade saae eller følte Noget, som Andre ikke kunde mærke, og dette Ubekjendte meddelte Sindet en let, ikke ubehagelig Angst, en Anelse om et sagte, hemmelighedsfuldt Naturens Aandedræt. Og skjøndt Alt var stille, kunde man dog ved at hengive sig og lytte høre Lyd i Stilheden. Det summede i Luften og svirrede i Græsset, det var en Lyd ingensteds og allestedsfra, en Lyd uden Mening og dog en Lyd af Leg eller af Glæde, der snart snurrede rundt, snart gjorde et Hop, snart piblede frem som forunderlig fine Kildevæld, derpaa med Et syntes at standse og see paa sig selv for saa at begynde forfra. Nu slog Taarnuhret, og medens Slagene langsomt dønede hen i Rummet, vare de som en Stemme, paa engang forstandig og høitidelig, der bød alt det Skjulte og Hemmelighedsfulde at tie, og det taug ogsaa, indtil det havde mærket, at nu kunde eller vilde Klokken ikke mere. Saa lød et Fugleskrig fra et ensomt Træ, og saa begyndte det igjen overalt, dandsende, svirrende, hoppende, summende, piblende, og Vinden, der hævede sig lidt, bragte Aspens Blade til at bæve stærkere og slaae med let, me-

earth and the air along with it, and the melody is so lovely, so lovely ... like—"

She made an attempt to hum it, but stopped immediately, as if ashamed, or displeased with her own voice, which, although beautiful, made so feeble an attempt to reproduce what resounded either in nature or within her.

"So that's the melody?" said her husband, laughing and at once calling his dog, "Here, Hector!"

To her, his voice seemed to go out into the air among the musical notes like a strong hand that stifled an infinite multitude of tiny beings; but the couple was soon so far away from the lake that nothing could be heard, and she forgot or tried to forget the small, very small incident.

The winter grew more severe—but, finally departed and made room for blissful spring and mild, warm summer.

It was an evening in June or July. The lord of the manor and his wife were sitting outside their sunroom. In the mild, light evening, the breeze was imperceptible except occasionally to the leaves of the aspen, which stood next to the house. While everything was so still, and the white petals of the apple and pear trees lay on the ground, it was as if the gently trembling aspen leaves, shining like silver, saw or felt something that others could not perceive, and this Unknown imparted to the mind a slight, not unpleasant fear, a presentiment of a soft, mysterious breath of nature. And, although everything was still, one could, by concentrating and listening, hear sounds in the stillness. There was a humming in the air and a buzzing in the grass; it was a sound from nowhere and everywhere, a sound without meaning and nonetheless a sound of playfulness or of joy, which now whirred in a circle, now made a hop, now trickled out like a wonderfully fine spring, then suddenly seemed to stop and observe itself, then to begin all over again. Now the tower clock struck, and while the strokes slowly reverberated away in space, they were like a voice, at once intelligent and solemn, which bade everything hidden and mysterious to be silent, and it was silent, until it perceived that the clock could not, or did not want to, continue. Then a bird's cry resounded from a solitary tree, and then it began again everwhere, dancing, buzzing, hopping, humming, trickling; and the wind, rising a little, caused the aspen leaves to tremble more strongly and to strike against each other

talagtig Raslen imod hinanden og de andre Træers Kroner til at
bølge.

"Det er dog besynderligt!" sagde den unge Borgfrue.

"Hvad er besynderligt?" spurgte Borgherren.

"Ingenting ... Du vil lee af mig."

"Nei, hvad er det? Lad mig høre. Hvad er saa besynderligt?"

"Ja, men Du maa ikke lee, og Du maa ikke skjænde. Det forekom
mig med Et, ligesom der var en overordentlig Mængde lyse, engle-
agtige Væsner, altfor smaa til at kaldes Børn, og de stillede sig op
i Kreds, og Kredsen blev alt større og større, og saa skulde de til at
dandse, og saa blev Æbletræet derhenne en Kone, der gav sig til at
synge for dem – og det var den samme Melodi, den samme forunder-
lige, deilige Melodi, som Klokkerne spillede i Vinter ved Søen."

Hendes Ægtefælle følte et ham selv uforklarligt Had til den Me-
lodi, han aldrig havde hørt, og han sagde mismodigt: "Det er jo
ikke Noget at skjænde for; men Du skulde dog tage Dig iagt med
de Indbildninger, at det ikke skal gaae Dig som Smedens tossede
Ane."

"Hvad var da det med Smedens tossede Ane?"

"Aa, jeg veed ikke engang rigtig. Det var Noget, der blev fortalt
mig som Barn, og andet Sandt er der naturligvis ikke deri end, at
hun ikke kunde taale sine egne Indbildninger og Drømme."

"Ja, men hvad indbildte hun sig da? Hvad drømte hun om?"

"Det er da ikke godt for mig at vide! Men hun havde vel faaet
Hovedet fuldt af Eventyr, som Folk gaae og snakke om, og her paa
Egnen er det jo Smedehøien, de have travlt med, og de have vel
ogsaa allerede fortalt Dig om Stenen, der gjør Musik?"

"Nei! Er der saadan en Sten? Vilde en vanvittig Pige høre den
Sten synge?"

"Nei, hun var ikke tosset dengang; tvertimod, hun var en kjøn
Pige og havde mange Beilere, men mistede Alting og Forstanden
ovenikjøbet, fordi hun vilde høre Musiken fra Stenen. Hun gik hen
i Kornmarken nedenfor Høien og lyttede; men rimeligvis kunde
hun ikke taale Sindsbevægelsen, og saa fandt de hende sandseløs,
og til sine Sandser kom hun aldrig mere."

"Kunde hun da aldrig tale? Sagde hun ikke, at hun havde hørt
Noget?"

"Hvor Du spørger! Hun havde jo ligget besvimet."

with a light metallic rustling, and caused the tops of the other trees to wave.

"Why, that's odd!" said the lady of the manor.

"What's odd?" asked the lord of the manor.

"Nothing. You will laugh at me."

"No, what is it? Tell me. What's so odd?"

"All right, but you mustn't laugh, and you mustn't scold. It suddenly seemed to me as if there was an extraordinary multitude of radiant, angel-like beings, too small to be called children, and they placed themselves in a circle, and the circle got larger and larger, and then they were going to dance, and then the apple tree over there became a woman, who began to sing to them—and it was the same melody, the same wonderful, lovely melody that the bells played last winter by the lake."

Her husband felt a hatred, inexplicable to himself, for that melody, which he had never heard, and he said disheartened, "There's nothing to scold about, but you really ought to beware of those delusions, so that the same thing won't happen to you that happened to the blacksmith's crazy Anna."

"What about the smith's crazy Anna?"

"Oh, I don't even know exactly. It was something that was told to me as a child, and naturally there's nothing true in it, save that she could not endure her own delusions and dreams."

"Yes, but what did she imagine? What did she dream about?"

"How should I know? But she had probably had her head filled with fairy tales that country people are always chattering about, and around here it's Blacksmith's Hill that preoccupies them; and they have probably already told you about the stone that makes music!"

"No! Is there such a stone? Did a mad girl claim to hear the stone sing?"

"No, she wasn't crazy then; on the contrary, she was a pretty girl and had many suitors, but lost everything, and her sanity to boot, because she claimed to hear music from the stone. She went over into the field of grain at the foot of the hill and listened, but she probably couldn't endure the emotion, and so they found her unconscious, and she never came to her senses again."

"Couldn't she ever speak? Didn't she say that she had heard something?"

"Ja, men hvad havde bragt hende til at besvime?"

"Hendes Indbildninger og Angst naturligvis. Det, hun sagde, at hun havde seet, var ellers ikke saa slemt endda; men det var jo ydmygende, det forstaaer sig, for en kjøn Pige."

"Saa? Hvad var det da?"

"Hun havde i Høien seet en gammel Mand, der sagde til hende: Det er ikke Dig."

"Naar var det da? Hvor mange Aar er det siden?" spurgte Husfruen med Øine besynderlig store.

"Men, Herregud, Barn, Du spørger jo, som om det havde været nogensinde!" svarede hendes Ægteherre; "det var jo kun Smedens tossede Ane, der drømte det!"

Den følgende Morgen havde Borgherren et Ærinde paa Gaarden eller Borgen Voiel, og medens han drog dertil, mod Sydost, gik hun ud imod Nordost, forbi Søen, gjennem Kornmarken, og da hun kom paa Markens Rand, var hun overfor Smedehøien. Der var to Høie tæt ved hinanden; men hun kunde kjende den rette derpaa, at der midt i den var en stor, rød Sten, og med Blikket fæstet paa den satte hun sig paa en Tue for at lytte.

I samme Øieblik bevægede Stenen sig, Høien aabnedes, og i Aabningen stod en ung Mand. Saadan som Sangen havde lydt fra de smaa Isklokker om Vinteren og fra Æbletræet om Sommeren, saadan saae han ud, han var Sangen i menneskelig Skikkelse, og hun reiste sig og gik til ham som til En, hun forhen havde seet med lukkede Øine, baaret som Billed i sit Indre, ventet paa at see udenfor sig for at sige til ham: Du er mig, og jeg er Dig.

Der var ingen Hule eller Fordybning i Høien. Saasnart hun kom gjennem Aabningen, var der strax vidt Land med Himmel ovenover ligesom andet Land. Det forekom hende, at dette Land, idet hun uden at see paa det, dog opfangede et Billede deraf paa Afstand, var stenet og lyngklædt Hede; men uden at hun undredes derved, viste denne Opfattelse sig strax urigtig; thi ved hvert Skridt, hun tog, kom hun imellem Græs og Blomster; hvad der nys havde forekommet hende blegt, stod i Farvepragt, hvad hun havde anseet for Stilke, blev til store, fyldige Træer, og da hun var kommen helt indenfor og stod ved hans Side, var det Hele et uendeligt, rigt Landskab.

"You're full of questions! She had been lying unconscious, after all."

"Yes, but what had made her faint?"

"Her delusions and fear, of course. What she said she had seen wasn't so bad, after all; but it was naturally humiliating for a pretty girl."

"Oh, what was it then?"

"In the hill she had seen an old man, who said to her, 'It's not you.'"

"When was that? How many years ago?" asked the wife, her eyes strangely wide.

"Why, good Lord, child, you're asking as if it had actually happened.'" answered her husband. "After all, it was only the smith's crazy Anna who dreamed it!"

The next morning the lord of the manor had an errand to the manor or castle of Voiel, and as he set out toward it, to the southeast, she went out to the northeast, past the lake, through the field of grain, and when she came to the edge of the field, she was opposite Blacksmith's Hill. There were two hills close together, but she was able to recognize the right one, because there was a great red stone in the middle of it, and with her gaze fixed upon it, she sat down on a mound to listen.

At that moment the stone moved, the hill opened, and in the opening stood a young man. He looked just like the song had sounded from the little ice bells during the winter and from the apple tree during the summer; he was the song in human form, and she rose and went to him as to one she had previously seen with her eyes closed, had borne as an image within her, had waited to see outside herself, in order to say to him, "You are I, and I am you."

There was no cave or hollow in the hill. As soon as she came through the opening, there was instantly a wide land with sky over it, like any other land. It seemed to her that this land—while, even without looking at it, she nevertheless caught a glimpse of it from a distance—was a stony and heather-covered heath. But, without her being surprised at it, this impression at once proved incorrect, for with each step she took she was walking through grass and flowers; what had just seemed pale to her stood in glow-

Han sagde ikke Andet til hende end: "Du har tøvet længe," og tog hende ved Haanden, og i samme Øieblik, som hendes Haand berørte hans, stod der er Slot, ganske tyst og stille, der var intet Tjenerskab, men Alting syntes at see paa hende med saa blide, hengivelsesfulde Øine, som hun aldrig forhen havde mødt.

Selve Tystheden og Stilheden var, naar hun ret lyttede, Musik, en sagte Gjenklang fra Isklokkerne og fra Æbletræet, og Landskabets Uendelighed var ligeledes Musik, en bestandig voxende, gyngende Kreds af de lysende Smaaskikkelser, og Tiden, der gled hen, bar hende som en bølgende Sø af Toner, og kun imellem lød den dybe Røst fra Taarnuhret, og saa standsede Alt et kort Øieblik, og hun kunde spørge.

Hun spurgte ham engang, af hvad Slægt han egentlig var, og han svarede: "Jeg nedstammer paa mødrene Side fra den Fugl Phønix, som, naar den faaer en saa stor Sorg, at den ikke kan overkommes, brænder sig selv op og da fødes igjen; men Ingen veed, hvor det er, at den gjenfødes."

Saa sælsomt Ordet end var, syntes hende dog, at det var klar Tale, og hun forstod den.

Hvergang saa igjen Landet klang og Stilheden sang og den bølgende Sø af Toner bar hende, syntes det hende, at hun selv talte. I hendes forrige Tilværelse, forekom det hende, saavidt hun nu kunde erindre eller forstaae den, var hvert Ord kommet fra en Skal, der laa om hendes Sjæl; nu var det Sjælen, som blev til Ord, men dog ikke strømmede ganske med; thi paa samme Tid fornam den med stor Tilfredsstillelse sig selv i Behold og ligesom indhyllet i et fint Slør. Paa lignende Maade var det, naar hun hørte, hvad han sagde. Forhen vare Ord komne til hende som usikkre, vaklende Tegn paa Noget, der famlede efter sig selv; nu hørte hun Ordene, som de fødtes i Hjertets Dyb og bleve til Et med Stemme og Blik.

Naar hin dybe Røst fra Taarnuhret da igjen lød og gjorde Stilhed, var der Intet, de jo kunde tale med hinanden om, end ikke den mørke Baggrund for deres gyldne Lykke. Hun spurgte ham, om det ikke var sandt, at Alt havde hun for sig, undtagen Loven, og han svarede sørgmodig, at saaledes var det: Alt kunde de modstaa; men hvis man fra hin anden Side af Stenen kaldte paa hende i Lovens Navn, saa vare de Begge magtesløse, og ved at faae denne Bekræftelse paakom hende en Følelse af en truende, stor, hellig Son-

ing colors, what she had taken for stalks became large, luxuriant trees; and when she had come all the way in and stood at his side, the whole was an infinite, rich landscape.

He said nothing to her other than, "You have hesitated a long time," and took her by the hand, and the instant her hand touched his, a palace stood there, absolutely silent and still. There were no servants, but everything seemed to look at her with gentle, devoted eyes such as she had never encountered before.

Even the silence and stillness were music, when she listened properly, a soft echo of the ice bells and of the apple tree, and the landscape's infinity was similarly music, a constantly growing, swaying circle of the luminous little forms; and time, gliding by, carried her like an undulating sea of tones, and only now and then the deep voice of the tower clock resounded, and then everything stopped for a brief moment and she could ask questions.

She asked him once of exactly what lineage he was, and he answered, "I am descended on my mother's side from the bird Phoenix, who, when he receives such a great sorrow that it cannot be overcome, burns himself up and is then born again; but no one knows where it is that he is reborn."

However strange his words were, they nevertheless seemed to her to be intelligible speech, and she understood it.

Every time that the land resounded and the stillness sang and the undulating sea of tones bore her up, it seemed to her that she herself spoke. In her former existence, it seemed to her, insofar as she could now remember or understand, that each word had come from a shell that lay around her soul; now it was the soul that became words, but could not quite keep up with them, for at the same time the soul noted with great satisfaction that it was secure and enveloped in a fine veil, as it were. It was the same when she listened to what he was saying. Formerly, words had come to her as unsure, faltering symbols of something that groped to find itself; now she heard the words as if they were born in the depths of the heart and became one with voice and glance.

When the deep voice of the tower clock again sounded and created stillness, there was nothing they could not talk to each other about, even the dark background of their golden happiness. She asked him if it were not true that she had everything in her favor except the Law, and he answered sadly that this was so: they could

offring, som hun stod i Gjæld for, og hvortil hun var indviet, og
hun fornam det med en Bæven, der lignede Taarnuhrets hendønende
og hendøende Klang.

Naar det saa sang og klang igjen, i Luften, i Landet og i Havet,
syntes det hende, at de vare Fyrste og Fyrstinde i et Rige, og at
Meget blev udført, at baade hans og hendes Liv var en Virksomhed,
en Bedrift, hvoraf Andre havde Gavn, og hvoraf de selv voxede;
men hun kunde ikke gribe fat i og komme til Vished om, hvad
enten dette var eller blot syntes hende at være; thi endog naar hun
troede det allervirkeligst, forekom det hende dog ikke at have Be-
tydning i sig selv, men var blot en Følelse i hendes Hjerte, der gik
ud og tog Skikkelse af Handling og vendte tilbage til Hjertet igjen.
Dette forklarede han med de Ord: Al Bedrift er Kjærligheds Tanke –

> Solen, som stolt over Himlen gaaer,
> Saften i gyldne Ranke,
> Mandens Daad, som til Stjernerne naaer,
> Alt er Kjærligheds Tanke.

Men hvergang og hvor fjernt de end droge ud, kom altid hint
Øiebliks Standsning fra Taarnuhret, og han sagde med Sørgmod
til hende: Vi ere dog tætved Stenen og kunne høre, hvis der
kaldes –

> Altid, end i den fjerneste Vraa,
> Hvor vi saa monne vanke,
> Ere vi nær, og høre vi maae
> Loven paa Stenen banke.

– Imidlertid havde Borgherren naturligvis strax savnet hende, og
da han paa alle Efterspørgsler fik det Svar, at hun var bleven seet
gaae ind i Kornmarken under Høien, og Alle vare af den Overbe-
visning, at hun var tagen derind, saa maatte han tilsidst ogsaa troe
det, og forespurgte hos gamle, erfarne Folk om, hvad der nu var at
gjøre. De raadede enstemmigt til, at der skulde ringes foran Høien
med Kirkeklokken, og naar hun saa kom ud, paalagde de ham,
maatte hun aldrig mindes om, at hun havde været derinde.

Kirkeklokken blev da tagen ned og bragt hen til Høien, og man
ringede med den i tre Dage og Nætter; men det hjalp ikke.

withstand everything; but if she were called from the other side of the stone in the name of the Law, they would both be powerless; and on hearing this affirmation, she was overcome with a feeling of a menacing, great, holy sacrifice of atonement which she owed and to which she was dedicated, and she felt this with a trembling that resembled the tower clock's reverberating and dying sound.

When it sang and rang out again in the air, over the land, and on the sea, it seemed to her that they were prince and princess in a kingdom, and that something great was being accomplished, that both his life and her own were a mission, an achievement from which others gained benefit and through which they themselves grew; but she could not grasp or ascertain whether this existed or only seemed to her to exist; for just when she believed it the strongest, it seemed to her to have no significance in itself after all, but was only a feeling in her heart that went out and took the form of action and then returned to her heart again. This she explained with the words, "All achievement is love's design."

> The sun which proud through heaven goes,
> The juice of the golden vine,
> The deed of man which starward grows,
> All is love's design.

But whenever they went out, no matter how far they went, that moment's interruption from the tower clock always came, and he said sadly to her, "We are still very close to the stone, and can hear if anyone calls—

> Always, yea in the farthest spot,
> Wherever we may withdraw,
> Upon the stone, to hear's our lot:
> Still near, the knock of the law.

In the meantime the lord of the manor had missed her at once, and since to all inquiries he received the answer that she had been seen going into the grain field below the hill, and everyone was of the conviction that she had been taken inside, he was forced to believe that too, and he asked the old experienced poeple what was now to be done. They unanimously advised that the church bell be rung in front of the hill, and when she had come out, they enjoined him, she must never be reminded that she had been inside.

Da huskede Borgherren, at hans Hustru havde talt om en Klang, en Melodi, der havde lydt fra Isklokkerne og fra Æbletræet, og som hun havde fundet saa skjøn, og han tænkte, at naar man kunde opdage og gribe den Melodi og synge den ved Høien, saa vilde hun komme ud. Derfor udlovede han en stor Belønning til den, som kunde opfange og synge Melodien, og Flere kom ogsaa og sagde, de havde den, og deres Sang blev prøvet udenfor Høien; men den hjalp ikke.

Meget prøvede endnu Borgherren; hver Dag gik han til Høien og forsøgte Et eller Andet, som maaskee kunde have Magt, men altid lige frugtesløst, indtil han en Dag, kummerfuld og mismodig, idet han vilde gaae bort, uden at tænke videre derover, løftede Haanden truende mod Høien og sagde: "Hun er dog min lovlige Hustru."

Da hørte han en Lyd, som om Stenen blev løs i Høien og smækkede til igjen; men han saae Intet, før han vendte sig for at gaae hjem, da saae han sin Hustru ligge sovende i Kornmarken.

Han ilede til hende og løftede hende op i sine Arme for at bære hende hjem. Hendes Ansigt var vaadt som af Dug og hendes Læber kolde, da han kyssede dem. Hun vaagnede, saae sig om med et Blik, der var ham besynderlig fremmedt, og spurgte: "Har jeg været længe borte?"

"Nei," svarede han og vidste ikke selv, om han svarede sandt eller ei.

Han bragte hende hjem, og han indbød sin Slægt og Egnens Fruer til at komme og holde hende med Selskab. Han fortalte dem nøiagtig, hvorledes Alt var tilgaaet, hvad han med sine egne Øine havde seet, hvorledes han havde fundet hende i Kornmarken, saa at hun egentlig ikke kunde siges at have været borte; men det Uforklarlige, som var i, at hun dog syntes at have været borte, paalagde han dem, i Henhold til de erfarne Folks Raad, ikke at berøre for hende, ei heller bringe Noget paa Bane, som kunde minde derom. Hvad Fruerne tænkte eller troede, berettes ikke; men de lovede at opfylde hans Anmodning.

Da de saa Alle vare samlede, fandt de Sagen vanskelig; den af dem, som tiltroede sig mest Sikkerhed, begyndte dog en Samtale, idet hun fortalte, at et Barn om Morgenen var blevet kastet omkuld paa Veien af en Ko, der bissede. En anden Frue spurgte, hvis Ko

The church bell was then taken down and brought to the hill, and it was rung three days and nights; but it did not help.

Then the lord of the manor remembered that his wife had spoken of a sound, a melody, that had come from ice bells and from the apple tree, and which she had found so beautiful, and he thought that when one could discover and seize upon the melody and sing it at the hill, she would come out. Therefore he offered a large reward to anyone who could find and sing the melody, and many did come and say they had it, and their song was tried out in front of the hill; but it did not help.

The lord of the manor tried many more things; every day he went to the hill and tried one thing or another that might have an effect, but always equally futile, until one day, sad and discouraged, as he was on the point of leaving, without thinking further about it, he raised his hand threateningly toward the hill and said, "She is after all my lawful wife."

Then he heard a sound, as if the stone had come loose in the hill and slammed closed again; but he saw nothing until he turned to go home, whereupon he saw his wife lying asleep in the field of grain.

He ran to her and lifted her in his arms to carry her home. Her face was wet as if from dew and her lips were cold when he kissed them. She woke up, looked about her with a gaze that seemed to him singularly odd, and asked, "Have I been away long?"

"No," he answered, and did not himself know whether he answered truthfully or not.

He brought her home, and he invited his family and the women of the district to come and keep her company. He told them exactly how everything had happened, what he had seen with his own eyes, how he had found her in the field of grain, so that she really could not be said to have been away; but the inexplicable in the fact that she nevertheless seemed to have been away he ordered them, in accordance with the advice of the experienced folk, not to mention to her, nor to bring up anything that could remind her of it. What the women thought or believed is not recorded, but they promised to comply with his request.

When they were all together, they found the matter difficult; the one among them who was the most sure of herself nevertheless started a conversation, she told that a child had been knocked down on the road that morning by a runaway cow. Another wo-

det var, der havde gjort denne Fortræd, og der blev svaret, at det var Degnens Blakkede – men Degnens Blakkede var kommen til Verden, medens Hun var borte, og da de ikke turde berøre dette, skyndte de sig bort.

"Vi have ogsaa bedre af at være ene," sagde hendes Ægteherre.

De sad igjen om Aftenen i Haven. Det var September, men en mild Aften. Alt var tyst, Træernes Løv hang fyldigt, men ubevægeligt; Intet svirrede i Græsset, og Intet summede i Luften; Naturen var saa stille sammenbøiet over sig selv, at den end ikke syntes at lytte eller at ane Noget at lytte efter.

Pludselig sagde hun: "Det banker!"

"Hvor?" spurgte han, næsten angst.

"I Æbletræet."

"Det maa have været en Fugl, der pikkede paa en Gren; jeg hørte Intet."

"Jo, det bankede ... det var heller ikke en Fugl ... det var heller ikke i Æbletræet ..."

"Hvor var det da?"

"Jeg veed det ikke ... i alle Træerne ..."

Næste Dag, da han var ude paa Egnen, befalede hun Gaardens samtlige Mænd ned i Haven, lod dem omhugge alle Træerne og Buskene og nedpløje Blomsterbedene, for at der kunde blive Kaalhave.

Da han kom hjem, sagde hun til ham: "Nu vil der ikke blive banket mere."

Han fandt dette underligt, men var glad over, at hun var kommen af med sin Forestilling – da udbrød hun: "Jo, det banker!"

"Hvor?" spurgte han.

"Inde i Huset! Inde i vort Kammer!"

"Hvordan kan Du høre det? ... Men lad os gaae derind!"

Da de kom derind, var der ingen Lyd, og han sagde: "Kan Du see! Her er ikke det Ringeste!"

Hun lagde begge Hænder paa Brystet og sagde: "Det banker paa begge Sider af Stenen – paa begge Sider!"

Det kunde han aldeles ikke forstaae; men han bar Nag til Stenen og besluttede nu at skaffe sig af med den, sendte sine Karle til Høien for at grave den ud.

man asked whose cow it was that had done this mischief, and she was told that it was the parish clerk's dun cow—but the clerk's dun cow had come into the world while she was away, and since they didn't dare to refer to this, they hastily departed.

"We're better off being alone anyway," said her husband.

Of the evening they were sitting in the garden again. It was September, but a mild evening. Everything was still, the foliage hung dense but motionless on the trees. Nothing buzzed in the grass, and nothing hummed in the air; nature was so wrapped up in itself that it did not seem to listen or even to perceive there was anything to listen for.

Suddenly she said, "Something's knocking!"

"Where?" he asked, almost frightened.

"In the apple tree."

"It must have been a bird, pecking on a branch; I didn't hear anything."

"No, something was knocking ... it was no bird, either ... it wasn't in the apple tree, either ..."

"Where was it then?"

"I don't know ... in all the trees ..."

The next day, when he was out in the district, she ordered all the men on the estate down to the garden, and had them chop down all the trees and bushes and plow the flower beds under, so that there could be a cabbage bed.

When he came home, she said to him, "Now there will be no more knocking."

He found this strange, but was happy that she had rid herself of her delusion—then she burst out, "No, something's knocking!"

"Where?" he asked.

"Inside the house! In our room!"

"How can you hear it? ... But let's go inside!"

When they came inside, there was no sound, and he said, "You can see! There's not the slightest sound here!"

She laid both hands on her breast and said, "It's knocking on both sides of the stone—on both sides!"

He could not understand it at all; but he hated the stone and decided now to get rid of it, and sent his men to the hill to dig it out.

Den sad dybere, end man havde formodet, og hele Dagen gik hen med Arbeidet.

Det var begyndt at mørkne, men pludselig lyste det i Stuen med et stærkt Skin udefra. Borgherren og hans Hustru gik Begge hastig til Vinduet.

"Aa," sagde han, "det er Hedebrand. Det er vist kommet af Uforsigtighed, Karlene have tændt Ild derovre."

"Hvorovre?" spurgte hun.

"Ved Høien. Jeg har befalet dem at tage Stenen ud af Høien."

"Og det har tændt Ild i Høien!" sagde hun.

"Ikke i Høien, men i Lyngen, tænker jeg; det er Lyngbrand."

"Ja, det er Lyngbrand!" sagde hun med underlig Tone og blev staaende og stirrede ufravendt paa den store Lue.

Stedse høiere hævede Ilden sig og blev til et Flammehav, funklende, flagrende, snart som mægtige Tunger, snart som store Vinger af en Fugl, der vilde bort, men ikke kunde, hævede sig og sank og hævede sig igjen, Altsammen ombølget af røde, lette Skyer og tindrende Gnister og undertiden umaadelig høit, som om det var store Bygninger, der brændte nedenfor.

Med Et fløi Flammen stærkt op og sank derpaa dybt, og hun udbrød: "Nu faldt Slottets Vinduer, nu fløi Fuglen!"

Han blev ikke synderlig forbauset over dette Udbrud; thi skjøndt det ikke var faldet ham selv ind, at det saae ud som et brændende Slot eller som en Fugls Vinger, paakom Forestillingen ham ved hendes Ord.

Hele Natten saaes endnu Ildslue; men den sank mere og mere sammen, og da Solen stod op, var istedenfor de lyse Flammer kun en trist Røg synlig.

Husherren kaldte paa sin Hund og gik ud for at besee Brandstedet og tillige jage, hvis der bød sig Vildt.

Da han var paa Hjemvejen, opdagede han med Et, at det lysnede stærkt paa den Kant, hvor hans Gaard laa, og i stor Uro og Angst paaskyndte han sin Gang. Snart saae han, at hans Frygt ikke havde været ugrundet; det var hans Gaard, der brændte, og da han kom ind i Borggaarden, saae han til sin endnu større Gru, at hans Hustru

It lay deeper than had been thought, and the whole day was spent at the task.

It had begun to get dark, but suddenly the room glowed with a strong glare from outside. The lord of the manor and his wife both went hurriedly to the window.

"Oh," he said, "it's a fire on the heath. It surely was caused by carelessness, the men have lit a fire over there."

"Over where?" she asked.

"By the hill. I ordered them to take the stone out of the hill."

"And that lit a fire in the hill!" she said.

"Not in the hill, but in the heather, I think; that's a heather fire."

"Yes, that's a heather fire!" she said in a strange tone and remained standing and staring fixedly at the huge blaze.

The fire grew steadily and became a sea of flame, sending off sparks, flaring up, now like immense tongues, now like huge wings of a bird that wanted to escape but could not, rose and sank and rose again, everything was surrounded by red, billowing clouds and flashing sparks at times tremendously high, as if great buildings were burning down.

Suddenly the flame blazed up high and then sank low, and she burst out, "Now the windows of the palace have fallen, now the bird has flown!"

He was not particularly surprised at this outburst; for although it had not occurred to him that it looked like a burning palace or like a bird's wings, he was seized by the notion at her words.

The whole night, the glow of the fire was still visible; but it died down more and more, and when the sun rose, in place of the bright flames only dismal smoke was visible.

The master of the house called his dog and went out to look over the site of the fire, but also to hunt, if any game presented itself.

When he was on his way home, he suddenly noticed that the area where his manor lay was brightly lit up, and in great anxiety and fear he quickened his step. Soon he saw that his fear had not been unfounded; it was his manor that was burning, and when he entered the courtyard, he saw, to his still greater horror, that his wife was

stod oppe i det øverste Stokværk, nærved at naaes af Ilden, medens Husfolkene stode ubevægelige i Gaarden og stirrede op.

"En Stige! En Stige!" raabte Husherren.

"Det kan ikke overkommes!" raabte hun og forsvandt i Ilden.

Senere sagde Folk i Debel og paa hele Egnen, at "den gale Frue" havde stukket Ild paa Debelsborg.

standing up on the top floor, where the fire was about to reach her, while the servants were standing motionless in the courtyard and staring upward.

"A ladder! A ladder!" cried the master.

"It's impossible!" she cried and disappeared into the fire.

Later the people at Debel and in the entire district said that "the mad mistress" had set fire to Debelsborg.

REALISMEN

GEORG BRANDES
(1842–1927)

I løbet af halvfjerdserne og firserne vandt en ny ånd indpas i Danmark. På mange områder måtte den kristelige idealisme en tid lang vige for den sejrende positivisme, der ytrede sig som ateisme, darwinisme, naturalisme. Inden for denne kraftige filosofiske og litterære bevægelse var den store kritiker Georg Brandes sjælen og den ubestridte fører. Blandt Brandes' talrige skrifter blev nærværende artikel, som er hentet fra hans "Kritiker og Portraiter" (1870), en formelig åbenbaring for unge skribenter som J.P. Jacobsen, Herman Bang og svenskeren August Strindberg. I denne strålende analyse af Shakespeares kunst er Brandes inspireret af Victor Hugo's kritik af Racine og Taine's bog om La Fontaine og hans fabler. – Brandes' prosa er fuld af liv og bevægelse; der ytrer sig et hæftigt temperament i hans stil. Følgen er, at ingen forbliver ufølsom over for hans ord. Endnu i dag begejstrer han nogle og forarger andre: over for Georg Brandes, som for Moses, skilles vandene.

"DET UENDELIGT SMAA"
OG "DET UENDELIGT STORE" I POESIEN

Bag den store Masse af middelmaadig Litteratur, der udkommer paa Tryk, ligger der en endnu langt større, som kun existerer i Manuscript og aldrig kommer videre. Til at kunne danne sig en fuldstændig Forestilling om sin Samtids litteraire Brøst udfordres der, at man foruden den trykte Maculatur endnu kjender den skrevne. Dens enkelte Frembringelser kjendes jo kun af Forfatteren selv og af den Vennekreds, der ædelmodigt laaner ham Øre; om den samlede Productions Totalcharakter er kun Den istand til at danne sig et paalideligt Begreb, hvis Stilling medfører, at han maa bevidne mange uforstaaede Aander og miskjendte Genier sin Deltagelse og ugenligt tilbringe nogle Timer med feminine Dramaer

REALISM

GEORG BRANDES

During the seventies and eighties a new spirit was abroad in
Denmark. In many fields Christian idealism had for a time to give
way to all-conquering positivism, which found expression in athe-
ism, Darwinism, and naturalism. The moving spirit and the un-
contested leader of this powerful philosophical and literary move-
ment was the great critic Georg Brandes. Amongst Brandes'
numerous writings the present article, taken from his "Criticisms
and Portraits" (1870), was a revelation to young writers such as
J. P. Jacobsen, Herman Bang, and the Swedish August Strindberg.
In this brilliant analysis of Shakespeare's art Brandes has been in-
spired by Victor Hugo's criticism of Racine and by Taine's book
about La Fontaine and his Fables. Brandes' prose is full of life
and movement; his vehement temperament expresses itself in his
style. As a result no one can remain unaffected by his words. Even
today he still delights some and offends others. Before Brandes,
as before Moses, the waters divide.

THE INFINITELY SMALL AND
THE INFINITELY GREAT IN LITERATURE

Behind the great mass of mediocre literature appearing in print
there is a larger amount which exists only in manuscript and never
gets any further. In order fully to sense the literary weaknesses of
our own time, one must be acquainted with that which exists only
in manuscript, in addition to the printed trash. Individual unpub-
lished productions are known only to the author himself and to
that circle of friends gracious enough to give him a hearing. The
only person who is in a position to form a reliable concept of the
overall character of the work is one whose duties include the task
of expressing his sympathy towards many misunderstood minds
and unappreciated geniuses and of spending some hours week by

og Studenterpoesier i Manuscript. Hvis eet blandt hundrede af disse Arbeider indeholder Fremtidsspirer, saa er det Spørgsmaal, Manuscripterne besvare En, dog ingenlunde det, hvad Vei Litteraturen er ifærd med at slaae ind paa; nei, der er kun een Ting, som de lære En tilgavns og med utallige Tunger, det er, hvad Vei Litteraturen har tilbagelagt, hvori vor dramatiske Stil er udmundet, og hvilken Skole i Konsten der nu uigjenkaldeligt er udtømt. Man gjør her Bekjendtskab med alle de Svagheder, som ere eiendommelige for en Efterklangslitteratur, blandt disse især med den litteraire Blegsot, som er epidemisk i den underjordiske, undseeligt tilbageholdte Forsøgspoesi. Naar man da i nogen Tid har gjennemlæst et stort Antal slette Sager, udtalt sig om dem og høstet Takken derfor, føler man undertiden en Trang til grundigt at vaske sin Aand. Man gaaer hen til sin Reol, tager "Henrik den Fjerdes" første Del ned af Hylden, slaaer Bogen op paa en Yndlingspagina og læser. –

Medens man i Almindelighed troer, at Forholdet mellem vort danske Drama og Shakspeare er det, at Oehlenschläger med polemisk Stilling til den franske Tragoedie og med Shakspeare i Ryggen gik nogle Skridt videre ad dennes Vei, er Sandheden den, at han med alt sit eiendommelige Geni af Shakspeare kun har lært yderst Lidt, paa første Haand næsten Intet, og at vi endnu have Shakspeare langt, uendelig langt foran os.

Jeg har tidligere sagt, at vor tràgiske Jambe mere og mere har vist sig at være ude af Stand til at fastholde *"det uendeligt Smaa, som udgjør Livet"*, og at vort tragiske Drama med mindre og mindre Held har stræbt at naae *"det uendeligt Store, det er Livets Aarsag, Grund og Type"*. At Shakspeare har forstaaet at omspænde begge disse Poler og Alt, hvad der ligger imellem dem, er hans evige Storhed.

Det uendeligt Smaa

Da i "Henrik den Fjerdes" første Del Oprørernes Udsending har fremsat deres Fordringer, udbryder Kongen i følgende Ord:

week over effeminate dramas and student poetry in manuscript. Even though one in a hundred of these works may contain the seeds of the future, the question answered for us by these manuscripts is not: which road is literature upon? No, there is only one useful thing they teach us, and with countless voices: the road that literature has already traversed, what has happened to our dramatic style, and which artistic school is now irrevocably exhausted. Here one can acquaint oneself with all the weaknesses characteristic of derivative literature, amongst these especially the literary anaemia which is epidemic amongst such submerged and modestly withheld literary attempts. When one has spent some time in reading through a large number of bad works, has passed judgment on them and has received one's thanks, one sometimes feels the need of washing out one's mind thoroughly. One goes over to the bookcase and takes 'Henry IV, Part 1' down from the shelf, opens it at a favourite passage and begins to read.

Although it is usually thought that the relationship between our Danish drama and Shakespeare is to the effect that Oehlenschläger, taking a polemical attitude toward French tragedy and with Shakespeare to support him took some steps along Shakespeare's path, the truth is that for all his individual genius he really learnt extremely little from Shakespeare and almost nothing first hand, and that we still have Shakespeare far, infinitely far, ahead of us.

I have said before that our tragic iambic verse has been proving more and more incapable of preserving "the infinitely small which makes up life" and that our tragic drama has struggled with less and less success to attain "the infinitely great, which is the cause, the foundation and the model of life itself." It is Shakespeare's eternal glory that he has understood how to embrace these two extremes and everything that lies between them.

The infinitely Small

In *Henry IV*, Part 1, after the emissary from the rebels has put forward their demands, the king exclaims:

Det har I Led for Led jo regnet op,
Udraabt paa Markeder, læst op i Kirker
For at udpynte smukt Oprørets Klædning
Med Farver, der kan stikke ret i Øiet
Hver løs Veirhane, hver en stakkels Skrighals,
Der spærrer Munden op og kløer sin Albu
Ved Rygtet om en dygtig Oprørstummel.

De udhævede Ord ere plumpe, det er sandt; men hvilken Ind-
bildningskraft er saa søvnig, at den ikke ved Hjælp af dem bliver
visionair. Idet denne enkelte uværdige, vulgaire Gestus paabe-
raabes, see vi en hel Scene, som om vi vare Øienvidner til den. Vi
erfare ikke kort og godt, at med hine Argumenter har man præket
Oprør rundt i Landet, vi see den urolige, sammenstimlede Mængde,
den paa Muren opslagne Proclamation og den enkelte gabende,
tvivlraadige Karl, der lytter eller læser. Troer man, at vort tragiske
Vers vilde give Plads for saadanne stygge Ord? Eller føler man
ikke, at vor usalige Forestilling om Tragoediens poetiske *Værdighed*
her har været vore Digtere en Lænke om Benet?

I den herlige og gribende Scene, da Fru Percy længe forgjæves
og med Angst har bønfaldt Hotspur, sin Mand, om at sige hende,
hvilke Planer han har for, og af hvilken Grund han paany staaer
beredt til i Pandser og Plade at kaste sig paa Hesten for at sætte
Livet paa Spil, og da hun bestandig gjækkes for Svar, har hun disse
Ord:

Nu brækker jeg din lille Finger, Henrik,
Hvis ei Du siger mig den rene Sandhed.

Dette Træk er rent ud guddommeligt. Det er kun et Par Ord,
og disse Ord ere langt fra at udtrykke nogen ophøiet eller mærkelig
Tanke, eller endog blot en Tanke, men dog ligger der i dem en hel
Situation, en aandelig og en plastisk, et helt Forhold, to elskende
Ægtefællers, og her glimter ovenikjøbet i Overgangen fra den ind-
trængende Bøn til dette kjælne og fortrolige Skjælmeri en Straale
af *det* Kvindelige, som vor hele dramatiske Litteratur forgjæves har

> These things indeed, you have articulate,
> Proclaim'd at market-crosses, read in churches,
> To face the garment of rebellion
> With some fine colour that may please the eye
> Of fickle changelings and poor discontents,
> *Which gape and rub the elbow at the news*
> Of hurlyburly innovation.

The italicised words are coarse, it is true, but what imagination is so sleepy that it does not become visionary with their help. By the evocation of this single undignified and vulgar gesture we see the whole scene as if we were eye-witnesses. We are not merely told that rebellion has been proclaimed all over the country with such and such arguments, but we see the restless mob which has come together, we see the proclamation posted up on the wall and every single yawning, irresolute labourer listening to it or reading it. Can one imagine that our tragic verse would find room for such ugly words? Or does one not feel that our unfortunate concept of the poetic dignity of tragedy has in such cases fettered our poets?

In that grand and moving scene where Lady Percy, in anguish, has at length and in vain been begging Hotspur, her husband, to tell her what his plans are and why he is once more standing in armour ready to leap on his horse and hazard his life, and when she is continually made fun of in reply, she says these words:

> In faith, *I'll break thy little finger,* Harry,
> An if thou wilt not tell me all things true.

This touch is absolutely divine. It comprises but a few words and these words are far from expressing any elevated or remarkable thought or even any thought at all, but yet they contain a complete situation, both spiritual and plastic, a complete relationship, that of two loving partners; more than this: in the transition from importunate entreaty to wheedling and confidential banter, we get a glimpse of feminine nature, which our whole dramatic literature has searched for in vain. Can one think that a Danish playwright who wanted to depict a conversation between Niels Ebbesen and

gjort Jagt paa. Troer man, at en dansk Digter, hvis han ville fremstille f.Ex. Niels Ebbesens og hans Hustrues Samtale før Toget til Randers, vilde falde paa at vove et saadant Træk? Eller føler man ikke, at vor tragiske Skuespil-Declamations dumt-alvorlige *Høitidelighed* vilde vise sig fuldkomment uskikket til at magte den Art simple, virkelige, ubeskriveligt naturlige Repliker?

Henrik Percy beskriver, hvorledes det gik til, at han negtede at udlevere sine Fanger. Han begynder med til sit Forsvar at skildre den Hofmand, der affordrede ham dem.

> Da kom en Herre pyntelig og stram,
> Frisk som en Brudgom, med nyklippet Skjæg
> Paa Hagen, som en Stubbemark i Høst,
> Han duftede ret som en Modekræmmer.

Men han nøies ikke med den almindelige Skildring, han indskrænker sig ikke til at anføre, hvad Manden sagde om Fangerne, han giver en Prøve paa selve hans Passiar.

> Det tirred mig til Galenskab at see,
> Hvor blank han skinned, og hvor sødt han duftet,
> Og hvor han sladred som en Kammerfrøken
> Om Trommer, Saar, Kartover – saa Gud naade,
> *Fortalte mig "det ypperste paa Jorden*
> *For indre Skade, det var Spermacet,*
> Og at det var en Jammer, ret en Jammer
> At det afskyelige Salpeterkram
> Skal graves op af Jordens milde Skjød."

Hvorfor dette "Spermacet"? Hvortil denne Udførlighed og Anførelsen af saa ubetydelig og latterlig en Enkelthed? Fordi dette Enkelte er Virkeligheden, fordi det Enkelte er Livet og fremkalder Illusionen. Netop fordi man ikke strax indseer en Grund, hvorfor der nævnes saa ringe, saa ligegyldig og tillige saa nøiagtigt bestemt en Enkelthed, synes den En umuligt at kunne være opdigtet. Men i dette usle Ord hænge alle de andre Forestillinger, den hele Illusion, som i en Kjæde. Er dette virkeligt, saa er ogsaa alt det Andet virkeligt, og man seer Henrik Percy for sig, støvet og blodig paa Holme-

his wife before the march to Randers, for example, would think of risking such a touch? Or do we not feel that the stupid solemnity of our tragic declamation would prove completely unsuited for mastering this kind of simple, real, and indescribably natural dialogue?

Henry Percy recounts how it came about that he refused to hand over his prisoners. To defend himself he begins by describing the courtier who came to demand them:

> Came there a certain lord, neat and trimly dress'd,
> Fresh as a bridegroom; and his chin new reap'd,
> Show'd like a stubble land at harvest home:
> He was parfumed like a milliner.

But he is not content with a general description; he does not limit himself to quoting what the man said about the prisoners; he gives a sample of his chatter:

>   for he made me mad
> To see him shine so brisk and smell so sweet
> And talk so like a waiting gentlewoman
> Of guns, and drums, and wounds – God save the mark! –
> *And telling me the sovereignest thing on earth*
> *Was parmaceti for an inward bruise,*
> And that it was great pity, so it was,
> This villainous saltpetre should be digg'd
> Out of the bowels of the harmless earth.

Why this about "parmaceti?" Why go into such particulars and why quote such an insignificant and ridiculous detail? Because this detail is reality, because the particular is life and creates the illusion. Just because we cannot immediately see a reason for such a small, trivial, yet at the same time such a finely judged detail being mentioned, it seems impossible to have been made up. But on this paltry word all the other concepts, the whole illusion, hang together as on a chain. If this is real, then all the rest is real too, and we can see Henry Percy in front of us, covered with dust and blood on Holme-

don Mark, man seer Cavaleren ved hans Side holde sig for Næsen, da Ligene bæres forbi, og man hører ham give den unge Feltherre sit lægevidenskabelige Raad. – I den regelmæssige danske Tragoedie har Alt, hvad der siges, et directe Forhold til Helheden; der er ikke et Ord deri, som ikke ligefrem lader sig forklare ud fra Stykkets almindelige Idee; saaledes bliver det Enkelte, ligesaa almindeligt som Ideen, eller med andre Ord: der gives intet Enkelt. Af oratorisk Forkjærlighed for det Abstracte og Ideelle, af Uvillie mod det sandseligt og legemligt Reelle udelade vi alt det Enkelte, istedenfor hvilket der ligesaa godt kunde staae en anden Enkelthed. Ikke en Tjener, ikke en Næsten-Statist har kunnet optræde, uden at hvert Ord, der udgik af hans Mund, dreiede sig om det Samme, hvorom Hovedpersonernes Tale dreiede sig. Ved første Blik opdager man den logiske Traad, der er befæstet i hans Nakke. Er Bipersonen ikke her, som i den gamle franske Tragoedie, Heltens Fortrolige, saa er han idetmindste Digterens Fortrolige, og dette directe Forhold til Hovedtanken gjør Situationerne ligesaa abstracte som Dictionen. Hos Shakspeare er det anderledes: Efterat i "Henrik den Fjerde" Sammensværgelsen er stiftet paa det kongelige Slot, aabnes anden Act med en Scene i en Værtshusgaard ved Landeveien. Det er lige i Dagningen; nogle Fragtmænd gaae med deres Lygter over Gaarden til Stalden for at sadle deres Heste, de raabe, sladre og fortælle hverandre, hvorledes deres Nat er gaaet. De tale ikke et Ord om Prinds Henrik og Falstaff; de tale om Havrepriserne og om, at "der rent er vendt op og ned paa Huset her, siden Robert Staldmester døde." Deres Repliker angaae ikke directe Handlingen, men de skildre Localet, hvor Handlingen foregaaer; de male, paa hvilke Steder Falstaff og Prindsen paa deres Eventyr færdes, de stemme og forberede kun; men aldrig blev maaskee i Poesien saa Meget givet med saa Lidt. Nattehimlen med Carlsvognen, "som staaer over den nye Skorsten", Lygternes usikre Skjær i det smudsige Gaardsrum, det første friske Daggry, den taagede Luft, den blandede Stank af de fugtige Ærter og Bønner, af Flæsk og Ingefær – man fornemmer det Alt. Alle Ens Sandser tages i Beslag, man seer, hører, lugter, man føler med den Fragt-

don Field; we see the courtier by his side, holding his nose as the corpses are carried past, and we hear him giving the young command- er medical advice. In the general run of Danish tragedy everything that is said has a direct bearing on the whole; there is no one word which cannot be explained immediately from the general idea be- hind the play; thus the particular becomes just as general as the idea or, in other words, there is no particular. Because of an ora- torical preference for abstractions and ideas, and an aversion to perceptible and physical reality, we omit those particular details which could just as well be replaced by other details. No servant, no bit-player, has been able to come on the stage without every word uttered being concerned with the same theme as the speeches of the principals. At the very first glance we discover the thread of logic to which he is firmly attached. Even though the subordi- nate character here may not be the confidant of the hero as in the old French tragedy, he is at least the poet's confidant, and this direct relationship to the main theme makes the situations just as abstract as the diction. In Shakespeare it is different. In *Henry IV,* after the plot has been laid in the royal palace, the second act opens with a scene in an inn-yard by the road. It is just dawn; some carriers are walking to the stable with their lanterns, to saddle the horses; they are shouting, chattering and telling one another how they have been spending the night. They do not say a word about Prince Henry and Falstaff, they talk about the price of oats and that "this house is turned upside down since Robin Ostler died." Their speech does not concern the action directly, but they describe the spot where the action takes place; they depict the places that Fal- staff and the Prince frequent on their adventures; they only give the atmosphere and prepare the way, but perhaps never in litera- ture has so much been depicted by so little. The night sky with "Charles' Wain over the new chimney," the uncertain gleam of the lanterns in the dirty inn-yard, the first fresh light of dawn, the hazy air, the mingled reek of the damp peas and beans, of pork and ginger—we can sense it all. All our senses are seized upon: we see, hear, smell, we feel what the carrier felt, who curses the place and

mand, som forbander Stedet og troer, at Huset er "det nederdrægtigste Huus paa hele Londonveien med Lopper". I første Act havde man et stort, lyst Historiemaleri for Øie, nu staaer man for et mindre, uovertræffeligt malet Rembrandtsk Stykke. Man veed ikke selv, hvori det ligger, at Situationen saaledes overvælder En med Virkelighedens hele uafviselige Magt; men Aarsagen er den, at Shakspeare atter her har rystet vore Nerver gjennem det uendeligt Smaa, der ligger til Grund for enhver Sandsning.

Overgangen fra det Smaae til det Store

Lad os see, hvorledes det lykkes Shakespeare ud fra dette Lille at naae det Store og i Kraft af det Enkelte at naae det Almene. Lad os i den Hensigt dvæle ved en af Stykkets Charakterer, ved Hotspur f.Ex. Jeg anfører en Stump af en af hans Monologer.

Henrik Percy kommer ind med et Brev og læser:

"Men for mit eget Vedkommende, ædle Herre, kunde jeg vel have Lyst til at være med paa Grund af den Hengivenhed, jeg har for Eders Huus." – Han kunde have Lyst! – Hvorfor er han da ikke med? paa Grund af den Hengivenhed, han har for vort Huus – man seer heraf, at han gjør mere af sin egen Lade end af vort Huus. Lad mig see videre. (Læser:) "Den Sag, I har for, er farlig" – ja det er vist og sandt; det er farligt at forkjøle sig, at spise og drikke; men jeg kan sige Jer, min ædle Hr. Tossehoved, Faren er en Brændenelde, hvoraf vi plukke en Blomst, som hedder Sikkerhed. (Læser:) "Den Sag, I har for, er farlig, de Venner, I har nævnet, upaalidelige, Tiden selv ikke godt valgt og Eders Plan for let, til at kunne opveie saa stor en Modstand." – *Siger I det, siger I det? Jeg siger Jer igien, I er en dum, feig Stymper, og I lyver.* Hvad er det dog for en Dosmer! Ved Gud, vor Plan er saa god en Plan, som nogensinde er lagt; vore Venner ere troe og paalidelige, en god Plan, gode Venner og de bedste Forhaabninger! Ypperlig Plan! Meget gode Venner! Hvad er det for en vantro Skurk, en Hedning! … O jeg kunde dele mig selv i to Dele og lade den ene give den anden Kindheste, fordi jeg har prøvet paa at bevæge saadan en Skaal afskummet Mælk til en saa hæderlig Bedrift! Pokker i Vold med ham? Lad ham melde det til Kongen! Vi ere færdige! Jeg vil bryde op i Aften."

thinks that the house is "the most villainous house in all London road for fleas." In the first act we were presented with a large bright historical canvas, now we are in front of a smaller, incomparably painted piece by Rembrandt. We do not ourselves know how it comes about that we are so overwhelmed by the irresistible power of the reality of this situation, but the reason is that Shakespeare has once again shaken us by making use of the infinitely small which underlies every sensation.

The Transition from the Small to the Great

Let us see how Shakespeare succeeds by proceeding from the infinitely small to achieve the infinitely great, and, by means of the particular to achieve the general. For this purpose, let us spend some time considering one of the characters of the play, for instance Hotspur. I quote a passage from one of his monologues.

Henry Percy enters, reading a letter:

"But for mine own part, my lord, I could well be contented to be there, in respect of the love I bear your house." He could be contented; why is he not then? In respect of the love he bears our house! He shows in this he loves his own barn better than he loves our house. Let me see some more. "The purpose you undertake is dangerous";—Why, that's certain; 'tis dangerous to take a cold, to sleep, to drink; but I tell you my lord fool, out of this nettle, danger, we pluck this flower, safety. "The purpose you undertake is dangerous; the friends you have named uncertain; the time itself unsorted; and your whole plot too light for the counterpoise of so great an opposition." *Say you so, say you so? I say unto you again, you are a shallow cowardly hind, and you lie.* What a lack-brain is this! By the Lord, our plot is a good plot as ever was laid; our friends true and constant: a good plot, good friends, and full of expectation; an excellent plot, very good friends... What a pagan rascal is this! an infidel! ... O! I could divide myself and go to buffets, for moving such a dish of skim milk with so honourable an action. Hang him! let him tell the king; we are prepared. I will set forward tonight.

Man behøver kun at lukke sine Øine for at see ham for sig og høre hans Stemme. Han gaaer op og ned ad Gulvet, medens han læser, men hører man ikke paa hans Tale, at han ikke gaaer som Enhver, at han har en Gang for sig selv? Til en almindelig ædel Tragoediehelts Monologer svare de bekjendte tragiske Pas, men til Ord som hine hører en Gang, der er særegen, hurtig og uregelmæssig. Henrik Percy hedder ikke Hotspur for Intet; hvadenten han rider eller gaaer, er hans Bevægelse lige underlig og voldsom.

> Han var det Speil,
> Hvorefter ædel Ungdom smykked sig,
> *Den gjaldt for lam, der ikke gik som han.*

I en virkelig Charakter staaer Alt i Sammenhæng: Legemets Bevægelser og Talens Accent. Man hører i Hotspurs Monolog, hvorledes Ordene snuble over hverandre, hvorledes han, uden at give sig Tid til at tale Ordene fuldt ud, stammer af lutter Utaalmodighed og ikke siger nogen Stavelse, som jo det choleriske Temperament har stemplet.

> Han stammede, og det, som var hos ham
> Naturens Lyde, blev de Tapres Sprog,
> Thi de, som kunde tale jævnt og sindigt,
> Forvansked deres Tunges Færdighed,
> For ham at ligne. Saa i Sprog og Gang,
> I Levevis og alle Blodets Luner
> Var han det Maal, det Speil, den Bog, det Mønster,
> Hvorefter Andre danned sig.

Hos os er det ikke Brug at vise, hvorledes Helten taler. Man seer, at Shakspeare ikke ansaae en Eiendommelighed i denne Henseende for at være til Hinder for den tragiske Pathos. Man troe ikke heller, at Shakspeare her slavisk har fulgt en historisk Overlevering, at han har optaget et saadant Træk som en Udvorteshed. Hvo, der vil

We need but to close our eyes to see him before us and to hear his voice. He is pacing up and down while he reads. But can we not hear from his speech that he does not walk just like everybody else: he has his own peculiar gait. The monologues of a run-of-the-mill noble tragic hero are made to fit the well-known tragic gait, but to words like these here there belongs a special quick and irregular step. Not for nothing is Henry Percy called Hotspur; whether he is riding or walking, his motion is just as strange and violent:

> he was indeed the glass
> Wherein the noble youth did dress themselves:
> *He had no legs, that practis'd not his gait.*

In a real character everything hangs together: movements of body and intonation of speech. In Hotspur's monologue we can hear how the words tumble over one another, how without giving himself time to pronounce the words completely, he stammers with pure impatience and does not say one syllable which is not stamped with his own choleric temperament.

> And speaking thick, which nature made his blemish,
> Became the accents of the valiant;
> For those that could speak low and tardily
> Would turn their own perfection to abuse,
> To seem like him; so that in speech, in gait,
> In diet, in affections of delight,
> In military rules, humours of blood,
> He was the mark and glass, copy and book,
> That fashion'd others.

With us it is not customary to shew how the hero speaks. We can see that Shakespeare did not regard a peculiarity in this respect to be a hindrance to tragic pathos. Nor can we believe that Shakespeare has here slavishly followed an historical tradition, or that he has regarded such a characteristic as something merely superficial. Anyone who takes the trouble to read through the source-material

276 Georg Brandes: "Det uendeligt Smaa" og "det uendeligt Store"

gjøre sig den Besvær at efterlæse Materialet til "Henrik den Fjerde" i Holinsheds Folio-Krønike og i de engelske Ballader om Percy og Douglas, vil kunne overbevise sig om, at Historien kun har givet Shakspeare et Navn og nogle Bedrifter; nei, men Digteren har med en saadan Styrke forestilt sig det bestemte, individuelle Temperament, at Alt indtil det mest Ydre former sig derefter. –

Hotspur stammer af Utaalmodighed, han er adspredt og glemsom af lutter Lidenskab. Hans gjennemgaaende Ubesindighed viser sig i saa lille et Træk, som at han ei besinder sig paa sine Ord. Da de Sammensvorne skulle dele Landet, farer han op med en Forbandelse, fordi han har glemt sit Kort. Skal han fortælle, er han saa optaget af sin Gjenstand, og flyver med en saadan Lidenskab imod den, at alt det Mellemliggende gaaer ham af Minde.

> Ha se, det snærter mig som Ris, det brænder
> Som Nelder, prikker mig som Myrer, naar
> Jeg hører om den Ræv, den Bolingbroke.
> *I Richards Tid – hvad hedder Stedet dog?*
> *Gid Pokker havde det – i Glostershire,*
> *Der, hvor hans Farbror laa, den gale Hertug,*
> *Hans Farbror York* – hvor først jeg bøied Knæ for
> Den Smilekonge, denne Bolingbroke?

Taler en Anden ham til, da hører han vel i Begyndelsen efter, men snart tage hans Tanker deres egen Fart, han glemmer, hvor han er, hvad der siges; han er borte, og da Fru Percy har endt sin lange, rørende Opfordring med disse Ord:

> En svar Bedrift har nu min Husbond for,
> Den maa jeg kjende, ellers elsker han
> Mig ikke længer,

faaer hun intet andet Svar end

> Hei! Er William gaaet med Brevet? .
> *En Tjener* (kommer ind).
> For en Time siden, Herre!
> *Henrik Percy*
> Har Butler bragt de Heste fra Sheriffen? o.s.v.

of *Henry IV* in Holinshed's chronicle and the English ballads about
Percy and Douglas, will be able to confirm for himself that history
has furnished Shakespeare with only a name and some exploits.
But with such power has the poet imagined a definite, individual
temperament that everything down to the most superficial detail
is shaped to fit.

Hotspur stammers with impatience, he is absent-minded and
forgetful through sheer passion. His constant rashness is shewn
in such little matters as his not paying attention to the words he
uses. When the conspirators were to divide up the country, he
bursts out with a curse because he has forgotten his map. If he
is to recount any incident, he is so taken up by the subject in hand
and rushes at it with such passion that all intervening matters escape
his attention.

> Why, look you, I am whipp'd and scourg'd with rods,
> Nettled and stung with pismires, when I hear
> Of this vile politician, Bolingbroke.
> *In Richard's time—what do ye call the place?*
> *plague upon it—it is in Gloucestershire;*
> *'Twas where the madcap duke his uncle kept,*
> *His uncle York;* where first I bow'd my knee
> Unto this king of smiles, this Bolingbroke
>
> ...

If someone else speaks to him, he listens well enough at first, but
soon his thoughts go off on their own track, he forgets where he
is and what is being said; he is far away, and when Lady Percy has
finished her long and moving appeal with these words:

> Some heavy business hath my lord in hand,
> And I must know it, else he loves me not.

she gets no other reply but this:—

(Enter Servant)
> What ho! Is Gilliams with the packet gone?
> *Servant.* He is, my lord, an hour ago.
> *Hotspur.* Has Butler brought those horses from the sheriff?...

Og denne Distraction er saa langt fra at være tilfældig eller enestaaende, at Prinds Henrik netop charakteriserer ham ved den. "Endnu", siger han, er jeg ikke tilsinds som Percy, Nordens Hedspore; han slaaer en sex, syv Dousin Skotter ihjel til Frokost, derpaa vasker han sine Hænder og siger til sin Kone: "Jeg er kjed af det stille Liv; jeg trænger til at røre mig!" – "O, min søde Henrik," siger hun, "hvormange har Du slaaet ihjel idag?" – "Giv min Skimmel en Spand Vand!" siger han, og *en Time efter svarer han*: "Aa, en tolv, fjorten Stykker, Bagatel, Bagatel!"

I den Grad indtrængende, med en saadan Fordybelse i Egenheder, Lyder, Nykker, Luner og Vaner, alle afledte af Temperamentet, af Blodets hurtige eller langsomme Løb, af Legemets Bygning, af Livet inden Døre eller under aaben Himmel paa Hesteryg og i Leding, med en saadan Kjærlighed til det Smaae er det, at Shakspeare udfører sine største, sine mest heroiske Charakterer. Urolig Gang, stammende Tale, Glemsomhed, Distraction, Intet er ham for ringe. De skildre sig selv i hver Sætning, de sige, uden nogensinde at tale et Ord om sig selv, og hvis de skildres af Andre, da skeer det ikke gjennem Opregning af deres store Egenskaber i skjønne almindelige Udtryk, der hverken belyse eller male, men gjennem smaa Kjendsgjerninger, smaa charakteristiske Anecdoter, der constatere Egenskaben uden at nævne den. De blive ikke mindre heroiske for det. Men bag de ydre og overfladiske Egenskaber skimtes de dybere og betydningsfuldere, der ere hines Aarsager. Ogsaa disse ere inderligt sammenknyttede, ogsaa disse røbe sig i henkastede Ord. Den samme Helt, hvem Stoltheden, Æresfølelsen, Uafhængighedsdriften og Modet lægge de mest sublime Udtalelser paa Læben, høre vi spøge og snakke, ja vrøvle. Ogsaa Vrøvlet og Spøgen høre med til et virkeligt Menneske, ogsaa i dem røber en Side af Væsenet sig:

Henrik Percy
Naa Kathrine, nu skal Du ogsaa synge mig en Vise!

Fru Percy
Nei, min Tro, om jeg gjør.

And this absent-mindedness is so far from being a fortuitous or isolated state of mind that Prince Henry characterises him by just this very thing:

> I am not yet of Percy's mind, the Hotspur of the North; he that kills me some six or seven dozen of Scots at a breakfast, washes his hands, and says to his wife, "Fie upon this quiet life! I want work." "O my sweet Harry," says she, "how many hast thou killed today?" "Give me my roan horse a drench," says he, and answers, "Some fourteen," *an hour after,* "a trifle, a trifle."

It is by penetrating to such a degree and with such absorption into their peculiarities, defects, whims, caprices, and habits, all of them deriving from their temperaments, from the swift or slow pulsation of the blood, from the build of the body, from an indoor life or an outdoor life on horseback or at the wars, it is with such a love of the infinitely small that Shakespeare portrays his greatest and most heroic characters. Restless gait, stammering speech, forgetfulness, absent-mindedness, nothing is too small for him. His characters describe themselves in every sentence they utter, without ever speaking a word about themselves. If they are described by others, then this is not done by reckoning up their great qualities in fine-sounding general terms which are neither illuminating nor descriptive but through small facts, little characteristic anecdotes which confirm the existence of a quality without actually naming it. They do not become the less heroic because of that. But behind the outward and superficial qualities there can be glimpsed those deeper and more important qualities which cause the former. These too are very closely bound together; and these too reveal themselves in casual words. The same hero, in whose mouth pride, a sense of honour, the urge for independence, and courage have put the most sublime utterances, we now hear joke and chatter, and even talk nonsense. Even nonsense and joking are a part of a real human being and in them, too, one facet of the personality is revealed.

Hotspur. Come Kate, I'll have your song too.
Lady Percy. Not mine, in good sooth.

Henrik Percy
"Nei, min Tro, om Du gjør!" Mit lille Hjerte, Du bander som en Kukkenbager-Kone: "Nei, min Tro, om jeg gjør", og "saasandt jeg lever", og "saasandt Gud hjælpe mig!" og "saavist som Solen skinner!" ... *Sværg som en Adelsfrue,* det er Du jo, og overlad "min Sandten", "min Tro" og det Slags Peberkage-Eder til søndags-klædte Borgermadamer.

I en dansk Nutids-Tragoedie er Helten for høitidelig til at vrøvle og for livløs til at spøge. Som en ægte Adelsmand fra Feudaltiden viser Hotspur sig i sin Slagtale som en daarlig Taler (han staaer i den Henseende langt tilbage for Oehlenschlägers Palnatoke), han er ligesaa fremmed for Sværmeri som for Veltalenhed (i dette Punkt staaer han fjernt fra Oehlenschlägers unge Helte), han foretrækker sin Hunds Tuden for Musik og erklærer, at Messinglysestager, der skrabes mod hinanden, ikke hvine ham i Tænderne som Versesme-des og Visekræmmeres Versehakkemad. I en dansk Tragoedie vilde Digteren ikke forsømme at give hvilkensomhelst af sine Personer, der viste saa liden æsthetisk Begavelse og Sands, en dygtig Repri-mande og en begeistret Lection i Poesiens Betydning. Shakspeare undlader dette, men han skaaner ikke sin Helt for en eneste af de Mangler, der ere hans Fortrins Consequentser.

Det uendeligt Store

Fra først til sidst, fra Top til Taa er da Hotspur *Feudaltidens* Helt, ligegyldig for Dannelse og Politur, trofast mod sin Vaabenbroder indtil at sætte Alt paa Spil for hans Skyld, hverken knyttet til Arbeidet, Staten eller Kongen, Oprører ikke for en Samfundsidees Skyld, men fordi Uafhængigheden gaaer for Alt, en stolt, selvstæn-dig, hensynsløs Vasal, der, selv en Art Underkonge, har afsat een Konge, og nu vil afsætte den, han selv har indsat, fordi han ikke har holdt sine Løfter. Bedækket med Hæder, bestandig mere umæt-telig efter Krigerære er han stolt formedelst sin Uafhængighed og sanddru af Stolthed.

Henry Percy. Not yours, 'in good sooth!' Heart! you swear like a comfit-maker's wife! 'Not you, in good sooth'; and, 'as true as I live'; and, 'as God shall mend me'; and, 'as sure as day':
... Swear me, Kate, like a lady as thou art, A good mouth-filling oath; and leave 'in sooth,' And such protest of pepper-ginger-bread, To velvet-guards and Sunday-citizens.

In a modern Danish tragedy the hero is much too solemn to talk nonsense and too lifeless to make a joke. As a true feudal-age nobleman Hotspur shews himself in his battle-speech to be a poor speaker (in this respect he is far behind Oehlenschläger's Palnatoke), he knows as little of fanaticism as he does of eloquence (in this respect, he is far removed from Oehlenschläger's young heroes), he prefers the baying of his hound to music and declares that hearing a brazen candlestick turned does not set his teeth on edge so much as rhyme-smiths' and ballad-mongers' "mincing poetry." In a Danish tragedy the playwright would not fail to give any of his characters who shewed so little aesthetic talent and sense a thorough reprimand and an impassioned lesson on the importance of poetry. Shakespeare avoids doing this, but he does not spare his hero of a single one of the defects which are the consequences of his good qualities.

The infinitely Great

From first to last, from top to toe, Hotspur is the hero of the feudal age, indifferent to education and courtly manners, faithful to his brother-in-arms to the point of hazarding everything for his sake, attached neither to toil, the state, or the king, a rebel not because of any social idea but because independence is worth everything, a proud, self-sufficient, ruthless vassal, who is himself a kind of petty king and who has deposed one king and now wants to depose the king he has installed because he has not kept his promises. Covered with glory and more and more insatiable for the honours of war, he is proud because of his independence, and upright because of his pride.

Fra Isse til Fod er Hotspur dernæst *Engelskmand,* han forener i sig Nationens bedste Egenskaber, den nationale Heftighed og Djærvhed, med Raskhed og Praleri, man sporer hans Afstamning i hans ugalante, men hjertelige Forhold til sin Hustru og de Medsammensvorne, i hans Ridderligheds Form, der er nordisk, ei romansk, i hans vikingeagtige Lyst til Kampen for Kampens og Ærens egen Skyld uden sværmerisk Hensyn til nogen Dames Bifald.

Men i hvert Ord, hver Bevægelse, hver Sindsstemning, hver Handling er Hotspur endelig *Mand.* Han er saa dybt, saa ganske en Mand, at man, naar man har lært ham at kjende, finder al Manddoms Type i ham. Han er det i den Grad, at han i den moderne Poesi er det eneste Modstykke til Achilles i den græske. Man kunde skrive en hel Afhandling om Forholdet imellem Achilles og ham. Hin er Oldtidens, denne Middelalderens Helt. De ere lige herlige, lige ædle, lige heltemodige. Det Eneste, der mangler Hotspur i Sammenligning med den græske Helt, det er den frie Naturlighed. Hotspurs Sjæl er blevet indsnerpet og hærdet ved at spændes i Feudaltidens Harnisk. Med alt det, at han er en Heros, er han tillige en Soldat, forpligtet og vænnet til at være altfor modig, nødsaget og indskrænket til at gaae op i Krig og Orlog. Han kan ikke græde som Achilles, og han vilde skamme sig derover, ifald han kunde. Han kan ikke spille paa Lyra som Achilles, og han vilde ikke kjende sig selv igjen, ifald han blev tvunget til at tilstaae, at Musiken dog lød skjønnere i hans Øren end Hundeglam og Kattenes Mjav. Han opveier disse Mangler ved sin Charakters ubøielige, rastløse Energi, ved sin mandige Sjæls Foretagelsesdrift, ved sin ædle og virksomme Ærgjerrighed, ved sin kjærnesunde, fuldtberettigede Stolthed. Det er disse Egenskaber, som gjøre, at han, uden at blues for Sammenligningen, kan træde i Skranken med en Halvgud.

Saa dybe Rødder har denne individuelle Charakter, saa almen en Betydning med saa egen en Udvikling. Sær i sin Fremtræden, er den typisk i sin Grund. Feudaltidens ubændige og voldsomme Adelsaand, den engelske Stammes hele hensynsløse og foretagende Handlekraft, Mandsnaturen selv i dens strenge Ægthed, som hele Litteraturer end ikke een Gang have naaet til at fremstille, alle disse uhyre, dybt til Grund liggende, en hel Tid, en hel Nation og den halve Menneskenatur bestemmende uendelige Kræfter røre sig i

From head to toe Hotspur is next an Englishman; he combines within him the best qualities of the nation: national impetuousness and frankness, with hastiness and boastfulness. We can trace his descent in his ungallant but cordial relations with his wife and his fellow-conspirators, in the form of his chivalry, which is Nordic, not Romance, in his Viking-like delight in battle for its own sake and for the sake of the glory that it brings, without any enthusiastic thoughts of winning a lady's approval.

But in every word, every gesture, every mood, every action, Hotspur is finally a *man*. He is so profoundly, so completely a man, that when we have got to know him, we find in him a type of complete manhood. This he is to such an extent that in modern literature he is the only counterpart to Greek literature's Achilles. It would be possible to write a whole study of the relationship between Achilles and Hotspur. The former is the hero of antiquity, the latter the medieval hero. They are equally glorious, equally noble, equally heroic. The only quality that Hotspur lacks in comparison with the Greek hero, is unrestrained naturalness. Hotspur's soul has been curbed and hardened by being buckled into the armour of the feudal age. Even though he is a hero, he is at the same time a soldier, obliged by duty and habit to be far too courageous, constrained and cramped to lose himself in war and battle. He cannot weep like Achilles and if he could he would be ashamed to. He cannot play the lyre like Achilles and he would not recognize himself if he were forced to admit that music sounded sweeter to his ears than the baying of hounds or the mewing of cats. He makes up for these defects by the relentless, untiring energy of his character, by the enterprising drive of his manly soul, by his noble and active ambition, by his healthy and fully justified pride. These are qualities which make him fit, without a blush at the comparison, to enter the lists with a demigod.

Such deep roots has this individual character, so universal a significance, in spite of a development so personal. The unbridled and violent spirit of the nobility in the feudal age, the whole ruthless and enterprising energy of the English race, the masculine nature in the very harshness of its reality, which whole literatures have not succeeded in presenting, all these vast and profoundly basic forces, which are determinant of a whole age, a whole nation and half of human nature, are at work in this character. Fashioned

denne Charakter. Udformet indtil *det uendeligt Smaa, som Sandsningen sammenfatter,* indeholder den *det uendeligt Store, i hvilket Tanken udmunder,* naar den søger en hel historisk Epoches Aarsag og Ideal.

Med alt det er nu Hotspur som bekjendt slet ikke Helten i Shakspeares "Henrik den Fjerde". Han er kun den Personlighed, der som Contrast er stillet overfor Heltens, den unge Prindses fordringsløse Væsen, frie Legen med sin Værdighed, sorgløse Ringeagt for al ydre Ære, alt Pral og Skin. Hvert Ærens Blad, hedder det betegnende, der grønnes om Hotspurs Hjelm, plukker Henrik af Wales til en Krands om sit Hoved. Paa Hotspurs Spørgsmaal om, hvor den forrykte Prinds af Wales og hans Stalbrødre ere, viser det sig, hvilke Farver Digteren har holdt tilbage til Skildringen af sin sande Helt. Endog en Fjende af Prindsen udmaler hans Hærtog saaledes:

> I Harnisk Alle, klædt i Vaaben Alle,
> Fjerbrusende som Strudser i en Blæst,
> Som Ørne, der sig ryste efter Badet,
> Guldsmykkede som Helgenbilleder,
> Saa freidig kjække som den friske Mai
> Og straalende som Solen i Skjærsommer;
> Ung Henrik saae jeg med sin Hjelmhat paa,
> Med Bryniehoser stoltelig udrustet.
> Fra Jorden som den vingede Mercur
> Saa let behændigt svang han sig i Sadlen,
> Som var en Engel svævet ned fra Himlen
> For Pegasus at tumle og fortrylle
> Alverden med sin ædle Rytterkonst.

Langtfra altsaa, efter vor danske tragiske Skik, at udtømme sig i lyrisk Beundring for Henrik Percy, holder Shakspeare ham fast i hans Begrændsning, bygger sit Drama om den svære Hans Falstaff som Midtpunkt paa de tvende Henrik'er som paa to faste Søiler, og ordner omkring hver af dem den Gruppe af hver for sig mesterligt tegnede Bipersoner, der belyse dem. Udenfor begge Grupperne

and detailed down to the infinitely small, which is synthesized by perception, his character contains the infinitely great into which thought finally issues when it seeks for the cause and ideal of a whole epoch.

And yet in spite of all this, Hotspur is not by any means the hero of Shakespeare's *Henry IV*, as is well known. He is but the personality who is set forth in contrast to the unassuming nature of the young prince who is the hero, in contrast to his free play with his dignity, his careless contempt for all outward honour, all boasting and sham. It has been significantly said that every laurel which flourishes around the helmet of Hotspur is plucked off by Henry of Wales to make a crown for his own head. In reply to Hotspur's question as to where the mad Prince of Wales and his comrades are, we are shewn what colours the poet has withheld for the description of the true hero. Even one of the prince's enemies depicts his progress thus:

> All furnish'd, all in arms,
> All plum'd like estridges that wing the wind,
> Bated like eagles having lately bath'd
> Glittering in golden coats, like images;
> As full of spirit as the month of May,
> And gorgeous as the sun at midsummer,
>   . . .
> I saw young Harry, with his beaver on,
> His cushes on his thighs, gallantly arm'd,
> Rise from the ground like a feather'd Mercury,
> and vaulted with such ease into his seat,
> As if an angel dropp'd down from the clouds,
> To turn and wind a fiery Pegasus
> And witch the world with noble horsemanship.

Far from exhausting himself in lyrical admiration for Henry Percy, as would be in accordance with Danish custom, Shakespeare keeps him firmly within the bounds of his limitations and constructs his drama around fat John Falstaff as the central point on the two Henry's as upon two firm pillars. He arranges around each of them the group of masterly drawn subsidiary characters who shed light on them.

staaer saa den fine diplomatiske Konge. Med majestætisk Ro, men dog med kraftigt bevæget Liv, svulmer Handlingen, indtil ved Stykkets Slutning de to Navner mødes. Idet de krydse Klinger, staaer Alt, hvad i Dramet fra begge Sider var forberedt, paa Spil. Hotspur falder, og med sædvanlig Sjælehøihed lader Prindsen Falstaff beholde Æren for at have dræbt ham, denne *Ære,* hvis Philosophi Falstaff selv har givet i sin berømte Monolog, og om hvis sande Væsen hele Stykket har dreiet sig om som sin Idee, uden at denne Idee i en eneste Replik er bleven fremhævet som den centrale.

Jeg standser her. Det var ikke min Hensigt at gjennemgaae eller analysere det Shakspeareske Drama; jeg vilde kun gjennem en Paapegning af nogle faa blandt Eiendommelighederne i Shakspeares Diction og Charaktertegning forklare, hvad det er, man henrives over hos ham og undertiden altfor bittert savner hos Andre.

Outside both groups stands the dignified and diplomatic king. With majestic calm yet with powerful vitality the plot unfolds until at the close of the play these two namesakes meet. As they cross swords everything that has been building up on both sides in the play is at stake. Hotspur falls, and with his usual nobility of soul the prince allows Falstaff to retain the honour of having killed him, honour, the philosophy of which Falstaff has himself given in his famous monologue and the true nature of which has been the theme of the play without this being emphasised as the central idea in one single speech.

I conclude here. It was not my intention to examine or analyse Shakespearean drama; I wished only to explain by indicating a few of the characteristics of Shakespeare's diction and characterisation what it is that delights us in his works and that we at times too sorely miss in the works of others.

J. P. JACOBSEN
(1847–1885)

J. P. Jacobsen har spillet en betydningsfuld rolle såvel i lyrikkens historie (se nedenfor) som i prosaens. Som romanforfatter (Fru Marie Grubbe, 1876; Niels Lyhne, 1880) og som novellist (Mogens, 1872; Et Skud i Taagen, 1875; To Verdener, 1878; Pesten i Bergamo, 1882; Fru Fønss, 1882) forstår han sig først og fremmest på at beskrive og analysere halvbevidste sjælstilstande. Han søger efter underbevidsthedens gåder, dunkle viljesytringer. "Niels Lyhne" er historien om en ateist, som uden troens trøst må møde skæbnens frygtelige slag, ligesom også den sidste prøve, døden. Det er moralen i "Pesten i Bergamo", at det ikke nytter at afskaffe religionen, hvis man ikke har andre idealer at leve og dø på.

PESTEN I BERGAMO

Der var Gammel-Bergamo oppe paa Toppen af et lavt Bjærg, i Hegn bag Mure og Porte, og der var det nye Bergamo nede ved Bjærgets Fod, aabent for alle Vinde.

En Dag brød Pesten ud dernede i den nye By og greb frygteligt om sig; der døde en Mængde Mennesker og de andre flygtede bort udover Sletten, ad alle Verdens fire Hjørner til. Og Borgerne i Gammel-Bergamo stak Ild paa den forladte By for at rense Luften, men det hjalp ikke, de begyndte ogsaa at dø oppe hos dem, først en om Dagen, saa fem, saa ti og saa en Snes, og da det var paa sit Højeste mange fler endnu.

Og *de* kunde ikke flygte saadan som de i den nye By havde gjort.

Der var jo de, der forsøgte det, men de kom til at leve et Liv som det jagede Dyrs, med Skjul i Grøfter og Stenkister, under Hegn og inde i de grønne Marker; for Bønderne, der baade det ene Sted og det andet havde faaet Pesten bragt i Gaarde af de første Flygtninge, de stenede hver fremmed Sjæl, de traf, bort fra deres Enemærker,

JENS PETER JACOBSEN
(1847–1885)

Jens Peter Jacobsen has played a significant role in the history both of the lyric (see below) and of prose. As a novelist (*Marie Grubbe,* 1876; *Niels Lyhne,* 1880), and as a writer of short stories ("Mogens." 1872; "A Shot in the Fog," 1875; "Two Worlds," 1878; "Death in Bergamo," 1882; "Mrs. Fønss," 1882), he was able first and foremost to describe and analyze states of the semiconscious mind. He seeks out the riddles of the subconscious and the obscure manifestations of the will. *Niels Lyhne* is the story of an atheist who, lacking the solace of faith, must meet the dreadful blows of fate as well as the final test, death. The moral of "Death in Bergamo" is that religion should not be abolished if one does not have other ideals for which to live and die.

DEATH IN BERGAMO

There was Old Bergamo on top of the low hill, protected by walls and gates; and there was New Bergamo at the foot of the hill, open to all the winds.

One day the plague broke out down below, in the new town, and spread catastrophically. Many people died, and others fled across the plain, to the four corners of the earth. The burghers of Old Bergamo set fire to the deserted town in order to cleanse the air, but it did not help; people started to die among them also, first one a day, then five, then ten, then a score and many more, when it was at its worst.

And *they* could not flee, as the citizens of the new town had done.

There were of course some who tried, but theirs was the life of hunted animals, with ditches, cisterns, hedges, and the open fields as hiding places. The peasants who here and there had had the plague brought upon them by the first fugitives stoned every stranger they met and drove them away from their fields, or felled

eller slog dem ned som gale Hunde uden Naade eller Barmhjærtig-
hed, i retfærdigt Nødværge som de mente.

De maatte blive hvor de var de Folk fra Gammel-Bergamo, og
Dag for Dag blev det varmere i Vejret og Dag for Dag blev den
gruelige Smitte gridskere og gridskere i sit Tag. Forfærdelsen steg
op som til Galenskab, og hvad der havde været af Orden og ret
Regimente, det var som om Jorden havde slugt det og sendt det
Værste istedet.

Lige i Begyndelsen, da Pesten kom paa, havde Folk sluttet sig
sammen i Enighed og Samdrægtighed, havde været paa Vagt efter
at Ligene blev ordenlig og godt begravede, og havde hver Dag
sørget for, at der blev tændt store Baal af Ild paa Torve og Pladser, at
den sunde Røg kunde drive gjennem Gaderne. Enebær og Eddike
var der bleven delt ud til de Fattige, og fremfor Alting havde Folk
søgt til Kirkerne aarle og silde, enkeltvis og i Optog, hver Dag
havde de været inde for Gud med deres Bønner, og hver Aften,
naar Solen gik i Bjærge, havde alle Kirkernes Klokker raabt kla-
gende imod Himlen fra deres hundrede svingende Svælg. Og Faster
var der bleven paabudt og Relikvierne havde hver Dag staaet stillet
frem paa Altrene.

Endelig en Dag, de ikke vidste mere at gjøre, havde de fra Raad-
husets Altan, under Basuners og Tubers Klang, udraabt den hellige
Jomfru til Podesta eller Borgmester over Byen, nu og evindelig.

Men det hjalp Altsammen ikke; der var Ingenting der hjalp.

Og da Folk fornam det og efterhaanden blev faste i den Tro, at
Himlen ikke vilde hjælpe eller ikke kunde, da ikke blot lagde de
Hænderne i Skjødet, sigende, at Alting maatte komme som det
komme skulde, nej, men det var som om Synden fra en dulgt og
snigende Sot var bleven en ond og aabenbar, rasende Pest, der
Haand i Haand med den legemlige Farsot higed efter at slaa Sjælen
ihjel, ligesom denne efter at lægge deres Kroppe øde. Saa utrolige
vare deres Gjerninger, saa uhyre deres Forhærdelse. Luften var fuld
af Bespottelse og Ugudelighed, af Fraadseres Stønnen og Drankeres
Hyl, og den vildeste Nat var ikke sortere af Uteerlighed end deres
Dage var det.

"Idag ville vi æde, thi imorgen skulle vi dø!" – Det var som havde
de sat *det* ud efter Noder, at spille paa mangfoldige Instrumenter i
een uendelig Helvedeskoncert. Ja, havde ikke alle Synder forud

them like mad dogs, without any mercy or compassion, in justified self-defense, as they thought.

They had to stay where they were, the people of Old Bergamo; and day by day the weather became warmer, and day by day the terrible epidemic became more and more grasping. The terror grew into madness, and whatever remained of law and order, the earth devoured and spewed up in their stead the direst evil.

At the beginning, when the plague started, people had joined together in unity and harmony and had seen to it that the corpses were buried decently and well, and every day they had taken care that there be pyres in the marketplaces and the squares in order to have the healthy smoke waft through the streets. Juniper berries and vinegar were distributed to the poor; and people had, first and foremost, streamed to the church, singly and in processions, morning and night. Every day they went to the Lord with their prayers, and every evening, when the sun went to rest, all the church bells cried mournfully towards heaven from their hundreds of swinging throats. Fasting was decreed and the relics were displayed on the altars every day.

At last, when they had done everything they could think of, they proclaimed, to the sound of trumpets and tubas, from the balcony of the town hall, the Holy Virgin to be podesta, or mayor of the town, now and in perpetuity.

But it was of no avail. Nothing helped.

And when the people understood this, and became convinced that Heaven would not or could not help, not only did they sit with their hands in their laps, saying that what would happen would happen, no, it was as if sin, from being a concealed and stealthy affliction, had become an evil, manifest, and raging plague, that hand in hand with the bodily pestilence strove to kill the soul, just as the latter labored to destroy the flesh. As unbelievable as their actions were, so monstrous was their depravity. The air was full of blasphemy and ungodliness, of the gasps of the gluttons and the howls of the drunkards, and the wildest night was not blacker with obscenity than was the day.

"Today we eat, for tomorrow we shall die"—it was as if they had set *this* to music for hundreds of instruments in one eternal concert of Hell. Indeed, if all sins had not been invented already, they would

været opfundne, saa var de blevet det her, for der var ikke den Vej, de jo vendte sig hen i deres Forkerthed. De unaturligste Laster florerede iblandt dem, og selv saadanne sjældne Synder som Nekromantia, Troldom og Djævlepaakaldelse var dem velbekjendte, thi de vare mange, som tænkte hos Helvedes Magter at faa den Beskyttelse, Himlen ikke havde villet yde.

Alt hvad der hed Hjælpsomhed eller Medlidenhed var forsvundet af Sindene, Enhver havde kun Tanke for sig selv. Den Syge blev set paa som Alles fælles Fjende, og hændte det en Stakkel, at han faldt om paa Gaden, mat af Pestens første Febersvimmel, der var ikke en Dør, der aabnede sig for ham, men med Spydestik og med Stenkast blev han tvungen til at slæbe sig bort fra de Sundes Vej.

Og Dag for Dag tog Pesten til, Sommersolen brændte ned over Byen, der faldt ikke en Regndraabe, der rørte sig ikke en Vind, og af Lig, der laa og raadnede i Husene, og af Lig, der var ilde skjult i Jorden, avledes der en kvælende Stank, som blandede sig med Gadernes stillestaaende Luft og lokked Ravne og Krager til i Sværme og i Skyer, saa der var sort af dem paa Mure og paa Tage. Og rundt omkring paa Stadens Ringmur sad der enkeltvis underlige, store, udenlandske Fugle, langvejs fra, med rovlystne Næb og forventningsfuldt krummede Kløer, og de sad og saae med deres rolige, gridske Øjne indover, som biede de kun paa, at den ulykkelige By skulde blive een stor Aadselkule.

Saa var det Elleveugersdagen efter at Pesten var udbrudt, at Taarnvægterne og andre Folk, der var tilvejrs paa høje Steder, kunde se et sælsomt Tog bugte sig fra Sletten ind igjennem den nye Byes Gader, mellem de røgsværtede Stenmure og Træskurenes sorte Askedynger. En Mængde Mennesker! vist henved de sekshundrede eller fler, Mænd og Kvinder, Gamle og Unge, og de havde store, sorte Kors imellem sig og brede Bannere over sig, røde som Ild og Blod. De synger imens de gaar, og sære fortvivlelsesfuldt klagende Toner bæres op igjennem den stille, lummervarme Luft.

Brune, graa, sorte er deres Dragter, men Alle har de et rødt Mærke paa Brystet. Et Kors er det da de kommer nærmere. For de

have been here, for there was not one road they did not take in their wrongdoings. The most unnatural depravities flourished among them, even such rare sins as necromancy, witchcraft, and devil worship were known to them, for many thought of getting from Hell the protection which Heaven had not been willing to grant them.

Everything that might be called helpfulness and compassion had vanished from their minds. Everyone had thoughts only for himself. The sick were regarded as the arch enemy of everybody, and if some unhappy wretch happened to fall in the street, exhausted by the first feverish dizziness of the plague, not one door would be opened to him, but spears and stones would force him to drag himself away from the path of the healthy.

And, day by day, the plague increased; the summer sun glared down on the town; not one drop of rain fell, not a single breeze stirred; the corpses rotting in the houses, and the corpses barely hidden under the sod raised a suffocating stench, which mingled with the stagnant air of the streets and lured swarms, yes, clouds of ravens and crows, so that the walls and roofs were black with them. And here and there, on the town wall, strange, great foreign birds from far away, with rapacious beaks and expectantly curved talons sat and looked with their unflinching, greedy eyes at the miserable town, as if they waited for it to become one huge carrion pit.

It was eleven weeks after the day of the first sign of the plague, that the town watchmen and other people who happened to be on high spots, saw a strange procession winding from the plain through the streets of the new town, between the smoke-blackened walls and the dark ash heaps of the hovels. A great crowd of people! Perhaps six hundred or even more, men and women, old and young, with great black crosses among them, and, above their heads, broad banners red like fire and blood. They move on, singing, and eerie, despairingly lamenting tones are carried up through the quiet, sultry air.

Their clothes are brown, grey, black, but all with a red mark on the breast; it seems to be a cross, when they come nearer. And they

kommer stadigt nærmere. De presser sig op ad den stejle, murind-
hegnede Vej, som fører op til den gamle By. Der er et Mylder af
deres hvide Ansigter, de har Svøber i Hænderne, der er en Ildregn
malet af paa deres røde Faner. Og de sorte Kors svinger til den ene
Side og til den anden i Trængslen.

En Lugt stiger op fra den sammenstuvede Hob, af Sved, af Aske,
af Vejstøv og gammel Kirkerøgelse. De synger ikke mer, de taler
ikkeheller, blot den samlede trippende, hjordeagtige Lyd af deres
nøgne Fødder.

Ansigt ved Ansigt dukker ind i Taarnportens Mørke, og kommer
ud i Lyset igjen paa den anden Side, med lystrætte Miner og halvvejs
lukkede Laag.

Saa begynder Sangen igjen: et Miserere, og de knuger Svøben og
gaar stærkere til som ved en Krigssang.

Som de kom fra en udhungret By ser de ud, Kinderne er hule paa
dem, deres Kindben staar frem, der er ingen Blod i deres Læber og
de har mørke Ringe under Øjnene.

De fra Bergamo er stimlet sammen og ser paa dem med Forun-
dring og med Uro. Røde, forsvirede Ansigter staa mod disse blege;
sløve, utugtsmatte Blikke sænkes for disse hvasse, flammende Øjne;
grinende Bespottere glemme Munden aaben over disse Hymner.

Og der er Blod paa alle de Svøber af deres!

Folk blev ganske underlig tilmode over disse Fremmede.

Men det varede ikke længe, før man fik det Indtryk rystet af sig.
Der var Nogle, der havde kjendt en halvgal Skomager fra Brescia
igjen iblandt Korsdragerne, og straks var den hele Skare bleven til
Latter ved ham. Imidlertid var det jo dog noget Nyt, en Adspre-
delse fra det dagligdags, og da de Fremmede marcherede afsted
efter Domkirken, saa fulgte man efter, som man vilde fulgt efter
en Bande Gjøglere eller efter en tam Bjørn.

Men alt som man gik og skubbedes, blev man forbitret, man følte
sig saa nøgtern overfor disse Menneskers Højtidelighed, og man
forstod jo meget godt, at disse Skomagere og Skrædere var kom-
met her for at omvende En, bede for En, og tale de Ord, man ikke
vilde høre. Og der var to magre, graahaarede Filosofer, som havde

come nearer all the time. They press up along the steep, walled-in road that leads to the old town. There is a blur of white faces; they hold scourges in their hands; a rain of fire is painted on their banners. All the black crosses swing to and fro in the crowd.

An odor rises from the packed mass, of sweat, of ashes, of dust, and stale church incense. No longer do they sing, neither do they talk: only the shuffling, herdlike sound of their bare feet.

Face after face dives into the darkness of the tower's gateway and emerges again in the light on the other side, with light-shy features and half-closed eyes.

Now the singing starts: a *Miserere,* and they tighten their grips around the scourges and step faster as if to a song of battle.

They look as if they came from a starving town, their faces are hollow, the cheek bones stand out, their lips are bloodless, and they have black rings under their eyes.

The people of Bergamo are there in a throng, looking at them in wonder and uneasiness. Red debauched faces opposite those pale ones; glances dulled by immoral excess drop before these piercing, flaming eyes; grinning blasphemers stand openmouthed at the sound of these hymns.

And there is blood on all the scourges!

People felt oddly ill at ease at the sight of these strangers.

But it did not last long before these impressions were shaken off. Some people recognized a half-crazed shoemaker from Brescia among the cross-bearers and right away, the whole crowd bellowed with laughter at him. This was something new, however, some amusement outside the ordinary; and when the strangers marched towards the cathedral, the people followed as they would have followed a band of strolling mountebanks or a tame bear.

But as they walked there and pushed against each other, they became resentful; they felt sober in the face of the solemnity of these people. They understood quite well that these shoemakers and tailors had come to convert them, to pray for them, to utter words they did not want to hear. Two emaciated, gray-haired philosophers, who had organized the blasphemy, incited the crowd

sat Ugudeligheden i System, de hidsede Mængden og æggede den ret af deres Hjærters Ondskab, saa for hvert Skridt det gik mod Kirken, blev Mængdens Holdning mere truende, deres Vredesudbrud vildere, og der var kun lidt igjen, saa havde de lagt voldsom Haand paa disse fremmede Svøbeskrædere. Men saa aabnede, ikke hundrede Skridt fra Kirkedøren, et Værtshus sine Døre, og en hel Flok Svirebrødre styrtede ud, den ene paa Ryggen af den anden, og de satte sig i Spidsen for Processionen og førte den syngende og vrælende med de naragtigst andægtige Gebærder, undtagen en af dem, som vendte Mølle indtil helt op ad Kirketrappens græsgroede Trin. Saa lo man jo, og Alle kom fredeligt ind i Helligdommen.

Det var underligt at være der igjen, at skride hen igjennem dette store, kølige Rum, i denne Luft, der var ram af gammel Os fra Vokslystander, over disse indsunkne Fliser, Foden kjendte saa godt, og over disse Sten, hvis slidte Ornamenter og blanke Inskriptioner Tanken saa tidt havde trættet sig med. Og medens nu Øjet halvt nysgjerrigt, halvt uvilligt lod sig lokke til Hvile i det bløde Halvlys under Hvælvingerne, eller gled hen over den dæmpede Brogethed af støvet Guld og tilrøgede Farver, eller kom til at fordybe sig i Alterkrogenes sære Skygger, saa kom der et Slags Længsel op, der ikke var til at holde nede.

Imidlertid drev de fra Værtshuset deres Uvæsen oppe ved selve Hovedalteret, og en stor og kraftig Slagter iblandt dem, en ung Mand, havde løst sit hvide Forklæde af og bundet sig det om Halsen, saa det hang som en Kaabe nedad hans Ryg, og saaledes holdt han Messe deroppe med de vildeste, vanvittigste Ord, fulde af Utugt og af Bespottelse; og en halvgammel lille Tyksak vims og væver, skjønt han var saa tyk, med et Ansigt som et flaaet Græskar; han var Degn og responderede med alle de liderligste Viser, der drev over Lande, og han knælede og han knigsede og vendte Bagdelen til Alteret og ringede med Klokken, som med en Narrebjælde, og slog Hjul om sig med Røgelseskarret; og de andre Drukne laa langs ad Knæfaldet saa lange de var, brølende af Latter, hikkende af Drik.

Og hele Kirken lo og hujede, og hoverede over de Fremmede, og raabte til dem om at se godt efter, at de kunde blive kloge paa, hvad man regnede deres Vorherre for her i Gammel-Bergamo. For det

and goaded them on, out of the evil of their hearts; and with every step nearer to the church the crowd became more threatening, their expressions of anger more savage, and it would have taken very little before they would have laid hands on these strange scourge-bearing tailors. But then the door of a tavern was thrown open, not one hundred paces from the church, and a gang of carousers poured out; riding piggy-back, they capered up in front of the procession and led the way, with their singing and shouting and with their blasphemically pious gestures, but for one who turned cart-wheels, right up onto the grass-grown steps of the church. Then everybody laughed, and they all entered the sanctuary peacefully.

It was an odd feeling to be there again, to walk through this vast, cool room, in this air, rancid with the old stale smoke from wax candles, across these sunken flagstones that their feet knew so well, across these stones with their worn ornaments and half-effaced inscriptions with which their thoughts so often had wrestled. And while their eyes, partly curious, partly reluctant, were lured to rest in the soft twilight of the high vaults, or roamed across the subdued motley of dusty gold and smoky colors, or lost themselves in the corners of the altars and their mysterious shadows, a kind of longing arose that could not be kept down.

Meanwhile, the crowd from the tavern continued their odious antics around the main altar, and a hefty butcher among them, a young man, took off his white apron and tied it around his neck, so that it hung down his back like a vestment. He said mass in the wildest, maddest words, full of obscenity and blasphemy; and a small, fat, elderly man, lively and nimble despite his size, with a face like a peeled pumpkin, acted as the deacon and gave the responses with all the dirty ditties which were making the rounds of the country, while he knelt and gesticulated and turned his backside to the altar, jingled the bell like a jester and twirled the censer. And the other drunkards lay stretched out full length on kneelers, roaring with laughter and hiccoughing from liquor.

And the whole congregation laughed and shouted and mocked the strangers, urging them to open their eyes and see how their God was rated in Old Bergamo. Not that they particularly wanted

var jo ikke saa meget fordi man vilde Gud noget, at man jublede over Optøjerne, som fordi man glædede sig ved, hvad for en Braad i Hjærtet paa disse Hellige hver Bespottelse maatte være.

Midt i Skibet holdt de Hellige sig, og de stønnede af Kvide, deres Hjærter kogte i dem af Had og Hævntørst, og de bad med Øjne og Hænder op til Gud, at han dog vilde hævne sig for al den Haan, der blev vist ham her i hans eget Hus, de vilde saa gjærne gaa til Grunde sammen med disse Formastelige, blot han vilde vise sin Magt; med Vellyst vilde de knuses under hans Hæl, blot han vilde triumfere, og at Forfærdelse og Fortvivlelse og Anger, der var for silde, maatte komme til at skrige ud ad alle disse ugudelige Munde.

Og de istemte et Miserere, der i hver Tone klang som et Raab efter den Ildregn, der kom ned over Sodoma, efter den Magt Samson havde, da han tog om Filisterhusets Søjler. De bad med Sang og med Ord, de blottede Skuldrene og bad med deres Svøber. Der laa de knælende Række for Række, blottede til Bæltestedet, og svang de braaddede Rebknuder mod deres blodstrimede Rygge. Vilde og rasende huggede de til, saa Blodet stod i Stænk fra de hvinende Svøber. Hvert Slag var et Offer til Gud. At de anderledes kunde slaa, at de kunde rive sig i tusinde blodige Stykker her for hans Øjne! Dette Legeme, hvormed de havde syndet imod hans Bud, det skulde straffes, pines, gjøres til Intet, at han kunde se, hvor de hadede det, at han kunde se, hvor de var Hunde for at tækkes ham, ringere end Hunde under hans Vilje, det laveste Kryb, der aad Støv under hans Fodsaal! Og Slag paa Slag, til Armene faldt ned eller Krampen knytted dem i Knude. Der laa de Række for Række, med vanvidsfunklende Øjne, med Fraadeskyer for deres Munde, med Blodet rislende ned ad deres Kjød.

Og de, som saae paa dette, følte med Et deres Hjærter banke, mærkede Varmen stige op i deres Kinder, og havde tungt ved at aande. Det var ligesom om noget Koldt strammede sig hen under deres Hovedhud, og deres Knæ blev saa svage. For dette greb dem; der var et lille Vanvidspunkt i deres Hjærner, som forstod denne Galskab.

Dette at føle sig som den vældige haarde Guddoms Træl, at sparke sig selv hen for hans Fødder, at være Hans, ikke i stille From-

to offend the Lord, but they rejoiced over the uproar because they enjoyed the thought of what a heartache each blasphemy would be for these holy men.

The holy men crowded in the nave, they groaned in agony, their hearts seethed with hatred and vindictiveness, and they prayed with their eyes and hands to the Lord that He avenge himself for all the derision which was shown Him in His own house. They would gladly be destroyed together with those presumptuous people, if He would only show His power: they would with rapture be crushed under His heel, if He would only triumph, and godless mouths would, albeit too late, scream in terror, distress, and remorse.

And they intoned a *Miserere,* every note sounding like a cry for the rain of fire that descended on Sodom, for the power of Samson when he seized the pillars of the Philistines' temple. They prayed with song and word, they bared their shoulders and prayed with their scourges. There they knelt, row on row, naked to the waist, and they swung the stinging, knotted ropes against their bloody backs. Furious and raving, they continued to smite themselves, and the whistling scourges spread blood all around. Every lash was a sacrifice to God. If only they could tear themselves into a thousand bloody pieces here before His eyes! This body with which they had sinned against His law must be punished, tortured, destroyed, that He could see how they hated it, that He could see how they wanted to please Him like cringing dogs, lower than dogs, the lowest vermin that wallowed in the dust under His foot. Lash after lash, until their arms dropped or knotted with cramps. There they were, row on row, glittering madness in their eyes, froth at their mouths, and blood running down their flesh.

And those who witnessed it suddenly felt their hearts pound, felt a warmth rise in their cheeks and could hardly breathe. It was as if something cold made their scalps creep, and their knees became weak. For this moved them; there was a small spot of insanity in their brains that understood this madness.

To feel oneself to be a slave of the great, harsh deity, to boot oneself and to lie at His very feet, to be His, not in quiet piety,

hed, ikke i blide Bønners Uvirksomhed, men være det rasende, i en Selvfornedrelsens Rus, i Blod og Hyl og under vædeblinkende Svøbetunger, det var de oplagt til at forstaa, selv Slagteren blev stille, og de tandløse Filosofer dukkede deres graa Hoveder for de Øjne, de saae omkring sig.

Og der blev ganske stille derinde i Kirken, kun en sagte Bølgen gik igjennem Hoben.

Da stod en iblandt de Fremmede, en ung Munk, op over dem og talte. Han var bleg som et Lagen, hans sorte Øjne glødede som Kul, der er ved at slukkes, og de mørke, smertehærdede Træk om hans Mund var som var de skaaret med en Kniv i Træ og ikke Folder i et Menneskes Ansigt.

Han strakte de tynde, forlidte Hænder op mod Himlen i Bøn, og de sorte Kutteærmer gled ned om hans hvide, magre Arme.

Saa talte han.

Om Helvede, talte han, om at det var uendeligt som Himlen er uendelig, om den ensomme Verden af Pine, hver af de Fordømte har at gjennemlide og at fylde med sine Skrig, Søer af Svovl var der, Marker af Skorpioner, Flammer, der lagde sig om ham, som en Kaabe den lægger sig, og stille, hærdede Flammer, der borede sig ind i ham som et Spydsblad, der drejes rundt i et Saar.

Der var ganske stille, aandeløse lyttede de efter hans Ord, for han talte, som havde han set det med sine egne Øjne, og de spurgte sig selv, er ikke denne en af de Fordømte, som er sendt til os op af Helvedes Gab for at vidne for os.

Saa prædikede han længe om Loven og Lovens Strænghed, om at hver Tøddel i den skulde opfyldes, og om at hver Overtrædelse, hvori de havde gjort sig skyldig, skulde regnes dem lige indtil Lod og til Unze. "Men Kristus er død for vore Synder, sige I, vi ere ikke mere under Loven. Men jeg siger Eder, at Helvede skal ikke blive bedraget for een af Eder og ikke een af Jærntænderne paa Helvedes Marterhjul skal gaa udenfor Eders Kjød. I stoler paa Golgathas Kors, kom, kom! kom at se det! jeg skal føre Jer lige til dets Fod. Det var en Fredag, som I vide, at de stødte ham ud igjennem en af deres Porte og lagde den tungeste Ende af et Kors paa hans Skuldre, og lod ham bære det til en gold og nøgen Lerbanke udenfor Byen, og de fulgte hobetals med og rørte Støvet med deres mange Fødder,

not in the idleness of humble prayers, but raging, in the glistening tongues of scourges—this they were now in a mood to understand. Even the butcher was still, and the toothless philosophers hung their grey heads to avoid the eyes that looked their way.

And it became quiet in the church, only a ripple went through the crowd.

Then one of the strangers, a young monk, arose and started to speak. He was white as a sheet, his black eyes glowed like embers that are almost extinguished, and the dark, pain-hardened lines around his mouth seemed as if they were carved with a knife in wood and were not creases in the face of a human being.

He lifted the thin, tortured hands up toward Heaven in prayer, and the black sleeves of his habit slid down around his white, emaciated arms.

Then he spoke.

It was about Hell, eternal as Heaven is eternal, about the lonely world of pain that everyone of the damned must suffer and fill with his screams; of lakes of sulphur, fields of scorpions, flames that clung to him like a robe, and other flames, quiet and hard, which pierced him like the tip of a spear which is being turned in the wound.

There was absolute quiet. They listened breathless to his words, for he spoke as if he had seen it with his own eyes, and they asked themselves: was he not one of the damned sent from the abyss to bear witness for us?

For a long time, he preached about the Law and the severity of the Law, that every letter of it must be fulfilled, and that they would have to answer for every trespass of which they were guilty, down to the last iota. "But Christ died for our sins, you will say, and the Law cannot touch us any longer." But I say unto you that Hell shall not be cheated of a single one of you, and not one of the iron teeth of Hell's torture wheel shall miss your flesh. You rely on the Cross of Golgatha—come, come and see it; I shall lead you to the foot of it. It was on Friday, as you know, that they pushed Him out through one of their gates and laid the heavy end of the Cross on His shoulders, and made Him carry it to the barren and naked clay bank outside the town. And they followed by the hundreds and kicked up the dust with their feet, so that it stood like

saa der stod som en rød Sky der over Stedet. Og de rev hans Klæder af ham og blottede hans Legeme, saaledes som Lovens Herrer lader en Misdæder blotte for Alles Blikke, at Alle kan se det Kjød, som skal overantvordes til Pine, og de slængte ham ned paa hans Kors at ligge, og strakte ham der paa og hug en Nagle af Jærn gjennem hver af hans modstridende Hænder og en Nagle gjennem hans korslagte Fødder, med Køller hug de Naglerne i lige til Hovedet. Og de rejste Korset i et Hul i Jorden, men det vilde ikke staa fast og lige, og de rokkede det til og fra og drev Kiler og Pløkke ned rundt om det, og de, som gjorde det, slog deres Hatte ud, at Blodet fra hans Hænder ikke skulde dryppe dem i Øjnene. Og han deroppe saae ned for sig paa Soldaterne, som spillede om hans usyede Kjortel, og paa hele denne hujende Hob, som han led for, at den kunde frelses, og der var ikke et medlidende Øje i den hele Hob. Og de dernede saae igjen paa ham, som hang der lidende og svag, de saae paa det Brædt over hans Hoved, hvorpaa der var skrevet Jødernes Konge, og de spottede ham og raabte op til ham: "Du som nedbryder Templet og bygger det op paa tre Dage, frels nu Dig selv; er Du Guds Søn, da stig ned fra dette Kors." Da fortørnedes Guds højbaarne Søn i sit Sind, og saae de var ikke Frelse værd, de Hobe, der opfylder Jorden, og han rev sine Fødder ud over Naglens Hoved, og han knytted sine Hænder om Hændernes Nagler og drog dem ud, saa Korsets Arme spændtes som en Bue, og han sprang ned paa Jorden og rev sin Kjortel til sig, saa Terningerne raslede nedover Golgathas Skrænt, og han slyngede den om sig med en Konges Vrede og foer op til Himlen. Og Korset stod tomt tilbage, og det store Forsoningens Værk blev aldrig fuldbragt. Der er ingen Mægler mellem Gud og os; der er ingen Jesus død for os paa Korset, der er ingen Jesus død for os paa Korset, *der er ingen Jesus død for os paa Korset.*"

Han tav.

Ved de sidste Ord havde han bøjet sig frem over Mængden og baade med Læber og Hænder ligesom kastet sit Udsagn ned over deres Hoveder, og der var gaaet en Stønnen af Angst igjennem Kirken, og i Krogene var de begyndt at hulke.

Da trængte Slagteren sig frem med opløftede, truende Hænder, bleg som et Lig, og han raabte: "Munk, Munk, vil Du nagle ham til Korset igjen, vil Du." Og bagved ham lød det hvæsende hæst:

a red cloud over the spot. And they tore off His garments and un-
covered His body, as the guardians of the law lay a criminal bare
to public view, that they may see the flesh which shall be given
over to torture. And they flung Him down to lie upon the Cross,
stretched Him onto it and hammered an iron spike through both
his convulsed hands, and a spike through his crossed feet; with
great mallets did they sink the spikes to their heads. And they
raised the Cross in a hole in the ground; but it would not stand
straight, and they rocked it back and forth and drove wedges and
pegs down around it. And they who did so arranged their headgear
so as not to get the blood from His hands into their eyes. And He
looked from above at the soldiers who gambled for His poor cloak,
and at all the jeering crowd for which he was suffering so that it
could be saved, and there was not a sympathetic eye in the whole
crowd. And those below looked at him, again hanging there
suffering and weak, they looked at the board above His head on
which was written: King of the Jews, and they mocked Him and
shouted to Him: You who destroyed the Temple and rebuilt it
in three days, now save yourself. Are you the son of God, then
descend from the Cross. That sorely angered the sublime son of
God, for He saw that they were not worth saving, those crowds
who inhabit the earth. And He tore His feet out over the head of
the spike, and He clenched His hands around the spikes and tore
them free, so that the arms of the Cross bent like a bow; and He
jumped down on the ground and snatched His cloak, so that the
dice rolled down the slope of Golgatha, wrapped it around Him-
self with the wrath of a king, and ascended to Heaven. The Cross
stood empty, and the great work of Redemption was never finished.
There is no intercessor between God and us. No Jesus died for us
on the cross, no Jesus died for us on the cross, *no Jesus died for us on
the cross.*"

He stopped.

During the last words, he leaned over the crowd and flung the
words down over their heads, both from his lips and his hands.
A groan of despair went through the church, and in the corners
they started to sob.

Then the butcher pushed himself forward, with raised, threat-
ening hands, pale as a corpse, and he shouted, "Monk, monk, will
you nail Him to the Cross again!" And from behind there came a

"ja, ja, korsfæst, korsfæst ham!" Og fra alle Munde igjen truende, tryglende, rungede det i en Storm af Raab op imod Hvælvingerne: "korsfæst, korsfæst ham."

Og klart og lyst en enkelt bævende Røst: "korsfæst ham!"

Men Munken saae ned over dette Flagr af opstrakte Hænder, mod disse fortrukne Ansigter, med de raabende Mundes mørke Aabninger, hvor Tandrækkerne lyste hvidt som Tænderne paa tirrede Rovdyr, og han bredte Armene i et Øjebliks Ekstase op mod Himlen og lo. Saa steg han ned, og hans Folk løftede deres Ildregnsbannere og deres tomme, sorte Kors, og trængte ud af Kirken, og atter drog de syngende henover Torvet og atter hen gjennem Taarnportens Gab.

Og de fra Gammel-Bergamo stirrede efter dem, mens de gik ned ad Bjærget. Den stejle, murindhegnede Vej var taaget af Lys fra Solen, som sank derude over Sletten, og de var halvt at se kun nu for alt det Lys, men paa Byens røde Ringmur tegned Skyggerne sig sort og skarpt af deres store Kors, der svinged fra den ene Side og til den anden Side i Trængslen.

Fjærnere blev Sangen; rødt glimted endnu et Banner eller to fra den nye Byes brandsorte Tomt, saa blev de borte i den lyse Slette.

coarse shout: "Yes, yes, crucify Him, crucify Him!" And from every mouth, threatening, supplicating, rose a storm of cries towards the vaulted ceiling, "Crucify Him! Crucify Him!"

And in a single, trembling voice, high and clear, "Crucify Him!"

But the monk looked down over the fluttering of outstretched hands and distorted faces with the dark openings between their shouting lips, where the teeth shone like teeth of baited beasts; and he stretched out his arms towards heaven in a moment of ecstasy and laughed. Then he stepped down, and his flock lifted the banners with the rain of fire, and their empty black crosses, streamed out of the church, marched again singing across the square and once more through the chasm of the town gate.

And the people of Old Bergamo stared after them while they went down the hill. The steep, walled-in road was misty with the light of the sun, which sank beyond the plain, and they could only be half seen for all the light. But on the red circular wall of the town the shadows were outlined black and sharp of their big crosses, which swung from side to side in the crowd.

The singing came from farther away, a banner or two gleamed red among the fire-blackened ruins of the new town. Then they were lost in the luminous plain.

HERMAN BANG
(1857–1912)

I sine romaner og noveller afdækker Herman Bang ikke selv sine personers indre. Det er alene ved deres ord og gestus, at de skal vinde liv og forståelse. Herman Bang er den mest konsekvente repræsentant for den realistiske impressionisme. – Han tolker i sine bøger de ensommes skæbne. Først var det dagliglivets små ensomme kvinder, som den milde stationsforstanderfrue, hvis mand slet intet forstår af sin hustrus natur. Hun er uden dybere særpræg, men uden rigtig at vide hvorfor kvæles hun i disse jordbundne omgivelser af mangel på poesi og rene følelser ("Ved Vejen", 1886). Den arme danserinde *Irene Holm* (1890) tilhører den samme kreds af enfoldige sjæle, som uheldet hænger ved. Mod slutningen af sin litterære løbebane skrev Bang to romaner med hver sin store kunstner som hovedperson. Efter de stille, navnløse eksistensers triste levnedsløb kom således geniernes tragedie, de store ensommes grusomme skæbne (Mikaël, 1904; De uden Fædreland, 1906).

IRENE HOLM
I

Det blev læst op en Søndag efter Gudstjenesten, af Sognefogdens Søn, ved Stævningsstenen udenfor Kirken: at Frøken Irene Holm, Danserinde fra det kongelige Teater, den første November i Kroen vilde aabne sine Kursus i Holdning, Dans og Bevægelse, saavel for Børn som for Viderekomne, Damer og Herrer – saafremt et tilstrækkeligt Antal Deltagere tegnedes. Prisen fem Kroner for hvert Barn, for Søskende Moderation.

Der tegnedes syv Deltagere. Jens Larsens stillede de tre "paa Moderation".

Frøken Irene Holm ansaa det for tilstrækkeligt. Hun kom en Aften sidst i Oktober og stod af i Kroen med sin Bagage, en gammel Champagnekurv, der var bundet sammen med et Reb.

Hun var lille, tyndslidt med et firtiaarigt Lillepigeansigt under en Skindbaret, og gamle Lommetørklæder bundet om Haandledene

HERMAN BANG
(1857–1912)

In his novels and short stories Herman Bang does not himself lay bare the inner workings of his characters. His aim is to make them alive and comprehensible solely through their words and gestures. Herman Bang is the most consistent representative of realistic impressionism. In his books he is the interpreter of the destiny of the lonely. In his earlier works he was concerned with the lowly, solitary women of everyday life, such as the station-master's gentle wife, whose husband has no understanding whatever of her nature. She is of no profound individual character, but without really knowing why, she is being suffocated in her earth-bound surroundings by a lack of poetry and pure feeling (*Beside the Track,* 1886). The poor dancer, *Irene Holm* (1890), belongs to the same group of simple souls beset by misfortune. Towards the close of his literary career, Bang wrote two novels in which the main character was a great artist. After describing the dreary existence of quiet anonymities, he turned to the tragedy of genius, the cruel fate of the great and solitary (*Mikael,* 1904, *Without a Fatherland,* 1906).

IRENE HOLM

I

After the service on Sunday there was an announcement read out by the bailiff's son at the meeting stone outside the church: from November first Miss Irene Holm, a dancer from The Royal Theatre, would commence holding classes at the inn, in Deportment, Dancing and Rhythmics, for both children and more advanced pupils, ladies as well as gentlemen—provided that a sufficient number enrolled. The fees would be five crowns per child, with reduced terms for brothers and sisters.

Seven participants were enrolled. Three of them were entered by Jens Larsen on reduced terms.

Miss Irene Holm regarded this as being sufficient. She arrived one evening toward the end of October and alighted at the inn with her luggage—an old champagne hamper tied up with a rope.

She was short and worn, with a girlish forty-year-old's face beneath a fur cap, and old handkerchiefs tied round her wrists to

mod Gigt. Hun udtalte alle Konsonanterne og sagde: "Tak – aa tak – jeg kan jo selv" til hver Haandsrækning og saae hjælpeløs ud.

Hun vilde kun nyde en Kop Te og krøb saa i Seng i Lillekammeret bag Storstuen, tænderklaprende af Angst for Spøgelser.

Næste Dag kom hun tilsyne med Lokkehoved og stram Figurkaabe med Skindkant, der bar Mærker af Tidens Tand. Hun skulde besøge de ærede Forældre. Hun turde maaske spørge lidt om Vejen. Madam Henriksen gik ud i Gangdøren og pegede paa Gaardene ud over Marken. Frøken Holm nejede ad de tre Trappetrin af Taknemmelighed.

"Skrog", sagde Madam Henriksen. Hun blev staaende i Gangdøren og saae efter Frøken Holm, som gik ned mod Jens Larsens oppe paa Diget – for at skaane sit Fodtøj. Frøken Holm var "chausseret" i Gedeskind og Strømper med Ret og Vrang.

Da hun nu havde besøgt Forældrene – Jens Larsens gav ni Kroner for sine tre – søgte Frøken Holm om Lejlighed. Hun fik et lille hvidkalket Kammer hos Smedens med Udsigt over den flade Mark. Møblementet var en Kommode og Sengen og en Stol. Mellem Kommoden og Vinduet fik Champagnekurven sit Sted i Krogen.

Der flyttede Frøken Holm ind. Formiddagen gik med mange Processer med Krøllepinde og kold The og varme Grifler. Naar Krøllehovedet var i Orden, ryddede hun op, og om Eftermiddagen hæklede hun. Hun sad paa sin Champagnekurv i Krogen og stjal det sidste Lys. Smedemadammen kom ind og satte sig paa Træstolen og snakkede. Frøken Holm hørte til smilende og med graciøse Nik med det lokkede Hoved.

Madammen spandt Historien ud en Timestid i Mørkningen til Nadveren skulde paa Bordet. Frøken Holm vidste sjældent, hvad hun havde fortalt. Udenfor Dans og Positioner og saa Regnskabet for Brødet – et langsommeligt, evigt Regnskab – havde denne Verdens Ting lidt svært ved at bryde ind til Frøken Holms Bevidsthed.

keep out rheumatism. She articulated all her consonants with care and said, "Thank you, oh, thank you, but I can do it myself," every time she was given a helping hand, and then looked quite helpless.

She would take nothing but a cup of tea, and then she crept into bed in the little bedroom beyond the lounge, her teeth chattering from her fear of ghosts.

The next day she appeared with a head full of curls, wearing a close-fitting fur-trimmed coat which bore the marks of time's ravages. She was just going out to call on the respected parents. Perhaps she might venture to ask a little about the way. Mrs. Henriksen went out to the front door and pointed out the farms lying across the fields. Miss Holm curtsied in gratitude all the way down the three front steps.

"Poor creature," said Mrs. Henriksen. She remained standing at the front door and followed Miss Holm with her eyes as she set off towards Jens Larsen's, walking up on the bank to save her footwear. Miss Holm was shod with kid boots, and wore ribbed stockings.

When she had called on the parents—Jens Larsen was to pay nine crowns for his three—Miss Holm went looking for accommodations. She took a small whitewashed room in the blacksmith's house, with a view over the flat fields. The furniture consisted of a chest-of-drawers, the bed, and a chair. The champagne hamper found a place in the corner between the chest-of-drawers and the window.

Here it was that Miss Holm moved in. The morning was taken up with a large number of processes involving curling pins, cold tea, and hot crimping irons. When her headful of curls was in order, she straightened things up, and in the afternoon she crocheted. She would sit on her champagne hamper in the corner to catch the last rays of daylight. The blacksmith's wife would come in and sit down on the wooden chair to chat. Miss Holm would listen with smiles and graceful nods of her curly head.

The good woman would spin out her story for about an hour in the dusk until it was time to lay supper. Miss Holm rarely knew what she had been telling her about. Apart from dancing and its step, and then the bread bill—a dreary and everlasting subject—the things of this world scarcely penetrated Miss Holm's conscious-

Stille blev hun siddende med Hænderne i Skødet, paa sin Kurv og stirrede blot paa den smalle lyse Stribe under Smedens Dør.

Ud gik hun ikke. Hun fik Hjemvé, naar hun saae de flade, øde Marker. Og saa var hun ogsaa bange for Tyre og løbske Heste.

Naar det blev ud paa Aftenen, kogte hun Vand i Kakkelovnen og spiste. Saa kom Turen til Papillotterne. Naar hun under Afklædningen var naaet til Underpermissioner, gjorde hun sine "Pas" ved Sengestolpen. Hun strakte Benene, saa hun svedte ved det.

Smeden og hans Kone veg ikke fra Nøglehullet. De saae Balletspringene bagfra; Papillotterne strittede paa Issen som Piggene paa et Pindsvin.

Frøken Holm blev saa ivrig, at hun begyndte at nynne højt, mens hun gik i Gulvet og op, i Gulvet og op ...

Smed og Kone og Børn sloges ved Nøglehullet.

Naar Frøken Holm havde øvet sine Minutter, krøb hun i Seng. Naar hun øvede, kom hun næsten altid til at tænke paa "da hun var paa Skolen ved Dansen" ... Og pludselig kunde hun le halvhøjt op med en tøset Latter, midt som hun laa ...

Og hun faldt i Søvn, mens hun endnu tænkte paa den Tid – den lystige Tid ...

Prøverne, naar de stak hinanden med Knappenaale i Læggene ... og hvinte ...

Og Aftenerne – – i Garderoberne ... hvor det summede ... alle Stemmerne ... og Regissørens Klokke ...

Frøken Irene Holm vaagnede endnu om Nætterne, naar hun havde drømt, hun forfejlede en Entré ...

II

"Nu – en – to" ... Frøken Irene Holm løftede Kjole og strakte Fod ... "Ud tilbens – en – to – tre."

ness. She remained silent seated on her hamper with her hands in her lap, just staring at the narrow strip of light under the black-smith's door.

She did not go out. She got homesick as soon as she saw the flat, deserted fields. And then, too, she was afraid of bulls and bolting horses.

When the evening set in, she would boil some water on the stove and have a meal. Then it would be time for the curling pins. When she had undressed as far as her unmentionables, she would go through her ballet steps at the bedpost. She stretched her legs so that she perspired.

The blacksmith and his wife never left the keyhole. They got a back view of her ballet jumps; her curling papers were sticking out from the crown of her head like a hedgehog's quills.

Miss Holm became so carried away that she began to hum aloud as she went down to the floor and then up, down to the floor and then up...

The blacksmith and his wife and children were fighting at the keyhole.

When Miss Holm had completed her customary minutes of exercises, she crept into bed. When she was practising she almost always began to think of "when she was at the dancing school." and she might let out a suppressed girlish giggle even as she lay there.

And then she would fall asleep, still thinking of that time—that jolly time.

The rehearsals when they had pricked one another's calves with pins... and squealed.

And of an evening... in the dressing rooms—how everything was abuzz... all those voices... and the stage-manager's bell.

Miss Irene Holm would still wake up in the night dreaming that she had missed an entry.

II

"Now then... one... two," Miss Holm lifted her skirts and stretched out her foot, "Turn your feet out... one—two—three."

De syv var ind tilbens – med Fingrene i Munden, mens de hoppede.

"Lille Jens – ud tilbens – en, to, tre – Kompliment – en, to, tre – en Gang til...."

Jens Larsens "tre" gjorde Kompliment med den stive Tunge langt ud af Munden.

"Lille Maren højre – en – to – tre – "Maren gik til venstre....

"Om igen – en to tre – –"

Frøken Holm sprang som et Kid, saa man saae et langt Stykke af de "Ret og Vrang" ...

Kursus'et var i fuld Gang. De dansede tre Gange om Ugen i Krosalen ved to Lamper, der hang under Bjælken. Det gamle Støv stod op i den kolde Stue under Trinene. De syv var vildfarende som en Flok Skader. Frøken Holm rettede Rygge og bøjede Arme.

"En – to – tre, Battement..."

"En – to – tre – Battement..." De syv faldt ned fra Battementet og skrævede ...

Frøken Holm fik Støv i Halsen af at raabe. De skulde danse Vals, Par og Par. De holdt sig langt ude fra hinanden, generte og stivarmede, som om de drejede i Søvne. Frøken Holm talte og svingede dem.

"Godt – sving – fire, fem – godt, sving – lille Jette ..."

Frøken Holm blev ved at følge efter Jens Larsens midterste og lille Jette og drejede dem, som man slaar til en Top ...

"Godt – godt – lille Jette ..."

Lille Jettes Moder var der for at se til. Bønderkonerne kom med Hattebaandene bundet i stive Sløjfer og saae til, langs Væggene, ubevægelige med Hænderne i Skødet, uden at veksle et Ord med hinanden.

Frøken Holm kaldte dem "Frue" og smilte til dem under Battementerne.

Turen kom til Les Lanciers. Jens Larsens "tre" sprang med Vandstøvlesnuderne højt op i Vejret.

The seven of them kept their toes turned in—they had their fingers in their mouths as they hopped about.

"Young Jens there, turn your feet out—one, two, three—bow, one, two, three... now! once more."

Jens Larsen's number three bowed with his tongue clenched between this teeth.

"Young Maren, to the right, one, two, three." Maren went to the left...

"Let's have it again... one, two, three."

Miss Holm was leaping about like a young goat, so that quite a stretch of her ribbed stockings could be seen.

The lessons were now in full swing. There was dancing three times a week in the hall of the inn by the light of two lamps which hung from the beam. The dust of years swirled around the dancers' feet. The seven pupils were as wayward as a flock of magpies. Miss Holm went round straightening backs and crooking arms.

"One, two, three, battement!"

"One, two, three, battement!" All seven of them completed their battement with legs wide apart.

Miss Holm was getting dust in her throat from shouting. They were to waltz in couples. They held their partners at arms' length; they were as shy and stiff as if they were walking in their sleep. Miss Holm counted the beats and turned them round.

"Good,... and turn... four, five, good, and turn, little Jetta."

Miss Holm continued to follow Jens Larsen's number two and little Jetta and she rotated them as if she were whipping a top.

"Good, good, little Jetta."

Little Jetta's mother was there looking on. The farmers' wives came along with the ribbons on their hats tied in stiff bows; they sat against the wall, motionless, their hands in their laps, looking on without exchanging a word.

Miss Holm addressed them each as "ma'am" and smiled across at them during the battements.

Now came the time for the Quadrille. Jens Larsen's number three bounded around kicking the toes of his waterproof boots high in the air.

"Damen tilhøjre – godt – lille Jette, tre Skridt tilvenstre – godt lille Jette …"

Les Lanciers lignede et Haandgemæng.

Frøken Holm stønnede af at kommandere og danse. Hun støttede sig til Væggen – det var, som havde hun Hamre i Tindingerne – "Godt – godt – lille Jette…"

Hendes Øjne sved af det gamle Støv … De syv blev ved at hoppe rundt, midt paa Gulvet i Halvmørket.

Naar Frøken Holm kom hjem efter Dansetimerne, bandt hun Lommetørklæde om Lokkehovedet. Hun gik rundt med en evig Snue. Fritimerne sad hun med Næsen over en Skaal kogende Vand for at standse Ondet.

De fik Musik til Timerne: Hr. Brodersens Violin. Frøken Holm fik to nye Elever, et Par Viderekomne. De hoppede alle rundt til Skræder Brodersens Instrument, saa Støvet stod i Skyer og Kakkelovnen dansede paa Løvefødderne.

Der kom ogsaa flere Tilskuere. En Gang imellem de fra Præsten, Frøkenen og Kapellanen.

Frøken Holm dansede for under de to Olielamper med Brystet frem og strakt Vrist:

"*Kast* Fødderne, lille Børn, kast Fødderne, *saadan*…"

Frøken Holm kastede Fødderne og løftede op i Kjolen:

Der var Publikum.

– – –

Hver Uge sendte Frøken Holm det hæklede Arbejde til København. Posten blev afleveret hos Skolelæreren. Hun havde hver Gang pakket eller skrevet forkert, og Skolelæreren maatte gøre det om.

Hun stod og saae til med sine Sekstenaars Smaanik.

Aviserne, der var kommet med Posten, laa til Uddeling paa et af Skolebordene. En Dag bad hun, om hun maaske turde se "Berlingske". Hun havde set paa Bladbunken otte Dage uden at turde spørge.

Siden kom hun hver Dag, i Middagsstunden – Skolelæreren kendte hendes sarte Banken med *en* Kno –:

"Værsgo lille Frøken – der er aabent", sagde han.

"The lady to the right... good... little Jetta, three steps to the left—good, little Jetta."

The Quadrille resembled a hand-to-hand fight.

Miss Holm was groaning with the effort of shouting commands and dancing. She leant against the wall—she felt as if something was hammering at her temples.

"Good—good, little Jetta."

Her eyes were smarting from the stale dust... the seven continued to hop about in the middle of the floor in the twilight.

When Miss Holm came home after the dancing lessons she tied a handkerchief round her curly head. She suffered from a perpetual cold. She spent her free time with her nose held over a bowl of boiling water in an attempt to halt this affliction.

They had music at the lessons: Mr. Brodersen's violin. Miss Holm obtained two new pupils, who were "more advanced." They all hopped about to the accompaniment of tailor Brodersen's violin until the dust rose in clouds and the stove began to dance too on its lion's claw feet.

More spectators came too. Now and again the vicar's daughter and the curate would come down from the vicarage.

Miss Holm would demonstrate the steps under the two oil lamps, her chest thrust forward and her foot arched.

"*Throw* your feet, children, *throw* your feet, *like this.*"

Miss Holm threw her feet and lifted her dress:

There were spectators.

– – –

Every week Miss Holm sent her crochet-work off to Copenhagen. The mail was handed in at the schoolmaster's. Every time she had wrapped it up or addressed it wrongly, and the schoolmaster had to put it right for her.

She would stand watching him, with a sixteen-year-old's nod.

The newspapers that had come by post lay on one of the school desks waiting to be distributed. One day she asked whether she might look at *Berlingske Tidende*. She had looked at the pile of papers every day for a week without daring to ask.

After that she came every day during the noon pause. The schoolmaster recognized her dainty tap with only one knuckle.

"Come in, little Miss Holm, the door is open," he said.

Hun gik over i Skolestuen og tog Berlingske ud af Bunken. Hun læste Annoncerne fra Teatrene og Repertoiret og Kritikerne, af hvilke hun intet forstod. Men det var jo om "dem derovre".

Det tog lang Tid at komme igennem en Spalte. Pegefingeren fulgte graciøst med Linierne.

Naar hun var færdig med Avisen, gik hun over Gangen og bankede som før.

"Naa", sagde Skolelæreren, "*var* der saa noget nyt i Staden?"

"Det er altid "dem derovre"", sagde hun. "De gamle Forhold."

"Det lille Frø", sagde Skolelæreren og saae ud efter hende gennem Vinduet. Frøken Holm gik hjem til sit Hækletøj.

"Det lille Frø, hun er s'gu helt febrilsk for sin Dansemester..." sagde han.

Det var en Ballet, som skulde opføres paa Teatret, af en ny Balletmester. Frøken Holm kunde Personlisten udenad og Navnene paa alle Solodansene. "Vi har jo været sammen paa Skolen", sagde hun: "vi alle."

Om Aftenen, da Balletten skulde opføres første Gang, havde hun Feber, som om hun selv skulde danse. Hun tændte de to Lys, der vare blevne graa af Ælde, paa Kommoden, hvert paa sin Side af en Thorvaldsens Gibskristus, og hun satte sig paa sin Champagnekurv og saae ind i Lysene.

Men hun *kunde* ikke være ene. Al den gamle Teateruro kom op i hende. Hun gik ind til Smedens, som sad ved Nadveren, og hun satte sig paa Stolen ved Siden af Stueuret. Hun talte mere de Timer end ellers det hele Aar. Hun fortalte om Teatret og om Førsteforestillingerne. Om de store "Soloer" og om Mestertrinene.

Hun nynnede og vuggede med Overkroppen, mens hun sad.

Smeden blev saa muntret af alt dette, at han gav sig til at brumme en gammel Kavallerivise og sagde:

"Mutter, det drikker vi en Punsch paa – en Arrak af den skære."

Punschen blev brygget, og de to Lys fra Kommoden kom ind paa Bordet, og de drak og snakkede op. Men midt under hele Lystig-

She went across to the schoolroom and took *Berlingske* out of the pile. She read the theatre advertisements and the repertoire and the reviews, of which she understood nothing. But after all, it was something about "them over there."

It took her a long time to get through one column. Her fore-finger followed the lines gracefully.

When she had finished with the newspaper, she went across the corridor and knocked again as before.

"Well," said the schoolmaster, "*was* there anything going on in town, then?"

"There are always those over there," she said. "Old times, you know."

"The little mite," said the schoolmaster, watching her retreating figure through the window. Miss Holm was going home to her crochet-work.

"The little mite, she's so goddam smitten with her dancing master," he said.

A ballet was to be presented at the theatre under a new ballet master. Miss Holm knew the cast list by heart and the names of all the solo-dances. "We were at school together," she would say. "All of us."

On the evening of the first night of the ballet she ran a tempera-ture just as if she herself were to dance in it. She lit the two candles, now grey with age, on the chest-of-drawers, one on each side of the plaster Christ by Thorvaldsen, and she sat down on her hamper looking into the candle-flame.

But she *could* not stay alone. All the restlessness of the theatre stirred within her. She went into the blacksmith's living room; he was seated at the supper table and she sat herself down on the chair by the clock. In those next few hours she talked more than all the rest of the year put together. She told them of the theatre and the first nights; about the great solos and the positions.

She hummed, and rocked herself from the waist as she sat there.

The blacksmith was so enlivened by it all that he began to hum an old cavalry song, and then said,

"Look, ma, we'll drink a punch to this—a real arrack punch!"

The punch was mixed and the two candles from the chest-of-drawers were brought in and put on the table, and then they drank and began to chatter together. But in the midst of all the merriment

heden blev Frøken Holm pludselig stille og sad med store Taarer i Øjnene. Og rejste sig og gik ind.

Inde paa sin Kurv brast hun i Graad og sad længe, før hun klædte sig af og gik i Seng. Hun gjorde ingen "Pas" ved Stolpen.

Hun blev ved at tænke over dette ene!

Han havde været med hende paa Skolen.

Hun laa stille i Sengen. Nu og da sukkede hun i Mørket. Hun virrede lidt med Hovedet paa Puden: hun hørte i sit Øre hele Tiden Balletmesterens Stemme fra Skolen, hidsig og skrattende:

"Holm har ingen Élan . . . Holm har ingen Élan" . . . han raabte det, saa det skreg gennem hele Salen.

Hvor hun hørte det – hvor saae hun Salen.

Figurantinderne gjorde deres Øvelser i lang Rad – Pas efter Pas. Træt lænede hun sig et Nu til Væggen – det var, som var de plagede Lemmer hugget hende af Kroppen – og hun hørte igen Balletmesteren, som skingrede:

"Har Holm da ingen Ambition . . ."

Hun saae deres Stue hjemme. Moderen, der sad stønnende i den store Stol, og Søsteren, der drejede den hakkende Symaskine, nær ved Lampen, og hun hørte Moderen sige med sin astmatiske Stemme:

"Dansede Anna Stein Solo?"

"Ja, Mo'er."

"Hun havde vel "La grande Neapolitaine"?"

"Ja, Mo'er."

"I to kom sammen paa Skolen", sagde Moderen og saae over paa hende bag Lampen.

"Ja, Mo'er."

Og hun saae Anna Stein i det brogede Skørt – med de flagrende Baand i Tamburinen – saa levende og leende i Lyset fra Rampen i den store Solo . . .

Og pludselig lagde hun Hovedet ned i Puderne og hulkede, voldsomt og ustandseligt, i afmægtig og fortvivlet Smerte . . . Det var blevet Morgen, før hun faldt i Søvn.

– – Balletten havde gjort Lykke. Frøken Holm læste Kritiken i Skolen. Mens hun læste, faldt et Par smaa Gammelkone-Taarer ned paa Berlingskes Papir.

Miss Holm fell suddenly silent and sat there with big tears in her eyes. And then she rose and retired to her room.

In there, sitting on her hamper, she burst into tears and it was a long time before she undressed herself and went to bed. She did not practise any *pas* at the bedpost that night.

She just went on thinking and thinking this one thought:

He had been at the school with her.

She lay quiet in bed. Now and again she sighed in the darkness. She moved her head from side to side on the pillow. All the time she could hear in her ears the voice of the balletmaster at the school, irascible and grating,

"Holm has no élan... Holm has no élan," he shouted the words till they rang round the room.

She could hear it all, now... she could see the very hall.

The figurants were going through their exercises in a long line— *pas* after *pas*. Wearily she leaned for a moment against the wall— she felt as if her tortured limbs had been torn from her body, and she heard once more the ballet master shrieking,

"Has Holm no ambition?"

She could see their living room at home. Her mother, sitting groaning in the large armchair and, close to the lamp, her sister turning the clacking sewing-machine, and she heard her mother say in her asthmatic voice,

"Did Anna Stein dance the solo?"

"Yes, mother."

"I suppose she danced 'La Grande Napolitaine'?"

"Yes, mother,"

"You two were at the school together," said her mother, and looked over to her as she sat behind the lamp.

"Yes, mother."

And she could see Anna Stein in her multi-coloured skirt and the fluttering ribbons on her tambourine—so vital, so full of laughter, in the glare of the footlights in the grand solo.

And suddenly she buried her head in the pillow and sobbed, violently and incessantly, in impotent and despairing pain—morning came before she fell asleep.

The ballet had been a success. Miss Holm read the review at the school. While she was reading, a couple of tiny old-woman's tears fell on to the pages of *Berlingske*.

Fra Søsteren ankom der Breve. Det var Breve om Laanesedler og Nød. De Dage, hun fik de Epistler, glemte Frøken Holm Hækletøjet og hun sad med Hænderne i Tindingerne, med det aabnede Brev i sit Skød. Tilsidst gik hun rundt til Forældrene, og, rød og bleg, bad hun om Halvdelen af sit Honorar.

Det sendte hun hjem.

– – –

Dagene gik. Frøken Irene Holm vandrede til og fra sin Dans. Hun fik et Hold endnu. Det var en halv Snes unge Gaardmandsfolk, som havde slaaet sig sammen. De dansede tre Aftener om Ugen i Peter Madsens Storstue ved Skoven. Frøken Holm gik en halv Mil i Vintermørket, ræd som en Hare forfulgt af alle Balletskolens gamle Spøgelsehistorier.

Hun skulde forbi en Dam, omgivet af Pile. Hun stirrede ufravendt paa Træerne, der strakte sine store Arme op i Mørket. Hun følte Hjærtet som en kold Sten i sit Bryst.

De dansede tre Timer. (Hun kommanderede. Hun svingede. Herre-Eleverne dansede hun med, saa hun fik hektisk Rødt paa Kinderne.) Saa skulde hun hjem. Peter Madsens Gaardport var lukket. Drengen fulgte hende med Lygten og fik Porten op. Han holdt Lygten højt op i Haanden et Øjeblik, mens hun gik ud i Mørket.

Og hun hørte hans "Godnat" bag sig, og Portfløjen, der blev trukket frem over Brolægningen og blev lukket.

Paa det første Stykke Vej var det Hegn, med Buske, der bøjede sig og nikkede…

– – –

Det begyndte at melde Foraar, da Frøken Irene Holms Kursus var endt. Holdet fra Peter Madsens vilde have Afdansning i Kroen.

III

Festen blev meget fin med "Velkommen" i Transparent over Døren og koldt Bord til to Kroner med Kapellanen og Præstefrøkenen for Bordenden.

Letters arrived from her sister. They were letters about pawn-tickets and need. On the days when she received these epistles, Miss Holm forgot her crochet-work and sat with her hands on her temples, the open letter lying in her lap. Finally she went round to the parents and, turning red and then white, she asked them for half of her fees.

She sent this money home.

— — —

The days passed. Miss Irene Holm walked back and forth to her dancing classes. She obtained one more group of pupils. These were some ten farmworkers who had clubbed together. They danced three nights a week in the big parlour at Peter Madsen's by the woods. Miss Holm would walk there, three miles in the winter darkness, as terrified as a hare and pursued by all the ghost stories she had heard at the ballet-school.

She had to go past a pond which was surrounded by willow trees. She never took her eyes off the trees reaching up their great arms into the darkness. Her heart felt like a cold stone in her breast.

They danced for three hours. (She gave commands. She swung them round. She danced with the gentlemen until her cheeks became a feverish red.) Then she had to go home. The farmyard gate at Peter Madsen's was shut. The boy accompanied her with a lantern and got the door open. He would hold the lantern high for a moment while she stepped out into the darkness.

And she heard his "Good night" behind her, and she heard the gate being dragged over the paving stones and then shut.

For the first part of the way there was a hedge with bushes that bowed and nodded...

— — —

The first signs of spring were beginning to appear when Miss Irene Holm's course of lessons came to an end. The group at Peter Madsen's wanted to hold an end-of-the-season dance at the inn.

III

It was an occasion of great distinction, with an illuminated sign saying "Welcome" over the door, and a cold collation costing two crowns, with the curate and the parson's daughter at the head of the table.

Frøken Holm var i Barège med Garneringer og romerske Baand om Hovedet. Fingrene var fulde af Venskabsringe fra Balletskolen. Mellem Dansene sprøjtede hun med Lavendelvand paa Gulvet og truede "Fruerne" med Flasken. Frøken Irene Holm blev saa ung igen, naar hun havde Afdansning.

Først dansede man Kvadrillerne.

Forældrene og de ældre stod langs Væggene og i Dørene, seende hver efter sine og stille imponerede. De unge gik rundt i Kvadrillerne med Ansigterne saa stive som Masker, saa varsomme i Trinene, som gik de paa Ærter.

Frøken Holm var lutter opmuntrende Nik og halvhøje franske Benævnelser. Musiken var Hr. Brodersen og Søn. Hr. Brodersen junior trakterede Præstens velvillig udlaante Klavér.

De begyndte paa Runddansen og Tonen blev mere fri. Mændene slog sig paa Punschen i Mellemstuen, og "Herre-Eleverne" bød Frøken Holm op. Hun dansede med Hovedet paa Siden, løftede sig paa Tæerne, med sin ældede Sekstenaars Gratie.

Efterhaanden holdt de andre Par op at danse, og Frøken Holm og hendes Kavalér blev alene paa Gulvet. Mændene kom frem i Døren til Lillestuen og de raabte alle i stille Beundring efter Frøken Holm, der strakte Fødderne lidt længere frem under Kjolen og vuggede i Hofterne.

Præstefrøkenen morede sig, saa hun kneb Kapellanen i Armen.

Efter en Mazurka raabte Skolelæreren "Bravo", og alle klappede i Hænderne. Frøken Holm gjorde Balletbøjning med to Fingre paa Hjærtet.

De skulde til Bords, og hun arrangerede en Polonaise. Alle gik med, Konerne skubbede til hinanden af Generthed og Fornøjelse. Mændene sagde:

"Naa – Mutter – saa skal vi..."

Et Par gav sig til at synge "Landsoldaten" og trampede Takten.

Frøken Irene Holm havde Skolelæreren tilbords og sad under Hans Majestæt Kongens Buste.

Miss Holm was there in a flounced barège dress and with ribbons à la Roman round her head. Her fingers were loaded with friendship rings from the ballet school.

Between the dances she sprayed the floor with lavender water and threatened "mesdames" with the bottle. Miss Irene Holm always became so young again when she held an end-of-the-season dance.

First they danced quadrilles.

The parents and the older people stood along by the walls and in the doorways, all of them staring in impressed silence at members of their own families. The young people moved round in the quadrilles, their faces as stiff as if they wore masks, and treading as cautiously as if they were dancing on peas.

Miss Holm was all encouraging nods and muttered French terms. The music was provided by Mr. Brodersen and son. Brodersen junior was at the piano, which had been kindly lent by the vicar.

They proceeded to a round dance, and the atmosphere became more free. The men started on the punch in the middle room and the "gentlemen pupils" asked Miss Holm for dances. She danced with her head on one side, she rose on her toes with her faded sixteen-year-old's grace.

Gradually the other couples left off dancing and Miss Holm and her partner were alone on the floor. The men appeared in the doorway to the small room and exclaimed in soft-voiced admiration at Miss Holm, who stretched her feet a little further out from beneath her dress and swung her hips.

The parson's daughter was enjoying herself so much that she was pinching the curate's arm.

After a mazurka the schoolmaster shouted "Bravo!" and everybody clapped. Miss Holm made a ballet-dancer's acknowledgement with two fingers on her heart.

It was now time to take seats at the table, and she arranged a polonaise. Everybody joined in, the women pushed each other aside in their embarrassment and pleasure. The men said,

"Well, ma, what about it?"

One couple struck up "The Militiaman" and began to beat out the time with their feet.

Miss Irene Holm was taken in to supper by the schoolmaster; she sat beneath the bust of His Majesty the King.

Tonen blev igen højtidelig, efter at man var kommet tilbords, og Frøken Holm var den eneste, der talte, i Salontone, som "de fra Skuespillet" i en Komedie af Scribe. Lidt efter lidt blev man mættere. Mændene begyndte at drikke sig til og støde Glassene sammen over Bordet.

Der blev stor Lystighed nede ved de Unges Bordende, og det varede noget, før der blev Ro for Skolelæreren, som vilde tale. Han talte for Frøken Holm og de ni Muser. Han talte længe. Langs ad Bordet sad man og saae ned i Tallerkenerne – efterhaanden fik Ansigterne et højtideligt og stramt Udtryk, ligesom naar Degnen var i Kordøren i Kirken – og drejede Brødkugler med Fingrene.

Taleren naaede Freja med sine to Katte og udbragte saa et Leve for "Kunstens Præstinde": Frøken Irene Holm. Der blev raabt ni lange Hurra, og alle vilde drikke med Frøken Holm.

Frøken Holm havde ikke forstaaet Talen og var meget smigret. Hun stod op og nejede med Glasset løftet i rundet Arm. Det festlige Pudder var ganske forsvundet af Anstrængelsen og Heden, og hun havde to mørkerøde Pletter ned over Kinderne.

Der blev en stor Hurlumhej. De Unge begyndte at synge, de Gamle drak Privatglas og stod op fra deres Pladser for at slaa hinanden paa Skuldrene eller daske hinanden paa Maven midt ude paa Gulvet, under Latter. Konerne begyndte at kaste strenge Blik, angst for at Halvdelene skulde faa for meget.

Og midt under Lystigheden hørte man Frøken Holm, som blev meget munter og lo med en tøset Latter, som for tredive Aar siden paa Danseskolen...

Saa sagde Skolelæreren: "Frøken Holm skulde egentlig danse –"
– Hun havde jo danset...
"Ja – men danse for dem – en Solo – *det* var noget..."

Frøken Holm havde straks forstaaet – og en forfærdelig Lyst slog op i hende: Hun kunde *danse*.

The atmosphere became solemn again after they were all seated at the table, and Miss Holm was the only one who spoke, in a "drawing-room tone" just like "those at the theatre" in a comedy by Scribe. Gradually appetites were satisfied. The men began to drink one another's health and to clink glasses across the table.

There was great merriment down at the end of the table where the young people were, and it took a little time to obtain silence for the schoolmaster, who wanted to make a speech. He proposed Miss Holm and the Nine Muses. He made a long speech. All down the table people were looking down at their plates; gradually their faces assumed the kind of solemn and tense expression that they had when the parish clerk appeared at the door of the church choir. They sat and rolled little bread-balls with their fingers.

The speaker got as far as Freya with her two cats, and then he proposed the toast to that "Priestess of Art," Miss Irene Holm. There were nine lengthy cheers, and everybody wanted to drink with Miss Holm.

Miss Holm had not understood the speech and she was very flattered. She rose and inclined her head, with raised glass and arm crooked. The powder applied for this great occasion had by now quite disappeared with her exertions and the heat and she had two dark red patches on her cheeks.

There was a hubbub. The youngsters began to sing; the old folk drank their glasses alone and then got up from their seats to slap each other on the shoulders or pat each other on the stomach right in the middle of the floor, to general laughter. Wives began to cast disapproving glances, fearing that their other halves were going to imbibe too much.

And amid all the merriment Miss Holm could be heard; she was getting very gay and was laughing with a girlish laugh just like thirty years before at the dancing school.

Then the schoolmaster said, "Miss Holm really ought to dance..."

"But she had been dancing..."

"Yes, but... dance for them all... a solo... that would be really something."

Miss Holm had understood at once, and a terrible desire welled up within her; she could *dance*.

Men hun gav sig til at le og sagde over til Peter Madsens Kone: "Hr. Organisten vil ha'e, jeg skal danse" – – som om det var det latterligste af Verden.

De nærmeste hørte det, og der blev et almindeligt Raab.

"Ja – De maa danse..."

Frøken Holm var rød lige op til Haaret og sagde: "At Feststemningen blev næsten *for* løftet..."

"Og desuden var der ingen Musik..."

"Og man dansede ikke i lange Skørter..."

En Karl raabte gennem Stuen: "De ka' løftes," – og alle lo højt og begyndte at bede paa ny.

"Ja – hvis Frøkenen fra Præstegaarden vilde spille – en Tarantel."

Man omringede Præstefrøkenen. Hun var villig og skulde forsøge. Skolelæreren rejste sig og slog paa sit Glas: "Mine Damer og Herrer," sagde han, "Frøken Holm vil gøre os den Ære at danse..." De raabte "Leve" igen og Hurra, og begyndte at rejse sig fra Bordet.

Kapellanen var gul og grøn, saadan havde Præstens Frøken knebet ham.

Frøken Holm og Præstefrøkenen gik ind for at prøve Musiken. Frøken Holm var febrilsk og gik frem og tilbage og strakte Fødderne. Hun pegede paa Gulvfjælene, der gik i Bakke og Dal, og sagde:

"Man er jo ikke vant til at danse i en Cirkus."

Saa sagde hun: "Ja – Lystigheden kan begynde," og talte ganske hæst af Sindsbevægelse.

"Saa kommer jeg efter de første ti Takter," sagde hun. "Jeg gør Tegn..." Hun gik ind og ventede i Lillestuen.

Publikum kom ind og stilllede sig i en Halvkreds, hviskende og nysgerrige. Skolelæreren hentede Lys fra Bordet og stillede dem op i Vindueskarmene, ligesom til en Illumination. Saa bankede det paa Lille-Stue-Døren.

Præstefrøkenen begyndte at spille, og alle saae mod Døren. Efter den tiende Takt gik den op, og alle klappede: Frøken Holm dansede med Kjolen bunden op med et romersk Skærf.

But she started to laugh, and across the table to Peter Madsen's wife she said:

"The organist wants me to dance," as if it were the most ridiculous thing in the world.

Those sitting close to her heard what she said, and there was a general cry:

"Yes, of course, you must dance."

Miss Holm, blushing to the roots of her hair, said that "the festive mood was becoming almost too gay."

"And besides, there was no music."

"Nor can one dance in long skirts."

A farm-hand shouted across the room, "You can lift 'em," and everyone laughed aloud and renewed their entreaties.

"Well, yes. If the young lady from the vicarage would play—a tarantella."

The vicar's daughter was besieged. She was willing and would do her best. The schoolmaster rose and tapped his glass, "Ladies and Gentlemen," he said. "Miss Holm is going to do us the honour of dancing for us..." They shouted bravo and hurrah and began to get up from the table.

The curate was black and blue by now from all the pinching the vicar's daughter had been giving him.

Miss Holm and the vicar's daughter went off to try the music through. Miss Holm was in a fever of excitement as she walked up and down and stretched out her feet. She pointed to the floorboards with their hills and valleys and said,

"I am not used to dancing in a circus."

Then she said, "Let the entertainment begin," and her voice was hoarse with emotion.

"I shall enter after the tenth beat," she said. "I shall give you a sign." She went and waited in the small room.

The spectators entered and formed a semicircle, whispering and curious. The schoolmaster fetched candles from the table and placed them on the window sills as if the village were to be illuminated. Then there was a knock on the door of the small room.

The vicar's daughter began to play and everybody looked towards the door. After the tenth beat it opened, and everyone clapped: Miss Holm was dancing with her dress shortened by a Roman sash.

Det var "La grande Neapolitaine".

Hun gik paa Tæerne, og hun svingede. Tilskuerne saae beundrende paa Fødderne, der gik rapt som et Par Trommestikker. Der blev en Klappen, da hun hvilede paa ét Ben.

Hun sagde: "Hurtigere" – og begyndte at svinge igen. Hun smilede og vinkede og viftede og viftede. Det blev mer og mer med Overkroppen, med Armene, det blev mer og mer det mimiske. Hun saae ikke Tilskuernes Ansigt mer – hun aabnede Munden – smilede, viste alle sine Tænder (nogle græsselige Tænder), – hun vinkede, agerede, – vidste, følte kun "Soloen" – –

Endelig Soloen.

Det var ikke længer "La Neapolitaine". Det var Fenella, Fenella, der knælte, Fenella, der bad – den tragiske Fenella...

– – – Hun vidste ikke, hvordan hun var kommet op, hvordan hun var kommet ud... Hun havde kun hørt Musiken, der med ét holdt op – og *Latteren* – Latteren, mens hun pludselig saae alle disse Ansigter...

Og hun havde rejst sig, og hun havde udbredt Armene en Gang endnu – af Vane – og hun havde nejet, mens de raabte...

Inde i Lillestuen stod hun et Nu ved Bordet... det var saa mørkt for hende, saa ganske tomt...

Saa løste hun langsomt Skærfet, med sært stive Hænder, og glattede Kjolen og gik stille ind – hvor de blev ved at klappe.

Hun nejede, tæt ved Klaveret, men Øjnene løftede hun ikke fra Jorden.

De havde Hast med at begynde at danse.

Frøken Holm gik stille rundt. Hun begyndte at sige "Farvel", og Eleverne trykkede hende Pengene i Haanden, indsvøbte i Papir.

Peter Madsens Kone hjalp hende Tøjet paa, og i sidste Øjeblik kom Præstefrøkenen og Kapellanen og vilde følges med hende.

De gik tavse hen ad Vejen. Præstefrøkenen var rent ulykkelig og vilde gøre en Undskyldning og vidste ikke, hvad hun skulde sige. Og den lille Danserinde blev ved at gaa ved Siden af dem, stille og bleg.

Saa sagde Kapellanen, pint af Tavsheden:

It was "La Grande Napolitaine."

She tiptoed and gyrated; the spectators looked admiringly at her feet as they moved nimbly as a pair of drumsticks. There was applause as she held still on one leg.

She said, "Faster!" and began to gyrate again. She smiled and waved; and fluttered and fluttered. More and more she moved the top of her body, her arms; more and more it became mimicry. She no longer saw the faces of her spectators; she opened her mouth, she smiled, she shewed all her teeth (they were horrible teeth), she waved, she acted her dance—she knew and felt only the solo.

The solo at last.

It was no longer "La Napolitaine." It was Fenella, Fenella kneeling, Fenella pleading, tragic Fenella...

— —She did not know how she had got to her feet, how she had withdrawn from the room. She had only heard the music as it suddenly ceased—and the *laughter*—the laughter as she suddenly saw all those faces.

And she had risen, she had spread her arms once more—out of habit—and she had inclined her head as they shouted.

In the small room she stood for a moment at the table... everything seemed dark before her, and so empty.

Then she slowly untied the sash with strangely stiff fingers and smoothed out her dress, then quietly went in to where they were still clapping.

She inclined her head, close to the piano, never lifting her eyes from the floor.

They were all in a hurry to start dancing again.

Miss Holm went quietly round and began to say good-bye. Into her hand the pupils pressed their money wrapped up in paper.

Peter Madsen's wife helped her into her things, and at the last moment the vicar's daughter and the curate came up and suggested they would see her home.

They walked along the road in silence. The vicar's daughter was most unhappy and wanted to apologise, but did not know what to say. And the little dancer went on walking at their side, silent and pale.

Then the curate, distressed by the silence, said,

"Ser De, Frøken – De Folk har jo intet Blik for det tragiske."
Frøken Holm blev ved at gaa stille. De kom til Smedens, og hun nejede, da hun rakte Haanden.

Præstefrøkenen slog Armene om hende og kyssede hende: "Godnat, Frøken," sagde hun – hun var ikke sikker paa Røsten...

Kapellanen og hun blev ude paa Vejen, til de havde set Lyset tændt i Danserindens Kammer.

– – –

Frøken Holm tog den Barèges Kjole af og lagde den sammen. Saa talte hun Pengene ud af Papirerne og syede dem ind i en lille Lomme i sit Kjoleliv. Hun førte Naalen saa kejtet, mens hun sad foran sit Lys.

Den næste Morgen blev hendes Champagnekurv læsset paa Landpostens Vogn. Det var en Regndag, og Frøken Holm krøb sammen under en defekt Paraply; Benene trak hun op under sig, saa hun sad helt tyrkisk paa sin Kurv.

Da de skulde til at køre – "Posten" gik ved Siden af Vognen, Øget havde nok med at trække én Passager – kom Frøkenen fra Præstegaarden løbende hen ad Vejen i bart Hoved. Hun havde en hvid Spaankurv med. "Man maatte da have Proviant med paa Rejsen," sagde hun.

Hun bøjede sig ind under Paraplyen, tog Frøken Holm om Hovedet og kyssede hende to Gange...

Saa brast den gamle Danserinde i Graad og greb den unge Piges Haand, som hun kyssede.

Præstefrøkenen blev staaende paa Vejen og saae efter den gamle Paraply, saa længe hun øjnede den.

– – Frøken Irene Holm havde indbudt til et "Foraarskursus i den moderne Selskabsdans" i en nær Flække.

Der var tegnet seks Elever.

Der drog hun hen – for at fortsætte *det,* man kalder Livet.

"You see, Miss Holm, these people have no eye for tragedy."

Miss Holm continued to walk on quietly. They came to the blacksmith's house and she nodded and shook hands.

The vicar's daughter flung her arms round her and kissed her. "Good night!" she said; she was not quite sure of her voice.

The curate and she remained outside in the road until they had seen the candle lit in the dancer's room.

— — —

Miss Holm took off her barège dress and folded it up. Then she counted the money out of the pieces of paper and sewed it into a little pocket in her bodice. She plied the needle so clumsily sitting there in front of the candle.

The next morning her champagne hamper was loaded on to the stage coach. It was a rainy day and Miss Holm huddled under a battered umbrella. She tucked her legs up underneath her so that she was sitting Turkish fashion on her hamper.

When they were about to move off—the postman was walking beside the stage coach, for the broken-winded horse had enough of a load with one passenger—the vicar's daughter came running bareheaded down the road. She had a white wicker basket with her. "You must have some provisions with you for the journey," she said.

She stooped down beneath the umbrella and, taking Miss Holm's head in both her hands, she kissed her twice.

Then the old dancer burst into tears and gripped the young girl's hand and kissed it.

The vicar's daughter remained standing in the road and watched the old umbrella retreating for as long she could see it.

— —Miss Irene Holm had given notice that she would be holding "A Spring Course in Modern Ballroom Dancing" at a nearby place.

Six pupils had enrolled.

She made her way thither to continue *that* which we call life.

HENRIK PONTOPPIDAN
(1857–1943)

Den store fortæller Henrik Pontoppidan var igennem et halvt århundrede det danske samfunds velunderrettede og kritiske historieskriver. Han afmalede sin samtid, først i noveller, senere i talrige romaner. Pontoppidan var en lidenskabelig forsvarer af demokratiets principper uden derfor at beundre folkets politiske evner. Pontoppidan var da han levede og er stadig danskernes dårlige samvittighed. – I historien om *Ilum Galgebakke* (1890) træder lidenskaben og tvesynet hos denne digtermoralist frem. Fra 1877 tog landets konseilpræsident, Estrup, med kongens billigelse, ikke hensyn til Folketingets flertal. Fra 1885 regerede han ved hjælp af provisoriske finanslove. Gendarmer var fordelt rundt i landet for at sikre inddrivelsen af skatterne. Partiet Venstre, som mest bestod af bønder, stiftede grundlovsværneforeninger og riffelforeninger (der spøgefuldt kaldtes "økseklubber"). 1894 sluttede de politiske partier forlig, og 1901 blev det parlamentariske system definitivt indført i Danmark.

ILUM GALGEBAKKE

I

Tæt udenfor Landsbyen Ilum ligger den saakaldte Galgebakke.

Man kommer derop ad en smal Sti, der snor sig mellem Pløjemarker og unge Plantninger af Gran og Fyr. For hvert Skridt, man stiger til Vejrs, vider Synskredsen sig ud omkring En; og naaer man tilsidst Højens skaldede Top, har man hele Herredet liggende milevidt udbredt for sine Øjne – til de tre Sider omgivet af Landets gamle Vogter, det gendarmblaa Hav, hvis Bølgehære skimtes i det fjærne.

Der hviler en inderlig Enfold over det kønne, frodige, tæt befolkede Landskab. Ingen dristigt svungne Linjer, ingen himmelstormende Tinder eller svimlende Afgrunde. I tunge, fede Muldbølger, skyder Landet sig roligt og ensformigt frem fra Stranden, snart bærende fredelige Skove, Landsbyer, Kirker og Møller paa

HENRIK PONTOPPIDAN
(1857–1943)

The great narrator, Henrik Pontoppidan, was for half a century the well-informed and critical chronicler of Danish society. He depicted his own age, first in short stories, and later in a number of novels. Pontoppidan was a passionate defender of the principles of democracy, without, however, admiring the political aptitude of the people. While he lived, Pontoppidan was the bad conscience of the Danes, and this he still remains. In the story, "Gallows Hill at Ilum" (1890) we observe both his passion and his fair-mindedness as a poet and a moralist. From 1877 on, Estrup, the prime minister with the approval of the king, overrode the majority in the "Folketing" (the Danish lower house). From 1885 on he governed by means of provisional budgets. Gendarmes were stationed about the country to insure the collection of taxes. The *Venstre* (Left) party, which mainly consisted of farmers, set up societies for the defence of the constitution and rifle societies (which were jokingly called "axe clubs"). In 1894 the political parties reached a compromise, and in 1901 the parliamentary system was finally introduced in Denmark.

GALLOWS HILL AT ILUM

I

Just outside the village of Ilum lies the so-called Gallows Hill. To climb it, you go up a narrow path which winds its way between ploughed fields and young plantations of spruce and pine. With every upward step you take, the panorama opens about you, and when at last you reach the bald summit of the hill, the whole district lies spread out before you for miles around. On three sides, it is surrounded by that ancient guardian of the land—the gendarme-blue sea, whose armies of waves can be discerned in the distance.

A profound simplicity rests upon the lovely, fertile, densely populated country. There are no rashly vaulting contours, no heaven-storming peaks or dizzy precipices. In heavy waves of rich soil the land rises gently and regularly from the shore, sometimes supporting peaceful woods, villages, churches, and mills,

sin Ryg, snart redende trygge Lejer for sindigt flydende Bække og spejlblanke Aaer.

Kommer man derop en stille Sommeraften, naar den synkende Sol lægger et Skær som af smeltet Smør over hver Vandpyt og Grøft; naar Kirkerne rundt om paa Bakkerne begynder at kagle som hvide Høns; naar Piger i store Solhatte kommer gladelig syngende hen ad Markstierne med Mælkeaag over de brede Skuldre og Hænderne støttede paa de trinde Hofter; naar rundkindede Karle lunter ud fra Byerne paa Ryggen af store tunge Heste, med Træskoen lystigt dinglende ude paa Storetaaen; naar Moserne begynder at brygge, og Engene at spinde, og Frøerne at dreje deres Kværn – – kan man tro sig hensat til et Vidunderland, hvor alt aander Fred og evig Lykke.

Lige under En ligger Ilum Sø dybt gemt mellem de afrundede Bakker – saa lunt og fredeligt som Smørhullet i et Fad Grød. I Søens østlige Ende spejler Ilum By sine mange hvide Gavllænger, og over Straatagene kigger Kirketaarnets røde Nissehue op. Bagved strækker sig en lang Allé af ærværdige Ege helt hen til "Ilumgaarden", Byens gamle Arvefjende, de Juul'ers mosbegroede Herresæde, der ligesom med ond Samvittighed skjuler sig i en tæt og mørk Lund af Bøg og Gran. Kun en blank Metalkugle af Slottets Taarnspir rager op over de høje Trækroner som et evig vagtsomt Øje.

I Aarhundreder har Bondeby og Herregaard ligget saaledes over for hinanden, og næsten altid i Krig. Snart var det lejede Landsknægte fra Herregaarden, der drog ned gennem Alléen med Sværd og lange Landser for at svinebinde Bønderne. Snart var det disse, der ved Nattetid satte over Borggraven med Køller og tunge Øxer for at give Herremanden et velment Tak for sidst.

Thi de allerældste Ilum Bønder var et stridslystent Folkefærd, der levede deres halve Liv som Fiskere ude paa Havet, hvorfra de var vant til at brydes, snart med Bølgerne, snart med fremmede

sometimes forming secure beds for thoughtfully flowing brooks and mirror-like streams.

If you go up there on a quiet summer evening when the setting sun is spreading a sheen of melted butter over every puddle and ditch, when the churches on the hills around are beginning to cluck like white hens, when merrily singing girls in large sunhats are coming down the field-paths with their yokes across their broad shoulders and their hands resting on their buxom hips, when chubby-cheeked lads are jog-trotting out of the villages on great, heavy horses, their clogs dangling gaily on their big toes, when the marshes are beginning to steam and the meadows to spin white threads, and the frogs are starting their churning, then you can imagine yourself transported to a wonderland where everything breathes peace and eternal bliss.

Immediately below you lies Ilum Lake, hidden deep amongst the rounded hills—as snug and peaceful as the spot of butter in a dish of porridge. At the eastern end of the lake the village of Ilum mirrors its many white gables, and above the thatched roofs peers the red gnome's hat of the church. Behind, there stretches a long avenue of venerable oaks right up to Ilum Manor, the ancient and hereditary enemy of the village, the Juul's mossgrown manor, which as if conscience-stricken, conceals itself in a dense and gloomy grove of beech and spruce. Only the shiny sphere of metal on top of the manor's spire protrudes above the lofty tree-tops like an eternally vigilant eye.

For centuries, village and manor have lain thus opposite one another, yet almost always in a state of war. At one time, there would be hired pikeman from the manor marching down the avenue with swords and long lances to hogtie the peasants. Another time, the peasants would cross the moat at night with clubs and heavy axes to pay the lord of the manor a neighborly return visit.

For the very oldest peasants at Ilum were a quarrelsome race, who lived half their lives at sea as fishermen, and, as such, were accustomed to doing battle with the waves or with alien raiders

Strandhuggere, undertiden ogsaa med hinanden indbyrdes. Og Trangen til at kæmpe for deres Selvstændighed tabte sig ikke, naar de kom paa Landjorden. De havde den Gang hverken Værneforeninger eller Øxe-Klubber og heller ingen omrejsende Agitatorer til at holde deres Friheds-Begejstring varm. De fandt ganske af sig selv paa at sparke fra sig, naar nogen traadte dem for haardt paa Foden. Dyrets Friheds-Instinkt var endnu vaagent hos dem. Uden først at granske nogen gammel eller revideret Grundlov eller at raadføre sig med en Katekismus om Tidspunktet for en Opstands Tilladelighed, brød de som med én Skulder det Aag, der blev for tungt, og tog deres Hævn uden Sentimentalitet.

To Gange sved de Ilumgaarden af, saa kun de sværtede Mure stod tilbage, og trak Herremanden herop paa Galgebakken, hvor han selv havde ladet tappe saa meget Blod. Her klædte de ham først nøgen, rev saa Tungen ud af Halsen paa ham, sprættede derpaa Maven op, saa de rygende Indvolde hang ham ned over Knæene, og klyngede sluttelig under vilde Jubelraab hans højadelige Krop op i Galgens højeste Top til Føde for de sultne Ravne.

Men de Tider er forlængst – forlængst forbi!

Nu holder de Ilum Bønder sig udelukkende til Jorden, og Kampen for deres Selvstændighed har antaget mere civiliserede Former.

Nu bygger de Forsamlingshuse, opretter Skoler, stifter Foreninger, danner uafhængige Laanekasser, Brandkasser og endnu flere Kasser – alt til Frihedens Bevarelse. Men først og sidst afholder de Møder. Overalt og til alle Tider holder de Taler. I store Skarer drager de i bevægede Tider herop paa den minderige Galgebakke og rejser her det moderne Skafot, Talerstolen, hvorfra deres Ordførere under Forsamlingens Jubelraab først klæder Fjenderne nøgne for ethvert Argument, derpaa hudfletter dem med Sprogets hvasseste Ord, lemlæster deres Fortolkninger, og sluttelig uden Skaansel giver deres Navn og Ære til Pris for sultne Bladreferenter.

Og er da saaledes Hævntørsten stillet, opløfter Lærer Zachariasen

and, at times, to fighting amongst themselves. And the urge to fight for their independence did not die when they set foot on land. At that time they had no societies for the defence of the constitution, no axe-clubs, and no itinerant agitators to keep aflame their enthusiasm for freedom. They discovered on their own how to kick back when their toes were trodden on too hard. The animal instinct for liberty was still awake within them. Without first poring over any original or revised constitution, or taking counsel of a catechism about the date on which a revolt would be permissible, as with one shoulder they threw off the yoke which had become too heavy, and took their revenge without sentimentality.

Twice they burned down Ilum Manor so that only the blackened walls remained, and they dragged the lord of the manor up onto Gallows Hill, where he had caused so much blood to flow. Here they first stripped him naked, tore his tongue from his throat, ripped his belly open so that his smoking guts hung down about his knees, and then finally, with wild cries of rejoicing, they strung his most noble body up at the very topmost height of the gallows as food for the hungry ravens.

But those times are long, long ago.

Now the peasants of Ilum work exclusively on the land, and their struggle for independence has assumed more civilised forms.

Now they build village halls, put up schools, found societies, establish independent loan funds, fire indemnity funds, and yet other funds—all for the maintenance of liberty. But above all, they hold meetings. Everywhere, and at all times, they make speeches. At times of excitement, they march in large crowds up the memorable Gallows Hill and set up the modern scaffold—a rostrum, on which their spokesmen, to the accompaniment of shouts of rejoicing from the gathering, first strip their enemies naked of any argument, then lash them with the most caustic words in the language, mutilate their interpretations, and finally, pitilessly hand over their names and their honour to the mercy of hungry newspaper reporters.

And when the thirst for revenge has been thus satisfied, Schoolmaster Zachariasen raises his omnipotent hand—and from enthusiastic throats the tones of the old battle hymn, the Bjarkemaal, ring out over the valley:

sin almægtige Haand – og fra begejstrede Struber runger Tonerne
af det gamle Bjarkemaal ned over Dalen:

> "Vaagner, vaagner, danske Helte!
> Springer op og spænder Belte!"

II

Det var oppe paa Ilum Galgebakke, at jeg saa ham sidste Gang –
denne besynderlige, gaadefulde Fremmede, der havde sat den hele
By i saa ualmindelig Bevægelse.

Alene hans Udseende var ganske ejendommeligt. Han var en lille
koboldagtig Skikkelse, bredskuldret og tyndbenet, med stridt, graat
Haar, et stort, gulblegt, skægløst Ansigt og store runde Briller,
hvorigennem hans Øjne, naar Solen lyste paa dem, viste sig som to
lodrette Streger og mindede om en Natugle, en Kat eller en Tiger.

For nogle Aar tilbage var han en Sommeraften kommen vandrende
her til Byen med en Voxdugstaske paa Ryggen, højt opsmøgede
Benklæder og en tyk Knortestav i Haanden – skrækkelig tilstøvet
og forbrændt af Solen, som havde han vandret dagevis uden Rast.

Først indlogerede han sig i Kroen men lejede snart efter en Stue
hos et Par Husmandsfolk i Udkanten af Byen, hvor han siden boede.
Han kaldte sig "pensioneret Skolelærer" og fortalte, at han opholdt
sig her for at studere Egnens Historie, da han agtede at forfatte en
Beskrivelse af den.

Dette lød ret naturligt især da han virkelig altid færdedes ude
omkring i Landet. Fra Morgen til Aften gennemstrejfede han Eg-
nen, kiggede ind i de enligt liggende Smaahuse ude paa Over-
drevene, gav sig i Snak med alle Vejfarende, slog sig ned hos Høst-
arbejdere, hos Grøftegravere og Vogterdrenge – altid rastløs, mun-
ter og meddelsom.

Bedst som man gik i egne Tanker paa Landevejen, kunde han
pludselig rejse sig fra Grøftekanten lige foran En, hilse paa sin sæd-
vanlige kammeratlige Maade ved at lægge to Fingre op paa sin
brede Hatteskygge, og derpaa bede om Tilladelse til at gøre Følge-
skab. Saa trippede han lykkelig afsted ved Ens Side med smaa hur-
tige Skridt (han løftede altid Fødderne paafaldende højt under Gan-
gen, omtrent som om han uforfærdet vadede i noget usynligt) –
ustandseligt snakkende og spørgende, fortællende eller frittende,

Waken, waken, Danish heroes,
Buckle belts and leave repose!

II

It was up on Gallows Hill that I saw him for the last time, that odd
and mysterious stranger who had caused such an unwonted com-
motion throughout the village.

His appearance was altogether singular. He was a tiny goblin
of a man, broad-shouldered and thin-legged, with bristly grey hair,
a large sallow, beardless face and big round spectacles, through
which his eyes, when the sun shone on them, looked out like two
vertical lines and reminded one of a tawny owl, a cat or a tiger.

One summer evening some years back he had come wandering
into the village with an oilcloth haversack on his back, his trousers
rolled well up, and a thick, gnarled stick in his hand, terribly dusty
and burned up by the sun, as if he had walked for days without
resting.

At first he put up at the inn, but soon after, he rented a room with
a couple who were smallholders on the outskirts of the village, and
there he had been living since. He described himself as a "retired
schoolmaster" and said that he was staying there to study the history
of the neighbourhood because he was intending to write a descrip-
tion of it.

This sounded plausible enough, especially as he was indeed al-
ways out and about in the country. From morn till night he tra-
versed the district; he looked in at the isolated cottages out on the
common land, he fell into conversation with all those he met on the
road, sat himself down beside harvesters, ditchers, and shepherd-
boys—always restless, lively, and communicative.

Just as you were going along the road with your own thoughts,
he might suddenly rise up from the bank of the ditch at the side of
the road, greet you with his usual familiarity, putting two fingers
up to his broad-brimmed hat, and then ask leave to accompany
you. He would trot happily along at your side with quick little
steps (he always lifted his feet remarkably high as he walked, almost
as if he were fearlessly wading in something invisible), chattering
ceaselessly, questioning, telling stories, or cross-examining, at
every other sentence clearing his throat and spitting drily to the side
of the road.

mens han mellem hveranden Sætning rømmede sig og spyttede tørt ud til Siden.

I Begyndelsen drejede Samtalen sig gærne om Vejr og Vind. Men det varede aldrig længe, før han umærkeligt gled over til sit Yndlingsemne: Historien. Saasnart man kom op paa en Bakketop, hvorfra man kunde overskue en Del af Egnen, standsede han og gav sig til med Stokken at pege forklarende rundt i Terrænet. Han kendte Navn og Sted for enhver af de Kampe, der i sin Tid var bleven ført her mellem Herregaarden og de gamle Ilum Bønder, og fortalte derom med en ejendommelig malende Kraft, saa de blodige Billeder blev som levende igen for Ens Øje.

Han var i det hele en mærkelig Mand. Han syntes at have set og oplevet mere end andre dødelige. Han havde været i Berlin under Tumulterne otteogfyrre, i Paris under Kommunen enoghalvfjers. Han havde set Vendomesøjlen falde og Tuilerierne brænde og var utrættelig i Beskrivelsen af hine Rædselsdages Vildskab, af de brølende Folkemasser, de fremstormende Soldater, Barrikaderne paa Gaderne og Plyndringerne af Kirker og Klostre.

Og altid var der noget ejendommeligt tændende ved hans Fremstilling af disse Oplevelser. Naar man forlod ham, havde man en Fornemmelse, som om Ens eget Blod flammede. Man følte en heftig Trang til Daad, et ustyrligt Mod til at kæmpe og ofre sig for en stor og hellig Sag, for Frihed, Ret og Broderskab.

Thi det var just paa denne Tid, at den politiske Spænding og Ophidselse var paa sit højeste her i Landet. Alle var draget med af den vilde Stormhvirvel, der et Øjeblik truede med for bestandig at oprive og splitte det hele Folk.

Blandt Ilums Demokrater var "Mandslingen" – som man gærne kaldte den gamle Særling – hurtig kommen til at indtage en fremragende Plads. Skønt fremmed for Egnen og – paa Grund af sin Person – uden Evne til virkningsfuld Optræden i Forsamlingerne var han strax fra Begyndelsen bleven behandlet med endog særlig fin Opmærksomhed. Man satte en Ære i at have i sin Midte en Mand, der alene paa Grund af sin Alder, sin Lærdom og sine sjældne Oplevelser maatte indgyde Modstanderne Respekt.

Men lidt efter lidt havde Stemningen vendt sig imod ham. Det varede ikke længe, før man indsaa', at man havde vist ham for stor Tillid, og at han bag sit muntre og menneskevenlige Ydre skjulte et falskt og upaalideligt Sind.

At first, the conversation would be about the weather and the wind, but it would not be long before he brought it imperceptibly round to his favourite theme: history. As soon as you reached the top of a hill from which you could look out over an area of the district, he would halt and start to point things out in explanation with his stick. He knew the name and the site of each of the battles which in times past had been fought between the manor-house and the old Ilum peasants, and he told about them with a strange and vivid power, so that these bloodstained scenes lived before your eyes.

All in all, he was a strange man. He seemed to have seen and experienced more than other mortals. He had been in Berlin during the uprisings of '48, and in Paris during the Commune of '71. He had seen the Vendome column fall and the Tuileries burn, and he was tireless in his description of the savagery of those days of terror, of the howling mobs, the charging soldiers, the barricades in the streets, and the plundering of churches and convents.

And there was always something peculiarly inflammatory about his presentation of these experiences. When you left him, you had the feeling that your own blood was aflame. You felt a violent urge for action, and had the irrepressible courage to fight and sacrifice yourself to a great and sacred cause, for liberty, justice, and fraternity.

For it was just at this very time that political tension and agitation had reached their height in the land. Everyone had been dragged into the raging whirlwind which for a moment threatened to rend and divide the people once and for all.

Among the democrats of Ilum "the little man"—as folk usually called the old eccentric—had quickly come to occupy a prominent position. Although a stranger to the district, and—on account of his appearance—unable to project himself effectively at the meetings, he had, right from the beginning, been treated with exceptional attention. It was felt to be an honour to have in their midst a man who by virtue of his age, his learning, and his unusual experiences alone, would be able to arouse respect in his opponents.

But gradually opinion had turned against him. It was not long before people realized that too much confidence had been shewn him, and that behind the gay, affable exterior a false and perfidious spirit lay hidden.

Han havde unægtelig ogsaa efterhaanden faaet en underlig spydig Maade at spidse Munden paa, naar nogen talte til ham om det store Frigørelsesværk, som nu skulde indledes. Der paakom ham – især over for Egnens ledende Mænd – ofte nogle besynderlig pludselige Hosteanfald, saasnart Talen faldt paa det Aag, som Bondens brede Ryg nu skulde bryde. Undertiden rejste han sig endog op i Forsamlingerne og afbrød Foredragsholderen med en eller anden kaad Bemærkning, der øjensynligt alene havde til Hensigt at forstyrre Stemningen og svække Alvoren og Begejstringen hos Tilhørerne.

Ved denne snart tvetydige, snart aabenlyst spottende Adfærd opnaaede han tilsidst at gøre sig grundigt forhadt af alle i hele Byen. Ja, med den Mistænksomhed, Tiden uvilkaarlig fremkaldte, var man endog paa Veje til at anse ham for en forklædt Angiver, en Spion for Regeringspartiet, der falskelig havde forstaaet at indsmigre sig hos Befolkningen for at tilvende sig dens Fortrolighed.

Navnlig Byens egentlige Fører, Skolelærer Zachariasen, hadede ham af sin inderste Sjæl. Og Gang efter Gang kom det til de heftigste Sammenstød imellem dem.

Saaledes en Dag ved et stort Møde i Forsamlingshuset, hvor Mænd og Kvinder fra hele Sognet var samlet for at træffe Aftale om en energisk Protest mod det nye provisoriske Regimente. Det var Meningen at vedtage en Adresse. Den skulde stiles til Kongen og overbringes denne af fire valgte Mænd fra Sognet.

Den store flagsmykkede Sal var propfuld af Folk, og efter at den sædvanlige Slagsang – Bjarkemaalet – var afsunget, traadte Skolelærer Zachariasen frem paa Talerstolen.

Han var en smuk kraftig Skikkelse, der med sit lange sorte Skæg og alvorsfulde Blik mindede om Profeterne i de gamle Billedbibler.

Han stod en Stund ganske stille og stirrede mørkt frem for sig med et Udtryk, som om han kun ved smertelig Opbydelse af al sin Viljestyrke kunde beherske de Følelser og Tanker, der stormede vildt i hans Indre. Først da alt var bleven dødsstille omkring ham, og han mærkede alles Blikke rettede i Spænding mod hans Læber, begyndte han at tale.

It was undeniable that he had gradually acquired a remarkably sarcastic manner of pursing his lips when anyone spoke to him about the great work of liberation which was now to be entered upon. Often some peculiarly sudden coughing attacks came over him—and especially when the leading men of the district were speaking—as soon as the talk came round to the yoke which the broad back of the peasant must break. At times, he even rose in the meetings and interrupted the speaker with some frivolous remark which obviously had no other purpose but to upset the atmosphere and undermine the earnestness and enthusiasm of the audience.

By this demeanour of his, which was at times equivocal and at times mocking, he succeeded at last in making himself thoroughly hated by everybody in the whole village. Indeed, with the suspicion involuntarily engendered by the nature of the times, people were well on the way to regarding him as an informer in disguise, a spy for the government party, who had been clever enough to ingratiate himself with the population in order to exploit their confidence.

Above all, the real leader of the village, Schoolmaster Zachariasen, hated him from the depths of his soul. And, time after time, there came about the most violent clashes between them.

So it went one day at a large gathering in the village hall at which men and women from the whole parish were assembled to make arrangements for a vigorous protest against the new "provisional" regime. The intent was to adopt an appeal. This was to be directed to the king, and was to be delivered by four men elected by the parish.

The large, flag-bedecked hall was packed with people, and after the customary battle-song—the Bjarkemaal—had been sung, Schoolmaster Zachariasen stepped up onto the rostrum.

He was a fine, sturdy figure of a man, whose long black beard and solemn mien reminded one of the prophets in the old picture-Bibles.

He paused for a moment and stared somberly in front of him with an expression which suggested that only with a painful summoning of all his will power was he able to control his feelings and the thoughts that were raging within him. Not until everything was dead quiet and he could see that everyone's glance was directed tensely toward his lips, did he begin to speak.

Lige neden for Talerstolen saaes "Mandslingen". Han alene sad foroverbøjet og støttede Hagen paa Knappen af sin Stok. Hans Øjne syntes tillukkede bag Ugle-Brillerne, og om hans Mund spillede det sædvanlige sarkastiske Smil.

Efter at Zachariasen var bleven færdig med sit Indledningsforedrag, gik han over til Oplæsningen af Adressen. Denne var holdt i en pompøs Stil og fuld af digteriske Syner og Billeder, der tydeligt røbede Zachariasens Forfatterskab. Den begyndte med et vidtløftigt historisk Tilbageblik, der, idet det gav en Oversigt over Danmarks Historie fra Frode Fredegods Dage indtil Nutiden, skulde bevise, hvorledes Folkets Kærlighed bestandig havde været Kongernes sande Styrke. Derefter gik den over til at omtale den forhaandenværende Strid og Gæringen i Folket. Idet den gentog de gamle Kampord om "Fortvivlelsens Selvhjælp" o. s. v., fremmanede den i vægtige Udtryk en Broderkrigs Rædsler og endte omsider med at anraabe Kongen om at lytte til Folkets Røst, "inden det blev forsilde".

Efter Oplæsningen lød der fra Mændene et betænksomt "Hør!". Kvinderne nikkede bifaldende, hvorpaa Adressen enstemmigt vedtoges.

Efter forudgaaende Aftale foreslog dernæst en af de Tilstedeværende Hr. Zachariasen samt tre navngivne Bønder af Sognet til at overrække Kongen Adressen.

Herom skulde man just til at afstemme, da "Mandslingen" til almindelig Forfærdelse rejste sig og bad om Ordet.

Han vilde blot, sagde han, i Stedet for de tre anførte Bønder foreslaa tre andre Mænd af Sognet til det omtalte Hverv, nemlig Jordemodermand Nielsen, Natvægter Ole Madsen og Rokkedrejer Søren Piper. Hr. Skolelærer Zachariasen fandt han derimod som skabt til den foreslaaede Tillidspost som Ordfører.

Der gik en misbilligende Mumlen gennem Forsamlingen. Man forstod vel ikke helt, hvad Meningen var; men man havde paa Følelsen, at der skjulte sig Spot i hans Ord.

"Ingen Spektakler her!" raabte tilsidst En.

"Her er ikke Plads til Grinet! Vi er alvorlige Mænd!" tilføjede en anden.

"Netop hvad jeg vilde sige," vedblev han uforstyrret. "Vi bør betænke denne Sags Alvorlighed. Jeg haaber derfor, at den nu ved-

Just below the rostrum, the "little man" could be seen. He alone was leaning forward in his seat and his chin was resting on the knob of his stick. His eyes seemed to be closed behind the owlish spectacles, and his usual sarcastic smile was flickering about his mouth.

After Zachariasen had ended his introductory speech, he proceeded to read the appeal. This was composed in a pompous style, full of poetic visions and images, which shewed clearly that Zachariasen was the author. It commenced with a long-winded historical retrospect which, by giving a survey of Denmark's history from the days of Frode the Peaceable to the present, was intended to prove how the people's love had always been the true strength of the Danish kings. It then continued by mentioning the current conflict and the ferment there was amongst the people. By repeating the old slogans about "the self-help of despair," and so forth, it conjured up with weighty expressions the horrors of a civil war, and finally concluded by appealing to the king to listen to the voice of the people "before it was too late."

After it had been read aloud, there came a thoughtful "Hear! Hear!" from the men, and the women nodded approvingly, whereupon the appeal was adopted unanimously.

In accordance with a prearranged agreement, one of those present proposed that Mr. Zachariasen and three specific farmers in the district should be appointed to deliver the appeal.

A vote was just about to be taken on this, when, to general consternation, the "little man" rose and asked for the floor.

He wanted, he said, only to propose that instead of the three farmers mentioned, three other men from the parish should undertake the task under discussion, namely Nielsen, the midwife's husband; Old Madsen, the night watchman; and Søren Piper, the distaff-turner. Mr. Zachariasen, on the other hand, he felt to be ideally suited for the responsible task of being spokesman.

A disapproving murmur went round the meeting. People could not quite understand what the man was up to, but they had the impression that there was mockery hidden in his words.

"No disturbances here!" somebody shouted.

"This is no place to be funny. We're serious," added another.

"That's exactly what I was wanting to say," he continued unruffled. "We ought to consider the seriousness of the matter. I hope therefore that the appeal we have now adopted will have

tagne Adresse vil faa en passende kaligrafisk Udstyrelse og blive indbunden i et smukt Safiansbind, forinden den overrækkes i Majestætens Hænder. Mulig havde det været bedst, om hele Adressen var bleven forfattet paa smukke Vers, og jeg tvivler ikke om, at man vilde kunne formaa Hr. Skolelærer Zachariasen til at paatage sig dette Arbejde. At Hr. Zachariasen som Deputationens Ordfører i hvert Fald vil optræde med den Værdighed, som Situationen kræver, og i hvidt Slips, tør vel betragtes som en Selvfølge."

Den misbilligende Mumlen i Forsamlingen steg til en truende Knurren. Man begyndte nu at forstaa. Og man vilde tvinge den uforskammede til at standse. Men han vedblev:

"Der synes mig i det hele at ligge en stor og løftende Tanke i, at Folket saaledes henvender sig til sin Konge for aabent at forberede ham paa en Revolution. Der er næppe nogen Tvivl om, at Hs. Majestæt vil vide at paaskønne denne Hensynsfuldhed. Det forekommer mig i Samklang hermed at vi ikke kan skride til Værket paa en mere passende Maade end ved her at udbringe et Leve for vor ophøjede Monark. Jeg tillader mig altsaa – –"

Men han fik ikke Lov til at tale ud. Der rejste sig fra hele Salen en harmfuld Protest.

"Kast ham ud! Han er en Overløber! Ned med ham!" raabtes der. Der var et Øjeblik ikke til at høre Ørenlyd.

Alligevel blev han rolig staaende og ventede paa at kunne fortsætte. Han var efterhaanden bleven meget bleg. Men jo mere bleg, des mere smilende.

Imidlertid var Skolelærer Zachariasen atter traadt frem paa Talerstolen. Skælvende af hellig Harme opløftede han sin Haand – og i samme Nu var alt stille i Salen.

Saa talte han.

Med høj, profetisk Røst, der gav Genlyd som af himmelske Stemmer under det høje Bjælkeloft, udslyngede han Forbandelsen over den Spottens, Grinets og Frækhedens Aand, der som et giftigt Ormekryb havde snyltet sig ind i det danske Folkelivs friske Træ. Under Forsamlingens stigende Bifald manede han alle gode Kræfter til Kamp mod "Lokeynglen", der med sit Rænkespil vilde baste Thorguden, den danske Folkeaands Sejghed og Kraft.

"Men det skal ej ske!" raabte han, mens baade Mænd og Kvinder

suitable calligraphic ornamentation, and that it will be bound in fine morocco, before it is presented to His Majesty. Possibly it would have been better if the whole appeal had been composed in elegant verse, and I do not doubt that Mr. Zachariasen could be persuaded to undertake this for us. That Mr. Zachariasen, as the spokesman of the deputation, will carry out his duty with the dignity that the occasion demands and in a white tie, however, may be regarded a matter of course."

The disapproving murmur in the meeting was now rising to a menacing grumble. They were now beginning to understand. And they wanted to force this shameless man to cease. But he went on:

"It seems to me that a great and uplifting thought is to be found in the idea of the people addressing themselves to their king in order to prepare him openly for revolution. There can scarcely be any doubt that His Majesty will know how to value this consideration. It seems to me fitting that we cannot proceed to the task in a more suitable manner than by calling for three cheers for our exalted monarch. I take the liberty then..."

But he was not allowed to finish. An angry protest arose from the whole hall.

"Throw him out! He's a traitor! Down with him!" they were shouting.

For a moment it was impossible to hear a word. Nevertheless, he remained standing calmly there waiting for a chance to go on. He had gradually turned very pale. But the paler he got, the more he smiled.

Meanwhile, Schoolmaster Zachariasen had again appeared on the rostrum. Trembling with righteous indignation he raised his hand—and at once there was dead silence in the hall.

Then he spoke.

In a loud, prophetic voice, which echoed like celestial voices around the rafters, he anathematized the spirit of mockery, derision, and insolence which, like a poisonous serpent, had fastened on the healthy tree of Danish popular life. As the applause of the meeting grew louder, he exhorted all the forces of good to do battle with this "offspring of Loki" which by its cunning wiles was seeking to fetter the god Thor—the toughness and strength of the Danish people.

"But this shall not be!" he cried, while both men and women from

III

fra hele Salen istemte med drønende "Hør". – "Bort med Mørkets lede Jætter! Fremad under Lysets Banner, under Troens Mærke, til Frihed og Frelse!"

Neden for Talerstolen sad "Mandslingen" atter foroverbøjet paa Bænken, med Hagen støttet paa Knappen af sin Stok. Hans Øjne syntes paany tillukkede bag Brillerne. Men Smilet spillede ikke længer om hans Mund; hans Ansigt var sammenfaldent og ubevægeligt som en Dødsmaske.

Det var – som sagt – oppe paa Ilum Galgebakke, at jeg traf ham sidste Gang.

Det var en Dag ud paa Efteraaret, hen imod Aften. Jeg kom gaaende op ad den bugtede Sti mellem de nyvendte Pløjemarker, der glinsede af Fedt og Væde. Oppe paa Bakketoppen standsede jeg og saa' ud over det fredelige Landskab.

Dobbelt fredeligt syntes det mig nu, da Befolkningens heftige politiske Opbrusning var i Færd med at lægge sig, og den vante, trygge Ro atter havde begyndt at fæste Bo i Sindene.

En tung og mørk Skyhimmel hang ubevægelig over Egnen. Langs Horisonten i Vest laa en milelang Glød fra den synkende Sol. Rundt om fra Højene hørtes Kirkernes Ligklokkeklang. Over Moser og Enge bølgede blaalige Taager; alle Farver blegnede – Dagen laa paa sit Dødsleje.

Idet jeg vendte mig om, havde jeg af Forskrækkelse nær udstødt et Skrig.

Tæt bag ved mig sad han – den gamle – paa en Sten og stirrede mig i Møde gennem sine store runde Ugle-Briller.

Jeg havde ikke set ham siden hint heftige Sammenstød i Forsamlingshuset. Han havde efter denne Dag levet meget tilbagetrukkent, og jeg kunde næsten ikke kende ham igen, saa gusten og sammenfalden syntes han mig at være bleven.

Jeg fik uvilkaarlig Medlidenhed med ham. Han bar sin gamle Voxdugstaske paa Ryggen, havde sin Stok i Haanden og Benklæderne højt opsmøgede over Støvlerne – ganske som hin Dag for Aar tilbage, da han uventet kom hertil.

"De er rejseklædt," udbrød jeg. "Vil De drage fra os?"

Han nikkede.

"For bestandig?"

all over the hall voiced a rumbling "Hear! Hear!" "Away with the ugly giants of darkness! Forward under the banner of light, under the sign of faith, to liberty and salvation!"

Down below in front of the rostrum the "little man" was sitting bent forward on the bench, his chin once more resting on the knob of his stick. His eyes seemed to be closed behind his spectacles, but the smile was no longer flickering around his mouth: his face was as sunken and immobile as a death-mask.

III

As I have said, it was up on Gallows Hill that I met him for the last time.

It was a day well on in the autumn, towards evening. I came on foot up the winding path between the freshly ploughed fields which were glistening with fertility and moisture. At the summit I stopped and looked out over the peaceful countryside.

It seemed doubly peaceful to me now that the violent political outburst of the population was dying down, and the wonted secure calm had again begun to establish itself in men's minds.

A heavy and dark covering of clouds was hanging motionless over the area. Along the horizon to the west was a glow a league long from the setting sun. From the hills around could be heard the funereal tolling of the bells from the churches. Over marshland and meadow, bluish mists were undulating; all the colours were fading; the day was lying on its death-bed.

Turning round, I nearly let out a cry of fright.

Right behind me, he—the old man—was sitting on a stone and staring towards me through his great round owlish spectacles.

I had not seen him since that violent clash in the village hall. Since that day he had stayed in retirement, and I was scarcely able to recognize him: he seemed to me to have become so sallow and shrivelled.

I could not help feeling pity for him. He was carrying his oil-cloth haversack on his back, his stick was in his hand and his trousers were rolled well above his boots—just as on that day years before when he had arrived unexpectedly.

"You're dressed for a journey!" I exclaimed. "Are you going to leave us?" He nodded.

"For good?"

"Ja – det bliver det vel."

Jeg saa' en Stund tavs ned paa ham. Han syntes selv at kæmpe med en stærk Bevægelse.

"Jeg forstaar nok –" sagde jeg endelig med et stille Nik – "De er bleven skuffet... De har ikke befundet Dem vel hos os?"

"Aa nej – siden De selv siger det – her er mig for kvalmt, for tyk Luft – saadan for Lungerne, mener jeg." Han hostede.

"Ja vist! Ja vist! Men De kan tro – det er blot et foreløbigt Vindstille. Det vil snart blive bedre! Vent blot!"

Han rystede paa Hovedet og smilte mismodigt.

"Her er vist ikke noget at vente efter," sagde han saa.

"Aa, blot man ikke taber Modet! Der kan ske noget vidunderligt, før man aner det!"

"Hvad kalder De for vidunderligt?"

"Ih, for Exempel ... en ny Rejsning! En ny Strømning! En splinterny Tid! ... Hvem véd? Maaske er den allerede i Gære!"

"Hm! Ja, nye Tider har man ingen Mangel paa i vore Dage. De indvarsles saadan omtrent ved hvert Kvartalskifte ... Men det batter ikke, min unge Ven ... det batter ikke!"

"Nu? For Pokker! Hvad forlanger De da mere?"

"Et splinternyt Folk, min kære!"

"Aa, nu gør De os igen Uret. Ulykken denne Gang var, at Førerne svigtede."

"Ja, saadan undskylder man sig altid, naar man selv taber Hovedet. Læg Mærke til – et Folks Førere er altid det paalideligste Udtryk for Folket selv. Hvorledes blev de vel ellers Førere? Døm din Høvding – og du dømmer dig selv."

"Nu vel! Selv om det er rigtigt – hvad siger det saa egentlig? Vi bukkede under i denne Omgang, det er sandt. Men derfor kan vi vel rejse os og sejre i den næste. Vi taber ikke Modet saa let hertillands! Der er Krummer endnu i Folket. Husk – der springer Løver i det danske Skjold!"

"De danske Løver! Hm! De er nok af den aparte Slags, der bræger. Anbring dem med et Tøjr om Halsen paa en grøn Mark, og jeg tør bande paa, at De vil ikke kunne skelne dem fra et almindeligt Klokkefaar."

"Ja, nu spotter De igen. Hvortil skal det nytte? ... Vil De maaske sige mig, hvad der var at gøre? Hvad kunde der udrettes denne

"Yes, I suppose so."

I looked at him in silence for a while. He seemed to be struggling with some strong emotion.

"I understand well enough," I said at last, with a quiet nod. "You have been disappointed. You haven't felt comfortable amongst us."

"No, since you say it yourself. It is too close for me here, the atmosphere is to stuffy—for the lungs, I mean." He coughed.

"Yes, of course, yes, of course. But you can be sure it's only a temporary lull. It will soon be better. Just wait."

He shook his head and smiled sadly.

"There's nothing to wait for here," he said.

"Oh, as long as one doesn't lose heart! Something wonderful may happen quite unexpectedly."

"What do you call wonderful?"

"Well, for instance—a new uprising. A new current. A brand-new epoch! Who knows? Perhaps it's already brewing."

"Hm! There's no lack of new epochs nowadays. They are ushered in every three months. But they don't get us anywhere, my young friend, nowhere at all."

"No? Well, what on earth do you want then?"

"A brand-new people, my dear fellow."

"Now you are being unfair to us again. The misfortune this time was that our leaders let us down."

"Yes, that is how people always excuse themselves when they lose their own nerve. But observe this—that a people's leaders are always the most reliable expression of the people itself. How would they become leaders otherwise? Judge your chief, and you judge yourself."

"Well, then. Suppose that is true, what does it really prove? We lost this round, that's true. But we can probably get up again and win the next. We don't lose heart so easily in this country. The people still have stamina. Remember, there are rampant lions in the Danish coat-of-arms."

"Those Danish lions! They are probably of that peculiar type which bleat. Tether them in a green field and I'd swear you wouldn't be able to tell them apart from any sheep with a bell round its neck."

"Now you're making fun again. But what is the use... ? Perhaps you will tell me what was to be done? What could have been achieved

Gang? Regeringen var forberedt, Folket ikke. Regeringen sad inde med alle Magtmidlerne, Folket var endnu tomhændet. Spillet var ulige – og der er intet nedværdigende i at bukke under for Over magten."

"Overmagten!" udbrød han og løftede pludselig Hovedet. "Siger De Overmagten? – – Aa," vedblev han og pegede smilende ned over Dalen. "Gør mig den Tjeneste at se, hvad der kommer dér. Et besynderligt Syn, ikke sandt?"

Jeg vendte mig om.

Nede paa Chausséen kom en Ekvipage rullende i jævnt Lunte- trav. Under den halvt nedslaaede Kalesche sad to Herrer mageligt henslængte hver i sit Hjørne med Cigarer i Munden. I den frem- rykkede Skumring skimtedes kun utydeligt Omridsene af deres runde Legemer, Gløden af Cigarerne og de brede Guldgaloner paa deres Kasketter.

Det var Herredsfogden og hans Fuldmægtig, der vendte tilbage fra Udpantning hos Egnens Skattenægtere. Paa Bukken ved Siden af Kusken sad Egnens Politibetjent, og bag efter Vognen fulgte to Gendarmer til Hest.

Da Optoget havde passeret Galgebakkens Fod og var rullet et Stykke hen ad Vejen til den anden Side, vendte "Mandslingen" Ansigtet om imod mig og sagde paa sin gamle drillende Maade:

"Hvad siger De? ... Saadan ser den Overmagt ud, De talte om. Synes De egentlig, den gør et saa skrækindjagende Indtryk? Dér ruller disse fire-fem Kavalerer og en Kusk nok saa hyggeligt ved Nattetid gennem Landsby efter Landsby med Hundreder af haand- faste Karle – og der er ikke én, der tænker paa at krumme et Haar paa deres Hoveder. Ja, jeg er overbevist om, at ifald en af de Her- rers Cigarer tilfældigt skulde gaa ud, vilde de roligt lade standse foran det første det bedste Hus i Byen og bede om en Svovlstik .– – Kære Ven, skal vi være enige om ikke at tale om Overmagt?"

"I det hele," – vedblev han, da jeg ikke strax svarede –" se Dem dog om, unge Mand! Kast et Blik ud over dette gudsvelsignede lille Smørland! Træd inden for hos disse Folk, der sidder dér bag lune Døre, mellem skikkeligt fyldte Lader, med Frihed til daglig at spise sig mætte, til aarlig at sætte et Barn i Verden, til hver Aften at besøge Naboer, spille Kort, tale, synge, danse, drikke, o. s. v., ... og spørg dem om, *hvor* det egentlig er, at Træskoen trykker. Jeg hol-

this time? The government was prepared, the people were not. The government has control of all the resources, the people were as yet empty-handed. It was an unequal match, and there was nothing dishonourable in giving in to a superior force."

"Superior force!" he exclaimed and suddenly raised his head. "Do you say a superior force? Ah!" he continued, and pointed with a smile down over the valley. "Have the goodness to look at what is approaching there! A peculiar sight, isn't it?"

I turned round.

Down on the main road a carriage was jogging along at an even trot. Under the hood, which was half lowered, two gentlemen were sprawled in comfort, each in his own corner with a cigar in his mouth. In the gathering dusk it was possible to make out only indistinctly the outlines of their plump bodies, the glow of their cigars, and the broad gold-braid on their caps.

They were the local bailiff and his deputy returning from putting into effect a writ of execution against those who refused to pay their taxes. On the box at the side of the driver sat the local constable and behind the carriage came two gendarmes on horseback.

When the cavalcade had passed the foot of Gallows Hill and had trundled some way beyond, the "little man" suddenly turned his face towards me and said in his old teasing way,

"What was it you said? That's what it looks like—the superior force you were talking about. Do you really think that they make such a frightening impression? Those four or five horsemen and their driver travel quite comfortably at nighttime through village after village where there are hundreds of lusty fellows—and not one thinks of touching a hair of their heads. I am convinced that if one of those gentlemen's cigars accidentally should go out, they would calmly stop in front of the first house they came across in the village and ask for a match. My dear friend, shall we agree not to talk about superior force?"

"All in all," he continued, when I did not reply at once, "look around you, young man. Glance out over this blessed little land of butter. Call on these people who are sitting behind their smug doors—and with respectably full barns—who are free to eat till they're full every day, to bring a child into the world every year, to visit their neighbours every evening, to play cards, talk, sing, dance, drink, and so forth, and ask them *where* it is they really feel

der for, at de alle som én bliver Svaret skyldigt. Der mangler de rette Elementer her i Landet – det er Sagen!"

"De rette Elementer? Hvad mener De med de rette Elementer?"

"Jeg mener ... Nu, jeg mener saadanne, for hvem Friheden ikke er et højtideligt Evangelium; saadanne, hos hvem Frihedstrangen endnu er dyrisk: instinktmæssig og uovervindelig."

"Bestandig taler De halvt i Gaader. Kunde De ikke for en Gangs Skyld uden Omsvøb sige, hvad De tænker paa. Er det Dem meget imod?"

Han smilte og missede polisk med Øjnene.

Bag ham bredte Solnedgangens Blodskyer sig videre og videre op over Himmelranden, og hans sammenbøjede Skikkelse tegnede sig imod dem som en Silhouet af en Kæmpe-Tudse.

"Saa hør da!" sagde han. "Men sig mig først – har De nogen Sinde været i Paris? – Ikke? – I London? Berlin? – Heller ikke? – Det er Skade. Det vilde De have haft godt af. Men i København har De været. Sig mig, har De ikke dér ved enkelte, sjældne Lejligheder ... naar der saadan var noget ualmindeligt paa Færde, et natligt Folkeopløb, en stor Ildebrand – f.Ex. den Aften, da Kristiansborg Slot brændte ... har De da ikke lagt Mærke til nogle underlig lyssky Væsner, som De ikke er vant til at se paa Gaderne ... Individer næsten uden Klæder paa Kroppen, der sniger sig om mellem Folk ligesom fortumlede af det hele Røre, paa én Gang frækt grinende og frygtsomt skulende, med Klude viklede om Fødderne i Stedet for Sko, og med lange Halse, der stikker ganske nøgne op af Frakkepjalterne. De kommer inde fra Smuthuller i Kældere og bag Skur, som ingen andre kender. Kun om Natten lusker de ud for at samle gamle mugne Brødskorper, Hvidkaalsblade og Kartoffelskrællinger fra Skarnbøtterne i Gaarden. Ud paa Gaden vover de sig under rolige Forhold slet ikke, fordi de hellere lider al menneskelig Elendighed i deres mørke Huler, end de udsætter sig for at berøves Friheden under det offentliges Varetægt ... nu ja, hvad er det, man kalder den Slags Folk?"

"Bærmen ... Krapylet!"

"Rigtigt! Dér er Ordet!" sagde han og lukkede et Par Sekunder Øjnene bag Brillerne, mens han drømmende gentog: "Krapylet! Krapylet, ja! ... Ser De, her til Lands, i vore smaa Forhold, der saa let kan overskues, og hvor den offentlige Orden saa sjælden brydes

the pinch. I vouch for it, that one and all they'll not be able to give you an answer. The right elements are lacking in this country—that's what it is."

"The right elements? What do you mean by the right elements?"

"I mean ... well, I mean those for whom liberty is not a solemn gospel; those whose desire for freedom is still something animal, instinctive, and insuperable."

"You continue to talk half in riddles. Couldn't you just for once say what you are thinking of without beating around the bush? Would you mind very much?"

He smiled and screwed up his eyes roguishly.

Behind him the blood-red clouds of sunset were spreading ever wider above the horizon, and his crouching figure shaped itself against them like the silhouette of a gigantic toad.

"Well, listen here, then," he said. "But tell me this first of all. Have you ever been in Paris? You haven't? London? Berlin? You haven't either? That is a pity. It would have done something for you. But you have been in Copenhagen. Tell me: have you been there on those rare occasions when there's something out of the ordinary going on, a mass disturbance at night, a big fire—for instance the night when Christiansborg Castle burned down? Haven't you noticed some strangely shady characters whom you don't usually see about the streets, individuals almost without clothes on their bodies, worming their way amongst the crowd as if confused by all the stir, and at the same time grinning brazenly and scowling with fear, with rags bound round their feet instead of shoes, and with long bare necks sticking up out of ragged coats. They come out of lairs in cellars and behind shanties, that nobody else knows about. Only at night do they sneak out to pick up old mouldy crusts, cabbage leaves, and potato peelings from the dustbins in the yard. When things are quiet, they don't even venture out on the street, because they would rather suffer the depths of human misery in their gloomy holes than risk being robbed of their freedom under public care—well, what are people like that called?"

"The scum ... the rabble."

"Right. That's the very word," he said, and for a few seconds he closed his eyes behind his spectacles while dreamily repeating, "The rabble, the rabble, yes. Look, in this country, with our restricted conditions, which can be taken in at a glance, where public order is

... her findes dette Krapyl – et fortræffeligt Ord, ikke sandt? – her findes det naturligt kun i forsvindende Grad. I de store Lande derimod, og i de store Byer, jeg nys nævnede, ser man disse Vilddyr vrimle frem overalt, selv ved højlys Dag. Og tro mig, det er ikke altid hyggeligt at møde dem. Er man ene, bevæger man sig uvilkaarlig i en forsigtig Bue udenom dem og knytter Haanden fast om sin Stok. Men hvilken Utaknemlighed er det egentlig ikke? Burde man ikke i Stedet for tage sin Hat dybt af og sige: Jeg takker dig, Broder, for alt, hvad du daglig er for mig og mine. Din Sult, dine Lidelser, dit uovervindelige Menneskehad skylder jeg den Smule Frihed, der er mig levnet. Uden dig vilde alle civiliserede Folkeslag inden hundrede Aar stønne i Slavelænker. For – ikke sandt? – dette Krapyl er dog Frihedens egentlige Livvagt, Retfærdighedens udkaarne Adelsgarde, den altid beredte, selvopofrende Hær, som ved et Vink, et eneste tændende Ord kan manes frem til Død over Undertrykkerne ... Hvor denne Garde fattes i et Land; hvor der ikke hænger et saadant evigt truende Sværd over Magthavernes Hoved, dér vil Folket altid blive et viljeløst Redskab i Hænderne paa den frækkeste ... enten denne saa er en salvet Konge eller en forhenværende Skolelærer."

"Men efter hvad jeg kan forstaa, maa det altsaa være vor Opgave her i Landet at fremelske en saadan Nobelgarde. Er det Meningen?"

"De smiler, unge Mand! Jeg kender det Smil. Og jeg véd ogsaa godt, hvad De videre vil sige. Jeg har hørt det før af Profeten Zachariasens Mund. De vil sige, at det er Danmarks Opgave at fremelske en Ungdom med en stærk Tro paa Frihedens Goder, med en ærlig og kraftig Vilje o.s.v. o.s.v. Men jeg siger Dem – tro ikke derpaa! Friheden er en kostbar Vare. Den købes ikke for Lapperier."

"Hvormed købes den da?"

"Med det dyreste – det aller dyreste, min Ven!"

"De mener – man maa ofre Livet. Men om vi unge nu var beredt dertil?"

"Det er ikke nok. Det blev kun Galgenfrist!"

"Ikke nok? Hvad kan man da ofre mere?"

"Sig mig – ikke sandt? – De har en Søn."

"Alf!"

"Hedder han Alf? Hm! Naa lige meget – Alf, Peter, Kristian, Hans ... Hvor gammel er han, den Alf?"

"Fem Aar."

so seldom disturbed, this rabble—a fine word, isn't it?—is only to be found to a negligible extent. But in the large countries and in the great cities I have mentioned, these wild beasts can be seen teeming everywhere, even in broad daylight. And believe me, it's not always so pleasant to meet them. When you're alone, you cautiously give them a wide berth and grip your stick firmly. But isn't this really ingratitude? Ought we not instead take our hats off with a low bow, and say: I thank you, brother, for all that you mean to me and mine every day. To your hunger, your sufferings, your invincible hatred for men, I owe the little bit of freedom that I have left. Without you, all civilised peoples would be groaning in the chains of slavery within a hundred years. For is it not true that this rabble is freedom's bodyguard, an elect watch of nobles, an ever-ready, self-sacrificing army, which with a nod, or one single inflammatory word, can be led on to slay their oppressors? How such a guard is missed in a country! Where such an eternally menacing sword is not hanging over the heads of those in power, there the people will always be a passive instrument in the hands of the boldest—be it an anointed king or an ex-schoolmaster!"

"If I understand you aright, then, it must be our task in this country to foster such a noble guard. Is that what you mean?"

"You are smiling, young man. I know that smile. And I know very well what you are going on to say. I have heard it before from the lips of Zachariasen the prophet. You are going to say that Denmark's task is to foster young people with a strong faith in the benefits of freedom, with an upright and strong will, and so forth and so forth. But I tell you, don't believe it! Liberty is a costly commodity. It can't be bought for trifles."

"What can it be bought with, then?"

"With what is dearest—the very dearest, my friend."

"You mean by sacrificing one's life. But supposing we young people were ready to do that?"

"That's not enough. You'd only have a short respite that way."

"Not enough? What more can you sacrifice?"

"Tell me. You have a son, haven't you?"

"Alf."

"He is called Alf. Hm! No difference whether it's Alf, Peter, Kristian, or Hans. How old is this Alf?"

"Five."

"Fem Aar, godt! Naturligvis et lille Mirakel af en Dreng, hva'? Røde Kinder, blaa Øjne, gult krøllet Haar – en rigtig lille Lysalf, ikke sandt? Fa'ers og Mo'ers Øjesten, Onklers og Tanters Kæledægge, velopdragen, godt Nemme, begynder at lære Bogstaver, spiller kanske paa Klaver – naturligvis! Naar han bliver større, skal han i Skole, i den bedste Skole; skal have pæne Klæder, som han ikke maa grise til; skal lære at være lydig og dydig og paapasselig, for at han kan gøre sin Lykke her i Verden, vinde Folks Agtelse og Tillid, faa en smuk Stilling, en betrygget Fremtid, gøre et godt Parti og faa et hyggeligt, velanset Hjem, en sød Kone og tilsidst selv en lille Lysalf med røde Kinder og krøllet Haar. Er det ikke dette, der er Deres Drøm? – Og saa tror De virkelig endnu paa en Revolution her til Lands! . . . Ja, nu smiler De igen. Men jeg siger Dem, at *her* staar Valget. Her er Ofret! . . . Spark Ungerne nøgne ud af Rederne, saa snart de er store nok til at stjæle. Lær dem at sulte, at fryse og lide al menneskelig Elendighed. Fyld deres Hjærter med Had og Bespottelse! Lad dem voxe op med Drukkenskab og liderligt Levnet. Lad dem søge deres Fader i Fængslerne, deres Moder mellem Skøgerne . . . Det er Prisen, siger jeg! Her er Kravet! Alt andet er Mundsvejr og tomme Trusler. Lad dem høre op en Gang! . . . Leve Krapylet!"

Han havde rejst sig.

Han var dødbleg . . . og hele hans Legeme sitrede af en Sindsbevægelse, hvis Heftighed forfærdede mig. Bag ham hang nu hele den tunge Solnedgangshimmel som en rygende Verdensbrand, der kastede et uhyggeligt Blodskær hen over hans Brilleglas.

Uvilkaarlig traadte jeg et Skridt tilbage . . .

Da greb han sig i sit Sindsoprør og tvang sig endog til at smile et Øjeblik – ligesom undskyldende.

Saa rakte han mig sin ligkolde Haand.

"Jeg maa gaa," sagde han tonløst. "Det er Aften, og jeg har lang Vej. Farvel! . . . Vi ses vel næppe mere."

Saa nikkede han igen – mildt og næsten fredeligt – og gik stille ned ad Højen.

Men ved Højens Fod vendte han sig endnu en Gang om imod mig og vinkede tre Gange op med Haanden – som om han atter i Begejstring tilraabte mig:

"Leve . . . leve Krapylet!"

"Five. Good. Of course, he's a young wonder, isn't he? Red cheeks, blue eyes, curly hair—not only Alf, but a little elf of an Alf, isn't he? The apple of his papa's and mama's eyes, the darling, of his uncles and aunts, well brought up, quick to learn, is starting to learn his alphabet, perhaps he plays the piano—of course. When he gets bigger, he is to go to school, the best school; he is going to have nice clothes, which he mustn't get dirty. He is going to learn to be obedient and honourable and thrifty so that he can make his way in the world, gain people's respect and confidence, get a nice job, have an assured future, make a good match, and have a comfortable and respected home, a charming wife, and—finally—a little elf of an Alf with red cheeks and curly hair. Isn't that your dream? And then you believe in a revolution in this country! Yes, you are smiling again. But I am telling you that this is the choice. This is the sacrifice. Kick the young ones naked out of the nest as soon as they are big enough to steal. Teach them to starve, to freeze, and suffer every kind of human misery. Fill their hearts with hatred and derision. Let them grow up amid drunkenness and lecherous living. Let them look for their fathers in the prisons and their mothers amongst the whores. That is the price, I am telling you, that is what is demanded. Everything else is just idle talk and empty threats. Let's be done with them once and for all. Long live the rabble!"

He had risen.

He was pale as death and his whole body was trembling with an emotion the violence of which terrified me. Behind him, the whole heavy sunset sky hung like a smoking world-conflagration which cast a weird glare of blood upon the lenses of his spectacles.

Involuntarily, I took a pace backward.

Then he mastered his emotion and forced himself to smile for a moment—apologetically.

Then he held out his hand, which was as cold as a corpse's.

"I must be going," he said tonelessly. "It is evening and I have a long way ahead of me. Farewell. We are unlikely to meet again."

Then he nodded once more—gently and almost calmly—and silently descended the hill.

But at the foot of the hill, he turned once more towards me and waved up at me three times as if in his enthusiasm he were shouting to me: "Long live ... long live ... the rabble."

JOHANNES V. JENSEN
(1873–1950)

Johannes V. Jensen fødtes i det nordlige Jylland, i *Himmerland,* "Kimbrernes land", efter en etymologi, som den moderne stednavneforskning ikke vover at fastholde. I sin hjemegns overleveringer øste Johannes V. Jensen, som af en kilde, sine *Himmerlandshistorier,* 1898 ff; det nærværende stykke tilhører den anden samling fra 1904. Digteren nærede en dyb respekt for de jyske bønder, hos hvem han fandt en gammel, hårdfør og sejg race, enfoldige mennesker og dog begavet med en umådelig hunger efter viden. – Johannes V. Jensen, som var gennemtrængt af darwinismen, satte sig for i en romanrække, Den lange Rejse (1908–22), at skabe udviklingslærens myte: i de kolde lande, i kraft af selve kampen med isen, dukkede mennesket op af dyreverdenen. Længslen efter sol driver den lyse race mod syd og videre ud. Den sidste roman i rækken er helliget Kristoffer Kolumbus; denne utrættelige opdagelsesrejsende er en drømmer, en mand hvis længsler aldrig skal stilles, han er ligesom et sammendrag af den menneskehed der opstod i de nordiske egne.

KIRSTENS SIDSTE REJSE

Kort efter Nytaar kom Budskabet til Egnen om, at Kirsten Smed var død. Det gjorde et sært Indtryk paa Folk; Kirsten havde været fuldstændig glemt i den sidste halve Snes Aar, og dog var det en unaturlig Tanke, at hun kunde være død. Papirerne kom til Kirstens Brodersøn, hun var død paa Anstalten i Aalborg; og nu maatte Christen Sørensen som nærmeste Familje træffe Bestemmelse om hendes Jordefærd.

Der kunde ikke være Tale om andet, end at Kirsten skulde hentes og begraves paa Kirkegaarden, hvor Anders Smed og alle Kirstens Børn hvilede; det havde været Kirstens eneste Vilje, medens hun endnu havde Forstandens Brug, og det var bleven som en Overlevering i Slægten. Christen Sørensen gjorde sin Vogn i Stand og kørte tillige med Karlen afsted efter Fasteren. De havde otte Mil til Aalborg. Det var klart og skarpt Vejr om Tirsdagen, da de drog af

JOHANNES V. JENSEN
(1873–1950)

Johannes V. Jensen was born in northern Jutland in Himmerland, "the land of the Cimbrians," according to an etymology which modern onomastics does not dare retain. From the traditions of his native region, Johannes V. Jensen drew his *Himmerland Stories* (1898 ff.) like water from a spring. The story printed below is from the second collection, published in 1904. The poet harboured a deep respect for the Jutland peasants, in whom he recognized an old, hardy, and stubborn race, simple people, but nevertheless gifted with insatiable hunger for knowledge. Johannes V. Jensen, who was permeated with Darwinism, undertook in a series of novels, *The Long Journey* (1908–1922), to create a myth of the doctrine of evolution: in the cold countries, by virtue of the struggle against ice, human beings arose out of the world of animals. Longing for the sun drove this fair-haired race toward the south and still further. The last volume in the series is devoted to Christopher Columbus. This untiring explorer is a dreamer, a man whose longing can never be stilled. He is, as it were, the epitome of humanity as it arose in northern regions.

KIRSTEN'S LAST JOURNEY

Shortly after New Year, the message came to the district that Kirsten Smith was dead. It made a peculiar impression on people; Kirsten had been completely forgotten for the last decade, and yet it was an odd thought that she could be dead. The papers came to Kirsten's nephew. She had died at the asylum in Aalborg, and now Christen Sørensen, as the nearest relative, had to decide about her burial.

It was out of the question that Kirsten should not be brought back and buried in the cemetery where Anders Smith and all of Kirsten's children rested. That had been Kirsten's only wish while she still possessed her reason, and it had become something of a tradition in the family. Christen Sørensen got his wagon ready and, together with his hired man, drove off to fetch his aunt. They had to drive thirty-five miles to Aalborg. The weather was clear and

Gaarde, og det var Bestemmelsen de skulde være tilbage næste Dag, til hvilken Tid Begravelsen var fastsat.

Men samme Aften blev det et Herrens Vejr med Sydøstenstorm og Snefog, og det holdt ved. Det var en Tredages-Snefog, der satte ind, den kom med bidende Kulde, Brandstorm og Sne, saa Himmel og Jord stod i een Taage. Vejret lysnede en Smule Onsdag Middag, og da man kom udentil, viste det sig, at der allerede laa mandshøje Driver. Stormen gik strid og iskold, Alverden var i en pibende Fog.

Præsten sled sig op til Kirken ved Totiden og fandt en halv Snes forkomne Mennesker fra Sognet, der krykkede sammen i Hjørnet ved Vaabenhuset, halvt blindede af Sne og Kulde. Liget var ikke kommen. Præsten sluttede sig til Følget, og de snakkede om Stillingen, stod i tæt Klynge under Taarnet næsten uden at kunne se hverandre. Sneen jog over den øde Kirkegaard i hushøje Hvirvler; hist og her ragede lidt af et nøgent Jernkors op af Driverne.

Jeg kan aldrig tro, de vinder igennem, raabte Jørgen Pors.

Nej, det er *ikke* muligt, hujede Købmanden ud fra sit vaade Mundklæde. Der er hverken Vej eller Grøft mere. Det er ugørligt.

Sneen peb dem om Hovedet. Højt oppe stødte Vejret hult i Taarnets Lydhuller, og Klokken gav sig nu og da med en næsten umærkelig, skinger Klang, naar Vinden hvæssede den langs Randen, det lød saa jamrende og betrængt.

Præsten tog det med Fatning, han var gammel og taalmodig. Da Degnen noget efter kom til, snorkende og formaadslet af at skræve i Driverne, lukkede de sig ind i Vaabenhuset og stod der og ventede en Timestid og frøs. Jørgen Pors, der havde gravet Graven, var henne og rydde den for Sne endnu en Gang. En Mand blev sendt ned til Christen Sørensen for at faa Besked. Det begyndte allerede at mørkne, og de faa Mænd stod i det skumrende Vaabenhus og saa med klare Øjne ud gennem Døraabningen, hvor Sneen viftede fin og iskold. Kirkegaarden derude var i en rasende Brand af Sne, og det mørknede mere truende. Kulden gjorde alle Mændene saa smaa.

crisp on Tuesday when they left the farm, and the agreement was that they should be back the next day, when the burial was to take place.

But that evening, there was a terrible storm, a southeaster with blinding snow, which didn't let up. It was a three-day snow storm which was starting; it brought biting cold, fierce winds, and snow, so that heaven and earth were as one. The weather lifted a bit Wednesday noon, and when they came outside it could be seen that there were already drifts as high as a man. The storm grew bitter and ice-cold; the whole was in a whistling blizzard.

The clergyman trudged up to the church at two o'clock and found some ten exhausted people from the parish who were huddled together in one corner at the entrance to the church, half blinded by snow and cold. The corpse had not arrived. The clergyman joined the mourners and they talked about the situation, and stood closely grouped at the base of the tower, scarcely able to see one another. The snow swept through the deserted churchyard in swirls high as a house; here and there bits of naked iron crosses protruded through the drifts.

I don't believe they'll ever get through, cried Jørgen Pors.

No, it's *not* possible, yelled the merchant from his wet scarf. There's neither road nor ditch anymore. It's impossible.

The snow whistled about their heads. High up, the wind sounded dully in the openings in the tower and the bell was heard now and then with an almost imperceptible shrill tone when the wind honed its edge; it sounded so plaintive and distressed.

The clergyman took it all calmly; he was old and patient. When the parish-clerk came somewhat later, snorting and exhausted from straddling drifts, they entered the vestibule, stood there and waited for an hour and froze. Jørgen Pors, who had dug the grave, went over and cleared it of snow once more. A man was sent down to Christen Sørensen's to ask for news. Twilight had already begun to fall, and the few men present stood in the darkening room and looked clear-eyed through the crack in the door where the snow was sifting in, fine and icy cold. The churchyard outside was a furious conflagration of snow and the darkness grew more threatening. The cold made all the men so small.

Det er da mageløst! sagde en af dem klejnmodigt for sig selv. De snusede op i Næsen og skiftede Fod, de rystede stille paa Hovedet. Det er værre end jeg kan huske! Aa søde Gud som det nu giver ned!

Endelig kom Budet tilbage. Der var intet Ligtog kommen til Christen Sørensens, og de havde ikke hørt det ringeste fra Manden. Saa opsatte Præsten Begravelsen. Degnen laasede Kirkedøren, og Folkene gik stærkt forundrede hjem igen hver til sin Kant.

Hele Onsdag Nat var det et forrygende Vejr. De sad oppe til Christen Sørensens og vaagede, men Manden udeblev. Om Torsdagen sagtnede Vejret noget, Nedfaldet var ikke saa stærkt; men Stormen og Jordfoget rasede fremdeles. Driverne laa saa store som Lader i Byen, og alt hvad der hed Vej var udslettet. Snefogden sendte Folk ud for at sætte Vejen af med Halmviske, men det var iøvrigt til ingen Nytte, da Ingen fo'r paa Landevejen i det Vejr. Ogsaa Torsdag Nat vaagede de i Christen Sørensens Gaard. Begravelsesmaden stod paa Bordene. Konen var forstyrret. Der kom ingen Befordring.

Om Fredagen blev Vejret saa haardt, at Ingen havde kendt Mage. Det var en Orkan, og Luften var saa fuld af Sne, at Dagen ikke kunde trænge igennem Skyen. Folk sad i Tusmørke inde i Stuerne. Man kunde ikke komme ud af Dørene for Sne men maatte gaa over Lofter og Lad for at naa til Udhusene og give Høvederne. I det Par Dage brast alt Samkvem, man kan sige, at al Kultur ophørte.

Men i alle Husene, der nu lå fuldkomment ene hvert for sig, vidste man. at Kirsten befandt sig paa Vej til Byen. Det beskæftigede Sindene. De forestillede sig Vognen og Kisten, saadan som den nu holdt eller kørte derude paa Aalborg Landevej i Snefoget. Om Torsdagen kom der *en* Kunde til Købmanden, og han var næsten trætgaaet. Om Fredagen kom der Ingen. Den Dag kunde Byen og Sognet lige saa godt være øde.

To Mennesker mødtes om Fredagen i en Snedrive, hvori de stak til Halsen.

Ohøj, hvem er det? raabte den ene.

This is incomparable! said one of them faint-heartedly to himself. They sniffled and shifted their weight from foot to foot; they silently shook their heads. This is the worst that I can remember! Good Lord, how it's coming down!

Finally the messenger returned. No funeral escort had come to Christen Sørensen's and they had not heard the slightest word from him. So the clergyman postponed the burial. The parish clerk locked the church door, and, each his own way, everybody went home again, bewildered.

All Wednesday night there was a howling gale. At Christen Sørensen's, they sat up and waited, but he did not appear. On Thursday, the weather was somewhat milder, the snowfall was not so heavy, but the storm and the drifting snow continued to rage. In the town, the drifts lay as big as barns, and every road was obliterated. The official in charge of snow removal sent people out to mark the roads with sheaves of straw but, of course, to no avail, since no one was travelling the highways in such weather. Also on Thursday night they stayed up at Christen Sørensen's farm. The burial feast remained on the tables; the lady of the house was upset. No conveyance arrived.

On Friday, the storm was so bad that no one had ever seen the like. It was a hurricane. The air was so full of snow that the light of day could not penetrate the clouds. People sat in pitch darkness indoors. They couldn't go out the doors because of the snow, but had to go over the lofts and scaffolding in order to reach the stalls and feed the animals. For these few days, all communication broke down; one could say that all civilization ceased.

But in all the houses which now lay quite alone, each by itself, people knew that Kirsten was on her way to the town. The thought occupied their minds. They envisaged the wagon and the coffin as it stopped or as it moved out there on the Aalborg highway in the drifting snow. On Thursday, a single customer came to the grocer's, and he was almost worn out. On Friday, no one came. That day, the town and the parish could just as well have been deserted.

Two men met on Friday in a snowdrift, in which they sank up to their necks.

Hey, who's there? cried one of them.

Det er mig. Aa, men er det Dem, bitte Doktor! Kan *De* faa Pu-sten? Ha-ka-ka!

Den ene af de to Levende var Doktor Eriksen, den anden var Niels Liv. Og Niels Liv blev siddende i Sneen og skreg af Fryd. Han var 69 Aar men elskede endnu Snedriver og Strabadser trods noget Drengebarn. Han lo voldsomt, hylede over dette her, og Doktor Eriksen kunde slet ikke se ham.

Det *sner* noget Korn! jublede Niels Liv. Kan De fornemme det? Ha-ka-ka! Jeg siger, det sner, bitte Doktor! *Hvor tror De, Kirsten lander?* Jeg sagde det til Christen Sørensen, vi faar Sne, sagde jeg, tag Slæden, sagde jeg, men han kørte i Vognen, fordi Niels Liv er et gammelt Sludrechatol! Ha-ka-ka! Se, bitte Doktor, det er os to, der maa ud i alt Slags Vejr! Gudivold!

Niels Liv lo herligt og blev borte i Sneen. Han gik med et stort Grovbrød under hver Arm og agtede sig ud til et Husmandssted, hvor han var kommen i Tanker om, at det fattige Rak maaske ingenting havde.

Lørdag Morgen var det aldeles stille og klart Vejr, Blikstille og Solskin. Da Folk kom ud og besteg Driverne, kendte de knap deres By og Egn igen. Der laa Snedriver paa tyve Alens Højde, og at se sig om fra Toppen af dem var en sær Fornemmelse. Flere Huse var føget til helt op over Mønningen.

Selve Egnen var ukendelig, de Høje og Agerrundinger, man var vant til at se, havde Sneen jævnet, og paa andre Steder havde der dannet sig ukendte Fremspring i Terrænet. Synskredsen var en anden. Og hele det vældige Sneland laa i Folder og Bølger fra Syd-øst, som var det vandret ind i et vildt Hastværk og under svære Kampe. Driverne strakte sig som hvide Kolosser, der er segnet om. Solen skinnede over det store Billede paa stivnet Flugt. Halve Mil borte kunde man se et Menneske færdes paa de blændende Ørkener som en sort Myre.

Snekasterne samlede sig tidligt om Morgenen ved Kroen. Der blev Arbejde for dem i Dag! Næsten hele Byens Mandskab var bleven "bojet". Ogsaa Niels Liv ansteg i Træskostøvler og med Skov-

It's me. Oh, but it's you, good Doctor. Can *you* catch your breath? Ha, ha, ha!

One of the two living beings in the snowdrift was Dr. Eriksen, the other was Niels Liv. And Niels Liv remained sitting in the snow and shouted with glee. He was sixty-nine years old but still loved snowdrifts and hardships just like a boy. He laughed lustily, howled about his plight—Dr. Eriksen could not see him at all.

It's *snowing* a bit, Niels Liv rejoiced. Can you feel it? Ha, ha, ha! I say, it's snowing, good Doctor! *Where do you think Kirsten is going to land?* I told Christen Sørensen we would get snow, I said. Take the sleigh, I said, but he drove the wagon, because Niels Liv is an old chatterbox! Ha, ha, ha! You see, good Doctor, it's the two of us who have to go out in all sorts of weather. Lord have mercy on us!

Niels Liv laughed heartily and disappeared in the snow. He walked with a large coarse loaf of bread under each arm, and intended to go out to a cottager's, for it had occurred to him that those poor riff-raff perhaps had nothing to eat.

Saturday morning, the weather was completely calm and clear. Dead calm and sunshine. When people came out and clambered up the drifts, they scarcely recognized their own town and district. There were snowdrifts forty feet high, and to look around from the top of one was a strange feeling. On some houses, the snow had drifted above the ridges.

The district itself was unrecognizable. The snow had levelled the high spots and knobs between the fields which people were used to seeing. And unknown projections had formed elsewhere on the terrain. The horizon was different. The vast snowscape lay in folds and waves coming from the southeast, as if it had migrated in wild haste, struggling furiously. The drifts were stretched out like white colossi which had fallen over. The sun shone on the vast picture of a landscape paralyzed in flight. Half a league away, a man could be seen moving along the blinding desert like a black ant.

The snow shovellers gathered early in the morning by the inn. There would be work for them today! Almost the entire manpower of the town was "drafted." Niels Liv also appeared in wooden-

len over Skuldren, fyrig som en Plag, han hoppede, han var i den syvende Himmel. Snekastning var i hans Ungdom det festligste Sjov, et Menneske kunde komme med til.

Det var imidlertid bleven bekendt, at Christen Sørensen nu endelig nærmede sig Byen med Liget. Han var en Milsvej borte, paa denne Side af Flejsborg Kro, men da der skulde kastes foran ham næsten hele Tiden, kunde han ikke være i Byen før over Middag.

I de tre Døgn, Christen Sørensen havde været ventet, var han bleven en Sagnskikkelse. Det var lange Døgn, og alt Nyt havde været sparsomt; Rygtet om Christen Sørensen, der var paa Vej med Liget, havde forplantet sig paa en sær glubsk Maade. Hvem der havde bragt Nyheden med nu til Morgen, var der Ingen der vidste, men den var trængt igennem. Der forlød ikke andet, end at Christen Sørensen som sagt var en Milsvej fra Byen og nærmede sig med Liget. Der gik en Stab Snekastere foran ham.

Det var den store Tidende. Forventningen om Indtoget antog overnaturlige, uklare Former. Hele Byen kom paa Benene, de strømmede til fra Sognet, alle skulde til Begravelse, naar nu Christen Sørensen kom med Kirsten. Der var en stærk Stemning i Byen hele Lørdag Formiddag. Snekasterne arbejdede sig ud nordigennem Byen, de gik skjult i dybe Udgravninger, og Stedet hvor de var og havde travlt røbedes af Sneblokkene, der fløj op paa Kanterne ligesom ved egen Kraft.

Der bredte sig en Melding om, at Christen Sørensen var naaet over Bakken ved Per Allerups, og at han nu kørte nede i Dalen nordenfor Byen.

Nede midt i denne Dal, som Landevejen forsvinder dybt i, staar Milepælen med Indskrift: 8 Mil fra Aalborg. Og her mødtes Snekasterne fra Byen med Toget. Tilsammen med de Folk, der havde gravet Christen Sørensen gennem Hornum By, blev de over et halvthundrede Mand, der stod paa hver sin Side af Vejen, støttet til Skovlene, mens Christen Sørensen kørte igennem og hilste til højre og venstre. Nu var Christen Sørensen endelig igen mellem sine egne. Han holdt stille og gav Haand til saa mange, han kunde overkomme. De flokkedes om ham.

soled boots with a shovel over his shoulder, spirited as a calf. He jumped up and down; he was in seventh heaven. In his youth, shovelling snow was the greatest fun a person could have.

In the interim, it became known that Christen Sørensen was finally nearing town with the corpse. He was a league away, on this side of Flejsborg Inn, but since the road had to be shovelled in front of him almost all the time, he could not be in town until past noon.

In the three days and nights people had waited for Christen Sørensen, he had become a legendary figure. The days had been long, and the news had been sparse; the reports about Christen Sørensen, who was underway with the corpse, had spread like wildfire. Who had brought the news this morning, nobody knew, but it had got through. It was reported only that Christen Sørensen was, as has been said, a league away from town, approaching with the corpse. There was a team of snow shovellers in front of him.

That was the big news. The anticipation of their arrival assumed supra-natural and vague proportions. The whole town was on its feet. They poured in from the parish; everybody was going to the funeral when Christen Sørensen arrived with Kirsten. There was great excitement in the town that entire Saturday morning. The snow shovellers worked northward out from town; they walked hidden in deep hollows, and the place where they were working was revealed by the chunks of snow which flew up to the edges as if of their own accord.

A report circulated that Christen Sørensen had got over the hill at Per Allerup's, and he was driving down into the valley north of the town.

Deep down in the middle of this valley, into which the highway disappears, stands a sign with the inscription: thirty-five miles to Aalborg. And here the snow shovellers from the town met the funeral escort. Together with the people who had dug Christen Sørensen through the town of Hornum, there were over fifty men who stood on both sides of the highway leaning on their shovels, while Christen Sørensen drove through greeting them right and left. Finally Christen Sørensen was once more among his own. He stopped and shook hands with as many as he was able. They crowded around him.

Det er ikke din egen Vogn, Christen!

Nej, det var det ikke. Den stod i Nibe med Akslen brækket. Denne her havde Christen Sørensen lejet i Stedet. Det var en lang Arbejdsfjedervogn. Folk gik rundt om den og besaa den. Hjulene sad i stivfrossen Sne lige til Navet, alt Underværket var klinet til, den lignede en Snevogn. Den sorte Kiste ovenpaa var ogsaa blakket af Frostsneen, som ikke vilde slippe Træet. Christen Sørensens Øg stod jo noget slappe i Selerne men var ellers sluppen nogenlunde fra det. Men Folk kendte ikke Christen Sørensen igen. Han var op-svulmet i Hovedet og havde faaet en hel anden Stemme. Han var bleven snakkesalig; mens han stod og bankede sine Hænder og sank i Knæene, snakkede han uafbrudt. Han henvendte sig ikke til nogen bestemt, og han var rent aandsfraværende. Christen Sørensen kunde ikke siges at være svirende, men han lugtede lang Vej hen af Spiritus. Der blev saa uhyggelig stille om ham. Han stod og snak-kede i et væk som en Maskine, uden Spor af Sindsbevægelse; alle maatte se paa det sprængrøde Ansigt med de halvbrustne Øjne. Han havde stillet sig ved Forhjulet af Vognen og klemte paa, for at de kunde faa det at vide altsammen, han vilde føje dem, skønt han var udslidt af Søvnløshed og Drik og fordummet af Kulde. Han holdt Tømmen med hovne og magtesløse Fingre . . . og allerbedst som han stod, glippede han langt og mødigt, Mælet sank ned til en dæm-pet Sludren, han nikkede, stod og smaasov.

Tror du ikke, vi skulde se at liste videre? sagde Anders Nielsen og saa vist paa ham. Er det værdt at holde her længere, Christen?

Christen Sørensen fo'r op med et Sæt og hyppede som i Dvale paa Hestene. Toget satte sig i Bevægelse. Christen Sørensen gik og be-gyndte igen at snakke. Da de kom op over Smedens Bakke og kunde se Byen, mødte de en Mængde Folk i Begravelsesklæder, og da der nu blev saa livligt om Christen Sørensen, hævede han Stemmen og fortalte forfra om den lange, lange Rejse. Karlen gik bagved og for-talte til en anden Flok. Han var ogsaa bleven et Vrag af sig selv, han gik og sejlede med et underlig tomt og forgrædt Udtryk i det unge Ansigt. Men han vilde saa inderlig gærne gøre Rede for alting; Be-

That's not your own wagon, Christen!

No, it was not. His was in Nibe with a broken axle. This one Christen Sørensen had rented instead, a long delivery wagon with springs. People walked around it and looked at it. The wheels were frozen stiff in the snow, up to the hubs; all the underpinnings were plastered so that it resembled a snow wagon. The black coffin above was also pale with frost which did not want to leave the wood. Christen Sørensen's nags stood rather limp in the harness but otherwise seemed to have suffered no ill effects. But people scarcely recognized Christen Sørensen. His face was puffy and he had quite a different voice. He had grown talkative; while he stood and rubbed his hands and flexed his knees, he talked constantly. He did not address himself to anyone in particular. He was quite preoccupied. Christen Sørensen could not be said to be drunk, but he smelled of alcohol from afar. Everyone had grown uncannily quiet around him. He stood and talked without cease like a machine, without the slightest emotion. Everyone was compelled to look at his florid face with its glazed eyes. He had placed himself by a front wheel of the wagon and held fast so that they could hear the whole story; he wanted to oblige them, although he was worn out from sleeplessness and drink and was stupified by the cold. He held the reins with swollen and useless hands... but the very moment he stood there his weary senses began to fail; his voice dropped to a subdued mumble; he nodded, and, still standing, dozed off.

Don't you think we should try to move on? said Anders Nielsen, and looked straight at him. Is there any point in remaining here any longer, Christen?

Christen Sørensen awoke with a start and urged his horses on as if in a trance. The procession started up. Christen Sørensen started to walk and began to talk again. When they came up over the smithy's hill and could see the town, they came upon a crowd of people in mourning, and now that things were so lively around Christen Sørensen, he raised his voice and began to tell from the beginning about the long, long journey. The hired man walked to the rear and talked to another group of people. He was also a wreck of his former self, he reeled along with a strangely vacant and woebegone expression in his young face. But he wanted very

retningen kom fra ham, som blev han overhørt i sin Forklaring. Han var rusten i Mælet. Han kunde ikke gøre for noget af det. Og nu var Nøden jo overstaaet, og de var kommen hjem.

Folk dannede sig en Forestilling om Rejsen af de to haardt medtagne Menneskers Fortælling. Christen Sørensen var kommen til Aalborg Tirsdag Eftermiddag, ligesom Snestormen begyndte. Næste Morgen kørte han afsted med Liget, skønt man ikke kunde se ud over Hestenes Øren i Uvejret. De maatte holde ind i den første Kro de kom til, og der kørte de fra, da de syntes det lysnede lidt. Og saadan gik det dem hele Vejen, de vandt frem fra Kro til Kro. Christen Sørensen var ingen forfalden Mand, men her var der ikke andet Raad. De havde haft bitre Genvordigheder. De fo'r vild, de tabte al Orientering, vidste tilsidst hverken Rede paa Sted eller Tid. Mange Gange sad de totalt fast og maatte hente Folk for at blive kastet ud. Det var alt det, de kunde holde sig aarvaagne i den rasende Kulde, meget af Vejen kunde de slet ikke huske; der havde de rejst som rene Søvngængere. Om Torsdagen var de nær omkommen, da der ingen Folk var ude, og de kørte fast midt ude paa de vilde Agre. Et Stykke søndenfor Nibe væltede de i Grøften, saa at Vognen skiltes ad, Kisten gik fra hinanden, og Liget faldt ud i Sneen. Da troede de næsten, de skulde have givet fortabt. Men ogsaa den Gang fik de Hjælp og fik skaffet en anden Vogn fra Nibe.

Og vi tog til Flasken, bekendte Christen Sørensen beklagende men uden Anger. For det skulde gennemføres. Der var Stunder, hvor vi kunde lagt os til at dø, havde vi ikke haft Munken med Brændevin. Jeg tyktes endda, men Anton, min Karl, blev saa søvnig mange Gange, at jeg maatte køre med den ene Haand og ryste ham med den anden, for at han ikke skulde blive henne.

Toget bevægede sig lige ned til Kirkegaarden. Der var gaaet Bud til Præsten, og Begravelsen skulde staa med det samme. Der var kommen flere Mennesker tilstede, end nogen mindedes at have set ved en Jordefærd. Dels var der saa mange, der havde kendt Kirsten

much to account for everything; he gave his report as if he were being examined, orally. His voice was hoarse, he couldn't help it. And now the hour of need was past, and they were home.

People got an idea of the trip from the two exhausted men's story. Christen Sørensen had come to Aalborg Tuesday afternoon just as the snowstorm began. The next morning, he drove off with the corpse, although you couldn't see past the horse's ears in the storm. They had to stop at the first inn they came to, and they drove on when they thought it had let up a little. And so it went the whole way. They advanced from inn to inn. Christen Sørensen wasn't given to drink, but here there was no choice. They had had severe hardships. They lost their way; they lost their sense of direction and finally lost track of time and place. Many times they were completely stuck and had to fetch people to shovel them out. It was all they could do to keep themselves awake in the biting cold; much of the journey they couldn't remember at all—then they had travelled like sleepwalkers. On Thursday, they had almost perished, since nobody was outside and they were stranded in the middle of the raging fields. A little way south of Nibe, they toppled into the ditch, so that the wagon became uncoupled, the coffin came apart and the corpse fell out into the snow. Then they almost thought they would have to give up. But they also got help this time and got another wagon from Nibe.

And we took to the bottle, Christen Sørensen admitted, lamenting, but without remorse, for it had to be done. There were moments when we could have lain down to die if we had not had the jug of brandy. My mind was still working but Anton, my hired man, was frequently so sleepy that I had to drive with one hand and shake him with the other, so that he wouldn't pass out.

The funeral procession moved toward the cemetery. The clergyman had been sent for; the burial was to take place at once. More people were present than anyone remembered having seen at a funeral. On the one hand, there were many who had known Kir-

Smed, dels havde Rygtet om hendes besværlige Rejse lokket mange til.

Kisten blev baaren ind i Kirken og sat paa Gulvet nedenfor Alteret. Konerne fra Egnen gik stille frem for at aflevere Kransene, og Christen Sørensen tog højrøstet imod dem og stillede dem paa Kant opad Kisten. Christen Sørensen blev saa hed, nu da han var kommen under Tag, der stod en Em fra hans skaldede Hoved, og det saa ud som hans Øjne skulde springe. Han vidste næppe af sig selv. Medens alle de andre i Kirken hviskede eller tav, blev han ved at tale højt og lige ud som paa ethvert andet profant Sted.

Tak skal du have, sagde han til en gammel Kone, der kom med Krans. Du er gæv, du husker ogsaa paa bitte Kirsten. Ja hun var en Ære værd. Tak, Tak for det!

Det varede noget længe, inden Præsten kom. Imens stod de og biede i Kirken, saamange som der kunde være i det lille Skib med de skæve Stader og isede Mure. Gulvet var koldt, de stod og traadte i Støvlerne og bankede Fødderne saa smaat for at føle, at de havde dem.

Vil I se Liget? spurgte Christen Sørensen pludselig med Liv. I kan godt faa det at se.

Christen Sørensen skruede de smaa korsformede Nagler fra og løftede Laaget af Kisten, stadig under en Strøm af meget jævne Ytringer.

Se, hun ligger jo ordenligt.

Christen Sørensen blev staaende med Laaget støttet op ad sig og tav et Minut, mens de saa paa det lille gule Hoved i Kisten. De Allerældste, der var kommen tilstede, dem af de gamle Slægter som havde delt Liv og Skæbne med hinanden, mens Kirsten var levende, de saa hendes Lig, men de mindedes en stor tyveaarig Pige med gult Haar og de mildeste Øjne. Folk som nu ikke længere var unge, saa hende og tænkte paa den stærke Enke, der altid var tilstede for at hjælpe. Der var ogsaa nogle Børn i Kirken, og deres store Øjne saa kun en skrumpen Ting i det hvide Ligtøj.

Da Christen Sørensen mente, han havde givet Folk Tid nok til at se, rakte han Haanden ud og lagde den varsomt paa den Dødes Ansigt.

sten Smith, and on the other, the report of her difficult journey had lured many.

The coffin was carried into the church and placed on the floor before the altar. The women of the district stepped silently forth to deliver the wreaths and Christen Sørensen accepted them in a loud voice and placed them on edge up against the coffin. Christen Sørensen had grown so warm now that he had come indoors that a vapour rose from his bald head and it looked as if his eyes would explode. He scarcely knew what he was doing. While everyone else in the church whispered or was quiet, he kept on talking loudly and forthrightly, as in any profane place.

Thank you, he said to an old woman who came with a wreath. That's nice of you to remember little old Kirsten. Yes. She's worthy of the honour. Thanks, thanks a lot.

It was some time before the clergyman came. In the meanwhile, they stood and waited in the church, as many as could fit in the little nave with the slanting pews and icy walls. The floor was cold, they stood stomping their feet and striking one foot against the other in order to feel that they still had them.

Do you want to see the corpse? asked Christen Sørensen suddenly, with animation. You can see it, if you want to.

Christen Sørensen unscrewed the small cruciform screws and lifted the lid from the coffin during a constant stream of everyday comments.

See, she's lying there quite properly.

Christen Sørensen remained standing with the lid propped up against him and was silent for a minute while they looked at the little yellow head in the coffin. The oldest of those who had come, those of the old families who had shared life and fate while Kirsten was still living, looked at her corpse, but they remembered the large twenty-year old girl with yellow hair and the gentlest of eyes. People who no longer were young now looked at her and thought of the sturdy widow who always was on hand to help. There were also some children in the church, and their big eyes saw only a shrunken thing in a white shroud.

When Christen Sørensen thought he had given people time enough to look, he stretched out his hand and placed it carefully on the face of the dead woman.

Kirsten hendes Næse har faaet et bitte Knog, forklarede han med inderlig Nænsomhed. Det var, da vi væltede hende. I kan se, den er skæv til den ene Side.

Han forsøgte lempeligt at rette lidt paa Fejlen, stod og puslede saa klog og blid ved den døde Ting, som han under Opbydelsen af en haard Naturs sidste Reserve havde ført hjem gennem Vinterstorm og ædende Kulde over et vejløst Land, ene ledet af Kærlighed til den, der ikke *var* mere, og imidlertid snakkede han videre, idet han ogsaa uafbrudt snuste og harkede op i sin hudløse Næse og glippede med de svulne Øjenlaag.

Ellers kan I vel kende hende. Det *er* jo Kirsten, som vi kan huske, men for mig at tykkes er hun svunden meget. Aa, hun er ingenting at løfte (kom du kuns, Mette Marie, og se hende, du skal ikke frygte); Kisten er ogsaa det mindste Numer, der kan faas til en Voksen. Ja, hun er svunden meget. Men hun ligger køn. Skal jeg lægge nogle af Kransene indeni til hende?

Christen forstummede ikke, før Præsten kom. Det havde været pinligt for Folk at høre paa ham. Christen Sørensen var til daglig en Mand, der holdt paa Formerne, lige saa ømfindtlig for sine Omgivelser som Folk i Almindelighed, han havde aldrig før snakket saadan op i en Forsamling. Men de tre Døgns Overanstrengelse og Kulde havde slidt et Lag af ham. Det var som efter en stille Overenskomst, at hans Kendinge havde givet ham Lov til at blotte sig.

Begravelsen gik sin Gang, Kirsten blev puttet ned i den frosne Jord, som gemte alle dem, der havde været hendes. Der blev en frisk, sort Tue i den dybe Sne.

Nu hvilede hun ogsaa her, Kirsten Smed, den Barmhjærtige og Stærke, nu var hun firet ned til sine Døde. Nu var hun bleven baaret hen, hun som altid bar, den Hjælperige som havde kendt Livet og staaet lige trøstig ved Fødselslejet og de Døendes Seng. Nu laa hun, den Staaende, den altid Haabefulde der havde set sine egne synke tilbage, hjælpeløse, med deres elendige Øjne i hendes.

Al den mageløse Varme, der havde lyst ud af Kirstens furede Ansigt, den var nu kun et fattigt Genskin i deres Øjne, der huskede

Kirsten's nose got a bit of a dent, he explained with great care. That was when we tipped her over. You can see it's lopsided.

He tried cautiously to correct the flaw a bit, stood and busied himself cleverly and gently with the dead thing which he, with an exertion of a robust nature's last reserves, had brought home through a winter storm and biting cold over a trackless landscape, led only by love of that which was no more—and all the time he kept on talking, while he constantly sniffled through his skinned nose, hawked and spat, and blinked with his swollen eyelids.

Otherwise you could easily recognize her. It *is* the Kirsten whom we remember, but she seems to me to have shrunk a great deal. Oh, she's nothing to lift, (come on, Metta Marie, and look at her. There's nothing to be afraid of); the coffin is the smallest size that you can get for an adult. Yes, she's shrunk a great deal, but she's lying there properly. Shall I put any of the wreaths in with her?

Christen didn't quiet down until the clergyman came. It had been embarrassing for the people to listen to him. Ordinarily, Christen Sørensen was a man who kept to etiquette, as sensitive about his surroundings as people are in general; he had never before spoken up in a gathering. But the three days of over-exertion and cold had sloughed off a protective layer. It was as if his acquaintances had tacitly agreed to give him permission to betray himself.

The burial proceeded; Kirsten was lowered into the frozen earth which preserved all those who had been hers. There was a fresh black mound in the deep snow.

Now she also rested there, Kirsten Smith, the charitable and the robust; now she was lowered among her dead. Now she was being carried, she who had always carried, the helpful woman who had known life and who had been equally compassionate at a childbirth and a death-bed. Now she lay there, she who had stood, she who was always full of hope and had seen the members of her own family relapse, helpless, their pitiable eyes seeking hers.

All the incomparable warmth which had streamed from Kirsten's wrinkled face was only a feeble reflection in the eyes of them who remembered her; the wealth of humility and trials and wisdom in

hende; de Skatte af Ydmyghed og af Prøvelser og af Visdom i menneskelige Ting, der laa gemt i Kirstens dybe Hjærte, de var nu svage Billeder i de Efterlevendes Erindring.

Kirsten var nu hos de Trofaste, de gamle Bondeskikkelser, der aldrig skal rejse sig mere, de gamle milde Folk, der har bedt sig undskyldt, og som ikke lod andet Eftermæle efter sig paa deres Kors af Træ, end at de var fødte og døde i Graabølle. Ogsaa Kirsten var nu naaet til Løsningen af det store Spørgsmaal, der ængstede de Gamle, det der endte med at formørke hendes Sind; hun var stuvet ned, og Spørgsmaalet var hørt op. Hun der tilsidst ikke længere kunde tro, og som huskede sig fra Forstanden for at komme paa, *hvad det var hun skulde,* hun havde nu overhovedet og endelig glemt, at hun havde haft noget Ærinde. Hun var nu jordfæstet, og der var bedt over hende, og den sidste Salme var sungen.

Men Christen Sørensen var gaaet fra Pladsen forinden. Anders Nielsen tog ham stille ved Armen og førte ham med sig, og Christen lod sig viljeløst lede.

Da de var kommen et Stykke ned ad Vejen, begyndte Benene at slaa Sludder under Christen Sørensen, Anders Nielsen maatte saa godt som bære ham. Christen Sørensen snakkede i Vildelse, mens han gik, han svælgede og kæmpede imod Søvnen. Da de kom til hans Gaard, hang han som en død Vægt paa Anders Nielsens Arm, men endda blev Benene ved at flytte sig under ham. Han kendte sin Port, da de gik ind i den, gav en sagte Klagelyd og sank sovende om for Anders Nielsens Fødder.

Hans Træk jævnedes øjeblikkeligt, det kom saa dulmende over ham.

human affairs which lay hidden deep in Kirsten's heart—they were now but pale images in the memories of those who survived her.

Kirsten was now among the faithful, the old peasant figures who will never rise again, the old, gentle people who had asked to be excused and who left no other epitaph behind on their crosses of wood than that they were born and died in Graabølle. Now Kirsten had also achieved the solution of the great question which troubled the ancients, the question which finally clouded her mind; she was stowed away and the question had dissipated. She who in the end no longer could believe, and who remembered so hard that she lost her mind in trying to recall *what it was she should do*—she had now completely and finally forgotten the errand she had had. She was now buried; prayers had been said over her; and the last hymn had been sung.

But Christen Sørensen had already left his place. Anders Nielsen took him quietly by the arm and accompanied him while Christen let himself be led away passively. When they had gone down the path a bit, Christen Sørensen's legs started to wobble; Anders Nielsen had practically to carry him. Christen Sørensen was talking deliriously, gulping and fighting against sleep. When they came to his farm, he hung like a dead weight on Anders Nielsen's arm, but his legs kept moving under him. He recognized his own gate when they went through it; he gave a low moan and he sank down before Anders Nielsen's feet.

His features relaxed immediately; a calm came over him.

MARTIN ANDERSEN NEXØ
(1869–1954)

Denne store prosaist fødtes i en arbejderfamilie i København. I hans store romaner, "Pelle Erobreren" (1906–10) og "Ditte Menneskebarn" (1917–21) ligesom i hans talrige fortællinger finder vi dels en næsten magisk genoplevelse af barndommen, dels en politisk – socialistisk eller kommunistisk – tendens. Som man ser af Nexøs betydningsfulde "Erindringer" hviler *Flyvende Sommer* (1908) på et barndomsminde. Denne korte historie udtrykker samtidig, på særdeles lykkelig måde, hele forfatterskabets tankegrundlag. Nexø bevarede nemlig en urokkelig tro på, at mennesket af naturen er godt. Menneskenes laster, deres egoisme og gensidige mistro skyldes efter hans mening udelukkende de sociale og politiske forhold.

FLYVENDE SOMMER

Peter og Karl var to smaa Væsner som hørte til paa de Dybder, hvor Solen ikke saa selvfølgeligt kan naa ned. Skabningen dérnede har indrettet sig selvlysende og fører selv hele Glansen med sig; og deraf kom det, at de to kunde synes de var nogle Lykkens Skødebørn, og dog bestandig have en Fornemmelse af, at de havde alting tilgode endnu. Forresten holdt de til sammen med Moderen i et skummelt Hul i Lægeforeningens Boliger og var ni og otte Aar efter den almindelige Tidsregning. Det betød kort og godt, at saa længe siden var det de traadte ind i Tomheden og fik deres Ansvar tildelt. Der laa ingen Tinsoldater i Æsker og ventede paa de to, men Lykken lod sig gribe i Form af Brødskorper naar man var heldig; og de var ikke længe om at orientere sig. De indsaa paa Forhaand det ørkesløse i skraalende at give sig til at forlange ind, og gik straks i Gang med at forsørge sig selv.

Orienteringen var det ingen Sag med, den bestod blot i at er-

MARTIN ANDERSEN NEXØ
(1869–1954)

This master of prose was born in a working-class family in Copenhagen. In his great novels *Pelle the Conqueror* (1906–1910) and *Ditta, Child of Man* (1917–1921), just as in his numerous short stories, we find in part an almost magical reliving of childhood and in part a political—socialist or communist—proclivity. As can be confirmed from Nexø's significant *Memoirs,* "Gossamer" (1908) is based on a childhood memory. At the same time, this short story is a happy expression of the basic thought of all his production, for Nexø retained an unshakeable faith in the natural goodness of man. Men's vices, their selfishness and mutual distrust, are in his opinion, entirely owing to social and political conditions.

GOSSAMER

Peter and Karl were two small beings who belonged in those depths where it is not such a certainty that the sun can penetrate. Down there, creation has adapted itself so as to be self-illuminating; it carries its own radiance with it, and, as a consequence, these two boys were able to believe that they were children of fortune, and yet, at the same time, retain an impression that to them everything had yet to come. As a matter of fact, they lived with their mother in a gloomy hole in the Medical Association's barracks, and they were nine and eight years old, according to common reckoning. This meant, in short, that that was the length of time since they had entered the void, and had been assigned their responsibilities. There were no tin soldiers lying waiting in boxes for these two, but happiness could be had in the form of crusts of bread, if one was lucky, and they were not long in finding their way about. They sensed in advance how idle it was to try to get anything by screaming, and set to work to fend for themselves.

There was no difficulty in finding out where one stood; it consisted merely of realising that there was a lack of everything, and

kende at alting manglede, og den Erkendelse var de delvis født med. Des mere Klem kunde der lægges i Forsørgelsen.

Om det saa var deres Ophav, lod han dem fuldstændig i Stikken og holdt sig ude i det gaadefulde – som en Gud der blot havde besøgt Jorden. Hans Eksistens var jo hævet over enhver Tvivl, han havde gavtyveagtigt fastslaaet den gennem de to Knægtes Tilblivelse – for saa at fordufte i Skyen; andre Spor var der ikke efter ham – ikke engang et Navn. Hvem han end var, havde han med guddommelig Storladenhed nydt Skaberstundens Sødme og unddraget sig Opretholdelsen; nu tronede han et Steds uden for det hele i usynlig Majestæt og morede sig med at gøre Tilværelsen usikker for dem. Ikke engang Moderens Enkenavn indeholdt nogen Betryggelse; Nabokonerne trak blot paa Smilebaandet, og det syntes som om hun selv tvivlede inderst inde. Hun trængte til baade Fryd og Gru af en mere skæbnesvanger Art end det daglige Slid kunde afføde, og saa fik den Kraft, der havde skilt Vandene i hendes lille Verden, Lov at svæve over det hele som en dunkel Bebudelse. Snart hang det dumpt over dem som noget, der naar som helst kunde komme og sætte de fattige Stumper paa Laanekontoret, snart igen var det selve Lykken som skulde komme hjem over Havet til dem alle tre.

Til Gengæld var hun saa Haandgribeligheden selv for de to Drenge, det eneste de kunde stole paa under alle Forhold; hun var god og betryggende som Jorden der bar dem. Og Resten var foreløbig Tomhed, som de efter Ævne havde Lov at udfylde.

De var fra Fødslen udstyret med et uudtømmeligt Forraad af Taalmodighed, og mens Moderen var paa Arbejde, sad de afstivet i hver sit Hjørne af den gamle Sofa og gloede paa hinanden med dette Udtryk af bundløs Erfaring, som Armoden giver i Vuggegave. De sagde ba ba med en hel Verden af Betoninger, pillede Stopningen ud af Sofaryggen med de smaa Fingre, og dunkede sig i Panden med den gamle Træské som de havde faaet at gnave *Bisserne* frem paa – altsammen for at udfylde det tomme Rum; og naar de ikke kunde mere, græd de sig i Søvn. Nu og da stak Moderen hjem om fra Ar-

they were born with a partial realisation of this fact. All the more effort could be put into fending for themselves.

As for their progenitor, he had gone off and left them completely in the lurch, and kept a mysterious distance—like a god who had but paid a visit to the earth. His existence was beyond all doubt, he had roguishly confirmed this by begetting the two urchins——thereupon to vanish into thin air. There were no other traces of him, not even a name. Whoever he was, he had with a grandeur divine enjoyed the sweets of creation but had evaded the duty of maintenance. Now he was enthroned somewhere away from it all in invisible majesty and amused himself by making existence uncertain for them. Not even the mother's appellation of widow contained any feeling of security. The neighbour-women only smiled to themselves, and it even seemed as if deep down, she herself was in doubt about it. She craved an intensity of joy and terror of a more momentous character than her daily toil afforded her, and thus the power that had divided the waters in her little world was allowed to brood upon everything like a sombre portent. At one moment, it would lower above them as something which at any time could come and put their poor odds and ends in pawn, and at another it would be good luck itself, which was to come from beyond the sea to all three of them.

To make up for this, she was palpability itself for the two boys, and the only thing they could rely on under all circumstances; she was good and reassuring like the earth that bore them. And, for the time being, everything else was a void which they were free to fill as best they could.

From birth, they had been supplied with an inexhaustible store of patience, and, while their mother was at work, they would sit propped up at either end of the old sofa and stare at each other with that expression of fathomless experience which poverty endows at birth. They said ba-ba with a whole world of different intonations, picked the stuffing out of the back of the sofa with their little fingers and thumped each other on the foreheads with the old wooden spoon they had been given to gnaw so as to help their milk-teeth through—all of this to fill up that empty void; and when they could do no more, they cried themselves to sleep. Now and again, their mother popped in from work and looked

bejdet og saa til dem, og altid havde de gjort et eller andet Frem-
skridt i Retning af Vidunderlighed.

En Dag havde den ældste faaet nok af at sidde og se til; han lod sig
staa paa Hovedet ud over Sofaenden og rejste sig op ved Hjælp af
Bordbenet. Da Moderen kom hjem, var hans lille Isse tyk som en
Pude – men han kunde gaa! Og lidt længere frem i Tiden kunde han
begynde at rende med Aviser.

Nu var de som sagt otte og ni Aar og havde allerede længe baaret
deres Part af Forsørgelsen.

Det var tilsyneladende en ganske almindelig Dag. Solen skinnede
med en egen løssluppen Glæde, der gik ustyrligt igen i *Boligernes*
Spurveflokke; ellers var alt som det plejede. Klokken fem om Mor-
genen var Moderen gaaet paa Arbejde som sædvanlig; Klokken seks
bankede Nabokonen Madam Hygum i Væggen, og de to Drenge
stod op og begyndte Dagen med godt Humør. Peter gjorde Stuen i
Orden efter Natten og hentede Dagens Varer hjem for Grønthand-
leren, mens Karl var omme i Ryesgade og tog de værste Trapper
for Aviskonen.

Nu var Morgenpligterne til Side, og de sad i det trange Køkken
og aad deres Fedtebrød. Friskheden var det ogsaa forbi med, de
pludrede ikke sorgløst og sparkede med Benene i ørkesløs Trang
til at være beskæftigede, men sad og hang trægt over Fedtebrødet –
som havde de pludselig opdaget det meningsløse i at gaa paa. Far-
ten var løbet af dem! Heller ikke det var noget usædvanligt, det
samme gentog sig hver Dag ved denne Tid; det kom over dem
som en pludselig Afslappelse af alting.

Det var ikke Træthed. De var allerede godt hærdede, og Morge-
nens Anstrængelser virkede blot som en munter Optakt til Dagen.
Der var Hundreder af lige herlige Anvendelser for hver af Dagens
Timer, altsammen med dem selv og det lille fattige Hjem som For-
maal. En hel lille Verden havde de og Moderen efterhaanden skabt
sig midt i Tomheden, dyrekøbt sat sammen af Affald fra det store

at them and always they had made some progress which shewed they were prodigies.

One day, the elder of them had had enough of sitting and looking on; he did a head-stand over the ∪nd of the sofa and hoisted himself up by the table-leg. When his mother came home, the top of his little head was puffed out like a cushion—but he could walk. And a little later, he could begin to deliver newspapers.

And now, as we have said, they were eight and nine years old and had long assumed their share of the responsibility of breadwinning.

It was, to all appearances, a perfectly ordinary day. The sun was shining with a peculiar, abandoned joy, which spread unchecked among the flock of sparrows belonging to the Barracks; otherwise, everything was just as it always was. At five o'clock in the morning, mother had gone off to work as usual, at six o'clock, Mrs. Hygum next door knocked on the wall and the two boys got up and started the day in a good mood. Peter straightened up the room, now that the night had passed, fetched the day's supplies from the greengrocer, while Karl was over in Ryes St. climbing the worst stairs for the newspaper-woman.

Now their morning tasks were finished, and they sat in the tiny kitchen devouring their bread and drippings. Their briskness was over too, there was no more carefree chatter, nor did they kick out with their legs in an idle urge to have something to do, but they sat crouched dully over their bread and drippings as if they had suddenly discovered the pointlessness of going on. All the momentum had gone out of them. Nor was this anything unusual, the same thing happened every day at this time; it came upon them as a sudden slackening of everything.

It was not tiredness. They were already well hardened, and the exertions of the morning acted only as a cheerful prelude to the day. There were hundreds of just as glorious uses for each of the hours in the day, all of them centering on themselves and their poor little home. They and their mother had created a whole little world in the midst of the void, had constructed it from hard-earned scraps from the great solar system. Their world was not a part of

Solsystem; den var ikke med i Helheden men gik sin egen Vej i
Rummet – ved egne fattige Midler; det kostede en aldrig svigtende
Anspændelse at holde den oppe – og fri af Sammenstød. I deres
smaa oprakte Hænder bar de allerede Broderparten, og følte sig
lykkelige derved.

Men nu for nylig havde en stor Haand rakt efter dem udefra, de
havde ikke Lov at flakke løst om længer, men skulde ind under Sy-
stemet. Det var første Gang de mærkede, at nogen havde Tanke for
dem og deres, og foreløbig ytrede Medfølelsen sig gennem den
modbydelige Tortur, at de hver Formiddag maatte sidde stille i
nogle Timer paa en Bænk og indaande Støvet af, hvad andre havde
udrettet gennem Tiderne, mens alt deres eget fik Lov at gaa i Staa.
Dette Indgreb havde tilmed Krav paa at blive opfattet som en Vel-
gærning. Om Eftermiddagen naar de slap ud, havde Arbejdet hobet
sig forsvarligt op, og de satte paa Hovedet ud i det og skyllede Stø-
vet af sig.

De to Knægte vidste for egen Regning, at der var noget der hed
Samfundet; det var noget i Retning af alle dem, der kunde plan-
lægge Middagsmaden for en hel Uge ad Gangen. De var fra første
Færd paa det rene med, at de selv stod udenfor – og havde altsaa ind-
rettet sig derefter; et dunkelt Retfærdighedsbegreb sagde dem ogsaa,
at man umulig kunde skylde Samfundet noget, naar man havde af-
fundet sig med sin Sult og sine Savn paa egen Haand fra man saa
Lyset.

Men bag denne uklare Viden sad en anden, som ikke var selver-
hværvet, men bundede dybere – og egentlig var altfor stor og
uhaandterlig for to Smaafyre. Den var uhaandgribelig som Mørk-
rædslen og stod som Varsko om usynlige Farer til alle Sider; det var
den, der fik Moderen og de to til at gaa langt udenom alle Velgø-
renhedsforanstaltninger og foretrække at tage sig selv til Rette naar
de havde Kniven paa Struben. Der havde været utallige om at skabe
denne taagede Erkendelse, der ikke støttede sig paa Ævner hos den
enkelte, men ligesom svævede over deres Verden, og lod selv Bar-
net gennemskue Menneskekærligheden i hele dens Dybde, lige ind
til Spindets Bund, hvor Edderkoppen sidder og venter. Lige fra de

the whole, but went its own way in space with its own small re-
sources. It cost them never-ending exertion to keep it going and
free from collisions. They already carried the lion's share of the
burden in their small, upstretched hands and they felt themselves
fortunate.

But quite recently, a great hand had reached after them from with-
out; they were no longer allowed to drift about freely, but they had
to become part of the system. This was the first time that they had
noticed that anyone had a thought for them and theirs, and, for
the time being, this compassion was only expressed in the revolting
torture of their having to sit still on a bench for several hours every
morning and breathe in the dust of the deeds of others through the
ages, while all their own activity was allowed to come to a stand-
still. And this interference could even claim to be considered cha-
ritable. When they got out in the afternoon, work had piled up for
them considerably, and they plunged headlong into it and rinsed
themselves of the dust.

The two boys knew, on their own account, that there was some-
thing called Society; this consisted vaguely of all those who could
plan their dinners a week at a time. From the outset, they realised
that they themselves were excluded from it—and adapted themselves
accordingly. A vague sense of justice told them, too, that nobody
who had put up with his hunger and deprivations by himself
from the time he saw the light of day could possibly owe anything
to Society.

But behind this vague piece of knowledge, there lay another,
which they had not found out for themselves, but which originated
much deeper down, and was really something that was much
too big and unmanageable for two little fellows. It was as intangible
as the fear of the dark, and stood like a warning against invisible
peril on all sides. It was this that made their mother and the two
boys give any charitable measures a wide berth, and prefer to look
after themselves, even when the wolf was at their door. There had
been an infinity of things which had created this misty realisation
that did not depend on any intelligence in the individual, but was,
so to speak, hovering over their world, so that even a child could
see through human charity into its very depths, right into the heart
of the web where the spider sits waiting. Right from the time they

kunde krybe, havde de bestandig været paa deres Post og modtaget Klap og Knubs ude fra med samme indgroede Mistillid; og de havde bjærget sig langt – baade været dødssyge og ligget paa Fælleden uden Tag over Hovedet – uden at det store Uhyre havde vejret dem. Og nu gabede det pludselig over dem, under det fattige Paaskud, at de var over syv Aar!

Karl og Peter lod sig nu ikke saadan sluge. De havde deres guddommelige Viden som sagde dem, at det ikke var af Hensyn til *deres* bedste, man pludselig fik saa travlt med at lade dem lugte til Samfundets Velsignelser. Ved den første Lokken satte de væk, sky som to Føl der er født uden for Folden; Moderen maatte trækkes foran dem for at faa dem indenfor. Det blev en fortsat Skulken med paafølgende Prygl for dem og Bryderier uden Lige for Moderen; lang Tid maatte hun forsømme sit Arbejde og følge dem til Skole, før de endelig faldt til Føje – mest af Hensyn til hende.

Men det var kun tilsyneladende, de overgav sig; de havde den svageres Forsvar at falde tilbage paa og gav sig straks til at ligge død. Alting prellede af paa deres tykke, uigennemtrængelige Dumhed. Det var en hellig Pligt, der udøvedes mod de to Proletarunger, og der blev ikke sparet i nogen Retning; hele den moderne Undervisningskunst blev sat i Bevægelse for at to usle Smaakræ kunde leve Livets vidunderlige Gang med gennem Tiderne og Rummet. Og end ikke dèr behøvede de at standse. De, som ikke engang havde retmæssigt Krav paa en Rugkærne af, hvad der voksede her paa Jorden, kunde, om de vilde, faa deres smaa Sjæle ført ud over alle Grænser og sat i Forhold til Alkærligheden og Gud selv, og der var en gunstig Lejlighed for dem til at tilegne sig Begreberne om sandt Menneskeværd.

Men de satte ikke synderlig Pris paa det. Der blev mindre at fylde i Skrutten under alt dette – og senere Fyraften, om ikke alting skulde

could crawl, they had been constantly on their guard and had taken both caresses and blows from the outside with the same inveterate mistrust. They had come a long way in looking after themselves— they had been mortally ill, and had slept out on the common without a roof over their heads, and the great monster had not caught the scent of them. And now it was suddenly upon them openmouthed, on the feeble pretext that they were over seven.

Karl and Peter would not let themselves be swallowed up just like that. Their divine intuition told them that it was not out of consideration for their *own* welfare that there was suddenly so much busy concern that they should be made to take a sniff of the blessings of society. When they were lured for the first time, they made off as shy as two colts born outside the fold; their mother had to be led off in front of them to get them inside. They continued to play truant with resulting thrashings for them and worries beyond compare for their mother; for a long time, she had to neglect her work and take them to school before they finally gave in—mainly out of consideration for her.

But it was only to outward appearance that they surrendered; they had the weak creature's defence to fall back on, and at once began to sham dead. Everything was deflected by their thick and impenetrable stupidity. A sacred duty was being performed towards these two young proletarians, and nothing was to be spared. The whole modern art of teaching was set in motion, so that miserable vermin like these two could participate in the whole wonderful course of life through time and space. And not even there did they have to stop. These two, who could not justly lay claim to a single grain of rye of all that grew on the earth, could have their little souls borne away over all limitations to come to terms with Infinite Love and God Himself, and they were given every opportunity to absorb the concepts concerning the true value of man.

But they did not set great store by this. There was less to fill their bellies and a later quitting time, unless all the jobs were to be

læsses over paa Moderen; og det sysselsatte dem alvorligt, mens de gjorde Menneskehedens Storværker kedeligt med og rejste Jorden rundt sammen med Pegepindens Spids paa Landkortet. De havde desuden gjort anderledes æventyrlige Rejser de to, ind over høje Plankeværker til Kulpladserne i de mørke Aftener, naar Pladshundene var løse og Frosten peb ynkeligt i den tomme Kakkelovn hjemme! og endnu vanskeligere Ture for Mad naar Moderen var syg – helt ind i det mørkeste Fastland. Det var *deres* Hemmelighed, selv Moderen var ikke med i den. Men den henviste dem engang for alle til sig selv og bestemte deres Stilling til dette ny, der i hver Mine brød Staven over, hvad der var to ukuelige Knægtes Selvopholdelse, og satte det som den højeste Retskaffenhed for Fattigmand at dø af Sult.

De havde deres dyrekøbte Opfattelse af baade Lykken og Livet, den byggede de paa og var hidtil gaaet ud med Overskud! Ved en eller anden vidunderlig Proces uddrog de Honning af Goldheden omkring sig og omsatte de beske Erfaringer i et lidt haardhændet Livsmod, der ikke stemmede med Budene, men til Gengæld havde den Fordel at være deres eget – og at der lod sig leve paa det.

Alt dette gemte de dybt i sig selv og satte den tykke Pande mod de andre. Naar Gud Herren gav Menneskene Loven eller Englen bebudede Frelserbarnets Fødsel, sad de og gloede dumt ud af Vinduet, som om det var noget, der var sket til Fordel for de andre og ikke kom dem ved. De kunde se helt udslukte ud, mens det arbejdede indvendig i dem med Planer til ny Indtægtskilder og Forbedring af de gamle. Man maatte have ret god Rede paa Byens Byggeforetagender for til enhver Tid at vide Besked med, paa hvilken Tømmerplads der i Øjeblikket var mest Udsigt til at faa Spaanesækkene fyldte; og det krævede igen en hel Viden at afsætte dem med størst Fordel og uden overflødigt Rend. Der var nok at tage i.

piled onto their mother; and this was a serious preoccupation for them while they wearisomely participated in the great achievements of mankind, and journeyed round the earth in company with the tip of the pointer on the map. They had made other journeys which were marvellous in a different way—over the high board-fence round the coalyards on dark evenings, when the guard-dogs were out and the frosty wind was whistling pitifully in the empty stove, and even more difficult excursions foraging for food when mother was ill—right into the darkest interior. These things were *their* secret, even their mother did not share it. It threw them back once and for all on their own resources and determined their attitude toward this new element, which with every stern feature condemned all that made for self-preservation for these two indomitable lads, and established as the highest justice that the poor man should die of hunger.

They had their own hard-won conception of both happiness and life; they based their calculations on this, and hitherto they had emerged with a surplus. By some marvellous process they extracted honey from the sterility around them, and converted their bitter experiences into a rugged will to live, which did not conform to the commandments, but, by way of retaliation, had the advantage of being their own—and of being something to live by.

They hid all this deep down within themselves, and to others shewed only a thick skull. When the Lord God gave the Law to men, or the angels announced the birth of the Christ-child, they sat staring dully out of the window, as if it were something that had happened for the benefit of the others, but in no way concerned them. They were able to adopt a completely glazed look while inside they were busily working out plans for new sources of income, and for improving the old ones. You had to keep a really good check on all the building projects of the town in order, at any time, to know in which timberyard there was the best prospect of getting sacks filled with chippings. And it demanded a good deal of knowledge to dispose of these to the greatest advantage and without superfluous running about. There was certainly enough to do.

Det store vidunderlige Apparat fungerede haabløst hen over Hovederne paa dem, de foretrak med et urokkeligt Alvor, der saa ud som Sløvhed, deres eget tørre Brød for Lugten af Livets samtlige Goder. Der var ikke noget at stille op, det var jo to aandelig defekte Individer! To stakkels Baggade-Idioter, som man forgæves proppede med den Afglans af alle Herligheder, der skal oplade Fattigmands Sind for den store Tomhedsfølelse.

I den Erkendelse faldt Plageaanderne endelig til Ro, og saadan omtrent var Stillingen altsaa nu. Der var ingen Grund til at tro den vilde forandre sig, og de to Drenge var for saa vidt taknemmelige. De havde ikke noget imod at gaa og gælde for adskilligt mindre end de var, siden det var den eneste Maade at hytte sig og sit paa, og de saa fremdeles paa Tilværelsen med et fortræffeligt Humør. Det var kun lige før Skoletid, der indfandt sig lidt Lede – inden de fik dysset sig i Søvn for Formiddagen.

Det var heller ikke anderledes i Dag. Morgenmaaltidet var Skellet mellem de to Tilværelser, og de tyggede sig stille ind under Aaget og gled saa ned fra Køkkenbordet. Uden at spilde et Ord paa hvad der ikke kunde blive anderledes, laasede de Døren og lagde Nøglen ind under Maatten, tog saa det faarede Udtryk paa, og begav sig trevent paa Vej mod det uundgaaelige.

Da de dukkede fra de skumle Boliger ud paa Strandvejen, hændte det den mindste af dem, at han drejede til den forkerte Side og stak i Rend udefter. Peter blev bange og satte energisk efter ham for at faa ham bragt ind paa den rigtige Vej; men da han først havde indhentet den lille, var Retningen sat i ham ogsaa, og han glemte hvorfor. Solen sad deroppe og sprøjtede sin Glans vanvittigt ud over det hele og skød alle faste Forestillinger sønder og sammen, gamle Tærsk forsøgte at rejse Hovedet, men faldt matte ned; den Dag i Morgen laa saa langt borte, at den ingen Virkelighed kunde gøre Krav paa. Men udad laa Strandvejen i hvidt Støv og hidsigt Solskin, pegende lige lukt ind i Æventyret.

Derude var Livet af en anden overdaadigere Art – Søndagene viste den Vej! Folk boede i Tryllehuse, der var helt omgivne af grønne Haver, og i Haverne sad der altid Mennesker og spiste ved skinnende hvide Duge – og drak Vin til, saa enhver kunde se det

The great and wonderful mechanism chattered away above their heads in vain; with an unshakeable seriousness that looked like apathy, they preferred their own dry bread to the fragrance of all the good things in life. There was nothing to be done, they were just two mental defectives, two poor back-street idiots who, in vain, were being crammed with the reflections of all the glories which should open the poor man's mind to the feelings of his own emptiness.

With this recognition, their tormentors fell to rest at last, and this was approximately the situation now. There was no reason to think things would change, and the two boys were insofar grateful. They did not mind going along and being reckoned considerably inferior to what they were, since that was the only way of protecting themselves and their world, and they continued to regard existence in the best of spirits. It was only just before schooltime that a certain amount of distaste set in—before they were lulled to sleep for the morning.

Nor was it any different today. Breakfast marked the division between the two existences, and they chewed themselves quietly in under the yoke and then got up from the kitchen-table. Without wasting a word on what could not be altered, they locked the door and laid the key under the mat, assumed their sheepish expressions and set off reluctantly towards the inevitable.

When they emerged from the gloomy Barracks out on to Strand Street, it happened that the younger boy turned in the wrong direction and set off at a run. Peter was afraid, and set off after him energetically to bring him back in the right way, but, by the time he had caught up with the little one, he, too, was taken by this new direction and he had forgotten why he was going that way. The sun was in the sky pouring down its brightness madly over everything, and smashing all established notions to smithereens. Memories of past thrashings tried to raise their heads but collapsed ineffectively. Tomorrow lay so far ahead that it had no claim on reality. But out there Strand Street lay in white dust and sweltering sunshine, pointing straight towards adventure.

Out there, life was of a different and more luxurious kind—Sundays pointed in that direction. People lived in fairy-tale houses, completely surrounded by green gardens, and in the gardens there were always people sitting eating off gleaming white table-cloths—

fra Vejen. Kanske kaldte de en barbenet Dreng ind og proppede ham med Mad saa fin, at han maatte kaste den op igen – det Vidunder var da sket før. Men forresten var der Stakitter med løse Tremmer i, hvor en gesvindt Dreng kunde klemme sig igennem og selv sørge for sin Andel i Tingen. Og langt ude hvor det uformelige tog fat, laa Verden selv som en stor Skov fuld af Dyr. Folk som kom derude fra havde røde Skrigeballoner med hjem og var altid glade.

De to Knægte udmalede det altsammen for hinanden, mens de traskede af Sted. Betjenten ved Vibenshus tog instinktmæssig deres Signalement ind, og en stor Porthund kom uforskammet hen og standsede dem, mens den noterede sig deres Lugt. Med en lidt uvillig Grimasse stødte den Snuden først mod de bare Ben saa mod Tøjet, som vilde den slaa fast at Pjalter altid er fordægtige, selv naar de bæres af to blaaøjede Smaafyre, der kan se lige ind i Guds lyse Himmel uden at misse. Dermed fik de Lov at passere for den Gang.

Naa, med de bare Ben var det ogsaa saa sin egen Sag, der var Huller paa Tæerne af Vejenes løse Skærver og en og anden Flænge op ad Skankerne; de to Fribyttere traadte paa Jorden med en egen Mistillid – som om den ikke var rigtig afsvalet endnu. Det var jo bare det, at der sommetider laa Glasskaar dér, hvor man satte Foden.

Forøvrigt bar de deres Udhaling i frejdig Uvidenhed om Konsekvenserne, det saa nærmest ud, som de indtil videre var stolte af den. Den var ogsaa enestaaende i sit Slags, sammenflikket af hvad Moderen ved skarpt Udkig fra Herskabernes Vaskekælder havde hindret i at gaa i Skarnkassen, og hvad de to selv havde bragt for Dagen ude i de Fattigstes Æventyrhave, Lossepladsen ved Lersøen.

Hovedet som det vigtigste havde Vorherre selv taget sig af og dækket med en tæt solgulnet Haartop, der midt i den skumleste Baggaard kunde minde om korngule Agre. Der var som sagt gaaet ganske alvorlige Erfaringer ind allerede, men de laa og tjente en

and drinking wine as well, so that everybody could see it from the road. They might call a barefoot boy in and fill him up with food so rich that he had to vomit it up again—that marvel had happened before. But besides, there were fences with loose palings where a smart lad could squeeze through, and make sure of his part in the good things for himself. And further off still, where things began to get rather hazy, the world stretched out as a forest full of deer. People came back from there with red balloons that squeaked, and were always very merry.

The two lads pictured it all to each other as they tramped off. The constable at Vibenshus instinctively noted a description of them, and a large watch-dog came brazenly up and stopped them while he made a mental note of their scent. With a reluctant grimace, he pushed his nose first against their bare legs and then against their clothes, as if he would make it clear that there is always something shady about rags, even when they are being worn by two blue-eyed little fellows who can look straight up into God's bright heaven without blinking. Then they were allowed to proceed this once.

Yes, going barefoot had its disadvantages too. There were cuts on their toes from broken stones on the roads, and one or two gashes in their shanks. The two freebooters trod the ground with a peculiar mistrust—as if it had not yet properly cooled off. It was, however, only because there was sometimes broken glass lying about where they set foot.

With brave disregard for the consequences, they wore their outfits; it almost looked as if they were, for the time being, proud of them. And they were unique of their kind, patched together from what their mother had prevented from going into the dustbin by keeping a sharp look-out from her employers' laundry cellar, and from what the two themselves had turned up out in that fairy-tale garden of the very poorest: the rubbish dump near Lersø Lake.

Our Lord himself had taken care of their heads as the most important part, and had covered them with a thick, sunbleached topping of hair, which even right in the middle of the dreariest court-yard could make you think of yellow fields of grain. We have seen that they had stored away some quite serious experiences, but these only added fuel to a small, roguish flame which flickered out of their eyes every minute. Their faces were still earth—but earth

lille gavtyveagtig Flamme, der hvert Øjeblik slikkede ud af Øjnene. Ansigterne var Jord endnu – men Jord der kunde le ganske henrivende; og midt ud af alt det grumsede lyste to Stumper blaa Himmel som en overflødig Forjættelse.

Saadan som de plaskede af Sted i Solskinnet og kaade lod Støvet svuppe ud under de smaa Fødder, kunde de – naturligvis inden man fik takseret dem paa Baggrund af det Bestaaende – ligne to purunge Guder, der sorgløst havde skabt sig selv af intet. Og da de nu engang var der og fandt alle Fornødenheder beslaglagt, udplyndrede de selve Elendigheden og hængte hele Byttet paa sig. Det var ikke underligt om de følte sig velhavende. Dette var vel saa deres første Bedrift, og nu gik de frem i de skidne Trofæer for at erobre Dagen; deres nøgne Legemer brød hist og her gennem Pjalterne som ung Sol og gav Forestilling om vid Bane. To selvlysende Proletarunger, der ikke skyldte andre en Døjt og selv havde alting tilgode, to af disse Væsener, som i Virkeligheden ingen kender fordi de holder til paa de store Dybder! De var for en Stund skudt op til Overfladen for at lege med i Glansen, og selv straalede de af alle de sælsomme Farver Mørket udvikler.

Alt i alt var de rigt udstyrede, og de vidste det selv; Bevidstheden gik plastisk igen i de smaa Kroppe. Tilværelsen havde ødslet rigeligt paa dem, og i et sidste Anfald af Ødselhed anbragt dem paa Bunden af det hele; maaske for at de skulde komme i Spidsen den Dag, der vendes op og ned paa alting.

De trampede ufortrødent lige ud, holdt sig saa vidt muligt i Støvet, der virkede som et mildt Omslag om de saarede Fødder, og var himmelhenrykte for alt hvad de saa. Der var saa rigelig Plads i deres Sind, hver lille Ting gik ind som en mægtig Oplevelse.

Ved Hellerup opdagede de, at de var sultne. "Det er Landluften," sagde Peter storladent; og det var for en Gangs Skyld en pragtfuld Forklaring paa den ret dagligdags Foreteelse. De havde jo spist deres to Stykker Fedtebrød til Morgen som sædvanlig, og plejede ikke at faa noget igen før de kom hjem fra Skolen.

that could laugh quite enchantingly. And right from the midst of all this muddiness there shone two fragments of blue sky like a promise of plenty.

As they pattered off in the sunshine and playfully let the dust spurt out from under their feet, they might have been likened to two young gods (of course, before they were assessed against the background of the established scale of values), who, without a care in the world, had created themselves from nothing. And now that they were once there, and had found that all life's necessities had already been requisitioned, they plundered even misery itself of its prey, with which they proceeded to deck themselves out. It was not surprising that they felt themselves well-off, for that act of plunder had been their first exploit, and now they were setting off in their grubby trophies to conquer the day. Their bare bodies broke through their rags here and there like the new risen sun and gave an idea of the length of its path. Two young proletarian luminaries who owed nobody a brass farthing, and still had everything coming to them. Two of those beings whom in reality nobody knows because they exist down in the great depths! For a short time, they had come up to the surface so that they too could gambol in the light, and they were iridescent with all the bright colours that the darkness generates.

All in all, they were richly equipped and they knew it; the consciousness of this was reflected plastically in their small bodies. Existence had lavished riches upon them, and in a final burst of generosity had set them down at the very bottom of everything—perhaps so that they should find themselves at the very top on that day when everything is turned upside down.

They tramped indefatigably straight ahead, as far as possible keeping in the dust, which acted as a gentle compress about their wounded feet, and were enraptured by all they saw. There was so much room in their minds that each little detail entered as a tremendous experience.

At Hellerup they discovered that they were hungry. "It's the country air," said Peter grandly. And for once, in a way, it was a superb explanation of something that happened every day. They had, of course, eaten their two pieces of bread and drippings for breakfast just as usual, and they were not used to getting anything again until they came home from school.

Ved Hjælp af en Stump Staaltraad blokkede de en brøstfældig Automat for to Pakker Chokolade, og plaskede tyggende videre; Støvet stod i smaa Røghvirvler op mellem deres Tæer. Med den sidste Bid af Chokoladen smurte de sig rundt i Ansigtet – det var akkurat saa godt som en Skalp i Fald man skulde møde Kammerater – og forøvrigt virkede det som Krigsmaling, en bred Udfordring til Alverden. Let hujende og med de indsmurte Fjæs skudt dristigt frem gik de paa, Øjnene var begærligt ude efter mere Oplevelse.

Der kom en vældig Bryggervogn rullende og hvirvlede de to Krigere ind i sin Støvhale; de dukkede frem igen inde under Vognens Bund, ridende overskrævs paa de Ølankere, der hænger og gynger i Jærnkættinger mellem de svære Hjul. Derinde hang de og gyngede halsbrækkende som øre Skovdjævle, og udstødte vilde Hyl der overdøvedes af Bjælkevognens Rumlen. Eller de lod overmodigt Fødderne slæbe i Støvet for at prøve, om de kunde standse de vældige Heste. Saadan naaede de Skovshoved; dér opdagede Kusken dem og jog dem bort med Pisken.

Paa en eller anden Maade slap de mellem Hjulene ned i Grøften uden at blive knust; og det var et storartet Held. For dér fandt de en Pakke Smørrebrød som en eller anden – rimeligvis et Skolebarn – havde kastet fra sig. Der var baade med Ost og Pølse – dette var tydelig nok Indgangen til Slaraffenland! De slog sig ned paa Stedet og nød Tilværelsen; Maden delte de lige, men Peter forbeholdt sig som den førstefødte at slikke Papiret.

Det vilde være meningsløst at sige de var mætte, for det havde de endnu aldrig været i dette Liv. Men de var nærmere ved det end sædvanlig, da de lidt mageligt daskede videre.

To rigtige Vagabonder i smaat Format lignede de som de slentrede af Sted med løftede Skuldre, Peter med Hænderne i Bukselommerne, og Karl, der endnu ikke havde Lommer, med de smaa Poter stukket ned i to tilsvarende Revner i Buksesømmen. Det var to mærkværdige Revner, hver Aften rimpede Moderen dem til, og

With the aid of a piece of steel-wire they cheated a broken-down slot-machine of two bars of chocolate, and they pattered on, munching; the dust rose in little eddying puffs up between their toes. They smeared the last piece of the chocolate round their faces: this would be as good as having a scalp at their belts if they should happen to meet any of their schoolmates, and besides, it had the same effect as war-paint, it was an open challenge to the whole world. Whooping softly and with their smeared faces thrust boldly forward, they went on their way, their eyes keeping an eager look-out for more experiences.

A huge brewer's dray came rumbling past and the two braves were caught up in the eddying dust of its wake; they appeared again in under the bottom of the dray, riding astride those beerbarrels which hang swinging on iron chains between the heavy wheels. In there they hung, swinging fit to break their necks, like two giddy forest demons, and letting out wild shrieks which were drowned by the rumbling of the great dray. Or they would boldly let their feet drag in the dust to try and see whether they could stop the huge horses. In this way, they reached Skovshoved; there the driver discovered them and chased them off with his whip.

Somehow or other, they slipped between the wheels and down into the ditch without getting crushed; and that was a great piece of luck! For there they found a packet of sandwiches which somebody—most probably a schoolchild—had thrown away. There were some with cheese and some with sausage—this must surely be the entrance to the land of milk and honey. They settled down to enjoy life. They divided the food equally, but Peter reserved for himself the first-born's right to lick the paper.

It would be ridiculous to say that they'd had enough, for that they had never had in this life. But they were nearer to it than usual when they, somewhat indolently, strolled on further.

They looked like two real vagabonds on a small scale as they sauntered off with shoulders hunched, Peter with his hands in his trouser pockets and Karl, who had no pocket as yet, with his little paws stuck into two corresponding rips in the seams of his trousers. There was something strange about these two tears; every evening, his mother stitched them up, and the next morning they

næste Morgen dukkede de op igen – som vidste Bukserne, at der burde have været Lommer paa det Sted. Det eneste der kunde være at udsætte paa de to Løsgængere var Størrelsen; endnu lod ingen Dame sig kyse over paa det andet Fortov ved deres blotte Tilsynekomst – men det kunde jo komme! Ellers flød de rigtig godt paa Elementerne og lod sig for den lette Sommerbrise drive derhen hvor Tilfældet vilde.

Saadan var de ved en eller anden ubegribelig Førelse sluppet bag om Villahaverne ned til Stranden. Der stod "Privat" paa en Tavle dernede, Peter gjorde et hæderligt Forsøg paa at stave sig igennem det, men opgav det igen for morsommere Ting. De eneste Tavler som havde nogen virkelig Interesse for de to, var dem der angiver naar Hundene er løse; og dette var ikke nogen af den Slags.

I en Fart fik de Pjalterne af og tog larmende det blaa Sund i Besiddelse; oppe fra Verandaen havde Villaens Damer deres Fornøjelse af at se de to Verdensopdagere boltre sig overstadigt paa Sandbunden, øre og uplejede som Gadens Spurve i en Vandpyt. Men saa kom Husets Herre til. Han var Stamgæst i "Over Stalden", og saa straks, at Sædeligheden var i Fare, og de to Drenge blev jaget bort, mens Husets Damer skyndsomst gjorde sig usynlige.

Naa, Jorden havde efterhaanden vist sig at være over al Forventning stor, og de to havde ikke noget imod at tage en anden Part af den i Øjesyn. De trak i Pjalterne mens de flygtede, og begav sig udad igen. Langt ude tonede Skovene frem, dér vilde de ud; bare saa langt at de saa Dyrene og fangede et Glimt af Verdens Ende.

Men bedst som de travede stoppede Karl op.

"Næh, vil du bare se, Pedder!"

Midt paa Plænen i en Villahave stod et stort Kirsebærtræ. Det var bugnende fuldt af Kirsebær, og Spurve i Hundredevis larmede og holdt Styr i Træet. De lettede og kastede sig ned over det igen i hele Byger, kævledes og plyndrede løs saa Bær og Blade faldt til Jorden i store Duske. Det var det rene Fraadseri; man kunde tydelig se, at de ikke selv skulde tjene Føden.

appeared again—as if the trousers knew that there ought to have been pockets in that very spot. The only thing that could be found fault with in our two vagrants was their size; as yet, no lady would be scared over to the other sidewalk by the mere sight of them—but that could well come. Meanwhile, they were being borne along by the elements and were allowing themselves to be driven before the light summer breeze wherever chance might take them.

Thus guided by some incomprehensible impulse, they had slipped round the back of the villa gardens down to the beach. There was a sign with "Private" on it down there, and Peter made an honourable attempt to spell his way through it, but gave it up again for more amusing things. The only signs that held any real interest for these two were those that indicated when dogs were loose, and this was not one of that sort.

In an instant, they had their rags off and were noisily possessing themselves of the blue Sound. From up on the verandah, the ladies of the villa found it very amusing to see these two explorers frisking about excitedly on the sandy bottom, as crazy and unkempt as street-sparrows in a puddle. But then the master of the house came up. He was a habitué at "Over Stalden," and he saw at once that morality was in peril, and the two boys were chased away while the ladies of the house hurriedly made themselves invisible.

Well, the earth had proved to be larger than all expectations, and the two had no objection to casting an eye over another part of it. They pulled on their rags as they fled, and, outward bound, set off again. Far away loomed the forests, that was where they wanted to go, just far enough to see the deer and catch a glimpse of the end of the world.

But just as they were trotting off nicely, Karl suddenly stopped: "I say, just look there, Peter!"

In the middle of the lawn in the garden of a villa stood a large cherry tree. It was simply loaded with cherries, and sparrows by the hundred had noisily taken charge of the tree. They were flying off and descending on it again in showers, squabbling amongst themselves and plundering the tree, so that great clumps of berries and leaves were falling to the ground. It was pure gluttony. It was easy to see that they did not have to earn their own keep.

"De guffer ordenlig i sig," sagde Peter og slikkede sig erindrende om Munden. Han havde selv smagt Kirsebær i Aar, Trækkemanden hjemme i *Boligerne* købte af de halvraadne paa Grønttorvet – en hel Trækkevogn fuld for et Par Kroner – og solgte dem igen paa Gaden. For et Ærende havde Peter erhvervet sig en Huefuld af dem, der ikke kunde afsættes paa Gaden heller – og de havde smagt, naa da! Det var hm hm med noget paa, der maatte et Smæk med Tungen til for at udtrykke det.

Karl havde ikke været med ved den Lejlighed og havde derfor ondt ved at se saa stort paa Forholdet – han misundte simpelthen Spurvene.

"Det er nogle rigtige Svin," sagde han krænket, "de æder ikke, men ødelægger bare; hele Toppen har de allerede plyndret! – Mon der bor nogen du?"

"Det kan du vel nok se der ikke gør, dit Fjols! Skodderne er jo for."

De fandt et lille Hul i Hækken og kravlede ind. Først samlede de pænt de Bær op fra Plænen, Fuglene havde flaaet ned; de var vant til, at ikke noget maatte gaa til Spilde. Saa klatrede de op i Træet og satte sig godt til Rette. Deres hyggelige Pludren gik hurtig i Staa, tavse næsten højtidelige gav de sig hen i Sviren; den ene Haand samlede ind mens den anden fjælede i Munden – hele Nævefulde ad Gangen. De ventede med at spytte Stenene ud til en anden Gang naar der var bedre Tid.

Karl holdt pludselig inde og hentede dybt efter Vejret, han var endnu i den Alder, hvor Tingen maa sættes i Ord for rigtig at være til.

"Det er Kirsebær!" udbrød han med et fortryllende Udtryk i de blaa Øjne – "naada for Søren! – – Og du, hvis nu Maven blev skaaret op! Saa var det ligesom med Ulven – fuld af Sten."

Saa kløede han paa igen, Peter gryntede blot.

En Nøgle blev drejet om, og Havelaagen knirkede; men de hverken hørte eller saa, de var for langt inde i Smovsen.

Grossereren, hvis Familie i Aar laa ved et eller andet Badested, vilde bare ud og se til Landstedet og sit kære Moréltræ. Han ban-

"They're really stuffing themselves," said Peter and licked his lips reflectively. He had tasted cherries himself this year; the street vender back home in the Barracks bought some of the half rotten ones at the fruit market—a whole barrow-load for a few crowns— and sold them again on the street. For running an errand for him, Peter had earned a capful of the ones which could not even be got rid of at the side of the road—and they had tasted like, well, it was mm! mm! with a bit of added something that needed a click of the tongue to express it properly.

Karl had not been there on that occasion, and found it difficult to take such a lofty view—in short, he envied the sparrows.

"They're real pigs," he said in a hurt voice. "They are not eating, they're just ruining it. They've already stripped all the top part! I wonder whether anybody lives there?"

"You can see well enough nobody does, you fool. The shutters are up."

They found a little hole in the hedge and crawled through. At first, they picked up tidily from the lawn the berries that the birds had ripped down. They were not used to letting anything be wasted. Then they climbed up into the tree and settled themselves comfortably. Their pleasant chatter quickly stopped, and silently, almost solemnly, they abandoned themselves to their orgy: they picked off with one hand and crammed their mouths with the other —whole fistfuls at a time. They left spitting out the stones for a later occasion when they had more time.

Suddenly Karl stopped and drew a deep breath; he was still at the age when a thing had to be put into words to exist properly for him.

"My! these *are* cherries!" he exclaimed with an enchanting expression in his blue eyes. "Well, good Lord! Tell you what! If they cut our bellies open, they would be like a wolf, full of stones."

Then he set to work again. Peter only grunted.

A key was turned, and the garden gate creaked, but they neither heard nor saw; they were completely immersed in their feasting.

The wholesale merchant, whose family this year were staying at some watering-place, just wanted to come out and look at his country property and his cherished Morello tree. He swore in-

dede indædt, da han saa Spurvenes Hærværk; men huskede hurtigt, at han var Medlem af Dyrebeskyttelsen, og tog sig i det. Det var blot et uoverlagt Udbrud, Ansigtet glattedes straks ud igen. Himlens fri Fugle, aa herregud – de skulde da ogsaa leve! Han brummede godmodigt mens han gik rundt om Træet for at fastslaa Omfanget af Ødelæggelsen.

Pludselig fik han Øje paa de to Knægte, der sad og trykkede sig fladt ind mod Stammen i et vanvittigt Haab om at være usynlige. Han trak Øjenbrynene i Vejret og var lige ved at gaa bag over.

"Ej hej, sikke to Forbryderspirer!" raabte han overdøvende – "man er nok kommet i det heldige Øjeblik! – Kan I komme ned hva', og det i en Fart, I Tyveknægte!" Hans Stemme lød som en Udluftning i stor Stil.

Drengene gled ned fra Træet og gjorde et mislykket Forsøg paa at løbe deres Vej. I en Haandevending havde den fortørnede Mand dem i Kraven; han holdt ikke af at røre mere end højst nødvendigt ved deres Klæder, saa samlede han deres Haandled i sin venstre som i en Jærnklo og svang tordnende Stokken over dem.

Det var ikke hans Hensigt at tage sig selv til Rette, han var en lovlydig Mand og vilde lade Retfærdigheden om Straffen. Netop fordi han hadede disse smaa tyvagtige Spirer, der holdt til Gud ved hvor og aldrig kom til at gøre Fyldest efter deres Bestemmelse, vilde han ikke selv eksekvere Straffen, men blot give dem et menneskeligt Ord med paa Vej til Øvrigheden og saa at sige fralægge sig Ansvaret. Det var ingen Skade til, om de engang i Fremtiden mindedes dette Øjeblik som en varmende Straale gennem al Forhærdelsen, og følte at Retfærdigheden egentlig kun var til med *deres* Velfærd for Øje – kun slog for at frelse, som det saa kønt var sagt.

Men de to Drenge ønskede brændende, at han vilde holde sin Chokoladekæft i og slaa – bare han dog vilde tæske dem ordenlig og ikke kalde paa Politiet. Pryglenes Rækkevidde kendte de saa nogenlunde, men de nærede en uovervindelig Rædsel for Retfærdigheden; det var det, der fik dem til at krybe rystende sammen under hans Greb.

Og saadan gik det virkelig. Lykken havde nu engang forsét sig paa de to skidt Knægte og lod Grossereren tale sig op til en saadan

wardly and savagely to himself when he saw the ravage the sparrows had made, but he quickly remembered that he was a member of the Society for the Protection of Animals, and checked himself. It was only an unthinking outburst. His face smoothed out again immediately. The free birds of the air, good Lord, they had to live too! He was humming good-humouredly as he went round the tree to determine the extent of the damage.

Suddenly he caught sight of the two lads, who were pressing themselves flat against the trunk of the tree in the mad hope of being invisible. His eyebrows shot up and he almost fell over backwards.

"Ha! What a pair of budding criminals!" he roared in a deafening voice. "I have come just at the right moment. You come down from there, and quickly too, you thieves." His voice sounded as if he were giving vent to his feelings on a grand scale.

The boys slid down from the tree and made an abortive attempt to run away. In a trice, the wrathful man had them by the collar. He was not too keen on touching their clothes more than was absolutely necessary, so he gathered their wrists into the vice-like grip of his left hand and, fulminating, swung his stick over them.

He did not intend to take the law into his own hands, he was a law-abiding man and would allow justice to decide the punishment. Just because he hated these two thieving lads who lived God knew where, and never would amount to anything, as a matter of course, he would not carry out the punishment himself, but just give them a good talking-to on their way to the authorities, and, in that way, so to speak, disclaim responsibility. It would do no harm if some time in the future they were to remember this moment as a warming ray piercing their hardened exteriors, and were to feel that justice really did exist only with *their* welfare in view— that it smote but to save, as has been so beautifully put.

But the two boys wished fervently that he would shut his toffee-trap and hit them—if only he would give them a sound thrashing himself, and not call the police. They just about knew the extent of a thrashing, but they nursed an unconquerable terror of justice; this it was that made them cower trembling under his grasp.

And that is what actually happened. Luck had taken a fancy to these two dirty rascals, and had allowed the wholesaler to work himself up to such a pitch that he forgot all his fine theories, and

Højde, at han glemte alle skønne Teorier og maatte have Afløb paa Stedet. Og da de først havde krympet sig tilstrækkeligt under hans Stok, indsaa han det urimelige i at gøre mere ud af Sagen og lod dem løbe. De kunde naturligvis godt have været overgivet til Øvrigheden alligevel, men i Grunden var han Godmodigheden selv.

At han bagefter ærgrede sig over sin utidige Overbærenhed, og mente den vilde føre dem lige lukt ind i Tugthuset engang, kunde være dem revnende ligegyldigt. Nu var de fri, og det skulde vare noget, inden de igen lod sig nuppe.

De hemmelighedsfulde Skove med Dyrene naaede de ikke dengang – og heller ikke Verdens Ende; det fik altsammen vente til bedre Lejlighed, de havde jo Tiden for sig. Foreløbig var der nok af stort og skæbnesvangert at pebre Virkeligheden med; de havde stirret ud i det bundløse og været lige ved at blive trukket ned, Retfærdigheden havde aabnet sit uhyre Gab efter dem.

Og i Slaraffenland havde de været!

Men nu vilde de hjem.

Skrækken havde givet dem Ben at gaa paa, de travede flinkt afsted ved hinandens Side som et Par godt sammenkørte Heste. Kirsebærstenene føltes som en hel lille Byrde i Maven – et Pant paa, at det hele havde været Virkelighed. Og et eller andet Sted i dem sad Tilfredsheden og gød sig ud i Legemet. Der var ingen Grund til at drage den Ting i Tvivl – det havde været en prægtig Dag.

had to find release for his feelings on the spot. And by the time they had winced sufficiently under his stick, he realised how unreasonable it was to make more of the matter, and let them run off. They could, of course, even so, have been handed over to the authorities, but basically he was good nature itself.

The fact that he was annoyed with himself afterwards for his untimely forbearance and considered that it would lead directly to their going to prison sometime, was something they could be absolutely unconcerned about. Now they were free, and it would be some time before they allowed themselves to be nabbed like that again.

They did not reach the mysterious forests with the deer that time—nor the end of the world; all that had to wait for a better opportunity; they had time enough before them. For the present, there were enough grand momentous things for them to season existence with: they had gazed into the abyss and had nearly been dragged down; justice had opened its huge jaws to seize them.

And they had been in the land of milk and honey.

But now they wanted to go home.

Their fright had given them a new set of legs; they trotted off briskly side by side like a pair of well-matched horses. The cherry-stones felt like quite a little load in their stomachs—a token that the whole thing had been reality. And somewhere inside them lodged a satisfaction which filtered through their bodies. There was no reason to have any doubt about it—it had been a marvellous day.

NYE RETNINGER
I PROSAEN

JACOB PALUDAN

Jacob Paludan (f. 1896), hvis kultur går dybt og bredt, har altd været en forsvarer af værdierne i den europæiske tradition. I romai ner og essays har han kritiseret sin samtid, d. v. s. perioden efter den første verdenskrig. – Hos Paludan finder vi samme skrivemåde i beretninger og i ræsonnementer. Hans stil er tæt; fremstillingen skrider frem i sikre tag; der er en rigdom på billeder hentet fra naturen og fra musikken. De samme fortrin, som essayisten tillægger *Stilens Kunstnere* (1938), møder vi hos forfatteren selv.

STILENS KUNSTNERE

Enhver Meddelelse i kunstnerisk Form bliver en Redegørelse for Beskaffenheden af den Person, der ytrer sig. Hvad den end handler om og hvilke opdigtede Figurer den end benytter, den kan aldrig fornægte sin inderste Natur af en *confession*. Man fører en Sag, naar man skriver, og man kan ikke føre andre Sager end dem, man har gennemtrængt med sit Selv.

Dette kan nu give sig til Kende i ganske direkte Form, i Ord, der som Brikker passer ind i hinanden og tilsammen dækker den aandelige Meddelelse helt. Men ligesom vi i en Samtale ikke blot henholder os til Ordene, men ogsaa aflytter den talendes Tonefald og med en Art sjette Sans søger bag om Ordene – saaledes erfarer vi af den skrevne kunstneriske Meddelelse ofte en Totalvirkning, der gaar ud over Ordenes Sum. Ved en hemmelighedsfuld Teknik i Behandlingen af Sproget opnaar Skribenten denne Forstærkning; han overfører noget af det udefinerlige, mere musikalsk end forstandsmæssigt formulerede Begreb, der kaldes Personlighed, paa sine Sætninger, og det er denne Evne, der gør ham til Stilkunstner.

NEW TRENDS
IN PROSE

JACOB PALUDAN

Jacob Paludan (born 1896), a man of broad and profound culture, has always been a defender of the values within the European tradition. In novels and essays, he has criticized his own age, that is, the period following the First World War. In both narrative and argumentation we find the same manner of writing. His style is compact; the presentation advances with sure strokes; there is a wealth of imagery drawn from nature and music. The same qualities the essayist ascribes to the "Artists of Style" (1938) we find in the author himself.

ARTISTS OF STYLE

Any communication in artistic form is an explanation of the character of the person who is expressing himself. Whatever it may be about, and whatever fictional characters it may employ, it can never renounce its deepest nature—that of a *confession*. When a man writes, he is pleading a cause, and he cannot plead other causes than those he has penetrated with his own being.

This may manifest itself in quite a direct form: in words which fit together like interlocking pieces to give the spiritual communication complete coverage. But, just as in conversation, we do not merely keep to the words, but also pay attention to the intonation of the speaker and, with a kind of sixth sense, look behind the words; in the same way we can often experience from written artistic communication a total effect which exceeds the sum of the words. By using a mysterious technique in the handling of language the writer attains this intensification; in his sentences he passes on something of that indefinable, more musically than rationally formulated concept which is called personality; it is the ability to do this that makes him a stylistic artist.

En Aarsberetning fra en Tekstilfabrik eller en medicinsk Syg-
domsbeskrivelse har ingen "Stil" og bør hellerikke have det. Her
gælder det blot om at udtrykke den ydre Verdens Kendsgerninger
paa et præsentabelt Dansk, ikke om at meddele Nuancer af et Sinds-
indhold. Men saa snart man ønsker at dele en sjælelig Tilstand med
andre, tvinges man over mod Begrebet Stil. Man føler f.Eks., at
Aftenen er smuk. Hermed er det allerede sagt – men ikke *udtrykt*.
Saa let er det ikke; alene Ordenes Slidthed kræver et større Arbejde
af os, hvis vi skal indvirke paa andre. Stilisten er altid paa Flugt fra
Glosernes Tørhed og de opbrugte Billeder. Han maa ikke alene
observere noget karakteristisk ved denne bestemte, smukke Aften,
noget, som ikke er bemærket tusind Gange før, men han maa ogsaa
udstøbe det i en Form, der er ligedannet med hans egen Maade at
opleve; han maa lave en Sprog-Legering, hvori indgaar dels det,
som andre vil genkende fra Yderverdenen, og dels et Tilskud, hen-
tet inde fra ham selv. Det sker ved et instinktivt Valg af Ord, hvis
Sammenstilling i en musikalsk Rytme dækker den Følelsesoplevelse,
han har haft; den maa have de samme Udsving, den maa "ligne",
som en grafisk Fremstilling af en Bølgebevægelse ligner det origi-
nale Fænomen. Den, der skriver, staar stadig overfor tusind Mulig-
heder i Valget af Ord, men kun faa Kombinationer er saa lykkelige,
at de virker med Ægthed paa andre. Den rytmiske Bevægelse i det,
han vil meddele, har altid en Mulighed for nogenlunde symmetrisk
Afbildning i Ordenes Verden; Kunsten er at finde den. Det er
haardt Arbejde – som beklageligvis alt for mange tror at kunne
spare sig selv for.

Mange Skribenter af mere end rent sagligt Tilsnit er nemlig
ukendte med dette Grundforhold og giver gladelig de Gloser fra
sig, der først falder dem ind, uden at ane, at de er falsk Valuta, og at
Klangen altid røber det for det nogenlunde udviklede Øre. Men
hvorfor er de uægte? Hvorfor opstaar der ikke, naar f.Eks. Lykke
og Smerte, Efteraar og Stjerner nævnes, hos Læseren et virkeligt
indtrykgivende Billede af disse Ting? Jo, fordi Skribenten ikke har
gjort sig Møje med at finde og efterprøve den Ordkæde, der i sin
Helhed svarer til hans eget Følelsesforløb – vi gaar ud fra, at han

The annual report of a textile factory or the medical description of a disease has no "style," neither should it have. In such a case, it is merely a matter of expressing facts from the external world in a presentable Danish, and not of communicating the subtleties of a temperament's existence. But as soon as one desires to share a spiritual state with others, one is driven to consider the concept of style. One feels, for instance, that it is a beautiful evening. With that, we have said something, but not expressed something. It is not so easy as that. The mere staleness of the words demands harder work from us if we are going to affect others. The stylist is always trying to escape from the aridity of vocabulary and from worn-out images. He must not only observe something character- istic about this particular beautiful evening, something that has not been noticed thousands of times before, but he must also cast it in a form which is one with his own way of experiencing things. He must make a linguistic alloy, consisting in part of that which others will recognize from the outside world, and in part an ad- mixture of something drawn from within himself. This is done by an instinctive choice of words, the arrangement of which into a musical rhythm covers the emotional experience he has had; it must have the same modulations; it must "resemble" as the graphic representation of a wave-motion resembles the original phe- nomenon. He who writes is always faced with thousands of possi- bilities in the choice of words, but few of these combinations are felicitous enough to impress other people as being genuine. The rhythmic movement in what one wishes to communicate always contains the possibility of an approximately symmetrical delineation in the world of words; the art lies in finding it. This is hard work— which, regrettably, too many believe they can spare themselves.

Many writers of a more than purely objective stamp are in fact unacquainted with this basic fact, and gaily come out with the first words that occur to them, without realising that these words are counterfeit currency, and that the way they sound always gives this fact away to the moderately trained ear. But why are they false? When, for example, happiness and pain, autumn and stars are men- tioned, why does a real and an impressive image of these things not arise in the reader? Because the writer has not taken pains to find and then test the chain of words which corresponds in its entirety to the sequence of his own feelings—we assume that he

for Alvor er med i Sagen og ikke naivt regner med, at det nok vil
ringe i Læserens Entré, blot han strejfer Ordenes Kontakter. Først
maa han kende og efterføle sin Følelse – allerede deri er han ikke
som de andre, der med menneskeligt værdifuld Umiddelbarhed
kan tillade sig at aande midt inde i deres Følelses Kerne *og blive der*.
Dernæst maa han lede, til der paa Papiret foreligger en Figur af Ord,
en Kadence af Vokaler og Konsonanter, som ligner det oplevede
saa meget – og saa lidt – som nu engang Symboler kan ligne en
erfaret sjælelig Virkelighed. Ifølge en Regel, om hvilken man ikke kan
sige andet end at den altsaa foreligger i Universet ligesom Tyngde-
loven, maa god Stil altid blive musikalsk Stil. Den sjælelige Bevæ-
gelse maa finde Udtryk i rytmiske Perioder, i et Forhold mellem
Stigen og Fald, Forberedelse og Klimaks, indenfor afpassede Tids-
intervaller. Der maa, for at Kunst kan opstaa, tilføres alle fritsvøm-
mende Impulser en Lovmæssighed, der vækker Øjets, Ørets og
Sindets Behag. Ikke-Stilisten, der blot skriver løs, minder i *sin*
Genre om én, der ganske vist sidder ved et Klaviatur og ganske
vist har Hænder, men som rammer Flygelet med blind Tilfældighed.

Den virkelige Stilist er en Slags Dæmon, hvis Tricks det næsten
er umuligt at efterspore. Det hele var let nok, hvis han blot brugte
lutter sjældne og udsøgte Udtryk. Men det gør han netop ikke – og
dette netop i sin Egenskab af virkelig Stilist. Lutter preciøse Udtryk
bliver Kunst for Sprogets og ikke Indholdets Skyld; Balancen er
brudt. I den givne Tidsperiode, hvori Skribenten arbejder, kan han
tillade sig et ganske bestemt Maal af Udsøgthed; et Instinkt afgør
hvor meget. Senere, ved Vekselvirkning mellem skrevet og talt
Sprog, gaar maaske den "nye" Effekt i det paagældende Stykke
tabt; vi kan derfor kun gætte os til, hvilken Klang Fortidens store
Stilister har haft i Fortidens Øre. Viddet i Holbergs Epistler finder
man nu om Dage kun med meget god Vilje, fordi Tiden har gjort
Sproget til en selvstændig Pudsighed.

Ligesom Banalitet og Kliché gør det umuligt overhovedet at
starte ud ad den stilistiske Bane (og revolutionære Stavemaader be-
virker en Flimren af Billedet, der generer Bedømmelsen af Præsta-

is seriously concerned with the problem and does not naively suppose that he can make the reader's doorbell ring merely by grazing the push-buttons of the words. First of all, he must know and re-experience his emotion: in doing this, he is at once unlike others, who with a spontaneity which is of great human value, can live and breathe in the midst of their emotion—*and remain there*. After that, he must go on searching until he has a pattern of words on paper, a cadence of vowels and consonants which resembles what he has experienced as much—and as little—as symbols can resemble an experienced spiritual reality. In accordance with a rule—about which we can say no more than that it exists in the universe, just as the law of gravity exists—good style must always be musical style. The movement of the mind must find its expression in rhythmic periods, in a relationship between rising and falling, preparation and climax, within fitting intervals of time. For the result to be art, all freely moving impulses must have imposed upon them a regularity which gives pleasure to eye, ear, and mind. The non-stylist who just writes away reminds us in *his* genre of a man who, to be sure, is sitting at a keyboard, and, to be sure, has hands, but who strikes the piano blindly.

The real stylist is a kind of demon whose tricks it is almost impossible to trace. The whole thing would be easy enough if he used nothing but unusual and studied expressions. But this is exactly what he does not do—precisely in his role of true stylist. To write nothing but precious expressions is art for the sake of language and not of content; the balance has been disturbed. Within the given period of time in which the writer is working, he can permit himself a quite definite amount of choice language: instinct decides how much. Later on, because of the interaction between the written and the spoken language, the "new" effect of the passage in question may be lost; we can therefore only guess how the great stylists of the past sounded in bygone ears. The wit in Holberg's "Epistles" can nowadays be recognized only with much good will, for the time has made the language amusing in itself.

Just as banality and cliché make it impossible even to start out on the stylistic path (and revolutionary ways of spelling only bring about a blurring of the picture, which hampers us in judging the

tionen), saaledes vil forceret Originalitet virke som urent Trav. Men *noget* nyt maa en Stilkunstner bringe i Ordvalg og Sammenstillinger for at kunne skelnes. Det dybere Præg behøver han ikke selv at fremskaffe: det er givet i selve hans Væsen, for ligesom ingen Kløver paa Marken er en Kopi, er intet Sind identisk med noget andet fra Tidernes Morgen.

Om Helheden gælder det derfor, at Analyse er svær; Sproget kan endevendes, men dets Rødder hænger fast i noget irrationelt. Det "dæmoniske" i Stilprocessen bestaar i, at et Sind, ikke blot en Hjerne, har meddelt sig ad usporlige Veje, naar alt er hørt og alle Sætninger er dissekeret ihjel; at Skellet mellem Menneskesjæle for en Stund har været brudt. Det er altid et Mirakel, og det er det, al Kunst søger at fuldbyrde: en Ophævelse af Ensomheden. Ved Læsning af god Stil føler vi en ejendommelig Spændthed bag Ordene, en Magtpaaliggenhed, der udskiller det paagældende Stykke fra alle andre Kombinationer, hvori det samme kunde have været sagt. Mens ligegyldig Stil kun er som Tungen ud ad Vinduet, uanset hvor meget den Skrivende kan have følt inde i sin fatale Aflukkethed, modtager vi af den gode Stil, ligemeget om den beskriver en Spurv eller Verdenskrigen, et Indtryk af, at Sproget her har bøjet Linjerne i sit Rum om den menneskelige Hjernes Energifelt. Som en uafbrudt Række af smaa Stød er den gode Stil, og Viljen bag dem siger: Se med mine Øjne! Føl som jeg! Giv mig Ret! – Og den lykkes, denne sære Suggestion, hvis Lovene er taget i Agt. Fra Bøgerne udstraaler en stum Paavirkning, der uafladeligt omformer Verden. Deres Stil udgør ikke Indholdet, men den er det Brændglas, der samler Indholdet i et hedt Punkt. Stofrige Tanker i en daarlig Stil – hvis noget saadant kan eksistere – spredes og fortabes uden Virkning i Rummet. Om omvendt fin Stil kan konservere et fattigt Indhold, om kort sagt Virtuoseri kan bestaa, er tvivlsomt. En Stil uden Baggrund af sand, d. v. s. etisk Personlighed, kan vel overhovedet aldrig blive mere end kuriøs, hvorimod en forældet

work), a forced originality will have the effect of a rough trot. But to be recognized as such, a stylistic artist must produce *something* new in the vocabulary of composition. He does not need to express this deeper characteristic himself; it is laid down in his very being; for just as no clover in the field is a copy of another, so no mind has been identical with any other, since the dawn of time.

Concerning this whole process, one can truthfully say that analysis is difficult: the language can be turned upside down, but its roots remain firmly embedded in something irrational. The "demonic" element in the stylistic process consists of the fact that a mind, and not just a brain, has been communicating itself in ways that are untraceable even when everything has been heard, and all the sentences have been dissected to death. The barrier between human minds has, for a moment, been broken down. This is always a miracle, and this is what all art seeks to achieve—a suspension of solitude. When reading good style, we feel a peculiar tension behind the words, an urgency which isolates the passage in question from all other combinations with which the same thought could have been expressed. Whilst an indifferent style is as tasteless as the air, however deeply the writer may have felt the misery of his isolation, good style, whether it is describing a sparrow or a world war, gives us the impression that within its compass language has deflected the lines of force around the magnetic field of the human brain. Good style is like an uninterrupted series of small impulses, and the will behind them is saying, "See with my eyes! Feel as I feel! See if I am not right!" And this strange kind of insinuation is successful if attention is paid to its laws. A silent influence, which is continually reshaping the world, radiates from books. Their style does not constitute their content, but it is the burning glass which focuses the contents into a single point. Pregnant thoughts, expressed in a bad style—if such thoughts exist—disperse and perish ineffectually in space. It is doubtful, however, whether fine style can preserve poor content—in short, whether virtuosity is durable. A style without a background of true, that is to say, ethical personality can probably never be more than a curiosity, whereas an

Tankegang nok har Muligheder for, om man saa maa sige, at holde sig flydende paa Stilen, saa længe Sprogets Hovedklange er nogenlunde uforandrede.

De stilistiske Finesser vil for en ikke ringe Mængde Læsere altid være et lukket Land. Disse Læsere henholder sig til, hvad det skrevne handler om, ligesom de finder et Maleris Værdi udtrykt i hvad det forestiller, og selv om den ypperligste Passage kan de sige: "Hvad særligt er der ved det –?" De minder om de raske Drenge, der hader Naturbeskrivelser, men gerne vil se Indianere eller Blegansigter hængt i en Fart. Verdensstyrelsen har med stor Omsigt sørget for, at der til Raadighed for disse Læsere altid er en Mængde Skribenter, for hvem det egentlige Kunstpræg i Beretning eller Digtning er uopnaaeligt paa Grund af manglende indre Gehør eller Sensitivitet, men som uhæmmet giver sig Tørheden eller Overlæsselsen i Vold. Denne Gruppe, der (i den her mente Forstand) ikke kan skrive, og den anden Gruppe, der ikke kan bedømme, finder altid let hinanden; herved opstaar en besynderlig sideløbende Vurdering, der trofast gennem Aarene kalder det værdifulde affekteret eller "et forbigaaende Modelune", mens det smag- og farveløse Referat, der saa at sige er en Apoteose af Skolestile til ug, eller den romantisk overbroderede Sofapude forsikres at være dansk Stilkunsts sande Klenodier, henholdsvis af "mandig" og "skønhedsmættet" Art.

Enhver, der har lært at elske Udtrykkets Kunst, "Aanden og Ordet, der smilende troner over det ubevidste og stumme Liv", vil være enig i, at man ikke godt kan overdrive sine Krav til den Respekt, Skribenten bør vise sit Værktøj. Det første Krav er naturligvis, at han betænker, inden han tager det i Brug, om han overhovedet gider. Det lyder lidt selvfølgeligt, men Forholdene er blevet særegne nu, hvor Mennesket har forpligtet sig som Leverandør til de graadigt krævende Trykpresser, hvis Rentabilitet forudsætter punktlig Aflevering. Inspiration tilmaales i forskellig Grad, men man maa dog høre ialtfald *noget* røre paa sig i Hoved og Hjerte. Der findes en vis Art Stil, der skal være moderne og realistisk og udtrykke, at Livet er gennemtrist, det pjaskregner f.Eks. altid, naar en Person skal paa Laanekontoret; svag og slap rasler den af og tror sig for stedse sikret mod Kritik, for her er det da endelig

outmoded way of thinking has the possibility, if one may so express
it, of keeping afloat on its style as long as the main tones of the lan-
guage remain more or less the same.

For a not inconsiderable proportion of readers, stylistic finesse
will always remain *terra incognita*. These readers confine their inter-
est to what the text is about, in the same way that they find the value
of a painting expressed in what it depicts; and even about the most
superb passage they will remark, "What is special about that?"
They remind us of those spirited lads who hate descriptions of na-
ture and want to see Indians and palefaces hanged with all haste.
With great foresight, Providence has seen to it that for such readers
there is always a host of writers available for whom the touch
of art in narration of poetry is unattainable, because of a faulty
ear for words or a lack of sensitivity, and who abandon themselves
absolutely to aridity or superfluity. This group, who (in the sense
meant here) cannot write, and the other group, who cannot discrim-
inate, always find each other with great ease. Parallel to this, there
arises a remarkable evaluation, which faithfully through the years
calls the valuable work affected, or "a passing whim of fashion,"
whilst the tasteless and colourless piece of reporting which is, so
to speak, an apotheosis of school essays of A-plus standard, or the
romantically over-embroidered cushion, are maintained to be the
true gems of Danish style of, respectively, a "masculine" kind and
a kind satiated with beauty.

Everyone who has learned to love the art of expression—"the
spirit and the word that sit smilingly enthroned above unconscious
and mute life"—will agree that it is scarcely possible to demand
from the writer too great a respect for his tools. The first demand
is, of course, that he consider, before he makes use of them, whether
he has any desire to write at all. This sounds a little obvious,
but conditions have become so peculiar nowadays, that man has
undertaken to be a purveyor to the greedy and demanding presses,
the profitable use of which presupposes punctual delivery. Inspira-
tion is imparted to differing degrees, but it is essential to hear
something stirring in head and heart. A certain kind of style exists
which is supposed to be modern and realistic, and which expresses
the utter misery of life: the rain is always pouring down, for in-
stance, when a character has to go to the pawnshop. Feebly and
flaccidly it jingles on, imagining itself forever safeguarded against

Kendsgerninger og ikke fagre Illusioner, der forebringes. Men den er overhovedet ingen Stil. Det rigtigt fundne Udtryk er altid festligt; Kunsten er altid munter, selv i Stridregn foran Assistenshuset. Og selv i en Skildring af Spredthed maa der være kunstnerisk Samling; selvom man tror paa Saglighed, maa det være en Individualitet og ikke en Mekanik, der tror. Automatskrift bliver aldrig Kunst og forfejler derfor sin Virkning; Produkter fra en Hjerne, der ikke har været i Glød, er at røre ved som en Padde.

Man skal altsaa ville, og derefter maa man overvaage det skrevne, næsten mikroskopisk, lige til Kommaet. Ingen af Delene garanterer, at der vil opstaa Stilkunst, men de er – Kunst eller ikke – et Hensyn, der skyldes Læseren for hans Ulejlighed. Hvis man i en kendt Roman af ofte fastslaaet litterær Standard træffer Strofer som disse:

"Der var en Afgrund af daarligt skjult Elendighed i hendes Ord", "den unge Præst, der i sin Tid havde begravet N.'s Mor, var med Aarene blevet ældre", "Fru M. forlod dem diskret og lukkede Døren haardt efter sig", "Lad os spise Mor og fordøje vore forskellige Bekymringer" o. s. v.,

saa er det næppe pedantisk at opholde sig derved. Selv om højere Stilkunst nu staar under Mistanke for at være *bourgeois,* burde ikke enhver Snublen i Sprog og Billeder kunne passere upaatalt. Vi har ganske vist allesammen Hastværk med at blive færdige, men Kunsten vil ikke være tjent med, om Spørgsmaalet: Hvad sker der, faar de hinanden, hos Publikum helt kommer til at overdøve det andet: Hvad staar der, passer Ordene til hinanden.

Store Malere undlader ofte at signere deres Billeder; de véd, man skal nok kende deres Strøg. Stilens Kunstnere vil man i de fleste Tilfælde kunne kende efter udklippede Bogsider. Hvad der afhandles er, hvad den Skrivende for Øjeblikket var optaget af, men som en "anden Stemme" klinger derunder Stilens særlige Tone, der er uløseligt knyttet til hans Type, hans Gemyt og Livsfarve. Studiet af Litteratur paa Basis af dens Stilling i Tidsfølgen, de økonomiske Kræfter, Skribentens personlige Hændelser, det er altsammen af Betydning, men Individualiteten er det primære, og Stilen er det

criticism, because hard facts and no beautiful illusions are being presented. But this is no style at all. The properly chosen expression is always festive; art is always gay, even in the pouring rain in front of the pawnbroker's. And even in depicting diffuseness there must be artistic concentration. Even if one believes in objectivity, there must be an individual and not a machine that believes. Automatic writing will never be art, and will therefore fail to achieve an effect. The products of a mind which has never been aglow are to be handled like a reptile.

One must have the will, and then one must scrutinize what is written in microscopic detail, right down to the commas. Neither of these two conditions guarantees that the result will be stylistic art, but they are—whether art or not—a consideration that is due to the reader for his pains. If, in a well-known novel complying to a recognized literary standard, one comes across passages like these,

"There was an abyss of badly hidden misery in her words," "The young clergyman who in his time had buried N's mother had got older with the years," "Mrs. M. left them discreetly and shut the door hard behind her," "Let's eat, mother, and digest our various worries," etc.,

then it is scarcely pedantic to spend time on this point. Even though nowadays the art of style is under suspicion of being "bourgeois," no fumbling error in language and imagery ought to be allowed to pass without protest. No doubt we are all in a hurry to finish, but it will be of no service to art if the questions "What is going on?" "Do they get each other?" come completely to outweigh for the public the question "What is written here? Are the words well-matched?"

Great painters often fail to sign their pictures; they know that their brush-strokes can be recognized. In most cases, one would be able to tell the artists of style from excerpted pages. The subject in hand is what the writer was concerned with at the time, but like "a voice singing the descant" there sounds throughout the particular tone of the style, which is indissolubly linked to the type of person the writer is, his disposition and way of life. The study of literature on the basis of its position in time, and of economic forces and of the author's personal experiences—all this is of importance,

inderste Slør, der giver det sande Omrids af den skabende Personlighed.

Private Breve og lignende, som ifølge et almindeligt Fejlsyn antages for Kilden til den intimeste Viden, udtrykker nemlig ikke Individualiteten. De siger, hvad Skribenten er, i banal Forstand. Men en Personlighed bestaar af hvad den er, og dens Stræben. Betragtning af Kunstnere med Udeladelse af deres Kunst er meningsløs: "Anatole France i Tøfler" er ikke France, kun Tøfler.

Ved en Undersøgelse af Stilarternes Mangfoldighed vilde man faa at gøre med alle Typer af intelligent Bevidsthed. Stilen er Manden, hedder det, og man kan tilføje: ingen ligner en anden. Alt hvad Mennesketemperamentet kan rumme og Ord bringes til at omfatte, vilde passere Revy – fra de Skriftprøver, hvori den personlige Stil endnu kun er som spredte Krystaller i Almindelighedens graa Masse til den fuldkomment afslebne Form, hvis iørefaldende Perioder ligefrem limer sig fast til Hukommelsen. Man vilde træffe en Stil, der med en eneste elegant Streg fæstner Tingene, og en anden, hvori Ordene bobler over hinanden som Blod fra en aabnet Aare; Stilkunst kan være som Hammer og Mejsel mod en Klippeblok, men ogsaa som en Hvisken, ja den spænder saa vidt som til sin egen Negation, hvis det er rigtigt, som Schiller siger: Hvad han *fortier,* røber mig Stilkunstens Mester.

Man vilde i den ene Ende af Registret gøre Plads til Victor Hugo, hvis Beskrivelse af en løbsk Skibskanon former sig saaledes:

"Det er, som om den Ondskab, der er i alt det, vi kalder de livløse Ting, pludselig er kommet frem for Dagens Lys; det ser ud, som det nu havde tabt Taalmodigheden og tog en sælsom, uhyggelig Hævn. Intet er saa ubønhørligt som det livløses Vrede. Denne afsindige Blok springer som en Panther, vejer til som en Elefant og smutter som en Mus; den rummer Skovøksens Vedholdenhed, Dønningens Uberegnelighed, Lynets Kraft og Gravens Døvhed. Den vejer 10,000 Kilogram, og den hopper rundt som en Gummibold. Det er vilde Vendinger i skarpe Vinkler.

but individuality is primary; and the style is the last veil which reveals the true outline of the creative personality.

Such things as personal letters and the like which, according to a general and mistaken view, are accepted as the source of our most intimate knowledge of the writer, do not, in fact, express his individuality. They tell us what the writer is in the everyday sense. But a personality consists both of what he is and of his striving. To consider artists without reference to their art is meaningless: Anatole France *en pantoufles* is not Anatole France, only the *pantoufles*.

If one were to examine the multiplicity of styles that there is, one would be occupied with all sorts of intelligent consciousness. The style is the man, it is said, and one may add, no two are alike. All that the human temperament can accommodate, and that words can be made to encompass, would pass review—from the passages in which the personal style is still like diffuse crystals in the grey mass of generality, right to the final polished form where striking phrases at once stick fast in the memory. One would meet with one style which pinned things down with a single elegant stroke, and another in which the words bubbled over one another like blood flowing from an opened artery. Style can be like a hammer and chisel against a block of stone, but it may also be like a whisper—indeed, it can even go so far as to be a self-negation, if what Schiller says is correct: What is passed over in silence reveals to me the master of style.

At one end of the scale we must find room for Victor Hugo, whose description of a runaway ship's gun goes like this,

"The evil which is in everything we call inanimate seems suddenly to have come forth into the light of day. It seems to have lost patience, and to take a strange, fierce revenge; there is nothing more inexorable than this rage of the inanimate. This rabid lump springs like a panther, has the weight of an elephant, scurries like a mouse; it possesses the pertinacity of an axe, the unpredictability of the surf, the rapidity of lightning, the deafness of the tomb. It weighs 20,000 pounds and bounces like a rubber ball. There are wild gyrations at sharp angles. What is to be done? How can we

Hvad skal man gøre? Hvordan faa Bugt med den? En Storm hører op, en Cyclon trækker forbi, Vinden kan falde, en knækket Mast kan erstattes, en Læk kan stoppes, en Ildebrand slukkes, men hvad skal man stille op med dette vældige Bronceuhyre? Man kan snakke en Buldog til Fornuft, forbavse en Tyr, fortrylle en Klapperslange, skræmme en Tiger, røre en Løve; der er ingen Udvej med dette Uhyre, en løssluppet Kanon."

og i den anden indlemme Herman Bang, der kunde lægge en Verden af Resignation bag et eneste:

– Ja –, sagde hun.

manage it? A storm ceases, a cyclone moves on, a wind drops, a broken mast can be replaced, a leak stopped, a fire dies out, but what can one do about this mighty brazen monster? You can reason with a dog, surprise a bull, fascinate a rattlesnake, frighten a tiger, sway a lion; but there is no recourse with such a monster as an un-chained cannon..."
and at the other end of the scale include Herman Bang, who can conceal a whole world of resignation behind a single,

    —Yes—she said.

KAREN BLIXEN
(1885–1962)

Karen Blixen fødtes 1885 som datter af Vilhelm Dinesen, der var kaptajn i infanteriet og forfatter. Hun ægtede i 1914 sin fætter, baron Blixen Finecke, sammen med hvem hun drev en kaffefarm i Kenya. I *Den afrikanske Farm* (1937) fortæller hun sine erindringer fra Afrika i en klassisk ren og enkel stil. – I sin livsanskuelse er baronesse Blixen en intellektuel aristokrat. Hun forherliger livet som sættes på spil både i virkeligheden og i fantasien. Livet på jorden er et drama udtænkt af Gud; hver af os har sin rolle deri, og ingen anden har ret til at gribe ind, end ikke af medlidenhed med den agerendes triste skæbne. – Under pseudonymet Isak Dinesen har Karen Blixen udgivet samlinger af fortællinger, hvori virkelighed og fantasi står i et forunderligt vekselspil. *Sorg-Agre* hører til samlingen "Vintereventyr" (1942). Handlingen grunder sig på et sønderjysk sagn. Det er en historie, som på een gang er meget enkel og meget sammensat. Digteren skildrer for os herremandens næsten guddommelige rettigheder og samtidig hans forpligtelser, som tvinger ham til i livets drama at påtage sig rollen som den komiske helt. Som de fleste af hendes værker, blev denne historie skrevet af Karen Blixen både på engelsk og på dansk. Teksten, som trykkes her, er hendes egen engelske version af "Sorg-Agre", i hvilken der er ændringer og udeladelser i forhold til den danske tekst.

SORG-AGRE

Den vidtstrakte, bølgende danske Egn var blikstille og sval, forunderlig lysvaagen i den tidlige Morgentime, inden Solopgang. Der var ikke en Sky paa den perleblege Himmel, ikke en Skygge langs de dæmrende Højdedrag, Skove og Marker. Taagen var ved at lette fra Lavninger og Dale, Luften var kølig, Græs og Løv drivvaade af Dug. Uset af Menneskers Øje, og uforstyrret af deres Færden, hvilede Landet i sig selv, og aandede et Liv uden for Tiden, som Menneskers Sprog ikke har Ord for.

Og dog havde et Folk levet i dette Landskab i tusind Aar, var blevet formet af dets Muld og Vejrlig, og havde selv præget det med sine Tanker, saa at det ikke længere kunde siges, hvor det enes

KAREN BLIXEN
(1885–1962)

Karen Blixen was born in 1885 as the daughter of Vilhelm Dinesen, who was a captain in the infantry and an author. In 1914, she married her cousin, Baron Blixen Finecke, with whom she administered a coffee plantation in Kenya. In *Out of Africa* (1937) she relates her memoirs from Africa in a classically pure and simple style. In her attitude toward life, Baroness Blixen is an intellectual aristocrat. She glorifies life which is hazardous both in reality and in fantasy. Life on earth is a drama devised by God; each of us has his role in it, and no one else has the right to interfere, not even out of sympathy for the player's sad fate. Under the pseudonym Isak Dinesen, Karen Blixen published collections of tales in which reality and fantasy have a strange interrelationship. "Sorrow-Acre" is from the collection *A Winter's Tales* (1942). The plot is based on a south Jutland legend. It is a story which at the same time is very simple and very complex. The writer describes for us the almost divine rights of the lord of the manor but at the same time his obligations, which force him to assume the role of the comic hero in the drama of life.

Like most of her other works, this story was written in both English and Danish by Karen Blixen. The text printed here is her own English version of "Sorrow-Acre," in which there are changes and omissions *vis-à-vis* the Danish text.

SORROW-ACRE

The low, undulating Danish landscape was silent and serene, mysteriously wide-awake in the hour before sunrise. There was not a cloud in the pale sky, not a shadow along the dim, pearly fields, hills and woods. The mist was lifting from the valleys and hollows, the air was cool, the grass and the foliage dripping wet with morning-dew. Unwatched by the eyes of man, and undisturbed by his activity, the country breathed a timeless life, to which language was inadequate.

From *Winter's Tales,* by Isak Dinesen.
Copyright 1942 by Random House, Inc.
Reprinted by permission of the publisher.

Væsen holdt op og det andets begyndte. Landevejens tynde graa
Linie selv, der snoede sig tværs over Sletten og op og ned ad Bak-
kerne, var det fæstnede og blivende Udtryk for menneskelig Læng-
sel, og for den menneskelige Tro paa, at det er bedre at være et Sted
end et andet.

Et Barn af dette Land vilde kunne læse i det store aabne Landskab
som i en Bog. Engenes og Markernes uregelmæssige Mosaik, fint
gul og grøn i Morgenskæret, var en billedmæssig Forklaring af Fol-
kets Kamp for det daglige Brød, Aarhundrederne havde lært det at
pløje og saa paa denne Maade. Paa en Høj langt borte mærkede en
Mølles ubevægelige Vinger, i et lille blaat Kors paa Himlen, et se-
nere Stadium paa Brødets Vandring. Landsbyens Straatage, der
trykkede sig i et langt Dalstrøg, som en Gruppe brune Paddehatte,
– en egen lav, haardfør Markens Grøde, – fortalte Bondens Historie
fra Vuggen til Graven, det Menneske, der stod Jorden nærmest og
hørte til den, som trivedes i et frugtbart Aar, og døde i de Aar, hvori
Tørken eller den tidlige Nattefrost satte ind.

Lidt højere oppe end Landsbyen, over Kirkegaardsmurens vand-
rette hvide Linie, og med et Par høje Poplers lodrette flaskegrønne
Omrids ved Siden, forkyndte Kirken, hele Synskredsen rundt, at
dette var et kristent Land. Landets Børn kendte den som et mærke-
ligt Hus, kun beboet af Mennesker nogle faa Timer hver syvende
Dag, men med en klar, stærk Stemme i sig til at synge Landets Sor-
ger og Glæder ud, –: den enkle, kantede Legemliggørelse af Folkets
Tro paa højere Magters Retfærdighed og Miskundhed. Men der
hvor, midt imellem kuplede Trægrupper, den fornemme pyramide-
formige Silhuet af klippede Lindealléer hævede sig i Luften, der laa
en Herregaard.

Der var for dem, der var født og vokset op i Landskabet, meget
at læse i de sirlige, geometriske Ciffre paa Himlen. De fortalte om
Magt, Lindetræerne stod Vagt omkring en Fæstning. Heroppe blev
det omliggende Lands Skæbne bestemt, med de Menneskers og
Dyrs, der levede paa det, og Bonden løftede Øjnene mod de grønne
Pyramider med Ærefrygt. De fortalte om Værdighed, Gratie og
Smag. Den danske Jordbund frembragte ingen ædlere Vækst end
det store Hus, hvori Lindealléerne løb sammen. I dets højloftede
Stuer førte Livet og Døden sig med Anstand. Herregaarden saa
ikke op mod Himlen, som Kirken, og heller ikke ned i Jorden, som
Hytterne i Landsbyen, den havde en videre jordisk Horisont end

All the same, a human race had lived on this land for a thousand years, had been formed by its soil and weather, and had marked it with its thoughts, so that now no one could tell where the existence of the one ceased and the other began. The thin grey line of a road, winding across the plain and up and down hills, was the fixed materialisation of human longing, and of the human notion that it is better to be in one place than another.

A child of the country would read this open landscape like a book. The irregular mosaic of meadows and cornlands was a picture, in timid green and yellow, of the people's struggle for its daily bread; the centuries had taught it to plough and sow in this way. On a distant hill the immovable wings of a windmill, in a small blue cross against the sky, delineated a later stage in the career of bread. The blurred outline of thatched roofs—a low, brown growth of the earth—where the huts of the village thronged together, told the history, from his cradle to his grave, of the peasant, the creature nearest to the soil and dependent on it, prospering in a fertile year and dying in years of drought and pests.

A little higher up, with the faint horizontal line of the white cemetery-wall round it, and the vertical contour of tall poplars by its side, the red-tiled church bore witness, as far as the eye reached, that this was a Christian country. The child of the land knew it as a strange house, inhabited only for a few hours every seventh day, but with a strong, clear voice in it to give out the joys and sorrows of the land: a plain, square embodiment of the nation's trust in the justice and mercy of heaven. But where, amongst cupular woods and groves, the lordly, pyramidal silhouette of the cut lime avenues rose in the air, there a big country house lay.

The child of the land would read much within these elegant, geometrical ciphers on the hazy blue. They spoke of power, the lime trees paraded round a stronghold. Up here was decided the destiny of the surrounding land and of the men and beasts upon it, and the peasant lifted his eyes to the green pyramids with awe. They spoke of dignity, decorum and taste. Danish soil grew no finer flower than the mansion to which the long avenue led. In its lofty rooms life and death bore themselves with stately grace. The country house did not gaze upward, like the church, nor down to the ground like the huts; it had a wider earthly horizon than they, and was related to much noble architecture all over Europe. Foreign

de, og var beslægtet med megen statelig Arkitektur hele Europa over. Udenlandske Haandværkere var blevet indkaldt for at lægge Gulve og sætte Stuklofter op, og Herregaardens egne Indvaanere rejste til fremmede Lande, og bragte nye Moder og Tanker, og haandgribelige Ting af stor Skønhed og Værdi, med sig hjem. Gobeliner, Spejle, Sølvtøj og fint Porcelæn, fra Frankrig og Italien, havde faaet deres Plads i Gaardens Stuer, og var selv blevet Del af Dansk Liv paa Landet.

Herregaarden havde lige saa dybe Rødder i den danske Jordbund som Kirken og Landsbyen, og var lige saa nært forbundet med Landets fire Vinde og omskiftelige Aarstider, med dets Dyreliv, Træer og Græs, som de straatække Huse. Men Gaarden og Landsbyen havde dog skiftet Bo sig imellem. Heroppe, i Lindetræernes Domæne, var det ikke længere Køer, Faar og Svin, hvorom Tanken og Talen drejede sig, men Heste og Hunde. Danmarks frie Fauna, Vildtet, som Bonden rystede sin knyttede Haand ad, naar han saa det paa den unge grønne Rug eller i sin modne Hvedemark, var for Folkene paa Herregaardene Livets vægtigste Indhold og bedste Glæde.

Skriften paa Himlen forkyndte højtideligt Fortsættelse, en jordisk Udødelighed. Herregaardene havde staaet, hvor de nu stod, gennem mange Menneskealdre, og de Slægter, der boede i dem, ærede Fortiden, som de ærede sig selv, for Danmarks Saga var deres egen Historie.

En Rosenkrantz havde siddet paa Rosenholm, en Juel paa Hverringe, en Skeel paa Gammel Estrup, saa langt tilbage som Folk kunde huske. De havde set Konger og Stilarter veksle, og havde, med Stolthed og Ydmyghed, overført deres egen Tilværelse til Gaardens, saa at de, imellem deres Standsfæller og hos Almuen, gik under dens Navn: Rosenholm, Hverringe, Gammel Estrup. Det var, – for Kongen, for Slægten og for den tilfældige Besidder selv, – af underordnet Betydning, hvilken Rosenkrantz, Juel eller Skeel, der i Øjeblikket, i sin Person, repræsenterede Gaardens Marker og Skove, Bønder, Kvæg og Vildtbestand. Mange Forpligtelser, – over for Gud i Himlen, Kongen af Danmark, hans egne Folk og hans eget Navn, – var lagt paa den store Jordbesidders Skuldre; de var alle harmonisk sammensmeltede i hans Pligter over for Gaarden. Og den allerførste af disse var da Forpligtelsen til at be-

artisans had been called in to panel and stucco it, and its own inhabitants travelled and brought back ideas, fashions and things of beauty. Paintings, tapestries, silver and glass from distant countries had been made to feel at home here and now formed part of Danish country life.

The big house stood as firmly rooted in the soil of Denmark as the peasants' huts, and was as faithfully allied to her four winds and her changing seasons, to her animal life, trees and flowers. Only its interests lay in a higher plane. Within the domain of the lime trees it was no longer cows, goats and pigs on which the minds and the talk ran, but horses and dogs. The wild fauna, the game of the land, that the peasant shook his fist at, when he saw it on his young green rye or in his ripening wheat field, to the residents of the country houses were the main pursuit and the joy of existence.

The writing in the sky solemnly proclaimed continuance, a wordly immortality. The great country houses had held their ground through many generations. The families who lived in them revered the past as they honoured themselves, for the history of Denmark was their own history.

A Rosenkrantz had sat at Rosenholm, a Juel at Hverringe, a Skeel at Gammel-Estrup as long as people remembered. They had seen kings and schools of style succeed one another and, proudly and humbly, had made over their personal existence to that of their land, so that amongst their equals and with the peasants they passed by its name: Rosenholm, Hverringe, Gammel-Estrup. To the King and the country, to his family and to the individual lord of the manor himself it was a matter of minor consequence which particular Rosenkrantz, Juel or Skeel, out of a long row of fathers and sons, at the moment in his person incarnated the fields and woods, the peasants, cattle and game of the estate. Many duties rested on the shoulders of the big landowners—towards God in heaven, towards the King, his neighbour and himself—and they were all harmoniously consolidated into the idea of his duties towards his land. Highest amongst these ranked his obligation to

vare Slægtens Udødelighed, og til at skaffe en ny Rosenkrantz, Juel eller Skeel i Rosenholms, Hverringes og Gammel Estrups Tjeneste.

Fin Kvindelighed var højt anset og vurderet paa Herregaardene. Sammen med ædel Vin og god Jagt var den Blomsten af, og Symbolet paa, den højere menneskelige Tilværelse, som havde til Huse heroppe, – og i Hjertet gjorde de gamle Slægter sig ofte mere til af deres Døtre end af deres Sønner.

De unge Damer, der spadserede i Lindealléerne, eller kørte rask igennem dem, i tunge Kareter med fire Heste for, bar Gaardenes og Navnenes Fremtid i deres Skød og holdt, som statelige og livslystne unge Karyatider, de store Huse oppe paa deres Arme. De kendte deres eget Værd, holdt sig selv i høj Pris og bevægede sig med Ynde og Anstand i en Atmosfære af artig Dyrkelse og Selvdyrkelse. De føjede endogsaa, paa egen Haand, et fint, skælmsk, paradoksalt Overmod dertil. For hvor fri var de ikke, og hvor mægtige! Deres Ægtemænd kunde regere Landet, og tage sig mange kavalermæssige Friheder. Naar det kom til selve deres Verdens ophøjede og opholdende Princip: Legitimiteten, da laa dog Tyngdepunktet hos dem.

Lindetræerne var i Blomst. Men i den tidlige Morgen strøg kun en svag blid Sødme gennem Haven, et luftigt, aromatisk Budskab, som et Drag af Alléernes Drømme i den korte lyse Sommernat.

I den lange Allé, der førte fra Huset ned til Enden af Haven, og til en lille hvid Pavillon i klassisk Stil, hvorfra man havde en vid Udsigt over Markerne, gik en ung Mand. Han var enkelt klædt, i mørkebrunt, med fint Linned og Kniplinger i Halstørklædet, og havde Haaret bundet sammen med et Baand. Han var en slank og kraftig Skikkelse, mørk af Haar og Lød, med smukke Øjne og Hænder, han haltede lidt paa det venstre Ben.

Det store Hus for Enden af Alléen, Haven, Markerne og Skovene omkring den, havde været hans Barndoms Paradis. Men han havde rejst og set sig om i Verden, og havde længe været borte fra Danmark, i Rom og Paris. For Tiden gjorde han Tjeneste ved det danske Gesandtskab hos Kong Georg af England, den ulykkelige unge danske Dronnings Broder. Han havde ikke besøgt sit Fædrenehjem i ni Aar. Han lo ved nu at se alting om sig saa meget mindre, end han huskede det, – men dog var han, paa samme Tid, mær-

uphold the sacred continuance, and to produce a new Rosen-
krantz, Juel or Skeel for the service of Rosenholm, Hverringe and
Gammel-Estrup.

Female grace was prized in the manors. Together with good
hunting and fine wine it was the flower and emblem of the higher
existence led there, and in many ways the families prided them-
selves more on their daughters than on their sons.

The ladies who promenaded in the lime avenues, or drove
through them in heavy coaches with four horses, carried the future
of the name in their laps and were, like dignified and debonair
caryatides, holding up the houses. They were themselves con-
scious of their value, kept up their price, and moved in a sphere
of pretty worship and self-worship. They might even be thought
to add to it, on their own, a graceful, arch, paradoxical haughti-
ness. For how free were they, how powerful! Their lords might
rule the country, and allow themselves many liberties, but when
it came to that supreme matter of legitimacy which was the vital
principle of their world, the centre of gravity lay with them.

The lime trees were in bloom. But in the early morning only a
faint fragrance drifted through the garden, an airy message, an
aromatic echo of the dreams during the short summer night.

In a long avenue that led from the house all the way to the end
of the garden, where, from a small white pavilion in the classic
style, there was a great view over the fields, a young man walked.
He was plainly dressed in brown, with pretty linen and lace, bare-
headed, with his hair tied by a ribbon. He was dark, a strong and
sturdy figure with fine eyes and hands; he limped a little on one
leg.

The big house at the top of the avenue, the garden and the
fields had been his childhood's paradise. But he had travelled and
lived out of Denmark, in Rome and Paris, and he was at present
appointed to the Danish Legation to the Court of King George,
the brother of the late, unfortunate young Danish Queen. He had
not seen his ancestral home for nine years. It made him laugh to
find, now, everything so much smaller than he remembered it,
and at the same time he was strangely moved by meeting it again.

kelig bevæget ved Gensynet. Længst døde Mænd og Kvinder kom
ham i Møde i Lindealléen, og smilede til ham. En lille Dreng med
pibet Krave, der haltede lidt paa det venstre Ben, løb ham forbi
med sit Tøndebaand og sin Drage, gav ham i Forbifarten et klart,
vaagent Blik og spurgte leende: "Vil du have at jeg skal tro, at du
er mig?" Han prøvede at standse Drengen i Flugten og at svare
ham: "Ja, jeg forsikrer dig, at jeg er dig," men den lette Skikkelse
ventede ikke paa Svar.

Den unge Mand, der hed Adam, stod i et særligt Forhold til
Gaarden og dens Herligheder. I et halvt Aar havde han været Ar-
ving til det altsammen, han var det endnu i dette Øjeblik af Navn.
Det var denne Omstændighed, der havde ført ham hertil fra Eng-
land, og det var den, han tænkte paa, mens han spadserede i Alléen.

Den gamle Herre oppe paa Gaarden, hans Faders Broder, havde
haft mange Sorger i sin Tid. Hans Hustru var død ung, og to af
hans Børn som ganske smaa. Den Søn, han da havde tilbage, og
som havde været sin Fætters Legekammerat, var en svag, tungnem,
tungsindig Dreng. I mange Aar rejste hans Fader rundt med ham,
fra Badested til Badested, i Tyskland og Italien, sit faamælte Barns
Selskab og Vogter, som om han med begge Hænder skærmede den
lille flakkende Flamme, indtil det Øjeblik, da et nyt Liv kunde tæn-
des ved den. Paa samme Tid ramte en anden Ulykke ham. Han faldt
i Unaade ved Hoffet, hvor han hidtil havde indtaget en smuk Stil-
ling. Han var just i Færd med at oprette Familiens Position gennem
det Giftermaal, som han havde faaet i Stand for sin Søn, da den
unge Brudgom døde, endnu ikke tyve Aar gammel.

Adam fik Budskab om sin Fætters Død, og om sine egne foran-
drede Fremtidsudsigter, i et Brev fra sin ærgerrige Moder. Han sad
med Brevet i Haanden, og vidste ikke hvad han skulde tænke om det.

Hvis dette, sagde han til sig selv, var hændt ham for ti Aar siden,
og mens han endnu var Dreng hjemme i Danmark, vilde det have
betaget og henrykt ham, og han vilde have følt sig som Arving til
et Kongerige. Det vilde endnu paa samme Maade betage og hen-
rykke hans danske Venner og Skolekammerater, hvis de havde væ-
ret i hans Sted, de lykønskede eller misundte ham nok i dette Øje-
blik. Men han var ikke selv hverken forfængelig eller begærlig af
Naturen, han havde Tro paa sine egne Evner og havde været godt
tilfreds i Tanken om, at hans Fremtid afhang af ham selv. Hans
lette Vanførhed havde altid skilt ham lidt fra andre Børn paa hans

Dead people came towards him and smiled at him; a small boy in a ruff ran past him with his hoop and kite, in passing gave him a clear glance and laughingly asked: "Do you mean to tell me that you are I?" He tried to catch him in the flight, and to answer him: "Yes, I assure you that I am you," but the light figure did not wait for a reply.

The young man, whose name was Adam, stood in a particular relation to the house and the land. For six months he had been heir to it all; nominally he was so even at this moment. It was this circumstances which had brought him from England, and on which his mind was dwelling, as he walked along slowly.

The old lord up at the manor, his father's brother, had had much misfortune in his domestic life. His wife had died young, and two of his children in infancy. The one son then left to him, his cousin's playmate, was a sickly and morose boy. For ten years the father travelled with him from one watering place to another, in Germany and Italy, hardly ever in other company than that of his silent, dying child, sheltering the faint flame of life with both hands, until such time as it could be passed over to a new bearer of the name. At the same time another misfortune had struck him: he fell into disfavour at Court, where till now he had held a fine position. He was about to rehabilitate his family's prestige through the marriage which he had arranged for his son, when before it could take place the bridegroom died, not yet twenty years old.

Adam learned of his cousin's death, and his own changed fortune, in England, through his ambitious and triumphant mother. He sat with her letter in his hand and did not know what to think about it.

If this, he reflected, had happened to him while he was still a boy, in Denmark, it would have meant all the world to him. It would be so now with his friends and schoolfellows, if they were in his place, and they would, at this moment, be congratulating or envying him. But he was neither covetous nor vain by nature; he had faith in his own talents and had been content to know that his success in life depended on his personal ability. His slight infirmity had always set him a little apart from other boys; it had,

Alder, den havde maaske givet ham en større Modtagelighed for Indtryk. Det syntes ham nu ikke ganske i sin Orden, at Familiens Overhoved skulde halte paa det ene Ben. Heller ikke stod den Fremtid, der ventede ham hjemme, med samme Glans for ham som for hans Moder og hans Venner. I England havde han paa nært Hold set større Forhold og langt større Rigdom, end Folk i Danmark kendte til. Han havde haft en Kærlighedshistorie med en fornem engelsk Dame, i hvis Øjne, tænkte han, Danmarks prægtigste Herregaard nok vilde tage sig ud som det Legetøj, med Huse og Dyr af Træ, som Børn stiller op.

Og i England var han ogsaa, for første Gang, kommet i Berøring med Tidens store, nye Ideer: om Naturen, om Frihed og Menneskeværd, om sand Retfærdighed og Skønhed. – Verden havde aabnet sig omkring ham, uendelig vid, hvor den før havde været begrænset. Han længtes efter at lære endnu mere af den at kende, og havde drømt om at rejse til Amerika, til den nye Verden. Da han fik sin Moders Brev, havde han et Øjeblik følt det, som om han blev fanget og bundet af det, som om de døde af hans eget Navn, fra Familiegravstedet hjemme, strakte deres udtørrede Arme ud efter ham.

Men paa samme Tid begyndte han om Natten at drømme om det gamle Hus, og om Haven. I sine Drømme gik han her i Alléerne, og indaandede Duften af de blomstrende Lindetræer. Da en Dag i Ranelagh en gammel Zigeunerkone havde set ham i Haanden, og spaaet, at hans Søn engang skulde sidde i hans Fædres Sæde, havde han følt en pludselig, dyb Glæde derved, en ejendommelig Sindsrørelse hos en ung Mand, der aldrig før havde skænket sine Sønner en Tanke.

Men et halvt Aar efter skrev hans Moder igen, og fortalte ham, at hans Onkel selv havde giftet sig med den Dame, han havde udset til Brud for sin døde Søn. Den gamle Herre, Familiens Overhoved, var endnu i sin bedste Alder, ikke tresindstyve Aar gammel, – det var rimeligt, at hans unge Hustru vilde komme til at føde ham Sønner.

I sin bitre Skuffelse lagde Adams Moder hele Skylden paa sin Søn. Hvis han dog, skrev hun, var kommet hjem til Danmark, som hun havde bedt ham gøre, vilde hans Onkel aldrig have giftet sig igen, nej han vilde da maaske tværtimod have overdraget Bruden til sin Nevø. Adam vidste bedre Besked. Hans Slægtsgaard var, si-

perhaps, given him a keener sensibility of many things in life, and he did not, now, deem it quite right that the head of the family should limp on one leg. He did not even see his prospects in the same light as his people at home. In England he had met with greater wealth and magnificence than they dreamed of; he had been in love with, and made happy by, an English lady of such rank and fortune that to her, he felt, the finest estate of Denmark would look but like a child's toy farm.

And in England, too, he had come in touch with the great new ideas of the age: of nature, of the right and freedom of man, of justice and beauty. The universe, through them, had become infinitely wider to him; he wanted to find out still more about it and was planning to travel to America, to the new world. For a moment he felt trapped and imprisoned, as if the dead people of his name, from the family vault at home, were stretching out their parched arms for him.

But at the same time he began to dream at night of the old house and garden. He had walked in these avenues in dream, and had smelled the scent of the flowering limes. When at Ranelagh an old gypsy woman looked at his hand and told him that a son of his was to sit in the seat of his fathers, he felt a sudden, deep satisfaction, queer in a young man who till now had never given his sons a thought.

Then, six months later, his mother again wrote to tell him that his uncle had himself married the girl intended for his dead son. The head of the family was still in his best age, not over sixty, and although Adam remembered him as a small, slight man, he was a vigorous person; it was likely that his young wife would bear him sons.

Adam's mother in her disappointment lay the blame on him. If he had returned to Denmark, she told him, his uncle might have come to look upon him as a son, and would not have married; nay, he might have handed the bride over to him. Adam knew better. The family estate, differing from the neighbouring

den den første Besidders Tid, bestandig gaaet i Arv i lige Linie, fra Fader til Søn. Den direkte Arvefølge var Slægtens Stolthed, og et helligt Dogma for hans gamle Onkel selv, han vilde sikkert nok af Skæbnen kræve en Arving af sit eget Kød og Blod.

Men ved Budskabet fra Danmark blev den unge Mand grebet af en uforklarlig, smertelig Skyldfølelse over for det gamle Hjem. Det var for ham, som om han havde ladet haant om et højsindet Tilbud, og svigtet en Ven, der havde været ham selv tro. Det vilde kun være billigt og retfærdigt, tænkte han, om Gaarden fra nu af skulde fornægte og forstøde ham. For første Gang siden han forlod Danmark, blev han grebet af Hjemvé, han gik i lang Tid om i Londons Gader og Parker som en fremmed.

Han skrev til sin Onkel, og meldte ham sit Komme til Gaarden, bad om Orlov fra Gesandtskabet i London og sejlede til Danmark. Han var kommet til sit gamle Hjem for at slutte Fred med det. Han havde sovet saa lidt om Natten, og var staaet op og var gaaet ned i Alléen saa tidligt, inden Solopgang, for at forklare sig for Gaarden og Haven, Markerne og Skovene, og faa deres Tilgivelse.

Mens han gik her, tog den stille Have umærkelig Dagens Dont op. En stor Snegl, af en Art, som hans Bedstefader havde bragt hjem fra Frankrig, og som han huskede som Barn at have spist, ristet og tilberedt, oppe paa Gaarden, trak allerede med Værdighed en Sølvstribe efter sig gennem Alléen. Fuglene begyndte at synge, først Guldspurven fra en Trætop, og Sangdroslen i Busketterne, saa fulgte Løvsangeren og Musvitten – "Savfileren" – efter, og nu kurrede Skovduerne i Trækronerne. I et stort Træ, som han et Øjeblik standsede under, plagede en Flok Solsorter en Ugle. Nattens Herredømme var til Ende.

Han blev staaende ved Enden af Alléen, og saa Morgenhimlen lysne over sig. En forunderlig, løfterig Klarhed fyldte Rummet, om en halv Time vilde Solen staa op. Der løb en Rugmark langs med Haven, to Raadyr stod i den, og tog sig i Morgendæmringen rosenrøde ud i Kornet. Han lod Blikket gaa langt ud over de Marker, hvor han som lille Dreng havde redet paa sin første Hest, og over Skovene, hvor han havde skudt sit første Dyr. Han tænkte paa de gamle Tjenere, som dengang havde været med ham, Rideknægten og Skytten, der alvorligt havde oplært ham i deres egen Kundskab, og huskede deres Navne. Nu laa mange af dem paa Kirkegaarden.

properties, had gone down from father to son ever since a man of their name first sat there. The tradition of direct succession was the pride of the clan and a sacred dogma to his uncle; he would surely call for a son of his own flesh and bone.

But at the news the young man was seized by a strange, deep, aching remorse towards his old home in Denmark. It was as if he had been making light of a friendly and generous gesture, and disloyal to someone unfailingly loyal to him. It would be but just, he thought, if from now the place should disown and forget him. Nostalgia, which before he had never known, caught hold of him; for the first time he walked in the streets and parks of London as a stranger.

He wrote to his uncle and asked if he might come and stay with him, begged leave from the Legation and took ship for Denmark. He had come to the house to make his peace with it; he had slept little in the night, and was up so early and walking in the garden, to explain himself, and to be forgiven.

While he walked, the still garden slowly took up its day's work. A big snail, of the kind that his grandfather had brought back from France, and which he remembered eating in the house as a child, was already, with dignity, dragging a silver train down the avenue. The birds began to sing; in an old tree under which he stopped a number of them were worrying an owl; the rule of the night was over.

He stood at the end of the avenue and saw the sky lightening. An ecstatic clarity filled the world; in half an hour the sun would rise. A rye field here ran along the garden; two roe-deer were moving in it and looked roseate in the dawn. He gazed out over the fields, where as a small boy he had ridden his pony, and towards the wood where he had killed his first stag. He remembered the old servants who had taught him; some of them were now in their graves.

De Baand, der bandt ham til dette Sted, var, tænkte han, af mystisk Art. Selv om han rejste bort igen, og aldrig nogensinde kom tilbage hertil, vilde de dog holde ham med samme Styrke. Saa længe som en Mand af hans eget Blod og Navn endnu sad paa Gaarden, jagede i Skovene, tilsaa Markerne, og blev æret og adlydt af Folkene i Landsbyen, vilde han selv, hvor paa Jorden han end færdedes, i England eller blandt Indianerne i Amerika, have et Hjem, og være i Sikkerhed, i Besiddelse, han vilde bestandig vide, at han havde Rod i Jorden, og Vægt i Verden og mellem Menneskene.

Hans Blik faldt paa Kirken. I gamle Dage, inden Morten Luthers Tid, var de gamle Familiers yngre Sønner gaaet i Romerkirkens Tjeneste, og havde givet Afkald paa personlig Rigdom og Lykke, for at tjene større Idealer. Ogsaa de havde kastet Glans over deres Hus, og var blevet huskede med Ære i dets Slægtebøger. I den tidlige Morgens Stilhed og Ensomhed lod han sine Tanker løbe, som de vilde, det syntes ham, at han kunde tale til Landskabet omkring sig, som til sin egen Stammes Moder. "Er det kun min Person, du vil have?" spurgte han det. "Og forkaster du min Stræben, min Flid, mine Drømme? Hvis jeg kunde tvinge Verden til at erkende, at vort Navns Kraft og Dyd ikke tilhører Fortiden alene, vilde du da ikke være tilfreds med mig?" Landskabet omkring ham var saa stille, at han ikke kunde vide, om det svarede ham ja eller nej.

Efter en Stund gik han videre og kom til den nye franske Rosenhave, der var blevet anlagt til Ære for Husets unge Frue. De dugvaade Blomster duftede køligt, som for sig selv alene, i Morgenluften. I England havde han lært sig en friere Smag i Havekunst, og han vilde gerne have set de blussende og svulmende Fanger blomstre i Frihed, uden for deres klippede Hække. Maaske, tænkte han, var denne lille fornemme og regelrette Have et botanisk Kontrafej af hans unge Tante fra Hoffet, som han endnu ikke havde set.

Da han gik tilbage til Pavillonen for Enden af Alléen, blev hans Blik fanget af en Buket udsøgte Farver, der ikke kunde tilhøre den bly, danske Sommermorgen. Det var i Virkeligheden ogsaa hans Onkel selv, pudret og i Silkestrømper, men endnu i en Brokades Slaabrok, og tydeligvis hensunket i dybe Tanker. "Og hvilke Betragtninger er det vel," spurgte Adam sig selv, "som fører en Ken-

The ties which bound him to this place, he reflected, were of a mystic nature. He might never again come back to it, and it would make no difference. As long as a man of his own blood and name should sit in the house, hunt in the fields and be obeyed by the people in the huts, wherever he travelled on earth, in England or amongst the red Indians of America, he himself would still be safe, would still have a home, and would carry weight in the world.

His eyes rested on the church. In old days, before the time of Martin Luther, younger sons of great families, he knew, had entered the Church of Rome, and had given up individual wealth and happiness to serve the greater ideals. They, too, had bestowed honour upon their homes and were remembered in its registers. In the solitude of the morning half in jest he let his mind run as it listed; it seemed to him that he might speak to the land as to a person, as to the mother of his race. "Is it only my body that you want," he asked her, "while you reject my imagination, energy and emotions? If the world might be brought to acknowledge that the virtue of our name does not belong to the past only, will it give you no satisfaction?" The landscape was so still that he could not tell whether it answered him yes or no.

After a while he walked on, and came to the new French rose garden laid out for the young mistress of the house. In England he had acquired a freer taste in gardening, and he wondered if he could liberate these blushing captives, and make them thrive outside their cut hedges. Perhaps, he meditated, the elegantly conventional garden would be a floral portrait of his young aunt from Court, whom he had not yet seen.

As once more he came to the pavilion at the end of the avenue his eyes were caught by a bouquet of delicate colours which could not possibly belong to the Danish summer morning. It was in fact his uncle himself, powdered and silk-stockinged, but still in a brocade dressing-gown, and obviously sunk in deep thought. "And what business, or what meditations," Adam asked himself, "drags a connoisseur of the beautiful, but three months married to

der og Elsker af det skønne, der i tre Maaneder har været en pur-ung Skønheds Ægtemand, fra hans Seng ned i hans Have endnu inden Solopgang?" Han gik hen til den lille ranke Skikkelse.

Hans Onkel paa sin Side ytrede ingen Overraskelse ved at se ham, men den gamle Herre lod sig sjælden overraske af noget. Han hilste ham, idet han komplimenterede ham for hans Morgenduelighed, lige saa venligt, som han havde gjort det ved hans Ankomst, sent om Aftenen. Efter et Øjebliks Forløb saa han op mod Himlen og erklærede langsomt og med Vægt: "Vi faar en varm Dag."

Adam huskede fra sin Barndom den højtidelige Værdighed, hvor-med hans Onkel havde anmeldt ogsaa de dagligdags Begivenheder paa sit Domæne. – Som om han var, havde han tænkt, Vorherres Ceremonimester. – Her var nok alting, uforandret, hvad det altid havde været.

Onklen bød sin Nevø en Pris. "Nej Tak, Onkel," sagde Adam, "det vilde gøre min Næse uimodtagelig for Duften fra Deres Have, som nu til Morgen er saa frisk som selve Edens Have maa have været, da den nylig var skabt." "Og af hvis Træer," sagde hans On-kel smilende, "du, min Adam, frit maa æde." De gik langsomt sam-men op gennem Alléen.

Solen var endnu under Horisonten, men dens dulgte Lysfylde lueforgyldte allerede Toppen af Alléens høje Træer. Adam begynd-te at tale om Naturens Skønhed, og om Storheden i den nordiske Natur, der i mindre Grad end Italiens var præget af Menneskehaand. Hans Onkel tog imod hans Udbrud, som om det havde været en personlig Kompliment, og lykønskede ham til, at han ikke, som saa mange andre unge rejsende, i Udlandet havde lært at foragte sit Fædreland. Nej, sagde Adam, han havde just nylig i England med Længsel genkaldt sig sit danske Hjemlands Linier, Farver og Luft. Han havde ogsaa der gjort Bekendtskab med et nyt dansk Digter-værk, som havde fortryllet og betaget ham mere end nogen fransk eller engelsk Bog, – han havde ikke kunnet skille sig ved det, men gik endnu i dette Øjeblik med det i Lommen. Han nævnede For-fatteren, Johannes Ewald, og deklamerede nogle af de mægtigt svulmende Vers.

a wife of seventeen, from his bed into his garden before sunrise?"
He walked up to the small, slim, straight figure.

His uncle on his side showed no surprise at seeing him, but
then he rarely seemed surprised at anything. He greeted him, with
a compliment on his matunality, as kindly as he had done on his
arrival last evening. After a moment he looked to the sky, and
solemnly proclaimed: "It will be a hot day." Adam, as a child,
had often been impressed by the grand, ceremonial manner in
which the old lord would state the common happenings of exist-
ence; it looked as if nothing had changed here, but all was what
it used to be.

The uncle offered the nephew a pinch of snuff. "No, thank you,
Uncle," said Adam, "it would ruin my nose to the scent of your
garden, which is as fresh as the Garden of Eden, newly created."
"From every tree of which," said his uncle, smiling, "thou, my
Adam, mayest freely eat." They slowly walked up the avenue
together.

The hidden sun was now already gilding the top of the tallest
trees. Adam talked of the beauties of nature, and of the greatness
of Nordic scenery, less marked by the hand of man than that of
Italy. His uncle took the praise of the landscape as a personal
compliment, and congratulated him because he had not, in like-
ness to many young travellers in foreign countries, learned to
despise his native land. No, said Adam, he had lately in England
longed for the fields and woods of his Danish home. And he had
there become acquainted with a new piece of Danish poetry which
had enchanted him more than any English or French work. He
named the author, Johannes Ewald, and quoted a few of the
mighty, turbulent verses.

"Og jeg har, mens jeg har læst dette Værk," fortsatte han efter en Pause, endnu dybt grebet af den Poesi, han havde fremsagt, "undret mig over, at vi aldrig før nu har forstaaet, hvor langt vor nordiske Mytologi, i moralsk Storhed, overgaar den græske og romerske. Var det ikke for selve de gamle græske Guders og Gudinders Legemsskønhed, der i Marmoret er blevet ogsaa vor Tidsalder overleveret, kunde dog intet moderne Menneske finde dem værdige til Tilbedelse. De var vægelsindede, grusomme, uden Højmod eller Medynk, ja uden virkeligt Heltemod. De Guder, som vore danske Forfædre dyrkede, stod i sand Værdighed lige saa højt over dem, som Druiden staar over Auguren. Thi de blonde Guder i Asgaard besad høje menneskelige Dyder, – de var trohjertige, retsindige og vennesæle, i deres Heltekraft kendte de til Mildhed og Medlidenhed, og i en fjern, barbarisk Oldtid kendte de til Ridderlighed." Hans Onkel syntes her for første Gang interesseret i Samtalen. Han standsede endogsaa helt op i sin gravitetiske Gang, med den fine Næse lidt i Vejret. "Ah, men du maa erindre," sagde han, "at alt dette var en lettere Sag for dem end for de andre."

"Hvorledes skal jeg forstaa Dem, Onkel?" spurgte Adam. "Det var lettere," sagde hans Onkel, "for de nordiske Guder end for de græske at være, som du siger, milde, vennesæle og medynksfulde. I mine Øjne røber det endogsaa en Svaghed hos vore gamle Daner, at de kunde tro paa, og tilbede saadanne Guddomme." "Onkel," sagde Adam smilende, "jeg har altid vidst, at De maatte føle Dem hjemme paa Olympen og i Asgaard. Giv da nu ogsaa mig Del i Deres Indsigt og forklar mig, hvorfor vore nordiske Guder snarere end Grækernes skulde kunne udøve de høje Dyder, De har nævnt?" "De var ikke saa mægtige," sagde hans Onkel.

"Og kan da Magt," spurgte Adam igen, "siges at udelukke, eller at staa i Vejen for Dyden?" "Nej," sagde hans Onkel med dyb Alvor. "Nej. Magt er i sig selv den højeste Dyd. Men de Guder, hvorom du taler, var paa ingen Maade almægtige. De havde bestandig ved deres Side de mørkere Magter, der kaldtes Jætterne, og som forvoldte vor Verdens Lidelser, Ulykker og Katastrofer. De kunde, i Kraft af et saadant System, selv frit hengive sig til Mildhed, Vennesælhed og Medynk. En almægtig Guddom," fortsatte han, "har ingen saadanne Ressourcer, eller Lettelser i Regeringen. Med sin Almagt overtager han, og staar inde for, Verdensaltets Beskaffenhed."

"And I have wondered, while I read," he went on after a pause, still moved by the lines he himself had declaimed, "that we have not till now understood how much our Nordic mythology in moral greatness surpasses that of Greece and Rome. If it had not been for the physical beauty of the ancient gods, which has come down to us in marble, no modern mind could hold them worthy of worship. They were mean, capricious and treacherous. The gods of our Danish forefathers are as much more divine than they as the Druid is nobler than the Augur. For the fair gods of Asgaard did possess the sublime human virtues; they were righteous, trustworthy, benevolent and even, within a barbaric age, chivalrous." His uncle here for the first time appeared to take any real interest in the conversation. He stopped, his majestic nose a little in the air. "Ah, it was easier to them," he said.

"What do you mean, Uncle?" Adam asked. "It was a great deal easier," said his uncle, "to the northern gods than to those of Greece to be, as you will have it, righteous and benevolent. To my mind it even reveals a weakness in the souls of our ancient Danes that they should consent to adore such divinities." "My dear uncle," said Adam, smiling, "I have always felt that you would be familiar with the modes of Olympus. Now please let me share your insight, and tell me why virtue should come easier to our Danish gods than to those of milder climates." "They were not as powerful," said his uncle.

"And does power," Adam again asked, "stand in the way of virtue?" "Nay," said his uncle gravely. "Nay, power is in itself the supreme virtue. But the gods of which you speak were never all-powerful. They had, at all times, by their side those darker powers which they named the Jotuns, and who worked the suffering, the disasters, the ruin of our world. They might safely give themselves up to temperance and kindness. The omnipotent gods," he went on, "have no such facilitation. With their omnipotence they take over the woe of the universe."

De var nu kommet et Stykke op i Alléen, og Herregaarden selv laa foran dem. Den gamle Herre standsede, og lod sit Blik løbe over den. Den store Bygning laa i rolig Værdighed, som Adam huskede den fra sin Barndom. Bag de to høje Vinduer paa første Sal havde nu, som Adam vidste, hans unge Tante sit Sovekammer. Hans Onkel vendte sig, og gik tilbage, ned ad Alléen.

"Ridderlighed, selve den Ridderlighed, hvorom du talte," sagde han, "ei en Dyd, der er de almægtige forholdt, eller som, hos dem, dog forbliver et Koketteri, en fin Leflen for de Skabninger, over hvem de har Magt. Den forudsætter og kræver i sig selv Fare og Modstand, ja Overmagt, naar det skal gaa ret til. Hvilken Figur vil vel St. Georg gøre, over for en Drage, som han paa Forhaand ved, han kan betvinge? Den Ridder, der ikke finder nogen overlegen Fjende at bekæmpe, maa opfinde en saadan, og kommer til at prøve Styrke med Vindmøller. Nej, tro mig, min gode Nevø, al sin Dyd tiltrods maa dog din ridderlige Gud Odin som Regent finde sig i at rangere under vor Zeus, den prisværdige, høje, der uden Afslag accepterer sin Suverænitet, og i sin Person staar inde for den Verden, han hersker over. Men du er ung," fortsatte han, "og gamle . Folks Visdom maa nødvendigvis klinge pedantisk i dine Øren."

Han stod et Øjeblik ubevægelig, og sagde saa langsomt, som Ceremonimesteren, der melder selve Fyrstens Ankomst: "Nu stod Solen op."

Solen kom virkelig i dette Øjeblik til Syne over Horisonten. Det store stille Landskab fik i dens Straalepragt et uventet mangfoldigt Liv og en ny Farverigdom, og det dugvaade Græs glimtede med utallige Diamanter.

"Nej, jeg har med stor Opmærksomhed lyttet til Dem, Onkel," sagde Adam. "Jeg er Dem taknemmelig for Deres Belæring. Men De er selv, under vor Samtale, forekommet mig adspredt. Deres Øjne har hvilet paa Marken foran os, som om det var derude vort Problem blev afgjort, ja, som om store Ting, hvoraf Liv og Død afhang, gik for sig i Deres Rugmark. Nu er Solen oppe, som De siger, og jeg ser Mejerne i Rugen, og hører dem hvæsse deres Leer. Jeg husker hvad De i Gaar Aftes fortalte mig, at Høsten paa Gaarden begynder i Dag. Det er en højtidelig Dag for den, der dyrker Jorden, og en Begivenhed, der nok kan vende hans Opmærksomhed fra Guderne selv. De har Gud ske Lov fint Høstvejr, og jeg spaar Dem en fuld Lade."

They had walked up the avenue till they were in view of the house. The old lord stopped and ran his eyes over it. The stately building was the same as ever; behind the two tall front windows, Adam knew, was now his young aunt's room. His uncle turned and walked back.

"Chivalry," he said, "chivalry, of which you were speaking, is not a virtue of the omnipotent. It must needs imply mighty rival powers for the knight to defy. With a dragon inferior to him in strength, what figure will St. George cut? The knight who finds no superior forces ready to hand must invent them, and combat wind-mills; his knighthood itself stipulates dangers, vileness, darkness on all sides of him. Nay, believe me, my nephew, in spite of his moral worth, your chivalrous Odin of Asgaard as a Regent must take rank below that of Jove who avowed his sovereignty, and accepted the world which he ruled. But you are young," he added, "and the experience of the aged to you will sound pedantic."

He stood immovable for a moment and then with deep gravity proclaimed: "The sun is up."

The sun did indeed rise above the horizon. The wide landscape was suddenly animated by its splendour, and the dewy grass shone in a thousand gleams.

"I have listened to you, Uncle," said Adam, "with great interest. But while we have talked you yourself have seemed to me pre-occupied; your eyes have rested on the field outside the garden, as if something of great moment, a matter of life and death, was going on there. Now that the sun is up, I see the mowers in the rye and hear them whetting their sickles. It is, I remember you telling me, the first day of the harvest. That is a great day to a landowner and enough to take his mind away from the gods. It is very fine weather, and I wish you a full barn."

Den gamle Mand stod stille som før, med Hænderne paa Knappen paa sin Spadserestok. "Der foregaar virkelig," sagde han tilsidst, "store Begivenheder i denne Mark. Ja, de kan meget vel siges at være bestemmende for Liv og Død. Kom, vi vil sætte os her, og jeg skal fortælle dig den hele Historie." De satte sig ved Siden af hinanden paa den Bænk, der løb rundt om Pavillonen, og den gamle Herre tog, mens han talte, ikke Øjnene fra Rugmarken.

"For en god Uge siden," begyndte han, "forrige Torsdag Nat, blev der sat Ild til min Hølade paa Rødmosegaard, – du husker min store ny Lade der, nær ved Mosen, – og den brændte ned til Grunden. Der gik et Par Dage, inden vi var i Stand til at lægge Haand paa Misdæderen. Men i Mandags Morges kom Skytten og Hjulmanden derovrefra op til mig, og de førte med sig en Dreng, Godske Pil, en Enkes Søn, og svor deres Saligheds Ed paa, at han havde sat Ilden paa, de havde med egne Øjne set ham luske omkring Laden ved Solnedgang Torsdag Aften. Godske har ikke noget godt Navn paa Gaarden, Skytten bærer ham et gammelt Nag for Krybskytteri, og Hjulmanden har ham nok, efter hvad jeg har ladet mig fortælle, mistænkt med sin unge Kone. Da jeg talte Drengen til, græd han bitterligt og svor paa sin Uskyldighed. Men han kunde ikke bevise den, og ikke i det lange Løb holde Stand mod de to vrede gamle Folk. Saa der stod vi, sent ud paa Eftermiddagen, og kunde ikke komme videre i Sagen. Jeg lod Drengen sætte under Laas og Lukke og kunde ikke se, at der for mig var andet at gøre end at sende ham til vor Herredsfoged, med et Brev fra mig.

Herredsfogden er en gammel Nar, og vilde jo ikke gøre andet i Sagen, end hvad han mente, jeg ønskede eller ventede af ham. Han kunde lade Drengen sætte i Slaveriet for Ildspaasættelse, eller han kunde lade ham tage til Soldat, som en suspekt Person, og Krybskytte. Han kunde ogsaa, hvis han troede, det var mit Ønske, lade ham løbe.

Jeg var ridende i Marken den Dag for at tage Rugen, der snart var mejemoden, i Øjesyn, da man bragte en Kone, Enken, Godskes Moder, op til mig. Hun havde inderligt bedt om at faa mig i Tale. Hun hedder Ane Marie, du husker hende nok fra gammel Tid, – hendes Hus ligger østerude, ved Aaen. Ane Marie er ikke ret vel anset paa Gaarden heller. Hun har det Navn paa sig, at hun som Pige fik et Barn, og slog det ihjel.

The elder man stood still, his hands on his walking-stick. "There is indeed," he said at last, "something going on in that field, a matter of life and death. Come, let us sit down here, and I will tell you the whole story." They sat down on the seat that ran all along the pavilion, and while he spoke the old lord of the land did not take his eyes off the rye field.

"A week ago, on Thursday night," he said, "someone set fire to my barn at Rødmosegaard—you know the place, close to the moor—and burned it all down. For two or three days we could not lay hands on the offender. Then on Monday morning the keeper at Rødmose, with the wheelwright over there, came up to the house; they dragged with them a boy, Goske Piil, a widow's son, and they made their Bible oath that he had done it; they had themselves seen him sneaking round the barn by nightfall on Thursday. Goske had no good name on the farm; the keeper bore him a grudge upon an old matter of poaching, and the wheelwright did not like him either, for he did, I believe, suspect him with his young wife. The boy, when I talked to him, swore to his innocence, but he could not hold his own against the two old men. So I had him locked up, and meant to send him in to our judge of the district, with a letter.

"The judge is a fool, and would naturally do nothing but what he thought I wished him to do. He might have the boy sent to the convict prison for arson, or put amongst the soldiers as a bad character and a poacher. Or again, if he thought that that was what I wanted, he could let him off.

"I was out riding in the fields, looking at the corn that was soon ripe to be mowed, when a woman, the widow, Goske's mother, was brought up before me, and begged to speak to me. Anne-Marie is her name. You will remember her; she lives in the small house east of the village. She has not got a good name in the place either. They tell as a girl she had a child and did away with it.

Hun havde grædt i fire Dage, og var saa hæs, at det var svært at forstaa, hvad hun sagde. Tilsidst fik hun dog frem, at hendes Søn nok havde været paa Rødmose om Torsdagen, men ikke i nogen slet Hensigt, han var gaaet derover paa Besøg. Han er hendes eneste Barn. Hun kaldte Vorherre selv til Vidne paa, at han var uskyldig, og faldt paa sine Knæ der foran mig i Marken, for at jeg skulde lade ham slippe.

Vi var just i den samme Rugmark, som du og jeg nu ser paa. Derved kom jeg paa en Tanke. Jeg sagde til Enken: "Hvis du paa een Dag, fra Solen staar op, til den gaar ned igen, kan meje Marken foran os med dine egne Hænder, og den er jævnt og ret mejet, saa skal jeg lade Sagen falde, og du kan beholde din Søn. Men ifald du ikke kan faa det gjort, da maa jeg sende ham til Herredsfogden. Og jeg kan ikke love dig, at du faar ham at se igen."

Hun stod op, og blev længe staaende der, og saa ud over Marken. Saa kyssede hun min Ridestøvle, i Taknemmelighed for den Naade, jeg havde vist hende."

Her sluttede den gamle Herre sin Fortælling, og Adam sagde: "Denne Søn er hende da meget dyrebar?" – "Han er hendes eneste Barn," sagde hans Onkel. "Og han betyder det daglige Brød for hende i Alderdommen, man kan vel sige, at han er hende saa dyrebar som selve Livet. Paa samme Vis," tilføjede han, – "som, paa et højere Trin i Tilværelsen, en Søn for sin Fader betyder Slægten og Navnet, og vil være ham saa dyrebar som selve det evige Liv. Jo, han maa nok være hende dyrebar. For denne Mark er almindeligvis et Dagværk for tre Mænd, eller tre Dages Arbejde for een. I Dag, just som Solen stod op, tog hun fat paa Arbejdet, – og der kan du selv se hende, i Vesterenden af Ageren, i et blaat Hovedklæde. De Folk, der er med hende, er saadanne, som jeg har sat til at se til, at hun gør sit Arbejde alene og uden andres Bistand, – og tillige nogle af hendes egne Slægtninge og Venner, der er fulgt med for at opmuntre hende."

Adam saa ud over Marken, og saa virkelig langt borte en Kvinde med et blaat Hovedklæde, og nogle andre Folk i den høje Rug.

De sad en Stund i Tavshed. "Holder De selv," spurgte Adam, "Drengen for at være uskyldig?" "Det kan jeg ikke sige," sagde den gamle Herre. "Vi har intet Bevis hverken paa hans Skyld eller Uskyld. Skyttens og Hjulmandens Ord og Forklaring staar lige

"From five days' weeping her voice was so cracked that it was difficult for me to understand what she said. Her son, she told me at last, had indeed been over at Rødmose on Thursday, but for no ill purpose; he had gone to see someone. He was her only son, she called the Lord God to witness on his innocence, and she wrung her hands to me that I should save the boy for her.

"We were in the rye field that you and I are looking at now. That gave me an idea. I said to the widow: 'If in one day, between sunrise and sunset, with your own hands you can mow this field, and it be well done, I will let the case drop and you shall keep your son. But if you cannot do it, he must go, and it is not likely that you will then ever see him again.'

"She stood up then and gazed over the field. She kissed my riding boot in gratitude for the favour shown to her."

The old lord here made a pause, and Adam said: "Her son meant much to her?" "He is her only child," said his uncle. "He means to her her daily bread and support in old age. It may be said that she holds him as dear as her own life. As," he added, "within a higher order of life, a son to his father means the name and the race, and he holds him as dear as life everlasting. Yes, her son means much to her. For the mowing of that field is a day's work to three men, or three days' work to one man. Today, as the sun rose, she set to her task. And down there, by the end of the field, you will see her now, in a blue head-cloth, with the man I have set to follow her and to ascertain that she does the work unassisted, and with two or three friends by her, who are comforting her."

Adam looked down, and did indeed see a woman in a blue head-cloth, and a few other figures in the corn.

They sat for a while in silence. "Do you yourself," Adam then said, "believe the boy to be innocent?" "I cannot tell," said his uncle. "There is no proof. The word of the keeper and the wheelwright stand against the boy's word. If indeed I did believe the one

imod Drengens. Og om det var saaledes," tilføjede han, "at jeg havde faaet Tro til ham, da kunde dette dog aldrig, saaledes som Sagen staar, skyldes andet end en Tilfældighed, eller maaske en naturlig Medynk. Godske," fortsatte han lidt efter, "var min Søns Legekammerat, og det eneste Barn, jeg nogensinde har set ham slutte sig til, eller føle Venskab for." "Holder De det," spurgte Adam igen, "selv for muligt for Konen at opfylde Deres Vilkaar?" "Det kan jeg ikke sige," sagde den gamle Herre igen. "Under ordinære Konditioner vilde det ikke være muligt. Ingen ræsonnabel Person vilde overhovedet, under ordinære Konditioner, have paataget sig dette Vilkaar. Saaledes maatte det da ogsaa være, jeg valgte og formede det selv saaledes. Vi fusker ikke med Lov og Ret, Ane Marie og jeg."

Adam fulgte i nogen Tid med Øjnene den lille Gruppe i Kornet, mens den langsomt bevægede sig frem over Marken. "Gaar De med op?" spurgte han. "Nej," sagde hans Onkel. "Nej, jeg har tænkt at forblive her, til jeg ser Udfaldet af Sagen." "Til Solnedgang?" spurgte Adam overrasket. "Ja," sagde den gamle Herre. Adam saa ud over Marken og sagde: "Det bliver en lang Dag." "Ja," sagde hans Onkel, "en lang Dag. Men," tilføjede han, idet Adam tog et Skridt bort fra Pavillonen, "hvis du virkelig har den Tragedie, hvorom vi talte, i Lommen, vil du kanske venligt lade den tilbage, for at den kan holde mig med Selskab her saa længe?" Adam tog Bogen op, og rakte ham den.

I Alléen mødte han to Tjenere, der bar den gamle Herres Morgenchokolade og Hvedebrød paa store Sølvbakker ned til Pavillonen.

Alt som nu Solen langsomt steg højere paa Himlen, og Dagen blev hed, udgød Lindetræerne deres Rigdom af Duft, og Haven og Marken fyldtes med overvældende, ubeskrivelig Sødme. I Middagstimen sang den lange Allé, som en Violin, med en sagte, tusindfoldig, ekstatisk Mumlen og Hvisken, – det var Bierne, der trængtes i de tunge, duvende Blomsterklaser, og som var drukne af Honning og Henrykkelse.

I hele den danske Sommers korte Levetid er der ingen rigere eller livsaligere Tid end den Uge, hvori Lindene blomstrer. Den halvt bedøvende Blomsterduft synes at forene Jord og Himmel, og Danmarks Marker med Elysiums, den gemmer i sig baade Hø, Honning, Vanille og Myrrha, og er halvt Ghinnistan, og halvt Apote-

thing or the other, it would be merely a matter of chance, or maybe of sympathy. The boy," he said after a moment, "was my son's playmate, the only other child that I ever knew him to like or to get on with." "Do you," Adam again asked, "hold it possible to her to fulfill your condition?" "Nay, I cannot tell," said the old lord. "To an ordinary person it would not be possible. No ordinary person would have taken it on at all, I chose it so. We are not quibbling with the law, Anne-Marie and I."

Adam for a few minutes followed the movement of the small group in the rye. "Will you walk back?" he asked. "No," said his uncle, "I think that I shall stay here till I have seen the end of the thing." "Until sunset?" Adam asked with surprise. "Yes," said the old lord. Adam said: "It will be a long day." "Yes," said his uncle, "a long day. But," he added, as Adam rose to walk away, "if, as you said, you have got that tragedy of which you spoke in your pocket, be as kind as to leave it here, to keep me company." Adam handed him the book.

In the avenue he met two footmen who carried the old lord's morning chocolate down to the pavilion on large silver trays.

As now the sun rose in the sky, and the day grew hot, the lime trees gave forth their exuberance of scent, and the garden was filled with unsurpassed, unbelievable sweetness. Towards the still hour of midday the long avenue reverberated like a soundboard with a low, incessant murmur: the humming of a million bees that clung to the pendulous, thronging clusters of blossoms and were drunk with bliss.

In all the short lifetime of Danish summer there is no richer or more luscious moment than that week wherein the lime trees flower. The heavenly scent goes to the head and to the heart; it seems to unite the fields of Denmark with those of Elysium; it contains both hay, honey and holy incense, and is half fairy-land

kerlædike. Den gaar til Hovedet som Svimlen, og til Hjertet som en himmelsk Naade. Alléen selv bliver en magisk Helligdom, Dryadernes Tempel eller Domkirke, der skraaner op mod Sommerskyerne, udadtil yppigt forsiret, og gyldengrøn i Solen. Men inden for Tempelmurene er de lange Hvælvinger svale og halvmørke, en duftfyldt Hal, et balsamisk Tilflugtssted i en blændende lys og brændende hed Verden. Og herinde var Jordbunden endnu fugtig.

Oppe i Huset, bag de to midterste Vinduers Silkegardiner, stak den unge Frue paa Gaarden, fra sin brede Seng, Fødderne i et Par smaa Tøfler. Hendes kniplingsbesatte Natkjole var gledet op over Knæet, og ned over Skulderen, hendes Haar, der var sat op i Papillotter, var endnu fint rimfrossent af Gaarsdagens Pudder, og hendes runde Ansigt rosenrødt af Søvnen. Hun traadte midt ud paa Gulvtæppet, og blev staaende der, med en højtidelig, grublende Mine, men i Virkeligheden tænkte hun ikke paa noget. En Skare af vage og dæmrende Billeder drog langsomt gennem hendes Hoved, og hun prøvede, halvt ubevidst, at rede dem ud fra hinanden og bringe dem i Orden, saadan som hele hendes Tilværelse plejede at være ordnet og tilrettelagt.

Hun var vokset op ved Hoffet. Det havde været hendes Verden, og der var maaske ikke i hele Landet nogen lille Person, der kunde Hoffets Rytme og Ritus mere nøjagtigt paa sine fem smaa Fingre, det var, som om alle hendes Barndoms og tidligste Ungdomsaar havde traadt en fin og sirlig Menuet. Ved Enkedronningens særlige Naade bar hun samme Navn som denne høje Dame selv, og som Kongens Søster, den unge Dronning af Sverige. Hendes Ægtemand havde haft alt dette i Tankerne, da han, for at befæste sin Stilling paa de højeste Steder, havde valgt hende til Brud, først for sin Søn og sidenefter for sig selv. Men den unge Frues egen Fader, som havde en høj Hofcharge, og tilhørte det ny Aristokrati der, havde i sin Tid været lige saa omtænksom, og havde giftet sig med en ung Dame fra Landet, for at faa Foden inden for den gamle danske Adel. Den lille Pige havde sin Moders Blod i Aarerne. Livet paa Landet havde for hende været en yndig Overraskelse, og en Henrykkelse.

For at komme ind i sit ny Hjems Borggaard og op foran dets store Stentrappe, maatte hun køre gennem Avlsgaarden, lige gennem selve Laden, i hvis dunkle, svale Stenport Karetens Rumlen et Øjeblik genlød og drønede som Torden, og hvor der lugtede af

and half apothecary's locker. The avenue was changed into a mystic edifice, a dryad's cathedral, outward from summit to base lavishly adorned, set with multitudinous ornaments, and golden in the sun. But behind the walls the vaults were benignly cool and sombre, like ambrosial sanctuaries in a dazzling and burning world, and in here the ground was still moist.

Up in the house, behind the silk curtains of the two front windows, the young mistress of the estate from the wide bed stuck her feet into two little high-heeled slippers. Her lace-trimmed nightgown had slid up above her knee and down from the shoulder; her hair, done up in curling-pins for the night, was still frosty with the powder of yesterday, her round face flushed with sleep. She stepped out to the middle of the floor and stood there, looking extremely grave and thoughtful, yet she did not think at all. But through her head a long procession of pictures marched, and she was unconsciously endeavouring to put them in order, as the pictures of her existence had used to be.

She had grown up at Court; it was her world, and there was probably not in the whole country a small creature more exquisitely and innocently drilled to the stately measure of a palace. By favour of the old Dowager Queen she bore her name and that of the King's sister, the Queen of Sweden: Sophie Magdalena. It was with a view to these things that her husband, when he wished to restore his status in high places, had chosen her as a bride, first for his son and then for himself. But her own father, who held an office in the Royal Household and belonged to the new Court aristocracy, in his day had done the same thing the other way round, and had married a country lady, to get a foothold within the old nobility of Denmark. The little girl had her mother's blood in her veins. The country to her had been an immense surprise and delight.

To get into her castle-court she must drive through the farm yard, through the heavy stone gateway in the barn itself, wherein the rolling of her coach for a few seconds re-echoed like thunder.

Hø og Kamilleblomster. Hun maatte forbi de lange Staldbygninger, og forbi Træhesten, fra hvis Stade en Synder undertiden sendte Vognen og den unge Dame i den et bedrøveligt Blik. Det hændte, at hendes Karet her skræmte en lang Rad skræppende Gæs til Side, eller rullede lige forbi den tykpandede, skulende Tyr, der blev trukket frem ved en Ring i Næsen, og altimens brølede og æltede Jorden, i dump Fortørnelse. De første Dage var denne korte Køretur forekommet hende som en sælsom, lattervækkende, bukolisk Komedie. Men snart blev alle disse Bygninger og levende Væsener, der tilhørte hende, saa hjemlige og fortrolige, som om de var en Del af hendes eget Væsen. Hendes Mødre, de gamle danske Damer fra Landet, havde været robuste Personer, der ikke lod sig kyse af Staldlugt eller Dyrebrøl og som havde færdedes udendørs i al Slags Vejrlig. Nu havde hun ogsaa selv spadseret paa Terrassen i Øsregn, rystet sig i den som en And, og faaet Farve i Bygen, som et blomstrende Træ.

Hun havde taget sit store Hus i Besiddelse paa en Aarstid, da alting foldede sig ud og blomstrede, parrede sig og ynglede. Blomsterne, som hun til nu havde kendt mest til i Buketter og Guirlander, skød lige op af Jorden rundt om hende, smaa Fugle sang i Træer og Busketter, og fløj frit og pilsnart gennem Luften til alle Sider. De smaa Lam var nydeligere end hendes egne Dukker havde været. Fra den gamle Herres hannoveranske Stutteri blev de nyfødte Føl bragt hende, for at hun kunde give dem Navn. Hun stod og saa paa dem, mens de stak de bløde Muler ind i deres Moders Bug for at drikke, hun havde hidtil kun flygtigt hørt denne forunderlige Funktion omtale. En Dag, da hun spadserede alene uden for Parken, kom hun, selv uset, paa den stejlende, skrigende Hingst med Hoppen. Al denne vældige Livskraft, Lyst og Frugtbarhed udfoldede sig for hendes Øjne, som et Skuespil. der blev givet til hendes Ære.

Og hendes egen Lod, midt i den, var en gammel stornæset Mand, der behandlede hende med dyb, punktlig Respekt og Omhu, fordi hun skulde være Moder til hans Søn. Det var Hovedpunktet i den Traktat, som hendes Fader og Moder havde afsluttet med ham, hun havde kendt til det fra Begyndelsen. Hun forstod, at hendes Ægtemand samvittighedsfuldt opfyldte alle Forpligtelser, der paahvilede ham, hun var selv en honnet Natur, og velopdragen, og vilde ikke unddrage sig sin Pligt. Men efterhaanden gik en Tom-

She must drive past the stables and the timber-mare, from which sometimes a miscreant would follow her with sad eyes, and might here startle a long string of squalling geese, or pass the heavy, scowling bull, led on by a ring in his nose and kneading the earth in dumb fury. At first this had been to her, every time, a slight shock and a jest. But after a while all these creatures and things, which belonged to her, seemed to become part of herself. Her mothers, the old Danish country ladies, were robust persons, undismayed by any kind of weather; now she herself had walked in the rain and had laughed and glowed in it like a green tree.

She had taken her great new home in possession at a time when all the world was unfolding, mating and propagating. Flowers, which she had known only in bouquets and festoons, sprung from the earth round her; birds sang in all the trees. The new-born lambs seemed to her daintier than her dolls had been. From her husband's Hanoverian stud, foals were brought to her to give names; she stood and watched as they poked their soft noses into their mother's bellies to drink. Of this strange process she had till now only vaguely heard. She had happened to witness, from a path in the park, the rearing and screeching stallion on the mare. All this luxuriance, lust and fecundity was displayed before her eyes, as for her pleasure.

And for her own part, in the midst of it, she was given an old husband who treated her with punctilious respect because she was to bear him a son. Such was the compact; she had known of it from the beginning. Her husband, she found, was doing his best to fulfill his part of it, and she herself was loyal by nature and strictly brought up. She would not shirk her obligation. Only she was vaguely aware of a discord or an incompatibility within her

hed eller Uoverensstemmelse i hendes majestætiske Tilværelse op for hende, og holdt hende fra at blive saa lykkelig der, som hun havde tænkt sig, og ventet at blive.

Efter en Tids Forløb tog denne Tomhedsfølelse, og hendes vage Mismod, en underlig Form: som Bevidstheden om et Savn, en Fraværelse. Nogen skulde have været her, som ikke var kommet. Hun havde ingen Erfaring i at iagttage eller gøre sig Rede for sine Følelser, der havde ikke været Tid dertil ved Hoffet. Men nu var hun ofte alene med sig selv, og forsøgte famlende at komme til Klarhed over sit eget Sind. Hun prøvede at udfylde den tomme Plads, hvis mærkelige Uhygge bestandig føltes stærkere og trykkede hende for Brystet, med nogle af de Mennesker hun kendte, og som hun havde holdt af. En for en satte hun sin Fader, sine Søstre, og en italiensk Sanger, som hun havde hørt i København, ind deri, og tog dem bedrøvet ud igen, ingen af dem fyldte den. Undertiden følte hun sig lettere om Hjertet, og troede selv, at hendes Plage havde forladt hende, eller havde været indbildt. Men igen hændte det hende, i Enrum, eller i sin Mands Selskab, – ja, i hans Arme, – at høre alting omkring sig raabe højt ud: "Hvor? Hvor?", saa at hun lod sine vilde Øjne løbe om i Stuen efter det Væsen, som burde have været i hendes Nærhed, men ikke var der.

Dengang hun, et halvt Aar forinden, havde faaet at vide, at hendes unge trolovede var død, og at hans Fader skulde være hendes Mand i hans Sted, havde hun ikke taget sig det nær til Hjertet. Den unge Bejler var, den eneste Gang hun havde set ham, forekommet hende barnagtig og flov, hans Fader vilde dog være en anseligere Ægtemand. Nu kom der en Tid, hvor hun tog sin døde Brudgoms Billede frem, og i Tankerne førte ham med sig rundt i Huset og Haven, imens hun grundede over, om vel Livet ved hans Side bedre vilde have holdt, hvad det engang havde syntes at love? Men hun lagde ham snart, med en lille langsom Hovedrysten, bort igen, – og dette var den bedrøvelige unge Mands sidste Fremkaldelse paa denne Verdens Scene.

Paa en af de silkebetrukne Vægge i hendes Sovekammer sad et Spejl, der gik fra Gulvet til Loftet. Dagen forinden, da hun kørte en Tur paa Godset med sin Mand, havde hun paa Afstand set en Flok unge Piger fra Landsbyen bade i Aaen, og Solen skinne paa dem. Hun havde hele sit Liv bevæget sig mellem nøgne Marmorguder og Gudinder, men til nu var det ikke ret faldet hende ind,

majestic existence, which prevented her from being as happy as she had expected to be.

After a time her chagrin took a strange form: as the consciousness of an absence. Someone ought to have been with her who was not. She had no experience in analysing her feelings; there had not been time for that at Court. Now, as she was more often left to herself, she vaguely probed her own mind. She tried to set her father in that void place, her sisters, her music master, an Italian singer whom she had admired; but none of them would fill it for her. At times she felt lighter at heart, and believed the misfortune to have left her. And then again it would happen, if she were alone, or in her husband's company, and even within his embrace, that everything round her would cry out: Where? Where? so that she let her wild eyes run about the room in search for the being who should have been there, and who had not come.

When, six months ago, she was informed that her first young bridegroom had died and that she was to marry his father in his place, she had not been sorry. Her youthful suitor, the one time she had seen him, had appeared to her infantile and insipid; the father would make a statelier consort. Now she had sometimes thought of the dead boy, and wondered whether with him life would have been more joyful. But she soon again dismissed the picture, and that was the sad youth's last recall to the stage of this world.

Upon one wall of her room there hung a long mirror. As she gazed into it new images came along. The day before, driving with her husband, she had seen, at a distance, a party of village girls bathe in the river, and the sun shining on them. All her life she had moved amongst naked marble deities, but it had till now never occurred to her that the people she knew should themselves

at de Folk hun kendte, egentlig ogsaa var nøgne, under deres Adrienner og Snøreliv, Kniplinger og langskødede Silkeveste, – ja, at hun selv var nøgen under sine Klæder. Foran det lange Spejl løste hun tøvende Natkjolens Silkebaand, og lod den falde til Gulvet.

Stuen laa i Halvlys bag de sammentrukne Gardiner, i Spejlet var hendes Legeme sølvklart, som en hvid Rose, kun hendes Kinder og Mund, og Tipperne af Fingre og Bryster havde en svag Karmin derinde. Hendes smalle Overkrop var formet af de Fiskebenskorsetter, der strengt havde indesluttet den, fra hun var lille Barn, lige over det smække Knæ med Smilehullerne viste en let Indsnævring Strømpebaandets Plads. Hendes Lemmer var fint rundede, som om man, paa hvilket Sted man end havde skaaret hende over, vilde have faaet en fuldkommen cirkelrund Snitflade. Midie og Mave var saa marmorglatte, at hendes eget Blik gled paa dem, og søgte et Holdepunkt. Hun var dog ikke ganske som en Statue, tænkte hun, og løftede Armene over Hovedet. Hun drejede sig for at se sin egen Ryg i Spejlet, – de blide Rundinger under Bæltestedet rødmede endnu lidt efter Madrassens Tryk. Hun genkaldte sig i Hukommelsen nogle af de Nymfer og Gudinder, hvis Historie hun kendte, men de syntes alle at være uendelig langt borte. Hendes Tanke vendte tilbage til Pigerne i Aaen, i nogle Minutter var de hende ganske nær, som Søstre eller gode Veninder, for de tilhørte hende jo, som hendes Dukker havde gjort det, og som nu selve Engen og den blaa Aa, de badede i, var hendes. Og i næste Øjeblik kom den gamle Forladthedsfølelse igen over hende, overmægtig som aldrig før, en horror vacui, der kvalmede som stærk legemlig Smerte. Ak, der skulde have været nogen her, i dette Øjeblik, – hendes andet jeg, saaledes som Billedet i Spejlet var det, men endnu nærmere, stærkere, virkelig levende. Der var ingen, Verden var tom.

En pludselig, sviende lille Kildren under hendes ene Knæ rev hende ud af Grublerierne og vakte hendes Stammes Jægerinstinkter, – hun vædede en Finger paa Tungen, førte den forsigtigt nedad og smækkede den rask til Stedet. Hun følte Insektets lille, skarpe Form imod den silkeglatte Hud, pressede Tommelfingeren mod det og løftede triumferende den lille Fange op mellem Fingerspidserne. Hun stod længe ganske stille, som om hun undrede sig over, at en Loppe skulde være det eneste Væsen, der vovede Livet for hendes Silkeblødhed og søde, varme Blod.

be naked under their bodices and trains, waistcoats and satin breeches, that indeed she herself felt naked within her clothes. Now, in front of the looking-glass, she tardily untied the ribbons of her nightgown, and let it drop to the floor.

The room was dim behind the drawn curtains. In the mirror her body was silvery like a white rose; only her cheeks and mouth, and the tips of her fingers and breasts had a faint carmine. Her slender torso was formed by the whalebones that had clasped it tightly from her childhood; above the slim, dimpled knee a gentle narrowness marked the place of the garter. Her limbs were rounded as if, at whatever place they might be cut through with a sharp knife, a perfectly circular transverse incision would be obtained. The side and belly were so smooth that her own gaze slipped and glided, and grasped for a hold. She was not altogether like a statue, she found, and lifted her arms above her head. She turned to get a view of her back, the curves below the waistline were still blushing from the pressure of the bed. She called to mind a few tales about nymphs and goddesses, but they all seemed a long way off, so her mind returned to the peasant girls in the river. They were, for a few minutes, idealized into playmates, or sisters even, since they belonged to her as did the meadow and the blue river itself. And within the next moment the sense of forlornness once more came upon her, a *horror vacui* like a physical pain. Surely, surely someone should have been with her now, her other self, like the image in the glass, but nearer, stronger, alive. There was no one, the universe was empty round her.

A sudden, keen itching under her knee took her out of her reveries, and awoke in her the hunting instincts of her breed. She wetted a finger on her tongue, slowly brought it down and quickly slapped it to the spot. She felt the diminutive, sharp body of the insect against the silky skin, pressed the thumb to it, and triumphantly lifted up the small prisoner between her fingertips. She stood quite still, as if meditating upon the fact that a flea was the only creature risking its life for her smoothness and sweet blood.

Hendes Pige aabnede Døren og kom ind, med Armene fulde af Dagens Pynt: Fiskebensskørt, Silkestrømper, Livbaand og Fichu. Hun kom i Tanker om, at hun jo havde en Gæst i Huset, den nye Nevø fra England. Hendes Mand havde bedt hende om at tage venligt imod deres unge Slægtning, der, saa at sige, var blevet sin Fremtid i Landet berøvet ved hendes Tilstedeværelse her. De kunde, tænkte hun, mens hun fik sine Strømper trukket paa, ride ud i Skoven sammen.

Ud paa Eftermiddagen var Himlen ikke længere blaa som om Morgenen. Store Skyer steg langsomt op paa den, hele Synsranden rundt, og Himmelhvælvingen selv var farveløs, som om den var udbrændt, og opløst i blege Dampe fra den hvidglødende Sol i Zenith. En sagte Torden rullede langs Horisonten vesterpaa, et Par Gange rejste Vejstøvet sig i høje Hvirvler. Men Markerne, Bakkerne og Skovene var saa stille i Tordenheden som Marker, Bakker og Skove i et malet Landskab.

Adam gik igen gennem Alléen ned til Pavillonen, og fandt sin Onkel der, nu fuldt paaklædt, med Hænderne paa Stokken og Blikket hvilende paa Marken. Rugmarken syntes nu livligt befolket, smaa Grupper stod her og der i den, og en lang Række Mænd og Kvinder kom ganske langsomt op imod Haven, i Mejerskens Kølvand.

Den gamle Herre nikkede til sin Nevø, men rørte sig ikke og sagde ingenting. Adam stod ved Siden af ham, saa stille som han selv.

Hele denne Dag havde for ham været mærkelig bevæget og foruroligende. Ved Gensynet med de gamle Steder havde smukke Melodier fra Fortiden fyldt hans Sind, og nye, fortryllende Toner fra i Dag blandede sig med dem. Han var hjemme igen i Danmark, ikke længere et Barn, men en ung Mand, med Øjnene aabne for Skønhed og ædel Uskyld, som et Barns ikke kan være det, og med Historier fra fjerne Lande at fortælle. Og dog var han sit eget Lands Barn, mere end han nogensinde havde været, og dets Ynde henrykte og rørte ham som aldrig før.

Men gennem alle disse sødt samklingende Akkorder klang den tragiske og grusomme Historie, som hans Onkel om Morgenen havde fortalt ham, og den bitre Styrkeprøve, som blev afgjort saa nær ved ham, her i Rugmarken, som den mørke, monotone, truende Sang af en dump Tromme, en ildevarslende Rytme. Den kom

Her maid opened the door and came in, loaded with the attire of the day—shift, stays, hoop and petticoats. She remembered that she had a guest in the house, the new nephew arrived from England. Her husband had instructed her to be kind to their young kinsman, disinherited, so to say, by her presence in the house. They would ride out on the land together.

In the afternoon the sky was no longer blue as in the morning. Large clouds slowly towered up on it, and the great vault itself was colourless, as if diffused into vapours round the white-hot sun in zenith. A low thunder ran along the western horizon; once or twice the dust of the roads rose in tall spirals. But the fields, the hills and the woods were as still as a painted landscape.

Adam walked down the avenue to the pavilion, and found his uncle there, fully dressed, his hands upon his walking-stick and his eyes on the rye field. The book that Adam had given him lay by his side. The field now seemed alive with people. Small groups stood here and there in it, and a long row of men and women were slowly advancing towards the garden in the line of the swath.

The old lord nodded to his nephew, but did not speak or change his position. Adam stood by him as still as himself.

The day to him had been strangely disquieting. At the meeting again with old places the sweet melodies of the past had filled his senses and his mind, and had mingled with new, bewitching tunes of the present. He was back in Denmark, no longer a child but a youth, with a keener sense of the beautiful, with tales of other countries to tell, and still a true son of his own land and enchanted by its loveliness as he had never been before.

But through all these harmonies the tragic and cruel tale which the old lord had told him in the morning, and the sad contest which he knew to be going on so near by, in the corn field, had re-echoed, like the recurrent, hollow throbbing of a muffled drum, a redoubtable sound. It came back time after time, so that he had

igen og igen i hans Tanker, saa at han selv havde følt, at han skiftede Farve og spurgte og svarede forvirret, den førte med sig en dybere, mere hjertegribende Medfølelse med alt levende, end han nogensinde før havde kendt til. Mens han red ved sin unge Tantes Side, og idet deres Vej førte ham forbi Dramaets Skueplads, havde han sørget for at holde sin Hest mellem hende og Marken, saa at hun ikke skulde se, hvad der gik for sig der, eller forundret udspørge ham om det. Han havde lagt Vejen hjem gennem Højskoven ad en af de grønne Stier, som han kendte saa godt, for ikke igen at komme forbi Ageren.

Og endnu mere ihærdigt end den fattige Moders Skikkelse, der med Seglen i Haanden stred for sin Søns Liv, havde hans Onkels Skikkelse, saaledes som han havde set den ved Solopgang, fulgt ham Dagen igennem. Han var kommet til at gruble over, hvilken Betydning denne ensomme gamle Mand vel havde haft i hans Liv. Lige fra den Tid, da hans Fader døde, og han selv var Barn, havde den gamle Herre for ham personificeret Lov og Orden her i Verden, Livsvisdom og venlig, beskyttende Vejledning. Hvad skulde han gøre, tænkte han smerteligt, hvis efter atten Aars Forløb hans sønlige Hengivenhed saa brat skulde forvandles, og denne hans anden Fader for ham tage en frygtelig, ubarmhjertig Skikkelse, som Symbolet paa hele Verdens Tyranni og Grumhed? Hvad skulde han gøre, hvis de to engang skulde komme til at staa over for hinanden som Modstandere, ja som Dødsfjender?

Og da havde en uforklarlig, skæbnesvanger Skræk paa den gamle Mands egne Vegne grebet ham. For her var visselig Gudinden Nemesis ikke langt borte. Denne Mand havde været enevældig i hele den Verden, der omgav ham, længere end Adam selv havde levet, og var aldrig blevet sagt imod af noget Menneske. I mange Aar havde han rejst Europa igennem med en syg Dreng af sit eget Blod som eneste Selskab. Han havde lært at lukke sig til mod sine Omgivelser, og var blevet ufølsom for andre Menneskers Væsen og Tanker. Maaske havde da sælsomme og vanvittige Forestillinger besat ham, saa at han tilsidst havde set sig selv som det eneste virkelig eksisterende Menneske, og hele Verden omkring sig som et fantastisk, forgængeligt Skygge-Teater, der ikke havde nogen Substans.

Nu tog han, med en gammel Mands Hovmod, andre Menneskers Liv, de svageres og enfoldigeres, – en Kvindes Liv, – i sin Haand,

felt himself to change colour and to answer absently. It brought
with it a deeper sense of pity with all that lived than he had ever
known. When he had been riding with his young aunt, and their
road ran along the scene of the drama, he had taken care to ride
between her and the field, so that she should not see what was
going on there, or question him about it. He had chosen the way
home through the deep, green wood for the same reason.

More dominantly even than the figure of the woman struggling
with her sickle for her son's life, the old man's figure, as he had
seen it at sunrise, kept him company through the day. He came to
ponder on the part which that lonely, determinate form had played
in his own life. From the time when his father died, it had imper-
sonated to the boy law and order, wisdom of life and kind guard-
ianship. What was he to do, he thought, if after eighteen years
these filial feelings must change, and his second father's figure take
on to him a horrible aspect, as a symbol of the tyranny and oppres-
sion of the world? What was he to do if ever the two should come
to stand in opposition to each other as adversaries?

At the same time an unaccountable, a sinister alarm and dread
on behalf of the old man himself took hold of him. For surely
here the Goddess Nemesis could not be far away. This man had
ruled the world round him for a longer period than Adam's own
lifetime and had never been gainsaid by anyone. During the years
when he had wandered through Europe with a sick boy of his
own blood as his sole companion he had learned to set himself
apart from his surroundings, and to close himself up to all outer
life, and he had become insusceptible to the ideas and feelings of
other human beings. Strange fancies might there have run in his
mind, so that in the end he had seen himself as the only person
really existing, and the world as a poor and vain shadow-play,
which had no substance to it.

Now, in senile wilfullness, he would take in his hand the life of
those simpler and weaker than himself, of a woman, using it to

brugte det, som han fandt for godt, og frygtede ingen gengældende Retfærdighed! Vidste han da ikke, tænkte den unge Mand, at der er andre Kræfter i Verden end en Despots kortvarige, vilkaarlige Magt, og mere forfærdende endnu end den?

Med Sommerdagens trykkende, svovlagtige Hede voksede hos ham Forvisningen om kommende Ulykke og Gru, indtil den syntes at true, ikke alene den gamle Herre, men Huset, Slægten og ham selv med ham. Han følte det, som om han burde raabe ud, og advare denne gamle Mand, som han engang havde elsket og højagtet, inden det var for sent.

Men da han igen var i sin Onkels Nærhed i Haven, var den grønne, skyggefulde Stilhed omkring ham saa dyb, at han ikke kunde bryde den, og hans Varselsraab forblev uudtalt. En Stund fik han selv Fred for den Uhygge, der havde forfulgt ham. I Stedet for klang en lille fransk Arie, som hans Tante netop havde sunget for ham, bestandig i hans Øre: "C'est un trop doux effort". – Han sang selv, og forstod sig paa Musik. Han havde hørt denne Arie før, i Paris, men ikke saa sødt sunget.

Efter en Stund spurgte han: "Hvordan gaar det i Rugageren? Faar Konen den mejet inden Solnedgang?" Hans Onkel tog sine foldede Hænder fra Stokkeknappen. "Det er højst forunderligt," sagde han livfuldt, "at det virkelig ser ud, som om hun skulde faa det gjort. Hvis du vil tælle Timerne fra Solopgang til nu, og fra nu til Solnedgang, vil du finde, at hun har halv saa lang Tid tilbage, som den, der allerede er gaaet. Og se! – hun har virkelig mejet to Trediedele af Ageren. Men vi maa da tage i Betragtning, at hendes Kræfter jo bliver noget ringere i Dagens Løb. Det vil, alt i alt, være Tidsspilde for os to at vædde om Sagens Udfald. Vi maa vente og se. Sæt dig ned og hold mig med Selskab, mens vi venter." Urolig, splittet i Sindet, satte Adam sig ved Siden af ham.

"Og her," sagde hans Onkel, tog hans Bog op fra Bænken og bladede i den, "er din Bog, som smukt har fordrevet mig Tiden. Det er en skøn Poesi, – Ambrosia for Øret, og for Hjertet, – og den har, i Forbindelse med vor Samtale i Morges, givet mig Stof til Eftertanke. Jeg har, i min Ensomhed, fordybet mig i Tanken om vor Verdens gengældende Retfærdighed." Han trak sin Snustobaks-

his own ends, and he feared of no retributive justice. Did he not know, the young man thought, that there were powers in the world, different from and more formidable than the short-lived might of a despot?

With the sultry heat of the day this foreboding of impending disaster grew upon him, until he felt ruin threatening not the old lord only, but the house, the name and himself with him. It seemed to him that he must cry out a warning to the man he had loved, before it was too late.

But as now he was once more in his uncle's company, the green calm of the garden was so deep that he did not find his voice to cry out. Instead a little French air which his aunt had sung to him up in the house kept running in his mind.—*"C'est un trop doux effort..."* He had good knowledge of music; he had heard the air before, in Paris, but not so sweetly sung.

After a time he asked: "Will the woman fulfill her bargain?" His uncle unfolded his hands. "It is an extraordinary thing," he said animatedly, "that it looks as if she might fulfill it. If you count the hours from sunrise till now, and from now till sunset, you will find the time left her to be half of that already gone. And see! She has now mowed two-thirds of the field. But then we will naturally have to reckon with her strength declining as she works on. All in all, it is an idle pursuit in you or me to bet on the issue of the matter; we must wait and see. Sit down, and keep me company in my watch." In two minds Adam sat down.

"And here," said his uncle, and took up the book from the seat, "is your book, which has passed the time finely. It is great poetry, ambrosia to the ear and the heart. And it has, with our discourse on divinity this morning, given me stuff for thought. I have been reflecting upon the law of retributive justice." He took a pinch of snuff, and went on. "A new age," he said, "has made to itself

daase op, og tog sig en Pris. "En ny Tidsalder," fortsatte han, "har skabt sig en Gud i sit eget Billede, en følelsesfuld, en menneskekærlig Gud. Og nu skriver I allerede Tragedier om Eders Gud."

Adam var ikke oplagt til at begynde en Diskussion om Poesi med sin Onkel, men paa samme Tid frygtede han, uden at kunne forklare sig hvorfor, en fortsat Tavshed imellem dem, i Pavillonen, og svarede: "Det kan da maaske tænkes, at Tragedien, saaledes som vi ser vor Verden, synes os en ædel og guddommelig Foreteelse deri."

"Ja," sagde hans Onkel højtideligt, "en ædel Foreteelse, Jordens ædleste. Men en Foreteelse, der hører Jorden til, og som i sit Væsen maa forblive det guddommelige fjern. Tragedien er Menneskets Privilegium, dets højeste Privilegium. Den kristne Kirkes Gud var selv, da han gennem egen Erfaring vilde lære Tragedien at kende, tvungen til at paatage sig menneskelig Skikkelse. Og selv da," tilføjede han tankefuldt, "og selv da blev hans Tragedie ikke fuldt lødig, saaledes som den vilde have været, dersom han i Sandhed havde været Menneske. Kristi Guddommelighed tilføjer hans Historie et guddommeligt Moment, et Moment af Komedie. Og den virkelig tragiske Rolle deri tilfalder Bødlerne, og ikke Ofret. Nej, min gode Nevø, vi maa tage os i Vare for at forfalske Verdensordenens rene Grunddele. Tragedien er til enhver Tid forbeholdt Mennesket, den Skabning, der, i sine Kaar og i sin egen Natur, er den haarde Nødvendighed underkastet. Den er Menneskets Frelse og Apotheosis. Men Guderne, hvem vi forestiller os uafhængige af, ja uden Forstaaelse af Nødvendigheden, kan aldrig kende til Tragedie. Ansigt til Ansigt med det tragiske har Guderne, efter min Erfaring, den gode Smag at forholde sig passive, og at undgaa Indblanding."

"Nej," sagde han efter en kort Pause. "Den sande guddommelige Kunst er det komiske. Det komiske er det guddommeliges Nedstigen til Menneskets Verden, det er den højeste Indsigt, der ikke kan læres, men immer maa indblæses fra oven. I det komiske ser Guderne deres eget Væsen genspejlet. Og mens den tragiske Digter er strenge Love underkastet, tilsteder Guderne den komiske Digter den samme Frihed, som er dem selv givet. De forholder end ikke hans dristige Spil deres egne Personer, – Jupiter kan meget vel tænkes at ynde Lucianos fra Samosata. Saa længe Spotten holdes i sand himmelsk Smag og Harmoni, kan den komiske Digter tillade sig at spotte med sine Guder, og dog forblive oprigtig gudfrygtig.

a god in its own image, an emotional god. And now you are already writing a tragedy on your god."

Adam had no wish to begin a debate on poetry with his uncle, but he also somehow dreaded a silence, and said: "It may be, then, that we hold tragedy to be, in the scheme of life, a noble, a divine phenomenon."

"Aye," said his uncle solemnly, "a noble phenomenon, the noblest on earth. But of the earth only, and never divine. Tragedy is the privilege of man, his highest privilege. The God of the Christian Church Himself, when He wished to experience tragedy, had to assume human form. And even at that," he added thoughtfully, "the tragedy was not wholly valid, as it would have become had the hero of it been, in very truth, a man. The divinity of Christ conveyed to it a divine note, the moment of comedy. The real tragic part, by the nature of things, fell to the executors, not to the victim. Nay, my nephew, we should not adulterate the pure elements of the cosmos. Tragedy should remain the right of human beings, subject, in their conditions or in their own nature, to the dire law of necessity. To them it is salvation and beatification. But the gods, whom we must believe to be unacquainted with and incomprehensive of necessity, can have no knowledge of the tragic. When they are brought face to face with it they will, according to my experience, have the good taste and decorum to keep still, and not interfere.

"No," he said after a pause, "the true art of the gods is the comic. The comic is a condescension of the divine to the world of man; it is the sublime vision, which cannot be studied, but must ever be celestially granted. In the comic the gods see their own being reflected as in a mirror, and while the tragic poet is bound by strict laws, they will allow the comic artist a freedom as unlimited as their own. They do not even withhold their own existence from his sports. Jove may favour Lucianos of Samosata. As long as your mockery is in true godly taste you may mock at the gods and still remain a sound devotee. But in pitying, or condoling

Men den Digter, der beklager og ynker sin Gud, fornægter, ja tilintetgør ham. Han er den virkelige, gyselige Gudsbespotter."

"Ogsaa her paa Jorden," fortsatte han, "bør vi, – der kan siges at have sat os i Gudernes Sted, og som, saa vidt det lader sig gøre for Mennesker, har emanciperet os fra Nødvendigheden, – overlade Tragedien til vore Tjenere, og for vort eget Vedkommende, paa værdig Vis og i Skønhed, acceptere det komiske. Kun en raa og grusom Herre, en Parvenu, vil spøge med sine Tjeneres Nødtørft, eller paatvinge dem det komiske. Og kun en kleinmodig eller pedantisk Hersker, en petit-maître, vil, paa egne Vegne frygte og sky det komiske. Ja," sluttede han sin lange Tale, "den selvsamme Skæbne, der, idet den rammer Borgeren eller Bonden, tager tragisk Skikkelse, bliver, over for en sand Aristokrat, opløftet til Komik. Paa den Esprit, og paa den Gratie, hvormed vi da accepterer vor Skæbne, skal vor sande aristokratiske Natur kendes."

Adam kunde ikke holde sig fra at smile, ved saaledes at høre Komikens Pris i den alvorlige og pompøse Profets Mund, og i dette lille Smil tog han, for første Gang, Afstand fra sin Slægts Overhoved.

En Skygge faldt over Landskabet. Der var gaaet en stor Sky for Solen, Verden skiftede Farve under den, falmede og blegedes, – ja et Øjeblik syntes al Lyd at dø ud af den.

"Ah!" sagde den gamle Herre og saa op, "hvis det giver sig til at regne, hvis Kornet bliver vaadt, faar Ane Marie ikke Ageren mejet færdig i rette Tid. – Og hvem har vi der?" udbrød han, og drejede Hovedet lidt. Ledsaget af en Tjener kom en Mand i Ridestøvler og en stribet Vest med Sølvknapper, og med Hatten i Haanden, ned gennem Alléen. Han bukkede dybt, først for den gamle Herre og derefter for Adam.

"Min Ridefoged!" sagde den gamle Herre. "God Middag, Ridefoged. Hvad Nyt bringer I os?" Ridefogden gjorde en beklagende Gestus. "Slet Nyt, naadige Herre," sagde han. "Og hvordan det: – slet Nyt?" spurgte hans Herre. "Der er", sagde Ridefogden med Vægt, "ikke en Sjæl i Arbejde paa hele Gaarden, og ikke en Le i Gang uden, om man saa kan sige det, Ane Maries Segl her i Rugageren. Det er Slut med Høstarbejdet for i Dag, de er hver og een i Hælene paa hende. Det er en bedrøvelig Dag af den første Dag i Høsten at være." "Javist," sagde den gamle Herre. "Jeg har snakket godt for dem," sagde Ridefogden, "og jeg har bandet dem. Det

with your god, you deny and annihilate him, and such is the most horrible of atheisms.

"And here on earth, too," he went on, "we, who stand in lieu of the gods and have emancipated ourselves from the tyranny of necessity, should leave to our vassals their monopoly of tragedy, and for ourselves accept the comic with grace. Only a boorish and cruel master—a parvenu, in fact—will make a jest of his servants' necessity, or force the comic upon them. Only a timid and pedantic ruler, a *petit-maître,* will fear the ludicrous on his own behalf. Indeed," he finished his long speech, "the very same fatality, which, in striking the burgher or peasant, will become tragedy, with the aristocrat is exalted to the comic. By the grace and wit of our acceptance hereof our aristocracy is known."

Adam could not help smiling a little as he heard the apotheosis of the comic on the lips of the erect, ceremonious prophet. In this ironic smile he was, for the first time, estranging himself from the head of his house.

A shadow fell across the landscape. A cloud had crept over the sun; the country changed colour beneath it, faded and bleached, and even all sounds for a minute seemed to die out of it.

"Ah, now," said the old lord, "if it is going to rain, and the rye gets wet, Anne-Marie will not be able to finish in time. And who comes there?" he added, and turned his head a little.

Preceded by a lackey a man in riding boots and a striped waistcoat with silver buttons, and with his hat in his hand, came down the avenue. He bowed deeply, first to the old lord and then to Adam.

"My bailiff," said the old lord. "Good afternoon, Bailiff. What news have you to bring?" The bailiff made a sad gesture. "Poor news only, my lord," he said. "And how poor news?" asked his master. "There is," said the bailiff with weight, "not a soul at work on the land, and not a sickle going except that of Anne-Marie in this rye field. The mowing has stopped; they are all at her heels. It is a poor day for a first day of the harvest." "Yes, I see," said the old lord. The bailiff went on. "I have spoken kindly to them," he

hjælper lige meget, – de kunde lige saa gerne være stokdøve alle-sammen."

"Gode Ridefoged," sagde den gamle Herre, "lad dem i Fred. Denne Dag kan dog maaske gøre dem mere godt end mange andre. Hvor er Godske, Ane Maries Dreng?" "Vi har sat ham i den lille Stue over Hestestalden," sagde Ridefogden. "Nej, lad ham komme herned," sagde den gamle Herre. "Lad ham se sin Moder i Ar-bejde. – Men hvad siger nu I, bliver hun færdig i rette Tid?" "Hvis Herren spørger mig," sagde Ridefogden. "Jo, saa tror jeg, hun gør det. Hvem skulde vel have tænkt det? Hun er jo kun en lille Kone. Og det er til og med en Varme i Dag, som jeg daarligt husker Magen til. Jeg selv, Naadigherren selv, kunde ikke have gjort,hvad Ane Marie har gjort i Dag." "Nej, det kunde vi ikke, Ridefoged," sagde den gamle Herre.

Ridefogden trak et rødt Tørklæde frem, tørrede sit Ansigt i det, og fortsatte, noget roligere efter sit Harmeudbrud. "Ja," sagde han eftertænksomt. "Hvis de alle vilde arbejde, som Ane Marie arbejder i Dag, saa blev der nogen Profit paa Gaarden." "Javist," sagde den gamle Herre igen og sad stille, som om han i Hovedet regnede Profiten ud. "Og dog," sagde han, "hvad Profit og Tab angaar, saa er det nok sværere at regne dem ud, end det kan synes os. Jeg skal fortælle Jer noget, Ridefoged, som I maaske ikke ved: Det mest navnkundige Stykke Væv i hele Verden blev, altsom det vævedes om Dagen, trevlet op igen hver Nat. – Men nu," fortsatte han, "er Ane Marie nær herved. Kom, vi vil selv gaa derned, og tage hendes Arbejde i Øjesyn."

Skyen var igen trukket bort, Solen stod brændende hed lige over Marken, og da det lille Selskab kom ud af Skyggen af Alléen, faldt Middagsheden paa dem som Bly, Sveden sprang dem frem paa Panden og paa Hænderne, og deres Øjenlaag sved i den blændende Luft. Paa den snævre Marksti maatte de gaa een for een. Den gamle Herre skridtede forrest, i sin sorte Kjole, og Lakajen, i sit blaa og røde, galonerede Livré, sluttede Optoget.

Marken var virkelig, som Ridefogden havde sagt, fuld af Folk, og lignede en Markedsplads. Der var maaske hundrede Mennesker

said, "and I have sworn at them; it is all one. They might as well all be deaf."

"Good bailiff," said the old lord, "leave them in peace; let them do as they like. This day may, all the same, do them more good than many others. Where is Goske, the boy, Anne-Marie's son?" "We have set him in the small room by the barn," said the bailiff. "Nay, let him be brought down," said the old lord; "let him see his mother at work. But what do you say—will she get the field mowed in time?" "If you ask me, my lord," said the bailiff, "I believe that she will. Who would have thought so? She is only a small woman. It is as hot a day today as, well, as I do ever remember. I myself, you yourself, my lord, could not have done what Anne-Marie has done today." "Nay, nay, we could not, Bailiff," said the old lord.

The bailiff pulled out a red handkerchief and wiped his brow, somewhat calmed by venting his wrath. "If," he remarked with bitterness, "they would all work as the widow works now, we would make a profit on the land." "Yes," said the old lord, and fell into thought, as if calculating the profit it might make. "Still," he said, "as to the question of profit and loss, that is more intricate than it looks. I will tell you something that you may not know: The most famous tissue ever woven was ravelled out again every night. But come," he added, "she is close by now. We will go and have a look at her work ourselves." With these words he rose and set his hat on.

The cloud had drawn away again; the rays of the sun once more burned the wide landscape, and as the small party walked out from under the shade of the trees the dead-still heat was heavy as lead; the sweat sprang out on their faces and their eyelids smarted. On the narrow path they had to go one by one, the old lord stepping along first, all black, and the footman, in his bright livery, bringing up the rear.

The field was indeed filled with people like a market-place; there were probably a hundred or more men and women in it. To

forsamlede i den. Adam mindedes, ved Synet, Billederne i sin Barndoms Bibel: Jacobs Møde med Esau i Edom, eller Boas' Høstfolk i Bygmarken ved Bethlehem. Nogle af Folkene stod i Kanten af Marken, andre trængte sig i smaa Grupper omkring Kvindens Skikkelse, alt efter som den bevægede sig frem i Kornet, og nogle fulgte i hendes Spor, og bandt op hvor hun havde mejet, som om de mente herved at være hende behjælpelig i hendes Arbejde, eller som om det for dem for enhver Pris gjaldt om at faa Del i det. En ung Kone, med en Spand paa Hovedet, holdt sig tæt i Ane Maries Spor, og nogle halvvoksne Børn fulgte med hende. Et af Børnene fik allerførst Øje paa den gamle Herre og hans Følge, og pegede paa dem. Binderne lod da deres Neg synke, og idet den gamle Mand stod stille, samlede Folkene sig omkring ham.

Den Kvinde, paa hvem til nu alles Øjne havde hvilet, en ganske lille Midtfigur paa den store, aabne Scene, arbejdede sig langsomt og ujævnt fremefter gennem Rugen – krumbøjet, som om hun gik paa Knæene, og snublende, mens hun gik. Hendes blaa Hovedtørklæde var gledet tilbage og hang hende ned ad Ryggen, Sveden klæbede det graa Haar til hendes Hoved, og Støv og Straa sad i det. Hun var, tydeligvis, ganske uvidende om, at en Menneskemængde omgav hende, eller at hun blev fulgt og iagttaget, hun gik i Ageren, som om hun var alene der, paa en vanlig Arbejdsdag, og vendte heller ikke nu Hovedet eller Blikket mod de nysankomne.

Helt og holdent samlet om og fordybet i sit Arbejde strakte hun, igen og igen, den venstre Haand ud for at fatte om Kornet og den højre for at skære det af, i lange, ravende, vaklende Tag, som en Svømmer i Brændingen. Hendes svinglende Kurs førte hende saa nær til den gamle Herre, at hans Skygge faldt paa hende. I dette Øjeblik snublede hun, og svajede sidelæns, og den unge Kone, der fulgte hende i Hælene, løftede rask Spanden af Hovedet, og holdt den til hendes Læber. Ane Marie drak uden at slippe Seglen, og Vandet løb hende ud af Mundvigene. En halvvoksen Dreng, som havde holdt sig tæt til hende, bøjede i det samme det ene Knæ, og tog om Konens Hænder med sine, og idet han holdt og førte dem, skar han en Haandfuld Rug af for hende. "Nej, nej," sagde den gamle Herre. "Lad det være, min Dreng. Lad Ane Marie gøre sit Arbejde i Fred." Ved Lyden af hans Stemme løftede Konen, forundret og famlende, sit Ansigt imod ham.

Det benede, vejrbidte Ansigt var strimet af Sved og Støv, og Øj-

Adam the scene recalled pictures from his Bible: the meeting be-
tween Esau and Jacob in Edom, or Boas' reapers in his barley field
near Bethlehem. Some were standing by the side of the field, others
pressed in small groups close to the mowing woman, and a few fol-
lowed in her wake, binding up sheaves where she had cut the corn,
as if thereby they thought to help her, or as if by all means they
meant to have part in her work. A younger woman with a pail on
her head kept close to her side, and with her a number of half-
grown children. One of these first caught sight of the lord of the
estate and his suite, and pointed to him. The binders let their
sheaves drop, and as the old man stood still many of the onlookers
drew close round him.

The woman on whom till now the eyes of the whole field had
rested—a small figure on the large stage—was advancing slowly
and unevenly, bent double as if she were walking on her knees,
and stumbling as she walked. Her blue head-cloth had slipped
back from her head; the grey hair was plastered to the skull with
sweat, dusty and stuck with straw. She was obviously totally un-
aware of the multitude round her; neither did she now once turn
her head or her gaze towards the new arrivals.

Absorbed in her work she again and again stretched out her left
hand to grasp a handful of corn, and her right hand with the
sickle in it to cut it off close to the soil, in wavering, groping pulls,
like a tired swimmer's strokes. Her course took her so close to the
feet of the old lord that his shadow fell on her. Just then she stag-
gered and swayed sideways, and the woman who followed her
lifted the pail from her head and held it to her lips. Anne-Marie
drank without leaving her hold on her sickle, and the water, ran
from the corners of her mouth. A boy, close to her, quickly bent
one knee, seized her hands in his own and, steadying and guiding
them, cut off a gripe of rye. "No, no," said the old lord, "you must
not do that, boy. Leave Anne-Marie in peace to her work." At the
sound of his voice the woman, falteringly, lifted her face in his
direction.

The bony and tanned face was streaked with sweat and dust;

nene var dumme og halv brustne. Men der var ikke i dette Ansigt det ringeste Spor af Frygt eller Smerte. Midt imellem de spændte og oprevne Ansigter i Marken var Mejerskens eget ganske roligt, fredsommeligt og mildt. Munden var snerpet sammen i en kort og tynd Linje, et fint, taalmodigt lille Smil, som det, man ser i gamle Koners Ansigter, naar de sidder ved deres Rok eller Strikketøj, eller staar over deres Kat mens den drikker Mælk, optagne af deres Dont, og lykkelige i den. Da den unge Kvinde løftede Spanden fra hendes Mund, tog hun straks igen fat paa at meje, med en egen glubsk, smægtende Iver, som en Moder, der lægger Barnet til sit spændte Bryst. Og sammenbøjet, uden Øje eller Øre for Verden omkring hende, stangede hun sig videre frem i Kornet, med Ansigtet endnu en Gang dybt bøjet over Arbejdet.

Hele den store Skare af Tilskuere, og den lille Gruppe fra Pavillonen med dem, skred frem med hende, ganske langsomt som hun, som om de blev trukket i en Snor. Ridefogden, hvem den højtidelige Stilhed i Ageren faldt underligt for Brystet, sagde dæmpet til den gamle Herre: "Rugen folder nok bedre i Aar end i Fjor." Men den gamle Herre hørte ham ikke. Han gentog sin Bemærkning til Adam, og tilsidst til Tjeneren, der følte sig hævet over en Debat om Agerdyrkning, og kun rømmede sig til Svar.

Lidt efter brød Ridefogden igen Stilheden: "Der er Drengen," sagde han. "De har bragt ham herned." Idet han talte, faldt Ane Marie fremover paa sit Ansigt, og de, der var hende nærmest, løftede hende op.

Adam standsede brat op paa Stien, og dækkede Øjnene med Haanden. Hans Onkel spurgte ham, uden at vende sig, om han følte sig inkommoderet af Heden. "Nej," sagde Adam. "Men lad os vente et Øjeblik. Lad mig tale med Dem." Hans Onkel stoppede op, med Haanden paa Stokken, og idet han stadig saa fremefter, som om det var ham imod at blive standset.

"For Gud i Himlens Skyld!" udbrød den unge Mand paa Fransk. "Tving ikke den Kvinde til at blive ved!" Der var en kort Stilhed. "Men jeg tvinger hende ikke, min Ven," sagde hans Onkel paa samme Sprog. "Og jeg har ingensinde tvunget hende. Ifald hun, for tre Dage siden, her i Ageren, havde afslaaet min Proposition, – hvilken Ulykke var da vederfaredes hende? Slet ingen, uden den,

the eyes were dimmed. But there was not in its expression the slightest trace of fear or pain. Indeed amongst all the grave and concerned faces of the field hers was the only one perfectly calm, peaceful and mild. The mouth was drawn together in a thin line, a prim, keen, patient little smile, such as will be seen in the face of an old woman at her spinning-wheel or her knitting, eager on her work, and happy in it. And as the younger women lifted back the pail, she immediately again fell to her mowing, with an ardent, tender craving, like that of a mother who lays a baby to the nipple. Like an insect that bustles along in high grass, or like a small vessel in a heavy sea, she butted her way on, her quiet face once more bent upon her task.

The whole throng of onlookers, and with them the small group from the pavilion, advanced as she advanced, slowly and as if drawn by a string. The bailiff, who felt the intense silence of the field heavy on him, said to the old lord: "The rye will yield better this year than last," and got no reply. He repeated his remark to Adam, and at last to the footman, who felt himself above a discussion on agriculture, and only cleared his throat in answer. In a while the bailiff again broke the silence. "There is the boy," he said and pointed with his thumb. "They have brought him down." At that moment the woman fell forward on her face and was lifted up by those nearest to her.

Adam suddenly stopped on the path, and covered his eyes with his hand. The old lord without turning asked him if he felt incommoded by the heat. "No," said Adam, "but stay. Let me speak to you." His uncle stopped, with his hand on the stick and looking ahead, as if regretful of being held back.

"In the name of God," cried the young man in French, "force not this woman to continue." There was a short pause. "But I force her not, my friend," said his uncle in the same language. "She is free to finish at any moment." "At the cost of her child only," again

at hendes Søns Sag var gaaet sin Gang, efter Lands Lov og Ret, som en anden saadan Sag. Og det staar hende da endnu frit at slutte hvad Øjeblik hun selv vil." "Ja, paa Bekostning af hendes Barns Liv!" raabte Adam igen. "Ser De da ikke, at hun dør ? De ved ikke, hvad De gør, eller hvad dette vil bringe over Dem!"

Forbavset og fortørnet over den pludselige, ubeherskede Anklage vendte den gamle Herre sig, efter et Øjebliks Betænkning, helt omkring. Hans blege, klare Øjne mødte, med fornem Undren, den unge Mands Blik. Det lange, voksblege Ansigt, med de to symmetriske Haarbukler paa hver Side, havde i dette Øjeblik en ejendommelig Lighed med en værdig og stolt gammel Vædders. Han gjorde Tegn til Ridefogden om at gaa videre, Tjeneren trak sig derved ogsaa lidt tilbage, og Onkel og Nevø var saa at sige alene paa Markvejen. I et Minut eller to talte ingen af dem.

"Paa det Sted, hvor vi nu staar," sagde den gamle Herre med Højhed, "gav jeg Ane Marie mit Ord."

"Onkel," sagde Adam, "et Menneskeliv er en mere ophøjet Ting end et Ord. Jeg besværger Dem: Tag det Ord tilbage, som blev givet i et Lune, som et Indfald. Jeg beder Dem for Deres Skyld mere end for min egen, – og dog vil jeg være Dem taknemlig hele mit Liv, dersom De opfylder min Bøn."

"Du vil have lært i Skolen," sagde hans Onkel efter en Pause, "at i Begyndelsen var Ordet. Det blev maaske udtalt i et Lune, som et Indfald, derom siger Skriften os intet. Men dog er det Principet i vor Verdensorden, og dens Tyngdepunkt. Mit eget ringe Ord har været Principet i min egen Verden, og for det Land, hvorpaa vi staar, i mere end en Menneskealder. Min Faders Ord var det, før min Tid."

"De tager fejl!" raabte Adam. "Ordet er det skabende Princip, det udtrykker i sig selv Lidenskab, Mod, Fantasi. Ved det blev Verden til! Hvor højt staar ikke den skabende Kraft over alle hæmmende og indskrænkende Love. De vil selv, at det Land, hvorpaa vi staar, skal avle og yngle, saa forviis da ikke de Kræfter herfra, som frembringer og opholder Livet, og lad det ikke, af den kolde Legalitets Tyranni, forvandles til en Ørken! Gribes De dog ikke selv, idet De betragter disse Mennesker, – der er enfoldigere end De, og

cried Adam. "Do you not see that she is dying? You know not what you are doing, or what it may bring upon you."

The old lord, perplexed by this unexpected animadversion, after a second turned all round, and his pale, clear eyes sought his nephew's face with stately surprise. His long, waxen face, with two symmetrical curls at the sides, had something of the mien of an idealized and ennobled old sheep or ram. He made sign to the bailiff to go on. The footman also withdrew a little, and the uncle and nephew were, so to say, alone on the path. For a minute neither of them spoke.

"In this very place where we now stand," said the old lord, then, with hauteur, "I gave Anne-Marie my word."

"My uncle!" said Adam. "A life is a greater thing even than a word. Recall that word, I beseech you, which was given in caprice, as a whim. I am praying you more for your sake than for my own, yet I shall be grateful to you all my life if you will grant me my prayer."

"You will have learned in school," said his uncle, "that in the beginning was the word. It may have been pronounced in caprice, as a whim, the Scripture tells us nothing about it. It is still the principle of our world, its law of gravitation. My own humble word has been the principle of the land on which we stand, for an age of man. My father's word was the same, before my day."

"You are mistaken," cried Adam. "The word is creative—it is imagination, daring and passion. By it the world was made. How much greater are these powers which bring into being than any restricting or controlling law! You wish the land on which we look to produce and propagate; you should not banish from it the forces which cause, and which keep up life, nor turn it into a desert by dominance of law. And when you look at the people, simpler than

Naturen nærmere, og som ikke iagttager og gør Rede for, hvad de
tænker og føler, men hvis Liv er eet med selve Jordens Liv, – af
Medynk, af Ærbødighed, ja af Andagt? Denne Kvinde er rede til
at give sit Liv for sin Søns. Skal det nogensinde hænde for Dem
eller mig, at en Kvinde vil være rede til at do for vor Skyld? Og
hvis dette virkelig hændte os, skulde vi da tage os det saa let, at vi
nægtede til Gengæld at opgive et Dogme, var dette os nok saa
helligt?"

"Du er ung," sagde den gamle Herre langsomt. "En ny Tids-
alder vil sagtens give Dig sit Bifald. Jeg selv har nogle flere Aar paa
Bagen, – jeg var kommet til noget nær den Erfarenhed hvorudaf
Du nu taler, allerede forinden Du var født, – jeg har just foreholdt
Dig et mere end tusind Aar gammelt Skriftsted. Det er rimeligt at
min Visdom i Dine Øren maa klinge passé, og være til at smile ad,
eller at forarges over. Men i en kommende Tids Øren vil baade Din
og min Visdom klinge passé. Hav da Taalmodighed, lad os søge at
komme til Forstaaelse.

Tro mig, min gode, Almenvellet ligger mig paa Hjerte som det
gør Dig. Men skal vi vel, i vor Omsorg for le bien commun, kun
se os omkring, til de Mennesker der i Dag tilfældig omgiver os, og
ikke hverken frem eller tilbage? De henfarne Slægter er, naar vi ret
betænker det, i Flertal, – nuvel," tilføjede han, da Adam gjorde en
Bevægelse, "lad dem hvile, som de har fortjent det. Men de kom-
mende Generationer er dog bestandig i Flertal, og idet vi taler om
de manges Velfærd maa vi lade dem have det sidste Ord. Kong
Farao, har jeg læst, lod hundrede Tusinde af sine ægyptiske Under-
saatter trælle og lide ondt for at bygge ham en Pyramide. Han
kunde, for de samme Midler, have uddelt Brød og Vin til dem, han
kunde have ladet dem arbejde for dem selv, i deres egne Kaalhaver,
og være blevet velsignet af dem. Men med alt dette vilde det dog
ikke i Dag have forholdt sig anderledes med dem end det gør, – de
vilde alle være døde og borte. Og hundrede Slægtled har, siden
Faraos Dage, løftet deres Øjne til Pyramiden, og med Stolthed for-
nemmet den som deres egen. En Daad, min Nevø, – lad den være
blevet bragt til Veje med Taarer, – er dog en Sparepenge for de
kommende Slægter at tære paa, den er, i de trange Tider, Folket et
Brød.

Men den rette Indsigt i disse Ting," blev den gamle Herre ved,
"er ikke hver Mands Sag. Den kan ikke med Billighed kræves af

we and nearer to the heart of nature, who do not analyse their feelings, whose life is one with the life of the earth, do they not inspire in you tenderness, respect, reverence even? This woman is ready to die for her son; will it ever happen to you or me that a woman willingly gives up her life for us? And if it did indeed come to pass, should we make so light of it as not to give up a dogma in return?"

"You are young," said the old lord. "A new age will undoubtedly applaud you. I am old-fashioned, I have been quoting to you texts a thousand years old. We do not, perhaps, quite understand one another. But with my own people I am, I believe, in good understanding. Anne-Marie might well feel that I am making light of her exploit, if now, at the eleventh hour, I did nullify it by a second word. I myself should feel so in her place. Yes, my nephew, it is possible, did I grant you your prayer and pronounce such an amnesty, that I should find it void against her faithfulness, and that we would still see her at work, unable to give it up, as a shuttle in the rye field, until she had it all mowed. But she would then be a shocking, a horrible sight, a figure of unseemly fun, like a small planet running wild in the sky, when the law of gravitation had been done away with."

saadanne enfoldige Mennesker som, saavel hvor det gælder Brødet, som hvad deres Passioner, Haab og hele Eksistens anbelanger, lever, som man siger, fra Haanden og i Munden. Den vil alene være at finde hos dem, der har taget Arv fra Fortiden, og som ved, at de vil bestaa ogsaa i de Tider der skal komme. Disse Almuefolk, hvis Liv er eet med Jordens, og om hvem Du har talt med saa megen Enthusiasme, hvad Gavn gør vi dem vel, om ikke just denne, – at de trygt kan give sig deres Dont i Vold, og lide paa at vi vil sørge for le bien commun, ikke blot i Landet, men i Tiden, og at vi, paa deres Vegne, tager Vare paa Fremtiden? – Og ser Du nu, min gode Nevø, – hvor Du og jeg har Umag med at forklare os for hinanden, der er, tror jeg, mine egne Folk og jeg, uden Forklaring, i god Forstaaelse. Ane Marie kunde mene at jeg tog mig hendes Møje let, om jeg nu, i den elvte Time, saa at sige ophævede og tilintetgjorde den med et andet, et nyt Ord. Jeg selv vilde føle saaledes i hendes Sted. Ja, det kan meget vel tænkes, ifald jeg virkelig gav et saadant Ord, at jeg vilde finde det magtesløst over for denne Kones Trofasthed, saa at hun, selv efter at det var udtalt, vilde være ude af Stand til at opgive sit Forsæt, før det var fuldbragt. Vi vilde maaske dog endnu bestandig se hende løbe frem og tilbage som en Skyttel i Ageren, indtil den var færdigmejet. Men hun vilde da være et gyseligt, et forargeligt Syn, en Figur af usømmelig Komik, – som en lille Planet, der løber løbsk i Verdensrummet, efter at Tyngdeloven er blevet ophævet."

"Og hvis hun dør under Arbejdet," udbrød Adam, "da maa hendes Blod komme over Deres Hoved."

Den gamle Herre tog sin Hat af, og lod blidt den tynde Haand glide over sit friserede og pudrede Hoved. "Over mit Hoved?" sagde han. "Jeg har holdt dette gamle Hoved oppe i mange Slags Vejr. Endogsaa," tilføjede han stolt, "imod den kolde Vind fra de højeste Steder. Under hvilken Form vil det være at se paa mit Hoved, gode Nevø?" "Jeg ved det ikke," raabte Adam i Fortvivlelse. "Jeg har forsøgt at vare Dem ad. Gud alene ved det!" "Amen," sagde den gamle Herre med et lille fint, indbildsk Smil. "Kom, vi vil gaa videre." Adam trak Vejret dybt.

"Nej," sagde han paa Dansk. "Jeg kan ikke gaa videre med Dem. Denne Mark er Deres, det maa gaa her, som De vil det. Men jeg maa bort herfra. Jeg beder Dem, lad mig faa en Vogn til Byen i

"And if she dies at her task," Adam exclaimed, "her death, and its consequences will come upon your head."

The old lord took off his hat and gently ran his hand over his powdered head. "Upon my head?" he said. "I have kept up my head in many weathers. Even," he added proudly, "against the cold wind from high places. In what shape will it come upon my head, my nephew?" "I cannot tell," cried Adam in despair. "I have spoken to warn you. God only knows." "Amen," said the old lord with a little delicate smile. "Come, we will walk on." Adam drew in his breath deeply.

"No," he said in Danish. "I cannot come with you. This field is yours; things will happen here as you decide. But I myself must go away. I beg you to let me have, this evening, a coach as far as

Aften. Jeg kan ikke sove endnu en Nat under Deres Tag, – som jeg har æret fremfor noget Tag i Verden." Saa mange modstridende Følelser trængtes, ved hans egne Ord, i Adams Bryst, at det var ham umuligt at samle dem i Sætninger, og han tav.

Den gamle Herre var allerede gaaet nogle Skridt videre ad Stien. Nu stod han stille, og Tjeneren med ham. I nogle Minuter forblev han ganske tavs, som for at give Adam Tid til at besinde sig. Men den unge Mands Sind var i Oprør, og han kunde ikke besinde sig.

"Maa vi da," spurgte den gamle Mand paa Dansk, "tage Afsked med hinanden her i Rugmarken? Du har været mig kær, næst efter min egen Søn. Jeg har fulgt din Karriere fra Aar til Aar, og har været stolt af dig. Jeg var glad, da du nylig meldte mig dit Besøg. Hvis du nu igen vil rejse herfra, da kan jeg kun ønske dig Held, og Lykke paa Rejsen." Han skiftede Spadserestokken fra højre til venstre Haand, og saa alvorligt Adam i Ansigtet.

Adams Blik mødte ikke den gamle Herres, han stirrede ud over Landskabet. I den sene Eftermiddags gyldne Lys fik det langsomt alle sine Farver igen, som et Maleri, der stilles til Rette. I Moserne stod de smaa sorte Tørvestakke, hver for sig, levende paa Grønsværen. Tidligt denne Morgen havde han hilst det altsammen, som et Barn, der leende løber i sin Moders Favn. Nu, saa kort efter, maatte han rive sig løs fra det, i Uoverensstemmelse, og for evigt. I Afskedens Øjeblik var det ham dyrebarere end nogensinde før, saa sælsom forskønnet og højtideliggjort af den forestaaende Skilsmisse, at det nu laa udbredt foran ham som et Drømmelandskab, en Egn i Paradis, og han knap kunde tro, at det var det samme som tidligere. Men det var det samme. Der laa Skoven, hans Barndoms lykkelige Jagtegne, og der, – der løb den Vej, han havde redet ad i Dag.

"Men sig mig dog," sagde den gamle Herre, bestandig meget langsomt, "hvorhen du rejser, naar du tager bort herfra? Du siger, at du maa forlade mig. Jeg har selv rejst i mine Dage, jeg kender Ordet: forlade. Men jeg har lært, at dette Ord i Virkeligheden kun har Mening for det Sted og for de Mennesker, man forlader. Naar du har forladt mit Hus, da vil, – skønt det ser dig rejse bort med Sorg, – for dets Vedkommende Sagen være tilendebragt og afsluttet. Men for den, der rejser bort, stiller den sig anderledes, og er

town. For I could not sleep another night under your roof, which I have honoured beyond any on earth." So many conflicting feelings at his own speech thronged in his breast that it would have been impossible for him to give them words.

The old lord, who had already begun to walk on, stood still, and with him the lackey. He did not speak for a minute, as if to give Adam time to collect his mind. But the young man's mind was in uproar and would not be collected.

"Must we," the old man asked, in Danish, "take leave here, in the rye field ? I have held you dear, next to my own son. I have followed your career in life from year to year, and have been proud of you. I was happy when you wrote to say that you were coming back. If now you will go away, I wish you well." He shifted his walking-stick from the right hand to the left and gravely looked his nephew in the face.

Adam did not meet his eyes. He was gazing out over the land-scape. In the late mellow afternoon it was resuming its colours, like a painting brought into proper light; in the meadows the little black stacks of peat stood gravely distinct upon the green sward. On this same morning he had greeted it all, like a child running laughingly to its mother's bosom; now already he must tear himself from it, in discordance, and forever. And at the moment of parting it seemed infinitely dearer than any time before, so much beautified and solemnized by the coming separation that it looked like the place in a dream, a landscape out of paradise, and he wondered if it was really the same. But, yes—there before him was, once more, the hunting-ground of long ago. And there was the road on which he had ridden today.

"But tell me where you mean to go from here," said the old lord slowly. "I myself have travelled a good deal in my days. I know the word of leaving, the wish to go away. But I have learned by experience that, in reality, the word has a meaning only to the place and the people which one leaves. When you have left my house—although it will see you go with sadness—as far as it is con-cerned the matter is finished and done with. But to the person who goes away it is a different thing, and not so simple. At the moment

ikke saa simpel. For idet du forlader eet Sted, vil du efter Naturens Orden allerede være paa Vej til et andet, – til et eller andet Sted, – her paa Jorden. Lad mig da, for vort Slægtskabs og vort gamle Venskabs Skyld, vide, til hvilket Sted, du har tænkt dig at rejse. Tager du til England?"

"Nej," sagde Adam. Han følte, at han aldrig igen kunde vende tilbage til England og til sit sorgløse Liv der. England var ikke langt nok borte. Et dybere Vand end Nordsøen maatte lægges mellem ham og Danmark. "Nej, ikke til England," sagde han. "Jeg rejser til Amerika, til den nye Verden." Han lukkede Øjnene, og prøvede at forestille sig en Tilværelse i Amerika, med det atlantiske Ocean mellem ham og disse Marker og Enge, og Stien gennem Skoven, som han kendte saa godt.

"Til Amerika?" sagde hans Onkel, og trak Øjenbrynene let i Vejret. "Jeg har hørt om Amerika. De har Frihed der, et stort Vandfald, vilde, røde Mennesker. Man skyder Kalkuner i Amerika, har jeg læst, som vi skyder Agerhøns. Javist, hvis din Hu staar til Amerika, saa rejs derover, Nevø. Og maatte du da blive lykkelig i den nye Verden." – "Lykkelig!" tænkte Adam.

Den gamle Herre stod en Stund i Tanker, som om han allerede havde sendt sin Nevø til Amerika, og gjort op med ham for bestandig. Da han endelig talte, kom hans Ord mere henvendt til ham selv end til den unge Mand, som en Enetale, og saaledes som den taler, der ser de andre rejse bort og selv bliver.

"Og tag da Tjeneste der," sagde han, "hos den Magt, som vil give dig et bedre Vilkaar end dette: at du med dit eget Liv kan købe din Søns."

Adam havde ikke hørt sin Onkels Bemærkninger om Amerika. Men de afsluttende, højtidelige Ord fangede hans Øre, han saa op. Som for første Gang i sit Liv opfattede han den gamle Mands Skikkelse samlet og som en Helhed og saa, hvor lille han var, hvor meget mindre end han selv, bleg, en smal, sort Eneboer paa sit eget Land. En Tanke løb gennem hans Hoved: "Hvor forfærdeligt at være gammel!" Den Harme og Afsky mod Tyrannen, og den dumpe, gaadefulde Frygt paa hans Vegne, som havde fulgt ham

that he leaves one place he will be already, by the laws of life, on his way to another, upon this earth. Let me know, then, for the sake of our old acquaintance, to which place you are going when you leave here. To England?"

"No," said Adam. He felt in his heart that he could never again go back to England or to his easy and carefree life there. It was not far enough away; deeper waters than the North Sea must now be laid between him and Denmark. "No, not to England," he said. "I shall go to America, to the new world." For a moment he shut his eyes, trying to form to himself a picture of existence in America, with the grey Atlantic Ocean between him and these fields and woods.

"To America?" said his uncle and drew up his eyebrows. "Yes, I have heard of America. They have got freedom there, a big water-fall, savage red men. They shoot turkeys, I have read, as we shoot partridges. Well, if it be your wish, go to America Adam, and be happy in the new world."

He stood for some time, sunk in thought, as if he had already sent off the young man to America, and had done with him. When at last he spoke, his words had the character of a monologue, enunciated by the person who watches things come and go, and himself stays on.

"Take service, there," he said, "with the power which will give you an easier bargain than this: That with your own life you may buy the life of your son."

Adam had not listened to his uncle's remarks about America, but the conclusive, solemn words caught his ear. He looked up. As if for the first time in his life, he saw the old man's figure as a whole, and conceived how small it was, so much smaller than himself, pale, a thin black anchorite upon his own land. A thought ran through his head: "How terrible to be old!" The abhorrence of the tyrant, and the sinister dread on his behalf, which had followed him

Dagen igennem, veg igen fra ham, og hans dybe Medfølelse med hele Skabningen syntes at udvides, og at omfatte ogsaa den lille mørke Skikkelse foran ham.

Hans Væsen havde i stor Vaande raabt paa Harmoni. Nu kom, med Muligheden af at kunne tilgive og forsones, en vag Følelse af Lettelse over ham, halv svimmel genkaldte han sig Billedet af Ane Marie, der drak det Vand, man holdt til hendes Mund. Han tog sin Hat af, ligesom hans Onkel for lidt siden havde gjort, – saa at det, for en Tilskuer i nogen Afstand, maatte tage sig ud, som om de to mørkklædte Herrer paa Markvejen gentagne Gange, og med dyb Respekt, hilste paa hinanden, – og strøg sit Haar, der var vaadt af Sved, fra Panden. Endnu en Gang klang Melodien fra Havestuen i hans Tanker:

> "Mourir pour ce qu'on aime
> C'est un trop doux effort!"

Han stod længe i dyb Tavshed, brød et Par Rugaks af, beholdt dem paa Haandfladen, og betragtede dem.

Han saa i dette Øjeblik, tænkte han, Livets Veje som et sammen-tvundet og indviklet Væv, en Labyrint. Det var ikke ham eller nogen dødelig givet at rede det ud, eller at skille Vævets Traade ad. Liv og Død, Lykke og Ulykke, Fortid og Fremtid, var sammen-føjede i Mønstret. Og dog kunde dette Mønster, af de indviede, tydes paa samme Maade som vore Bogstavtegn, der for en vild Mand maa synes forvirrede og meningsløse, kan læses af en Skole-dreng. Og ud af de modstridende Tegn opstaar Orden, Sammen-spil, en skøn Akkord.

Alt, der lever, maa lide. Den gamle Mand, som han nylig havde dømt saa haardt, havde lidt, i lange Aar, mens han saa sin Søn dø for sine Øjne, og frygtede hvad der for ham betød Udslettelsen af hans eget Væsen. Han selv vilde komme til at kende Fortvivlelse, Taarer og Anger, og, just gennem dem, Livets Fylde og Skønhed. Og saaledes var maaske ogsaa nu, for Kvinden i Ageren, hendes Smertensgang et Triumftog. Thi at dø for den, man elsker, det var en Id, altfor salig til at udtrykkes i Ord.

Idet han nu lod sine Tanker løbe saa vidt omkring, og stræbte at erkende og forstaa alt, saa han tydeligt, at han hele sit Liv igen-

all day, seemed to die out of him, and his pity with all creation to extend even to the sombre form before him.

His whole being had cried out for harmony. Now, with the possibility of forgiving, of a reconciliation, a sense of relief went through him; confusedly he bethought himself of Anne-Marie drinking the water held to her lips. He took off his hat, as his uncle had done a moment ago, so that to a beholder at a distance it would seem that the two dark-clad gentlemen on the path were repeatedly and respectfully saluting one another, and brushed the hair from his forehead. Once more the tune of the garden-room rang in his mind:

> *"Mourir pour ce qu'on aime*
> *C'est un trop doux effort..."*

He stood for a long time immobile and dumb. He broke off a few ears of rye, kept them in his hand and looked at them.

He saw the ways of life, he thought, as a twined and tangled design, complicated and mazy; it was not given him or any mortal to command or control it. Life and death, happiness and woe, the past and the present, were interlaced within the pattern. Yet to the initiated it might be read as easily as our ciphers—which to the savage must seem confused and incomprehensible—will be read by the schoolboy. And out of the contrasting elements concord rose. All that lived must suffer; the old man whom he had judged hardly, had suffered, as he had watched his son die, and had dreaded the obliteration of his being. He himself would come to know ache, tears and remorse, and, even through these, the fullness of life. So might now, to the woman in the rye field, her ordeal be a triumphant procession. For to die for the one you loved was an effort too sweet for words

As now he thought of it, he knew that all his life he had sought

nem bestandig havde søgt Enheden i Verden, den Hemmelighed, der knytter alle Tilværelsens Foreteelser sammen, og gør dem til eet. Det var denne ubevidste Higen, der undertiden havde faaet ham til at staa stille midt i sine jævnaldrendes Lege, og til andre Tider, – i Maaneskinsnætter, i hans lille Baad paa Søen, – havde fyldt ham med bævende Henrykkelse. Hvor hans Venner, i deres Adspredelser og Kærlighedseventyr, havde søgt Modsætning og Afveksling, havde han stræbt efter at komme til Klarhed over Livets Enhed. Hvis hans Skæbne var blevet anderledes, hvis hans unge Fætter ikke var død, og de Begivenheder, som fulgte, ikke havde bragt ham hjem til Danmark, da havde maaske hans Længsel efter Harmoni ført ham til Amerika, og maaske havde han fundet den der, i den ny Verdens jomfruelige Skove. Nu var den blevet ham aabenbaret i Dag, her paa dette Sted, hvor han havde leget som Barn. Saaledes som Melodien er eet med den Stemme, der synger den, som Vejen er eet med Maalet, som to elskende bliver eet i deres Omfavnelse, saaledes er Mennesket eet med sin Skæbne, og maa elske den, som det elsker sig selv.

Han saa igen op, langt ud mod Horisonten. Hvis han vilde, da kunde han nok forklare sig, hvad det var, som havde bragt ham til denne Indsigt, til Forsoning med Verden, og Forstaaelse af dens Væsen. I Morges tidligt havde han, flygtigt og for sin egen Fornøjelse, gjort sig Betragtninger over sin Samhørighed med disse Marker og Skove, med Jorden selv, og det havde været Begyndelsen til alt, hvad der senere var hændt ham. Men i Dagens Løb var hans Erkendelse jo vokset, og havde faaet Magt over ham, ja den havde gennemtrængt hans Væsen og forvandlet ham, saaledes som han havde læst og hørt, at Mennesker forvandles i en religiøs Omvendelse. Engang med Tiden vilde han nok søge at forklare sig Sammenhængen i sine Oplevelser, for Loven om Aarsag og Virkning er et fængslende og aandfuldt Studium. Men ikke nu. I denne Time kunde han ikke iagttage eller gøre sig Rede for, hvad han følte.

"Nej," sagde han tilsidst. "Hvis De ønsker det, vil jeg ikke rejse. Jeg skal blive her."

I dette Øjeblik brød et fjernt Tordenbrag Eftermiddagens Stilhed. Det rullede længe mellem de lave Bakker, og genlød i den unge Mands Bryst med en Magt, som om han var blevet grebet og rystet af en Haand. Landskabet selv havde talt. Han huskede, at han tolv

the unity of things, the secret which connects the phenomena of existence. It was this strife, this dim presage, which had sometimes made him stand still and inert in the midst of the games of his playfellows, or which had, at other moments—on moonlight nights, or in his little boat on the sea—lifted the boy to ecstatic happiness. Where other young people, in their pleasures or their amours, had searched for contrast and variety, he himself had yearned only to comprehend in full the oneness of the world. If things had come differently to him, if his young cousin had not died, and the events that followed his death had not brought him to Denmark, his search for understanding and harmony might have taken him to America, and he might have found them there, in the virgin forests of a new world. Now they have been disclosed to him today, in the place where he had played as a child. As the song is one with the voice that sings it, as the road is one with the goal, as lovers are made one in their embrace, so is man one with his destiny, and he shall love it as himself.

He looked up again, towards the horizon. If he wished to, he felt, he might find out what it was that had brought to him, here, the sudden conception of the unity of the universe. When this same morning he had philosophized, lightly and for his own sake, on his feeling of belonging to this land and soil, it had been the beginning of it. But since then it had grown; it had become a mightier thing, a revelation to his soul. Some time he would look into it, for the law of cause and effect was a wonderful and fascinating study. But not now. This hour was consecrated to greater emotions, to a surrender to fate and to the will of life.

"No," he said at last. "If you wish it I shall not go. I shall stay here."

At that moment a long, loud roll of thunder broke the stillness of the afternoon. It re-echoed for a while amongst the low hills, and it reverberated within the young man's breast as powerfully as if he had been seized and shaken by hands. The landscape had spoken. He remembered that twelve hours ago he had put a

Timer tidligere havde stillet et Spørgsmål til det. Nu svarede det ham.

Hvad dette Svar indeholdt, vidste han ikke, – heller ikke søgte han at faa det at vide. I sit Løfte til den gamle Mand havde han overgivet sig til Verdens høje, mystiske Magter. Nu maatte det komme, der skulde komme.

"Jeg takker dig, gode Nevø," sagde den gamle Herre, og gjorde en lille stiv Bevægelse med Haanden imod den unge Mand. "Det er mig en oprigtig Tilfredsstillelse at høre dig tale saaledes. Vi skulde dog ikke lade Forskellen i vor Alder, eller i vore Synspunkter, skille ad, hvad der, ud over enhver Tid og enhver Opfattelse, hører sammen ved Blodet, gennem Jorden og gennem det Navn selv, som vi begge bærer. I vor Slægt har vi bestandig, i hundrede Aar, holdt Tro og Love mod hinanden. Og min Broder og jeg var altid Venner."

Noget i hans Onkels Ord vakte hos den unge Mand et svagt Ekko af Eftermiddagens Uro og Smerte. Han viste det fra sig, han vilde ikke lade nogen Tone skurre ind i den Lykke, eller i det Haab, hvormed hans Beslutning om at blive, fyldte ham.

"Jeg maa gaa videre nu," sagde den gamle Herre, "men hvorfor vil du gaa med mig, naar det er dig saa haardt imod? Jeg skal i Morgen fortælle dig, hvorledes denne Sag er blevet ført til Ende."

"Nej," sagde Adam, "jeg kommer tilbage ved Solnedgang, for selv at se det."

Han kom dog ikke tilbage. Han bevarede vel Klokkeslettet i Erindringen, og Aftenen igennem lagde hans Sinds stærke Bølgegang, og den Lidenskab, hvormed han i Tankerne fulgte Dramaet derudenfor, forhøjet Liv og Magt i hans Tale, Blik og Bevægelser. Men han var, tænkte han, i Stuerne heroppe, og mens han akkompagnerede sin Tante til Alceste's Arie, lige saa fuldt i Begivenhedernes Midtpunkt, og lige saa tæt ved de Mennesker, hvis Skæbne de afgjorde, som om han havde staaet ved sin Onkels Side, i Rugageren. Ane Marie og han var, som alt levende, i Skæbnens Haand, hinandens Lige og i Aften hinanden nær, og Skæbnen vilde, ad forskellige Veje, føre hver af dem til det bestemte Maal.

Siden huskede han, at han den Aften havde tænkt saaledes.

Men den gamle Herre blev i Ageren. Sent ud paa Eftermiddagen fik han en Idé. Han kaldte sin Kammertjener ned i Pavillonen og

question to it, half in jest, and not knowing what he did. Here it gave him its answer.

What it contained he did not know; neither did he inquire. In his promise to his uncle he had given himself over to the mightier powers of the world. Now what must come must come.

"I thank you," said the old lord, and made a little stiff gesture with his hand. "I am happy to hear you say so. We should not let the difference in our ages, or of our views, separate us. In our family we have been wont to keep peace and faith with one another. You have made my heart lighter."

Something within his uncle's speech faintly recalled to Adam the misgivings of the afternoon. He rejected them; he would not let them trouble the new, sweet felicity which his resolution to stay had brought him.

"I shall go on now," said the old lord. "But there is no need for you to follow me. I will tell you tomorrow how the matter has ended." "No," said Adam, "I shall come back by sunset, to see the end of it myself."

All the same he did not come back. He kept the hour in his mind, and all through the evening the consciousness of the drama, and the profound concern and compassion with which, in his thoughts, he followed it, gave to his speech, glance and movements a grave and pathetic substance. But he felt that he was, in the rooms of the manor, and even by the harpsichord on which he accompanied his aunt to her air from *Alceste,* as much in the centre of things as if he had stood in the rye field itself, and as near to those human beings whose fate was now decided there. Anne-Marie and he were both in the hands of destiny, and destiny would, by different ways, bring each to the designated end.

Later on he remembered what he had thought that evening.

But the old lord stayed on. Late in the afternoon he even had an idea; he called down his valet to the pavilion and made him shift

lod sig der klæde om fra yderst til inderst, og iføre en leverfarvet Brokadeskjole, som han i sin Tid havde baaret ved Hoffet. Han lod sig Kammerdugsskjorten løfte over Hovedet og stak sine smalle Ben frem for at faa Silkestrømper og Spændesko trukket paa dem. Saaledes, i høj Gala spiste han til Middag, alene i Pavillonen, og spiste kun lidt, men drak en Flaske Rhinskvin for at holde sig i Vigueur.

Nu voksede Skyggerne og blev azurblaa langs med alle østlige Skraaninger og Skovbryn. Fra de enkeltstaaende Træer i Korn-markerne fløod en lang Pøl af Skygge ud i Kornet, og hvor den gamle Herre skred frem i Marken, fulgte en uendelig forlænget, tynd, bevægelig Figur efter ham paa Stien. Engang stod han stille, og blev staaende en Stund. Han syntes at høre en Lærke højt over sit Hoved, en foraarsagtig Melodi. Hans trætte Hoved fastholdt ikke længere klart Aarstid eller Klokkeslet, det forekom ham, at han stod stille her, alene, midt i Evigheden.

Folkene i Rugmarken var ikke mere tavse som om Eftermidda-gen, nogle af dem talte højt og ivrigt, og lidt borte var der en Kvinde, der græd.

Da Ridefogden saa sin Herre paa Stien, kom han op til ham og fortalte ham, i stærk Bevægelse, at Ane Marie, saa vidt han kunde skønne, vilde faa Marken færdig i mindre end et Kvarters Tid.

"Er Skytten og Hjulmanden fra Rødmose her?" spurgte den gamle Herre. "De har været her," sagde Ridefogden, "og er gaaet bort igen, fem Gange. Hver Gang har de sagt, at nu kom de ikke tilbage. Men de kom dog tilbage, og de er her nu." "Og hvor er Drengen?" spurgte den gamle Herre. "Han er med sin Moder," sagde Ridefogden. "Jeg har ladet ham gaa med hende hele Dagen, og I kan se ham dernede nu."

Ane Marie kom op imod dem i en jævnere Kurs end om Efter-middagen, men ubeskrivelig langsomt, saa at man næppe kunde se, at hun bevægede sig, og som om hun hvert Øjeblik skulde gaa helt i Staa. Denne overdrevne, fantastiske Nølen vilde, tænkte den gamle Herre, hvis den var udført med Vilje, have været en uforlig-nelig Kunstpræstation. Man kunde tænke sig Kejseren af Kina skride frem i samme Rytme, i en hellig Procession, efter et tusind-aarigt Ritual.

Han skyggede med Haanden for Solen. Den stod nu lige over Horisonten, og dens sidste Straaler lod en Vrimmel af glimrende,

his clothes on him and dress him up in a brocaded suit that he had worn at Court. He let a lace-trimmed shirt be drawn over his head and stuck out his slim legs to have them put into thin silk stockings and buckled shoes. In this majestic attire he dined alone, of a frugal meal, but took a bottle of Rhenish wine with it, to keep up his strength. He sat on for a while, a little sunk in his seat; then, as the sun neared the earth, he straightened himself, and took the way down to the field.

The shadows were now lengthening, azure blue along all the eastern slopes. The lonely trees in the corn marked their site by narrow blue pools running out from their feet, and as the old man walked a thin, immensely elongated reflection stirred behind him on the path. Once he stood still; he thought he heard a lark singing over his head, a spring-like sound; his tired head held no clear perception of the season; he seemed to be walking, and standing, in a kind of eternity.

The people in the field were no longer silent, as they had been in the afternoon. Many of them talked loudly among themselves, and a little farther away a woman was weeping.

When the bailiff saw his master, he came up to him. He told him, in great agitation, that the widow would, in all likelihood, finish the mowing of the field within a quarter of an hour.

"Are the keeper and the wheelwright here?" the old lord asked him. "They have been here," said the bailiff, "and have gone away, five times. Each time they have said that they would not come back. But they have come back again, all the same, and they are here now." "And where is the boy?" the old lord asked again. "He is with her," said the bailiff. "I have given him leave to follow her. He has walked close to his mother all the afternoon, and you will see him now by her side, down there."

Anne-Marie was now working her way up towards them more evenly than before, but with extreme slowness, as if at any moment she might come to a standstill. This excessive tardiness, the old lord reflected, if it had been purposely performed, would have been an inimitable, dignified exhibition of skilled art; one might fancy the Emperor of China advancing in like manner on a divine procession or rite. He shaded his eyes with his hand, for the sun was now just beyond the horizon, and its last rays made light, wild,

mangefarvede Pletter svirre for Øjnene af ham. Med en saadan magisk Glans gennemglødede den Luft og Jord, at Landskabet blev en luende Smeltedigel af ædle Metaller. Enge og Kløvermarker var klart Guld, og Bygmarken noget borte, med de lange Vipper, en Sø af lødigt, fint, flydende Sølv.

Der var kun en smal Stribe Rug paa Roden paa hele Ageren, da Ane Marie, urolig ved en Forandring i Lyset om hende, drejede Hovedet lidt for at se paa Solen. Hun standsede ikke imens i Arbejdet, men greb om en Haandfuld Korn og skar den af, og tog straks efter om en anden, og om endnu en Haandfuld. En Lyd som et mangefoldigt, dybt Suk løb gennem Folkemængden i Marken. De sidste Aks var faldet for Konens Haand. Ageren var nu mejet fra Ende til anden. Kun Mejersken selv forstod det ikke. Hun strakte endnu en Gang Armen frem, og da hun ikke fandt noget at tage om, forandredes hendes Ansigt, tøvende, i et Udtryk af Forundring og Skuffelse. Det bevarede dette grublende, dadlende Udtryk et Minut eller to, indtil det igen blev stille og ganske tomt, et træt Menneskes Ansigt. Saa lod hun Armene falde og sank langsomt ned paa Knæ.

Mange af Kvinderne omkring hende brast i høj Graad, og Sværmen trak sig nærmere sammen om hende, og lod kun et Rum aabent der, hvor den gamle Herre stod. Først nu syntes Ane Marie at blive opmærksom paa de mange Menneskers Nærværelse omkring sig, og deres pludselige Tilsynekomst forskrækkede hende, – hun gjorde en svag afværgende Bevægelse for at holde dem borte, som i Frygt for, at de skulde røre ved hende. Hendes Søn, der, idet hun standsede i sit Arbejde, var løbet hen til hende, faldt nu paa Knæ ved Siden af hende. Heller ikke han turde røre hende, men han holdt sin højre Arm lidt fra hende, bag hendes Ryg og den venstre foran hende, i Højde med hendes Kraveben, og altimens græd og hulkede han højt. I dette Øjeblik gik Solen ned.

Den gamle Herre gjorde et Skridt frem, og tog sin Hat af. Folket omkring ham blev ganske stille, de ventede, at han skulde tale, men i nogle Minutter stod han tavs. Saa talte han, meget langsomt og højtideligt.

"Hendes Søn er fri, Ane Marie!" sagde han. Han ventede lidt, og tilføjede: "Hun har gjort et godt Dagværk i Dag, som vi længe vil mindes."

Ane Marie løftede, som med Besvær, sit Blik saa højt som hans

many-coloured specks dance before his sight. With such splendour did the sunset emblazon the earth and the air that the landscape was turned into a melting-pot of glorious metals. The meadows and the grasslands became pure gold; the barley field near by, with its long ears, was a live lake of shining silver.

There was only a small patch of straw standing in the rye field, when the woman, alarmed by the change in the light, turned her head a little to get a look at the sun. The while she did not stop her work, but grasped one handful of corn and cut it off, then another and another. A great stir, and a sound like a manifold, deep sigh, ran through the crowd. The field was now mowed from one end to the other. Only the mower herself did not realize the fact; she stretched out her hand anew, and when she found nothing in it, she seemed puzzled or disappointed. Then she let her arms drop, and slowly sank to her knees.

Many of the women burst out weeping, and the swarm drew close round her, leaving only a small open space at the side where the old lord stood. Their sudden nearness frightened Anne-Marie; she made a slight, uneasy movement, as if terrified that they should put their hands on her.

The boy, who had kept by her all day, now fell on his knees beside her. Even he dared not touch her, but held one arm low behind her back and the other before her, level with her collar-bone, to catch hold of her if she should fall, and all the time he cried aloud. At that moment the sun went down.

The old lord stepped forward and solemnly took off his hat. The crowd became silent, waiting for him to speak. But for a minute or two he said nothing. Then he addressed her, very slowly.

"Your son is free, Anne-Marie," he said. He again waited a little, and added: "You have done a good day's work, which will long be remembered."

Anne-Marie raised her gaze only as high as his knees, and he

Knæ, og han forstod, at hun ikke havde hørt, hvad han sagde. Han vendte Hovedet lidt, mod hendes Søn. "Sig hans Moder, Godske," sagde han blidt, "hvad jeg har sagt."

Drengen havde grædt saa voldsomt, i brudte, hæse Udbrud, at det tog ham nogen Tid at samle sig og faa Talens Brug igen. Men da han tilsidst talte, lige ind i sin Moders Ansigt, var hans Stemme lav og klangløs, lidt utaalmodig, som om han gav hende en hverdagsagtig, ligegyldig Besked. "Jeg er fri, Moder," sagde han. "Hun har gjort et godt Dagværk i Dag, og et, som vi længe vil mindes."

Ved Lyden af hans Stemme løftede hun sit Ansigt mod ham. Et svagt, blidt Skær af Undren gled over det, dog gav hun heller ikke nu ringeste Tegn til at have forstaaet, hvad der blev sagt til hende, og Folkene omkring begyndte at tro, at Udmattelsen havde gjort hende døv. Men efter et Minuts Forløb løftede hun ganske langsomt og rystende sin højre Haand, famlede i Luften efter Drengens Ansigt, og rørte blidt hans Kind med sine Fingerspidser. Kinden var vaad af hans Taarer, idet hendes Fingre berørte den, klæbede de let til den, og hun syntes ude af Stand til at overvinde denne uendelig svage Modstand, og til at trække sin Haand tilbage. I et Minut forblev de saaledes, ubevægelige, hinanden ganske nær. Saa sank Moderen langsomt og lydløst, som et Kornneg, der segner til Marken fra Hæsset, fremover mod Sønnens Skuldre, og han slog sine Arme om hende.

Han holdt hende knuget imod sig, med sit eget Ansigt begravet i hendes Haar, saa længe, at de Kvinder, der var dem nærmest, ængstelige, fordi hun syntes at blive saa lille i hans Favntag, bøjede sig over dem og løftede hende op. Drengen lod dem gøre det uden et Ord eller en Bevægelse. Men den Kvinde, der holdt Ane Marie i sine Arme, vendte sit Ansigt om mod den gamle Herre. "Hun er død," sagde hun.

De Folk, som Dagen igennem havde fulgt Ane Marie op og ned i Rugmarken, forblev der og stod stille, eller bevægede sig langsomt omkring paa Stubben, saa længe Aftenlyset varede, og længere endnu. Ogsaa efter at nogle af dem havde lavet en Baare, af Grene og et Hestedækken, og baaret den døde bort, gik andre bestandig op og ned i hendes Fodspor i Ageren, maalte den Vej op, som hun havde tilbagelagt og drøftede den dæmpet sig imellem. Andre bandt troligt og alvorligt de sidste Neg op der, hvor hun havde sluttet at meje.

understood that she had not heard what he said. He turned to the boy. "You tell your mother, Goske," he said, gently, "what I have told her."

The boy had been sobbing wildly, in raucous, broken moans. It took him some time to collect and control himself. But when at last he spoke, straight into his mother's face, his voice was low, a little impatient, as if he were conveying an everyday message to her. "I am free, Mother," he said. "You have done a good day's work that will long be remembered."

At the sound of his voice she lifted her face to him. A faint, bland shadow of surprise ran over it but still she gave no sign of having heard what he said, so that the people round them began to wonder if the exhaustion had turned her deaf. But after a moment she slowly and waveringly raised her hand, fumbling in the air as she aimed at his face, and with her fingers touched his cheek. The cheek was wet with tears, so that at the contact her fingertips lightly stuck to it, and she seemed unable to overcome the infinitely slight resistance, or to withdraw her hand. For a minute the two looked each other in the face. Then, softly and lingeringly, like a sheaf of corn that falls to the ground, she sank forward onto the boy's shoulder, and he closed his arms round her.

He held her thus, pressed against him, his own face buried in her hair and head-cloth, for such a long time that those nearest to them, frightened because her body looked so small in his embrace, drew closer, bent down and loosened his grip. The boy let them do so without a word or a movement. But the woman who held Anne-Marie, in her arms to lift her up, turned her face to the old lord. "She is dead," she said.

The people who had followed Anne-Marie all through the day kept standing and stirring in the field for many hours, as long as the evening light lasted, and longer. Long after some of them had made a stretcher from branches of the trees and had carried away the dead woman, others wandered on, up and down the stubble, imitating and measuring her course from one end of the rye field to the other, and binding up the last sheaves, where she had finished her mowing.

Den gamle Herre blev længe iblandt dem. Han gik lidt ligesom de, og stod saa igen stille. Da det blev mørkt, kom han Folkene ganske nær, uden at de kunde se, hvem han var.

Senere hen lod den gamle Herre en Sten, med en indhugget Segl, sætte op i Marken paa det Sted, hvor Ane Marie var død. Almuen paa Egnen kaldte da Marken "Sorg-Agre". Under dette Navn gik den mellem dem, endnu længe efter, at Konens og hendes Søns Historie var glemt.

The old lord stayed with them for a long time, stepping along a little, and again standing still.

In the place where the woman had died the old lord later on had a stone set up, with a sickle engraved in it. The peasants on the land then named the rye field "Sorrow-Acre". By this name it was known a long time after the story of the woman and her son had itself been forgotten.

H. C. BRANNER

I nogle noveller, som allerede er klassiske, har H. C. Branner (f. 1903), med indtrængende forståelse analyseret barnets ofte så tragiske verden. Nærværende fortælling hører til en samling fra 1939. – Efter krigen har Branner, især ved sine romaner og skuespil, bidraget til den energiske debat om humanismens svaghed og storhed. Et essay om "Humanismens krise" (1950) indleder han med et citat af nordmanden Nordahl Grieg: "En humanist er et menneske, som føler uvilje ved uret men ikke vil kæmpe for det som er ret", og han samler sin tanke i ordene: "Godheden – den rene menneskelighed – er det eneste ubetingede vi kender, det eneste som ikke skal begrundes men hviler i sig selv, det eneste som forklarer og forandrer alt. I lyset af den bliver vold og brutalitet til former for svaghed og uvidenhed, magten til afmægtig frygt, og mørke og had til ord for intet. Derfor er den menneisketankens sande virkelighed, det højeste mål for al menneskelig stræben og den dybeste åbenbaring af menneskets åndelige natur".

DE BLAA UNDULATER

Nils var bange for Katrine. Naar han legede paa Vejen kom hun tit hen og drillede ham, somme Tider slog hun ham skønt han ingen Ting havde gjort hende. Hun kom gravalvorlig hen og smækkede en flad Haand lige ind i Ansigtet paa ham saa det gnistrede, bag Gnisterne stod hendes hvide trekantede Fjæs, et alvorligt Kattefjæs med to store Øjne midt i. Nils turde aldrig rigtig slaa igen, for hendes Ansigt med de to kolde Katteøjne forandrede sig ikke, det blev bare en lille Smule hvidere og koldere, hvis han slog igen. Hun forsvarede sig ikke, hun bare saa paa ham.

Engang stak hun en Kæp ind i hans Cyklehjul saa det blev helt krøllet, og da han kom hjem med det fik han Klø af sin Far. Det var hidsige, uretfærdige Klø, men Nils blev ikke trodsig af dem, han hørte ikke til de Drenge, der bliver trodsige. Han huggede begge Armene om sin Fars Knæ, han hulkede og bad om Forla-

HANS CHRISTIAN BRANNER
(1903–1966)

In some short stories which have already become classic, Hans Christian Branner analysed with penetrating understanding the often tragic world of the child. The present tale belongs to a collection from the year 1939. After the war, Branner, especially in his novels and plays, participated in the energetic debate about the weakness and grandeur of humanism. He introduced his essay "The Crisis of Humanism" (1950) with a quotation from the Norwegian Nordahl Grieg, "the humanist is a man who feels uncomfortable about injustice, but will not fight for that which is just," and he summarized his own thoughts in the words, "Goodness— pure humanitarianism—is the only absolute we know, the only thing which does not have to be justified but which rests in itself, the only thing which explains and changes everything. In the light of goodness, violence and brutality become forms of weakness and ignorance; power becomes impotent fear; and darkness and hatred become words signifying nothing. For this reason human thought is true reality, the highest goal of all human striving and the most profound revelation of the spiritual nature of man."

THE BLUE PARAKEETS

Nils was afraid of Katrina. When he was playing in the road, she often came up and teased him, sometimes she hit him, even though he hadn't done anything to her. She came up dead serious and slapped his face with the flat of her hand so that he saw stars; behind the stars was her white, three-cornered face, a serious cat's face with two large eyes in the middle. Nils never quite dared to hit back, because her face with its two cold cat's eyes didn't change; it only became a shade more white and cold if he hit back. She didn't defend herself, she only looked at him.

Once she put a stick through his bicycle wheel so that the wheel got all bent, and when he came home with it his father gave him a thrashing. It was a furious, unfair thrashing, but that didn't make Nils defiant, he wasn't the type of boy that gets defiant. He wrapped both arms around his father's knees, he sobbed and asked forgive-

delse. Det var ikke nogen god Taktik, hans Far blev kun mere hid-
sig af det og slog igen, men tilsidst blev der Ro nok for de voksne
Stemmer til at Nils kunde fortælle, hvordan det var gaaet til. Saa
tog hans Far sin Hat paa og vilde over og klage til Katrines Far.
Men Nils løb efter ham ned ad Havegangen og klamrede sig til
hans Bukseben: "Aa nej! – Nej, Far! – Nej – Far!" Faderen fortsat-
te et Stykke med Nils hængende ved Benene, saa standsede han:
"Hvorfor ikke, Dreng? Hvorfor ikke? spørger jeg!" Det kunde
Nils ingen Forklaring give paa. "Har du da løjet for mig?" Nej,
Nils kunde ingen Forklaring give. Men en Forklaring maatte til,
og inde i en højtidelig Stue med sagte Stemmer og Nils' Søskende
paa Lur udenfor Døren, kom det tilsidst frem at han havde løjet,
det var ikke Katrine. Men da han saa' Udtrykket i sin Fars Ansigt
blev han bange og tog det i sig igen: Nej, han havde alligevel ikke
løjet, det var Katrine. Men løjet havde han jo under alle Omstæn-
digheder, han kom i Seng og laa der til næste Morgen. Han var
ikke Spor trodsig, han laa musestille hele Tiden, og ved Sovetid
tog han sin Far og Mor om Halsen og græd og lovede. Han vilde
hellere alt det, end han vilde møde Katrines hvide Katteansigt efter
at hans Far havde været hos hendes Far.

Katrines Far var Lektor ved Statsskolen. Hun havde ogsaa haft
en Mor engang, men det havde hun ikke mer, og det var gaaet un-
derligt til. En Dag var Katrine pludselig blevet hentet af sin Far-
bror, han kom i sin Bil og tog hende med hjem paa Landet. Hun
var kun fem Aar dengang, men hun huskede det fordi det var saa
pludseligt, og da hun lang Tid efter kom hjem, var hendes Mor
væk. Hendes Far tog hende op paa Skødet og forklarede, at hendes
Mor var ude paa en Rejse, men maaske kom hun snart hjem. Hun
forstod ikke noget af det, men al Ting var saa nyt hjemme og hun
glemte det igen. Men næste Dag spurgte hun igen, og hendes Far
sagde igen det om en Rejse og maaske. Det sagde han hver Gang
hun spurgte, men tilsidst vidste hun at det passede ikke: Hendes
Mor var skilt og boede hos en anden Mand. Hun vidste ikke, hvem
hun havde det fra eller om hun overhovedet havde det fra nogen,
men hun vidste det og fra den Tid holdt hun op med at spørge.

ness. Those weren't very good tactics, his father only got more fu-
rious and struck him again, but at last the voices of the grown-ups
calmed down enough to allow Nils to tell how it had happened.
Then his father put on his hat and wanted to go and complain to
Katrina's father. But Nils ran after him down the garden path and
clung to his trouser-legs: "Oh no! No, father! No, father!" His
father continued a few steps with Nils hanging on to his legs, then
he stopped: "Why not, son? Why not, I'd like to know!" Nils
couldn't explain it. "Have you lied to me?" No, Nils couldn't ex-
plain. But there had to be some explanation, and in a solemn room
of subdued voices with Nils' brothers and sisters eavesdropping
behind the door, it finally came out that he had told a lie, it wasn't
Katrina. But when he saw the expression on his father's face he
got scared and took it back again. No, he really hadn't told a lie,
it was Katrina. But, of course, in either case he had told a lie; he
was sent to bed and stayed there till the next morning. He wasn't at
all rebellious, the whole time he lay as quiet as a mouse, and at bed-
time he threw his arms around his father's and mother's necks and
wept and promised. He'd rather have all that than have to meet
Katrina's white cat's face after his father had been to see her father.

Katrinas's father was a lecturer at the state secondary school.
She had also had a mother once, but now she didn't any more, and
that had come about in a strange way. One day Katrina had sudden-
ly been fetched by her uncle, he came in his car and took her to his
home in the country. She was only five then, but she remembered
it because it had been so sudden, and when, after a long time, she
came back home, her mother was gone. Her father took her on his
lap and explained that her mother was on a trip, but maybe she'd
soon come back. She didn't understand it at all, but everything was
so new at home, that she forgot it again. But the next day she asked
again, and her father spoke again about a trip and maybe. He said
that each time she asked, but at last she knew it wasn't true: her
mother was divorced and was living with another man. She didn't
know from whom she got it or if she had got if from anyone at all,
but she knew it, and from that time on she stopped asking.

Nu var Katrine ni Aar, hun gik til Skole hver Morgen og kom hjem igen henad Eftermiddagen. Somme Tider langt henad Eftermiddagen. Hun var lige gravalvorlig i Ansigtet naar hun gik og naar hun kom, hun saa altid stift lige ud, hendes Fødder var store i Skoene, og naar der laa en Vandpyt gik hun ikke udenom den. Hun saa den ikke, hun saa lige ud, hendes Næse pegede skraat i Vejret. Skoletasken hang i en Rem over Skulderen og daskede mod hendes Hofte naar hun gik, somme Tider tog hun den af og trak den efter sig som en lille brun Hund. Hvis der laa en Vandpyt tog hun ikke Tasken op, hun trak den meget alvorligt gennem Vandpytten.

Paa Vej ned gennem Byen skete der tit noget. Grønthandleren havde somme Tider en Kasse med Æbler staaende uden for sin Butik, i Forbifarten kunde Katrines Haand ryge ud og snappe et. Hendes Ansigt var stadig alvorligt og hun saa ikke paa Æblet, hun saa lige ud. Det var heller ikke for Æblets Skyld, hun spiste det alligevel ikke, naar hun kom op paa Skolevej, lod hun det falde og gav det et Spark, saa det hoppede henad Fortovet i tre-fire Stykker. Saa stimede de andre sammen om den klarøjede Tyv Katrine, og somme Tider sang de i Kor: "Av-ra for Katrine! Av-ra for Katrine!" Katrine saa lige ud og lod dem raabe. Som hun nærmede sig Skolen blev hun mere og mere skrutrygget og fladbenet, mere og mere stiv og hoven i Ansigtet. Men hvis de blev ved med deres "Av-ra", trak hun Overlæben lidt op, saa man saa to fremstaaende Hjørnetænder.

"Kæft!" sagde hun, og hendes Øjne var to syge Spalter.

Og det var nok til, at de tav stille. De sladrede heller aldrig, skønt de vidste mange Ting om hende. Hun løj og stjal og snød, hun huggede de andres Opgaver i Pultene og skrev dem af, hun havde ogsaa skrevet sin Fars Navn efter paa Sedler. Men hun gik lige gravalvorlig gennem det altsammen, og de andre var bange for den Alvor. Naar hun havde gjort noget forfærdeligt kunde de hviske paa Afstand og se hen paa hende med bange Øjne, men de sagde det aldrig.

Now Katrina was nine; she went to school every morning and came home again some time in the afternoon. Sometimes very late in the afternoon. Her face was as dead serious when she left as when she came back, she always stared straight shead, she walked awkwardly, and when there was a puddle she didn't step around it. She didn't see it, she looked straight ahead, her nose pointed in the air. Her bookbag hung by a strap over her shoulder and slapped against her hip as she walked, sometimes she let it down and dragged it behind her like a little brown dog. If there was a puddle, she didn't pick up the bag, she dragged it through the puddle, very seriously.

On her way down town something often happened. Sometimes the greengrocer had a box of apples standing outside his shop; in passing, Katrina's hand might dart out and snatch one. Her face was still serious, and she didn't look at the apple, she looked straight ahead. It wasn't for the sake of the apple, anyhow, she didn't eat it after all; when she came to School St. she let it drop and gave it a kick so that it bounced down the side walk in three or four pieces. Then the others flocked around the clear-eyed thief, Katrina, and sometimes they sang in a chorus: "Ya-ya, Katrina, ya-ya, Katrina!" Katrina looked straight ahead and let them shout. As she got closer to school she hunched her shoulders more and more and walked flat-footed, and her face became more and more stiff and arrogant. But if they kept up with their "ya-ya," she drew back her upper lip a bit so two prominent eyeteeth could be seen. "Shut up!" she said, and her eyes were two sickening slits.

And that was enough to make them quiet. They never told on her either, even though they knew a lot about her. She told lies and stole and cheated, she pinched the others' homework from their desks and copied it, she had also forged her father's name on excuses. But she remained dead serious through it all, and the others were afraid of that seriousness. When she had done something awful, they'd whisper at a distance and look at her with frightened eyes, but they never said anything.

"Skal vi saa høre om Tyrkiet," sagde Geografilæreren og saa ned langs de to Pulterækker hvor nogle sad ivrige efter at komme til, og andre trykkede sig og gemte Øjnene. Katrine gjorde ingen af Delene, hun sad, som om hun var udenfor det hele. "Katrine – rejs dig op – hvad hedder Hovedstaden i Tyrkiet?"

Katrine stod og saa lige ud, som om det var en Selvfølge, at hun ikke vidste det. Som om hun overhovedet ikke regnede Tyrkiet.

"Hvad hedder den, Nils?" – "Konstantinopel." – "Tak, bliv siddende, det er Katrine." – "Katrine, hvor mange Indbyggere har Konstantinopel?"

Hele Klassen stønnede i Pine for at komme til, Tallet gik hviskende fra Bord til Bord. Katrine stod klarøjet og sagde ingenting.

"Vil du bilde mig ind, at du har læst paa det?" – "Ja." – "Hvornaar?" – "I Gaar." – "Hvorfor kan du det saa ikke?" – "Det ved jeg ikke." – "Men du kunde det i Gaar?" – "Det ved jeg ikke." – "Men du har læst paa det?" – "Ja."

Forhøret gik besværligt videre, mens Klassen holdt Vejret i Spænding. Det endte med, at Læreren stod med Katrines Geografibog i Haanden – den var flosset og laset og manglede Blade hist og her. Bladet om Tyrkiet manglede. Katrine vidste ikke, hvor det var blevet af, hun vidste overhovedet ingenting, hun stod med Hænderne paa Ryggen og Vægten hvilende paa den ene Fod. Hun var udenfor det hele, hun saa henover det hele og langt ud ad Vinduet. Læreren var rød i Hovedet og det dirrede hidsigt i hans Brilleglas. Han smækkede Bogen i Katederet.

"Gaa ned paa din Plads. Saa kan du sidde over efter Skoletid og lære det."

Men efter Skoletid da han kiggede ind i Oversidderklassen, var Katrine der ikke. Hun var forlængst paa Vej hjem gennem Vandpytterne med Næsen i Vejret og Skoletasken dinglende fra Hoften.

Katrine vidste godt, hvor de manglede Blade var blevet af: hendes to Undulater havde ædt dem. Eller de havde ikke ædt dem, men

"Well, let's hear about Turkey," the geography teacher said and looked down the two rows of desks where some were eager to be heard, and others hung back and turned away their eyes. Katrina did neither, she sat as if it all didn't concern her. "Katrina—get up —what's the capital of Turkey?"

Katrina stood and looked straight ahead as if it were a matter of course that she didn't know. As if she had nothing to do with Turkey.

"What is it, Nils!" "Constantinople." "Thank you, stay in your seat, I want to ask Katrina. Katrina, how many inhabitants does Constantinople have?"

The whole class was groaning with eagerness to get the question, the figure was whispered from desk to desk. Katrina stood bright-eyed and said nothing.

"You don't want to tell me that you've read this over, do you?" "Yes." "When?" "Yesterday." "Then why don't you know it?" "I don't know." "But you knew it yesterday?" "I don't know." "But you've read it?" "Yes."

The questioning dragged on with difficulty while the class sat in breathless suspense. It ended with the teacher's picking up Katrina's geography book—it was frayed and used and was missing a page here and there. The page about Turkey was missing. Katrina didn't know where it had gone to, she knew absolutely nothing, she stood with her hands behind her back and her weight resting on one foot. The whole thing didn't concern her, she looked past it all and far out the window. The teacher's face was red and his glasses vibrated ominously. He banged the book on his desk.

"Go back to your seat. You can stay after school then and learn it."

But when he peeked into the detention hall after school was over, Katrina wasn't there. She was long since on her way home through the puddles, her nose pointing in the air and her bookbag dangling from her hip.

Katrina knew very well where the missing pages were: her two parakeets had eaten them. Or they hadn't eaten them, but pecked

pillet dem i Smuler og brugt dem til at fore Redekassen med. Hun var kommet i Tanker om det, dengang hun stod oppe foran Katedret, og mens hun blev skældt ud, stod hun og saa ud af Vinduet og tænkte paa om der var kommet Æg i Redekassen. Det var fjollet at være saa spændt paa det, men hele Resten af Skoledagen sad hun og var spændt og lod Spørgsmaal og Svar gaa hen over sig, og nu paa Hjemvejen tænkte hun igen stærkt paa Undulaterne. Det var Foraar den Dag. Skønt det kun var Februar var det alligevel Foraar med fedtet Solskin over opblødt Jord, rundt omkring stod Vand og lyste op og et Hvælv af fintspundne Kviste og glidende blaat og hvidt drejede hen over Katrines alvorligt blanke Øjne. Som det spejlende blaa var ogsaa Undulaternes Bryst, det var blaa Undulater. Katrine følte en vild Glæde imod dem skønt hun gik saa værdig og alvorlig i sit flade Trav.

Hun havde faaet dem af sin Far i Fødselsdagsgave og i Begyndelsen brød hun sig ikke om dem. Hvis hendes Øjne et Øjeblik havde lyst op ved Synet af dem, saa blev hun hurtig stiv og hoven i Ansigtet. Hendes Far forklarede at de kunde slet ikke undvære hinanden og hvis den ene døde, døde den anden ogsaa – det stod Katrine og smilte til med sine to Hjørnetænder. Undulaterne blev sat ind i Vindueskrogen i hendes Værelse, men det faldt hende ikke ind at skifte Sand under dem og give dem Fuglefrø og frisk Vand – hun brød sig ikke om dem og passede dem ikke.

Men Solen skinnede om Eftermiddagen i den Vindueskrog, og det var blaa Undulater: hver Gang de bare vippede med Halerne, gik der et blaat Lyn hen over Katrines Øjne. Det var umuligt ikke at opdage dem tilsidst, en Dag kom hendes hvide Katteansigt lydløst hen og stod foran Buret. "Hyss!" sagde hun, da hun havde staaet der lidt, og stak en Lineal ind, saa Fuglene flagrede forvildet. Saa lo hun. Næste Dag kom hendes Øjne igen nær hen til Buret, men hun stak ikke Linealen ind og forskrækkede dem, hun nøjedes med at vrænge ad dem. De sad der saa dumme og trykkede sig op ad hinanden, maaske var det sandt at hvis den ene døde, døde den anden ogsaa. Hun vidste godt, at hendes Far kun havde sagt det af *Kærlighed,* og det var ogsaa derfor hun havde faaet Undulaterne – æv, *Kærlighed,* de skulde være saa gode ved hinanden allesammen. Mennesker og Fugle og Hundehvalpe. Men maaske var det sandt alligevel. Man kunde prøve at slippe den ene ud ad Vin-

them into shreds and used them to line the nesting box. She had fallen into thinking about it when she had been standing in front of the teacher's desk, and while she was being scolded, she stood looking out the window wondering if there might be any eggs in the nesting coop. It was silly to be so excited about it, but the rest of the day in school she sat and was excited and let the questions and answers go past her, and now on her way home her thoughts were again with the parakeets. It was spring that day. Although it was only February, it was spring just the same, with glistening sunshine and soggy ground, all around there was water glittering, and an arch of finely spun twigs and sailing blues and whites moved past Katrina's serious bright eyes. The breasts of the parakeets were like the mirroring blue; they were blue parakeets. Katrina felt a wild joy well up toward them even though there was such serious dignity in her flat-footed trot.

Her father had given them to her on her birthday, and at first she wasn't interested in them. If for a moment her eyes had lit up when she saw them, her expression quickly got stiff and arrogant again. Her father explained that they couldn't be without each other, and if one died the other would die also—Katrina stood and smiled at that with her two eyeteeth. The parakeets were put in the window nook in her room, but it didn't occur to her to change the sand under them and give them bird seed and fresh water—she wasn't interested in them and didn't take care of them.

But in the afternoon, the sun shone in that window nook, and the parakeets were blue: whenever they as much as bobbed their tails, a blue flash crossed Katrina's eyes. At last, it was impossible not to notice them, one day her white cat's face came up without a sound and stood in front of the cage. "Hush!" she said, when she had been standing there a while, and put in a ruler so the birds fluttered in confusion. Then she laughed. The next day, her eyes came close up to the cage again, but she didn't put in the ruler and frighten them, she just made faces at them. They sat there so stupidly and squeezed close together, maybe it was true that if one died, the other would die also. She knew, of course, that her father had only said it out of *love,* and that that also was why she had got the parakeets—ugh, *love,* they must all be so good to one another. People and birds and puppies. Still, maybe it was true. You could try letting one out the window and see what would

duet og saa se hvad der skete med den anden. Hun stak Haanden ind og fik fat paa en af dem, hun tog den ud af Buret og sad med begge Hænder samlet omkring den saa kun Hovedet og den lange blaa Hale stak ud. Den var meget bange og kæmpede i smaa fortvivlede Sæt, hun kunde mærke, hvor den var spinkel og hed under Fjerene og hvor Hjertet slog paa den. Hun lo vildt og søgte med Øjnene op til Vinduet, men hun slap alligevel ikke den blaa Fugl ud, hun blev siddende med den. Tilsidst var den ikke saa bange mere, den laa rolig mellem hendes Hænder og kæmpede ikke mer. Hun tog forsigtigt den øverste Haand væk, men Fuglen fløj ikke, den blev liggende stille. Hun blev helt stiv indvendig, hendes Hjerte holdt op at slaa: der laa en blaa Fugl lige under hendes Øjne, skinnende blaa som om den var støbt af Glas, med en lang, glat Hale og sorte Perleøjne. Den var sprællevende, men den fløj ikke. Hendes Vejr stod stille, Tungen stod stille i Munden paa hende, hendes Haand med Fuglen krøb uhyre forsigtigt hen imod Buret og ind gennem Staaltraadslemmen. Først derinde satte den af fra Haanden og hoppede op paa sin Pind, der var ingenting at mærke paa den, den sad og pudsede sig. Pyh, den fjollede Fugl, den dumme, fjollede Kærlighed. Men hun var underlig forpustet og hed i Kinderne, hun fik en Uro over sig. I Mørkningen gik hun ud og tegnede et Paradis paa Fortovsfliserne et Stykke fra hvor hun boede, hun tegnede med et Stykke Kridt hun havde stjaalet i Skolen. Der var lige Lys nok til, at de Kridtstreger kunde staa og lyse, og hendes blaa Hinkesten af Glas. Hun hoppede og sang i Mørkningen. De fjollede Fugle, de dumme, fjollede Kærlighedsfugle.

Men en Tid efter kunde hun stikke Haanden ind i Buret uden at Fuglene blev bange, en af dem kunde komme og sætte sig paa hendes Pegefinger. Hun tog Haanden ud igen med Fuglen siddende paa Fingeren. Hun førte den helt hen til Ansigtet, hun lukkede Munden op som for at sluge den blaa Fugl, men den saa paa hende med sine plirrende sorte Øjne. "Din dumme Fugl!" sagde hun. Hendes Haand kunde ogsaa danne en blød Fordybning som en Rede, og den blaa Fugl laa der saa roligt i Solskinnet, der gled en Hinde for dens blanke sorte Øje. Saadan sad de længe uden at røre sig. Solskinnet gravede smaa Gruber i Katrines hvide Ansigt, hendes Haand var saa lysende øm, der sad smaa Skorper paa den, den lugtede svagt af Mos og varm Jord. Hun havde ogsaa Navne til de blaa

happen to the other one. She put a hand in and got hold of one of them, she took it out of the cage and sat with both hands folded around it so that only the head and the long blue tail stuck out. It was very frightened and fought in little desperate jerks; she could feel how delicate and warm it was under the feathers and how hard its heart was beating. She laughed savagely and looked up at the window, and yet she didn't let the bird out after all, she stayed sitting with it. At last it wasn't frightened any more, it lay calmly between her hands and didn't struggle. She carefully took away her upper hand, but the bird didn't fly, it lay quiet. She stiffened inwardly, her heart stopped beating: a blue bird was lying there right before her eyes, shining blue as if molded in glass, with a long, smooth tail and black pearl eyes. It was pulsating with life, but it didn't fly away. She held her breath, her tongue stood still in her mouth, her hand with the bird crept with infinite caution toward the cage and in through the steel wires. Not until it was in there did it get off her hand and jump up to its perch, it behaved as usual, it sat preening itself. Phew, the silly bird, the stupid bird, silly, crazy love bird. But she was strangely out of breath and her cheeks were burning; there was a restlessness about her. At twilight, she went out and drew a hopscotch on the sidewalk a short distance away from her house. She drew it with a piece of chalk that she had stolen in school. It was still light enough for the chalk lines to stand out, and for her stone made of blue glass. She was jumping and singing in the twilight. The silly birds, the stupid, silly love birds.

But after some time, she was able to put her hand in the cage without frightening the birds; one of them might come and sit on her index finger. She took her hand out again with the bird sitting on her finger. She brought it close to her face, she opened her mouth as if to gobble up the blue bird, but it just looked at her with its blinking black eyes. "You silly bird!" Her hand would also cup itself into a soft hollow, and the blue bird would lie there very calmly in the sunshine, a film sliding across its bright black eyes. They sat that way for a long time without moving. The sunshine made small dimples in Katrina's white face, her hand was so luminously tender; there were little scabs on it; it smelled faintly of moss and warm earth. She also had names for the blue birds and could say many things to them, precocious things and meaningless

Fugle og kunde sige mange Ting til dem, gammelkloge Ting og
meningsløse Ting, hun kunde hoppe op og ned og synge for dem
hvad der faldt hende ind. Hun kunde roligt gøre det, for ingen vid-
ste noget om hende og dem. Hun regnede bestemt med, at ingen
vidste det. Naar der kom nogen ind, var de blaa Fugle i deres Bur,
og Katrine saa ikke til den Side, hvor de var.

    Men den Dag var det Foraar, og der var kommet Æg i Redekas-
sen. Hun kunde ikke se Æggene, men hun vidste det allerede i Dø-
ren, for Hunnen laa med Hovedet ud af det runde Hul og lod sig
made af Hannen. I Virkeligheden havde hun vidst det paa hele
Hjemvejen hvor Solen skinnede i fedtet Jord og Vandpytterne ly-
ste op: det var modent nu, som hun havde ventet paa i mange Da-
ge. Hunnen havde set saa forpjusket ud, som om den vilde dø, og
alt hvad hun stak ind til dem af Straa og Tøjstumper og Papir hav-
de de trævlet op og brugt til at fore Redekassen med. Hun havde
ikke sagt til nogen, at de byggede Rede, og hun sagde heller ikke
til nogen at der var kommet Æg nu, hun fo'r ikke ud og smækkede
med Dørene og raabte op. Der var heller ingen Forandring i hen-
des Ansigt men hun listede underlig lydløst omkring og turde ikke
gaa helt hen til Buret, hun blev stakaandet hvis hun kom helt hen.
Saa satte hun sig i den modsatte Krog og trak Benene op under sig.
Det var ikke noget at regne tænkte hun, de dumme Fugle! Men
hun var fuld af vild Glæde. Indefra kom en stærk Glans frem i hen-
des Øjne, der laa som en sort fugtig Hinde over dem. Tingene
rundt omkring spejlede sig bristefærdigt klare i den Hinde, naar
Hannen hoppede i Buret gav det et blaat Lyn. Hannen fløj fra og
til, Hunnen laa med Hovedet ud af Redekassens runde Hul, Katrine
sad i den fjerneste Krog og saa det. Hun sad med Benene trukket
op under sig og Hagen støttet paa Knæene, og saadan blev hun sid-
dende ubevægelig i saa lang Tid at hun ikke selv vidste hvor længe.

    Sent paa Eftermiddagen blev hun kaldt ind i sin Fars Værelse.
Det var et spartansk Værelse, temmelig mørkt og med mange Bø-
ger, der var ikke tændt Lys endnu skønt det var begyndt at skumre.
Katrines Far sad mørkt mod Vinduet og rettede Stile ved det sid-
ste Dagslys. Han sagde ikke noget straks hun kom ind, men gjorde
den Stil færdig, han sad med. Katrine var standset lige indenfor

things, she'd jump up and down and sing to them whatever occurred to her. She could safely do this, for nobody knew about her and them. She definitely counted on nobody's knowing anything. When somebody came in, the blue blue birds were in their cage, and Katrina never glanced in their direction.

But today it was spring, and there were eggs in the nesting coop. She couldn't see the eggs, but she knew it already at the door, because the female was lying with her head poking out of the round hole and letting herself be fed by the male. As a matter of fact, she had known it all along on her way home as the sun shone on the fertile soil and the puddles glittered: now the situation was ripe, what she had been waiting for for many days. The female had looked as wretched as if it were going to die, and every bit of straw and scrap of paper that she offered them they had unravelled and used to line the nest. She hadn't told anybody that they were building a nest, nor did she tell anybody that there were eggs now; she didn't rush out slamming the doors and shouting the news. Nor was there any change in her expression, but she sneaked about strangely quiet and didn't dare to come up close to the cage, it made her lose her breath if she came close. So she sat down in the opposite corner and drew her legs up underneath her. It was nothing to be concerned about, she thought, the silly birds! But she was full of wild joy. From within her a strong gleam came into her eyes, it covered them like a black moist film. In that film, the objects around were mirrored clear to the point of bursting; when the male jumped in the cage there was a blue flash. The male flew to and fro, the female lay with her head outside the round hole of the nest, Katrina sat in the farthest corner watching it. She sat with her legs pulled up under her and her chin on her knees, and in that position she stayed without moving so long that she didn't know herself for how long.

Late that afternoon she was called into her father's room. It was a Spartan room, rather dark and with many books, the lights hadn't been turned on yet, although it was getting dark. Katrina's father sat dark against the window correcting papers in the last remnant of the daylight. He didn't say anything at once when she came in, but finished the paper he was working on. Katrina had stopped just inside the door; she stood with her hands behind her back and her weight resting on one foot.

Døren, hun stod med Hænderne paa Ryggen og Vægten hvilende paa den ene Fod.

"Kom herhen Katrine og sæt dig ned."

Hun kom lydløst hen og kniksede ned paa den yderste Kant af en Stol.

"Der er blevet klaget over dig fra Skolen igen. Bestyrerinden har ringet. Hun ved ikke, hvad hun skal stille op med dig mer. Du river Blade ud af dine Bøger, og du kan ikke dine Ting, og naar du skal sidde over stikker du ganske rolig af. – Ja, hvad vil du have, vi skal gøre ved dig, Katrine?"

"Det ved jeg ikke," sagde Katrine.

"Jeg har været taalmodig, det maa du indrømme. Jeg har fundet mig i det længe. Men det kan ikke blive ved at gaa, det kan du nok indse. Jeg maa straffe dig denne Gang, og jeg maa straffe dig, saa du kan mærke det. Saa nu tager jeg dine Fugle fra dig og giver dem til en anden."

"Naa," sagde Katrine.

Han drejede sig tungt i Stolen og saa direkte paa hende. Hendes Ansigt var hvidt i Skumringen, hendes Ben var lange og tynde i et Par lysegraa Strømper. Men hun sagde bare "naa", hun græd ikke, der kom ikke engang lidt Forskrækkelse fra hende. Saa vidste han at han allerede havde lidt Nederlag. Han ønskede kun, at han ikke var kommet med den Trusel, for han kunde alligevel ikke tage hendes Fugle fra hende. Han rejste sig og gik lidt væk.

"Hvorfor kan du ikke være fornuftig, Katrine? Du ved jo, vi vil dig ikke andet end godt. Hvorfor er du saadan imod os?"

"Det ved jeg ikke," sagde Katrine. Hun vilde gerne have svaret noget andet, men hun vidste det virkelig ikke. Hun sad anspændt som et fremmed Dyr i en fremmed Skov. Hun ønskede han vilde raabe op, slaa og skælde ud, noget haardt og afgørende. Men hun vidste at det vilde han ikke, hun vidste at nu kom det. Han stod allerede lige foran hende, underlig stor og blød. Hun kunde mærke Lugten fra hans Tøj.

"Er du virkelig ligeglad, om jeg tager dine Fugle fra dig? Bryder du dig ikke Spor om de Fugle?"

"Jeg ved ikke…"

"Jamen det ved jeg. Jeg ved, at du holder af de Fugle. Jeg har ikke villet sige noget, men jeg har glædet mig over det. Jeg har set dig med dem. Ja, du ved ikke af det, men jeg har tit set dig med dem."

"Come here, Katrina, and sit down."

She came up without a sound and dropped down on the very edge of a chair.

"There've been complaints about you from school again. The principal has called. She doesn't know what to do with you. You tear the pages out of your books, and you don't know what you're supposed to, and when you've been told to stay after school, you simply take off. Well, what do you think we should do with you, Katrina?"

"I don't know." Katrina said.

"You must admit that I've been patient. I've put up with it for a long time. But it can't go on like this, you must realize that. I shall have to punish you this time, and I shall have to punish you in such a way that you'll feel it. So now I'm going to take your birds away from you and I'm going to give them to someone else."

"Uh-uh," Katrina said.

He turned heavily in his chair and looked straight at her. Her face was white in the twilight, her legs were long and thin in a pair of light grey stockings. But all she said was "uh-uh," she didn't cry, she didn't even show the slightest shock. So he knew that he had already suffered a defeat. He only wished that he hadn't come up with that threat, for he couldn't take the birds away from her, anyhow. He got up and took a step or two.

"Why won't you be sensible, Katrina? You know, don't you, that we want nothing but your own good. Why are you this way toward us?"

"I don't know," Katrina said. She would have liked to say something else, but she really didn't know what. She sat there tense like a strange animal in a strange forest. She wished he'd cry out, beat her and scold her, something harsh and decisive. But she knew he wouldn't do that, she knew it was coming now. He was already standing before her, strangely large and soft hearted. She could smell his clothes.

"Is it really the same to you if I take the birds away from you? Don't you care one bit for those birds?"

"I don't know..."

"But I know. I know you're fond of those birds. I haven't wanted to say anything, but I've been happy about it. I've seen you with them. Yes, you don't know it, but I've often seen you with them."

"Set mig med dem!" sagde Katrine med glat og voksen Stemme. "Hvad mener du? Jeg forstaar ikke..."

Han smilede. "Ja, ja, du maa gerne benægte det. Jeg vil ikke blande mig i dine Fugle. Jeg saa det rent tilfældigt fra mit Vindue. Vi taler ikke til nogen om det, vel? Men vi ved, hvad vi ved, du og jeg. Og naar der nu kommer Unger..."

"Unger?"

"Naa, det ved du heller ikke? Ja, ja, saa ved vi det ikke." Han smilte fortvivlet og talte sig dybere ind i sit Nederlag. Han ønskede han aldrig var begyndt paa det med Fuglene, men han blev ved med at tale om dem, han kunde ikke lade være. "Saa kommer der ingen Unger. Jeg mener bare at hvis der kom Unger engang, saa kunde det være godt med et større Bur, et rigtigt Flyvebur. Jeg har kigget lidt paa saadan et Bur. Men det er maaske heller ikke noget...?"

Hun svarede ikke paa det, han skyndte sig at sætte sig ned og tage hende op paa Skødet. Han samlede hende underlig klodset ind til sig. "Ja, ja, du behøver ikke at sige noget, Katrine, jeg forstaar dig godt. Jeg forstaar dig bedre, end du tror. Det er heller ikke let at være Barn altid. Du skal have dine Fugle i Fred, jeg vil ikke tage dem fra dig. Ikke hvis du vil love mig at det bliver anderledes. Kom her, læg Kinden ind til min, saa lover vi to hinanden, at vi skal ikke have flere Klager fra Skolen, vel?"

"Nej," sagde Katrine.

"Nej, se paa mig. Lad mig se Øjnene."

Hun saa paa ham.

"Giv mig saa et Kys."

Hun gav ham et Kys.

"Pil saa ud med dig. Nej kom, giv mig Haanden. Jeg forstaar dig godt, Katrine, det skal du vide. Vi forstaar hinanden, du og jeg..."

Næste Dag efter Skoletid gik Nils og spillede Top paa Fortovet. Det var en fin Top, han havde, en Flyver, og da han saa Katrine komme ud ad Laagen, skyndte han sig at samle den ind til sig, for han kunde risikere hun snappede den og stak af med den. Og saa fik han den ikke igen, uden hans Mor gik ind og hentede den. Og saa vilde han hellere undvære den.

"Seen me with them!" Katrina said in a smooth and grown-up voice. "What do you mean? I don't understand..."

He smiled. "Yes, yes, you can deny it if you want to. I won't interfere with your birds. I saw it quite by chance from my window. We won't tell anybody about it, all right. But we know what we know, you and I. And now that the young are coming..."

"The young?"

"Ah, so you don't know that either? Well, well, then we don't know it." He smiled in despair and talked himself deeper into defeat. He wished he hadn't got started on this about the birds, and yet he kept talking about them, he couldn't help it. "Well, then, there'll be no young. I only meant that if there were young some day, it might be a good idea to have a larger cage, a real aviary. I've had my eye on a cage of that kind. But maybe that isn't anything either?"

She didn't answer, he hurried to sit down and take her on his lap. He pulled her to him, strangely awkward. "Yes, yes, you don't need to say anything, Katrina, I know how you feel. I understand you better than you think. It isn't always easy to be a child, either. We'll leave you and your birds alone, I don't want to take them away from you. Not if you'll promise me that there'll be a change. Come here, put your cheek close to mine, and let's promise each other that we won't have any more complaints from school, all right?"

"No," Katrina said.

"No, look at me. Let me see your eyes."

She looked at him.

"Here, give me a kiss."

She gave him a kiss.

"Now run along. No, come, give me your hand. I know how you feel, Katrina, I want you to know that. We understand each other, you and I..."

The next day after school, Nils was spinning his top on the sidewalk. It was a fine top he had, a flying top, and when he saw Katrina come out of the gate, he hurriedly gathered it up, for he wouldn't take the chance of letting her snatch it and dart off with it. And then he wouldn't get it back unless his mother went to fetch it. And then he'd rather do without it.

Men Katrine stillede sig bare op. Hendes Ansigt flimrede hvidt i Solskinnet, der kom et Smilehul i den ene Kind. Nils fik Mod til at sætte Toppen i Gang igen, han gjorde sig stor Umage og lod den flyve. Katrine fulgte den med Øjnene og lo højt, den var helt rød naar den snurrede og fløj. Men saa kom den ned i et Hul i Vejen og kæntrede. "Den slingrer ligesom en fuld Mand," sagde Katrine og lo igen. Naar Toppen laa stille, kunde man se, at den var ikke alene rød, der var ogsaa blaat paa den. Nils havde selv malet den. Katrine bad om hun maatte se den, og Nils gav den usikker fra sig, han stod lidt stakaandet, for man kunde aldrig vide. Men Toppen blev ikke ringere ved, at Katrine stod og drejede den mellem Fingrene, den var mere rød og blaa end han før havde set den.

"Vil du se mine Fugle?" spurgte Katrine pludselig.

Nils vidste ikke rigtig, hvad han skulde sige til det. Han vidste ikke, at hun havde Fugle overhovedet, og maaske var hun bare lumsk. Han stod og skrabede lidt i Jorden med sin Sko. "Dine Fugle?" sagde han.

"Ja, mine to Undulater," sagde Katrine. "Kom!" Hun gik foran ind ad Laagen, og saa fulgte Nils efter. Det var saa underligt at gaa i Katrines Have, han havde ikke været der før. Og det var underligere endnu at komme ind i Katrines Hus og helt ind i Katrines Værelse, han havde tit spekuleret paa hvordan der saa ud derinde. Nu var han der pludselig. Han gik der beklemt og saa pludselig Ting han vilde huske altid. Heldigvis var der ingen Voksne. Nils var en pæn, stille Dreng, hans Haar stod kridhvidt og fremmed i Solskinnet inde i Katrines Værelse, det var redt glat ned over Panden og fik hans Hoved til at ligne et Æg. Han standsede foran Buret med de to Undulater og blev staaende der, for det var jo dem han skulde se. "Av ja," sagde Nils, for det var rigtigt med Fuglene, han havde aldrig før set saa blaa og pæne Fugle. Hunnen laa i Redekassen med Hovedet ud af det runde Hul, Hannen sad og pudsede sig i Solen. Nils vovede sig frem med en krum Finger og rørte lidt ved Buret.

"Ligger Hunnen paa Æg?" spurgte han. "Skal de have Unger?"

But Katrina just stood still. Her face glimmered white in the sunshine, there was a dimple in one of her cheeks. Nils got the courage to start the top up again, he put himself to great trouble and let it fly. Katrina followed it with her eyes and laughed aloud, it became all red when it went spinning and flew. But then it came down in a depression in the road and toppled over. "It reels like a drunkard," Katrina said and laughed again. When the top was still you could see that it wasn't only red, it was blue also. Nils had painted it himself. Katrina asked if she could look at it, and Nils handed it over hesitantly, he stood holding his breath, for you never knew. But the top lost nothing from being turned between Katrina's fingers, it was even more red and blue than he had seen before.

"Do you want to see my birds?" Katrina asked suddenly.

Nils didn't quite know what to say. He didn't know that she had birds in the first place, and maybe she was just being tricky. He scraped the ground a bit with his shoe. "Your birds?" he said.

"Yes, my two parakeets," Katrina said. "Come!" She went through the gate first, and Nils followed behind. It was so strange to come into Katrina's yard, he hadn't been there before. And it was stranger still to come into Katrina's house and all the way into Katrina's room, he had often wondered what it looked like in there. Now he was suddenly there. He was ill at ease and suddenly saw things he'd always remember. Fortunately, there were no grown-ups. Nils was a nice quiet boy, his hair looked chalk-white and strange in the sunshine in Katrina's room; it was combed down smooth over his forehead and made his head look like an egg. He stopped over in front of the cage with the two parakeets and stayed there, since it was to see them that he had come. "Hey," Nils said, for it was true about the birds, he had never before seen such lovely, blue birds. The female was lying in the nesting coop with her head out of the round hole, the male sat preening himself in the sun. Nils dared to come forward with a bent finger and touch the cage lightly.

"Is she sitting on her eggs?" he asked. "Are they going to have young?"

"Det ved jeg ikke," sagde Katrine, "det skal de maaske nok." Hun gik ledeløs omkring og saa slet ikke selv paa Fuglene. Nils forstod ikke det Svar, hun maatte da vide det. Redekassen sad udenpaa Buret, og Taget var til at tage af, Nils lettede lige en lille Smule paa det og satte Øjet til. "Av jo," sagde han, "den har Æg. Jeg tør vædde paa, den har Æg. Kom herhen skal du selv se."

"Naa," sagde Katrine, hun kom ikke. Hun sad henne ved Bordet med Nils' Top. Det var en lang spids Flyvetop, den skulde have Fart paa for at komme i Gang, den kunde ikke paa et Bord. Men hun havde tit staaet og set Drengene spille Top, hun havde Lyst til saadan en Top i Stedet for det fjollede Paradis.

"Er du rigtig klog!" sagde Nils med hed Stemme henne fra Buret, han havde glemt at han var fremmed og bange. "Du faar Unger, Katrine, jeg tror du faar Masser af Unger. Og hvad saa naar Ungerne faar Unger igen...!"

Katrine sad med Toppen, hun kradsede lidt paa den med Neglen og glattede hen over den. "Du," sagde hun, "skal vi bytte? Jeg faar Toppen, og saa faar du Buret med Fugle og det hele?"

"Haa!" sagde Nils, "ja, vi bytter! Toppen i Stedet for Buret og Fuglene, det var noget, hvad!" Han blev ved at le af det, det var saa vanvittigt. Men hvorfor sagde hun ikke noget? Hvorfor sad hun gravalvorlig med den Top?

"Du maa selv om det," sagde hun tilsidst. "Hvis du ikke vil, er der nok en anden der vil. Men jeg vil helst have din Top."

"Aa, gaa væk," sagde Nils. "Er du rigtig klog, Katrine!" Og saa gik der en Tid hvor ingen af dem sagde noget. Nils stod og pillede ved Buret med en krum Finger. Selvfølgelig narrede hun bare. Men man vidste aldrig med hende, hun var saa tit saa underlig. Tilsidst spurgte han alligevel, om hun da mente det rigtig?

"Ja, selvfølgelig," sagde Katrine. "Du skal faa dem, hvis du vil tage dem med nu med det samme."

Haa, saa mente hun det alligevel ikke, det var som han tænkte: hun narrede bare. Men hun sad gravalvorlig og mente det, hun brød sig ikke om de Fugle, de var dumme og fjollede. Nils stod ved Fuglene og snakkede til dem ind imellem; han saa dem mere og mere blaa og store og pragtfulde, de var kostelige med alle de-

"I don't know," Katrina said, "maybe they are." She walked around loose-jointed and didn't look at the birds at all herself. Nils didn't understand her answer, she ought to know. The nesting coop was outside the cage, and the cover could be taken off; Nils opened it a little and peeked in. "Oh yes," he said, "she's got eggs. I'll say she's got eggs. Come here yourself and look."

"All right," Katrina said, but she didn't come. She was sitting over at the table with Nils' top. It was a long pointed top, it needed speed to get started, it wouldn't work on a table. But she had often watched the boys playing with tops, she'd love to own a top like that instead of playing that silly hopscotch.

"Are you out of your mind!" Nils said hotly from over the cage, he had forgotten that he was a stranger and afraid. "You're getting young ones, Katrina, I think you're going to get a lot of them. And then what, when *they* get young in turn!..."

Katrina sat with the top, she scratched it a little with her nail, smoothing it. "Hey," she said, "want to swap? I get the top, and you get the cage with birds and all?"

"Ha!" Nils said, "sure we'll swap! The top for the cage and the birds, that's something, eh!" He kept laughing at it, it was so crazy. But why didn't she say anything? Why was she sitting there so serious with the top?

"It's up to you," she said at last. "If you don't want to, someone else will. But I'd rather have your top."

"Oh, go on," Nils said. "You must be crazy, Katrina!" And so a while passed without a word from either. Nils stood toying with the cage with a bent finger. Of course she must be fooling. But you never knew with her, she was often so strange. Finally he did ask, however, if she really was serious.

"Why, of course," Katrina said. "You'll get them, if you'll take them along now, right away."

Ha, then she didn't really mean it after all, it was as he thought: she was just fooling. But she sat there dead serious and meant it, she didn't care about the birds, they were silly and stupid. Nils stood by the birds and chatted with them between these exchanges; they seemed bluer and bigger and more glorious to him, they were priceless with all their sounds and movements and their shining

res Lyde og Bevægelser og blanke sorte Øjne. Nils var hed og tvivlraadig under sit glatte hvide Haar, de kunde da ikke saadan uden videre? Hun maatte da først spørge sin Far? Og han maatte spørge sin Far. Nej, sagde Katrine, hun skulde ikke spørge nogen. Fuglene var hendes. Og han maatte tage dem med nu med det samme, ellers gjaldt det ikke. Det gjaldt kun nu.

Og saa endte det med, at de tog Buret imellem sig og bar det over til Nils. De gik tavse og alvorlige med det, Fuglene baskede rundt derinde, og Hunnen forlod sine Æg og flagrede forvildet. Nils gik og bad til Gud at dette her maatte være sandt, og at ingen af de Voksne maatte se dem. De skiltes ved Nils' Køkkendør, der gav Katrine pludselig Slip paa Buret og gik sin Vej, hun gik lige efter Næsen og vendte sig ikke om en eneste Gang. Og Nils vidste ikke længer om hun var der eller ikke var der, han slæbte Buret frelst gennem Køkkenet og fik det ind paa Bordet i Dagligstuen, det blev saa uhyre stort og tungt. Aa Gud, aa Gud! Og Fuglene, de blaa, blaa Fugle. En Bølge rejste sig i ham, han kunde ikke være alene om det længer, han fo'r gennem Huset med smækkende Døre: "Mor! Mor! Mor, ved du hvad...!"

Det blev en vild Eftermiddag, der blev fuldt af Fryd og Angst og vrede Stemmer og skærende Graad og et Haab bag ved Graaden. Nils' Mor turde hverken sige ja eller nej, hun maatte først tale med Nils' Far. Og Nils' Far kom hjem og blev vred og vilde ikke høre Tale om det. Og Nils græd og havde sine Søskende paa sit Parti, og der blev talt i Enrum af Nils' Far og Mor med Nils og hans Søskende blege paa Lur udenfor Døren, og tilsidst gik hans Far med til at gaa over og tale med Katrines Far. Og efter en ny forfærdelig Ventetid kom han hjem igen og gav sit endelige ja: Katrines Far havde sagt, at Fuglene var hendes, og hvis hun vilde forære dem væk, saa maatte hun selv om det. Nils' Far og Mor saa paa hinanden og rystede paa Hovedet. Og Nils blev klappet paa Kinden og nikkede, at han var glad, men nogen rigtig Kraft var der ikke i hans Glæde mer, han var dødbleg af Sindsbevægelse og slatten i Benene. Der var ogsaa en anden Grund til at han ikke kunde være helt glad, han vidste ikke selv Grunden, men den var der. Og der var allerede Sorg med de blaa Fugle: Hunnen vilde ikke gaa ind

black eyes. Nils was hot and irresolute beneath his smooth white hair, they couldn't do it just like that, could they? Wouldn't she have to ask her father first? And he ought to ask his father. No, Katrina said, she wasn't going to ask anybody. The birds were hers. And he should take them now at once, or else it wasn't a deal. It only was a deal right now.

And so, in the end, they took the cage between them and carried it over to Nils' place. They walked with it in silence and very serious, the birds fluttered around inside, and the female left her eggs and flapped wildly. Nils walked praying to God that all this was true, and that none of the grown-ups would see them. They parted by Nils' kitchen door, there Katrina suddenly let go of the cage and went away, she walked where her nose was pointing and never turned around once. And Nils didn't know any longer if she was there or not, he dragged the cage to safety through the kitchen and got it in onto the table in the living room, it was getting frightfully big and heavy. Oh God, oh God! And the birds, the blue, blue birds. A wave welled up within him, he couldn't be alone about it any more, he dashed through the house slamming the doors: "Mother, mother, mother, guess what!..."

It turned into a frantic afternoon, filled with joy and anguish and angry voices and bitter tears and behind the tears some hope. Nils' mother didn't dare to say yes or no, she wanted to talk to Nils' father first. And Nils' father came home and got angry and didn't want to hear of it. And Nils cried and had his brothers and sisters on his side, and Nils' mother and father had a talk in private, with Nils and his brother and sisters pale, eavesdropping behind the door, and finally his father agreed to go over and talk with Katrina's father. And after another miserable period of waiting, he came back again and gave his consent at last: Katrina's father had said that the birds were hers, and if she wanted to present them to somebody, that was up to her. Nils' mother and father looked at each other and shook their heads. And Nils got a pat on the cheek and nodded that he was happy, but there was no real conviction in his joy any more, he was deadly pale with agitation and wobbly at the knees. There was still another reason why he couldn't be completely happy. He didn't himself know why, but there it was. And the blue birds were already causing concern: the female wouldn't go in to sit on the eggs, she sat all the way up in a corner of the cage

paa Æggene, den sad helt oppe i et Hjørne af Buret og var bange. Nils prøvede at snakke til den og lokke for den, og Nils' Mor tog den ud af Buret og satte den ned i Redekassen udefra, men den kom straks ud af det runde Hul. Den vilde ikke ruge. Maaske var det de nye Omgivelser og al den Uro der var Skyld i det, de prøvede at lægge et Tæppe over Buret og holde sig paa Afstand, men hver Gang de listede hen og kiggede ind under Tæppet sad Hunnen stædig i sit Hjørne. Maaske var Æggene allerede kolde og kunde ikke ruges ud. Nils' Bror talte om at stikke Hul paa dem med en Knappenaal og puste dem ud og give dem til Skolens Samling, og Nils blev hidsig, og der blev Graad igen.

Først om Aftenen i Mørket kom der Ro i Huset. Det var lige før Sengetid, Nils sad alene inde hos Fuglene, men han turde ikke tænde Lys og kigge ind under Tæppet, for hvis Hunnen ikke var paa Æggene nu, saa blev de ikke til andet end at puste ud. Og han vidste næsten, at den ikke var paa Æggene. Han trak en Stol hen under Vinduet og lagde sig paa Knæ og kiggede ud mellem Gardinerne: derude stod en Lygte og lyste gult og stille op mellem Foraarstræerne og Hækkenes buskede Mørke.

Og mens han sad der, kom Katrine underlig langsomt og lydløst ud ad sin Havegang og stillede sig op lige under Lygten, hun lænede Ryggen imod den og hendes hvide hovne Ansigt var midt inde i Lyset. Hun saa ond ud som hun stod der, tænkte Nils, ond og skøn, hun var som den onde Dronning. Men hvis han var Prins, vilde han elske den onde Dronning og ikke Prinsessen. Han higede imod hende, skønt han ikke forstod noget af det, hun gjorde, hun slog ham midt i Ansigtet naar han ingenting havde gjort og forærede ham et Bur med blaa Fugle. Maaske var der det ved hende, de kaldte Synd, maaske var Fuglene Syndefugle? Han blev underlig ved det hele og ønskede, at han ikke havde taget de Fugle, han ønskede pludselig saa brændende det var Eftermiddag endnu, og de stod i hendes Vindue i Solen og Hunnen laa paa sine Æg. Han hoppede ned fra Stolen, han vilde ud og sige til hende, at hun kunde faa Fuglene igen hvis hun fortrød det, eller hun kunde se dem hos ham saa tit hun vilde, de kunde have Fugle sammen hun og han. Fra Glasskaalen paa Bordet tog han en stor Appelsin, for hvis hun brød sig om Appelsiner.

and was afraid. Nils tried chatting with her and coaxing her, and Nils' mother took her out of the cage and put her down in the nesting coop from the outside, but she came right out of the round hole again. She wouldn't brood. Perhaps it was the new surroundings and all the turmoil that were responsible for this, they tried putting a cover over the cage and staying away, but each time they sneaked up and peeked under the hood, the female was still in her corner. Maybe the eggs were already cold and couldn't be hatched. Nils' brother spoke of making a hole in them with a pin and blowing them out and giving them to the collection in school, and Nils got mad, and again there were tears.

Only with the evening darkness did quiet come to the house. It was just before bedtime, Nils was sitting alone by the birds, but he didn't dare to turn on the light and peek under the cover, for if she wasn't on the eggs now, there'd be nothing else for them to do but blow them out. And he was almost sure that she wasn't sitting on the eggs. He pulled up a chair below the window and put himself on his knees in order to peek out through the curtains. There was a lamp outside that shone yellow and calm between the spring trees and the bushy dark of the hedge.

And as he sat there, Katrina came out through her gate strangely slow and without a sound, and went to stand right under the lamp, she leaned her back against it and her white arrogant face was in the center of the light. She looked evil the way she stood there, Nils thought, evil and beautiful; she was like the evil queen. But if he was a prince, he wanted to love the evil queen and not the princess. He was drawn to her, even though he never understood the things she did, she hit him right in the face when he hadn't done anything, and presented him with a cage with blue birds. Maybe there was something about her that they called sin, maybe the birds were birds of sin? The whole thing made him feel strange, and suddenly he wished that he had not taken the birds, suddenly he fervently wished that it was still afternoon, and they were standing in the sun by her window, and the female was on the eggs. He jumped down from the chair, he wanted to go out and tell her that she could have the birds back if she was sorry now, or that she could come and watch them at his house as much as she wanted, they could have the birds together, she and he. He took a big orange from the glass bowl on the table, in case she liked oranges.

Men ude ved Laagen gemte han alligevel Appelsinen om paa Ryggen, og hans Ben begyndte at tøve, for der stod hun og saa paa ham. Hun rørte sig ikke af Pletten, og hendes Ansigt forandrede sig heller ikke, det blev bare en lille Smule hvidere og koldere, mens hun saa paa ham. Hans Ben begyndte at slaa smaa Sving ud til Siderne, han daskede og skrabede med Taaspidsen, han ønskede bare han ikke var gaaet derud. "Du, Katrine," sagde han, "hvis du fortryder det med de Fugle, saa... Jeg mener, du maa godt faa dem igen."

Det svarede Katrine overhovedet ikke paa. Hendes hvide Næse kom lidt i Vejret, men hun sagde ikke et Muk. Han stod med Appelsinen omme paa Ryggen, han skiftede den fra den ene Haand til den anden og lod den lige komme til Syne et Øjeblik. Nærmest saadan ligegyldigt. "Det er bare en Appelsin," sagde han. "Jeg tænkte maaske. Hvis du kan lide Appelsiner?"

"Kom med den," sagde Katrine. Han fik ikke Lov at give den selv, hendes Haand fo'r ud og snappede den. Det var en underlig Maade. Men hun tog den i hvert Fald. "Du," sagde han, "du kan ogsaa komme ind og se til dem saa tit du vil. Vi kan jo sige, vi har dem sammen, hvis du synes?"

Katrines Øjne blev to syge Spalter. "Kæft!" sagde hun. "Skrub ind med dig! Skrub ind med dig, din lille artige Mordreng, din lille Kyssedreng! Skrub ind til din Kyssemor og tag hende om Halsen og kys hende fra mig!"

Han stod lammet og saa hende gaa skrutrygget og fladbenet henimod sin Laage. Et Stykke henne vendte hun sig om og lod Appelsinen falde, hendes lange graa Ben gav et Sving og sparkede til den. Hun ramte den meget haardt og præcist, den fløj i en rødligt lysende Bue op forbi Lygteglasset og klaskede tung ned i Jorden et Sted inde i Mørket.

But out by the gate, he hid the orange behind his back after all, and he began to drag his feet, for there she was looking at him. She didn't move from the spot, and her face didn't change, it only looked a shade more white and cold as she watched him. He began to swing his legs out to one side a bit, he slouched and scraped with the toe of his shoe, he only wished he hadn't come out. "Hey, Katrina," he said, "if you're sorry about the birds, then ... I mean, you may have them back again."

To this Katrina didn't even answer. Her white nose pointed in the air a little more, but she didn't say a thing. He stood with the orange behind his back, he shifted it from one hand to the other and let it come into view for an instant. Rather indifferently. "It's just an orange," he said. "I thought maybe. If you like oranges?"

"Give it here," Katrina said. She didn't let him hand it to her himself, her hand darted out and snatched it. It was a queer way. But, anyway, she took it. "Hey," he said, "you can come in and look at them as much as you want to. We could say they are ours together, couldn't we?"

Katrina's eyes narrowed to two sickening slits. "Shut up!" she said. "Beat it! Beat it, you nice little mama's boy, you little pet! Beat it to your darling mama and fall on her neck and kiss her for me!"

He stood there stunned and watched her walk toward her gate flatfooted and with hunched shoulders. A short distance away she turned around and let the orange drop, her long grey leg swung and gave it a kick. She struck it very hard and accurately, it flew in a reddish shining arc up past the lamp and plopped down heavily to the ground somewhere in the dark.

MARTIN A. HANSEN

Martin A. Hansen (1909-55), som var søn af en sjællandsk hus-mand, kunne i landsbyen iagttage, hvorledes samhørigheden i den gamle patriarkalske livsform gik i opløsning. I sine første romaner søgte han en ny solidaritet i kommunismen. Han forkastede dog snart denne løsning, og da krigen kom og den tyske besættelse, blev modstandsbevægelsen for Martin A. Hansen et opmuntrende udslag af menneskelig solidaritet. Samtidig blev spørgsmålet om personlighed et spørgsmål om at adlyde samvittighedens røst. I den moderne myte om forsynet, som står herefter, overskrider drengen det godes grænser i de øjeblikke, hvor han stædigt vil følge sine egne indfald. Navnet på de små *Paradisæbler* har øjensynligt givet digteren det vigtigste symbol i dette eventyr, som ved sin på een gang enkle og sammensatte karakter hører hjemme i den nye for-tællekunst, som Martin A. Hansen før sin altfor tidlige død an-strengte sig for at grundlægge.

PARADISÆBLERNE

Det var vinterdage. Jeg besøgte min mormor og havde en pakke slagtemad med til hende. Jeg kom hen mod middag, havde god tid, og jeg gik og nød det. Alt var gammelt, huset og det hele. Mormor havde en lille stue med en vældig stor seng. Der var himmel over den og tærnet bomuldstøj om den. Gulvplankerne var meget brede. De var skurede hvide, og der var fint sand på. Mormor havde strøet sandet i buede mønstre, så det mindede om lammeskyer på himme-len. Der lugtede sødt af gemmefrugt, lavendel og renvasket tøj fra skuffemøblet, og på hjørnehylden stod evighedsblomster.

Jeg satte mig på slagbænken og læste "Ugens Nyheder". Uret tikkede. Det var et gammeldags ur i firkantet kasse. Under skiven var der et billede med en ræv, som jager tre stokænder op fra en skovsø. Jeg stod tit og så på det billede, som man ikke kunne blive træt af. Den skovsø var sikkert meget dyb, bundløs. Og alting min-

MARTIN A. HANSEN

Martin A. Hansen (1909–1955), who was the son of a Zealand smallholder, observed how the unity of the old patriarchal form of life in the village was dissolving. In his first novels, he sought a new solidarity in communism. He soon rejected this solution, however, and when war came, and with it the German occupation, the resistance movement became for Martin A. Hansen an encouraging expression of human solidarity. At the same time, the problem of personality became the problem of obeying the voice of conscience. In the modern myth about Providence which is printed below, the boy oversteps the bounds of virtue in those moments when he stubbornly follows his own whims. The name of the small "paradise apples" has apparently provided the author with the most important symbol in this tale, which, with its simple and at the same time complex nature, belongs to the new art of narration which Martin A. Hansen endeavoured to establish prior to his all too early death.

PARADISE APPLES

Those were winter days. I visited my grandmother and took her a package of left-overs from the slaughtering. I came before dinner, had lots of time, and enjoyed being there. Everything was old, the house and everything in it. Grandmother had a small room with a very large bed. There was a canopy above it with a checkered cotton valance around it. The planks of the flooring were very broad. They were scoured white, and there was fine sand on them. Grandmother had strewn the sand around in curved patterns which reminded you of fleecy clouds in the sky. From the dresser drawers came the sweet odor of winter fruit, of lavender, and of newly washed clothes; and on the corner shelf were straw-flowers.

I sat down on the settle and read "The Weekly News." The clock ticked. It was an old-fashioned clock in a square case. On the face was a picture of a fox chasing three ducks up from a woodland lake. I often stood and looked at that picture, which you never grew tired of. The wooded lake was, certainly, very deep, bottomless. And everything reminded you of something else—the woods, the

dede om noget andet, skoven, vildænderne og ræven. Jeg vidste
bare ikke, hvad det var. Ræven var ikke bare en ræv, syntes jeg,
men også ligesom et menneske, skønt den var naturtro nok. Æn-
derne så ud, som kunne de forvandle sig til piger, når de var fløjet
længere ind i skoven. Det forekom mig, jeg havde set det hele et
andet sted, men levende. Det var måske i en drøm, man havde
glemt.

Uret havde en køn tone. Et par minutter, før det rigtig slog, be-
gyndte det at synge lidt. Ganske svagt. Men fint. Som ville det
prøve, om det stadig kunne. Det lød mærkeligt og godt. Man sad
og lyttede til den svage syngen, der blev finere og finere, men først
døde helt hen, lige før uret virkelig slog.

Jeg hørte mormor skramle med gryde og pande. Jeg gik ud i
køkkenet og tog mine træsko på, som stod der på stengulvet. De
var varme at træde i, der var flettet byghalm i bunden på dem. Mor-
mor havde fyret op i den åbne skorsten. Hun satte panden over og
fyldte den med gråfinker, som jeg havde haft med.

"Det skal du ikke," sagde jeg, "jeg skulle hilse og sige, at det
skulle være til dig selv det hele."

"Jamen dog, min dreng," sagde mormor, "jeg tror nok, du kan
lide gråfinker, og jeg er så glad for at lave mad til andre."

Jeg spiste godt med gråfinker. Vi sad ved bordet i stuen, og jeg
kikkede tit op på billedet med ræven. Vi brækkede rugbrødet, som
lå på voksdugen, i små stykker og dyppede dem i gråfinkerne. Vi
spiste af panden, som mormor flere gange drejede, så det bedste
vendte mod mig. Hun spurgte, og jeg svarede. Jeg var tolv år gam-
mel og sagde ikke mere, hvad der faldt mig ind, sagde ikke så me-
get. Men jeg kunne lide at være hos mormor. Jeg syntes, hun var
meget gammel, men hun var så mild og ren. Hendes store stivede
forklæder duftede altid af vask og strygning.

"Skytten må smage finkerne," sagde mormor så, "og du vil vel
gerne gå ind med dem?"

Jeg gik med en tallerken ind til den gamle skytte, som boede i den
anden ende af huset i et lille kammer, der havde dør lige ud til vejen.
Jeg tror, han fik lidt penge fra godset, hvor han havde været skytte,
men det var så lidt, at han var fattigere end mormor. Der var en

wild ducks, and the fox. I simply did not know what it was. The fox was not just a fox, I thought, but also a sort of person, although it was true enough to life. The ducks looked as if they could transform themselves into girls, when they had flown further into the woods. It seemed to me that I had seen all this somewhere else, only alive. Maybe it was in a dream that had been forgotten.

The clock had a lovely tone. A couple of minutes before it really struck, it began to sing a little. Quite softly. But delicately. As if to see whether it could still strike. It sounded strange but good. You sat and listened to the faint singing that became more and more delicate but did not die away until just before the clock really struck.

I heard grandmother rattling pots and pans. I went out into the kitchen and put on my clogs, which were on the stone floor. They were warm to step into; there was woven barley-straw in them. Grandmother had started a fire in the open chimney. She put on the skillet and filled it with the chitterlings that I had brought with me.

"You mustn't do that," I said. "I was supposed to say that they were all for you."

"Oh, now, now, my boy," said grandmother, "I really believe you like chitterlings, and I enjoy cooking for others so much."

I ate a lot of chitterlings. We sat at the table in the room, and I often glanced up at the picture of the fox. We broke the rye bread, which lay on the oilcloth, into small pieces and dipped them into the chitterlings. We ate from the skillet, which grandmother turned several times so that the best part was on my side. She asked questions, and I answered. I was twelve years old and no longer said just anything that occurred to me, in fact, said very little. But I liked being at grandmother's. I thought she was very old, but she was so gentle and clean. Her large, starched aprons were always fragrant from washing and ironing.

"The game-keeper must taste the chitterlings," grandmother said finally, "and you won't mind going in with them, will you?"

I took a plateful in to the old game-keeper who lived in the other end of the house in a little room with a door opening right out onto the road. I think he received a little money from the estate where he had been a game-keeper, but it was so little that he was poorer than grandmother. There was a woman who was supposed

kone, som skulle se til ham med mad, men hun gjorde det dårligt. Han var heller ikke nem at omgås. Edderkopperne var ved at spinde ham inde, men ingen måtte gøre rent hos ham. På væggens søm hang et par gamle trøjer, og der var støvede spind imellem dem. Der lugtede ikke godt hos ham, værre endnu end sidst jeg var der. Han havde kun et bord, en stol og et mørkt, uredt sengested. Der var ingen varme i den rustne ovn, og han sad i sin kavaj på stolen foran det bare vindue, hvor der hverken var gardiner eller blomster. Imellem sine knæ havde han geværet stående. Sådan så man ham altid sidde, når man kom forbi vinduet. Jeg spurgte ham, hvorfor han altid sad med geværet.

"Naturligt," sagde han, "man må vare sig. Der kan ske alting."

"Hvad kan der ske?" spurgte jeg.

"Alting," sagde han, "og man må passe på gravrusten. De fineste ting i verden tåler ingenting."

Han trak geværet igennem flere gange om dagen, for at der ikke skulle sætte sig rust i løbet. Engang lod han mig kikke igennem det.

"Kik efter, om der er noget," sagde han, "du har jo unge øjne."

Det var en gammel, langløbet riffel. Han tog låsen ud og løftede piben. Jeg lænede mig mod hans skulder, og jeg har aldrig set nogen med så meget skæl og skidt i hovedet. Så kikkede jeg op igennem løbet.

"Ser du noget?" spurgte han.

"Hvad skal jeg se?" sagde jeg.

"Ser du skygger?" sagde han. Jeg stod længe og så.

"Den er så blank indeni som himmelen," sagde jeg.

Den gamle mand nikkede og tog geværet ned. Hans øjne var lyse og skinnede som riffelløbet.

Nu gav han sig til at spise af gråfinkerne, og han spildte straks noget i sit store skæg, men det lagde han ikke mærke til, for det var han vant til. Han slap ikke geværet. Der var næsten mørkt i hans kolde kammer, og det trak ind fra vinduet. I en af de øverste små ruder var der et lille rundt hul. Jeg spurgte, hvad det var for et hul.

"Ham der!" sagde han og pegede. Først nu så jeg, at der ved hans hovedgærde i den mørke krog hang en død fugl. Den var spættet på vingerne og havde stribet bryst. Næbbet var kort og krumt. Det

o bring food in to him, but she did a poor job of it. He was not
easy to be around either. The spiders were just about to spin him
in from all sides, but no one was allowed to clean up his room.
On the nails in the wall hung a couple of old jackets, and there were
dusty cobwebs between them. It did not smell good in there, still
worse than when I was there last. He had only a table, a chair, and
a dark, unmade bed. There was no warmth from the rusty stove,
and he sat in his coat on the chair in front of the bare window,
where there were neither curtains nor flowers. He had his rifle
standing between his knees. He was always sitting like that when
you came by the window. I asked him why he always sat there with
his rifle.

"Naturally," he said, "you must watch out. Anything can happen."
"What can happen?" I asked.
"Anything," he said, "and you have to watch out for pitting.
The choicest things in the world can't stand anything."

He drew a rag through the barrel of the rifle several times a day, so
that no rust would settle in the bore. Once he let me look through it.

"See if there is any," he said, "since your eyes are so young."

It was an old long-barrelled rifle. He took the breechlock out
and lifted the barrel. I leaned against his shoulder, and I have never
seen anyone with so much dandruff and filth in his hair. Then I
looked up through the barrel.

"Do you see anything?" he asked.
"What am I supposed to see?" I said.
"Do you see shadows?" he said. I stood there looking for a long
time.
"It's as bright inside as the sky itself," I said.

The old man nodded and put the gun down. His eyes were bright
and shining like the gun barrel.

Now he began to eat the chitterlings, and he immediately spilled
some in his big beard; but he did not notice it, for he was used to
it. He did not let go of the gun. It was nearly dark in his cold little
room, and there was a draft from the window. In the top of one
of the small panes was a little round hole. I asked what the hole
was for.

"Him there!" he said and pointed. I saw for the first time now,
that in the dark corner by the head of his bed hung a dead bird.
Its wings were dappled, and it had a streaked breast. Its bill was

var en stor høg. Den var begyndt at rådne, og det var den, som den værste stank kom fra. Den gamle havde skudt den gennem vinduet. Han var næsten lam i understellet af gigt, som ikke blev bedre af kulden i hans kammer. Han gik kun udenfor, når han skulle forrette sin nødtørft, så meget menneske var han da endnu, men det var en stor pine og ydmygelse for ham, for somme tider måtte han kalde mormor eller en nabo til hjælp.

"Du kan ellers ikke se mange dyr her," sagde jeg og kikkede ud af vinduet. Der var kun en lille gruset plads at se og hegnet og mormors have med de vintersorte, tågede træer.

"Jo," sagde han, "der er mange. De kommer. Jeg ser meget."

Jeg blev ikke længe hos den gamle skytte. Han havde sikkert oplevet meget, men han kunne ikke fortælle. Det gik i stykker i hans mund, han kunne ikke forløse sig. Han fortalte sådan: "Jo, det var altså... han gik og sølede derovre... nåja, fik et bladskud... nåja, det er ikke noget." Der var koldt hos ham, og jeg var heller ikke tryg ved ham.

Jeg gik ind til mormor. Hun rejste sig fra armstolen ved ovnen, nu skulle jeg sidde der. Jeg ville ikke, men jo, det måtte jeg. Så tog hun en tynd, laset bog ned. Den lå på amagerhylden under bibelen og salmebogen.

"Det er en god bog," sagde mormor og rakte mig den. Hun vidste, jeg var en læsehest, men glemte nok, at jeg havde læst bogen et par gange hos hende. Det var "Den gule ulv". Mormor havde selv læst indianerromanen, og hun syntes, den var god. Det var den også. Jeg sad og læste "Den gule ulv" endnu en gang. Vi havde det godt. Mormor strikkede, og uret tikkede og sang kønt imellem, og dagen gik.

"Nu mørkner det snart," sagde mormor.

"Man må vel hjemad," sagde jeg.

"Du måtte da så gerne blive," sagde mormor, "men dine forældre venter dig nok snart, og du skal vel gå omvejen ad broen, for isen er vist ikke sikker nu?"

"Jeg ved det ikke så lige," svarede jeg.

Mormor kom med en kurv fuld af små gulrøde æbler, som hun

short and curved. It was a large hawk. It had started to rot, and it was from the bird that the worst stench came. The old man had shot it through the window. The lower part of his body was nearly paralyzed by rheumatism, which the cold in his room was not making any better. He only went outside when he had to relieve himself; he still was that much of a human being, but it was a great trial and embarrassment to him, for sometimes he had to call grandmother or a neighbor for help.

"You can't usually see many animals from here," I said and looked out the window. You could see only a little gravelled yard, and the fence, and grandmother's garden with the winter-blackened, misty trees.

"Oh yes," he said, "there are many. They come. I see a lot."

I did not stay long at the old game-keeper's. He had probably experienced a good deal, but he could not tell about it. The story went to pieces in his mouth; he could not express himself. He told things like this: "Oh yes, that is to say, it was ... he went and wallowed over there ... anyway, got a hit in the shoulder ... anyway, it doesn't matter." It was cold in there, and I did not feel secure with him either.

I went in to grandmother. She got up from the easy chair by the stove; now I ought to sit there. I wasn't going to, but, oh yes, I really must. Then she took down a thin, tattered book. It lay on the corner shelf under the Bible and the hymn book.

"This a good book," said grandmother, handing it to me. She knew I was a book-worm, but must have forgotten that I had read the book a couple of times there. It was *The Yellow Wolf*. Grandmother had read that novel about Indians herself, and she thought it was good. It was, too. I sat and read *The Yellow Wolf* once more. We felt good. Grandmother knitted, and the clock ticked and sometimes sang in its lovely way, and the day passed.

"It will soon be growing dark," said grandmother.

"I ought to be on my way home, I guess," I said.

"You are really welcome to stay here," said grandmother, "but your parents will be expecting you soon, and I suppose you will have to go round-about by way of the bridge, won't you, for the ice can't be safe now?"

"I'm not really sure," I answered.

Grandmother brought out a basketful of small yellowish-red

kaldte paradisæbler. De var meget søde og fine i smagen, særlig når de blev lidt runkne. Kurven havde facon som en lille kiste, den havde et hvælvet låg og et lukketøj, som mine søstre altid havde troet var af guld. Den havde en behagelig hank med håndtag af rødt fløjl. Vi syntes, det var en eventyrlig kurv. Jeg skulle bære paradisæblerne hjem i den.

Jeg stod forlegen og vred på mig i stuen, for jeg vidste ikke, hvordan jeg skulle få sagt ordentlig tak for den gode dag. Mormor havde et stort æble i sin knystede hånd. Hun gned det blankt og rødt i sit store, brusende forklæde og gav mig det.

"Tak," sagde jeg, "bliver du aldrig bange for det der om natten?"

Det var snebærbusken uden for vinduet, jeg mente. Den stod så tæt ved, at nogle kviste rørte ruden. Det lød underligt, når vinden fik dem til at famle over glasset.

"Det gør jeg ikke, min dreng," svarede mormor, "jeg synes, der ved nattetid går vagt om huset. Så tænker jeg: Det er fjerene på deres vinger, som rører ruden."

Da blev jeg endnu mere forlegen, og jeg stod og så ned på de brede gulvplanker. Jeg vidste ikke, om det bare var noget, mormor sagde for min skyld, eller om hun selv troede på det. Hun troede så meget.

Så gik jeg. Da jeg kom forbi gavlvinduet, så jeg den gamle skytte sidde derinde med geværet i armen. Jeg nikkede til ham. Men han stirrede bare uden at hilse.

Jeg fulgte stien ned over bankerne til hovedvejen. Her var tågen tættere. Der var ikke langt fra vejen til de store engdrag. Ovre bag dem lå mit hjem, kun en god kilometer borte. Men det havde været tøvejr i flere dage, og jeg vidste ikke, om isen over åen kunne bære. Der var henved tre fjerdingvej, når man fulgte vejen norden om over broen. Jeg havde lovet at være hjemme i mørkningen. Det kunne jeg knap nå nu, men jeg fulgte vejen og gik rask til. Engang imellem skiftede jeg kurven med paradisæblerne fra den ene arm til den anden. Eller jeg stod lidt og lyttede. Der var ganske stille i tågen. Det bare dryppede fra vejtræerne. Rislede og sivede langt inde på marken. Satte i gang igen. Jernet under mine træsko klang mod

crabapples, that she called paradise apples. They were very sweet and delicate in flavour, particularly when they became a little shrivelled. The basket was shaped like a little chest; it had a curved lid and a fastener that my sister had always thought was gold. It had a comfortable handle with a grip of red velvet. We thought it was an enchanting basket. I was going to carry the crab apples home in it.

In the room I stood and squirmed in embarrassment, for I did not know how I could properly say thank you for so fine a day. Grandmother had a large apple in her knotted hand. She rubbed it shiny and red in her large, billowing apron, and gave it to me.

"Thank you," I said, "don't you ever get scared of that at night?"

It was the snowberry bush by the window that I meant. It stood so close by that some twigs touched the pane. It sounded peculiar when the wind made them fumble at the glass.

"I don't, my boy," answered grandmother, "at night I feel there is a watch set around the house. Then I think: it's the feathers of their wings that touch the pane."

Then I became even more embarrassed, and I stood looking down at the broad planks of the floor. I did not know whether it was only something grandmother said for my sake, or if she believed it herself. She believed so much.

Then I left. When I passed by the gabled window, I saw the old game-keeper sitting in there with the rifle on his arm. I nodded to him. But he just stared without greeting me.

I followed the path down over the slopes to the main road. Here the mist was thicker. It was not far from the road to the large stretches of meadowland. Beyond them lay my home, just a good kilometer away. But it had been thawing for several days, and I did not know whether the ice on the stream would hold. It was about three-fourths of a league when you followed the road to the north by way of the bridge. I had promised to be home at dusk. I could scarcely manage it now, but I followed the road and walked briskly along. Once in a while I changed the basket of crabapples from one arm to the other. Or I stood listening for a moment. It was quite still in the mist. Only a dripping from the trees along the road. There was murmuring and seeping far off in the field. I started off again. The iron on my clogs rang against the stones of the

vejens sten. Jeg kunne godt lide den lyd, og jeg tog lange skridt og trådte hårdt til. Var der nogen, som lyttede efter mine skridt, måtte de tro, at her kom en voksen mand.

Da jeg var kommet forbi en gård med lukket port, blev der kaldt på mig fra den mørke roekule, som lå tæt ved vejen. Der stod en dreng med en rive. Jeg kendte ham, det var Ejnar, som jeg havde gået i skole med, til han for et halvt års tid siden var blevet tjenestedreng her i nabosognet. Gårdens folk havde kørt roer ind, for at have nok julen over, og nu gik Ejnar og rev den gamle halm sammen. Jeg sprang over grøften, og vi satte os i den våde halm bag kulen.

"Går det an, du sidder og snakker?" sagde jeg.

"Hvis det passer mig," sagde han.

"Er de flinke?"

"Går mægtig godt," sagde Ejnar. "Manden skal ikke have sagt noget. Såh? Sese? siger jeg bare, hvis der er noget. Så ser jeg sådan på ham. Sådan, forstår du."

"Ja, det forstår jeg," sagde jeg.

"Hvordan står det til?" spurgte han.

"Som det bedst kan," sagde jeg.

Ejnar trak pibe og tobak frem og spurgte, om jeg havde en ordentlig pibe. Han var ikke af dem, der kunne drille mig, og nu boede han desuden så langt borte, så jeg svarede roligt, at jeg kun røg pibe i ny og næ.

Han stoppede sin lille pibe. "Det er jomfrutobak," sagde han, "det skulle du holde dig til."

"Kender det udmærket," svarede jeg.

Da han fik fyr på piben og havde røget lidt, rakte han mig den. Jeg havde nær tabt den, for den var brændende hed. Det var en pibe af jern, lavet til reklame. Det var en fordel, den kunne ikke brække.

Vi sad en stund i den klamme halm og røg af jernpiben.

"Savner du ikke stranden?" sagde jeg. Vi havde været meget ved stranden sammen.

"Jo," sagde han, "jeg stikker til søs, når jeg er konfirmeret. Jeg er ligeglad med, hvad de gamle siger."

"Jeg stikker snart til søs," sagde jeg.

road. I rather liked that sound, and I made my paces long and stepped hard. If there was anyone was listening for my steps, he would have to believe that a grown man was coming.

When I had passed by a farm with the gate closed, someone called me from the dark mound of field beets that lay close by the road. A boy with a rake stood there. I knew him; it was Ejnar, with whom I had gone to school until a half year ago, when he had become a hired boy here in the neighboring parish. The farm hands had hauled the beets in, to have enough through Christmas, and now Ejnar was going about raking the old straw together. I jumped across the ditch, and we sat down in the wet grass behind the mound of beets.

"Is it all right for you to sit and talk?" I said.

"If I want to," he said.

"Are they nice people?"

"It's just fine," said Ejnar. "The man better not say anything. If anything comes up, I just say, 'So? You don't say?' Then I look at him like this. Like this, get it?"

"Yes, I get it," I said.

"How are things?" he asked.

"As good as can be expected," I said.

Ejnar drew out a pipe and tobacco and asked if I had a decent pipe. He was not one of those who could tease me; and besides, he now lived so far away that I calmly answered that I only smoked a pipe off and on.

He filled his little pipe. "It's virgin tobacco," he said. "You ought to stick to that."

"I know it well," I answered.

When he had lighted the pipe and smoked a bit, he handed it to me. I nearly dropped it, for it was burning hot. It was an iron pipe made as an advertisement. That was an advantage; it could not break.

We sat for awhile in the damp straw and smoked the iron pipe.

"Don't you miss the beach?" I said. We had been together a lot at the beach.

"Oh sure," he said. "I'm going to run away to sea as soon as I'm confirmed. I don't care what the old folks say."

"I'm going to run away to sea soon," I said.

"Du har det jo godt?" sagde han.

"Sådan et liv er ikke til at holde ud," sagde jeg.

"Nej," sagde han. Vi sad stille og røg. Det dryppede fra træerne. Det mørknede. Men jeg blev siddende, skønt vi ikke havde meget at snakke om. Vi var blevet fremmede for hinanden, mærkede jeg.

Det var næsten helt mørkt, da jeg brød op. Jeg drejede straks bort fra vejen og gik i mørket ned over pløjemarken mod enghaven. Her kunne man gå lydløst, men jeg kunne bedre lide at gå, hvor man støjede. Markerne var næsten snefrie, men i enghaven lå den gamle is endnu. Det lysnede svagt fra de store flader. De lå spættede og stribede hen og mindede mig om noget. Den døde høg. Isen var porøs og skør mange steder, men jeg gik rolig ud over den.

Jeg var blevet så sørgelig til mode af at snakke med Ejnar. Jeg havde måske heller ikke haft godt af piben, det brændte mig endnu i munden. Vi havde siddet og sagt underlige ting til hinanden. Det var sørgeligt det hele. Som nu Ejnar, jeg vidste, han ikke kom til søs og blev til noget. Han var dårligt begavet og havde en svag vilje. Han var allerede krum i ryggen, og han måtte prale dumt for at være til. Det er sørgeligt med os mennesker, man kan se, hvordan det hele bliver, tænkte jeg.

Så stod jeg foran åen. Der var is på den endnu. Sort is. Midt over løbet var isen revnet og sunket ned. Glatte sider skrånede ned mod midten, hvor der stod vand og skinnede. Jeg tænkte ikke på, hvad jeg gjorde. Jeg gjorde det bare. Jeg tog træsko og strømper af og kylede dem over åen. Det var rart at stå på isen med bare fødder, man blev kun mere rolig og ligeglad af det. "Det kan være lige meget," sagde jeg højt. Så trådte jeg ud over kanten, skred på den glatte side, prøvede at få fart på, så jeg kunne løbe op over den anden side. Fødderne smuttede, og jeg gled tilbage og blev stående nede i vandet. Isen sukkede, jeg syntes, jeg kunne mærke, at den langsomt sank under mig.

"Det skulle I bare vide," sagde jeg højt og så mig om. Jeg kunne lige nå at se over iskanten. De store engflader lå stille og øde hen.

"But everything's going all right for you, isn't it?" he said.

"A fellow just can't stand a life like this," I said.

"No," he said. We sat quietly and smoked. It was dripping from the trees. It was getting dark. But I kept sitting, although we did not have much to talk about. I sensed that we had become strangers to each other.

It was nearly completely dark when I started off. I soon turned from the road and walked in the dark down across the plowed field toward the meadow. Here you could walk soundlessly, but I preferred to walk where it was noisy. The fields were nearly free of snow, but in the meadow the old snow still lay. The broad surfaces shone dimly. They lay there dappled and streaked and reminded me of something. The dead hawk. Many places the ice was porous and brittle, but I calmly walked out across it.

I was so depressed from talking with Ejnar. Maybe the pipe had not done me any good either; my mouth still burned. We had sat telling each other strange things. It was all very depressing. Like Ejnar; I knew he would not go to sea and amount to anything. He was not very bright and he was weak-willed. He was already roundshouldered, and he had to brag stupidly in order to exist. It's too bad about us human beings; you can see how things are going to turn out, I thought.

Then I was standing by the stream. There was still ice on it. Black ice. Right over the current the ice was cracked and sunken. Slippery sides slanted down toward the middle, where water lay shining. I did not think about what I was doing. I just did it. I took off clogs and socks and heaved them across the stream. It was pleasant to stand on the ice with bare feet; you just became more calm and indifferent as a result. "It doesn't matter," I said aloud. Then I stepped out over the edge, slid on the smooth side, tried to go faster so I could run over the other side. My feet slipped, and I glided back and came to a stop down in the water. The ice sighed; I thought I could feel that it was slowly sinking under me.

"If they only knew," I said aloud and looked about me. I could just manage to see over the icy rim. The meadowlands lay there silent and desolate. Nothing to be seen. Ice and fog. In the summer

Intet at se. Is og tåge. Om sommeren var her fuldt af fugle, men nu var her ingen vingesusen at høre.

Jeg prøvede at krybe op, men gled tilbage. Hagede mig fast med fingre og tæer, men sank ned igen. Jeg kastede kurven med paradisæblerne op over kanten, og så bar jeg mig ad, som var jeg vild, jeg satte neglene i isen, kradsede med rasende bevægelser. Skred ned igen. Jeg stod nede i vandet og rettede ryggen, mærkede isrevnen under de nøgne fødder, som næsten ikke kunne føle mere. Isen gyngede lidt.

"Du kommer ikke op," sagde jeg. Endnu havde jeg den kolde, triste ligegladhed i mig. Jeg tænkte ikke, turde ikke. Jeg turde ikke blive bange.

Så gik jeg oprejst op over isen. Midt på skråningen var jeg ved at skride. Da fik jeg et puf i ryggen, og så kom jeg helt op. Jeg samlede hoser og træsko op, greb kurven, vendte mig ikke, men sprang vildt hen over engen, bort fra åen, trådte gennem den sprøde is et sted, forvred foden, men op og af sted igen. Nåede hegnet og entrede over den skrigende pigtråd.

Her var pløjemarken. Da jeg mærkede de bløde, næsten svampede furer under fødderne, vendte jeg mig og så ud over engen. Der var ingen at øjne. Det var også meget tåget.

Jeg tog strømper og træsko på og løb op over marken for at få varme i kroppen. Snart var jeg så langt oppe på det pløjede skifte, at jeg ikke kunne se andet end tåge og mørke til siderne. Men jeg kendte marken og kunne ikke gå fejl her. Jeg lukkede øjnene og svingede mig rundt et par gange. Men jeg kunne straks mærke, hvilken retning jeg skulle gå i.

Hvorfor så du dig ikke om dernede? tænkte jeg. Det var bare noget, du bildte dig ind, at du fik et puf i ryggen. Jeg gik videre og blev igen mat og tung til mode og forstod ikke noget.

Det lugtede fra jorden et sted. Jeg stod og snuste ind, men kunne ikke finde, hvor det kom fra. Det mindede om lugten fra høgen ved den gamles hovedgærde. Den stolte, rådnende fugl.

it was full of birds here, but now there was no whirring of wings to be heard.

I tried to crawl up, but slid back; hung on with fingers and toes, but sank down again. I threw the basket of crabapples up over the edge; then I carried on as if I were crazy; I dug my nails into the ice, and scratched with frenzied movements. Slipped down again. Standing down in the water, I straightened up, noticed the ice fissure under my naked feet, which could scarcely feel anything anymore. The ice swayed slightly.

"You won't get up," I said. I still had that cool, sorrowful indifference within me. I did not think, did not dare to. I did not dare become afraid.

Then holding myself erect, I walked up over the ice. Halfway up the slope I was about to slip. Then I got a push from behind, and I came all the way up. I gathered up my socks and clogs; grabbed the basket; did not turn around, but leapt wildly away across the meadow, away from the stream; stepped through the brittle ice in one place; twisted my foot, but was up and off again. Reached the fence and got over the screeching barbed wire.

Here was the plowed field. When I felt the soft, nearly spongy furrows beneath my feet, I turned and looked out across the meadow. There was no one to be seen. But it was very foggy.

I put on my socks and clogs and ran up across the field to get some warmth into my body. I was soon so far into the plowed plot that I could see nothing but fog and darkness on either side. But I knew the field and could not go wrong here. I closed my eyes and turned around a couple of times. But I sensed immediately which direction I should follow.

Why didn't you look around down there? I thought. It was just something you imagined—imagined you got a push. I went on and again became listless and heavy-hearted and understood nothing.

There was an odor coming from some place in the ground. I stood sniffing but could not find out where it was coming from. It reminded me of the smell of the hawk by the head of the old man's bed. That proud, rotting bird.

Jeg ønskede pludselig, jeg kunne gå vild. Jeg ville prøve det. De siger, man let går vild i tåge, tænkte jeg, så går man i ring. Man bliver ved at gå i ring. Men jeg kan ikke gå vild her. Kan jeg ikke mærke retningen på mig selv, kan jeg jo bare føle på plovfurerne og følge dem. Gid jeg kunne gå vild.

"Nu går jeg vild!" råbte jeg. Jeg lukkede mormors kurv op, det faldt mig ind, tog en håndfuld paradisæbler og kastede dem ud i mørket omkring mig. Så gav jeg mig til at lede efter dem. Lidt efter mærkede jeg, at jeg var gået vild. Jeg kunne ikke mærke retningen mere. Jeg knælede ned og følte på plovfurerne, men jeg kunne ikke mere finde ud af, hvad vej de gik. Det var umuligt. Jeg gik fremad et stykke. Jeg kunne ikke mærke, om det var rigtigt eller forkert. Jeg gik et stykke den modsatte vej, og det var det samme. Så blev jeg stående. Men som jeg stod der, kom der mere og mere skræk fra jorden op gennem benene, op i kroppen, op i brystet, op i øjnene, der ligesom blev helt blinde. Jeg var gået vild, og jeg var ene.

Jeg begyndte at løbe. Jeg vidste ikke, om det var den rigtige vej, men jeg turde ikke blive stående, jeg turde heller ikke gå langsomt. Jeg løb alt hvad jeg kunne, stønnende, med kurven hoppende på armen. Nu og da var jeg ved at snuble. Jeg løb og løb.

Min træsko stødte mod noget, jeg faldt. Tabte kurven. Jeg rejste mig grædende på knæ og kravlede fremad. Låget var gået op på kurven. De fleste paradisæbler var trillet ud. Jeg begyndte angst og famlende at samle dem op. Nogle var sprunget helt ind mellem stråene i en græstot, som var der foran. Jeg følte mig for i græsset. Hånden sank dybt ned mellem stråene. Jeg bøjede mig længere frem. Der var ikke mark, ingen grund bag det græs. Jeg så det lyse svagt fra en vandflade under mig. Mergelgraven.

Jeg lå og stirrede ned i mergelgraven. Den havde jeg ikke et øjeblik husket, skønt jeg havde været der for et par dage siden sammen med en anden. Vi havde lavet gynger i isen, så der nu stod åbent vand.

I suddenly wished I could get lost. I was going to try. They say you can easily get lost in fog, I thought; then you go in a circle. You keep on going in a circle. But I can't get lost here. If I can't sense the direction myself, I can just feel the furrows and follow them. If I could only get lost.

"Now I'll get lost!" I shouted. I opened grandmother's basket —I happened to think of it—took a handful of crabapples and hurled them out into the darkness around me. Then I began to look for them. Soon afterwards, I realized that I was lost. I could no longer feel directions. I knelt down and felt the furrows, but I could no longer find out which way they were going. It was impossible. I walked forward a little. I could not feel whether it was right or wrong. I walked a little in the opposite direction, and it was the same. So I kept standing there. But as I stood there, more and more fear arose from the ground up through my legs, up into my body, up into my breast, up into my eyes, which seemed to become stone blind. I was lost, and I was alone.

I began to run. I did not know whether it was the right direction, but I did not dare remain standing there, nor did I dare walk slowly. I ran as fast as I could, gasping, with the basket bouncing on my arm. Sometimes I nearly stumbled. I ran and ran.

My clogs rammed something; I fell. Lost the basket. Crying, I got up on my knees and crawled forward. The lid of the basket had flown open. Most of the crabapples had rolled out. Fearful and fumbling, I began to gather them up. Some had bounced all the way in among the blades of a clump of grass which lay before me. I felt ahead of me in the grass. My hand sank deep down between the blades. I leaned further forward. There was no field, no ground behind that grass. I saw there was a pale shining sheet of water beneath me. The clay pit.

I lay staring down into the clay pit. I had not remembered it for a moment, even though I had been there with someone a couple of days before. We had made the ice sway, so the surface was now open water.

Da jeg havde samlet æblerne sammen, stod jeg der lidt med kurven på armen. Jeg blev så varm, og jeg fortrød.

Tågen var så god nu. Der er nok nogen, som har passet på, tænkte jeg.

Jeg syntes, jeg hørte det synge svagt i luften, som af et ur, der snart vil falde i slag, en mærkelig og køn lyd, ganske svagt. Tågen duftede som store, nystrøgne forklæder. Og paradisæblerne duftede ud gennem fletværket på mormors kurv.

Så gik jeg udenom mergelgraven, hen under den mægtige rødpil, som stod i kanten. Dråber stænkede fra den. Nu kunne jeg se markhegnet længere ovre. Jeg kunne ikke gå fejl. Når jeg kom derover, skulle jeg ikke gå mange skridt, før jeg gennem tågen kunne skimte lyset fra vinduerne hjemme.

When I had gathered the apples together, I stood there a bit with the basket on my arm. I felt so warm and I was sorry. Now the mist was good. Someone must have been watching out, I thought.

I thought I heard a faint singing in the air, as from a clock that is about to strike, a strange and lovely sound, very faint. The mist was fragrant like great, freshly-ironed aprons. And the crabapples sent their aroma out through the wickerwork of grandmother's basket.

So I walked around the clay pit, and under the enormous red willow that stood at its edge. Drops of water splattered down from it. Now I could see the fence of the field further over. I couldn't go wrong. When I got there, I wouldn't have to go many steps before I would be able to catch a glimpse, through the mist, of the light from the windows at home.

DRAMAET

KAJ MUNK

I årene omkring 1930 oplevede dansk teater en ejendommelig blomstring. Et helt bundt af dramatiske talenter foldede sig ud: Sven Clausen (1893–1961), Soya (f. 1896), Kaj Munk (1897–1944), Kjeld Abell (1901–61). Kraften i dette nye danske teater kan Kaj Munks *Før Cannae* (1943) give et lille indtryk af. Før krigen i 1939 var Munk, som var træt af parlamentarismen, kommet fascismen betænkelig nær. Men over for diktaturets bitre frugter erkendte han, at et kæmpende demokrati gengiver hvert af sine medlemmer det absolutte ansvar, som han indtil da kun havde tillagt førerne. Under den tyske undertrykkelse blev Munk den danske modstandsbevægelses talerør. Den 4. januar 1944 lod besættelsesmagten ham myrde. I sin eneste scene bringer Før Cannae Hannibal og Fabius Cunctator under samme telt. Bag deres ansigter aner vi visse træk af Hitler og Churchill; i løbet af deres samtale ser vi to verdensomspændende kræfter rejse sig mod hinanden: det selvsikre, uforsonlige, umenneskelige diktatur og det langsomme, tøvende, føjelige demokrati, i dyb forstand menneskeligt og – når dets tålmodighed er opbrugt – af en uovervindelig kraft.

FØR CANNAE

Telt i den puniske Lejr i Cannae.
2 Officerer holder Vagt.

DEN FØRSTE. Taler han i Søvne derinde?

DEN ANDEN. Han taler i hvert Fald. Men visst ikke i Søvne. En af hans Generaler spurgte ham engang, om han aldrig sov. Han svarede: "Naar jeg har indtaget Rom, vil jeg sove."

DEN FØRSTE. Saa nærmer Tiden til hans Middagssøvn sig med Stormskridt.

DEN ANDEN. Hvor mange Mand regner du med, der staar overfor os?

DEN FØRSTE. Ved du det?

DRAMA

KAJ MUNK

Around 1930, the Danish theater enjoyed an unusual florescence. A whole bouquet of dramatic talent bloomed: Sven Clausen (1893–1961), Soya (born 1896), Kaj Munk (1897–1944), Kjeld Abell (1901–1961). Kaj Munk's *Before Cannae* (1943) can give an impression of the vigour of that new Danish theater. Before the war in 1939, Munk, who was tired of parliamentarianism, had moved dangerously near to fascism. But confronted with the bitter fruits of dictatorship, he recognized that a militant democracy gives each of its members the absolute responsibility which he previously had ascribed to political leaders. During the German occupation, Munk became the mouthpiece for the Danish resistance movement. On 4 January 1944, the occupational authorities had him murdered. In its single scene, *Before Cannae* brings Hannibal and Fabius Cunctator together in the same tent. In them we have a presentiment of certain features of Hitler and Churchill: in the course of their dialogue, we see two world powers confront one another: the self-confident, implacable, and inhuman dictatorship, and the slow, hesitant, tractable democracy, in a profound sense human and—when its patience was exhausted—of invincible power.

BEFORE CANNAE

A tent in the Punic camp at Cannae.
Two officers are keeping watch.

1ST OFF. Is he talking in his sleep in there?
2ND OFF. He's certainly talking. Not in his sleep, though. One of his generals asked him once if he ever slept. His answer was —"When I've taken Rome I'll sleep."
1ST OFF. Then the time for his afternoon nap is approaching by leaps and bounds.
2ND OFF. How many men do you reckon we've got against us?
1ST OFF. Do you know?

DEN ANDEN. Ikke over 80.000.

DEN FØRSTE. Og vi er 50.000. Vi er med andre Ord en knusende Overmagt.

DEN ANDEN. Saa længe *Han* fører os.

DEN FØRSTE. Hvad gætter du paa, han vil gøre med Rom? Brænde hele den raadne Pestbule af?

DEN ANDEN. Jeg glæder mig til at se, hvordan Senatorerne vil virke i Rollen som Slaver. Jeg regner deres verdensberømte Værdighed for det kraftigste Tegn paa Degeneration. Deres aareforkalkede Sjæle formaar simpelthen ikke at reagere.

DEN FØRSTE. Nu ler han derinde.

DEN ANDEN. Han morer sig over det Svar, han lod overrække Fabius i Aftes.

DEN FØRSTE. Fabius? Romernes Feltherre?

DEN ANDEN. Ved du det ikke?

DEN FØRSTE. Gamle Fabius sendte Bud herover og tilbød ham en Forhandling med frit Lejde for ham til den romerske Lejr. Og hvad svarede han saa?

DEN ANDEN. At Fabius kunde faa frit Lejde til *vor* Lejr; blev det Lejde brudt, var Skaden jo ikke saa stor.

DEN FØRSTE. Hahaha. Hvilken storartet Fornærmelse! Den har Romerne ikke svaret paa?

DEN ANDEN. Den er simpelthen ikke gaaet op for dem endnu. Den *(peger paa Hjernen)* fungerer jo langsomt derovre. Du livsglade Jupiter, hvad ligger vi her og roder efter? Hvorfor er *vi* ikke gaaet til Angreb, naar *de* ikke vil eller tør?

DEN FØRSTE. Det skal jeg sige dig. Det er, fordi han venter paa, at de skal faa trukket saa mange Folk sammen som overhovedet muligt, for at han kan faa Lejlighed til at levere et knusende og afgørende Slag. Jo flere de er, jo bedre for os, des flere er der at ødelægge. – Hvad nu? hvad er der paa Færde?

EN ADJUDANT. Det er – det er –

DEN FØRSTE. Men saa saml dig dog, Mand!

ADJUDANTEN. Det er – der er – Romere i Lejren.

DEN ANDEN. Romere? – Til Vaaben da!

2ND OFF. Not more than eighty thousand.

1ST OFF. And we are fifty thousand. In other words, we've a crushing superiority.

2ND OFF. So long as *he* is our leader.

1ST OFF. What do you think he'll do with Rome? Burn the whole rotten place to the ground?

2ND OFF. I look forward to seeing how the senators will get on as slaves. I consider their world-famous dignity to be the most certain sign of degeneration. Their arthritic souls simply aren't capable of reacting.

1ST OFF. There, now he's laughing.

2ND OFF. He's chuckling over the answer he sent to Fabius last night.

1ST OFF. Fabius? Do you mean the Romans' Commander?

2ND OFF. Didn't you hear about it?

1ST OFF. Old Fabius sent a message across inviting him to a parley, with a safe-conduct to the Roman camp. And what was his answer?

2ND OFF. That Fabius might have a safe-conduct to *our* camp; then, if the safe-conduct were broken, it would be of no great consequence.

1ST OFF. Ha! Ha! What a magnificent insult! I suppose the Romans didn't reply to that?

2ND OFF. They simply haven't taken it in yet. It *(pointing to his brain)* functions slowly over there. You know. Oh, jumping Jupiter! Why do we stay fiddling about here? Why don't *we* attack, if *they* won't—or daren't?

1ST OFF. I'll tell you. It's because he's waiting for them to crowd together as many men as ever they can—and so give him the chance to deliver them a crushing and decisive blow. The more of them there are, the better for us; the more there are to kill. Hallo, what's happening?

AN AIDE-DE-CAMP. It's—it's—

1ST OFF. But pull yourself together, man.

AIDE-DE-CAMP. There are—there are—Romans in the camp.

2ND OFF. Romans? To arms, then!

ADJUDANTEN. Nej, misforstaa mig ikke. Det er...

HANNIBAL. Hvem siger "Til Vaaben" her?

ADJUDANTEN. Det er... det er selveste...

HANNIBAL. Naa?

ADJUDANTEN. Quintus Fabius Maximus har indfundet sig.

HANNIBAL *(farer sammen, staar et Øjeblik)* : Naa.
Ja ja! saa før ham til mig.

FABIUS *(ind med et lille Følge af Romere)* : Ja, jeg er altsaa Quintus
Fabius Maximus – jeg har umaget mig herover ud fra et privat
Ønske om en Samtale med jeres Feltherre. Det er vel ikke det
bedste Tidspunkt paa Dagen; men et senere vilde maaske være
ringere endnu. Hvis jeres Feltherre har lagt sig til at sove, an-
moder jeg jer om at faa ham til at staa op eller i det mindste føre
mig til hans Seng. Og hvis han muligvis slet ikke er gaaet til
Hvile endnu...

HANNIBAL. Her staar han.

FABIUS. Her? hvor?

HANNIBAL. Hannibal er mig.

FABIUS. Aha. Naa, det er dig. Ja. Saa er du altsaa ikke gaaet til
Hvile. Saa behøvede jeg maaske knap saa mange Undskyldnin-
ger, som jeg fandt det sømmeligst at falde ind ad Døren med. Naa
saa! Saa du er Hannibal. Det burde jeg have kunnet sige mig selv.
Men mit Syn er ikke saa godt mer. Jeg har altid holdt mig for-
synet med etiopiske Elskerinder, dem fra Højlandet, du ved, de
er som Bad i en Kilde efter en Ørkenstorm. De kvæger Legemet,
men de tager paa Øjnene. Og Alderen gør det jo ikke bedre, nej,
saamænd gør den ej.

HANNIBAL. Vil du ikke tage Plads? Jeg kan byde paa nymalket
Gedemælk.

FABIUS. Gedemælk – oprigtig talt – Gedemælk – undskyld, at jeg
smager paa Ordet. Men det forholder sig saadan med Mælk, at
min Hukommelse ogsaa har tabt sig en Del paa det sidste. Der-
imod har jeg en lille Lædersæk her i Bæltet... min Tunge har
Tilbøjelighed for at sprække... derfor plejer jeg altid at kunne
fugte den. Hvis det ikke generer dig...

HANNIBAL. Paa ingen Maade.

FABIUS. Du vilde vel ikke gøre mig den Ære og Glæde at smage...

HANNIBAL. Jeg for mit Vedkommende nyder aldrig andet end
Vand og Mælk.

AIDE-DE-CAMP. No, don't misunderstand me! There are—

HANNIBAL. Who says "To arms" here?

AIDE-DE-CAMP. It's—he himself has—

HANNIBAL. Well?

AIDE-DE-CAMP. Quintus Fabius Maximus is here.

HANNIBAL *(with a start, remaining still for a moment)*. Is he? Right. Then bring him to me.

FABIUS *(coming in with a small escort of Romans)*. Yes, I'm Quintus Fabius Maximus. I thought it might be worth while to come over and have a little talk with your Commander. I'm afraid it's hardly the best time of day, but later on would be worse still. If your Commander has already gone to bed, I will ask you to get him up again—or at least take me to his bedside. And if by any chance he hasn't turned in yet...

HANNIBAL. Here he is.

FABIUS. Here? Where?

HANNIBAL. I'm Hannibal.

FABIUS. Aha! So it's you. Well, well, then you haven't gone to bed. And I don't really need so many excuses for bursting in like this. Well, well! So you are Hannibal. I might have spotted that myself, but my sight isn't what it was. I have always provided myself with Ethiopian mistresses. The ones from the high country. You know, they are like a bath in a spring after a desert storm. They refresh the body, but they're hard on the eyes. And old age doesn't make it any better. No, it certainly doesn't.

HANNIBAL. Won't you take a seat? I can offer you some fresh goat's milk.

FABIUS. Goat's milk—well, to tell the truth—goat's milk? Excuse my savoring the word; but when it comes to milk—you know, my memory has failed me a good deal lately. But I have a little leather bag here in my belt... my tongue is apt to get a bit parched... and so I like to be able to moisten it now and then. If you don't mind—

HANNIBAL. Not in the least.

FABIUS. Won't you do me the honour and pleasure of tasting—

HANNIBAL. Thank you, I never take anything but water and milk.

FABIUS. Gud være lovet! Gud være priset og lovet! Kan Mælk faa dig til at udrette slige Bedrifter, hvad vilde du saa ikke drive det til, hvis du drak Vin.

HANNIBAL. Jeg byder den romerske Feltherre velkommen i Fønikernes Lejr.

FABIUS. Fhv., kære Hannibal, fhv. Feltherre. Nu er det de Herrer Paulus og Varro, der har Hovedansvaret, i hvert Fald hvis det gaar godt. Gaar det galt, er det aldrig –

HANNIBAL. Ønsker du at tale med mig i Enrum?

FABIUS. – er det aldrig af Vejen at have haft en erfaren Rotte som Fabius med i Raadet. – Enrum, sagde du! Min Far mente altid: Enrum er forbeholdt Kvinderne. Hav aldrig Vidner paa, hvad du tager dig for med en Pige, og altid Vidner paa, hvad du giver dig af med sammen med Mænd. Imidlertid – i Betragtning af det extraordinære ved Situationen – Enrum, sagde du – naa ja, lad gaa!

HANNIBAL *(gør et Tegn. De bliver ene to).* Hvem har sendt dig, Fabius Maximus?

FABIUS. Sendt og sendt? Er jeg sendt? Bare jeg nu vidste, hvad jeg skal svare. Skal jeg sige: Guden? skal jeg sige: Instinktet? Skal jeg sige – jeg ved ikke, hvad jeg skal sige. Jeg kommer ikke fra Varro. Jeg kommer ikke fra Paulus. De vilde begge sætte højst pantomimiske Ansigter op, hvis de fik Nys om den lille Barscene her. Jeg kommer fra mig selv. Jeg er til Aars. Jeg kan dø, før jeg faar opfyldt alt for mange flere af mine Ønsker. Et af dem har længe været at faa den Mands Ansigt at se, der har voldt os Romere dether Bryderi.

HANNIBAL. Det Ansigt har jeg mange Gange søgt at vise dig. Det er ikke min Skyld, du altid vendte Ryggen til, naar jeg kom.

FABIUS. Det var du ked af, jeg gjorde?

HANNIBAL. Oprigtig talt: ja, det var jeg ked af.

FABIUS. Det var ogsaa Meningen. Saa fik jeg altsaa min Vilje, kan jeg forstaa.

HANNIBAL. Ja, Fabius Maximus, for saa vidt havde du Succes over for mig: det lykkedes dig hver Gang at flygte. Men Succes-

FABIUS. Thank heaven for that! If you can do such deeds on milk, however far would you have gone on wine?

HANNIBAL. I bid the Roman Commander welcome to the Phoenician camp.

FABIUS. *Former* Commander, my dear Hannibal, *former* Commander. Now it is Messrs. Paulus and Varro who have the chief responsibility—at any rate, if things go well. If they go badly, then of course...

HANNIBAL. Do you wish to speak with me in private?

FABIUS. ...then of course there's never any harm in consulting an old hand like Fabius... In private, did you say? My father's notion was always—keep privacy for women. Never have witnesses if you have to do with a girl, but always have witnesses if you are dealing with men. However, in view of the unusual circumstances—in private did you say? Very well, then, go ahead.

HANNIBAL *(makes a sign and they are left alone)*. Who has sent you here, Fabius Maximus?

FABIUS. Sent? Sent? Was I sent? I only wish I knew the answer. Shall I say—God? Or—instinct? Was it—I don't know what to say. I haven't come from Varro—nor from Paulus. They would both strike dramatic poses if they got news about this little bar scene. No, I sent myself here. I'm getting on in years. I may die before I've realised many more of my wishes. One of them has long been—to see the face of the man who has caused us Romans all this trouble.

HANNIBAL. I've tried to show it you often enough. It wasn't my fault you always turned your back on me when I came.

FABIUS. It annoyed you, my doing that?

HANNIBAL. Yes, frankly, it did.

FABIUS. That is just what I wanted. So I got my own way—I can see that.

HANNIBAL. Yes, Fabius Maximus, in so far you succeeded in dealing with me: you managed to run away every time. But

sen strak ikke til over for dit Folk. De kaldte dig Nøleren. Og de afsatte dig.

FABIUS. Til Trods for, at jeg var den eneste Feltherre, der ikke har hentet sig noget Nederlag i denne Krig.

HANNIBAL. Husk, det er et stolt og tappert Folk, det romerske. Det er ikke vant til at nøjes med ikke at lide Nederlag. Det er vant til Sejre. Til at stopfodres med Sejre. De Herrer Varro og Paulus – hvornaar har de tænkt at angribe mig? Eller har de opgivet Angrebet?

FABIUS. Vi har 80.000 Mand.

HANNIBAL. Jeg har 120.000.

FABIUS. Du husker fejl. Du har 50. Ikke mindre og slet ikke mere. Dine Tropper er ramt af Sygdom og lider under daarlig Ernæring, og deres Vaaben er slidt. Vi har 80.000.

HANNIBAL. Du sagde 120.000 før.

FABIUS. Gjorde jeg? Saa løj jeg. For vi har kun 80. Vel udrustede, ved god Helsen og passende Huld. Der er over 100 Senatorer i Hæren, og Modet er højt.

HANNIBAL. Denne Gang vil I altsaa slaa mig. Og derfor kommer *du* for at give mig det Venneraad at flygte uden Kamp?

FABIUS. Du anser mig for en gammel Idiot. Du har Ret; det er jeg utvivlsomt. Det samme regner de mig for hjemme i Rom. Og det er det tillidvækkende ved mig. Du, Hannibal, du er et Geni; det anerkender vi alle, og vi takker Jupiter for, at du ikke er født hos os. Den værste Skæbne, der kan overgaa et Folk, er at blive hjemsøgt af et Geni. Geniet er bidt af den fixe Idé, at det kan faa Bugt med os Idioter. Det kan det aldrig. Derfor er det fortabt.

HANNIBAL. Kommer du da til mig for at gøre mig til Idiot?

FABIUS. Hvad er det egentlig, du vil? Udrydde Rom. Vel. Og, hvad er det, Rom vil? Udrydde Carthago. Vel. Men se, jeg – hvad vil jeg? ja, hvem er jeg? Jeg er en gammel Mand, saa gammel, at jeg er blevet til et Menneske. Jeg er saadan, at selv om jeg bor i Rom, saa synes jeg, der er omtrent lige lidt vundet ved at faa afskaffet den ene eller den anden af de to Byer. Jeg har fem

your success didn't satisfy your people. They called you the Procrastinator. And they got rid of you.

FABIUS. In spite of my being the only commander who hasn't lost a battle in this war.

HANNIBAL. But remember—they are a proud and courageous people, the Romans. They are not accustomed to the mere avoidance of defeat. They are used to victories—to a surfeit of victories. Your Varro and Paulus—when were they thinking of attacking me? Or have they given up the idea of attacking?

FABIUS. We have eighty thousand men.

HANNIBAL. I have a hundred and twenty thousand.

FABIUS. Your memory plays you false. You have fifty thousand. No less and certainly no more. Your troops are riddled with sickness, and they are handicapped by malnutrition and worn-out weapons. We are eighty thousand.

HANNIBAL. You said a hundred and twenty thousand just now.

FABIUS. Did I? Then I lied, for we are only eighty. Well-armed, healthy, and in good condition. There are over a hundred senators serving in the army, and the morale is high.

HANNIBAL. This time you mean to fight, then. And so *you* come to give me friendly advice to run away without giving battle?

FABIUS. You take me for an old fool. You're right; that's just what I am. Back in Rome they think exactly the same. And that's why they trust me. But you, Hannibal, you're a genius; we all recognise that, and we thank Jupiter that you weren't born a Roman. The worst fate that can overtake a people is to be inflicted with a genius. A genius is bitten with the fixed idea that he can get the better of fools like us. But he never can. That's why he's doomed to failure.

HANNIBAL. Have you come here, then, to make a fool of me?

FABIUS. After all, what do you want? To wipe out Rome. All right. And what does Rome want? To wipe out Carthage. Very well. But, look—what do I want? Yes, who am I? I'm an old man—so old that I've become human. I've reached the point where, even though I live in Rome myself, I believe that it's pretty well as useless to do away with one of the two cities as it is with the other. I have five children and thirteen grandchildren.

Børn og tretten Børnebørn. Jeg holder af at se de Børn lege. Og jeg bilder mig ind, at Børn i Carthago leger næsten paa samme Maade som Børn i Rom. Det er een Ting. En anden er, at Rom skal handle, og Carthago skal handle. Jeg vil hellere handle med en By end med en Grushob, hvabehar?

HANNIBAL. Dine Argumenter gør intet Indtryk paa mig. Jeg er ikke gift, jeg har hverken Børn eller Børnebørn. Jeg ved aldrig af, jeg har set Børn lege. Og jeg er ikke Forretningsmand. Den Maade, jeg foretrækker at handle paa, har intet med Penge at gøre.

FABIUS. Har du ikke Børn, kan du faa. Og du har dog vel selv været Barn og leget engang.

HANNIBAL. Det – har jeg maaske.

FABIUS. Der ser du. – Hør nu her: Naar jeg foreslaar noget i Rom, saa griner de af mig. Og naar de er færdige med at grine, saa gør de det. For de synes om det gamle Snøvl. Naar du foreslaar noget i Carthago, saa skærer de Tænder imod dig, for de kan ikke lide dig, men de bøjer sig for dit Geni. Hannibal, lad vore to Hære gaa i Hvil! lad os to rejse hver til sin Stad og sige: "Vi vil Fred med hinanden i Stedet for at øde hinanden op til Glæde kun for vore fælles Fjender". Børnene bliver ved med at lege paa begge Sider af Havet, og Skibene bliver ved med at bære deres Lykke og Blomstring fra Kyst til Kyst.

HANNIBAL. Hvorlænge vil den Fred vare?

FABIUS. Ingen Fred er evig. Men hver Dag, Freden varer, er en vunden Velsignelse.

HANNIBAL. Og saadan taler Krigsmagten Roms øverste Feltherre! Hvordan kan et Folk i Løbet af bare en god Snes Aar blive saa senilt? I Sandhed, jer Stilling maa være kritisk, naar man sender dig til mig med et saa latterligt Tilbud.

FABIUS. Jeg har 80.000 Tropper, du har kun 50.

HANNIBAL. Jeg vidste ikke, en Ulv kan blive saa tandløs, at den ender som Faar. Fred beder Rom om. I Aarhundreder har I vadet frem gennem Blod. Nedtrampede Marker, afbrændte Byer, Befolkninger lagt i Slavelænker har markeret jer Vej. Du spurgte

I like to see those children playing. And I imagine that children in Carthage play in much the same way as children in Rome. That is one point. Another is that Rome must trade and Carthage must trade. I would rather trade with a city than with a heap of gravel, eh?

HANNIBAL. I am not in the least impressed by your arguments. I am not married, I have neither children nor grandchildren. I can't say that I have ever seen children playing. And I am not a business man. The way in which I prefer to take action has nothing to do with money.

FABIUS. If you haven't children, you can get them. And anyhow I suppose you were a child yourself once and used to play.

HANNIBAL. I may have.

FABIUS. There you are... Now look here, when I suggest something in Rome, they grin at me. And when they have finished grinning, they do it; for they're fond of the old codger. When you suggest something in Carthage, they grind their teeth at you; for they can't bear you, but they bow to your genius. Hannibal, let our two armies withdraw peacefully, and let us two go off each to his own city and say: "We want peace with each other instead of ruining each other just to please our common enemies." Children will go on playing on both sides of the sea, and ships will continue to carry their cargoes of happiness and prosperity from coast to coast.

HANNIBAL. How long will that peace last?

FABIUS. No peace lasts forever; but every day peace lasts is a blessing won.

HANNIBAL. And to hear such words from the Supreme Commander of Rome at war! How can a people in a mere matter of twenty years become so senile? Your state of affairs must indeed be critical if they send you to me with such a ridiculous proposal.

FABIUS. I have eighty thousand troops, you have only fifty.

HANNIBAL. I never realised that a wolf can be so toothless that it ends up as a sheep. Rome sues for peace. For centuries you have waded your way forward through blood. Trampled fields, burnt-out cities, inhabitants in chains—these have marked your path. You asked me just now whether I hadn't ever played as a

mig før, om jeg ikke har leget som Barn. Det har jeg, min Felt-
herre, jeg har leget paa de Grusdynger, I omskabte Byerne til
Min Far tog mig fra min Mors Bryst med ud i Felten. Kun 9 Aa
gammel laa jeg paa Knæ mellem rygende Ruiner og prøvede
med min lille Haand at stoppe Blodet fra det Banesaar i Fars
venstre Side, I havde bibragt ham. Saadan er det, jeg har leget
som Barn. Nu vil I Fred, paa Toppen af jert røvede Bytte vil I
have Fred til at sidde og mæske jer, mens de Folkeslag, I har
lagt Aag paa, bliver ved at øge jer Bunke. – Du gamle Ræv, med
lallende Hyklertale kommer du her til *mig,* mig, som Skæbnen
har oprejst og udvalgt til at gøre Ende paa jeres skamløse Kræm-
merherredømme, bringe Sejr og Frihed til de Nationer, I holder
under jer Slavepisk.

FABIUS. Du vil vel ikke gentage det eengang til?

HANNIBAL. Gentage?

FABIUS. Undskyld mig, jeg hørte ikke rigtig, hvad du sagde. Du
vil vel ikke sige det engang til? Jeg fattede ikke helt Meningen.
Jeg blev lidt distræt. Det er denne Maade at tale paa. Man har
sagt mig, at saadan bruger man at tale til en Folkeforsamling
hjemme hos jer. Men dels er jeg jo bare et enkelt Menneske, og
dels taler vi ikke saadan i Senatet. Vi har den Overtro der, at den,
der raaber højest, har ikke noget videre paa Hjerte, for Sandhe-
den skaffer sig Ørenlyd i Kraft af sig selv. Ja, saadan har vi vore
Fordomme i Senatet. Men vi er jo ogsaa et gammelt Folk.

HANNIBAL. Maaske denne Samtale kan sluttes.

FABIUS. Jeg frygter, du har Ret. Jeg beder undskylde, jeg kom
her. Jeg har spildt min Tid. Det gør ikke noget. Jeg har nok af
den. Jeg har spildt din. Det er værre. Helt spildt er mit Besøg
dog ikke. Det har skaffet mig en Indsigt: Mit Folk har Ret. Der
er kun een Maade, man kan overbevise Folk som dig paa, og en
Nation, der fostrer Folk som dig, nemlig, ved at slaa jer ihjel.
Hvilket saa maa effektueres.

HANNIBAL. Haa! Af hvem? af jer? af Romerne? Jeg gik over
Alperne, og mødte jer ved Ticinus, og jog jer tilbage over Po.
Jeg løb jer ind igen ved Trebia, og spredte jeres Lig som Gød-

child. Yes, I did, my dear Commander, I played on the gravel-heaps you turned our cities into. My father took me from my mother's breast away with him into the field. I was only 9 when I knelt among smoking ruins and tried with my little hand to stanch the blood from the mortal wound in my father's left side which you had inflicted. That's how I played as a child. Now you want peace. On top of your stolen booty you want to have peace to sit and gorge yourselves while the peoples you have laid under the yoke continues to increase your pile... You old fox, with your babbling hypocrisy you come here to *me,* me, whom Fate has specially chosen out to make an end of your shameless shopkeeper tyranny and to bring victory and freedom to the nations you have been holding down with your slave-whip.

FABIUS. Would you just say that again?

HANNIBAL. Say it again?

FABIUS. I'm sorry, but I didn't quite catch what you said. Would you mind saying it just once again? I didn't grasp all of it. I'm afraid my thoughts wandered—it's this way you have of speaking. They tell me that's how a meeting is usually addressed in your country. But then, you see, I'm only one—and, anyhow, we don't talk like that in the Senate. There we have a superstition that the one with the loudest voice has the least in his head; while truth can always gain a hearing. But those are just our prejudices in the Senate. And anyhow, of course, we're an old people.

HANNIBAL. Perhaps this conversation had better come to an end.

FABIUS. I'm afraid you are right. Please forgive me for coming; I've been wasting my time. That's no matter, I have plenty of it. But I've been wasting yours; that's more serious. Still, my visit hasn't been altogether wasted. It has given me an insight—my country is right; there's only one way of convincing people like you—and a nation that fosters people like you—namely, to kill you. Which must be done.

HANNIBAL. Ha! By whom? By you? By the Romans? I crossed the Alps and met you at Ticinus and drove you back over the Po. I ran into you again at Trebia and scattered your corpses like

ning over Norditaliens Slette. Jeg viste Flaminius den Haan a
gaa ham forbi, lokkede ham efter mig ind i Snævringerne ve
Trasimenersøen og ofrede kun 1500 Tropper paa at slagte 15.00
af jeres Elitesoldater. De to Trediedele af Italien ejer jeg nu.
Morgen kaster jeg mig over Paulus og Varros 80.000 her uder
for Teltet. Hvordan det gaar dem, skal du faa at se, hvis du leve
i Morgen til Ende.

FABIUS. Og hvad saa?

HANNIBAL. Hvad saa? Det er mig, der skal spørge: Hvad saa?

FABIUS. Du vil vinde stort Bytte. Guld i Tøndevis, Vaaben, Fe-
talje...

HANNIBAL. Og hvad vil I?

FABIUS. Og dine Ryttergeneraler vil sige til dig: "Om en Maaned
kan du spise Frokost paa Capitol. Nu ligger Vejen til Rom dig
aaben".

HANNIBAL. Og mine Generaler vil have Ret.

FABIUS. Generalerne vil have Ret. Vejen til Rom ligger dig aaben.
Men du slaar ikke ind paa den Vej. For Rom ligger ikke aaben.

HANNIBAL. Og hvorfor ikke, om jeg maa spørge?

FABIUS. Hvorfor skal jeg sige dig, hvad du selv ved saa godt som
jeg. Du kender jo det romerske Folk, at jo værre det gaar det,
des roligere bliver det. Det tror og tvivler paa meget, men eet
tror det paa: at hvert Nederlag, vi lider, bringer os nærmere til
Sejren. Ryk frem mod Rom, Feltherre, hvis du er uforstandig
nok til det. Fra en af Højene uden for Byen kan du maaske faa
et Syn at se, der vil forfærde dig. Du vil se en Senator bevæge sig
tværs over Forum *i Løb*. Og dine Knæ vil blive til Vand under
dig. For det ved du, at naar en Romer skynder sig, begynder Mi-
rakler at ske. Fortvivlelse er en god Tandpasta. Den giver Faa-
rene Ulvetænder igen. Rom er en Millionby. En Million Ulve
kan du ikke kæmpe imod. Saa vil du dreje bort fra Rom, og gaa
mod Syd.

HANNIBAL. Norditalien blev mit i Forgaars, Mellemitalien ejer jeg
siden i Gaar, Syditalien vinder jeg mig i Morgen. Da vil alle jere
Forbundsfæller falde fra.

dung over the plain of North Italy. I paid Flaminius the insult of passing him by, enticed him after me into the defiles of Lake Trasimene and slew fifteen thousand of your picked troops at the cost of only fifteen hundred of my own. I have now got two-thirds of Italy. Tomorrow I shall throw myself on Paulus and Varro's eighty thousand in front of where we are standing. You shall see how they fare—if you live out the morrow.

FABIUS. And what then?

HANNIBAL. What then? I'm the one to ask "What then?"

FABIUS. Your booty will be enormous. Barrels of gold—weapons —supplies...

HANNIBAL. And you—what will you get?

FABIUS. And your cavalry generals will say to you: "In a month you will be able to lunch in the Capitol. There is the road to Rome lying open before you."

HANNIBAL. And my generals will be right.

FABIUS. The generals will be right. The road to Rome lies open before you. But you won't take that road. Because Rome does not lie open.

HANNIBAL. And why doesn't it, may I ask?

FABIUS. Why must I tell you what you know yourself as well as I do? You know the Roman people, don't you?—the worse things are going, the calmer they become. They are confident and diffident in turn, but there's one thing they believe in: that every defeat we suffer brings us nearer to victory. Advance on Rome, Commander, if you are injudicious enough to. From one of the hills outside the city you may perhaps be able to see something that will terrify you. You will see a senator *running* across the Forum. And your knees will turn to water beneath you; for you know that when a Roman hurries miracles begin to happen. Despair is a good tooth-paste; it gives the sheep back their wolves' teeth. Rome is a city of a million. A million wolves are more than you can cope with. So then you will turn away from Rome and make for the south.

HANNIBAL. North Italy fell to me the day before yesterday, Mid-Italy is mine since yesterday, and South Italy will be by tomorrow. After that, all your allies will desert you.

FABIUS. De vil ikke falde fra. De kan ikke lide os – maaske. Mer de hader dig. For du er Ulv, saadan som vi har været det. Vi ha forandret os, men du bliver aldrig andet end Ulv. Vi har erobre Verden – kald det Forbrydelse. Men derefter har vi vist, vi due til at styre den. Det ved vore Forbundsfæller; derfor falder de ikke fra. *I* drives af Had og Hævn og Trang til Selvhævdelse; I stiler stort, I kæmper godt, Historien vil nævne jer med Beundring og Respekt. Du er meget mere end mig og mine, det ved jeg godt. *Men jeg holder af at se Smaabørn lege.* Saaledes talte i det Aar 538 efter Byens Grundlæggelse Quintus Fabius Maximus, Felt-herre og Bedstefar.

HANNIBAL. Du taler, som om Rom var en evig Stad.

FABIUS *(farer umærkelig sammen ved Ordet. Saa sidder han lidt, møder Hannibals Blik og nikker).*

HANNIBAL. Haa! Den er gammel, det er det modsatte af evig. Forbenet og forkalket. Har overlevet sig selv. Dens Time er inde.

FABIUS. Evig! Den evige Stad. Dog – een Fare har den. Det er dens Magt. Men hver Gang vi vil dorske hen, sender Jupiter en For-skrækkelse, som dig med din Pigkæp, til at muntre os vaagne igen.

HANNIBAL. Det er mer end en Pigkæp, jeg kommer med. Hvad vil din Million af Ulve gøre, naar de ingen Tilførsler faar? Naar jeg har Italien i min Haand, maa Rom dø af Sult og af Sot.

FABIUS. Og du, hvad vil du dø af? Du staar i Syditalien med dine Hære. Romerne vil udnævne en Mand som Marcellus. Du vil slaa ham i eet Slag, i to, i tre. Saa vil Romerne atter udnævne en gam-mel Taabe som Fabius Maximus. Du rykker frem imod ham, men saa er han veget. Du finder ham et andet Sted, og atter flygter han æreløst. Den gamle Leg om igen. "Hvor bliver vore Sejre af?" spørger de hjemme i Carthago. "Er Hannibal paa Retur?" Husk, de er et ungt Folk, vant til kun at vinde. De har ikke en gammel Kulturs Reserver over for Tab af Prestige og Slag.

FABIUS. They will not desert us. They don't like us, perhaps. But they hate you. For you are a wolf, as we were once. We have changed, but you will never be anything but a wolf. We conquered the world—call it a crime if you like. But, after that, we have shown that we could govern it. Our allies know that; and so they won't desert us. *You* are spurred on by hatred, vengeance and a craving for self-assertion. You aim high, you fight well, history will name you with admiration and respect. You're far superior to me and mine, I'm well aware of that. *But I like to see little children play.* Thus spake in the year 538 after the city's foundation Quintus Fabius Maximus, commander and grandfather.

HANNIBAL. You talk as if Rome were an eternal city.

FABIUS *(starts slightly at the word. Then he sits for a while, meeting Hannibal's glance with a nod.)*

HANNIBAL. Ha! It's old, that's the very opposite of eternal. Ossified and arthritic. It has outlived itself. Its hour has struck.

FABIUS. Eternal! The Eternal City. And yet, it has one danger—its power. But every time we grow sluggish, Jupiter gives us a fright, such as you with your pikestaff, to wake us up again.

HANNIBAL. It's more than just a pikestaff I'm bringing with me. What will become of your million wolves when their supplies give out? Once Italy is in my hands, Rome must die of starvation and disease.

FABIUS. And you—what will you die of? At present you're in South Italy with your armies. The Romans will appoint a man like Marcellus. You will defeat him in one battle, or two, or three. Then the Romans will again appoint an old duffer like Fabius Maximus. You advance against him, but then—he has given way. You dig him out somewhere else, and again he retreats ignominiously. The same old game once more. "What's become of our victories?" they ask at home in Carthage. "Is Hannibal falling off?" Remember, they are a young people, accustomed only to winning. They haven't the reserves of an old civilisation when it comes to losing battles and prestige.

HANNIBAL. Saa stormer jeg Rom.

FABIUS. Rigtigt. Saa drives du til at gøre det, som du egentlig god ved, du ikke vil. Du stormer Rom. Det kunde ligne et Rokke hoved som gamle Fabius at forære dig Rom. Gaar han i Barn dom? Maaske. Rom gaar i Alderdom. Der er mange brøstfældig Kvarterer, man kunde staa sig ved at faa brændt af. Men hvo blev Fabius af? hvor er Hærene henne? har Fanden da taget Ro merne? De er oppe i Bjergene, de er ude i Sumpene, de er inde Krattene, de er her og der og alle Vegne og intet Steds. De taber og de flygter, og de er til Latter for Verden og uden Ære og vee selv knap ud eller ind. Kun eet ved de: Ikke, at de er udvalgt af Skæbnen og kaaret af Guden og opfyldt af Kaldet og alt saadan noget fint noget; nej, bare det, at de vil holde ud, *den* enkle Visdom, der har gjort dem til Herre over Folkeslagene.

Saalænge som Bjergene gaar opad, og der er Vand i Havet, vil Romerne holde ud.

Hannibal, Fønikiens geniale Feltherre, en gammel Romer byder dig sin Haand: skal vi ikke spare Verden.

HANNIBAL. Haa!

FABIUS *(rejser sig brat: med helt forandret Mæle, næsten ungt, siger han haardt, knapt, koldt).* Saa kondolerer jeg dig med Sejren i Morgen. *(Og hans Fodtrin lyder som en Hær paa March.)*

HANNIBAL. Then I shall storm Rome.

FABIUS. Just so. Then you are forced to do what you know perfectly well you don't want to do. You will storm Rome. It would be just like an old muddleheaded Fabius to present you with Rome. Is he in his dotage? May be. Rome itself is getting senile. There are many tumble-down quarters that would be the better for burning. But where has Fabius got to? Where have the armies gone? What the deuce are the Romans up to? They are up in the hills, they are out in the marshes, they are slinking in the woods; they are here, there, everywhere and nowhere. They are beaten, they're retreating, they're the laughing-stock of the world, without honour and well-nigh at their wits' end. There's only one thing they know; not they are the chosen of Destiny—God's elect—fulfilling a Mission—and all that sort of thing. No, only that they mean to hold out—*the* simple wisdom that has made them masters of the peoples of the world.

So long as the hills go up and there is water in the sea, the Romans will hold out.

Hannibal, the Phoenicians' brilliant commander, an old Roman offers you his hand. Shan't we save the world?

HANNIBAL. Ha!

FABIUS *(getting up quickly; in a voice that is utterly changed, almost youthful, he says harshly, tersely, coldly)*. Very well. My condolences on your victory tomorrow. *(And his footsteps ring out like an army on the march.)*

FEM LYRIKERE

J. P. JACOBSEN

Blandt de fåtallige digte, som J. P. Jacobsen (se s. 288) har skrevet er *Arabesk* uden modsigelse det mest storslåede. I efteråret 1873 tilbragte Jacobsen nogle uger i Firenze, og det er sandsynligvis på det tidspunkt han har set Michelangelos berømte rødkridttegning eller rettere den kopi, som findes i Uffizierne; originalen beror i England. Jacobsen, som da vidste han var angrebet af tuberkulose, udgav 1874 sit digt. I dette ser vi, forud for portrættet af en rolig og sorgfuld kvinde, tre naturvisioner: den lysende dags høje bølgekast; aftenens angstfyldte luftning, den glødende nats suk. Hos den stolte kvinde, som kommer til syne på balkonen, er livsglæden, angsten og den feberagtige livslængsel forstummet; tilbage er kun den megetvidende, hellige smerte i hendes blik.

ARABESK

Til en Haandtegning af Michel Angelo
(Kvindeprofil med sænkede Blikke i Ufficierne)

Tog Bølgen Land?
Tog den Land og sived langsomt
Rallende med Grusets Perler
Atter ud i Bølgers Verden?
Nej! den stejled' som en Ganger,
Løfted' højt sin vaade Bringe;
Gjennem Manken gnistred' Skummet
Snehvidt som en Svanes Ryg.
Straalestøv og Regnbu'taage
Sittred op igjennem Luften:
Ham den kasted',
Ham den skifted',
Fløj paa brede Svanevinger
Gjennem Solens hvide Lys.

FIVE POETS

J. P. JACOBSEN

Among the few poems which Jens Peter Jacobsen (see above p. 288) wrote, "Arabesque" is without doubt the most impressive. In the autumn of 1873 Jacobsen spent some weeks in Florence, and it is probable that at that time he saw Michelangelo's famous red chalk drawing or, rather, the copy which is found in the Uffizi Gallery; the original is preserved in England. Jacobsen, who knew then that he was suffering from tuberculosis, published this poem in 1874. In it we see, in addition to the portrait of a quiet and sorrowful woman, three visions of nature: huge breakers in the bright light of day; the evening's breeze, full of fears; the sigh of the glowing night. In the proud woman who makes her appearance on the balcony, *joie de vivre,* fear and feverish longing for life have grown silent; only the discerning, hallowed pain in her glance is left.

ARABESQUE

For a Sketch by Michelangelo
(A woman's profile with eyes downcast, in the Uffizi Gallery)

Did the wave reach land?
Did it reach land and trickle slowly,
Gurgling with the pearls of gravel,
Back once more into the waves' world?
No! It reared up like a charger,
Raising its wet breast on high;
Through its mane there glistened foam,
Like a swan's back, white as snow.
Spray of sunbeams, mist of rainbows
Trembled upward through the air:
Guise it cast off,
Guise it altered,
And on broad swan-wings went soaring
Through the white light of the sun.

Jeg kjender din Flugt, du flyvende Bølge;
Men den gyldne Dag vil segne,
Vil, svøbt i Nattens dunkle Kappe,
Lægge sig træt til Hvile,
Og Duggen vil glimte i hans Aande,
Blomsterne lukke sig om hans Leje,
Før du naaer dit Maal.
– Og har du naa't det gyldne Gitter
Og stryger tyst paa spredte Vinger
Henover Havens brede Gange,
Henover Lavrers og Myrthers Vover,
Over Magnoliens dunkle Krone,
Fulgt af dens lyse, roligt-blinkende,
Fulgt af dens stirrende Blomsterøjne,
Nedover hemmeligt-hvidskende Iris,
Baaret og dysset i graadmilde Drømme
Af Geraniernes Duft,
Af Tuberosers og Jasminers tungtaandende Duft,
Baaret mod den hvide Villa
Med de maanelyste Ruder,
Med dens Vagt af høje, dunkle,
Høje, rolige Cypresser,
Da forgaaer du i Anelsers Angst,
Brændes op af din skjælvende Længsel,
Glider frem som en Luftning fra Havet,
Og du døer mellem Vinrankens Løv,
Vinrankens susende Løv,
Paa Balkonens Marmortærskel,
Mens Balkongardinets kolde Silke
Langsomt vugger sig i tunge Folder,
Og de gyldne Drueklaser
Fra de angstfuldt-vredne Ranker
Fældes ned i Havens Græs.

Glødende Nat!
Langsomt brænder du henover Jorden;
Drømmenes sælsomt skiftende Røg
Flakker og hvirvles afsted i dit Spor.
Glødende Nat!

I know your flight, you flying wave;
But the golden day will falter,
And, wrapped within the night's dark mantle,
Lay himself down tired to rest,
And in his breath the dew will glitter,
Around his couch the flowers will close,
Before you reach your goal.
—And when you've reached the golden grating
And glide on outstretched wings in silence
Over the broad paths of the garden,
Over its billows of laurel and myrtle,
Past the dark crown of the magnolia,
Pursued by its brightness, calmly shining,
Pursued by its staring flower-eyes,
Downward past secretly whispering iris,
Borne and lulled in tearful dreams
By the geraniums' scent,
By tuberoses' and jasmines' heavily breathing scent
Borne toward the white villa
With the moon-bright window-panes,
With its watch of cypresses,
Tall and sombre, tall and faithful,
Then you will fade away in fearful foreboding,
Be consumed by your tremulous yearning,
Slip forth like a faint breeze from the ocean,
And you will die 'midst the leaves of the vine,
The vine-tendril's murmuring leaves,
On the balcony's marble threshold,
While the cold silk of the balcony's curtain
Slowly cradles itself in heavy folds,
And the grapes in golden clusters
From the anguish-twisted tendrils
Are felled into the garden's grass.

Glowing night!
Slowly you burn your way across the earth,
The strangely changing smoke of dreams
Flutters and swirls away in your wake,
Glowing night!

– Viljer er Voks i din bløde Haand,
Og Troskab Siv kun for din Aandes Pust,
Og hvad er Klogskab lænet mod din Barm?
Og hvad er Uskyld daaret af dit Blik,
Der Intet seer, men suger vildt
Til Stormflod Aarens røde Strøm,
Som Maanen suger Havets kolde Vande?
– Glødende Nat!
Vældige, blinde Mænade!
Frem gjennem Mulmet blinker og skummer
Sælsomme Bølger af sælsom Lyd:
Bægeres Klang,
Staalets hurtige, syngende Klang,
Blodets Dryppen og Blødendes Rallen
Og tykmælt Vanvids Brølen blandet
Med purpurrøde Attraaes hæse Skrig...
– Men Sukket, glødende Nat?
Sukket, der svulmer og døer,
Døer for at fødes paany,
Sukket, du glødende Nat?
Se, Gardinets Silkevover skilles,
Og en Kvinde høj og herlig
Tegner mørk sig mod den mørke Luft.
– Hellige Sorg i dit Blik,
Sorg, der ej kan hjælpes,
Haabløs Sorg,
Brændende, tvivlende Sorg.
– Nætter og Dage summe over Jorden,
Aarstider skifte som Farver paa Kind,
Slægter paa Slægt i lange, mørke Bølger
Rulle over Jord,
Rulle og forgaa,
Medens langsomt Tiden døer.
Hvorfor Livet?
Hvorfor Døden?
Hvorfor leve, naar vi dog skal dø?
Hvorfor kæmpe, naar vi veed, at Sværdet
Dog skal vristes af vor Haand en Gang?
Hvortil disse Baal af Kval og Smerte:

—Wills are as wax in your velvet hand,
And faithfulness but a reed before your breath!
And what is wisdom, leaned against your breast?
And what is purity, by your glance bewitched,
Your glance which, seeing nothing, wildly draws
The red stream of the veins to storm-tide,
As the moon draws the ocean's icy waters?
—Glowing night!
Mighty, blind-eyed maenad!
Out of the darkness, sparkling and foaming,
Strange waves approach, waves of strange sound:
The clang of goblets,
The hasty, singing clang of steel,
The dripping of blood and the bleeder's death-rattle
And the bellow of thick-tongued madness mixed
With crimson lusting's hoarse-voiced cry...
—But the sigh, glowing night!
The sigh, which swells and dies,
Dies to be born anew,
The sigh, oh glowing night?
See, the curtain's silken waves are parted,
And a woman, proud and lovely,
Is sketched in darkness on the dark'ning air.
—Sacred grief within your glance,
Grief which knows no aid,
Hopeless grief,
Searing, doubting grief.
—Nights and days pass murmuring over the earth,
Seasons change even as a cheek's colors,
Man's generations in long and sombre waves
Sweep across the land,
Sweep and fade away,
While time is slowly dying.
Why is there life?
Why is there death?
Why live, when at the end we still must die?
Why offer battle, knowing that the sword
One day shall yet be wrested from our hand?
Of what use are these pyres of hurt and torment:

Tusind Timers Liv i langsom Liden,
Langsom Løben ud i Dødens Liden?

Er det din Tanke, høje Kvinde?

Tavs og rolig staaer hun paa Balkonen,
Har ej Ord, ej Suk, ej Klage,
Tegner mørk sig mod den mørke Luft
Som et Sværd igjennem Nattens Hjerte.

A thousand hours of life in slow-spent pain,
Exiting slowly in the pain of death.

Is this your thought, proud woman?

Calm, silent on her balcony she stands,
And has not word nor sigh nor plaint,
And, sketched in darkness on the dark'ning air,
A sword plunged through the heart of night.

SOPHUS CLAUSSEN
(1865–1931)

I årene omkring 1890 tog den danske lyrik et nyt opsving. Talrige digtere, som hyldede vor romantiske lyriks rige traditioner, forbandt sig med de nye retninger i de store europæiske lande. *I en Frugthave* (1892) af *Sophus Claussen* (1865–1931) er et meget originalt digt og dog bærer det på minder fra en kongerække af danske digte. Det indledende spørgsmål fører tanken hen på *Arabesk* (s. 568). – Efter at Claussen havde været under heldig indflydelse fra Baudelaire, skabte han, på højden af sin poetiske formåen, *Imperia* (1909), der her er den anden prøve på hans mægtige lyriske forfatterskab. Imperia er den ubevidste, blinde, uansvarlige natur, menneskekulturens fjende, men samtidig en dyb kilde, krisernes og omvæltningernes ophav, en uudtømmelig skabende kraft: poesi, kunst, liv.

I EN FRUGTHAVE

Faldt der Storm over solstille Flade?
Min Sjæl flagred op som et Lin;
og en lynflængt Tordenkaskade
skylled Regn over grønne Blade.
Da det blev tyst, var du min.

Der er fugtigt i Stikkelsbærgange
og dufter, nu det er tyst,
fra det dyngvaade Græs og de mange
Kirsebærblomster, som prange
skært mod et Lufthav saa lyst.

Lad mig vandre herind ved din Side,
mørkøjede Jomfru fin;
dine Hænder, de frugtblomst-hvide,
lad tæt mig om Livet glide,
du min smidigrankende Vin.

SOPHUS CLAUSSEN
(1865–1931)

In the years around 1890, the Danish lyric took a new lease on life. Numerous poets who paid tribute to the rich traditions of our romantic lyric associated themselves with the new trends in the larger European countries. "In an Orchard" (1892) by Sophus Claussen (1865–1931) is a very original poem, but is nevertheless full of reminiscences of a long line of peerless Danish poems. The poem's introductory question suggests Jacobsen's "Arabesque" (p. 568). After Claussen had been under the positive influence of Baudelaire, and when he was at the height of his poetic ability, he wrote "Imperia" (1909), given here as the second example of his immense lyric *œuvre*. Imperia is subconscious, blind, irresponsible nature, the enemy of human culture, but at the same time a deep spring, the progenitor of crises and upheavals, an inexhaustible creative force: poetry, art, life.

IN AN ORCHARD

Did a storm fall upon the sunny expanse?
My soul, like linens in the breeze;
and a lightning-edged cascade of thunder
showered rain over green leaves.
When it grew still, you were mine.

Moist on the paths between the gooseberries,
there's fragrance, now it is still,
from the drenched grass and the many
cherry blossoms resplendent,
clear against a sea of air so bright.

Let me wander here by your side,
lovely dark-eyed girl,
your blossom-white hands
slip about my waist,
you, my proud supple vine.

Og din Kind, den æbleblomst-røde,
læn mod mig og kys min Mund.
Dine Læber er vellugtsøde.
Men de sarteste Kærtegn gløde
fra Øjnenes mørkblanke Grund.

Har din Arm om min Hals jeg trukken
og din Barm mod mit Hjærte tæt,
saa jeg hører din sagteste Sukken,
da fryser jeg ikke i Duggen,
da bæver jeg saligheds-let.

Mod Solnedgangs-Blaaet højne
Frugtblomsterne deres Pragt.
Foran mig to undrende Øjne,
foran mig din Barm og din nøgne
Arm mig om Nakken lagt.

Du er vaad om din Fod, du rene,
og krydret som Frugthavens Lugt.
Lad os kysses tyst og alene!
vi er selv som to Æblegrene,
skal blomstre og bære Frugt.

IMPERIA

Jeg er Imperia, Jordmassens Dronning,
urstærk som Kulden, der blunder i Bjergenes Skød,
mørk og ubøjelig – ofte jeg drømmer mig død.

Pragt er min Higen. Jeg kender ej Mildhed.
Jeg er den golde Natur, det udyrkede Øde,
som giver Stene for Brød, og som nægter at føde.

Ingen kan vække mig uden min Elsker,
Ilden, min Herre, til hvem jeg er givet i Vold,
saa at jeg røres til Afgrundens dybeste Fold.

Press your cheek, apple blossom pink,
against mine, and on my mouth a kiss.
Sweet fragrant are your lips,
but the gentlest caresses glow
from the dark depths of your eyes.

When I have drawn your arm about my neck,
and your bosom's close to my heart,
I hear your gentlest sighing;
then I don't feel the cold of the dew;
then I tremble blissful-bouyant.

The fruit blossoms' splendour is enhanced
against the sunset blue;
before me two wondering eyes,
before me your bosom and your bare
arm around my neck.

You walk in dampness, chaste maiden,
spiced with the orchard's scent.
Let us kiss, silent and alone!
We, like branches of the apple
tree must flower and bear fruit.

IMPERIA

I am Imperia, queen of the earth mass,
strong as the cold, that finds in the lap of the mountains a bed,
dark and unbending—and often I dream I am dead.

Splendor's my craving. I know not mildness.
Barren nature am I, the unplowed earth
which gives stones for bread and declines to give birth.

None can awake me, none but the fire,
who is my lover and master, to whom I submit
and am moved to the innermost fold of the pit.

Alt er unyttigt undtagen vor Skælven.
Alt, hvad der trives og pletter som Skimmel min Hud,
ryster jeg bort i et Møde med Jordskælvets Gud.

Under den Græstørv, som vendes af Ploven,
hviler mit jernfaste Indre unærmelig frit.
Hver, som er gold i sit Hjerte, har noget af mit.

Af mine Kullags og Malmaarers Gifte
blaaner den Vaarsæd, som yder det nærende Mel.
Vantrives Markerne – min er den vantrevne Del.

Hver, som er ustemt og ikke faar Tone
efter en Sang, som man synger i Klynge og Kor –
hver, som er ustemt, er Jord af min Jord.

Kold for de Levendes Optog og Danse
drømmer jeg evig om Urelementets Musik.
Slaa dem med Lynild og Jordskælv og byd dem at standse!

Jeg er Imperia, Jordmassens Dronning.
Jeg er den golde Natur, det udyrkede Øde,
som giver Stene for Brød, og som nægter at føde.

Giftige Kratere, rygende Dybder,
sortsvedne Huler, der stinker af Svovl og Metal,
aabner sig brat, naar jeg lyder mit flammende Kald.

Kongernes Slot har jeg sænket i Havet,
slaaet den Fattiges fattige Lykke i Skaar...
og er utømmelig rig for Millioner af Aar.

Kom til mit Hjerte, der aldrig har frygtet.
Døren er opladt. Jeg venter ubændig min Elsker.
Stort er hans Kød. Og vor Lykke skal blive berygtet.

Nothing is useful but for our throbbing,
everything growing or staining my skin with decay—
As I meet with the god of the earthquake I shake it away.

Under the sod that is turned by the ploughshare
slumbers my iron-hard soul, unapproachable, free.
He who is barren at heart—he has something of me.

Know, that my coal ores' and metal veins' poisons
blacken the spring seeds that furnish the nourishing grains.
Wither the fields, then mine are the withering plains.

He who is tone-deaf and grasps not the tune
of a song, singing in chorus and group, as one must,
he who is tone-deaf and tuneless is dust of my dust.

Impassive to pageants of men and caprice,
always I dream of the primitive force and its music.
Lash them with lightning and earthquake and bid them to cease!

I am Imperia, queen of the earth mass,
barren nature am I, the unplowed earth
which gives stones for bread and declines to give birth.

Poisonous craters and smoking abysses,
soot-blackened caverns stinking of sulphur and ore
open at once when I my flaming mission implore.

Castles of kings I have sunk in the ocean,
ruined the paupers' poor happiness, blind to their tears,
and am abundantly wealthy for millions of years.

Come to my bosom that knows no misgiving,
Open my door, for I covet insanely my lover.
Great is his flesh—our bliss shall be feared by the living.

NIS PETERSEN

Med sin roman *Sandalmagernes Gade* (1931) opnåede Nis Petersen (1897–1943) en næsten verdensomspændende succes. Men det er som lyrisk digter, at han i sit eget land er blevet genstand for varig dyrkelse. Som fætter til Kaj Munk besad Nis Petersen en ånd, som var åben for menneskehjertets mest uligeartede stemninger. Som man vil se af de følgende digte, veksler hos ham idylliske og tragiske toner, ubekymret latter og appel til det ubegrænsede ansvar, som enhver af os har. For Nis Petersen er livet, i alle sine former, ukrænkeligt, helligt.

FORÅR VED MARIAGER FJORD

To gyldne sommerfugle fandt hinanden,
og otte gyldne vinger bar dem bort;
en lillebitte skovmus fandt en anden,
og de – nå ja, de fristedes af fanden,
og livet er så altfor, altfor kort.

Madonna riede med silketråde
så fermt, at der føg trevler trindt omkring.
To spætter koblede så spættekåde,
at gøgen dydelig tog fat og spå'de
dem reden fuld af spættekåde ting.

Der skød primula og anemoner,
og der skød gøgeurt af jordens lænd
– der kom hundreder af millioner
af muntre, lattermilde blomsterkoner
og muntre, lattermilde blomstermænd.

For det var forår, og der var larmen
i hver en lysning af solens værk,
og på en græspude midt i varmen
sad smedens tøs knappet op for barmen
og sy'de løs på en lille særk.

NIS PETERSEN

With his novel *The Street of the Sandal-Makers* (1931) Nis Petersen
(1897–1943) achieved success that was nearly world-wide. But in
his own country he has been the object of lasting esteem as a lyric
poet. Nis Petersen, who was Kaj Munk's cousin, possessed a
spirit which was receptive to the most variegated moods of the
human heart. As can be seen from the following poems, idyllic
and tragic notes alternate in his work—carefree laughter and
appeals to the boundless responsibility which each of us bears.
For Nis Petersen, life in all its forms is inviolate and sacred.

SPRING AT MARIAGER FJORD

Two golden butterflies found one another,
And eight golden wings bore them away;
One tiny wood mouse found another,
And they—well, they were tempted by Satan,
And life is so—all too all too short.

Madonna basted with silken threads
So deftly that strands were flying all around.
Two woodpeckers mated so woodpecker-bold
That the cuckoo began virtuously to prophesy
A nest full of woodpecker-bold things.

Primroses and anemones sprang up,
And orchids sprang from the loins of the earth.
There came hundreds of millions
Of gay, merry flower-women
And gay, merry flower-men.

For it was spring and there was noise-making
In every glade made light by the sun
And on a grass pillow amidst the warmth
Sat the blacksmith's daughter with unbuttoned blouse
And sewed away on a little dress.

ELSKER DU MENNESKET?

Mennesket kom imod mig –
slæbende tungt –
i vejen bag det
slimede spor
af løgn, af vædskende sår –.
En røst rungede: – Elsker du mennesket?
Nej! sa jeg – jeg kan ikke.
Elsk! sa stemmen.

Mennesket kom –
nærmere – krybende –
savlende af lyst –
med fluer og utøj
i bugens vunder.
Og røsten hamrede:
– Elsker du mennesket?
Nej! sa jeg.
Elsk! sa stemmen.

Nærmere – langsomt nærmere –
tomme for tomme –
stanken tog til
af løgnens tusinde syger –
og røsten truede:
– Elsker du mennesket?
– Nej – jeg elsker ikke!
Elsk! sa stemmen.

Da rejste mennesket sig –
og det rakte sine hænder imod mig,
og se: naglegabene vædskede rødt –
til skulderen var de nøgne arme
dækkede af syndens sorte sår –
og mennesket lo:
                    – Således har Gud elsket –!

LOVEST THOU MAN?

He came towards me—
heavily—painfully—
behind him the path
with slimy tracks
of lies and festering sores—.
A voice boomed: Lovest thou Man?
No! I said—I can't.
Love! said the voice.

He came—
nearer—crawling—
drooling of lust—
with flies and vermin
in the sores of his belly.
Hammered the voice:
—Lovest thou Man?
No! I said.
Love! said the voice.

Nearer and slowly nearer—
inch by inch—
the stench was heavy
from Lie's thousands of diseases—
And the voice threatened:
—Lovest thou Man?
No—I don't love!
Love! said the voice.

Then he rose to his feet—
and he stretched his hands towards me,
and lo, the spike wounds oozed red—
the naked arms were covered to the shoulders
with black sores of sin—
and the man laughed:
          —Thus did God love!

Der faldt et bind fra mine øjne –
og jeg råbte:

                – Menneske – jeg elsker dig!

Og min mund var fuld af blod –
af menneskers blod.

A blindfold fell from my eyes—
And I shouted:
>   Man, I love you!

And my mouth was full of blood—
the blood of Man.

THORKILD BJØRNVIG

Blandt nulevende danske digtere er Thorkild Bjørnvig (f. 1918) sikkert den mest reflekterede. Han er dog mere digter end filosof og udtrykker sig derfor med symboler som mellemled. – Hvis et menneske, stillet over for dødens uafvendelighed, er i stand til at acceptere sin skæbne og sin skyld, så vil alt tilhøre ham: de største smerter og de største glæder; ensomhed og menneskeligt fællesskab. Han vil være i stand til at bortkaste *Jalousien,* slagger efter kærlighedens bål, og at fylde sig med fryd og glæde, som *Ahorntræet,* når pludselig en sværm stære kommer og fylder dets krone med sin kvidren.

JALOUSI

Beviser Skinsygen?
Genfærd af Eros,
Forfærdelse, Kvalme,
nervøst Raseri:
erindret Kærlighed,
ubekvem, ynket,
som tror den lever,
skønt alt er forbi.

Tilovers: en Lazarus
opkaldt af Graven
med Isluft hængende
i sine Klæder –
som sidder til Bords med
de Levende, uden
at eje Del i
de Levendes Glæder.

AHORNTRÆET

Længst staar nu Ahorntræet gult;
hver Morgen Taage, hele Dagen
et Strejf af Kulde under Heden,

THORKILD BJØRNVIG

Among living Danish poets, Thorkild Bjørnvig (born 1918) is surely the one most given to reflection. He is, however, more poet than philosopher, and therefore expresses himself through the medium of symbols. If a human being, when faced with the inevitability of death, is able to accept his fate and his guilt, then everything is his: the greatest pain and the greatest joy; solitude and human fellowship. He will be able to discard jealousy—ashes left from the bonfire of love—and be filled with joy and happiness, like the maple tree when a flock of starlings suddenly comes and fills its crown with their chirping.

JEALOUSY

And jealousy's proving.
Spectre of Eros,
Repugnance and horror
nerves raging their last:
love recollected,
awkward and pitied,
which thinks it is living,
though everything's past.

Left over: a Lazarus
called from the grave
with icy air still
caught in his clothes—
who sits down to dine with
the living, though given
no share in the living's
pleasures at all.

THE MAPLE TREE

The maple's long since yellow now;
fog every morning, all day through
a hint of cold beneath the heat,

en underfundig kølig Fugt,
klam, bidende, naar Mørket falder,
paa Tungen lagt som Smag af Jærn,
den Nattefrost, som skørner Blade
og ætser Stilke – tidlig atter
et Rimlag paa det stive Græs
og Em, som letter rask for Solen,
alt sært og luftigt, gennemglødet
af Afsked: Afsked uden Smærte,
balsamisk Frihed uden Vemod
og intet efter, ingen Planer –

Da hører jeg en Stæreflok,
et heftigt Sus af mange Vinde –
paa én Gang staar det gule Træ
optændt af Jubel! Disse Fugle,
de hører ikke Træet til,
men Kalk og Muld og Luft og Farve
og det vi intet véd om: Fryd –
dog fylder de dets Krone med
ekstatisk Skrig, hør Træet synger,
Tunger af Ild, Struber af Ild,
Jordskælv af Lyd, en Salighed
saa Luften flammer – Afsked, Afsked;
men Smærte er umulig her,
med dette vilde Skrig i Øret
véd jeg at Glæden overlever,
tag blot min Glæde med – langt fra
at I behøver den, men Glæden
skal samles med al Fryd, som findes,
dér hvor Misundelserne blegner,
Skinsyge, Forskel, Nag forsvinder,
fordi enhver er med, – delagtig
i den udelelige Fryd.
Det Sted er til; derfra er Livet.

For ingen ejer Glæden, ikke
jeg, ej heller Træet, Fuglen,
dog stadig mere Træet, Fuglen –

a cool and subtle dampness,
clammy, biting, when darkness falls,
put on the tongue like iron's taste,
nocturnal frost which makes leaves crisp
and etches stalks—early again
a rime-coat on the rigid grass
and dew that quickly flees the sun,
all wondrous and airy, borne by light
of parting: parting without pain,
of freedom without sadness, mild,
and nothing after, no more plans—

Then I hear a starling-flock,
a mighty roar of many winds—
suddenly the yellow tree
is lit with jubilance! These birds
belong not to the tree, but to
the limestone, color, earth, and air
and what we know naught of: to joy—
and yet they fill the tree's crown with
ecstatic cries; the tree sings, hear,
tongues made of fire, throats made of fire,
earthquakes of sound, a happiness
such that the air flames—parting, parting;
but here pain is impossible,
with this wild crying in my ear
I know that gladness will survive,
take then my gladness too—not that
you need it, but since gladness shall
be gathered to all joy that *is,*
Where envies pale, where jealousy
and grudge and difference disappear,
for all are present, taking part
in joy that is inseparable.
That place exists; from it life springs.

For no one may own gladness, I
do not, nor does the tree, the bird,
yet never more the tree, the bird—

men ingen – hør, nu flyver de,
metallisk Mørke fra det Gule,
et andet Træ optændes nu,
optændes yderligt – for lydløst

brænder fremdeles Ahorntræet,
saa opfyldt af sin egen Stilhed,
af indre Sol, at Kronen svæver –
Fuldendthed, Klarhed, Ro før Stormen,
Novembermørket, Vinterhvilen –
og før de næste kolde Aftner,
hvor Bladene paa Jorden lyser
som Solskin udbredt under Træet,
et lifligt Solskin: uden Ophør
i mig og Træet, som jeg presser
min Pande mod, mens Mørket vokser
og Hjærtet vokser, fyldt af Sol.

but no one—listen, now they pass,
dark metal from the yellow tree,
another tree is lighted now,
is lighted too—for soundless still

the maple burns, so filled with its
own quiet and with inner sun
that its crown hovers—clarity,
perfection, calm before the storm,
November darkness, winter's rest—
before the next cold evenings when
the leaves lie shining on the ground
like sunshine spread beneath the tree,
sweet sunshine: without pause in me
and in the tree on which I press
my forehead, while darkness grows,
and while the heart grows, filled with sun.

KLAUS RIFBJERG

Blandt digterne som har gjort sig særlig bemærket siden anden verdenskrig indtager Klaus Rifbjerg (født 1931) en ledende stilling på grund af sin mangesidighed og sin evne til at vække offentlig omtale. Han har skrevet vers og romaner, essays, skuespil og revyer og har desuden virket en tid lang som redaktør af et litterært tidsskrift. Han kendtes oprindelig som en af Danmarks "vrede unge mænd", der vendte sig imod alt, der hed tradition og som forkastede deres hæmninger. Rifbjergs digtsamling *Konfrontation,* hvorfra "Det er blevet os pålagt" er taget, er et vægtigt bidrag til det moderne og selvstændige sprogbrug, som yngre digtere i mange vestlige lande efterstræber.

DET ER BLEVET OS PÅLAGT

Det er blevet os pålagt
af statistikken
i et gennemsnitsliv
at åbne et meget stort antal
døre, konservesdåser,
punge, tegnebøger, check-konti,
at lukke et meget stort antal
samme
undtagen konservesdåser
at køre med sporvogne
biler, cykler, S-tog
at slide sko
smøre rugbrød
spille bordtennis
gabe
at føle mæthed
en stadig

KLAUS RIFBJERG

Among the poets who have attracted particular attention since the second world war, Klaus Rifbjerg (born 1931) occupies a leading position because of his versatility and his ability to evoke public discussion. He has written novels and verse, essays, plays, and reviews, and in addition functioned for a time as the editor of a literary journal. He was originally known as one of Denmark's "angry young men," who turned against everything that could be called tradition and threw off their inhibitions. Rifbjerg's collection of poems *Confrontation,* from which "We have been called upon" is taken, is a significant contribution to the modern and independent linguistic usage that younger poets in many western countries are striving for.

WE HAVE BEEN CALLED UPON

We have been called upon
by statistics
in an average life
to open a very great number of
doors, tin cans
purses, wallets, checking accounts,
to close a very great number of
the same
except tin cans
to go by bus
car, bicycle, subway
to wear out shoes
butter bread
play ping-pong
yawn
feel glutted
chronically

statistisk
mæthed i mellemgulvet
gulvet mellem kvalmen
og opkastet.

Det er blevet os pålagt
at fjerne den tilfældige sult
den er en fiktion
forventningen
en fiktion
Man har for travlt med at åbne
døre.

Tanken om de gange man skal
gå over gaden i fodgængerfelter
udenfor fodgængerfelter
ved stoplys
i kryds med levende
betjent eller
automatisk betjent
stopskilt
foranstalter gastrointestinale
forstyrrelser i form af
mæthed
manglende sultfornemmelser
profus syresekretion i
mavesækken.

Det er blevet os pålagt
ved omfattende viden om
det menneskelige liv
at vi skal dø
af færdselsulykker
hjertelammelse
forkalkning
cancer
cancer
samt af en række andre sygdomme

statistically
glutted in the gut
the gutter between nausea
and vomit.

We have been called upon
to do away with accidental hunger
it's a fiction
the expectation
a fiction.
We are too busy opening
doors.

The thought of the times we shall
cross the street inside pedestrian crosswalks
outside pedestrian crosswalks
at stop lights
at intersections with live
policemen or
automatic policemen
stop signs
cause gastrointestinal
disturbances in the form of
gluttedness
the absence of hunger pangs
profuse acid secretion in
the stomach.

We have been called upon
through extensive knowledge of
human life
to die
from traffic accidents
of heart failure
arteriosclerosis

cancer
cancer
plus a series of other diseases

det er for specielle til at dø af
rent statistisk.
Men på et tidspunkt
i rækken af døråbninger
er det passende at sætte
slæverne
udfor den bestemte årsag
og æde sin tildelte død
som man hele sit liv har været
mæt af.

too special to die of
purely statistically.
But at a certain moment
in the series of door openings
it's proper to put
the clodhoppers
outside the specific cause
and swallow one's allotted death
which we have been glutted with throughout
our lives.

TABLE OF CONTENTS
AND BIBLIOGRAPHY

THE RENAISSANCE AND THE BAROQUE

THE EIGHTEENTH CENTURY

ROMANTICISM

FIVE POETS